U0524723

李培林 ◎ 主编

全球城市建设的上海之路

曾　军　陈　恭 ◎ 主　编
朱　承　聂永有　尹　倩 ◎ 副主编

中国社会科学出版社

图书在版编目（CIP）数据

全球城市建设的上海之路/曾军等编．—北京：中国社会科学出版社，2019.9

（上海研究院智库丛书）

ISBN 978-7-5203-4970-3

Ⅰ．①全… Ⅱ．①曾… Ⅲ．①城市建设—研究—上海 Ⅳ．①F299.275.1

中国版本图书馆 CIP 数据核字（2019）第 191609 号

出 版 人	赵剑英
责任编辑	张　林
特约编辑	宋英杰
责任校对	周晓东
责任印制	戴　宽

出　　版	中国社会科学出版社
社　　址	北京鼓楼西大街甲 158 号
邮　　编	100720
网　　址	http://www.csspw.cn
发 行 部	010-84083685
门 市 部	010-84029450
经　　销	新华书店及其他书店

印刷装订	北京君升印刷有限公司
版　　次	2019 年 9 月第 1 版
印　　次	2019 年 9 月第 1 次印刷

开　　本	710×1000　1/16
印　　张	35.5
插　　页	2
字　　数	546 千字
定　　价	188.00 元

凡购买中国社会科学出版社图书,如有质量问题请与本社营销中心联系调换
电话:010-84083683
版权所有　侵权必究

编者的话

　　1981年的中国，改革开放的进程刚刚起步，举国上下正洋溢着积极奋发、乐观向上的激情。这一年发表了一篇题为《你想知道二十一世纪的城市吗?》不知何方出处的编译文章，颇像是托夫勒式"未来学"那样的对于21世纪未来城市的畅想。它根据人口数量的多少，将城市区分为9000人的"小城市"、5万人的"城市"、30万人的"大城市"、200万人的"特大城市"、1400万人的"卫星城市"、1亿人的"超级城市"、7亿人的"区域城市"、50亿人的"大陆城市"和300亿人的"全球城市"。按此设想，"所谓全球城市，就是囊括各个大陆的、相互联结在一起的城市网，各部分之间都用高速交通运输和通信联络设施紧密地联成一体，进而使整个的庞大系统形成一个特定的功能单位。"① 很显然，20世纪80年代初的"全球城市"想象其实是将整个地球视为一个城市单位，正如麦克卢汉所说的"地球村"一样，多少具有乌托邦的意味。但正是这一带有科幻性质的想象性描述，成为中国思考"全球城市"的起点。

　　不过，在整个20世纪80年代和90年代，除几篇零星的译介国外学者有关"全球城市"的著作和论文之外，"全球城市"不仅没有成为中国从事城市研究的学术领域，更没有将之与中国城市发展的现实联系起来。城市的发展无疑是与我们自身的城市化进程水平相一致的。直到2000年，我国的城市化水平达到36.2%，比1978年提高18.3个百分点。而到

---

① 林盛通编译：《你想知道二十一世纪的城市吗?》，《未来与发展》1981年第4期。

2016年年底，中国的城市化水平已达到57.4%，预计2020年达到60%。这说明进入21世纪之后，中国的城市化进程明显提速，与之相适应的，便是城市研究所关注的问题、参考模型及其话语体系都需要发生相应变化。从"乡镇""小城镇"再到"城市群""城市带"，从"国际性大都市""特大城市"再到"世界城市""全球城市"，都体现出中国的城市发展和建设逐渐从基于城乡二元结构逐步过渡到基于全球性和地方性关系的理论场景的转换，尽管事实上这两个理论和现实的矛盾始终将伴随中国的城市化进程。

"全球城市"真正进入中国学者的学术视野，并被视为中国的城市发展问题，正是进入21世纪之后的事情。以姚为群的《全球城市的经济成因》（上海人民出版社2003年版）和周振华等译的丝奇雅·沙森的《全球城市：纽约、伦敦、东京》（上海社会科学院出版社2005年版）为标志，"全球城市"正式开启中国化、本土化的学术进程。2004年是一个重要的"分水岭"。正是从这一年起，以"全球城市"为主题的学术期刊发文量猛增，相关学术著作、学术会议以及决策咨询的专题调研等成果叠出。其中最具有标志性的成果，便是周振华的《崛起中的全球城市：理论框架及中国模式研究》（上海人民出版社2008年版）以及他主编的《建设全球城市，加快城市转型：2007/2008年上海发展报告》（上海财经大学出版社2008年版）、《上海城市嬗变及展望2010—2039：全球城市的上海》（格致出版社2010年版）、《上海迈向全球城市：战略与行动》（上海人民出版社2012年版）等。2014年年底，上海启动了《上海市城市总体规划（2015—2040）纲要》的编制工作，"追求卓越的全球城市"成为从学界到政府的强烈共识。继肖林主编的《上海2050：崛起中的全球城市》（格致出版社2015年版）、胡怡建主编的《迈向全球城市的公共政策挑战与治理创新——上海能从世界学习到什么》（经济科学出版社2015年版）之后，2016年更成为"上海全球城市"研究的爆发年。特别是上海市委市政府委托上海市发展研究中心牵头组织"面向未来30年的上海"课题研究，围绕影响上海中长期发展的重大约束因素，既组织决策咨询专门机构开展深入研究，又搭建开放式研究平台，广泛吸纳国内外研究机构及专家进行平行研究、交叉研究、竞争研究，及时进行成果交流与评估。市发展研究中心主办的《科学发展》杂志，专门开辟

"2050战略大讨论"专栏,连续发表国内外专家学者关于上海全球城市建设的各种观点和建议,起到了推波助澜的作用。"全球城市"成为上海未来一段时间发展的目标和方向。

本书所遴选的是相关专家学者对"上海全球城市建设"的思考。选文范围仅仅限于2016年上海提出《上海市城市总体规划(2015—2040)纲要》(后调整为《上海市城市总体规划(2017—2035)》)之后,聚焦在具体落实推进的过程中,上海全球城市建设中面临的问题和挑战,以及围绕这一问题专家学者所提出的思路与对策及展开的想象和愿景。根据中国社会科学院—上海市人民政府上海研究院的统一部署,本书的编选分为五大部分:第一部分是总报告,论述发展历程、问题、成效以及配套政策等问题;第二部分是专题研究,着重论述某一项重大课题,总结上海模式的发展经验;第三部分是案例研究,为突破发展困境,剖析上海最新的实践案例并总结提炼经验;第四部分是未来展望,根据国家政策及上海实际情况,论述未来发展趋势;第五部分是善治良政制度汇编。

本书获得上海市哲学社会科学规划重大委托课题"文化影响力·核心竞争力·跨区域协同发展:走向新型全球城市的上海之路"(2016WZD002)的经费支持。

曾 军 陈 恭
2019年6月30日

目　录

第一部分　总报告

上海全球城市发展战略目标取向 …………………………… 周振华（3）
上海全球城市发展的五大战略背景 ………………… 马海倩　汪曾涛（9）
全球视野下上海城市发展战略思考 ………………… 唐子来　李　粲（25）

第二部分　专题篇

上海全球城市资源配置能力研究：趋势与制约 ………… 蒋传海等（47）
上海全球城市治理模式发展研究 …………………………… 郑长忠（60）
上海全球城市网络节点枢纽功能、主要战略通道
　　和平台经济体系建设研究 …… 吕康娟　霍伟伟　陈　影　黄　俐（92）
上海城市土地空间资源潜力、再开发及城市更新
　　研究 ……………………………………………………… 杨　帆（175）
从文化指标看上海建设卓越全球城市的文化"短板"
　　问题分析 ………………………………………… 李守石　刘　康（222）
上海国际文化大都市建设方略研究 ………………………… 徐清泉（239）
全球城市指数及对上海的实证分析 ………………… 尹应凯　蒋志慧（293）

第三部分　案例篇

中国（上海）自由贸易试验区建设三年成效、经验与建议
　　…………………………… 上海市人民政府发展研究中心课题组（313）

上海"五个中心"建设的进展与经验
　　　　　　……………………… 尹应凯　胡婧凡　张延峰（332）
城市更新背景下大数据服务于社会治理初探
　　——以上海市铜川路水产市场搬迁为例
　　　　　　……………… 刘　淼　邹　伟　王芃森　陈　晨（359）
上海城市综合管理的主要问题和改进对策研究
　　——以黄浦区为例 ………………………… 夏江旗　张同林（376）
上海推进特色小镇的政策思路及典型案例研究 ………… 路建楠（394）
全球科创中心建设背景下社会治理机制
　　——以浦东新区科技社团转型发展为例
　　　　　　………………………… 曾　军　聂永有　李　晨（409）
浦东开发与上海的再都市化 …………………………… 刘士林（440）

第四部分　展望篇

携手共建长江经济带，积极融入国家战略 ……………… 肖　林（457）
上海新一轮城市总体规划的创新与期待 ………………… 屠启宇（471）

第五部分　善治良政制度汇编

上海市政府新闻发布会介绍迈向卓越的全球城市，
　　构建创新、人文、生态之城有关情况 ………………………（485）
上海服务国家"一带一路"建设发挥"桥头堡"作用行动方案
　　………… 上海市推进"一带一路"建设工作领导小组办公室（492）
上海市人民政府关于进一步支持外资研发中心参与上海
　　具有全球影响力的科技创新中心建设的若干意见 ……………（505）
"十三五"时期上海国际贸易中心建设规划………………………（509）
上海市推进"互联网+"行动实施意见 …………………………（538）
关于加快培育和发展上海住房租赁市场的实施意见 ……………（552）

第一部分 总报告

上海全球城市发展战略目标取向

周振华

(上海全球城市研究院)

一 全球城市：上海未来城市发展的升级版

在2020年上海基本建成"四个中心"和现代化国际大都市的基础上，上海未来城市发展的升级版就是走向全球城市。这不是一个简单的概念之转换，而是一个全新内容的现实升级。

国际大都市是很早以前就被用来描述在早期世界经济中占主导地位的大城市的一个概念。格迪斯（Geddes）把国际大都市定义为那些在世界商业活动中占有不成比例数量（占主导地位）的城市，并用来说明国家首都的统领作用和交通网络系统中的商业、工业中心。这些国际大都市只是凸显了在世界商业活动中的主导地位，其关键角色只是与帝国的力量或贸易的组织有关，源于国家之间"中心—外围"经济（商业）关系体现在城市空间上的自然逻辑。当然，我们现在使用这一概念是加了"现代化"的修饰词，但这一概念的本质内涵并没有发生根本改变。全球城市是当今全球化与信息化交互作用特定背景下的产物，是一种新型世界体系的空间表达。由于全球经济的地域分布及构成发生了变化，产生了一种空间分散化而全球一体化的经济活动，从而赋予主要城市一种新的战略角色（全球城市）。全球城市形成的基本动力来自新的国际劳动地域分工和全球信息化浪潮。因此，全球城市具有与国际大都市不同的全新内涵。从国际大都市升级为全球城市，必须实现以下根本性的转变：

(一) 从中心城市转向节点城市

源于传统城市学中心空间分布理论的中心城市,强调的是"中心地",即一种贸易场所、港口、金融中心或工业中心的角色。这一"中心地"是具有地理边界的"地点空间"(space of place),连接物理性的地域上有明显连续性的广大腹地,因而强调商品与服务的单一化、垂直通达性、单向流动、交通成本等。而全球城市内生于全球城市网络之中,是这一全球城市网络中的主要节点城市,其基本特质表现在与其他城市更广泛而更密集的相互作用上。基于全球城市网络的全球城市,产生于公司网络活动的关系以及以知识综合体和经济反射为基础的城市之间的联系之中。这一"节点"的概念,意味着有强大的非本地关系,城市之间建立顺畅的内部联系并持续的相互作用。因此,全球城市就不单纯是一个地点空间,更是作为"网络节点"的流动空间(space of flows),具有"地点空间"和"流动空间"的双重空间结构。

(二) 从竞争性大都市转向合作协同大都会

国际大都市作为"中心地"与周边或其他城市的关系,是"中心—外围"的主从关系,它是处于城市体系垂直等级结构中的顶端。由于这种"中心—外围"的关系是一种对空间的零和博弈的完全竞争关系,因而这种在世界商业活动中占有不成比例数量的国际大都市就像一个"黑洞"不成比例地集聚资源和财富,通常在其周边(城市)呈现"灯下黑"的现象。而基于全球网络结构的全球城市,正在改变与国内及地区其他城市之间的关系,形成一种基于平等关系的"非零和"博弈的合作与协同。特别像纽约、伦敦、东京这样的超级全球城市,正通过城市网络全面融入区域、国家和全球经济的各个层面;其中一个重要表现就是通过高度的地区交流与合作,包括高度发达的资本、信息以及人力资源流动,与其毗邻的周边城市形成强大的内在联系,并全面整合在全球经济体系之中。因此,全球城市寓于全球城市区域发展之中。

(三) 从内部结构功能转向外部连通性功能

国际大都市概念是运用功能主义和构造主义的基本方法提炼出来的,

即通过城市结构分析来揭示其内部特征及其功能,并由此来界定城市特质及其地位。在实证分析中,通常运用与此相关的基于经济实力、市场规模、竞争力等重要指标来静态衡量国际大都市。因此,国际大都市的特征表现为基于物质性实力、规模等的控制力和影响力,主要是依靠它所拥有的禀赋(如独特的区位、各种设施、经济实力等)来获得和积累财富、控制力、权力。全球城市这一概念是通过城市网络分析来揭示其外部连通性特征及其功能,并由此来界定城市特质和确定城市地位。作为全球城市网络中的一个节点,其本质属性就是连通性。因此,一个城市在网络中的重要性,取决于它和其他节点之间的关联程度,取决于"它们之间交流什么,而不是它们那里有什么"。[1] 对于全球城市而言,它就是在城市网络中最具有连通性的主要节点城市,因此它所感兴趣的不是其在内向而稳定系统中的固定位置,[2] 而是其中的流进与流出的途径,加速与减速的收缩和扩张。[3] 全球城市不是依靠它所拥有的而是通过流经来获得和积累财富、控制力、权力。因此,全球城市通常是用网络的流动水平、频繁程度和密集程度等连通性指标来动态衡量的。全球城市的特征表现为跨国功能性机构集聚的公司网络、资源流动与配置的网络平台等产生的控制力和影响力,主要依靠基于网络流动的全球资源配置的战略功能获得在全球经济中的地位。

(四) 从主要经济功能转向多元城市功能

上海"四个中心"主要描述其空间经济属性的特质及其在世界经济体系中的战略性地位。但全球城市在全球城市网络中是具有多重维度、多元功能的节点城市。正如诺克斯(Knox)指出的,如今的全球城市已经是经济、政治、科技、文化全球化的原因和结果。[4] 因此,未来的上海

---

[1] Beaverstock, J. V., Smith, R. G., Taylor, P. J., Walker, D. R. F. & Lorimer, H., Globalization and World Cities: Some Measurement Methodologies. Applied Geography, 20, 43–46, 2000.

[2] Virilio, P., Polar Inertia, London: Sage, 1999.

[3] Jameson, F., Postmodernism, or the Cultural Logic of Late Capitalism, New Left Review, 146, 53–92, 1984.

[4] Knox, P. L., World Cities and the Organization of Global Space, in Johnston, R. J., Taylor, P. J. and Watts, M. J. (eds) Geographies of Global Change, 2nd edition, Oxford: Blackwell, 328–338, 2002.

将是具有多元功能性全球网络连通的全球城市。

二 上海迈向全球城市的驱动力及其逻辑结论

上海未来30年迈向全球城市的战略目标取向，不是我们主观愿望所使——"我们想怎么做""我们希望怎么样"，而要基于内在的战略驱动力。在这方面，我们还要做许多深入的研究，如未来的战略环境变化、战略资源的拥有程度等。显然，这些变化都具有高度的不确定性。但我们可以依据目前日益形成并逐渐清晰的发展趋势，对上海迈向全球城市的驱动力作大致的判断。

（一）全球化进程加速世界格局大变化

全球化进程加速的表现有：WTO的"多边投资贸易＋各种区域性双边投资贸易"；"制造、金融部门全球化＋非制造、非金融部门全球化"；"经济全球化＋科技、文化、政治全球化"。世界格局变动的趋势：南北格局变动；消费国、生产国、资源国多极平衡格局变动；跨国公司全球版图重绘；全球供应链区域性调整；国际货币体系多元化；全球治理结构变动；全球能源格局变动；世界新科技革命；世界城市化达到新高度等。

逻辑结论：城市空间地位更加突出；全球城市网络更加密集；全球城市的世界体系空间表达和作用更加显著；全球城市种类更加多样性。

（二）世界重心东移，亚洲引领世界

亚洲日益成为：世界人口主要聚集地区；世界城市化迅速发展地区；经济规模最大的地区；世界投资贸易高度集中的地区；中产阶层迅速崛起的主要地区；全球最大的消费市场；全球供应链分工最为充分和有机联系的地区等。

逻辑结论：亚洲更多城市融入全球城市网络；亚洲将崛起一批全球城市；亚洲的新兴全球城市将在世界体系中发挥更大的节点作用。

（三）中华民族伟大复兴，中国拥有全球领袖地位

未来30年，中国将成为全球最大的经济体；人民币成为国际货币之

一；中国的跨国公司在全球有重大影响；中国深耕亚太并成为其经济集成国；中国成为全球治理结构中占有主导地位的国家之一；中国的文化软实力将被认同；中国的科技创新将进入世界前列；中国借助"一带一路"东进太平洋、西进大西洋等。

逻辑结论：中国绝大多数城市将融入全球城市网络；中国将形成若干全球城市区域；中国将有代表国家参与竞争的数个全球城市崛起；中国新兴的全球城市在世界体系中将起决定性的节点作用。

（四）上海具有全球城市的内在基因，代表和体现国家战略

上海寓于长三角全球城市区域发展之中，是中国进行内外广泛交流高度贯通的重要门户。上海拥有对外开放的深厚历史积淀，海纳百川、交汇相融的传统文化，高度全球网络连通性的现实基础，容纳全球网络大规模流动的巨大潜能。上海体现的国家战略意图十分明确，具有迈向全球城市的较高起点和良好基础。

逻辑结论：上海有望崛起为全球城市；上海将成为全球城市网络中的一个世界级、综合性的全球城市；上海将是一个代表新时代文明的全球城市。

三　上海建设全球城市的目标取向

总体而言，这一目标取向是：以中枢功能为核心，集多元门户通道、广泛多样平台为一体，基于全球网络广泛交流联系，具有全球资源配置战略性地位，全球科技、文化交融和群英荟萃强大吸引力，全球治理和国际事务协调重大影响力，人类文明高度引领与广泛传播力的全球城市。

世界级的全球城市，必须是以中枢功能为核心，集多元门户通道、广泛多样平台为一体，才能形成基于全球网络广泛交流联系的决定性节点城市。因此，上海不仅要构建全球资源配置的平台，而且要形成促进全球资源大规模流动的门户通道，更要成为一个控制与服务全球资源流动和配置的中枢。

一般来讲，融入全球城市网络的城市，在全球商品链中都具有或多或少的全球资源配置功能，全球城市更是如此。但世界级的全球城市，拥有的不是一般性的全球资源配置功能,而是在全球资源配置中处于战略性地位的控制与协调功能。因此,上海必须要集聚一大批具有控制与协调功能的跨国公司和全球公司总部,特别是本土的跨国公司和全球公司总部。

经济金融与科技、文化的高度融合是未来城市发展重大趋势之一。特别是综合性全球城市,不仅在经济方面具有高度的全球连通性功能,而且在科技、文化等方面也要具有高度的全球连通性功能,并促进经济、科技、文化等的全球交融。在其背后,是基于信息、知识的高智力流动与交融的支撑。因此,上海要建设成为科技创新高地、文化交流舞台、群英汇聚圣地的知识城市、智慧城市、创新城市。

随着全球治理体系的变化,国际组织和非政府组织在全球治理中的角色越来越重要,全球城市承担的国际事务协调功能也将进一步强化,国际组织和非政府组织的地理分布也将会有所调整。因此,上海必须集聚一批有重大影响力的国际组织和非政府组织,充分发挥参与和协调国际事务的功能。

几千年来,城市始终是人类活动的中心和社会文明的标志。正如刘易斯·芒福德指出的,人类文明的每一次更新演化,都是密切联系着的城市作为文明孵化器和载体的周期性兴衰历史。换言之,一代新文明必然有自己的城市,离不开城市的根本反思和进步。因此,上海未来的全球城市必须彰显人类文明的历史演化,成为新一代文明的典型代表,成为一个新一代文明高度引领与广泛传播的新型城市。

上海全球城市发展的五大战略背景

马海倩　汪曾涛

（上海市发展改革研究院）

未来30年，全球发展的趋势格局将发生系列重大变化。全球化发展、世界经济增长、全球技术变革、全球城市演进以及中国大国崛起都将呈现出新的趋势和特征，这将影响上海未来30年发展所面临的外部环境，并成为影响上海发展的重大变量因素。根据历史演进脉络和当下时代特征，未来30年全球有五大值得关注的重大趋势。

战略背景之一：全球化进入3.0时代

全球化经历了漫长的发展历史，继续并将始终处于不断深化演变的过程中。未来30年，上海的发展要在融入、参与全球化进程中获取城市发展的新动力、实现城市地位的新跃升。根据全球化发展的动力机制、要素流动和发展格局变化，可将其分为1.0、2.0、3.0三个发展阶段（见图1）。

1. 全球化的1.0时代（20世纪70—80年代）

20世纪70年代后，美国布雷顿森林体系崩溃，开始形成美、欧、日三足鼎立的局面。同时，信息技术革命、互联网普及深化发展，全球通信系统的建立标志着人类社会开始进入相互联系、共同生存的时代，全球化特征进一步凸显，超越了传统的国际分工概念，经济全球化成为一种清晰的经济常态特征，并对经济主体决策过程产生重要影响，从而进入了真正的全球化时代，即全球化1.0时代。全球化1.0时代，贸易全

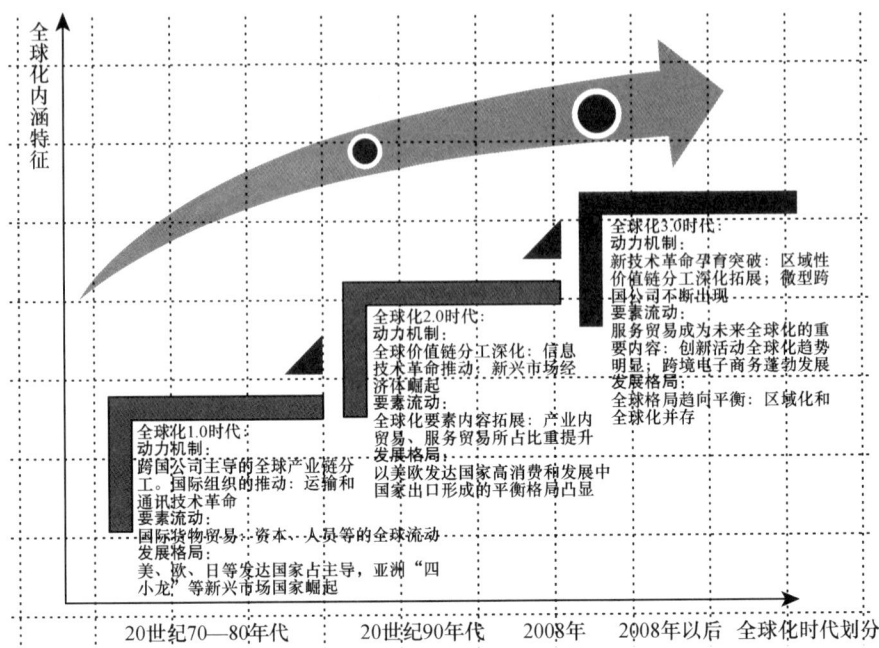

图1　全球化1.0、2.0、3.0时代划分

球化和生产全球化特征较为明显，该阶段全球化的动力主要来自跨国公司主导的全球产业链分工、由国际组织推动的国际贸易蓬勃发展，以及运输和通信技术革命带来的国际贸易成本的降低。该阶段的要素流动也主要围绕贸易全球化和生产全球化而产生，包括国际货物的流动和资本、人员等的全球流动等。

2. 全球化的2.0时代（20世纪90年代—2008年）

全球化2.0时代既是1.0时代的继续深化，又凸显出不同于1.0时代的特征。该阶段为全球化发展最为迅速的20年，2008年国际金融危机之前达到顶峰。全球化2.0时代下，世界各国之间的依赖度不断提高，金融资本联系更加密切，全球价值链快速发展，该阶段全球化的动力主要来自全球价值链分工深化、信息技术革命加速、新兴市场经济体崛起三个方面。该阶段要素的全球流动呈现出不同以往的显著特征：一是全球化要素内容拓展，从原来的以货物流动为主不断向资本、技术、信息、人员和服务流动拓展；二是产业内贸易比重提升，在许多OECD国家，制造业产业内贸易的份额上升了2/3，甚至更多；三是服务贸易快速发展。

服务贸易迅速增长,且服务外包、离岸外包等新型服务贸易迅速扩展。

3. 全球化的3.0时代

2008年国际金融危机后,全球化开始向3.0时代迈进。与1.0时代和2.0时代相比,全球化3.0时代面临的背景环境更加复杂,动态变量因素更多,世界格局多元化趋势更为明显。全球化3.0时代,经济全球化将继续向纵深发展。一是新技术革命的孕育与突破。2008年国际金融危机后,技术进步和资源利用方式的创新与互联网技术的结合,正在改变当今世界,并孕育着新一轮的工业革命,在未来30年可能会有突破性进展。二是区域价值链分工的深化与拓展。智能制造和数字服务融合推动商业模式创新,导致中间产品贸易、服务贸易等全球价值链中新的增值环节不断出现。三是微型跨国公司不断出现。在互联网经济环境下,越来越多的中小企业直接具备展开跨国经营的能力。随着全球分工不断向服务、技术、信息、研发、创新等领域(远远超过生产活动分工的范畴)拓展深化,技术、人员、创新、信息、服务等要素流动所占比例将越来越大。

全球化发展的"新阶段"和新趋势为上海未来发展带来新机遇、提出新要求。一是要提升城市定位。在全球资源配置方式不断创新的情况下,城市将取代国家成为资源配置中心。上海必须结合未来30年经济全球化的发展来考虑其功能定位、规划定位和改革定位。二是要提升高端要素整合控制力。上海要通过集聚整合高端要素资源,占据高端高附加值环节,不断提升在全球价值链中的地位,建设全球经济资源集聚和配置中心的全球城市。三是要注重全方位开放和全领域融入全球体系。切实消除开放壁垒,构筑制度创新高地,不断完善以负面清单管理为核心的外商投资管理制度,加快推进以资本项目可兑换和金融服务业开放为目标的金融创新制度。四是要注重全球治理规则的对接和引领。作为中国对接全球的"桥头堡",上海要加快构建接轨国际的高标准规则体系,要在特定优势领域主动参与和引领国际规则的制定,在全球治理体系重构中争取话语权。

战略背景之二:世界经济博弈"再平衡"

世界经济增长的趋势是影响上海未来30年发展的重要基础。从全球经济增长率变化趋势视角入手,根据经济增长的速度和波动性,可将1950—2050年100年间的经济增长划分为四个阶段(见图2)。

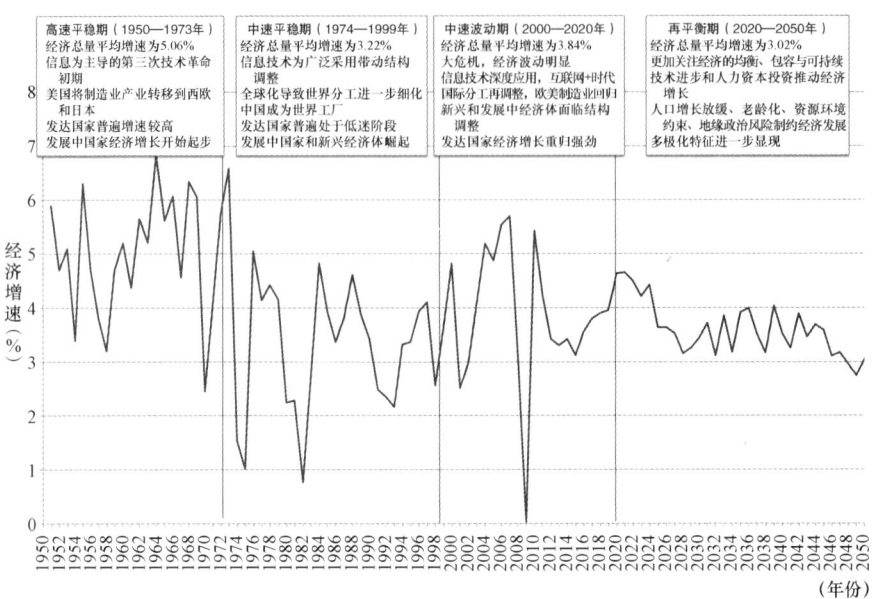

图2　1950—2050年全球经济增长速度

注:1950—1979年数据来自安格斯·麦迪森《世界经济千年史》,1980—2020年数据来自IMF全球展望数据库,其中2015—2020年为预测数据,2021—2050年数据根据OECD全球经济展望的平均值预计。

1. 世界经济增长的高速平稳期(1950—1973年)

1950—1973年第一次石油危机期间,世界经济增长进入"高速平稳期",这一时期被称为全球经济增长的"黄金时期"。1950—1973年全球经济平均增速为5.06%,全球货物贸易平均增速为9.86%,都处于相对较高的增长水平。该阶段的增长动力主要来自技术进步、全球分工深化、人力资本推动三个方面。在此期间,发达国家增速普遍较高;发展中国家经济增长开始起步,经济增速低于发达国家或与部分发达国家相当。同时,新兴国家发展亮点突出,特别是新兴工业化国家和地区(如亚洲"四小龙"等)大力发展劳动密集型产品并扩大出口,实现由进口替代型经济向出口导向型经济的转变。

2. 世界经济增长的中速平稳期（1973—1999 年）

1973 年第一次石油危机到 1999 年亚洲金融危机期间，世界经济进入"中速平稳期"。1974—1999 年全球经济平均增速为 3.22%；贸易增速为 9.22%，较前一阶段有所下降。全球外资流入量平均增速 16.48%，发达国家略好于发展中国家。此阶段经济增速较前期下移的主要原因在于 1974 年开始发达国家普遍进入经济增长低谷和产业结构调整阶段，增长动力主要来自信息技术带动产业结构升级，以及全球化导致世界分工进一步细化。在此期间，发达国家经济增速普遍低迷。1974—1982 年是资本主义经济"滞胀"时期；1982 年至 20 世纪 90 年代初，资本主义经济进入低速增长时期；90 年代，资本主义经济进入温和衰退和缓慢回升时期。发展中国家和新兴经济体崛起，经济增速普遍高于发达国家，但由于此阶段新兴经济体整体体量较小，对全球经济增长的贡献率仍然弱于发达国家。

3. 世界经济增长的中速波动期（2000—2020 年）

从亚洲金融危机（2000 年）至 2020 年，世界经济进入"中速波动期"，世界经济在此阶段经历了近 8 年的高速增长，但又于 2008 年出现了严重的全球金融危机。2000—2020 年全球经济平均增速略高于前期，预计为 3.84%，但波动性增强，2000—2014 年货物贸易增速为 8.2%，较前一阶段又有所下降。2000—2014 年全球 FDI 流入量增长缓慢，平均增速仅为 0.88%，并出现了多个年份的负增长。此段时期经济波动的主要原因是在全球化进一步加深的背景下，经济危机所带来的传染性和破坏性进一步增强。该阶段增长动力主要来自信息技术深度应用、国际分工再调整两个方面。在此期间，新兴和发展中经济体面临困境，经过十多年的高速增长之后，面临传统经济增长动力衰减、新兴经济增长动力不足的难题，国内消费结构、产业结构、收入分配结构亟待调整转型，发展增长存在较大下行压力。发达国家经济增长逐步增强。通过危机期间的调整，发达国家经济增长更为强劲。但总体而言，发展中经济体仍将快于发达经济体，世界经济发展重心继续东移，两者的差距仍将进一步缩小。

4. 世界经济增长的再平衡博弈（2020 年后）

2020—2050 年，世界经济进入"再平衡博弈期"，经过上一阶段经济危机和经济波动给全球带来的始料未及的灾难，在新一轮的经济增长中，世界各国将更加关注经济的均衡、包容与稳定，通过重新审视过去的发展路径，寻求发展模式的转变以实现自身平衡和世界经济平衡的结合点。课题组预计今后30—50年，如果没有新一轮技术突破，全球经济增速出现单边下滑的可能性极大，但如果实现突破则会有新的情景出现。预计2021—2050年平均增速为3.02%（这意味着2032年的经济总量比2010年翻一番，2050年再翻一番）。未来经济增长放缓主要是受人口增长放缓和人口老龄化、资源环境约束，以及地缘政治风险等因素的制约。面向未来，新技术革命、新产业革命将是支撑世界经济未来增长的重要动力。新产业革命将引发产业链效率的整体提升，推动和支持全球经济新一轮的增长。在此期间，世界经济发展重心将继续东移，多元分化特征将进一步显现。2020年以后，发展中国家和新兴经济体的发展速度仍将继续领先于发达经济体，两者的差距将会继续缩小。发展中国家和新兴经济体的不断崛起，在国际社会中的话语权增强，全球治理机制由旧的西方治理向新的西方（发达经济体）与非西方（新兴经济体）共同治理转变。同时，以美国为首的发达国家在经济规模、创新能力、金融实力、全球话语权方面仍然有重大的影响力，于某些方面还将进一步强化，在未来相当长的时间内仍将是世界经济发展的主导。未来，发达国家的发展将注重增加储蓄力和降低消费。

未来30年，世界经济将进入相对低速增长期，经济增长模式与格局都将发生深刻变化，上海要充分把握外部环境变化对上海全球城市建设带来的影响。一是客观认识低速增长可能的长期性。全球经济增长放缓是在技术、人口、资源、环境影响下的长期趋势，在下一次科技取得突破性进展之前，经济会呈现单边下降的趋势。二是客观认识再平衡博弈中中国与世界的关系。中国经济总量将居于世界第一位，但人均量仍会与世界先进水平有相当大的差距。中国仍是世界经济增长引擎，上海经济增长要发挥重要支撑作用。三是高度重视技术、人才等新的动力引擎。世界经济增长动力将更加突出对技术、人才因素的依赖，上海要着力构建面向未来的可持续的增长动力，探索新的经济增长模式。

战略背景之三：技术引领未来之变革

世界经济的潮落潮起，经济霸主的更迭沉浮，都与技术革命有着密切的联系。现在正处于高技术时代和知识经济时代下的技术爆发时期，未来科学和技术的任何突破还将对我们的生产和生活起到深刻的影响。

1. 全球技术演进路径

伴随人类科学技术波浪式发展，每过一段时间都会出现一次技术革命，每次技术革命都起源于某一两项具有根本性和强大带动性的重大技术突破，引发新的技术体系的建立和新的产业升级，同时生产方式、组织模式与社会生活也随之发生了巨大变化。经过总结，人们把关键性的技术突破及引起的一系列变化归纳成技术革命，一般有三次技术革命和四次技术革命等理论。

从技术发展角度出发，18世纪以来人类社会共经历了三次技术革命（见图3），分别是：以机械为主导的第一次技术革命、以电力为主导的第二次技术革命、以信息为主导的第三次技术革命。三次技术革命将人类社会由农业社会推进到工业社会，创造了人类社会的现代文明。

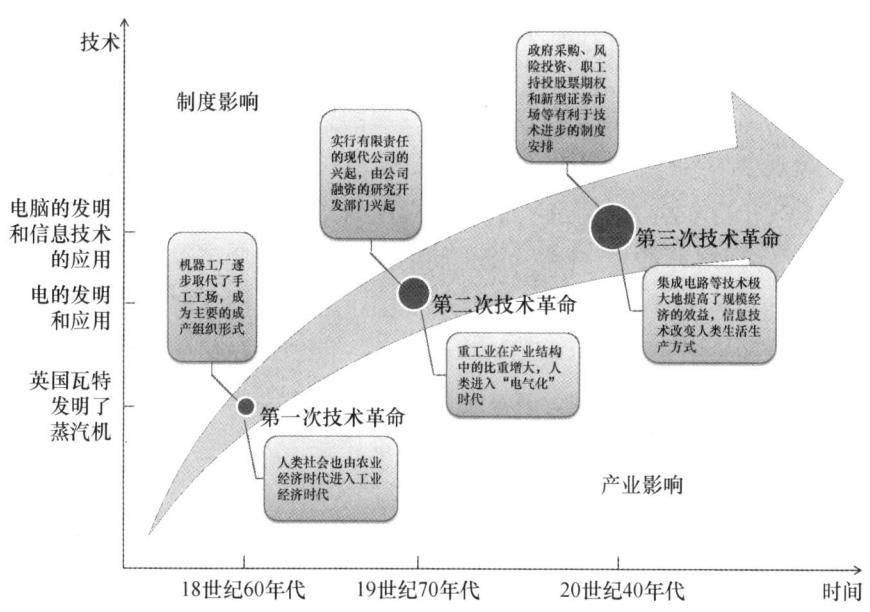

图3 三次技术革命演进趋势

2. 未来技术发展趋势

科学技术的不断创新会在人类文明发展的过程中继续扮演重要角色。

未来世界科技发展将呈现新趋势：一是颠覆性技术层出不穷，将催生产业的重大变革，成为社会生产力新飞跃的突破口。二是科技更加以人为本，绿色、健康、智能成为引领科技创新的重点方向。三是"互联网+"蓬勃发展，将全方位改变人类生产生活。四是国际科技竞争日趋激烈，科技制高点向"深空、深海、深地、深蓝"拓进。五是前沿基础研究向宏观拓展、微观深入和极端条件方向交叉融合发展，一些基本科学问题正在孕育重大突破。互联智能技术的深化应用（包括信息技术、人工智能等）、潜在的重大技术突破领域（主要包括生物技术、能源技术、空间技术、海洋开发、材料技术等）、跨学科交叉融合科学技术这三方面将是未来30年最有可能成为技术革命性突破的领域。

3. 技术产生深远影响

随着技术革命带来的生产力形态的变化，人类社会的结构状态也将相应变化。以高科技和信息化为特征的现代科技革命以及未来将会发生的新一次技术革命，都将会深刻地改变着社会发展的方方面面，促进新的社会结构的形成和发展，主要有三个方面：一是对产业结构的影响。产业结构的科学技术水平逐渐提高，信息、生物、新材料、航天航空、海洋、生命科学等产业日益成为经济发展的主导和支柱，尤其是信息技术的发展使信息产业成为当今世界上的最大产业。未来，随着技术进步，还将涌现出更多新的产业部门。二是对消费结构的影响。技术进步给人们创造了各种新型的消费品，使人们的消费选择摆脱了单一性，而呈现出灵活性和多样性。同时，技术进步也促进了享受型消费和非物质形态商品消费的发展。三是对就业结构的影响。世界产业结构在现代科技革命的推动下发生巨大改变，其从业的人员结构也会发生很大变化，实现呈现就业结构及劳动方式的轻型化，即以耗费体力为主要方式的、从事笨重体力劳动的人数不断减少，智力劳动的人数不断上升。

战略背景之四：城市探寻新理念之融入

21世纪是城市的世纪。对城市发展内涵及规律的深刻认识，是制定上海未来30年发展愿景和战略的重要前提。从制定城市战略角度出发，可重点关注"五新"（见图4）。

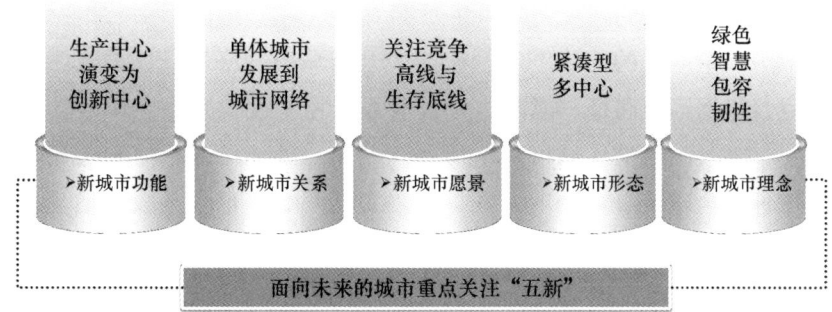

图4 面向未来的城市发展新趋势

1. 新城市功能：生产中心到创新中心

城市的功能演化具有明显的时代烙印。工业革命之前，城市经济活动以围绕着农业生产和生活资料有关的手工业为主，城市功能相对单一，基本功能以居住为主，以手工业生产和少量商业活动为辅。18世纪60年代至19世纪中叶，以蒸汽机和自动纺织机为代表的科技和产业革命，实现了生产机械化，极大地提高了社会生产力，推动人类从手工时代进入蒸汽时代。城市主要功能转变为工业生产。第二次世界大战特别是20世纪六七十年代以来，服务经济如通信信息、咨询、金融业和物流业迅速发展，城市作为服务中心在国家和区域中发挥着管理与协调职能，出现了诸如纽约、伦敦、巴黎等金融、物流、贸易等为主导功能的服务型城市。进入21世纪，城市经济在从以制造业为中心向结构轻型化和经济服务化转变的同时，日益表现出显著的以知识信息为中心的创新经济特点。创新资源加速在世界范围内的流动，使全球经济进入创新竞争阶段。在新一轮经济长波与技术革命正在酝酿的关键时期，哪座城市能够掌握新一轮产业兴起的核心技术与创意环节，开发出新的具有竞争力的产品与服务模式，哪座城市就能占据新兴主导产业发展的制高点，控制全球经济、文化与政治发展的脉搏，从而确立以及进一步保持其世界城市的地位与优势。因此，未来30年，创新将成为城市竞争和演化的主要功能。

2. 新城市关系：单体城市到城市网络

未来30年，随着全球化和信息化的深入推进，城市发展将由单体城市模式向城市网络模式深入演进。在经济全球化、政治多极化、社会信息化和文化多元化的相互交织和互为推动下，全球城市间网络加速形成，世界成为一个巨大的网络空间。在这个全球城市网络中，以城市为载体的节点，依据等级高低、能量大小、联系紧密程度等要素集结成为一个多极化、多层次的世界城市网络体系。其中，处于核心枢纽和关键位置的城市称为全球城市。2008年国际金融危机后，全球贸易投资治理规则和格局面临变化调整，同时全球化与地方化力量互动加强。这些因素深刻影响着全球资源要素空间配置方式，进而使未来30年全球城市体系呈现出新的变化趋势。

3. 新城市愿景：竞争高线与生存底线

进入21世纪，在全球范围内掀起一轮国际大都市长期发展战略规划实践浪潮。纽约、伦敦、东京、首尔等城市纷纷制定面向未来的发展战略纲领性文件。这些战略规划均突出体现了全球竞争力和可持续发展的双线融合互动，在愿景目标上强调具有全球影响力的"竞争性"高线目标和巨型城市所面临一系列挑战的"生存性"底线目标，更加关注城市领导者的"竞争力"和居民的"宜居问题"。

4. 新城市形态：紧凑型和多中心

国际大都市的城市空间形态优化目标主要集中为：紧凑和多中心，前者主要回应可持续发展挑战，后者主要应对全球竞争挑战。（1）紧凑型布局。面对城市的无序蔓延和低密度扩张，构建更加紧凑的整体空间形态正成为一种共识。国际上大多数都市区空间规划将"紧凑"作为空间优化的核心目标之一。"紧凑"作为一种可持续的城市发展形态，主要表现为土地高强度利用、功能适度混合利用、空间开发与交通耦合、分散式集中布局等。（2）多中心化。城市空间形态、功能、治理的多中心化，成为国际上诸多特大城市空间发展的重要趋势。在欧洲，"欧洲空间发展展望"（ESDP）提出把"多中心"作为提升区域经济竞争力、社会凝聚力和环境可持续性的关键工具。在北美，"多中心"被列入美国2050年远景规划的重大议题。

5. 新城市理念：绿色、智慧、包容、韧性

绿色城市。绿色城市的核心特征是环境友好与资源高效利用，其外延涵盖经济、环境、空间、交通、社会发展等诸多方面，是对城市系统

的全局规划和模式转变。经济方面，主要是以发展循环经济、低碳经济和服务经济为依托，构建绿色产业体系。技术方面，注重"软—硬"结合，对环境技术与数字技术、制度、市场等"软力量"进行整合，以数字工具与商业模式应对环境、能源与资源约束。空间方面，立足于节地、节能、节水、节材，追求土地利用的智慧增长，强调紧凑、高密度、混合土地利用，以相对有限的土地资源和空间资源实现城市健康发展。环境方面，优化城乡空间布局，改善城市生态系统，创建和谐、安全、宜居的绿色生态环境。

智慧城市。随着信息化社会的深入发展，构建泛在化的信息网络，带动智慧城市全面发展，成为许多国家和城市追求的目标。智慧城市是以现代信息技术（如物联网、互联网、云计算、大数据等）为基础，通过互联化、物联化、智能化的方式，让城市各个功能模块彼此协调运作，并以智慧技术高度集成、智慧产业高度发展、智慧服务高效便民为主要特征的城市发展新模式，是城市信息化发展到高阶段的必然产物。

包容城市。城市在推进经济增长的同时，并未有效带来发展成果的平等分享，由此引起各国对城市包容性发展问题的关注。针对城市过分倚重经济增长而畸形发展的模式，国内外政府部门、研究机构、学界普遍认为城市发展应该以更为宽广的视野和科学的态度关注民生幸福及社会公平等问题，力争推动城市实现包容管理、内涵式发展、共享繁荣。

韧性城市。随着城市空间和人口分布越来越密集，城市社会组织和矛盾越来越复合，城市经济结构越来越多元，城市发展所面临的不确定性和未知风险空前复杂。气候变化、资源枯竭、生态过载、环境污染和经济结构局部失衡等问题所造成的城市灾害显著地冲击了城市的自我调节能力，因此，城市脆弱性的问题成为制约城市可持续发展的核心问题，韧性城市理念逐渐被确认为新一代规划理论的主要观点。

战略背景之五：中国迈上大国崛起之路

国家崛起是城市发展的重要基础，纵观全球城市兴起的历史进程，均伴随所在国家在全球格局中地位的提升。上海未来30年发展应在我国大国崛起的进程中把握机遇，提升在全球城市中的竞争地位。

1. 世界大国崛起之镜鉴

15世纪以来,葡萄牙、西班牙、荷兰、英国、法国、德国、日本、俄罗斯、美国九个先后崛起的国家,在历史兴衰和发展方面具有典型的意义。大国兴衰规律,主要包括:一是民族的独立、国家的统一。这是一国崛起的重要前提。如美国独立战争、摆脱殖民统治,通过南北战争实现国家统一等。又如俄罗斯,苏联的瓦解使其大伤元气,失去了超级大国地位。二是国内安定。无论是之前的葡萄牙、西班牙,还是后来的英国、法国,其由盛转衰的"分水岭"都是挑起或卷入战争,从而大大削弱国家实力。而国内安定成为各国发展经济的最好环境,从而逐步提升实力,逐步崛起。三是革命性的制度变革。典型代表如日本的明治维新,进行了大刀阔斧的改革,成为日本崛起的重要起点;再如美国独立后一系列国家制度的确立,成为崛起的重要保障。四是着力发展经济、完成工业革命和技术进步、眼睛向外。荷兰注重贸易,重视商业发展,成为其崛起的重要条件;英国率先完成工业革命,商业、贸易、金融、航运高度发达;日本注重工业主导、加强科技投入等,并且都是向比自己发达的国家看齐、学习,师彼长技。五是重视科技和教育。尤其是美国和日本,美国高等教育水平和科研技术水平都是世界第一,科研经费投入多、研究型高校企业多、科研成果丰富,引领着世界前沿科技的发展。日本非常重视技术创新,拥有大量的跨国公司和研发机构,研发经费占GDP的比例为3.1%,位居发达国家榜首。

2. 中国战略崛起之进程

中国的崛起有其历史必然性,也有相应的部署、谋划、实践的历史逻辑,本报告在综合各方研究观点的基础上,以中国改革开放至2050年"第二个百年"为时间尺度,提出了分析中国战略崛起的三个阶段:一是大国崛起之起步(1978—2001)。其崛起的逻辑起点即改革开放,开始大规模招商引资,融入全球化进程,利用国际资源、国际市场实现自身发展。经过改革开放20多年的埋头和平发展,中国综合国力不断上升,创造了高速增长的奇迹和举世瞩目的"中国模式",具备了参与世界大国之争的资格。二是大国崛起之成长(2001—2021)。成长阶段即中国加入世界贸易组织之后,加速崛起;尤其以2008年金融危机为新的起点,世界格局多元调整变革,中国开启一系列着眼于未来的战略部署,在"第一个百年"全面建成小康社会,国际地位与国际影响明显提升。三是大国崛起之复兴(2021—2049)。2020年在建党近100周年之际,我国将全面建成小康社会,中华民族站上新起点,中国崛起之路迈向新高度,将向着全面崛起、加速复兴的进程转变,到2050年新中国诞生100周年之际,中国将在国际世界构建起经济、政治、军事、科技、文化等全方位的引领地位,实现"两个百年"、中华民族伟大复兴的"中国梦"。

需要指出的是,我国战略地位崛起是基于基础条件和国际环境的趋势性预测分析,是基于我国对全球机遇把握基础上的分析,实际上这些目标的实现是需要我们付出艰苦努力的,并不一定是必然的趋势,是一种可能性的研判。需深化改革破除阻碍发展的体制机制"瓶颈",需加快经济结构调整和转型升级的步伐(见图5)。

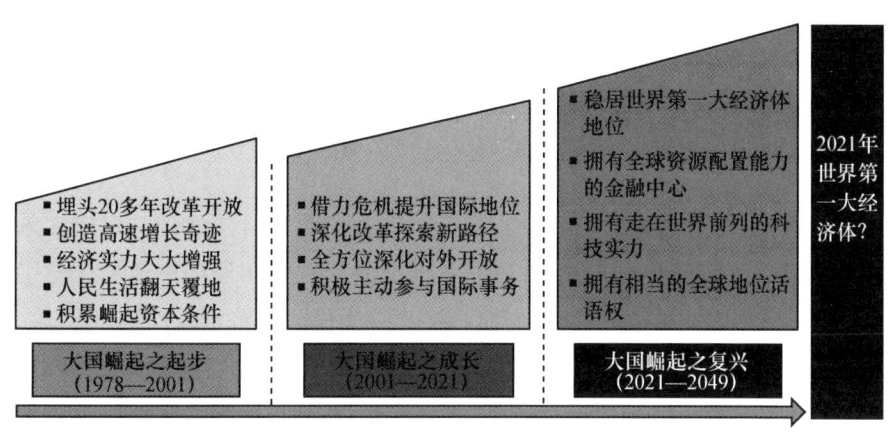

图5 中国大国崛起之进程图

3. 中国战略崛起之未来

立足全球格局看未来中国崛起。总体来看,我国未来30年仍将处于通过融入全球化获得红利的战略机遇期,在全球增长格局、全球贸易格局、全球投资格局、全球科技创新格局、全球产业分工格局、全球金融格局、全球文化格局、全球治理格局中的地位将进一步提升,实现全方位的战略崛起。中国战略崛起将遵循经济崛起—金融崛起—科技崛起的螺旋式、阶梯式路径,按照每10年实现一个跨越的跃升路径,最终实现全面赶超和战略崛起。值得注意的是,在这一过程中,始终将贯彻着我国文化的走出去，大国文化国际影响力不断提升，这也是我国战略崛起的重要标志（见图6）。

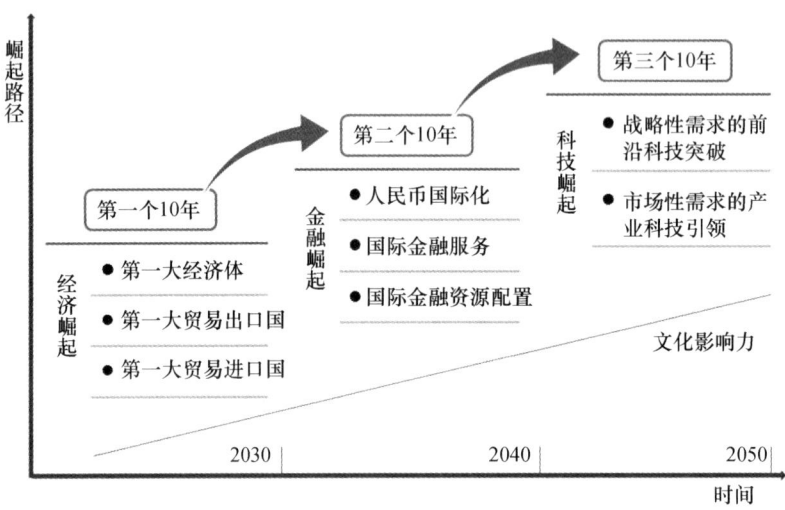

图6 未来30年中国战略崛起的前景与路径

全球增长格局：中国将继续保持全球经济增长引领地位，有望在未来10年成长为全球第一大经济体。我国已经实现多年经济增速的全球引领，创造了30年高速增长的奇迹，未来尽管我国经济增速将有所回落，但仍高于世界其他国家，仍然是世界经济的增长引擎，继续深化改革和扩大开放将会释放新的增长动力，我国经济增长长期趋势都将超过发达国家。据有关测算，中国将在2025年前后赶上美国目前的GDP规模（基于PPP计算的GDP），并将在未来的30年成长为世界第一大经济体。

全球贸易格局：中国将从贸易大国向贸易强国转变，从贸易规模优势向贸易话语权提升转变。改革开放以来，我们贸易规模呈"井喷"态势，实现了多年的高速增长，目前我国已经是第一大贸易出口国和第二大进口国，实现贸易规模的第一将成为现实。未来规模优势将继续显现，同时在服务贸易、离岸贸易、跨境电子商务等新型贸易业态发展方面显现出竞争力，对全球贸易规则制定的参与程度将进一步加深。

全球投资格局：中国"引进来"与"走出去"双向投资引领地位将进一步增强，全球资源配置能力不断提升。目前，我国是第二大吸收外资国和第三大对外投资国,未来成为全球第一指日可待,吸引外资和对外投资的质量和结构将进一步优化,尤其是对外投资将有大的突破和提升,企业"走出去"步伐加快,将发挥一定的资源配置功能。

全球科技格局:我国的科技创新将进入世界前列,将成为世界上有代表性的创新型国家。未来30年我国多数领域科技创新将实现"跟跑"向"并跑"转变,与发达国家的差距不断缩小,到2050年将居于世界研发强国前列,在互联网等新技术领域可能出现更多具有全球影响力的世界级企业。

全球产业格局:中国在全球创新链中的地位不断提升,助推产业向价值链两端延伸。伴随着国内深化改革、对外走出去、增强自主创新、商业模式创新、产业结构调整等多重因素发挥作用,我国在国际产业分工格局中的地位将得到更大的提升,使产业具有较强的国际竞争力。

全球金融格局:人民币成为国际货币之一,全球金融配置能力和服务功能将不断增强。随着我国的金融开放、金融改革,以及适应国家开放战略的金融布局(如亚投行、金砖银行、丝路基金等),我国在全球金融格局中的地位也有望得到跨越式的提升,中国的国际金融中心地位将崛起。人民币国际化在未来30年将加速突破,人民币将被更多国家认同和使用,人民币在世界货币体系中的地位将更加突出。我国金融领域的开放将进一步扩大,资本项目可兑换、利率市场化、汇率市场化等改革将破冰并且释放改革效应。人民币国际地位进一步增强。

全球文化格局:中华文化将进一步走向世界,大国文化软实力将得到广泛认同。未来30年,社会主义核心价值观将在我国经济、政治、社会、文化和生态发展的各个领域里,获得具体的文化表征、意识形态话语和社会实践形式。从文化本身的层面看,未来30年里,中华文化融合发展的大趋势将进一步展开。中华民族56个民族及海外华人华侨文化在这一融合发展的大趋势中,将充分展现各自的特色和创新创造活力。

全球治理格局:我国在国际经济治理体系中的话语权和影响力将不断增强,成为全球治理结构中占有主导地位的国家之一。积极参与全球治理,是中国不可回避的战略选择。随着我国综合经济实力的增强,各方在重大国际和地区问题上更加关注中国的立场,更加注重对我国的借重与合作。通过类似于金砖国家银行等新的区域性参与全球治理机构的建立，中国在全球治理领域的话语权将会进一步增强，这也是中国战略崛起的重要标志。

参考文献

［1］ T. C. Chang and W. K. Lee, "Renaissance City Singapore: A Study of Arts Spaces", Area, Vol. 35, No. 2 (Jun., 2003), pp. 128 – 141.

［2］ Saskia Sassen, "Globalization or Denationalization?", Review of International Political Economy, Vol. 10, No. 1 (Feb., 2003), pp. 1 – 22.

［3］ Gregory J. Smith, The Global City As Legal Concept, Toronto: York University, 2007.

［4］ Grace H. Y. Baey, Borders and Exclusion of Migrant Bodies in Singapore's Global City – State, Kingston: Queen's University, 2010.

［5］ 上海市发展改革研究院：《再改革议程》，格致出版社、上海人民出版社2013年版。

［6］ 上海市发展改革研究院：《新产业革命与新战略》，格致出版社、上海人民出版社2013年版。

［7］ 世界银行：《全球经济展望》，2015年。

［8］ 世界贸易组织：《世界贸易发展报告》，2015年。

［9］ 吴丹等：《上海与几大"全球城市"在经济层面的比较》，《安徽农业科学》2007年第35期。

全球视野下上海城市发展战略思考

唐子来　李 粲

（同济大学）

20世纪70年代以来的经济全球化导致世界经济格局发生显著变化，呈现出多极化的趋势，亚洲、新兴经济体、中国正在迅速崛起。2010年，中国经济总量超过日本，成为世界第二大经济体；2013年，中国外贸总额超过美国，成为世界最大的对外贸易国；2015年，中国对外直接投资首次超过实际利用外资，成为资本净输出国。本文聚焦全球视野下上海城市发展战略思考，首先讨论世界经济格局和世界城市体系的关联变化，其次解析全球城市的目标内涵，最后提出上海提升全球城市功能的相关策略。

一　世界经济格局变化

如图1所示，基于经济活动的地理扩散（Geographical spread of economic activities）和经济活动的功能整合（Functional integrationof economic activities），迪肯（Dicken P.）将世界经济格局的变化分为四种过程：地方化过程是地理上集中和功能上不同程度整合的经济活动；国际化过程只是地理上扩散的跨国经济活动，但功能整合程度并不高；全球化过程是地理上高度扩散和功能上深度整合相结合的经济活动；区域化过程类似于全球化过程，但仅限于区域范围的经济活动。

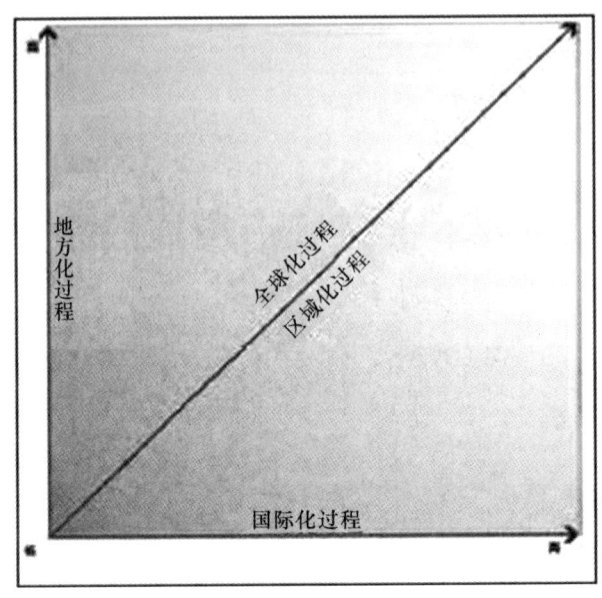

图 1　世界经济局的 4 种变化过程

资料来源：Picken P. Global shift：mapping the changing。

如果以生产、贸易和投资作为世界经济格局的重要表征，过去几十年中经济全球化进程的主要特征是跨国贸易增长高于世界生产增长、外国直接投资增长又高于跨国贸易的增长，这佐证了地理上高度扩散和功能上深度整合的经济全球化过程。

基于相关统计数据，在区域和经济板块（包括"G7 国家"、"亚洲四小龙"等）两个层面，从生产、贸易和投资三个视角，本文解析 2002—2012 年世界经济格局的变化趋势。研究发现，在区域层面，欧洲和北美作为世界经济的核心区域，生产、贸易和投资占全球比重都是显著下降的，亚洲的占比都是显著上升的；在经济板块层面，"G7 国家"作为发达经济体，生产、贸易和投资占全球比重都是显著下降的，"金砖国家"作为新兴经济体，占全球比重都是显著上升的，中国的占比增幅尤为突出。

（一）世界生产格局的变化趋势

在区域层面，世界生产格局主要集中在亚洲、欧洲和北美洲，合计占 2012 年全球生产总值的 86.61%。如表 1 所示，从 2002 年到 2012 年，北美洲和欧洲的生产总值占全球比重分别下降了10.40个和2.92个百分点，其他各洲保持不同程度的增幅，而亚洲的增幅尤为显著（高达7.84个百分点），2012年亚洲已经成为占全球生产总值比重最高的地区。在经济板块层面，"G7国家"、"亚洲四小龙"和"金砖四国"等15个国家/地区占2012年全球生产总值的70%左右，对世界生产格局变化产生重大影响。10年间，"G7国家"的生产总值占全球比重出现了显著下降，"亚洲四小龙"保持稳定，而"金砖四国"则出现了明显的增长，中国大陆的增幅尤为突出。在"金砖四国"上升的11.42个百分点中，中国大陆占7.04个百分点。2010年中国大陆国内生产总值（GDP）超过日本，成为世界第二大经济体。

表1　2002—2012年各大区域、经济板块、中国大陆生产总值占全球比重的变化　　单位:%

		2002年	2012年	2002—2012年变化
区域	亚洲	24.79	32.63	7.84
	欧洲	30.11	27.19	-2.92
	北美洲	37.19	26.79	-10.40
	大洋洲	1.16	2.11	0.95
	南美洲	2.79	5.56	2.77
	非洲	1.70	2.93	1.23
经济板块	"G7国家"	64.83	47.48	-17.35
	"亚洲四小龙"	2.54	2.36	-0.18
	"金砖四国"	8.33	19.75	11.42
	中国大陆	4.28	11.32	7.04

（二）世界贸易格局的变化趋势

在区域层面，世界贸易格局主要集中在亚洲、欧洲和北美洲，合计占2012年全球贸易总额的91.53%。如表2所示，2002—2012年，欧洲和北美洲的外贸总额占全球比重分别下降5.50个和5.25个百分点，其他各洲均有不同程度的上升，而亚洲的占比上升幅度尤为突出（上升8.13个百分点）。在经济板块层面，"G7国家"、"亚洲四小龙"和"金砖四国"等15个国家/地区占2012年全球贸易总额的62.6%,对世界贸易格局变化产生重大影响。10年间,"G7国家"的外贸总额占全球比重显著下降11.19个百分点,"亚洲四小龙"保持稳定,"金砖四国"则出现了明显的增长,中国大陆的增幅尤为突出,在"金砖四国"上升的8.48个百分点中,中国大陆占6.08个百分点。2013年,中国外贸总额超过美国,成为世界最大的外贸国。

表2　　　2002—2012年各大区域、经济板块、中国大陆
对外贸易占全球比重的变化　　　　单位:%

		2002年	2012年	2002—2012年变化
区域	亚洲	27.86	35.99	8.13
	欧洲	44.80	39.30	-5.50
	北美洲	21.49	16.24	-5.25
	大洋洲	0.93	1.08	0.15
	南美洲	1.86	3.04	1.18
	非洲	1.79	2.51	0.72
经济板块	"G7国家"	47.86	36.67	-11.19
	"亚洲四小龙"	9.79	10.01	0.22
	"金砖四国"	7.42	15.90	8.48
	中国大陆	4.77	10.85	6.08

(三) 世界投资格局的变化趋势

如表3所示,在区域层面,2002—2012年,欧洲对外投资和吸纳投资占全球比重大幅下降,北美洲略有下滑,亚洲对外投资和吸纳投资占全球比重都出现了大幅上升,其他各洲也有不同程度的上升,除了大洋洲对外投资占全球比重略有下降。在经济板块层面,"G7国家"对外投资和吸纳投资占全球比重明显下降,"亚洲四小龙"和"金砖国家"对外投资和吸纳投资占全球比重则是大幅上升的。中国作为规模最大的新兴经济体,借助加入世界贸易组织(WTO)带来的积极效应,2002年吸纳外资占全球比重已经达到8.42%,近年来中国对外投资占全球比重则是持续大幅上升。2015年中国对外直接投资首次超过实际利用外资,成为资本净输出国。

表3　　　2002—2012年各大区域、经济板块、中国大陆
吸纳外资占全球比重　　　　　　　单位:%

			2002年	2012年	2002—2012年变化
区域	亚洲	吸纳外资	17.07	31.01	13.94
		对外投资	12.65	31.19	18.54
	欧洲	吸纳外资	51.96	24.21	-27.75
		对外投资	52.73	31.35	-21.38
	北美洲	吸纳外资	19.78	17.69	-2.09
		对外投资	31.15	29.52	-1.63
	大洋洲	吸纳外资	2.40	4.22	1.82
		对外投资	1.41	1.16	-0.25
	南美洲	吸纳外资	4.47	10.69	6.22
		对外投资	0.77	1.55	0.78
	非洲	吸纳外资	2.33	3.70	1.37
		对外投资	0.05	1.03	0.98
经济板块	"G7国家"	吸纳外资	40.03	23.57	-16.46
		对外投资	61.66	51.14	-10.52
	"亚洲四小龙"	吸纳外资	2.67	10.68	8.01
		对外投资	4.50	11.00	6.50
	"金砖四国"	吸纳外资	12.78	19.83	7.05
		对外投资	1.85	10.45	8.60
	中国大陆	吸纳外资	8.42	8.96	0.54
		对外投资	0.47	6.05	5.58

二　世界城市体系转型

(一) 世界城市体系的分析维度

如前所述,在经济全球化进程中,经济活动的地理拓展和功能整合是相互协同的。世界经济格局和世界城市体系的变化具有显著的关联性。经济全球化导致世界城市体系的转型,以"产业链"为特征的空间经济结构正在转变成为以"价值链"为特征的空间经济结构。世界城市体系分析应当把握三个基本维度:一是基于跨国公司总部及其分支机构的全

球网络,考察全球资本体系,包括全球资本服务体系(高端生产性服务业的跨国公司)和全球资本支配体系(全行业的跨国公司);二是在全球资本体系中,考察城市的外向辐射度(公司总部所在地与分支机构所在地的关联)和内向集聚度(分支机构所在地与公司总部所在地的关联);三是基于城市的外向辐射度和内向集聚度,识别和解析城市的作用和地位。城市的外向辐射度越高,更为显示其在世界城市网络中的"中心城市"属性(Central city);城市的内向集聚度越高,更为显示其在世界城市网络中的"门户城市"属性(Gateway city)。无论是中心城市还是门户城市,又可以分为不同层级,包括全球—区域—国家—地区中心城市和区域—国家—地区门户城市。

(二)全球资本支配视角下世界城市体系的变化趋势

如表4所示,在2005年和2014年福布斯2000强全行业公司总部集聚度排名前30位的城市中,东京、纽约和伦敦始终保持前3位,但总部集聚度明显下降,其他发达国家的大部分城市排名也是普遍下降的;在"亚洲四小龙"中,首尔、中国香港和新加坡的排名上升,中国台北保持不变;在"金砖四国"中,中国、印度和俄罗斯的主要城市排名显著上升,并有一些其他新兴经济体的主要城市(利雅得、吉隆坡、曼谷、伊斯坦布尔)进入2014年前30位。中国大陆城市的排名上升幅度尤为显著,北京从2005年的第15位上升到2014年的第4位,上海从2005年的第209位上升到2014年的第17位。

表4　　　　　　2005年和2014年福布斯2000强全行业
总部集聚度排名前30位的城市

排名	2005年		2014年	
	城市	总部集聚度	城市	总部集聚度
1	东京	100	东京	79
2	纽约	59	纽约	52
3	伦敦	49	伦敦	46
4	巴黎	39	北京	42

续表

排名	2005年		2014年	
	城市	总部集聚度	城市	总部集聚度
5	休斯敦、大阪	18	巴黎	37
6	首尔	17	首尔	26
7	斯德哥尔摩	16	中国香港	22
8	多伦多	14	休斯敦	19
9	芝加哥、亚特兰大	13	斯德哥尔摩、多伦多	15
10	中国香港	12	大阪、莫斯科	14
11	马德里	11	孟买、中国台北	13
12	中国台北、北京、悉尼	10	悉尼、旧金山	11
13	旧金山、卡尔加里、都柏林	9	上海、马德里、新加坡	10
14	墨尔本、华盛顿、慕尼黑、米兰、阿姆斯特丹	8	亚特兰大、芝加哥、卡尔加里	9
15	新加坡、达拉斯、莫斯科	7	深圳、利雅得、明尼阿波利斯、吉隆坡、慕尼黑	8
16	孟买、夏洛特、圣何塞	6	曼谷、墨尔本、伊斯坦布尔	7

资料来源：企业名录来自福布斯中文网（http://www.forbeschina.com/list/companies），总部所在城市信息通过各企业官网查询。

（三）全球资本服务视角下世界城市体系的变化趋势

以英国拉夫堡大学为基地的全球化与世界城市研究中心（简称GaWC）依据高端生产性服务业的175家跨国公司（称为"GaWC175"）的全球关联网络（基于企业总部和各级分支机构的全球分布格局），对2000年、2004年、2008年、2010年和2012年的世界城市体系进行关联网络（Interlocking network）分析，测度各个城市在全球资本服务体系中的网络关联度（Global Network Connectivity，GNC）。

如表5所示，2000—2012年，伦敦和纽约在高端生产性服务业的全球关联网络中始终处于绝对主导地位（ALPHA++层级），中国香港、巴黎、新加坡和东京始终处于重要地位（ALPHA+层级）。但是，亚太区域的其他主要城市也迅速崛起，从2008年开始，上海、北京、悉尼和迪拜先后升至 ALPHA + 层级。在"金砖国家"中，印度的孟买、俄罗斯的莫斯科和巴西的圣保罗先后进入 ALPHA 层级。中国大陆的上海和北京尤为突出，分别从 2000 年的第 31 位和第 36 位上升到 2012 年的第 6 位和第 8 位。

表5　　　　　　　GaWC 高端生产性服务业的全球网络关联度的城市排名及其变化

层级	2000 年	2004 年	2008 年	2010 年	2012 年
ALPHA ++	伦敦（1）	伦敦（1）	伦敦（1）	伦敦（1）	伦敦（1）
	纽约（1）	纽约（2）	纽约（2）	纽约（2）	纽约（2）
ALPHA +			中国香港（3）	中国香港（3）	中国香港（3）
			巴黎（4）	巴黎（4）	巴黎（4）
	中国香港（3）	中国香港（3）	新加坡（5）	新加坡（5）	新加坡（5）
	巴黎（4）	巴黎（4）	东京（6）	东京（6）	上海（6）
	东京（5）	东京（5）	悉尼（7）	上海（7）	东京（7）
	新加坡（6）	新加坡（6）	米兰（8）	芝加哥（8）	北京（8）
			上海（9）	迪拜（9）	悉尼（9）
			北京（10）	悉尼（10）	迪拜（10）
ALPHA	芝加哥（7）	多伦多（7）		米兰（11）	芝加哥（11）
	米兰（8）	芝加哥（8）	马德里（11）	北京（12）	孟买（12）
	洛杉矶（9）	马德里（9）	莫斯科（12）	多伦多（13）	米兰（13）
	多伦多（10）	法兰克福（10）	首尔（13）	圣保罗（14）	莫斯科（14）
	阿姆斯特丹（12）	阿姆斯特丹（12）	布鲁塞尔（15）	孟买（16）	法兰克福（16）
	悉尼（13）	布鲁塞尔（13）	布宜诺斯艾利斯（16）	洛杉矶（17）	多伦多（17）
	法兰克福（14）	圣保罗（14）	孟买（17）	莫斯科（18）	洛杉矶（18）
	布鲁塞尔（15）	洛杉矶（15）	吉隆坡（18）	法兰克福（19）	马德里（19）
	圣保罗（16）	苏黎世（16）	芝加哥（19）	墨西哥城（20）	墨西哥城（20）
	旧金山（17）	悉尼（17）		阿姆斯特丹（21）	阿姆斯特丹（21）
ALPHA −	上海（31）	北京（22）	—	—	—
	北京（36）	上海（23）			

城市的全球网络关联度作为一个综合性指数,是外向辐射度和内向集聚度的总和,既取决于该城市的跨国公司总部数量及全球各地的分支机构数量,也与在该城市的跨国公司分支机构数量相关。前者就是外向度,即公司总部所在城市与分支机构所在城市的关联;后者则是内向度,即分支机构所在城市与公司总部所在城市的关联。

2012年的数据显示,纽约(47家)和伦敦(28家)是GaWC175公司总部最多的城市,其次是巴黎(14家)和东京(13家),再次是芝加哥(9家)、北京(7家)、波士顿(5家)、慕尼黑(3家)和苏黎世(3家)。值得关注的是,在经济全球化进程中,少数发达国家的全球城市作为全球资本服务中心,高端生产性服务业的垄断地位非但没有削弱,反而得到了加强。GaWC高端生产性服务业(不含金融企业和保险企业)的主要跨国公司均为西方发达国家所垄断,新兴经济体则是榜上无名的。在城市层面,2005年纽约和伦敦的GaWC公司总部(不含金融企业和保险企业)占比分别为34.8%和22.7%,2014年占比分别上升到37.0%和23.0%(见表6)。

表6　　2005年和2014年GaWC高端生产性服务业
（不含金融和保险企业）公司总部排名前列的城市

层级	2005年	2014年
第一层级（总部数：10或以上）	纽约（23）、伦敦（15）	纽约（37）、伦敦（23）
第二层级（总部数：2—9）	芝加哥（8）、东京（3）、波士顿（2）、巴黎（2）	芝加哥（8）、巴黎（8）、波士顿（4）、东京（3）
第三层级（总部数：1）	布鲁塞尔、新加坡、阿蒙克、班德拉、德卢斯、埃尔塞贡多、印第安纳波利斯、林肯郡、麦克莱恩、明尼阿波利斯、旧金山、圣查尔斯、雷丁	阿姆斯特丹、新加坡、剑桥（美国）、丹佛、德卢斯、林肯郡、麦克莱恩、圣查尔斯、斯坦福、新泽西、阿蒙克、杜塞尔多夫、慕尼黑、埃塞克斯、巴塞罗那、布鲁塞尔、都柏林
合计（企业数量）	66	100

资料来源：根据参考文献[8—9]整理。

纽约和伦敦是外向度和内向度都很高的城市，它们既是高端生产性服务业的全球中心城市，也是所在区域（北美洲和欧洲）的门户城市，因而在全球关联网络中处于绝对主导地位。如表7所示，在2010年基于GaWC175的全球网络关联度的前20对关联城市（City-pair）中，有19对关联城市涉及伦敦或纽约。伦敦和纽约（ALPHA++层级城市）之间的关联度是最高的，其次是伦敦或纽约与全部ALPHA+层级城市和个别ALPHA层级城市之间的关联度，最后是香港和新加坡（ALPHA+层级）之间的关联度。伦敦和纽约在高端生产性服务业的全球关联网络中的绝对主导地位被称为NY-LON。

上海是外向度较低而内向度较高（境外跨国公司分支机构所在地）较高的长三角地区乃至国家门户城市。2001年中国加入世界贸易组织以后，吸引了越来越多的制造业外商直接投资，生产性服务业外商直接投资也随之进入中国大陆市场，为外资制造业提供所在地（Localized）的高端生产性服务。如今，长三角区域已经成为世界级的外资制造业基地，上海则是为长三角区域提供高端生产性服务的"门户城市"。最新报道显示，尽管不少德国企业的制造工厂落户太仓，但仍然依赖上海为其提供高端商务。

三 迈向卓越全球城市

在3个不同的历史时期，上海曾经编制过5版城市总体规划，每版总体规划的城市目标定位都呈现出鲜明的时代烙印。

在中华人民共和国成立以前，第一阶段的两版总体规划都突出国际港口与工商中心。1927年《大上海计划》（第1版上海总规）依据孙中山先生在《建国方略》中提出的东方大港设想，城市目标定位是"设世界港于上海"。在1946年《大上海都市计划》（第2版上海总规）中，一批留学归国的规划师带来西方的规划理念，城市目标定位是"上海为港埠都市，亦将为全国最大工商业中心之一"。

从中华人民共和国成立初期到改革开放初期，第二阶段的两版总体规划首先强调上海的国内工业基地职能。中华人民共和国成立初期，面对的是"先生产、后生活"的国家发展思路和"冷战时代"的国际发展环境,1959 年《上海城市总体规划》(第 3 版上海总规)提出:在妥善全面地安排生产和保证人民生活日益增长的需要下,工业进一步向高级、精密、尖端的方向发展,不断提高劳动生产率,在生产、文化、科学、艺术等方面使上海建设成为世界上最先进美丽的城市之一。到了改革开放初期,1986 年《上海市城市总体规划(方案)》(第 4 版上海总规)提出:上海是我国最重要的工业基地之一,也是我国最大的港口和重要的经济、科技、贸易、金融、信息、文化中心,还应当把上海建设成为太平洋西岸最大的经济贸易中心之一。

第三阶段的时代背景是中国改革开放深化和国际地位不断提升,浦东开发开放取得显著成就,上海已经站在中国改革开放的最前沿。2001 年国务院在《上海市城市总体规划(1999—2020)》(第 5 版上海总规)的批复文件中明确:上海市是我国直辖市之一,全国重要的经济中心。上海市的城市建设与发展要遵循经济、社会、人口、资源和环境相协调的可持续发展战略,以技术创新为动力,全面推进产业结构优化、升级,重点发展以金融保险业为代表的服务业和以信息产业为代表的高新技术产业,不断增强城市功能,把上海建设成为经济繁荣、社会文明、环境优美的国际大都市,国际经济、金融、贸易、航运中心之一。

经过十几年的不懈努力,"国际大都市"和"四个中心"的城市目标定位取得了显著进展,上海在各类全球城市排行榜上地位不断提升,并在国内上榜城市中始终名列前茅(见表 7)。

表 7　　各类全球城市排行榜的中国大陆上榜城市

层级	2016 年 全球城市指数 (125 个上榜城市)	2012 年 全球城市竞争力指数 (120 个上榜城市)	2015 年 全球城市实力指数 (40 个上榜城市)	2014 年 机遇之城指数 (30 个上榜城市)
第一层级	北京(9) 上海(20)	北京(39) 上海(43)	上海(17) 北京(18)	北京(19) 上海(20)
第二层级	广州(71) 深圳(83)	深圳(52) 广州(64)	—	—

续表

层级	2016年 全球城市指数 （125个上榜城市）	2012年 全球城市竞争力指数 （120个上榜城市）	2015年 全球城市实力指数 （40个上榜城市）	2014年 机遇之城指数 （30个上榜城市）
第三层级	南京（86）		—	—
	天津（94）			
	成都（96）			
	武汉（107）			
	大连（108）	天津（82）		
	苏州（109）	大连（82）		
	青岛（110）	成都（83）		
	重庆（113）	苏州（84）		
	西安（114）	重庆（87）		
	杭州（115）	青岛（91）		
	哈尔滨（117）	杭州（93）		
	郑州（121）			
	沈阳（122）			
	东莞（124）			
	泉州（125）			

国际社会普遍认同，中国将会成为全球最大的经济体，上海理应担当"全球城市"的国家使命，代表国家参与全球竞争和合作。《长江三角洲城市群发展规划》强调，提升上海全球城市功能。按照打造世界级城市群核心城市的要求，加快提升上海核心竞争力和综合服务功能，加快建设具有全球影响力的科技创新中心，推进与苏州、无锡、南通、宁波、嘉兴、舟山等周边城市协同发展，引领长三角城市群一体化发展，提升服务长江经济带和"一带一路"等国家战略的能力。

《上海市城市总体规划（2017—2035）》提出的"卓越的全球城市"既是上海城市愿景，更是国家发展战略；"卓越的全球城市"不仅包含经济影响力，还包含科技影响力和文化影响力。上海城市目标定位体现了世界经济格局的新变化、全球城市发展的新趋势和国家发展战略的新要求。

国际经验表明，全球城市的发展愿景是多维度的，发展策略是多领域的。在最新版《伦敦空间发展战略》中，城市发展愿景表述为：伦敦应当成为更胜一筹的全球城市，为所有居民和企业提供更多机遇，达到最高的环境标准和生活质量，在应对21世纪的城市挑战（特别是气候变化）中发挥世界引领作用。伦敦城市发展目标涉及多个领域，不仅强调经济增长和国际竞争（根据不同的经济领域分别提出不同的政策导向，重视新兴的经济领域，倡导互联经济），还关注生活场所与空间（关注住宅需求、城镇中心网络的活力、场所营造、历史人文景观、城市安全、大气噪音污染、自然环境保护与蓝带水网等议题）、应对气候变化（关注建筑物减排、能源供应低碳化、城市绿化面积增量、水资源相关基础设施的建设与管理、重大开发项目全生命周期的管控，提倡治理并充分再利用废弃物与被污染的土地）、交通体系（发展一体化交通，通过改善交通设施与增强节点连通性进一步连通伦敦）等。在《共同的纽约：强大和公正的城市》中，城市发展愿景也是多维度的，包括增长繁荣的城市、公正公平的城市、可持续的城市、韧性的城市，并在每个愿景维度中制定相应的规划对策。在增长繁荣的城市发展愿景中，规划对策涉及产业、人力资源、住房、邻里、文化、交通、基础设施和电信宽带等方面。在公正公平的城市发展愿景中，涉及早期教育、政府和社会服务整合、健康舒适的社区、医疗服务、审判公正改革、零伤亡愿景等方面。在可持续的城市发展愿景中，涉及80X50计划、零废弃物、空气质量、棕地、公园和自然资源等方面。在韧性的城市发展愿景中，涉及社区、建筑、基础设施、海岸防御等方面。

四 提升全球城市功能

（一）上海的当前坐标

考察各类全球城市排行榜是解读上海在世界城市体系中当前坐标的一个有效方法，可以获得三个结论：一是在各类全球城市排行榜中，上海的地位逐年上升；二是在全球影响力中，上海的经济影响力高于科技影响力和文化影响力；三是在经济影响力中，上海的门户城市属性（境外跨国公司分支机构所在地）高于中心城市属性（本土跨国公司总部所在地)。尽管上海的境外跨国公司地区总部数量不少,但亚太地区总部占比较低,在沪跨国公司地区总部主要面向国内市场。上海应发挥向外连接全球网络和向内辐射区域腹地的"两个扇面"作用。对标卓越的全球城市,上海的全球影响力应当从经济影响力拓展到综合影响力,上海的经济影响力应当从境外跨国公司分支机构所在地的内向集聚度提升为本土跨国公司总部所在地的外向辐射度(见图2)。

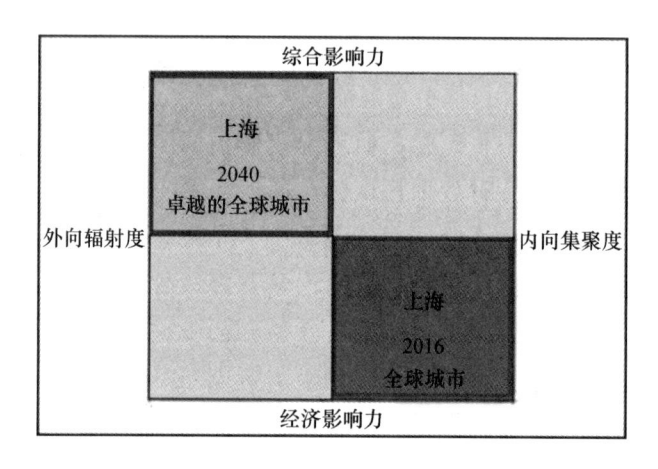

图2　上海的当前坐标和未来目标

资料来源:笔者自绘。

1. 2012年英国经济学人的全球城市竞争力指数

英国智库"经济学人情报中心"(EIU)发布的2012年全球城市竞争力指数(Global City Competitiveness Index)包含8个领域和31个指标,涉及120个上榜城市。8个领域的权重分为4个层级:经济实力位于第一层级,权重为30%;人力资本、机构效力位于第二层级,权重为15%;金融成熟度、物质资本、全球感召力位于第三层级,权重为10%;社会和文化特色、环境和自然风险位于第四层级,权重为5%。

在2012年全球城市竞争力指数中,上海处于第43位(见表8)。依据上海总体和分项得分与总体和分项最高得分的比值(百分比),相对于上海的总体得分(77.3%),上海在经济实力(91.5%)、物质资本(81.3%)和金融成熟度(83.3%)方面表现较强,在人力资本(76.9%)、环境和自然灾害(62.5%)方面表现一般,在社会和文化特色（54.6%）、机构效力（39.2%）、全球感召力（34.7%）方面表现较弱。

表8　2012年全球城市竞争力指数排行榜的前20位城市和中国上榜城市

	上榜城市（全球排名）
全球排名前20位城市	纽约（1）、伦敦（2）、新加坡（3）、中国香港（4）、巴黎（4）、东京（6）、苏黎世（7）、华盛顿（8）、芝加哥（9）、波士顿（10）、法兰克福（11）、多伦多（12）、日内瓦（13）、旧金山（14）、悉尼（15）、墨尔本（16）、阿姆斯特丹（17）、温哥华（18）、洛杉矶（19）、首尔（20）、斯德哥尔摩（20）
中国内地上榜城市	北京（39）、上海（43）、深圳（52）、广州（64）、天津（75）、大连（82）、成都（83）、苏州（84）、重庆（87）、青岛（91）、杭州（93）

2. 2016年美国"AT Kearney"的全球城市指数

美国智库"AT Kearney"发布的2016年全球城市指数（Global Cities Index）包含5个领域的26个指标，涉及125个上榜城市。5个领域的权重分为3个层级：商务活动、人力资本位于第一层级，权重为30%；信息交流、文化体验位于第二层级，权重为15%；政治参与位于第三层级，权重为10%。在2016年全球城市指数中，北京处于第9位，因为中国的全球政治影响力持续提升，越来越多的中国央企进入世界500强。上海处于第20位，在商务活动方面的表现较好，其次是人力资本，但在信息交流、文化体验、政治参与方面的表现欠佳（见表9）。

表9　2016年全球城市指数排行榜的前20位城市和中国上榜城市

	上榜城市（全球排名）
全球排名前20位城市	伦敦（1）、纽约（2）、巴黎（3）、东京（4）、中国香港（5）、洛杉矶（6）、芝加哥（7）、新加坡（8）、北京（9）、华盛顿（10）、首尔（11）、布鲁塞尔（12）、马德里（13）、悉尼（14）、墨尔本（15）、柏林（16）、多伦多（17）、莫斯科（18）、维也纳（19）、上海（20）

续表

	上榜城市（全球排名）
中国内地上榜城市	北京（9）、上海（20）、广州（71）、深圳（83）、南京（86）、天津（94）、成都（96）、武汉（107）、大连（108）、苏州（109）、青岛（110）、重庆（113）、西安（114）、杭州（115）、哈尔滨（117）、郑州（121）、沈阳（122）、东莞（124）和泉州（125）

资料来源：参考文献［12］。

3. 2015年日本森纪念基金会的全球城市实力指数

日本森纪念基金会发布的2015年全球城市实力指数（Global Power City Index）评价40个主要城市的全球竞争力。该评价体系分为两个部分，包括基于功能的客观评价和基于角色的主观评价。基于功能的客观评价包含6个功能领域（经济、研发、文化交流、宜居性、环境、可达性）和70个相关指标；基于角色的主观评价包含5种角色（管理者、研究者、艺术家、旅游者、居民）及其在相关功能领域的主观评价。

在2015年全球城市实力指数中，上海的综合排名处于第17位（见表7）。在基于功能的客观排名中，上海在可达性和经济领域表现较强，分别为第7位和第9位；在研发和文化交流领域表现一般，均为第16位；在宜居性和环境领域表现较弱，分别为第22位和第39位。在基于角色的主观排名中，上海在管理者和旅游者排名中表现较强，分别为第7位和第8位；在艺术家和研究者排名中表现一般，分别为第14位和第22位；在居民排名中表现较弱，为第31位。

4. 2014年普华永道的机遇之城指数

普华永道发布的2014年机遇之城（Cities of Opportunity）评价体系包括3个领域、10个方面和58个变量，涉及金融、商务和文化方面具有影响力的30个主要城市。应对世界变化的能力领域包括知识资本和创新、信息技术水准、开放门户方面，生活质量领域包括交通和基础设施、健康和安全、可持续性和自然环境、人口和宜居性方面，经济领域包括经济核心、宜商程度、成本方面。

在2014年的机遇之城指数中，上海处于第20位（见表7）。依据上海总体和分项得分与总体和分项最高得分的比值（百分比），相对于上海总体得分（62.6%），上海在经济实力（89.0%）、开放门户（79.4%）、交通和基础设施（67.6%）方面的表现较好，在人口和宜居性（59.9%）、知识资本和创新（57.4%）方面的表现一般，在健康和安全（44.7%）、商务成本（44.2%）、信息技术水准（37.4%）、宜商程度（32.9%）方面的表现较差。

（二）上海的发展策略

1. 注重全面发展

国际视野下的全球城市竞争力可以归纳为3个实力维度和4个资本维度（见图3）。城市竞争力的3个实力维度包括经济影响力、科技影响力和文化影响力。经济影响力无疑是全球城市实力的首位维度，而科技影响力和文化影响力则是不可或缺的重要维度。

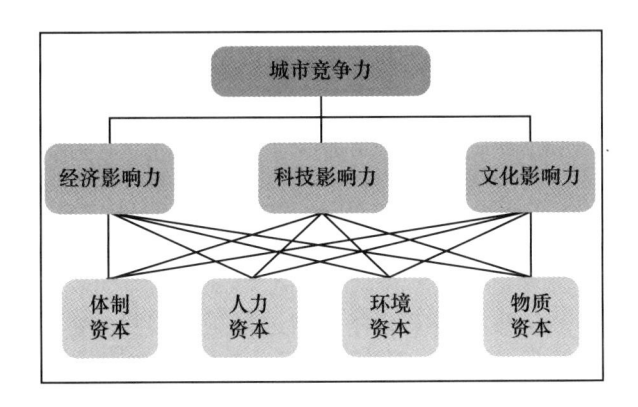

图3　全球城市竞争力的3个实力维度和4个资本维度

资料来源：笔者自绘。

全球城市的3个实力维度受到4个资本维度的制约。4个资本维度包括体制资本、人力资本、环境资本和物质资本。廉洁公正的体制资本、精英汇聚的人力资本、绿色安全的环境资本、高效宜居的物质资本为全球城市的经济影响力、科技影响力和文化影响力提供必不可少的支撑条件。

上海已经进入全球城市行列，但各个维度表现差异明显，应当强长板（经济影响力、物质资本）和补短板（科技影响力和文化影响力，体制资本、人力资本和环境资本）。"卓越的全球城市"应当在实力维度和资本维度形成全方位的竞争优势。

2. 明确阶段进程

上海的对标城市可以分为3个层级：最高层级的对标城市——纽约和伦敦，它们是全球中心城市和区域门户城市；第二层级的对标城市——巴黎和东京，它们是全球中心城市和国家门户城市；第三层级的对标城市——中国香港和新加坡，它们是亚太中心城市和亚太门户城市。各类全球城市排行榜显示，上海与对标城市的主要差距在于综合竞争力。其中，上海与纽约和伦敦有着显著的、全方位的差距。

上海迈向卓越的全球城市的发展进程至少可以分为两个阶段，分别对标不同层级的全球城市。上海第一阶段发展目标是从国家中心城市到亚太中心城市和从国家门户城市到亚太门户城市，主要对标案例是中国香港和新加坡，也要借鉴纽约和伦敦的区域门户城市属性。上海第二阶段发展目标是从亚太中心城市到全球中心城市，主要对标案例是纽约和伦敦，也要借鉴巴黎和东京的全球中心城市属性。应当强调的是，形成明确的阶段目标未必需要设置精准的达标时限，因为何时能够达到目标并非仅仅取决于上海的自身努力，而是与外部发展环境密切相关的。新加坡的"X年概念规划"就是如此。

3. 考虑国家语境

上海城市发展进程与国家总体发展进程是密切相关的，受到国家体制改革进程的决定性影响。只有中国经济实力的不断强大和体制改革的不断推进，上海才有可能迈向卓越的全球城市。基于国家体制语境的决定性影响，在不断深化地方体制改革的同时，更要积极争取国家层面的体制改革试点能够首先落户上海。中国（上海）自由贸易试验区就是中国走向市场经济体制的重大改革试验。

4. 突出地区特色

在迈向卓越的全球城市进程中，上海应当突出地区特色。当前，长三角地区已经成为世界级的外向型制造业基地，上海应当更好地发挥向外连接全球网络和向内辐射区域腹地的"两个扇面"作用，在引领长三角地区迈向"中国制造2025"的进程中不断提升全球影响力。

参考文献

[1] Dicken P., Global shift: mapping the changing contours of the world economy (sixth edition). New York: Guilford Press, 2011.

[2] World Bank, World bank annual report 2003. 2003.

[3] World Bank, World bank annual report 2013. 2013.

[4] UNCTAD, World investment report 2003: FDIpolicies for development: national and international perspectives. New York: United Nations, 2003.

[5] UNCTAD, World investment report 2013: global value chains: investment and trade for development. New York: United Nations, 2013.

[6] Derudder B., Taylor P., Ni P., Pathways of change: shifting connectivity in the world city network, 2000 – 08. Urban Studies, 2010, 47 (9): 1861 – 1877.

[7] Derudder B., Taylor P., Hoyler M., et al. Measurement and interpretation of the connectivity of Chinese cities in the world city network, 2010. Chinese Geographical Science, 2013, 23 (3): 261 – 273.

[8] GaWC, The world according to GaWC 2004 [EB/OL]. (2009 – 02 – 20) [2017 – 06 – 15]. http://www.lboro.ac.uk/gawc/world2004t.html.

[9] GaWC. The world according to GaWC 2012 [EB/OL]. (2014 – 01 – 13) [2017 – 06 – 15]. http://www.lboro.ac.uk/gawc/world2012t.html.

[10] Derruder B., Hoyler M., Taylor P. J., et al. International handbook of globalization and world cities. Cheltenham: Edward Elgar, 2012.

[11] Economist Intelligence Unit. Hot spots: benchmarking global city competitiveness. 2012.

[12] AT Kearney, Global cities index. 2016.

[13] The Mori Memorial Foundation. Global power city index 2015. 2015.

[14] PwC., Cities of Opportunity 6. 2014.

[15] 中华人民共和国发展与改革委员会:《长江三角洲城市群发展规划》,2016 年。National Development and Reform Commission. Development plan of the Yangtze River Delta urban agglomerations. 2016.

[16] Mayor of London, The Spatial Development Strategy for London. 2016.

[17] The City of New York. One New York: the plan for a strong and just city. 2016.

[18]《对标"卓越的全球城市",上海应怎么做》,《解放日报》2016 年 8 月 2 日第 17 版。

Jiefang Daily. What can Shanghai learn from benchmarking studies on other excellent global cities. 2016 – 08 – 02（17）.

［19］上海市城市总体规划编制工作领导小组办公室:《上海市城市总体规划（2016—2040）报告（草案公示版）》，2016年。
Leading Group Office of Shanghai Master Plan. Report of Shanghai Master Plan（2016—2040）（draft for public consultation）. 2016.

第二部分 专题篇

上海全球城市资源配置能力研究：趋势与制约

蒋传海等[*]

（上海财经大学）

一 引言

随着全球城市网络格局和等级体系的不断清晰，全球城市相对于非全球城市的地位变化，体现为它拥有了战略性的全球资源配置能力，或者说，通过掌握这样一种能力，全球城市的地位才得以凸显出来。经过十多年的发展，上海对全球资源配置能力的需求正逐渐由要素资源配置能力向综合性战略资源配置能力转变。2009年《国务院关于推进上海加快发展现代服务业和先进制造业建设国际金融中心和国际航运中心的意见》首次将上海全球航运资源配置能力的建设列入国家战略，提出到2020年上海要基本建成航运资源高度集聚、航运服务功能健全、航运市场环境优良、现代物流服务高效，具有全球航运资源配置能力的国际航运中心。2011年第23次上海市市长国际企业家咨询会议上，上海市市长指出上海将加快建设具有全球资源配置能力的市场体系，到2020年基本建成国际经济、金融、贸易与航运中心。建设具有全球资

---

[*] 课题组组长：蒋传海。课题组副组长：陈信康、江若尘、徐龙炳、陈正良。首席专家：陈信康。课题组成员：王春燕、胡彬、陈选娟、何建民、余典范、吴一平、韩景倜、高维和、丁键。

源配置能力的国际经济、金融、贸易和航运中心已经成为上海市政府的共识。而随着城市转型的发展需要，除满足经济要素的全球配置能力外，吸引国际组织或机构，争取国际话语权也是上海全球资源配置能力的应有之义。

从历史演化的角度看，从20世纪60年代始于跨国公司的崛起及其带来的变化到90年代孕育全球城市的世界网络体系的形成，全球资源配置能力随着全球城市作为战略性场所的地位的提升而被赋予了新的内涵。有鉴于此，上海财经大学成立《后三十年上海全球城市资源配置能力研究》课题组，以"现状—趋势"为研究思路，从历史角度评价五大城市的全球资源配置能力演化轨迹，着眼未来预测样本城市后30年的全球资源配置能力发展趋势。课题以上海、纽约、巴黎、东京、伦敦为研究对象，构建了5个城市10年的面板数据，运用历史比较法、文献研究法、熵值法、灰色预测法、情景分析法等，得出了较为科学的研究结论，提出了可行的战略举措。课题研究2014年9月1日启动，历时1年，2015年8月形成报告初稿，2015年10月完成报告终稿，包括1份总报告，9份分报告。

二 全球城市与全球资源配置

若要理解全球资源配置，必须将其置于全球城市发展的框架下来加以把握。梳理全球城市理论的发展脉络和核心观点，在全球城市视野下理解全球资源配置能力，有助于系统全面地洞悉全球资源配置产生的时空背景、发展路径以及趋势等关键性问题。

（一）全球城市理论的发展脉络

1. 弗里德曼（Friedmann）的"世界城市假说"

世界城市较早期的研究，是由弗里德曼以假说的方式提出来的。他在1986年发表于《发展与变迁》杂志上的"世界城市假说"，从七个方面阐释了对世界城市的认识（李青，2002）。他发现世界经济一体化给城市经济结构、产业结构、空间结构、就业结构和社会结构等带来了深刻影响。新兴的世界生产与市场体系的空间关联是通过城市的全球网络形成的，它们的利益与世界经济中对管理和权力的角逐都越来越倾向于集中在特定数量的城市之中，而这些城市就成为"世界城市"。"世界城市"的功能包括两个：(1) 联结功能。一方面，充当空间组织和生产、市场联结的基点（basing points）(Friedmann, 1986)；另一方面，在空间上实现对大型区域、国家和国际经济的联结（Friedmann, 1995）。(2) 控制功能。他认为主要反映为公司总部、国际金融、全球商务的运输与交流基础设施和高级商务服务的集聚，以及信息与文化产品的生产和扩散。

基于特定的时空背景，弗里德曼强调世界城市通过商品贸易的市场活动集聚优质、稀缺资源并促使其强化国际资本运营能力的形成特征。在参与国际经济循环的过程中，由于能够同时充当贸易中心与金融中心的城市相当稀缺，所以世界城市的出现导致了一种极不平衡的发展格局。

2. 萨森（Sassen）的"全球性城市模型假设"

作为对世界城市理论的某种回应和发展，萨森（2005）提出了"全球城市"的七个假设。与弗里德曼不同的是，萨森更加关注导致全球城市的中心功能复杂而强大的原因，其出发点并不局限于城市所发生一系列变化的结果本身，而是追寻诱致这些变化的主导因素。她重点探讨了跨国公司在新型国际劳动体制下的行为取向，并致力于沿着这条线索建立一个新的概念框架。

萨森认为，凡是能够管理、服务于全球经济（Sassen, 1988）和在全球经济的组织过程中具备高度集中的控制能力的城市（Sassen, 1991）都可以称为全球城市。凭借知识密集、技术辅助的环境，集中了大量生产服务业的全球城市是通过分配全球化运营组织化商品的方式实现控制功能的（Sassen, 2010）。由此，萨森的全球城市至少包括两方面的含义：其一，具备满足企业和市场全球化运营的组织化商品的供给能力；其二，作用于产业链整体的全球化生产与运营的组织效率，衡量着全球城市的控制功能。具体可以解构为：第一，是生产服务业的集聚地；第二，是世界经济的治理中心；第三，生产服务业被组织进入跨国分工体系，由此形成在世界网络范围内运营的能力。

表1　　　　　　"世界城市"与"全球城市"概念的视角比较

弗里德曼的"世界城市假说"	萨森"全球性城市模型"的概念框架
● 城市与世界经济一体性的形式及扩展，以及城市在新的劳动地域分工中的职能，对城市结构变化具有决定性影响 ● 世界上的重要城市都被全球资本作为与产品和市场相连接的基地，根据这种关联可将世界城市划分为不同的等级 ● 世界城市的全球控制功能反映在其产业和就业的结构及变化上 ● 世界城市是国际资本汇集和积累的区域 ● 世界城市是大量国内和国际移民的聚集地 ● 世界城市集中体现产业资本主义的主要矛盾，即空间和阶级的两极分化 ● 世界城市的增长所产生的社会成本，逐渐超出了政府财政负担能力	● 标志着全球化的经济活动在地域上的分散性及其同时发生的一体化过程，是催生中心功能发展并使其日益重要的关键要素 ● 这些中心功能变得如此复杂，以至于越来越多的跨国大公司总部采取了外包的策略 ● 那些在复杂并全球化了的市场中参与竞争的专业服务公司，很可能受到融合经济的影响 ● 公司总部将最为复杂和非标准化的那部分职能，特别是那些容易遭受不确定因素、变化中的市场和速度影响的部分发包出去越多，其在区位选址上越有挑选的余地 ● 这些专业服务公司必须提供全球服务，意味着一个全球的分支机构网络或其他形式的合作伙伴关系 ● 高级专业人员及高利润专业服务公司的不断增加，对扩大社会经济及其空间分布不平等程度的影响，在这些城市有明显的反应 ● 上一假设所描绘的情景将导致一系列经济活动的信息化程度提高，并在这些城市中找到其有效的需求，但其利润水平尚不允许其同那些位于体系顶端创造高利润的公司争夺各种资源

资料来源：李青：《全球化下的城市形态——世界城市的论说及现实涵义》，《数量经济技术经济研究》2002年第19期。

如表1所示，通过比较发现，弗里德曼提出的"世界城市"关注的是产品贸易增长背景下全球控制职能的形成及其表现形式，而萨森则更加注重于分析产业大规模扩散背景下"全球城市"为适应跨国公司广泛业务布局的组织治理需求而在服务的供给结构与模式上做出的深刻调整。很显然，后者默认了全球城市地位的确立得益于信息技术的发展和专业服务网络的形成，并由此加强了城市之间的联系。这意味着城市竞争是一种非个体的协同行为，网络密度的不均衡使当代全球城市的成长依赖于区域性的发展支撑。泰勒发展了这一观点，并提出了世界城市网络理论。

3. 世界城市网络理论的兴起

基于大量前期成果的研究，以泰勒（Taylor）为首的研究团队提出了"世界城市网络"（World City Network，WCN）理论。他们以五个假设作为研究的出发点，见表2。

表2　　　　　　　　　　WCN理论研究基于的五个假设

序号	主要内容	核心观点
假设1	尽管假定世界城市并未形成等级，而是构成了一个复杂的网络，但是，这种全球性的城市网络将呈现出等级化的趋势	等级趋势： 主要表现为围绕集群最高层次形成的竞逐平台的等级化趋势
假设2	那些以相同的方式为全球资本供给服务的城市，通常容易形成区域性的集群构造，并由此将国家和区域的专业属性与全球城市网络相联结。这一假设表明，全球化绝不是某种同质力量的结果，而是保留了重要的区域秩序	区域趋势： 城市作为全球资本服务中心的角色是透过多层面的地理竞争平台实现的。这种区域化的发展特征代表着一种区域认同。在当代的全球化背景下，是由城市竞逐的平台而不仅仅是由单个的世界城市构成了区域和全球的纽带
假设3	等级化与区域化的趋势交互作用：全球化不平衡的发展性质，导致了有限的核心全球化区域	主要的全球化平台与泛区域趋势： 欧洲、北美和亚太的世界区域构成了三角形的组织关系，这些区域的城市平台几乎涵盖了所有序列的联系。即使是同一联系水平的城市，也是通过嵌入到完全不同的区域中来实现与世界经济的联系
假设4	等级化与区域化趋势的第二种交互作用：那些不完全与世界城市网络相联结的城市，主要承担着区域性的角色，而网络中的高梯度城市则有着全球性的特性，从而避免了与周围城市发展的雷同	超越主导世界城市的区域趋势： 只有世界城市网络中非常顶端的部分能够形成跨区域的城市平台，在它们之下的重要世界城市通常形成的是区域性的集群，并根据全球化的程度呈现出等级化的特征

续表

序号	主要内容	核心观点
假设5	等级化与区域化趋势的第三种交互作用：是通过识别作为"门户"的特定城市而实现的，这会产生独特的"混合"资本服务功能	混合和孤立的情况：城市出现的这些情况，所表现出的与区域化不相符合的趋势，恰恰反映出它们开始超越与更广泛世界城市网络只是边际联系的局限

注：这里的城市竞逐平台也是根据联系程度而呈现出集群的等级排序特点。
资料来源：B. Derudder, P. J. Taylor, F. Witlox and G. Catalano（2003）。

WCN 理论的核心观点是：城市联系的等级化与区域化之间存在的多重交互作用，可以用来解释世界城市网络形成的复杂性；即使是那些在世界城市网络体系中顶端运行的城市，其行使的全球性职能也是通过跨区域联系的方式来实现的。这表明，全球城市的资源配置能力必须借助于城市网络中的区域力量来实现。由此可以得到以下重要启示：第一，区域性力量的大小及其所具备的独特性质，影响着全球城市的成长路径。绝大多数的全球城市由于嵌入在特定的区域之中，以至于它们不可能遵循完全相同的发展模式，并且在竞争中更加依存于区域生产链分工的互补关系。第二，在泛区域化的地理范围内，经济发展的极化效应更加显著，不仅要素和产业集聚现象比较突出，而且经济联系的稠密度也相对较高，促进了跨国地域分工的发展，为孕育全球城市提供了先天的优势。因此，全球城市的形成背景与全球化的不均衡发展息息相关。那些泛区域范围之外的城市，由于缺乏足够支撑跨区域服务持续高效供给的规模经济和网络化运营框架，故而发展成为顶级全球城市的机会相当微小。可见，全球城市的发展战略某种程度上亦从属于泛区域空间中的国家战略。

（二）全球城市与全球资源配置的关系

1. 资源配置的一般含义

从社会经济活动的角度来看，资源配置主要是指要素资源的配置问题，要素资源包括自然资源、人力资源、资金资源。所谓资源配置能力，是指要素资源存在状况与配置方式及其在资源配置过程中所具有的功能与效应，即资源配置能力是由要素资源存在状况与配置方式决定的……由于主体特征与地域范围不同，影响国家与地区资源配置能力与经济增长水平的约束条件亦有所不同（傅允生，2008）。此外，深入认识资源配置能力，还需要考虑时空方面的约束。资源配置及其能力具有时间维度，与特定的阶段和时点联系。空间结构则可以从行为主体与地域范围来把握，具体表现为国家资源配置能力与地区资源配置能力（傅允生，2007）。因此，讨论资源配置问题并不是无条件的，特别是在全球城市的分析框架与形成机制均已发生变化的前提下，资源配置能力被赋予新的内涵。

2. 国际分工体制演变对全球资源配置的深刻影响

国际分工体制演进主导下的生产专业化，是驱动资源在全球范围内配置并使资源配置的主体发生转变的深层次动因。经过了产业间分工和产业内分工的演变过程，产品内分工成为20世纪80年代以来当前最主要的国际分工形式。其特点是，产品价值链被分解并分别由不同的国家按照同一产业或同一产品的生产环节或工序进行分工。这是新的分工形式，区别于之前以产品为分工边界的分工形式。学者们将这种分工形式界定为"要素分工"，其典型特征包括生产地点的分散化、中间品贸易的大幅增长、价值链环节的垂直专业化等。"要素分工"对于"产品分工"的替代，至少给全球资源配置带来以下重大影响：

第一，发达国家跨国公司整合其他国家和地区要素与资源的范围不断扩大，规模持续上升。跨国公司逐渐成为全球资源配置的市场主体，但由于全球市场的不确定性，所以其并非是唯一的能动因素。

第二，发展中国家通过依托地方专业化创造的集聚经济和规模经济优势，开始从被动参与分工向主动参与分工转变，逐渐成为加强全球经济合作的重要力量。与此同时，发展中国家之间的竞争也不断升级。

第三，全球资源配置的结构和方式都发生了显著的变化。在要素分工的格局下，全球资源配置加剧了全球价值链上的收益分配不平等。越是流动性强的要素，其在产品内分工中参与全球资源配置的能力越强，从中获得的潜在收益也就越大。因此，在全球资源配置过程中，高端要素占据着明显的结构优势，围绕高端要素的吸引、集聚和激励成为全球资源配置的重中之重。由此,原先服务于产品分工的全球资源配置方式,也逐步让位于与要素分工相适应的全球资源配置方式。

3. 全球城市与全球资源配置的关系

与产品分工主导的时代相比,要素分工条件下全球资源配置具备的特点,内生于全球城市形成的过程中。全球资源的广度与深度配置,使全球城市崛起的战略前提和实现路径均发生了相应的改变。与此同时,全球城市及世界城市网络体系的形成,又拓宽了全球资源配置的收益来源。两者之间的关系,可以概括如下:

(1) 服务于全球产业链延伸的全球资源配置活动,从地理和产业的两个组织维度上,对全球城市的资源集聚、分配与整合功能产生影响。正如前面述及的,世界城市网络体系中的全球城市受到等级性与区域性的交互影响,表明在特定的区域范围内,全球城市的资源配置功能不仅不可替代,而且是参与更高层次国际分工的必要条件。

(2) 全球城市通过发展层次多样的战略性场所,旨在提高全球资源配置的地理空间组织能力。具体地,主要由高度开放的离岸港口、具有大宗商品定价权的贸易金融中心、信息和贸易便利化优势突出的功能中心来充当战略性场所。各类战略性场所贯穿的地理空间,构成了世界城市体系的网络架构,以支持流动性要素更加充分地进行全球配置。

(3) 全球城市服务于跨国公司全球价值链治理中资源配置的核心需求。全球价值链治理被 Gereffi(1994)定义为"决定金融、生产资料和人力资源在链上分配和流动的权威和权力关系",所创造的收益大致包括管理收益和创新收益这两类,需要动员优质资源(诸如技术、研发、品牌管理、中间品贸易规则)的全球配置能力。由于产权关系趋于松弛,功能性的协调与组织成为跨国公司控制与管理供应商的常见形式,使相当一部分内部职能外在化了。对于全球城市而言,这构成了进一步结构转型、开放发展及与国际接轨的契机。

(4) 资源配置的全球化,促使全球城市发展高层次、知识化和专业化的服务业群体,以提高配置资源的市场效率。20 世纪 80 年代开始的这一趋势,推动了服务业的全球化,成为资源全球配置的微观机制,也拓宽了全球城市参与全球治理的渠道。

总体而言,全球城市与全球资源配置是相互促进的关系。只有当本国产业嵌入全球生产体系中时，才会产生全球资源配置的问题。当然，以何种方式、什么环节嵌入全球生产体系中，则决定了资源配置的程度，也由此决定了在区域范围内发挥核心功能的全球城市在世界城市网络体系中的位置。所以，在要素分工的背景下，全球城市之间并非完全竞争的关系，它们在全球资源配置方面既竞争又不乏合作。对此，需要结合相关理论，分析全球城市影响资源配置的路径与机制。

（三）全球城市资源配置的机制和路径

GaWC研究团队牵头的"世界城市网络"理论认为，全球城市联系的多个向度充当着城市的"第二本质"，对全球资源配置起着"通道性"和"骨架式"的引导与优化作用。这是伴随贸易增长的跨国投资驱动了当今的全球化，以实现对世界范围内的禀赋优势（相当于一种地方性的、分散化的资源形态）加以充分的利用。故而，全球城市的形成与发展也体现出对从多个方面这一需求的战略支持，具体是通过功能机制与联系机制这两个途径来实现的。功能机制对于全球资源配置的影响作用，更主要是战略性的，涉及对全球金融资本和产业资本的管理与组织，重点为产业链的核心价值创造部分提供服务。联系机制则涵盖了全球资源具体配置的多种通道（人流、物流、信息流、商流等），以维持跨国界和跨区域全球生产体系的正常运行。

1. 功能机制与路径：包括金融中心和总部经济这两类

一是金融中心的功能机制与路径。萨森（2005）认为，20世纪80年代，随着许多发达国家主要金融市场的管制消除，主要城市作为金融中心的重要作用日益显现，大量的资金从离岸银行流回国内……这是因为，银行只是一个简单的中介机制，而金融市场是复杂的、竞争的、创新的、有风险的，它们需要以高度专业化服务的金融中心作为重要基础。这一转变，无疑给有潜力的城市凭借专业化服务的供给优势发展成为金融中心带来了机会。从表3可以看出，纽约和伦敦这两个公认的国际金融中心并非在所有的专业化金融服务领域都拥有绝对的竞争优势。诸如旧金山的风险资本和私人股权投资服务业、芝加哥的银行业，相较它们则具有更强的竞争优势。在金融服务的专业化发展过程中，地方化成为主要的特征。Cookt和Pandit等学者（2007）对伦敦的研究表明，银行、投资银行和依靠它们发展的一些相关子部门构成了集群的中心。根据相关依赖关系来归类,金融服务集群的相关子部门包括保险、管理咨询、会计、法律服务、基金/资产管理、市场研究等。集群赋予的优势有多项,包括增加商誉资产、受益于更大更专业的劳动力池、与客户邻近等。在技术劳动力、客户与供应商之间存在的地方化关系的本质体现为,它是帮助企业获得创新解决方案、开发新市场、获得有效传递服务和产品的方式等优势的关键因素。对伦敦而言,也存在威胁其发展的集群劣势,涉及较差的运输质量与可靠性(特别是伦敦地铁的状况和与机场的联系)、管制水平的提高和与集群整体发展不相协调的政府政策等。这意味着,依靠发展专业化的金融服务业集群,可以在某些方面形成突出的金融中心优势,以此融入功能网络的全球城市资源配置体系。

表3　　　　基于特定金融部门的金融中心等级排序

	金融服务	银行	投资银行	投资管理	资本市场	风险资本和私人股权投资
1	纽约	纽约	纽约	纽约	纽约	旧金山
2	伦敦	芝加哥	伦敦	伦敦	伦敦	纽约
3	芝加哥	波士顿	旧金山	旧金山	芝加哥	伦敦
4	旧金山	华盛顿	芝加哥	芝加哥	孟买	波士顿
5	悉尼	伦敦	巴黎	波士顿	多伦多	巴黎
6	波士顿	旧金山	波士顿	巴黎	巴黎	芝加哥
7	多伦多	巴黎	多伦多	中国香港	悉尼	华盛顿
8	华盛顿	马德里	悉尼	多伦多	华盛顿	多伦多
9	墨尔本	阿姆斯特丹	孟买	新加坡	中国香港	新加坡
10	阿姆斯特丹	苏黎世	米兰	悉尼	圣保罗	中国香港

注:A. Enkhbold, E. R. Engelen(2014)。使用的是 Linkedin 专业网络的数据。由于各种原因造成的地理偏向性,中国的城市因数据过少而不能得到准确地反映。

二是总部经济的功能机制与路径。总部经济是企业为了最大限度地利用不同地区的资源禀赋,以服务于高度分散的全球生产活动的空间发展战略。然而,公司总部和分支机构因为空间上的分散而容易出现信息不对称和监管失灵问题,致使管理的难度加大。因此,跨国公司倾向于将总部设立在全球性城市中，在全球电信网络系统的帮助下，可以有效协调分支机构。交通运输基础设施、高质量的服务、社会文化基础、法律制度等也是全球布局时跨国公司需要考虑的。跨国公司总部一般是集聚在某一特大城市，形成了全球性城市和全球性区域（张丽丽、郑江淮，2011）。可见，全球城市的资源配置能力是通过总部经济来得到体现的。

2. 联系机制与路径：包括基于商品流、要素流和产业分工的各种联系

一是贸易主导商品流的航运联系机制。航运网络，刻画了贸易路线的轨迹。航运流量一直是衡量全球贸易的重要标准。有学者（Dogan, 1988; Keeling, 1995）认为，大多数的全球城市都是或者曾经是全球性的港口。从航运联系的角度来看，决定全球资源配置能力的因素主要有哪些呢？根据 C. Ducruet 和 T. Notteboom（2012）的研究，港口选择和供应链决策的综合结果导致了港口系统中船货流的特定分布。从大陆范围的整体角度来看，港口被认为是以陆地为基础的运输走廊试图延伸其腹地覆盖范围的先导力量。他们认为，2006 年之后，核心区域在欧洲和亚洲之间出现了两分的格局。一方面，每个区域都强化着内部的联系，使它们通过区域一体化的力量成为独特的实体；另一方面，即所谓的全球性转变（特别体现在制造业部门）将亚洲推到了全球的最前线，而欧洲和世界的其他地方则变成了外围。其中，中国香港和新加坡占据压倒性的优势，由它们影响的节点区域（Nodal Regions）在 2006 年覆盖了所有港口的一半范围。

二是要素联系。全球化导致了生产活动的高度分散布局，以至于要素、资源配置的地理广度也极大地被拓宽了，从而产生了对生产要素跨界流动的管理需求，而这种需求又是为了有效率地实现生产活动的共时性整合。这被学界称为"时空压缩效应"，它对资源配置的结构产生了深远影响。由于标准化的生产活动倾向于以本地产业集群的方式进行，所以从全球范围来看，除依赖于金融中心的资本流以外，知识的流动也就成了最重要也最普遍的一种全球要素流动形式。全球人才的流动，被视为世界经济中知识空间流动的关键性组织渠道。对于诸如会计、咨询和法律等知识密集型专业服务业而言，在知识传递过程中定制的解决方案与价值都体现在雇员的实际贡献中，特别是他们与客户之间的专业化关系，反映了企业的信誉和服务水平（Beaverstock, 2004; Faulconbridge,

2008; Jones, 2008),所以,有不少学者都将吸引和留住全球性人才视为网络社会中世界城市成功运行的重要因素(Beaverstock, 2010; Castells, 1996; Florida, 2002; Wigley, 2008)。伦敦的国际"人才池"优势使其成为领先纽约、中国香港和新加坡的全球金融中心,是其长期稳居全球城市第一梯队的重要支撑。

三是产业联系。全球化背景下的产业联系机制比较复杂,既包括基于全球价值链分工的制造业上下游分工关系,还涉及整合这些分散的生产活动的全球服务网络,以及支撑制造业集群发展的地方服务系统。随着世界范围内工业化的推进,制造业上下游分工关系的地理宽度也不断变大,并进一步通过嵌入全球分工体系的方式获得工业化的持续动能。这种关系机制的存在,同时也拓展了城市的外部联系,使一些城市充当起跨国生产网络的管理控制中心。跨国企业的"锚点"成为全球性商务活跃的区位。由此形成的产业联系,主要体现在两个方面:其一,全球服务提供商的多元本地化办公网络创造了全球城市的联结性。这时候,那些分布了大量全球服务企业总部和分支机构的城市,往往成为世界城市网络的中心节点(Beaverstock, Smith and Taylor, 1999)。其二,跨国网络化的城市在功能上充当着制造业全球价值链的主要区位(Wildner and Lanz, 2012)。Scott(2001)则认为,全球制造业企业区位的跨国联系应该被认为是全球城市的相关构件。

表4　　　　　不同产业全球网络的城市节点之比较

服务业全球联系角度的城市位序		汽车产业（城市在相应产业的全球联系度位序）	技术硬件与装备部门（城市在相应产业的全球联系度位序）
1	伦敦	12	6
2	纽约	10	5
3	中国香港	40	16
4	巴黎	7	9
5	新加坡	28	7
6	东京	1	1
7	悉尼	31	31

续表

服务业全球联系角度的城市位序		汽车产业 （城市在相应产业的 全球联系度位序）	技术硬件与装备部门 （城市在相应产业的 全球联系度位序）
8	上海	33	26
9	北京	34	34
10	马德里	24	31
11	莫斯科	44	47

资料来源：S. Krätke（2014）。

当然，值得一提的是，运用制造业联系测得的城市排序并不总是与由服务业口径测度的结果相一致，见表4。一些城市表现出两类产业全球联系性均较强的情况，诸如顶级的纽约、巴黎和东京等城市，和二级位置的墨西哥城、圣保罗、孟买和首尔。这表明，此类城市的全球化联系程度得益于全球生产网络的支撑作用。所以，全球延伸的生产网络可以被认为是城市之间资本流动的组织化通道系统（S. Krätke，2014）。通过满足产业资本流动的组织需求，城市在世界网络体系中的地位可以不断得到提升。上述例证表明，致力于全球性生产与贸易中心的相关活动同样可以为全球服务中心的确立创造条件。对此，我们的理解是，影响产业外向型发展及增进中间产品贸易联系的地方性因素与区域性优势，都有利于当代全球城市的崛起。

上海全球城市治理模式发展研究

郑长忠

（复旦大学）

随着全球化和信息化的不断扩展和向纵深推进，上海作为处于改革开放前沿的国际大都市逐渐呈现出更加明显的全球城市特征。首先，上海是一个经济业态最为丰富复杂的场所；其次，上海是一个各类人员大规模流动、各类物资实现全球和地区交汇的场所；最后，上海是一个各类前沿领域涌现、各类创新和技术快速应用和更新换代的场所。对于这样一个具有全球城市特征的国际大都市来说，一方面，上海作为改革开放的前沿，面对着城市规模大、需求多元化、流动性极强等各类社会治理问题的挑战；另一方面，上海作为国际体系链条中的一环，还必须在国际体系中面向世界主动参与国际体系中的交流和互动。能否完成这两个方面的使命，是上海能否在未来的全球化竞争中始终"有作为、有地位"，并居于全球领先地位的重要方面。

当前，中国正处于社会转型的重要时期。而上海作为中国最重要的大城市之一，在全球化、市场化和信息化的发展中走在全国的前列。但也正因如此，上海面临着更加复杂和更为紧迫的社会治理难题，也肩负着继续深化改革、先行先试，创新社会治理模式，努力在未来国家城市体系中占有关键地位的重要使命。因此，在了解上海现有发展态势的基础上，如何顺应时代发展的潮流和趋势，预测和判断上海未来发展的主要趋势和主要问题，并超前设计上海市的未来城市治理模式，对于上海全球城市的未来发展具有极其重要的意义。

从目前的城市发展态势来看,上海主要面临两个方面的城市治理挑战:第一,随着互联网和信息技术的发展,上海的城市社会形态将发生极其重要的变化,而上海现有治理体系将面临比较大的治理压力,在这一背景下,如何通过深化改革,创新社会治理模式,实现社会治理体系的转型对上海未来发展就具有重要意义。第二,作为重要的全球城市,上海不能仅仅被动应对国际社会的流动和输入,还应背靠区域发展,发挥城市核心竞争力,主动面向世界参与国际交流与互动。从这个意义上讲,上海更需要提前判断和形成具有超前性的城市治理模式,以适应时代变化和社会发展的需求。正是在这一意义上,本课题在对当前和未来30年上海发展态势分析和预判的基础上,提出未来30年上海城市治理的核心模式。

一 多维相向推进与社会超越性发展: 全球城市发展的社会背景

全球城市是全球经济系统的中枢或全球城市网络体系中的组织节点。曼纽尔·卡斯特尔认为:"新信息技术正以全球的工具性网络整合世界。"网络时代是一个整合的时代。整合的过程和本质是现代市场资源,包括人流、物流、资本流、技术流和信息流在全球网络中的充分流转和合理配置。而这一切有赖于全球网络中的关键节点——全球城市作用的发挥。

全球城市概念与实践的形成与发展将成为诸多问题解决的一个新的切入口。而要理解现代社会的发展趋势、发挥全球城市的作用首先有赖于对"多维相向推进"概念的理解。所谓"多维相向运动"是在现代社会发展中出现了一系列相对的趋势,如全球化与本土化、社会的多元化与一体化、个人主义与共享主义、城市发展的集群化与内涵化等,这些看似相反、各有利弊的趋势正在同时推进。这种相向运动现象是现代社会经济发展的结果,而随着新的技术的不断发展,对于这些相向运动,我们所应持有的态度不再是偏向于或"正"或"反"的其中一方,而是应该致力于在"合题"中解决问题,包容"多维相向运动"的正反两方面,使之在多维度中同时推进,实现"超越性发展"。

（一）超越性发展的背景

信息技术将发生更加深刻的变化，互联网物理化发展将更加充分参与全球城市建设，最根本性的要求是扩展该城市的外部联系，构建其与全球经济、政治、文化等各项功能性连接的流动空间，使其融入全球网络。在现时代要想完成这一任务，就必须跟上网络信息技术的最新发展趋势。

目前，信息技术已经发展到一个新的阶段。大数据已经成为新的信息技术处理的方式。所谓的大数据（Big Data）是指"无法用现有的软件工具提取、存储、搜索、共享、分析和处理的海量的、复杂的数据集合"。正是在这个概念的基础上，人们引申和发展出"大数据技术""大数据产业"等一系列创新的技术、产品、服务，并开始构建日益成熟的产业链。上海是中国科技最发达的地区之一，也是新技术运用的前沿阵地，大数据时代下的新的治理方式必须在上海这个平台上得到充分的展开，并且进一步为上海全球城市影响力的进一步扩展奠定基础。习近平主席在考察互联网企业时曾经指出数据与政治之间的密切关联："在这样的海量信息中，你们拥有了最充分的数据，然后你们可以作出最客观、精准的分析。这个说明广大人民群众的一种趋态。这方面提供对政府的建议是很有价值的。"大数据是一个混合结构、半结构化和非结构化的数据。通过整合网站分析、社交数据、用户、本地数据等不同来源的数据，大数据可以帮助了解全面的情况。大数据分析较为容易，成本也较低，而且也更容易加速对目标事物的理解。大数据并不仅仅是大量的数据。它的真正意义在于根据相关的数据背景，来完成一个更加完整的报告。在大数据时代，将大数据技术运用到社会整合与政治发展中去，这既是一个实践的问题也是一个理论的问题。

物联网（Internet of Things，IoT）是新一代信息技术的另一个重要组成部分。其包括两层含义：一是在互联网基础上的延伸和扩展的网络，二是用户端延伸和扩展到了任何物品与物品之间，进行信息交换和通信，也就是物物相息。利用局部网络或互联网等通信技术把传感器、控制器、机器、人员和物等通过新的方式联在一起，形成人与物、物与物相连，实现信息化、远程管理控制和智能化的网络。物联网既具有同一性、共享性又具有个性化、私有化。其共享性表现在它涵盖了互联网及互联网上所有的资源，兼容互联网所有的应用；其私人性表现在物联网中所有的设备、资源及通信等都是私人的、个性化的。上海作为全球城市，一方面其自身构成一个物联网，另一方面其又是世界物联网的一个节点，在物联网时代中的社会治理，也上海的发展必须遵从物联网的规律，顺应其发展特征，在提供公共物品时应当考虑到共享性与私人性的并融。

（二）多维相向推进之一：全球化进程与本土化发展

全球城市的概念本身就是全球化概念的一个衍生物。要建设全球城市首先必须对全球化的发展趋势有一个良好的预判。全球化是20世纪80年代以来在世界范围内日益凸显的现象，是当今时代的基本特征。从物质形态看，全球化是指货物与资本的越境流动，经历了跨国化、局部的国际化以及全球化这几个发展阶段。货物与资本的跨国流动是全球化的最初形态。在此过程中，出现了相应的地区性、国际性的经济管理组织与经济实体，以及文化、生活方式、价值观念、意识形态等精神力量的跨国交流、碰撞、冲突与融合。值得注意的是，随着互联网技术的不断发展，全球化在20世纪发展的基础上有了更新的变化。伴随未来新兴经济体崛起，世界格局将展开新一轮重组，全球化将增添新的动力和新的成员。伴随新一轮生产力革命，全球生产关系和上层建筑也将发生变革，具体变革形式就是酝酿建立强有力的超主权机制。全球化的继续发展将凸显全球城市的重要性和战略意义，作为中国最重要的全球城市之一，上海未来的治理将产生巨大的影响力和示范效应。

要理解建设全球城市的战略意义，除了全球化本身，还必须理解与之相向的本土化发展的推进。本土化概念是与国际化、全球化概念紧密相关的，本土化应该理解成是一个过程而不是一个目的，是一个事物为了适应当前所处的环境而做的变化。本土化的实质是全球化下的企业、文化、政治模式、治理方式等各个方面全方位融入各国政治、经济、社会中的过程。全球化与本土化是互相推进、共同发展的两个相向运动。只有将上海的国际化与本土化都充分考虑进来，才能准确定位上海全球城市的发展进程。

(三) 多维相向推进之二：基于个人主义的市场化与基于共享主义的合作化

全球城市的产生及发展主要是通过生产和消费高级、先进的服务及其促进该城市发展从而在全球网络中发生广泛的联系。因此，促成一个全球城市的建设和发展关键在于把握未来市场和消费的趋势。未来的市场发展将凸显"个性化"，虽然传统企业所依赖的大规模定制、模块化设计目前仍是一个重要的环节。但是，未来"个性化"将成为市场的主要诉求，这意味着个性体验的平台需要提供尽可能多样化的个性化选择，产品模块越多，个性化定制的元素就越多，最终产品的组合也就越多。将信息化、自动化、标准化与模块化建设结合，并由此形成一个自驱动、自优化的完整的智能制造体系是企业的智能化转型的关键。它是对传统既有体系的颠覆，是一种具有创新性的商业模式。

在基于个人主义的"个性化"市场与消费发展的同时，还有一种相向的基于"共享主义"的"产业共享"与"合作式消费"的趋势。无论是"产业共享"还是"合作式消费"都具有强劲的溢出效应和某些网络效应。"产业共享"可以促进产业群体的合作发展，也是一种有效的生产组织方式，可以成为塑造产业群体竞争优势的新利器，我国产业处于转型升级关键期，需要高度重视产业共享，可依托产业集群和产业平台强化产业共享，并围绕特定产业共享制定相应政策。基于共享主义的"合作式消费"更是一种全新的消费理念，英国学者雷切尔·布茨曼在《我的就是你的："合作式消费"的兴起》一书中指出"合作式消费"将给人们的消费模式带来革命性的影响。在互联网时代，共享首先表现在代码的共享（如Linux），其次是生活的共享（如Facebook）以及内容的共享（如You Tube）。"现在我们进入了第四个阶段，即现实世界各种离线资产的共享（如滴滴打车）。""共享经济"最大的价值不在于具体分享了什么产品，而是强调合作和参与的理念。互联网是促进合作和共享的重要工具，但共享与合作本身具有重要的价值，在有些地方，"合作"并不需要互联网，但已经创造了巨大的社会和经济效益。

(四) 多维相向推进之三：城市集群化与城市内涵发展

全球城市建构中必须面对的另一组相向发展趋势是城市的集群化和内涵化发展。所谓"城市集群化"是指许多大都市和城市在发展中逐渐扩张甚至彼此连接而形成的多核城市体系。表现为占地面积大、人口稠密、经济发达、交通方便、彼此联系密切的城市群，这是现代城市形态的一种新类型。我国在继长三角城市群、珠三角城市群之后，又批准通过长江中游城市群发展规划，中国城市化要走以特大城市、超大城市为依托，中小城市和小城镇依次围绕的城市集群发展的道路，就必须重视城市的集群化发展。据预测，到2030年我国有可能形成由长三角、珠三角、京津冀、长江中游、成渝地区五个国家级城市群组成的中国城市发展基本格局，初步实现可持续发展导向的中国新型城镇化。城市集群化发展的优势在于该种发展模式，一方面可以克服中小城市与小城镇因缺乏大城市依托而产生的在城市功能上的缺陷，解决可就业性、可服务性等问题，同时可以克服分散化发展导致的资源环境过度消耗；另一方面，可以克服巨型城市中心城区单中心的无限扩展，把过度集中的城市功能化解到周围的二级城市和中小城市中去，保留了城市功能混合、土地空间紧凑、人口密度合理的优点。以上海为中心的中国长江三角洲城市群是世界第六大城市群，包括上海以及江苏，浙江全境和安徽的合肥、马鞍山、芜湖、滁州、淮南共30个市，面积约30万平方千米，人口超过1.7亿。长三角是中国经济发展最活跃的地区之一，以仅占全国2.1%的国土面积，集中了全国1/4的经济总量和1/4以上的工业增加值，被视为中国经济发展的重要引擎，也是中国经济最发达的地区。这一城市群是上海建成全球城市的最重要依托，也是作为全球城市的上海发展最坚实的后盾。

在重视城市集群化发展的同时还必须注意城市的内涵型发展。特大城市须走内涵式发展的道路，这意味着需要加强城市治理、提升城市品质，转型升级发展现代服务业等产业，并合理控制城市人口规模。在城市内涵发展中，智慧型城市的发展模式也越来越受到重视。智慧城市是提高城镇化质量，实施内涵型城镇化的重要途径，城市要由重数量的外延式扩张到重品质的内涵式发展。建设智慧城市是经济增长"倍增器"

和发展方式的"转换器"。

（五）多维相向推进之四：社会多元化与一体化加速

全球城市所要面对的最后一个挑战就是社会多元化与一体化相向运动的趋势。改革开放40年来，中国经济社会发生了极其深刻的变化，其中，多元化是最显著的特征之一。所有制形式多元化、利益主体多元化、社会思想文化多元化，已经成为社会的一种常态。多元化是促进我国经济社会快速发展的强大动力，社会多元结构中的不同阶层对政府和决策者提出的要求就是怎样在不同的利益诉求中加以权衡做出选择，并尽量保证社会正义与分配公平。全球的多元化使中国深深融入了国际发展的大环境中，中国已成为世界中重要一极，中国在世界各方面的发展中的分量越来越重，在这种背景下，中国社会多元化程度也在不断加深。

在多元化发展的同时，社会的一体化也在进一步加深，全球社会也越来越体现出"一体化"特征，其凝聚力在于：顺应地球人类生存发展的需要，体现人类的共同利益，团结一心，共同发展，保护人类生存环境，完成自然赋予人类的使命，实现人类的价值。另外，全球社会一体化的发展也为和平解决政治、经济、社会争端提供了条件。同时还能进一步使地球资源获得更合理流动，各地人民各得其所，共同奔向繁荣富足的未来，地球人类成为命运共同体。在这种大背景下，我国社会的一体化程度也会进一步加深，建立在多元基础上的和谐社会是我国未来社会的总体发展趋势。

二 多维超越发展趋势与城市治理颠覆性冲击：未来30年上海全球城市治理发展的新命题

多维相向运动给上海全球城市治理发展提供了动力，但是也提出了如何纳入城市发展新因素、如何平衡各因素关系的新要求。上海实现全球城市治理跨越性发展的目标增强了问题和挑战的迫切性。因此，我们认为多维超越发展趋势给上海城市治理带来的冲击将是颠覆性的。为了成功应对这种颠覆性的冲击，我们认为上海市必须正视以下七个方面的挑战。

（一）城市治理空间的挑战：在虚拟空间与物理空间之间

自改革开放以来，中国社会经历了两次转型。第一次是基于制度变迁所引起的社会转型，即计划经济体制向市场经济体制的转换，导致社会结构从单位社会向多元社会转型。第二次是基于技术革命所引起的社会转型，即信息技术革命导致人们生存空间从传统的单一的物理空间向现在的兼具物理空间和虚拟空间转变，由此，社会也由传统单一的物理空间社会向兼具物理空间社会和网络空间社会转变，并且网络空间社会对物理空间社会产生严重影响，甚至对其运行机制进行重新再造。

从21世纪初开始，中国进入网络社会，互联网成为人们日常生活重要的支持性平台，由此，社会也开始由网下社会和网上社会两部分组成，并且网上社会在不断改造网下社会。网络社会使传统交往方式发生了革命性的变革，其及时性、跨区域和去中心化等特点，不仅使人们可以利用网络平台建立起大量话语交流的公共空间，而且也使人们可以基于某个原因实现快速和大范围的组织化，由此产生了大量基于网络而形成的以社会组织为核心的行动空间。网络社会的出现使政党及其各种外围组织面临全面挑战，即作为工业社会产物的、适应工业化社会交往方式的治理方式，如何或能否适应网络社会交往方式的命题被提出。这一命题是全球性的，然而对中国来说，挑战更为深刻，因为我们几乎尚未适应市场经济，就又要开始面临网络社会的挑战。

应该说，为了适应网络社会的到来，上海也进行了很多有益的探索，这些探索也取得了一定的成绩。然而，与网络社会迅猛的发展势头相比，与上海建设全球城市的宏伟目标相比，仍然存在一定的距离。上海需要进一步加强虚拟空间的建设，从而成为长三角区域和全球信息流的交汇点和枢纽，而与此同时又要应对物理空间变化的新局面。

（二）城市治理观念的挑战：在超大城市与超小社群之间

超大城市在国家治理中承担着重要使命。一方面，超大城市要引领地区和国家的现代化发展方向；另一方面，超大城市又要为国家治理贡献巨大的财政资源。为保证超大城市在国家发展和现代化中一定阶段的重要作用，上海生成了强大的管理权力。无论是公共秩序的维护还是社会资源的配置，上海的管理能力都是强大的。随着打造公共服务型政府的深入，上海治理观念也经历了深刻的变化。应该承认，上海治理观念的先进性在全国位于前列。然而，为把上海建设成全球城市，上海必须要经历治理观念更进一步的、可能是更艰难的变化。

超大城市规模大、人口数量多、人口密度大、节奏快，因此有些领域中任何一点治理上的差错都会被指数级地放大。最突出的例子是交通和传染疾病的防治。此外，超大城市对现代媒体的吸引力更是放大了大众对问题的感知。一旦不幸发生，势必损害这个城市的全球声誉。因此，上策是避免事故的出现。这样，在超大城市的治理中就不免把各项标准定得过高、过死。超大城市又有复杂性、多样性和开放性的特点。除了由地域、性别、年龄、贫富、阶层、种族或族群、宗教等构成的大群体之外，超大城市也存在由利益、兴趣和爱好等构成的各种各样的超小社群。这些超小社群差异化程度高且诉求比较强烈。如果治理观念只强调由于超大城市规模而产生的统一性和高标准性的话，如果治理观念不正视超大城市所特有的多样性和复杂性的话，势必不能有效地整合这些超小社群。此外，由于上海历史上长期形成的有效治理方式可能会导致一种观念上的思维定式，形成一种路径依赖，难以形成一种平衡统一性和多样性的治理观念。

摆在上海面前的挑战是，如何确立多维的治理理念。哪些方面需要保证治理的统一性，哪些方面需要适应治理的多样性。真正把为数众多的、潜力巨大的超小社群整合进超大城市的治理结构中，增强上海的竞争力，使上海在全球产业链分工中能够吸引和利用创新性的超小社群，从而为上海的全球城市建设服务。

（三）城市治理价值的挑战：在个人主义与共享主义之间

我国改革开放的进程是逐步建立、培育和完善市场的过程。市场经济的一个最基本的前提要求是清晰界定的产权。在实践中，清晰界定的产权要求一个明确的个人归属。因此，市场经济的发展也是个人主义价值观念扩散的过程。进一步完善社会主义市场经济，让市场在资源配置中起决定性作用，在逻辑上提出了如何完善和推进个人主义的要求。我国市场经济体制的不完善使这一任务在某些方面、某些领域显得特别的迫切。

然而，技术领域的革新，催生了与市场经济基本逻辑相异甚至是相悖的因素。激烈的市场竞争和技术的进步使有些产品和服务的生产的边际成本接近于零。这就带来一个颠覆性的后果，即有些产品和服务的免费。随着这一进程的加快扩散，共享主义的价值观念也逐渐深入人心。零边际成本现象已经破坏了传统的出版业、传媒业和娱乐产业的旧格局，越来越多的信息以几乎零边际成本的方式提供给数十亿受众。这些数十亿的零边际成本的受益者逐渐把这一现象视为理所当然，共享主义价值观念也随之深入人心。共享主义本身不是一个全新的价值。在前现代社会土地、水源、森林等资源一直是由人们共同使用的。所不同的是共享主义的技术维度以及其带来的开放性和延展性。前现代社会的共享主义受到了天然的地理距离和团体身份的限制，而当今的共享主义已经打破了这种限制，共享变得更为开放和包容，因此作为一种价值也变得更为全面和深入。

今天的共享主义依托的是一个正在形成的全球性高科技平台，该平台的根本特点在于它可以优化共有模式的核心价值和运营原则，从而使这一历史悠久的价值重新焕发活力，并发扬光大。随着物联网的兴起，基础设施会以分散的形式配置，并促进协同共享效应，导致生产的全面优化和全球接入的效果。物联网平台会使每个人都成为产销者，使每项活动都变成一种合作，把所有人都连接到一个全球性的社区中。

今天，上海作为长三角地区"领头羊"、中国经济的"排头兵"，承担着生产要素集散地的任务，需要继续完善社会主义市场经济。另外，上海是中国联结全球的节点，全球流动性资源的共享也是上海需要进一步培育的功能。上海建设全球城市的宏伟目标要求在城市治理价值取向上要平衡市场经济所释放出来的个人主义和新技术、新趋势所孵化出来的共享主义。只有同时驾驭个人主义的主体性和进取性力量和共享主义的协同性和合作性力量上海才能在建设全球城市中取得丰硕成果。

（四）城市治理手段的挑战：在制度创新和技术创新之间

随着移动网络的普及，互联网对社会生活的影响与重塑，开始进入集中爆发期。对网络社会新常态的到来，无论是在制度规范上，还是在心理准备上，甚至在思维方式上，却似乎尚未做好充分准备。制度是用来规范与建构人们的行为与秩序的，制度能够切实起作用，一方面需要有明确的规范与现实的制约，另一方面还需要人们的充分认同与积极践行。然而，制度的生成与发展，不是凭空而来的，而是在既有制度基础上，根据新的发展不断创新与调整。

当今世界绝大部分国家的国内制度与国家间规则，都是伴随现代工业社会以来的发展而形成的，这些制度与规则，体现了现代工业社会条件下的交往方式、行为逻辑和社会结构。经过博弈、确定与实行，不论是制度规范或执行力量，还是人们心理认同或践行意愿，都已经趋于稳定和适应。然而，技术创新所带来网络社会的生成打破了工业化条件下的组织方式与交往方式，乃至社会结构。秩序建构的空间、逻辑与手段都发生了根本性变化。这就意味着，在工业化条件下形成的制度与规范，需要自问如何适应网络社会。改革开放以来，我国曾经历了两场巨大社会变革，一场是市场经济建立所带来的，基于制度变迁引起的社会结构转型；另一场是网络社会生成所带来的，基于技术革命引起的社会结构转型。两场变革时间上存在先后，但在影响过程上却有重叠。在制度创新上，围绕着如何适应市场经济而展开，也有一些可借鉴的范本。对于迅猛发展的网络社会，中国与世界基本上处于同步，但并无适应市场经济的参照，只能在实践中，通过探索生成相适应的制度与规范。

发达国家是在市场经济充分发展的基础上应对网络社会挑战，因此可以遵循相对单一逻辑予以回应。中国却面临着市场经济深化与网络社会生成双重转型的叠加冲击。就如近来出租车停运事件所昭示的，市场本身尚未完成符合市场经济规律的改造，却直接遭遇技术革新的新命题，老行业竞争不充分、出租车司机转型、新行业缺乏认定、客人权益需保护等问题交织缠绕。这凸显出旧规范与新发展的冲突，或者新发展无规范可约束。

上海曾经是计划经济的重镇，计划经济制度形态在上海发育得最为成熟。因此，在新的历史条件下，上海的制度建构，无论是认同建构，还是形式与内容创设，都应超越固有的单一程式，遵循符合逻辑的路径，同时应对双重转型的要求，这些任务显得特别繁重。上海在创建全球城市的过程中，既要保证创新空间不受挤压以促进新的形态生成，又要协调多方利益以建构现实秩序。这就对上海在制度创新和技术创新所要求的城市治理手段方面提出更复杂的任务。只有同时在制度创新和技术创新上取得突破性发展，并维持两者的平衡，上海才能在旧有的城市功能中创生出新的城市功能，提升上海在长三角的地位，加强上海联结全球的作用。

（五）城市治理模式的挑战：在分散治理与整合治理之间

中国以政党主导的治理模式是为了克服社会的分散性与现代化建设的组织化诉求之间的矛盾而形成的。中华人民共和国成立之后中国共产党选择以党的组织网络为基础来构建社会，由此形成了单位社会体制，从而为现代化建设奠定了组织化基础。然而，这一社会治理模式能够为现代化建设奠定组织化基础，却不能为现代化建设提供持续的内在动力。党的十一届三中全会后，中共中央决定实行改革开放，并建立市场经济体制，由此市场成为经济领域的组织化力量。同时，随着市场化和全球化的进一步推进，社会多元主体开始生成，特别是网络社会的崛起，使社会自主化现象开始出现。社会的分散化和多样化特性凸显。由此，将新兴社会力量进行有效整合，并使之转化为社会治理的建设性因素，以及使既有的各种社会治理力量与这些新兴治理力量实现有效合作，就成为新时期国家社会治理的一项重要任务。

在计划经济时期，人们依附于单位，不存在所谓的分散治理问题。在市场经济初期，市场的契约原则使社会成员处于原子化状态，同时所有制多元化导致单位社会衰微，党群关系所依附的传统社会基础和利益关系发生了变化，这使治理模式构建的逻辑与原则需要调整与创新，建立与原子化社会相适应的成员关系成为新型治理模式建构的重点，这就是所谓的分散治理。随着市场化、全球化与网络化的加剧，社会开始出现自我组织化力量，社会成员中单位化、原子化与自组织化三种生存形态并存，而处于不同形态下社会成员的行动逻辑具有较大差异，现有的治理模式要与这三种生存形态下的社会成员之间建立密切关系就必须要再进行调整，采取差异化方式，建立复合型的治理模式。而网络技术的兴起，一方面进一步放大了社会的分散化，另一方面也提供了整合治理的契机。网络技术使各个社会群体、原子化个人能够在相同的平台持续互动和合作。网络技术的整合功能在商业上已经达到了成功的运用，如淘宝。

上海必须针对社会成员生存形态差异化的需求，将既有的与新兴的社会治理力量都充分调动起来，并建立新的具有包容性的治理框架与模式，使它们能够在这种框架和模式下实现有机合作，从而达到社会有效治理的目的。上海的整合应该是面向长三角、面向全球的，把长三角内分散的行为主体吸引和整合进上海这个大平台，把在全球流动的资源吸纳进上海这个枢纽，上海才能在建设全球城市的过程中获得突破性发展。

（六）城市治理维度的挑战：在全球治理与基层治理之间

全球化是当今这个时代的历史潮流。一方面，全球化给上海带来了信息、资本和人力资源的全球共享，提供了上海发展的契机。然而，另一方面，全球化也给上海带来了压力。上海城市治理主体的行为一方面要面对全球价值和规范的评价，另一方面又要面对本土文化和当地价值的评价。

上海全球治理首先需要面对的是流动性的问题，即如何吸引全球流动的信息、资本和人力资源为上海所用。全球化对传统的主权民族国家及国家间经济体系造成巨大冲击和影响的同时，对传统的民族国家及国家间政治体系也造成同样的巨大影响和冲击。具体而言，全球化改变了国家的地位和政府的实际角色，可能削弱或限制了政府的公共服务能力，可能会导致政府管理的空心化。上海作为次国家治理主体当然也不能外在于这种历史力量影响之外。适应全球化的冲击，重新建构治理方式是上海在建设全球城市中的必然选择。

另外，随着计划经济体制下单位社会的瓦解，基层社会重新出现原子化、自组织化的态势。现有的基层治理主体（如村居委会）一方面要完成上级的行政事务，另一方面要回应居民的自治需求，而现实情况更多的是"行政事务域"挤压了"自主域"。而且，当前基层治理仍然是以街道办（乡镇）和居委会为主要决策主体，社区居民、社会组织基本没有参与到社区决策过程中，也很难对基层政府的社会管理和公共服务职能进行有效监督。社区社会组织发育良莠不齐、参与渠道不畅，社区资源整合程度也不高，社区企事业单位掌握着丰富的资源，却并不与社区共享。基层社区作为与人们日常生活息息相关的领域，其地位、功能和作用日益凸显，在提供公共服务、反映公众诉求、激发社会活力、化解社会矛盾、协调社会关系、规范社会行为、应对社会风险、保持社会稳定等方面发挥着重要作用。因此，基层治理具有畅通参与渠道、培育新型治理主体从而达到稳定社会秩序的功能。

所以，上海在建设全球城市的过程中，存在两个治理维度的张力，一方面要适应全球化，争取和利用全球流动性的资源；另一方面，要适应基层社会结构转型的挑战，重新确立稳定的社会结构秩序。在治理的流动性和稳定性之间，上海面对着重大的挑战。

（七）城市治理主体的挑战：在青年化社会与老年化社会之间

信息技术革命使互联网成为人们日常生活的一个十分重要的支持平台，它不仅改变了人们许多的行动方式，而且还因此导致社会结构的变化，导致了社会权力在不同人群中发生转移。在农业社会条件下，土地是社会权力所依赖的基础，同时整个社会是以共同体化方式存在，社会流动很少，知识和文化传承是以前喻方式进行的，社会权力主要掌握在自然权威的老年人手上，青年人完全依附于共同体，这时尚无青年概念。随着社会进入工业社会，资本和技术成为社会权力的基础。为了最大化获得资本增值以及遵循技术积累的规律，从17、18世纪起，西方国家开始普遍建立各类学校，并提出了退休的概念。由此，青年概念开始出现，青年作为后备军概念的独立主体开始生成。在工业社会条件下，青年人和老年人被制度化区隔在社会主流空间之外。在网络社会条件下，权力基础除了资本和技术之外，还增加了信息，同时互联网空间所具备的无边界和去中心化的特点，突破了工业社会中所形成的制度化区隔，使青年人和老年人有可能进入社会主流空间，但是，由于网络社会条件所具有的技术和信息快速更新等特点，导致了整个社会文化和知识传播特点从农业社会和工业社会中的前喻和并喻方式向后喻方式转变，从而使青年人成为网络社会中的最适应者和最主动参与者，由此，社会权力开始向青年人转移。因此，可以将网络社会称为青年化社会。

由于经济发展阶段和计划生育政策的双重影响，使中国即将步入老龄化社会。而上海的超大城市特质和在中国现代化过程中的领先地位导致老人群体在总人口结构中占有相当大的比例,并且随着人均寿命的提高占比会越来越大。因此,一方面是随着网络社会到来,社会权力向青年群体转移,青年人的社会地位越来越高。另一方面,老群体的规模越来越大,又形成了老龄化社会。而老年人人口特征使他们对医疗和社保等公共服务的需求强烈,在公共资源有限的情况下如何平衡青年人的发展需求和老年人的消费需求将是上海在建设全球城市中的一个重大课题。此外,尊老和孝道是中国文化的核心观念,而老年人的生命周期使他们难以适应网络社会。上海在欢迎青年人创新的同时,如何关注老年群体的行为特征,上海在建设全球城市中如何建构适应老年人行为特征的治理模式是一个巨大的挑战。这不仅是有关城市发展的问题,更涉及社会的核心价值观的问题。

三 面向新型文明形态的城市治理:未来 30 年上海全球城市治理发展的新维度

全球化和互联网的不断发展,使城市在未来的建设和发展中也面临新的机遇和挑战。在全球城市的建设过程中,如何面对被互联网全面渗透的物理世界,不仅需要从技术上不断创新,而且需要在制度上探索与新的文明形态相适应的治理手段,充分利用信息技术解决超大规模城市治理中遇到的各种问题,充分注重和发挥青年人在城市治理中发挥的主力军作用,关注不同治理主体在新型治理模式中的互动与发展,重视区域和全球协作,构建新型治理模式。

(一)适应互联网物理化,在技术上与制度上探索适应新空间理念的治理手段。随着经济社会的发展前进,互联网世界的技术创新、经济模式和人的行为模式,正在深刻地影响物理世界,虚实两个世界的界限将会更加模糊乃至交融。在社会经济发展中,互联网物理化对未来人们的工作生活所带来的影响,表现在三个维度上:一是技术创新,二是重构经济生产要素,三是改变人的行为模式。一项基于"90 后"的调查显示,在他们眼中,现实生活中的一切原本就与互联网世界密不可分。比起其他人,他们更期待实现更真实的三维互联网世界,而这也终将改变新生代人群的行为模式。

因此，在城市治理中，尤其是作为超大规模城市，且在全球经济发展中处于关键节点的城市的治理中，要鼓励技术上的创新，加大对科技创新投入的力度，鼓励人们尤其是青年人敢于创新、勇于创新、善于创新；鼓励和支持互联网行业的发展和超越，鼓励新产品、新系统、新软件的研发和推广，鼓励传统行业在现有技术水平上采取技术创新或使用新技术；鼓励人们在学习、生活和工作中学习、使用新技术。在城市治理的制度构建上，也要采取"互联网思维"，及时、迅速、有效地调整现有治理模式，以适应快速变化的物联网技术和被互联网影响的物理世界；要进一步采取促进互联网技术创新的治理手段，鼓励创新；要进一步构建基于互联网发展的网络安全保障机制，防止在互联网发展的过程中出现信息泄露等安全事件。

（二）运用信息技术解决超大规模城市治理中的信息不对称，并进一步解决整体治理与分散治理之间的整合问题。几乎所有的全球城市发展规划都注重信息技术的发展，积极打造智慧城市。作为人口规模庞大且构成复杂、城市经济与社会体系间互适性紧绷、社会阶层利益和需求矛盾激化、多元参与的社会治理机制已具雏形但结构性问题突出的全球城市治理现状，信息技术手段的发展已成为特大城市社会治理机制创新的首要目标。作为在世界城市网络中的节点作用，全球城市不仅具有较强的集聚能力，更具有较强的辐射能力，能够对周边城市，甚至其他区域城市产生重大影响。因此，全球城市发展战略规划要关注信息化网络、数字化、智能化建设，积极打造智慧城市，在提高城市自身网络建设的基础上，提升作为全球城市的城市能级和辐射能力。

首先，要打造巨型城市群信息网络，强化全球城市群信息通信技能，构筑能有效发挥超大规模城市人口聚集优势的信息网络，要建设信息通信技术基础设施，包括建设更有竞争力的宽带网络、发展政府电子政务议事日程、推进宽带覆盖率、以电子信息来支撑城市商业发展、促进智能电器进入家庭和传统行业等措施，从而提高物流、服务、金融、信息的枢纽功能，促进城市内部各产业生产力和居民生活品质提升。其次，不仅要大力建设硬网络，即传统的陆海空"三位一体"的交通网络，而且还要充分利用网络信息技术，如互联网、手机网络、物联网等，打造城市软网络，将其与周边城市紧密联系在一起。再次，要充分利用大学、社区、企业等研发资源，积极打造科研网络，实现科研成果的最大化利用，从而推动产业发展和城市能级的提升。最后，还要构建城市内部网络，如网络化办公、街区、居民之间的网络等。通过构建一个具有信息自主收集与分析功能、基于共享平台、最终能实现预报预警的信息系统，全球城市的网络建设不仅提升了城市竞争力和吸引力，而且增强了其在世界城市网络中的节点作用，营造了产业发展的良好环境。

总之，在全球城市的建设中，信息技术的发展都是重中之重。注重以"智慧城市"建设为代表的信息产业发展及对其他产业的拉动作用。利用物联网、云计算、"三网合一""5G"无线通信等技术机遇，通过"智慧城市""云海计划"等工程加快信息产业的发展，带动信息电子产品制造等制造业的发展，同时带动"智能电网""智慧医疗""智慧教育""智慧城管""智慧生活"等产业发展，打造强大的包括网络金融、电子商务、电子通关、电子书、数字出版、动漫设计、软件开发、智慧交通、城市安全管理、智慧医疗、远程教育等产业的信息产业链，抢占未来战略性新兴产业发展的制高点并提供大量就业机会。

（三）把握共享主义与个人主义张力，运用好这两方面在新形态下的超越性特点，建构新型治理机制，解决整体治理与分散治理之间整合的价值基础。在"新公共管理已经寿终正寝"以及数字化时代已然到来的背景下，整体性治理首先表现出的仍是对新公共管理改革所造成的碎片化、空心化政府的战略性回应。它以有效回应公众的整体诉求为核心价值取向，尊重公民权、民主治理和公民参与，主张简化和变革政府与公众之间的关系；重视政府服务的目标与结果，为组织设计提供了以顾客和功能为导向的创新策略；作为核心内容，它构建的整体性治理的网状结构经由三个层面（治理层级间、治理功能间、内外部组织间）整合关键活动完成；提倡充分运用现代信息技术，通过互动信息的收集、建立基于共享平台的数据库以及数据库升级获得监视和预测功能，构建治理的智慧网络。整体性治理关心如何更为有效地处理公众最关心的问题，即以公民诉求为出发点，第一步首先确立治理目标；第二步，立足于责任感的三个层次（宪法、法律、管理）实施治理层级的整合；第三步，作为公共管理方式的整体性治理将被制度化；第四步，一个具有信息自主收集与分析功能、基于共享平台、最终能够实现预报预警的信息系统将被建立起来,成为整体性治理的技术支撑与现实工具。

特大城市的社会治理直面日趋紧张的社会关系与日益严峻的社会风险,当突发事件频发已经成为治理常态,唯有以逆碎片化的思维,站在整体性治理的视角,全面整合社会治理全过程,才能变被动为主动,创造特大城市和谐发展的治理局面。第一,要建立特大城市社会治理表达机制,要求政府、自治组织、私人部门、第三部门和公民共同参与和利益表达,由政府提供拓展需求和利益表达的渠道,使多治理主体参与到表达环节中来,改变过去由政府单方面"为民作主"的情况。第二,建立特大城市社会治理决策机制,通过建立公私部门之间积极有效的合作,共同形成公共权威和公共秩序,集合各类治理主体,实行自上而下和自下而上双轨并行的决策机制,确保特大城市社会之力决策的有效性、民主性和准确性。第三,建立特大城市社会治理筹资机制,除政府部门之外,应该采取积极措施,引导私人部门和国际组织参与到特大城市社会治理筹资活动中,如教育、医疗保健、社会救济领域等,有效地吸引社会资本能够进一步促进政府治理的创新。第四,要建立特大城市社会治理生产机制,通过采取与私人部门合作的生产方式,与私人部门建立诸如特许经营权、托管制和政府采购等公私伙伴关系,以更好地满足社会多元化的需求。第五,建立特大城市社会治理评估机制,将政府、自治组织、私人部门、第三部门和公民都引入评估过程中,坚持公开透明的原则,制定规则充分保护各方主体的评估权,建立科学有效的评估标准和评估程序,以保证特大城市社会治理中及时地反馈与纠偏。第六,建立特大城市社会治理问责机制,界定清晰问责范围,规范公共治理过程中的监督问题,建立多元主体之间相互制衡的问责机制。

(四)适应青年化社会趋势,鼓励青年创新,充分重视青年社会治理的主体性特征与主力军作用。青年群体是社会发展和社会变革的重要力量,青年参与是实现青年价值的必然途径,是政党建设和多家发展的一项重要战略。随着全球化和互联网的发展,社会治理网络参与的成分在不断增多。在这种新的网络参与的过程中,大多数又是青年人群的参与。在新的治理体系的构建中,与以往社区参与中老龄化特征不同,青年人的政治参与在社会治理中越来越多地得到体现,尤其是在新兴的网络治理中。自 2008 年以来,我国青年自组织参与社会建设行动开始呈现普遍性增长的趋势。这种趋势主要体现在三方面：一是大量的青年自组织开始生成，并逐渐走出以往自组织"自娱自乐"的趣缘型结社形态，开始介入诸如环保、慈善、公共安全、抗灾等相关社会建设领域；二是在参与社会建设过程中，青年自组织形成了一套参与社会建设的动员体系，许多自组织周边都凝聚起一批专注于某一事业的青年队伍，并且有的队伍已有相应规模；三是许多青年自组织正是通过社会建设形成了自身的专业领域视角，找到了自身关注重点，从而通过热情与专业的结合使之成了一种社会发展过程中的行动者，甚至被认为是一种决定未来发展的力量。如何发挥青年在社会治理中的主力军作用，成为新形势下社会治理的重要问题。

首先，要进一步加强党的青年工作。其次，要强化社会建设的项目对接。青年通过自组织参与社会建设是党、政府、企业和社会汇聚的结果，汇聚点就是工作的交互点，因此，要强化这几者之间的对接，如可借鉴目前商业组织 B2B（集体对集体）、B2C（集体对个人）的方式，搭建网络平台，使青年通过青年自组织参与社会建设实现有序化，避免资源浪费。再次，要对青年自组织进行"吸纳式"管理。当前的青年自组织更多还是"草根"的形态，这一方面是社会活力的体现，但另一方面也对社会稳定具有一定的威胁。因此，要通过一定的方式对其进行有序管理，如组织相关协会、举办沙龙与其进行合作。最后，实行"阶梯式"的培育方法。对于青年组成的自组织，应该形成一套阶梯形流程，从对有意愿个体的培训开始，到尝试、孵化，再到登记、注册，最后到初期扶持性项目支持，从而培养出一批具有一定政治敏锐性、社会责任感，能够做大做强的青年自组织，以推进青年群体在社会建设中的主体作用。

（五）关注青年化与网络化、全球化等多因素结合的新型社会交往与社会动员模式，推动既有各类政治组织、政府机构等组织形态与运行机制的创新与发展。在互联网和全球化的影响下，原有的社会交往和动员方式发生了巨大的变化，其最重要的特征就是公民尤其是青年人的网络参与意识和能力不断增强。由于技术创新的脚步快于制度创新，在互联网普及的情况下，大幅度增加的网上政治参与，也出现了不少的问题和矛盾。在这种情况下，如何适应变化了的形势，最大限度地促进社会稳定和社会和谐，亟须构建政府有效治理和社会自治良性互动的复合治理格局。复合治理主张治理主体的多元互补合作、资源的整合与组织的协同、治理空间的开放性、治理方式和成效的共建共享性，强调构建国家主导、社会自主、公民积极理性的良性互动结构。在当前新的形势下，党的领导与公众参与的力量互动，政府规制同社会自治的合作互强，增能政府与赋权社会的机制互补，优化和创新社会治理的主体结构，推动各类政治组织、政府机构等组织形态与运行机制的创新与发展。

　　首先，党的领导与公共参与有机互动。中国共产党既是中国特色社会主义事业的领导核心，也是政府有效社会治理的保证。在治理过程中，要把当的领导同公众参与的力量有机结合起来，党组织通过引导社会行为方式和价值取向，积极践行群众路线，通过积极有序地组织和引导群众参与公共事务活动，并逐步使自上而下的单向动员和组织双向官民交互影响，通过对群众路线创造性转换实现与参与式民主耦合协调发展，不仅有利于丰富群众路线的内涵和拓展公民参与的广度与深度，还能够形成良好的社会治理。其次，政府规制同社会自治合作互强。政府规制强调政府的权威和社会的服从，而为了实现动态的可持续稳定，需要控制与引导相结合。要建立健全社会运行状况的监测体系、预警系统及危机协调机制，切实提高政府社会治理的科学性、有效性和针对性，同时要引导社会成员通过合法的途径理性表达自己的利益与愿望，健全政府回应和问责机制，形成权责明确、运转高校的管理体系保持社会稳定和谐。最后，增能政府与赋权社会的机制互补。即从转变、提高政府社会管理能力和增强社会自我管理能力两方面着手，政府将部分公共事务通过政府购买社会服务的方式，交由社会组织承担，发挥社会组织、社会公众在处理自身事务上的主动性，形成政府与社会合作、多元主体共同治理的局面。

　　（六）重视在全球化背景下推进区域合作和境内外合作来解决超大规模城市所带来的问题。在全球城市的建设中，诸如上海这样的超大规模城市，想如早发全球城市伦敦、纽约和东京一样，发展成为单一、独立的全球城市已经不可能，而更可能成为与周边区域共同发展基础上的"核心城市"。也就是说，在发展长三角区域共同发展的基础上，上海居于"领头羊"的位置，在这个基础上发展和建设全球城市。而这样的发展模式，也正好契合了全球城市在世界和本区域经济政治发展过程中的核心以及辐射作用。

在我国的城市化进程中，区域的协调和发展一直存在诸多问题：区域的重大基础设施如铁路、公路、航运、航空等多种设施之间缺乏有效的配套与衔接，资源浪费与设施短缺并重；缺乏有效空间管制，空间开发和分工秩序不合理；区域政策缺乏衔接，尚未建立由市场和企业为主导的区域竞争协调机制等，都给城市治理和城市协调发展造成了严重的影响。因此，在打造全球城市的过程中，在自身发展建设的过程中，同时要注重同周边城市的协调和互补。

首先，在全球城市的建设中，我国城市要注重发展在区域发展中具有优势的产业。要大力发展高端服务业，促进服务业能级提升，特别是要重点发展提供全球性服务和区域性服务的生产性服务业，建立面向亚太地区和全球的现代服务业中心和高级服务业生产基地；聚焦发展先进制造业的高端领域和高端产品，鼓励企业形成高端制造、制造服务和资本控制的能力，将工业投资重点从扩大产能转向产业链和软实力投资，使产业升级的重点从产品升级和技术升级转向产业链升级；大力推进产业融合发展，充分发挥上海信息化水平较高、市场容量较大、运行比较规范的综合优势，使上海成为新兴融合型产业集聚度最高、发展最快的地区；"以拓展能级为重点"发展总部经济，更多地推动城市功能向高端制造、金融、航运、贸易以及创新研发为一体的国际总部经济基地转型。

其次，要注重区域、产业之间的"网络联系"和联动发展，加强中心建设与区域经济之间的联动，城市各区县产业做好联动发展，充分利用当前发展面临的良好机遇，大力推进园区、社区、学区"三区融合"，积极推进与大型国企、高校、科研机构的联动发展；作为现代化国际大都市的中心城区做好与纽约、伦敦、东京、新加坡等全球城市，以及港澳台、北京、深圳等国内先进城市之间的联动、比较发展，拓展发展的视野、标准和水平；在郊区和县做好产业、城市建设和交通的联动发展，利用新城建设大力发展现代服务业，尤其是生产性服务业，发展"地铁上盖经济"，促进现代都市农业与城市化、工业化发展的联动融合；各区产业做好与其他城市产业发展之间的联动、与国内外其他城市产业发展之间的联动，充分利用全球化带来的机遇，通过与区域和国内外其他城市的联动，促进自身的发展。

四 对标未来发展趋势与判断治理发展方向：未来30年上海全球城市治理发展的新重点

从总体上看，未来全球城市发展更加强调社会各个方面的多维相向运动，这意味着社会个体的需求一方面朝更加个性化、多元化、本土化的趋势发展；而另一方面社会治理的供给朝着强调流动、沟通、互动、共享的定制化、规模化、参与化的趋势发展。上海未来的治理模式就要充分适应这个时代发展的趋势，在这种多维相向运动中在全球城市治理的维度上达到平衡和统一。

（一）大数据与移动互联行业带来经济和社会形态的超越性发展

近年来，大数据在经济领域的应用和移动互联行业呈加速度发展。必须指出的是，移动互联网的发展并不仅仅是个别行业的创新与发展，而是引领和开启了一个新的时代，可以预见，未来30年以移动互联为基础和支撑的商业形态将进一步塑造和改变社会形态，实现社会形态的超越性发展。大数据与移动互联网给新时期的城市治理带来一定的挑战。第一，移动互联网通过对大数据的应用在社会服务层面提供了质量更高、更精确、更有效的社会服务，与高质量的经济社会服务相比，目前的公共服务和治理在反应速度和治理质量方面处于劣势；第二，随着经济和社会服务水平的提高，城市居民对公共服务的质量要求也随之升高，这进一步增加了公共服务和公共治理的压力。如果公共服务和治理的能力不随之提高，就会带来在个体体验和心理上的社会挫折感，这都给上海城市治理带来巨大挑战。但是，换个角度讲，挑战的另一方面是机遇。所谓国家治理体系现代化，对我国来说，从根本上说就是构建一个能够应对社会多元发展和个性化需求的治理体系。在这方面，虽然国家和各地进行了一系列创新性探索，但目前仍然未找到真正有成效的载体和抓手。移动互联时代的全社会数据化和相应的大数据分析技术，能够对个体需求和行为习惯进行准确定位和分析，这也给政府的公共治理提供了重要工具。

（二）现有城市治理体系需要适应经济和社会形态变迁实现整体性重塑

未来 30 年内，上海的城市治理体系能否在移动互联和全球化的时代更加有效地适应经济和社会形态的变迁，是一个极其重要的命题。在新的社会形态下，城市治理和公共服务应该是以服务需求为中心的：第一，这种需求是多元化的、个性化的，除个性化定制化以外，随着大数据的发展，这种需求还是随时随地地、与物理空间相结合的，未来城市公共服务也需要实现这个方面的功能。第二，服务的方式应该是参与的、共享的、体验的，所谓参与的是指公共服务需要调动服务需求者和提供方的共同参与；所谓共享的是指公共服务需要是开放而非封闭的；所谓体验的，意味着公共服务需要以需求者为中心，注重服务对象的个人体验。但不得不指出的是，当前的城市治理体系在这方面与目标仍然存在较大差距。现有城市治理体系仍然有很强的单位社会特征，单位制时期，社会治理主要依靠不同条线的单位资源来完成，提供的主要是与个体身份制度相结合的差别化服务。改革开放以来，随着社会形态的转型，国家通过一系列措施加强了针对城市居民的普遍化、一体化的公共服务，但是旧的城市治理体系日益面临转型难题。第一，现有的城市管理体系仍然是以部门对应和部门区隔为基础，这使既有的强行政、强管理的治理体系不能适应社会转型的需要。第二，城市治理目前仍然是以户籍和身份制度为基础，因此总体上仍具有差别化公共服务的特征。未来上海城市治理模式必须实现城市治理体系的整体性重塑。

（三）政党治理在新的城市治理体系中仍然发挥着至关重要的作用

就世界上发达的国际化大都市的发展历史而言，大部分城市依靠着市场的推动力量，同时也有一部分城市因得到了国家发展战略的引导。对于上海而言，在相当长的时期内，全球城市的治理所依靠的在很大程度上乃是政党的作用。政党的领导作用、组织力量和各项功能的发挥，都是作为中国的全球城市——上海在未来的重要治理力量，这也应当是上海城市治理模式有别于其他城市的重要基本特征。未来 30 年，在城市社会形态面临根本转型的背景下，政党组织在新的治理体系中应该发挥何种作用？如前所述，中国的城市治理体系仍然有着比较多的单位制特征，表现为以管理为导向，部门区隔化明显。这种部门区隔在城市治理中留下了治理缝隙，影响了城市治理的能力和质量。未来城市治理体系的转型，其关键一步就是通过体制内整合性力量实现政府部门的职能重塑和流程再造。而政党恰恰是体制内最重要的整体性资源。党组织在治理体系内的全覆盖和民主集中制的特征，使政党有条件、有能力发挥资源整合、部门整合和进一步推进改革的重要作用。因此，在未来的城市治理体系中，政党体系仍然发挥着至关重要的作用。

（四）全球城市和新型城市治理需要社会多元力量发挥主体作用

在全球化、多元化、个体化社会背景下，城市治理已经不能够仅仅依靠政党或政府的单维度主体，而必须引领和鼓励更多的社会主体力量参与。多元的需求只有通过多维度的服务提供方才能有效实现。因此，上海未来30年，就是多元社会主体在一个共同的平台上共同参与、互动和共享的30年。这种多元主体总体上说分为几个层面：一是各类经济和社会组织，近年来虽然社会组织的数量发展很快，但社会组织参与公共服务和治理的渠道和质量仍然不高，未来的城市治理应该进一步重点开发社会组织参与公共治理和服务的渠道和模式。二是政府组织，对于公共服务和公共治理来说，政府仍然必须是主导性的力量。但是，政府发挥主导性作用的方式必须有所转变，政府首先应守好公共服务和公共治理的底线，对社会无法自主提供的服务和治理问题进行解决，同时查处和惩罚各类违规违法行为。此外，政府要逐渐由"以我为主"的治理方式，转变为"提供平台、多元治理"的治理和服务方式。三是政党组织，政党组织要重点发挥好政治整合作用，这种政治整合，不仅仅是指政党对社会力量的政治整合，同时也指政党对体制内单位化、部门化资源和主体的整合性作用。四是国际组织，作为全球城市，上海未来要更多地参与全球范围内的区域和城市治理，而在全球城市的条件下，国际组织必然增多。因此，就基本判断而言，上海不仅要建立合理接纳外来国际组织的制度与规则，同时更应当注重发展由中国主导的国际组织，并积极利用国际组织的建设来提高上海与中国的国际影响力和全球治理的参与水平。

（五）智慧性的技术治理是上海全球城市治理模式的基本手段

就技术角度而言，网络技术的创新必然会深刻影响未来的发展。在这种情况下，网络技术一方面会深刻改变人们的社会交往方式，形成新型的社会交往方式和社会形态；另一方面也要求党与国家必须根据新的经济社会状况，进行自身的组织形态与治理方式的再造。因此，就上海未来30年的城市治理模式的发展来看，城市治理体系的转型必须充分运用好大数据和移动互联行业的技术手段，进一步推动智慧城市建设，实现智慧性的技术治理。第一，要通过移动互联技术的应用，充分获取社会各类数据和信息，并通过大数据的分析对不同类别的社会需求进行分析汇总。第二，通过智慧技术的应用，修正和开放政府数据，使政府数据更好地为社会公共治理服务。第三，通过智慧技术的应用，构建多元参与的公共服务平台，使各类社会主体和社会组织能够通过这一公共平台发挥服务功能和作用。第四，通过智慧技术的应用，逐步实现政府部门的职能整合和流程再造，为社会治理体系的整体性转型创造基础。

五　构建面向新型文明形态的城市治理模式：未来30年上海全球城市治理模式发展的新战略

据上述分析与判断，针对上海现有发展的不足与问题，笔者认为，2020—2050年上海全球城市治理模式发展，在具体战略选择上，应该在以下五个方面进行创新与突破。

（一）重构城市治理格局

以目前的全球化、市场化与网络化速度以及2020—2050年可能的加速度发展情况来看，作为全球城市的上海治理的空间与格局将发生根本性变化，为此，我们认为总体上首先应该在以下四个方面重构城市治理格局：

1. 重构治理空间。上海作为全球城市的治理体系，在治理空间上不应仅仅局限于上海自身，同时要立足开放合作的原则，重构国内与国际、上海与其他地区之间的空间关系。

第一,重构国际与国内治理空间关系。随着全球化加速,作为全球城市的上海,将成为连接国际与国内主要节点之一,这就意味着国际与国内在这里实现高密度的交集。于是上海不仅要有自贸试验区这样的实验,而且还要有其他方面的治理在机制和制度上进行探索。一方面要形成能够跟上国际发达城市治理模式的机制与制度;另一方面要形成对外辐射能力。

第二,重构上海市内、上海与长三角、上海与国内其他地区之间的治理空间关系。上海内治理空间重构,应该在中心城区与其他城区之间进行公共资源等合理安排以及功能再定位。上海与长三角以及上海与国内其他地区之间治理空间关系重构,需要在两个维度上予以把握:一是治理主体关系,二是治理空间关系,前者重点应该推动政府间关系重构以及社会组织之间关系重构,后者指应该充分应用互联网空间超越物理区域的特征来实现空间关系重构。

第三,重构物理空间与网络空间关系。要实现上述两个方面的空间重构,就需要通过一定的方式在不同物理空间内实现交流融合。在这方面,互联网提供了很好的技术手段和工具。因此,治理空间的重构需要重视网络空间与物理空间的重构。主要包含两个方面内容:一是如何将上述四个方面的物理空间关系在网络空间层面以有效治理为目标实现整合;二是在网络空间内对各类主体和各类对象进行整合构建新型的主体关系。

2. 重构治理主体。在治理主体的层面,现代社会治理的主要趋势是多元主体的参与和互动,这主要是由现代社会的多元化需求决定的。但从中国长期以来的治理模式来看,城市治理中仍然主要是以强政党或强政府为主的治理格局。因此,未来上海城市治理必须在治理主体的层面重构治理格局。

第一,构建政党、国家和社会三强的治理格局。综观世界其他国家的城市发展,一般是以政府与市场为主要博弈力量。而中国国家治理的最大特殊性,在于治理主体是以政党和国家为中心来建构的。随着全球化和信息化的发展,未来中国的城市治理模式将更加重视社会的主体性力量,形成"政党、国家、社会"三强的治理模式。其中,以执政党为中心,发挥国家与社会在社会治理中的综合性作用。

第二，支持社会力量在城市治理中发挥主体作用。对于上海这样一个国际大都市来说，尽管社会组织等社会力量的数量和治理水平超过了国内大多数其他城市，但总体而言，社会力量参与公共治理的意愿、渠道和质量都仍然不足。未来上海城市治理模式的构建，要通过一定的体制机制构建，鼓励社会力量参与公共治理和公共服务，特别是参与一些多元化、个性化、定制化的社会公共服务和公共治理。

第三，政党主要发挥整合性作用。一直以来，党的组织体系和组织力量在城市治理中实际上发挥着统筹全局与协调各方的作用，这一定程度上决定了中国城市治理的发展在基本条件与逻辑，与世界其他城市存在相当程度的区别。与此同时，中国城市治理体系的转型，也需要政党发挥好引领和整合作用。所谓引领，就是政党要主动推动各类社会力量的调整以适应社会治理；所谓整合，就是政党在走向逐渐分化的社会治理格局中整合和重构主体间关系，保证社会治理体系的一体化。

第四，政府要守好城市治理的底线。在现代社会治理体系中，政府不再是单一的社会治理主体，但政府仍然必须承担好两个层面的角色。一是做好社会治理的引导者和主导者；二是守好城市治理的底线，承担起非市场化、非商业化、非社会化，但同时又重要且必需的社会治理职能。

3. 重构治理机制。这里主要是指对各类制度以及机构设置等进行重构，包括以下几方面：

第一，重点推进政府管理机制的重构。目前，政府部门在管理体制上仍然是以部门区隔为基础，其特点就是市、区、街镇三级部门同构，"上下一般宽"，但在治理职能上部门割裂，存在"三不管"的治理缝隙。未来城市的整体性治理，除了要求社会层面多元力量的整合，还首先要重新实现政府部门的整体性。改革以来，上海通过多次的职能和机构调整，通过个别区和街镇的先行探索，已经积累了许多成果和经验，但仍没有形成成效明显并可以普及的治理模式。在此方面，未来30年上海城市治理必须完成这一任务。

第二，构建开放性、参与性和合作性的平台型治理机制。要实现政府管理机制的重构，首先是要实现治理思维的转变。从原先的以政府管理为中心，以工作任务为中心转变为以服务需求和服务对象为中心。在此基础上，以政府部门整合和职能重构为基础，推动多元社会力量参与社会治理。这意味着，未来上海城市治理模式应该是一种平台型治理模式，即由政府来搭建连接社会需求和服务提供方的平台，使参与社会治理的各类社会力量在治理平台上互动，并通过这一平台形成良性的互动网络。这一平台的特点是：一是开放性，准入门槛较低，各类社会力量只要达到一定的资质都可以加入；二是参与性，强调个体的参与，同时也强调个体的体验；三是合作性，推动国际城市之间、区域政府之间、各类社会组织之间建构新的合作平台，形成一种新型的多层次内部合作性机制，以推动上海作为全球城市的国内节点辐射和吸纳功能。

4. 重构治理手段。重点是指将互联网手段与传统手段结合起来运用。前期来看最重要的是开发互联网手段，突破一系列障碍，将这些手段用来改造传统政党组织形态和政府组织形态等。

第一，重视大数据与移动互联技术在社会治理领域的应用。目前，上海城市治理的转型，重点要运用大数据、数据可视化、云计算、移动互联等互联网技术。互联网技术及其未来发展也给城市治理模式的转型和重塑提供了工具和契机。上海作为改革开放的前沿城市，移动互联等技术在商业领域的广泛运用为其进一步进入社会治理和公共服务领域提供了条件。目前，上海部分政府部门和区已经开始有关探索。通过移动互联等技术，城市治理模式有机会和条件尽快实现从"以部门管理为主"到"以服务需求为主"的转型。

第二，注重互联网手段与传统手段的结合运用。必须注意的是，互联网技术发展到当前阶段已经不仅仅是信息的快速流通和虚拟空间的交往互动行为。物联网、基于地理位置的移动互联网在各个方面的快速发展，已经在网络虚拟空间与现实物理空间的结合方面展现出新的趋势。这同时也催生了一大波新兴产业和行业，并极大地推进了社会治理和社会服务的升级。因此，在治理手段和治理技术方面，特别要注意互联网与传统手段的结合。

（二）创新政党组织形态

在中国国家治理体系中，政党具有很强治理功能，政党领导与治理也是中国治理模式特点之一。为了实现"三强"模式目标，未来政党发展必须根据新的时代要求，推动自身转型，对上海来说，这种转型应根据全球城市治理需要，推动党的组织形态重新。具体来说有以下对策：

1. 打破体制内组织区隔，重建政党整合社会的组织体系的整体性。应该着眼于有效整合社会力量，重建政党组织内部各个部门以及党组织群团组织之间关系，推动党建带群建的实质性进展。分层次推动政党整体性重塑工作，对市、区与社区与基层等不同层级的要差异化对待。

2. 打破组织间体制区隔，重建政党整合社会的治理体系的整体性。应该对分布于不同体制空间内以及不同管理条块之间的党组织进行架构整合，推动区域化党建升级和发展。一是要提升其层次，比如可以上升到区一级或更高一级；二是扩大区域范围，比如不同城市之间；三是丰富区域化党建内部的机制与体制创新与发展，以适应不同层级、范围与对象。

3. 打破体制区隔，推动社会力量转化为政党建设与治理社会的力量。应该充分认识到社会自我组织化速度与强度将进一步提升，如何将自我组织化力量有效地进行整合以及将这些力量转化为政党服务民众与治理社会，乃至服务党员和激活党组织的资源、手段和机制。因此，需要设计能够有效整合这些组织力量以及转化其为政党资源的政党的新型组织形态。目前在共青团系统中已经有一定探索，可以在此基础上进行新的发展与创新。

4. 运用互联网思维，重塑政党组织形态。随着网络化深入，互联网对社会的影响越来越深刻，它彻底改变了人们的交往方式以及由此所塑造的人们的生存形态。政党是在工业化背景下形成的，适应工业化时代人们交往方式的政治组织，进入互联网时代之后，如何适应互联网背景下的人们交往方式而推动政党组织形态创新，将关系到政党可持续生存与发展问题。因此，我们认为应该根据互联网思维，重塑政党组织形态，在这方面共青团系统也有了一些探索，党组织应该充分关注这些新思维和新探索，而不能仅仅停留在目前单纯运用技术的层面。

（三）整合多元治理力量

全球化、市场化和网络化之间是相互激荡的和相互促进的，在这一过程中，社会力量被急剧开发出来。在未来30多年中，各类社会力量还将进一步被激发出来。然而，无论是对中国还是对世界来说，未来30多年，将是两个逻辑同时并存：一是社会多元力量加速迸发；二是对这些社会多元力量与既有各种社会治理力量与机制之间的融合将同时推进，并逐渐稳定，形成新的治理形态以实现秩序稳定。为此，上海也应该同时重视这两方面工作，即一方面推动更多社会力量得以涌现与发挥作用，二是推动多元治理力量的有效整合以构建新型治理形态。具体来说，以下三方面是重要的：

1. 重视国内社会力量的发展。这种社会力量主要指个体力量与社会组织力量。在个体化趋势加强背景下，个体力量通过网络将转化为一种组织力量，同时作为一般性个体力量参与对具体问题与政策制定、落实都具有十分重要的作用。社会组织力量通过市场化、网络化与全球化推动，将继续迅猛发展，成为重要治理力量。

2. 重视国际组织力量的发展。随着全球化与网络化提速，以及上海作为全球城市的发展，国际组织将对上海治理产生更大影响，这些国际组织除政府间国际组织外，更多地将会是以某种功能为基础的一般社会性国际组织。这些组织背景复杂，影响也将具有两面性，关键在于如何去整合与互动。同时，随着上海全球城市地位提升，也将具备"走出去"功能，因此，应建立各类具有国际性影响和网络的社会组织，应该将这一工作上升为战略性层面予以对待。

3. 重视对多元社会力量的整合机制构建。多元社会力量发展是一个重要趋势，未来30年，上海除了要继续创造让这些力量良性发展的环境与条件外，还有很重要的一项工作，就是构建有效整合这些多元力量的机制，使其与国家力量与政党力量形成有机衔接。完成这一任务，需要在以下方面下功夫：一是构建相应对接机制，二是推动国家机构与机制转型与创新，三是推动政党组织形态转型与创新。

（四）适应网络社会治理

网络技术更新换代日新月异，异常迅猛，网络社会不仅改变了人们生活方式，而且也改变了人们交往方式与生存形态。未来30年这一趋势将更明显，虽然无法对此做出准确判断，但是趋势还是可以把握的。网络技术迅猛发展，将使现在已经出现的网络社会进一步成熟，新的一代人将完全成为网络社会的原住民。为此，适应网络社会治理将成为上海全球城市治理模式发展的重要战略。基于对未来判断和分析，对于未来一段时间内的工作提出以下建议：

1. 对新一代网络社会及其"原住民"进行充分研究。一是应该加大对网络社会基本特征与运行逻辑的研究，并转化为现实运用。21世纪以来，网络社会初步生成，其运行内在规律已经基本呈现，可以通过研究予以把握，并作为指导实践与创新的依据。二是应该持续跟踪互联网前沿技术发展以及对社会治理等可能产生的影响会是哪些进行充分预测。三是应该加大对出生于互联网时代的社会成员的特性进行研究，把握其行动和思想逻辑以及发现他们对社会治理提出哪些新的要求。

2. 吸纳各类网络社会组织与个人力量参与社会治理。网络社会的出现，不仅生成了网络空间，而且也对网下空间产生影响。在网络社会背景下诞生的大量网络社会组织与网络达人们，是适应网络社会条件下的人们的交往方式的，因此应该在社会治理中充分吸纳这些组织与个人参与。因此，探索网络社会组织吸纳机制是目前就应该启动的工作。

3. 推动国家与政党适应网络社会，全面推进转型。网络社会的到来改变了人们交往方式与参与方式，因此，国家机构与政党组织的形态也应该进行转变与适应。在这一方面，网络技术和网络社会治理需求正好可以从技术上推动国家与政党组织形态的转变和转型。

（五）定型中国民主法治

民主与法治是现代国家治理的要素，但是如何实现以及怎么实现，却需要根据不同国家与不同时期的条件作为支持。市场化、全球化与网络化的深化，不仅是中国治理模式需要改变，西方发达国家的治理模式也需要转型。包括民主与法治的实现形式。未来30年上海的发展，民主与法治建设同样需要发展。以下方面需要加以重视的：

1. 推动协商民主的发展与深化。随着全球化、市场化与网络化的深入，在现代政治实践中代议制民主的局限也越发凸显，发展协商民主就被提上了议事日程。上海未来的30年，基于治理有效性，应该加大开发协商民主空间，全方位推动协商民主在体系层面、多维空间和参与主体等方面进行发展：一是在体系层面，应该加大协商民主多层次的体系建设。二是在空间层面不仅局限于物理空间，也同样应该在网络空间内展开，并且应该将网络空间内发展协商民主作为重点之一。三是在参与主体上，应该让尽可能多的主体参与。

2. 提高政党整合民意能力。在互联网条件下以及个体化表达日益盛行的条件下，西方多党制局限也越发明显，然而，政治意见最终还是需要得到整合的，因此，中国共产党领导与长期执政的优越性就得到凸显，不过要能够使这一优点得以实现，还需要政党予以创新与发展，其中关键之一就在于能够提升其整合民意的能力：一是发挥群团组织整合民意作用；二是利用大数据以及其他网络技术实现有效整合民意；三是发挥智库等的作用，实现对民意整合；四是有效整合不同社会组织对不同群体的利益表达。

3. 推动法治进一步发展与完善。十八届四中全会提出全面推进依法治国，标志着中国已经进入国家治理形态定型阶段。未来30年依法治国将成为重要的政治运行方式，上海全球城市治理模式发展内在需要许多方面实现依法治理，这就要求法治方面应得到进一步完善，使完善的法治为有效治理提供保障。对于上海建设全球城市这一目标与特点来说，法治建设发展在以下方面应得到加强：一是处理好地方法治实践探索与国际具体法治方面的对接，二是法治建设能够支持上海治理发展对法律制度的需要，三是将行之有效的实践经验上升为法律制度。

上海全球城市网络节点枢纽功能、主要战略通道和平台经济体系建设研究

吕康娟　霍伟伟　陈　影　黄　俐

（上海大学）

一　全球城市从"控制中心"到"网络节点"

随着全球化的发展，全球城市的内涵也在演化和发展，学界对全球城市的理解经历了从"城市区域"向"城市网络"的演变。

（一）"控制中心"的世界城市研究（20 世纪 80 年代之前）

20 世纪 80 年代之前，在传统国际劳动分工格局中，国家是世界经济的基本单位，城市的重要性并不显著，世界城市研究局限于国家框架之内。这一时期的世界城市研究主要围绕着世界城市特征的识别以及城市案例的比较展开的。例如，霍尔从经济、商业和政治等城市属性综合分析的角度出发，提出了世界城市的六大基本职能和七条衡量标准，描绘出世界城市的基本轮廓。

（二）"生产性服务业"的世界城市研究（1980—1990 年）

随着全球金融市场的兴起，研究者开始从"跨国金融中心控制程度"视角研究世界城市体系。里德基于 1900—1980 年的时间跨度，采用 76 个城市的 50 多个变量（金融、文化、经济、地理、政治），得出了跨国金融中心的演化体系。Sassen 在其著作《全球城市：纽约·伦敦·东京》

中提出了"高级生产性服务业"（Advanced Producer Services，APS）的概念，扩大了对研究对象的考察领域，如会计、广告、法律咨询等。

（三）"全球城市网络"研究（20 世纪 90 年代）

20 世纪 90 年代以来，信息时代的社会、经济、空间等系统的解构与重构特征逐步显现，城市社会学家 Castells 在空间研究中提出了有别于传统"地方空间"的"流动空间"理论。他指出：世界城市不仅仅是一个地理位置的概念，而是一种联系过程，世界城市是"在全球网络中作为一种高级服务生产和消费连接过程的中心"。经济全球化进程进入 21 世纪以来，新科技产业的迅速发展逐步摧毁了工业经济主导时代以"中心地"等级体系为主要构架的旧世界城市体系。全球化及世界城市研究网络（Globalization and World Cities Research Network，GaWC）的 P J. Taylor 等的研究指出："城市网络具有世界经济网络层次、城市节点层次和公司节点层次三个层次，并认为后者是产生和再现网络的主要过程。"这些论点奠定了城市网络研究的基础。

（四）GaWC 的全球城市网络研究成果

国际知名机构 GaWC，是目前全球最具权威和影响力的世界城市研究机构，成立于 1998 年。

GaWC 以国际公司的"高级生产者服务业"供应情况作为城市排名的依据（如会计、广告、金融和法律）。GaWC 的名册确认了世界级城市的三个级别及数个副级别，由高到低顺序为 Alpha 级、Beta 级、Gamma 级；另外还有"高度自足"和"自足"两个级别，即此等城市能够提供足够的服务，无须明显地依赖其他全球城市。

GaWC 侧重研究世界城市的对外关系，以城市在世界范围内的交易数据为前提，P. J. Taylor（2001）正式把世界城市网络体系定义为各单元互相连锁的网络。一个内在联系的网络具有三个层次：网络层次，指城市在全球经济中的联系；节层次，指城市层面；次于节的层次，指服务性公司提供的现代服务。正是在这个层面上，世界城市网络体系得以产生。世界城市网络是一个由全球服务企业连接而成的全球性服务中心网络。通过总部和其他分支机构地区之间的关系来表达大型高端生产性服务公司的内部结构。

GaWC 挑选了大量城市，以确保没有重要的城市被遗漏并覆盖全球主要区域。在运算的过程中，从 315 个城市中挑选出 123 个连通性达到最大值城市的 1/50 的城市。对全球服务企业的选择，按部类对全球 APS 企业按规模进行排行，然后查看该企业互联网信息的质量，这些企业有会计、广告、银行/金融、保险、法律和管理咨询 6 个关键的生产商服务领域。为了保证所选企业的质量，要求该 APS 部类在最终供研究的企业名单中至少有 10 家企业；而入选企业必须至少在 15 个以上的城市拥有分支机构，且其中至少有一家布局在西欧、北美和亚太三大全球化区域之一，借此确保所选择的企业是追求全球化区位策略的。最终确定了 100 家企业，包括 18 家会计企业、15 家广告企业、23 家银行/金融企业、11 家保险企业、16 家广告企业和 17 家管理咨询企业。基于这些数据，测度了全球城市网络紧密联系的程度、全球城市地位的排名，在其排名中，上海的全球连通性最高可以排到全球第 7 位。这种研究方法已经成为城市网络研究的典范。

（五）现有城市网络研究的不足

随着全球化的发展，世界之间互联互通，采用复杂网络的方法来研究世界城市的关系，是对城市研究方法的有益补充。但是，复杂网络有其自身的科学规范，在现有全球城市问题的研究中，缺乏对以下问题的关注：

（1）网络是一个相对封闭的系统，如何从现实社会经济发展中科学确定网络的边界是一大难题。例如在全球城市研究中，所选取的网络节点的对象、节点的个数不同，该节点的连通性就会不同。GaWC 以全球 200 多城市作为网络范围，上海的连通性最好可以排到全球第 7 位。如果改变所选网络范围和节点，由于边界和样本的变化，整体网络特征值变化，会影响节点的位置。例如，以 GaWC 同样的数据，但是只选取全球顶级的 20 个城市构成网络，上海的连通性就会降到第 15 位以后。

（2）现有网络的构造多是无向无边权的网络，而不是有向网络。已有带边权的研究也多是以城市之间的距离作为权重，这又涉及网络的覆盖范围，在一个区域网络中，空间相对狭窄，而全球网络这个空间的影响就会被放大。

（3）来自复杂科学的发展，复杂网络科学得以发展并推广到社会科学中。复杂科学网络中，节点是以生物和人为主的。也就是网络的演化多是以人为节点的演化。而在城市网络中经常被选为节点变量的跨国公司、功能性平台对城市的综合影响还缺乏系统的论证。只有证明了局域空间内指标对节点的线性影响，复杂网络的关系测度才更准确。

二 全球城市网络节点的枢纽、平台和战略功能分析

从全球城市网络的视角来理解城市，城市不仅是网络中的一个节点，该节点还与其他城市节点有链接关系。网络中，城市节点的功能体现在城市的枢纽链接功能、节点城市的平台经济承载功能，还体现在与其他节点城市相互链接的战略功能。

（一）城市网络的构成

全球城市网络中，城市作为网络系统的节点而存在，城市地位的变化是由它与其他节点的相互作用所决定，城市作为一个节点的价值在于它和其他节点之间的相关性，节点之间流动的规模水平和密集程度决定了它们在城市网络中的地位。城市作为节点的功能取决于其在世界城市网络中的联系，而非取决于其所占有的资源或技术。全球城市作为全球化经济的空间节点，承担着世界级的调控和集散功能，是全球城市体系中最高能级的城市，并成为全球化背景下新的全球经济战略中心，是全球经济文化活动的制高点，是各种资源和能量集聚与释放的空间节点。

如图1所示，城市网络中，节点是城市，并假定城市内部均质，边是流入流出的要素，边上的权重是要素的价值，这样城市之间就构成一个有向有边权的复杂网络。

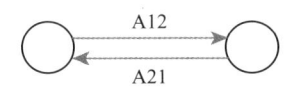

图1　城市网络的构成

全球城市的节点功能有两个衡量维度：

一是关联密度，即互相关联的层次越密集，节点所能完成的吸收、

传递和处理的功能就越强,该城市也就显得越为重要。

二是关联广度,即与其他节点的联系及相互作用越多,该节点在网络结构中就越处于中心位置。

在复杂网络中这两个维度的测度可以通过四个指标反映出来:

(1) 点度中心度,是指一个节点在网络的中心性,在有向网络中点度中心度还分为入度和出度,可以理解为节点的吸引力与辐射力。

(2) 中介中心度,即借助该节点到达其他节点的程度,该指标证明节点的中介作用和服务作用,体现了节点在网络中的控制力。是能够反映城市战略地位的指标。

(3) 接近中心度,是指对该节点连接度相似的节点的共性,即该节点总体上对某一类型节点的中心性。

(4) 特征向量中心度,与该节点高度联通的节点向量的特征。是能够反映城市战略地位的指标。

(二) 城市网络的特性

城市具有典型集聚经济的作用,在全球分工合作中其作用日益凸显,城市甚至超越了国家的界限,国家之间的竞争更多地表现为全球城市的竞争。在全球城市网络中,城市作为网络系统的节点存在。世界城市是全球社会经济文化活动的制高点,是资源和能量集散的空间节点。城市网络节点具有相关性、动态性(层次性)、复杂性的特征。

(1) 相关性是指全球城市作为节点,不是孤立存在的,而是必须与其他全球城市节点有密切的相关联系,包括资本、劳动力和价值在全球城市网络中与其他节点城市的链接,流动的方向可能是流入或流出。这些相关要素的专业性和多样性,决定了城市是专业属性还是综合属性。

(2) 动态性是指全球城市网络是有层次性的,如地区城市网络、全国城市网络和全球城市网络等。由于网络构成的层次性,随着城市对内对外的联络加强、要素频繁流动和城市价值提升,在较低层次网络中的节点,可能提升为高层次网络中节点,这种提升也可能是跨越式提升。

(3) 复杂性,由于网络节点中的联系是多元、多方向的,一个城市节点与众多城市节点之间相互关联,节点之间的链接关系和链接强度存在动态的变化,所以城市网络中节点城市的发展和增长是复杂的、非线性的，因此在研究的过程中要突破线性约束，对复杂性进行分析，必须采用复杂科学和现代科学技术进行研究。

(三) 网络节点的枢纽功能 (hardware)

枢纽功能是节点城市的基本功能，是城市之间链接的物质基础和技术设施。城市所在的区位是一定区域的核心，节点城市能够将腹地与外部城市通过基础的物质设备进行链接，如交通枢纽、航空枢纽或者水路枢纽。这些物质基础和技术设施，建立了节点之间相互联络必需的交通、通信和信息通道，基于此，才能产生各种要素和价值的流动。因此，枢纽功能是节点城市的基本功能，取决于其自然区位、基础设施，建立城市之间的链接。

信息技术的迅猛发展为世界经济带来了革命性的变化。互联网的普及和应用加速了经济全球化的进程，从而大力推动了全球生产力的发展，促进了世界经济的增长，为发展中国家追赶发达国家提供了一个难得的历史机遇。移动通信技术异军突起，大数据时代的到来，不仅冲破了各国间物理空间的限制，更淡化了精神文化的隔阂。人们能够前所未有地进行贸易交流和思想沟通。在这样的大背景下，全球城市作为世界经济体系中的一个节点，能够起到链接传递、聚焦发现以及相互影响的重要作用，促进网络化趋势的形成。

本研究后续分别采用了现代交通方面的航空、航运构建全球城市网络，并选择以国际科研专利为代表的科技基础作为现代技术基础的代表来构建全球城市网络。

(四) 网络的战略通道 (software)

战略通道是在枢纽基础上，节点之间流动要素的价值分布，是不同城市的能量和价值的体现。战略通道是网络的核心，它强调流动的空间。作为全球城市，其战略地位应该处于全球价值链分工中的"塔尖"。也就是城市之间的流量是关键的资本、战略决策、关键信息、知识和技术，不仅是流量的概念，更体现流量的价值。因为网络的区域性，所以有国内城市网络、区域城市网络和全球城市网络之分，在不同的网络层次上，关键城市都可能承担战略决定作用，那么流经这个城市的关联网络，将是战略通道。一些关键的价值流动会在此发生。这些城市也经常是有关企业、行业或者政治经济活动的重大战略决策地。

(五) 网络的平台经济 (orgware)

平台经济是节点城市地方空间的生产、生活和产业平台，是产生流量空间的组织载体，城市是一个国家文明的要素和载体。全球性城市的功能、结构和发展动力对国家的地位有显著影响。国家在全球经济网络中的地位更多地取决于本国有国际竞争力的全球城市的发展情况。每一个城市在全球城市网络中都发挥着应有的作用，在全球网络节点上的每个城市都可以视作平台经济城市，不同类型的平台经济城市承载的职能有着很大的差别。平台经济城市提供现实或虚拟活动空间的平台城市，促成各方企业或个人客户进行交易，包括物流运输、资金结算和人员物品流动，包括各类功能性平台：如电信业、金融服务业、零售业及媒体广告业，国际或区域性的组织、行业组织、证券交易所、商品交易中心、技术交易所、碳交易中心、数据交换中心等；各类世界性组织：各类世界基金会、联合国相关组织等；世界高端组织，如跨国公司的总部或地区总部、全球或区域性质的联盟组织；还有世界大型事件的组织和承办，如世博、奥运会、博览会等；国际标准协会行业，如各行业的世界认证标准。

全球城市三大功能之间的逻辑关系如图2所示。

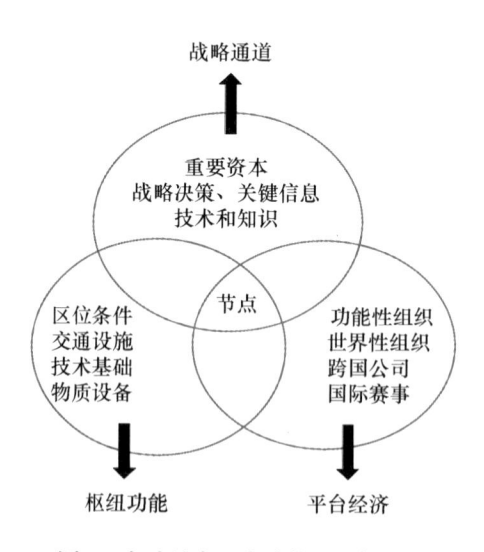

图2 全球城市三大功能的逻辑关系

三 基于枢纽功能的上海全球城市
网络联通性分析

根据前一部分的分析，全球城市的枢纽功能主要体现在节点城市的交通枢纽和基础设施的承载功能。本部分分别建立了全球城市航空网络、全球城市航运网络和全球城市科技创新网络，并对这些网络的特征和上海的定位进行了测度。

（一）基于航空的有向加权全球城市网络（航空）

作为全球城市，连通性在一定程度上决定了其中心地位和权利控制能力。连通性不仅包括资源的输入，也包括城市对外的资源输出。国际城市间的交通运输具有双向性，可以反映城市的入度和出度。选取的20个世界城市分布在各大洲，而且并非所有城市都为港口城市，因此城市之间的水陆空交通运输，只有空运覆盖面最广，飞机航运数据也相对容易获取。第一，飞机航线包含了起点和终点信息，方便构造有向复杂城市网络。第二，飞机航班信息不仅包括了国际城市之间的流量，也包括了国家内部城市之间的飞机往来，更能反映城市之间的关系，而不是以国家为单位。

1. 复杂网络特征分析

小世界性。与基于高端服务业跨国公司构建的复杂网络分析一样，在对这个基于航班数的有向加权复杂网络进行结构测度前，首先要证明该网络能够构成小世界网络，才能从理论上证明该网络是复杂网络，然后可以用软件测量网络的结构特征。

通过计算得到该网络的平均路径长度为1.4，聚类系数为0.67，如表1所示。从表1数据可知，在该城市网络中，各城市节点可通过平均1.4条边的最短路径达到另一个城市节点，基于网络总体节点规模为400，因此它们的平均路径长度很短。同时，网络聚类系数为0.67，表明任一城市节点和所有相邻城市节点之间实际连边数目占最大可能连边数目的比例为67%，比例较高。因此，该网络能够构成小世界网络。

表1　　　　基于航班数的城市网络的平均路径长度和聚类系数

平均路径长度	聚类系数
1.4	0.67

2. 点度中心性分析

基于前文所得的有向二值网络，接下来测度网络的点度中心度，包括出度和入度，所得结果如表2和表3所示，表4为基于高端服务业跨国公司的城市网络点度中心度结果。出度、入度网络如图3和图4所示：

表2　　　　基于航班数的城市网络出度中心度排名

排名	城市	出度	排名	城市	出度
1	伦敦	15	11	东京	8
2	纽约	15	12	孟买	8
3	洛杉矶	15	13	悉尼	7
4	中国香港	14	14	新加坡	7
5	巴黎	12	15	北京	6
6	阿姆斯特丹	12	16	上海	5
7	华盛顿	12	17	莫斯科	5
8	芝加哥	11	18	圣保罗	5
9	维也纳	10	19	首尔	3
10	多伦多	10	20	中国台北	1

表3　　　　基于航班数的城市网络入度中心度排名

排名	城市	入度	排名	城市	入度
1	伦敦	15	11	悉尼	10
2	纽约	14	12	中国台北	9
3	北京	14	13	阿姆斯特丹	9

续表

排名	城市	入度	排名	城市	入度
4	巴黎	13	14	华盛顿	9
5	东京	12	15	新加坡	7
6	上海	12	16	莫斯科	5
7	维也纳	11	17	多伦多	4
8	洛杉矶	10	18	圣保罗	3
9	中国香港	10	19	孟买	3
10	芝加哥	10	20	首尔	1

表4　　　　　　　基于航班数的城市网络点度中心度排名

排名	城市	度中心度	排名	城市	度中心度
1	伦敦	19	11	阿姆斯特丹	7
2	纽约	19	12	圣保罗	7
3	中国香港	14	13	上海	4
4	东京	14	14	中国台北	4
5	巴黎	11	15	北京	4
6	新加坡	11	16	莫斯科	2
7	芝加哥	11	17	华盛顿	2
8	悉尼	9	18	维也纳	2
9	洛杉矶	9	19	孟买	2
10	多伦多	9	20	首尔	2

表2显示城市出度中心度及其排名，与基于高度服务业跨国企业的城市网络中心度排名相比，在这份排名中，许多城市有了较大的名次变动。其中，洛杉矶的出度与伦敦和纽约并列，阿姆斯特丹、华盛顿、维也纳和孟买的排名都前移，而东京、悉尼、新加坡和圣保罗都出现名次后移，包括上海在内的剩余城市排名基本不变。

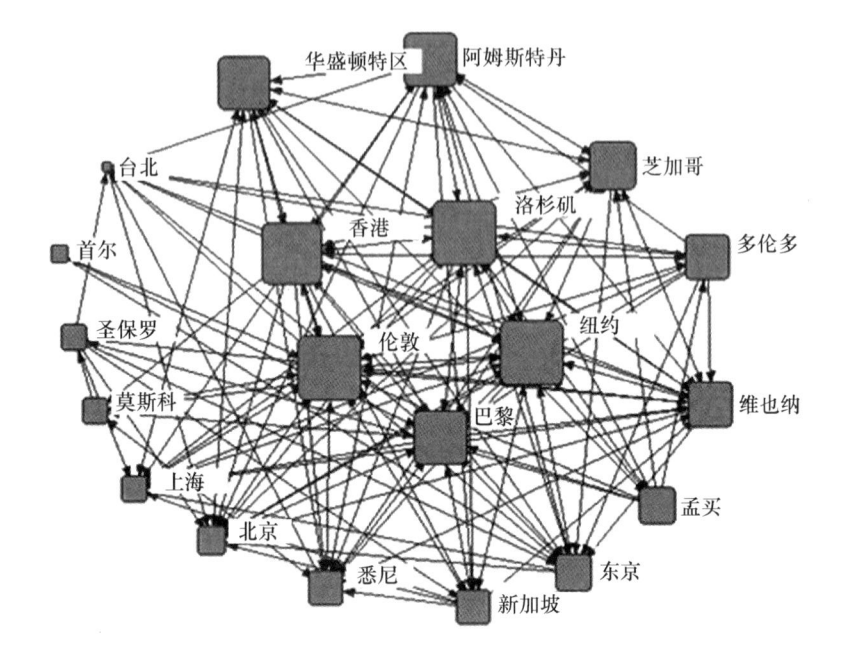

图 3　基于航班数的城市出度复杂网络

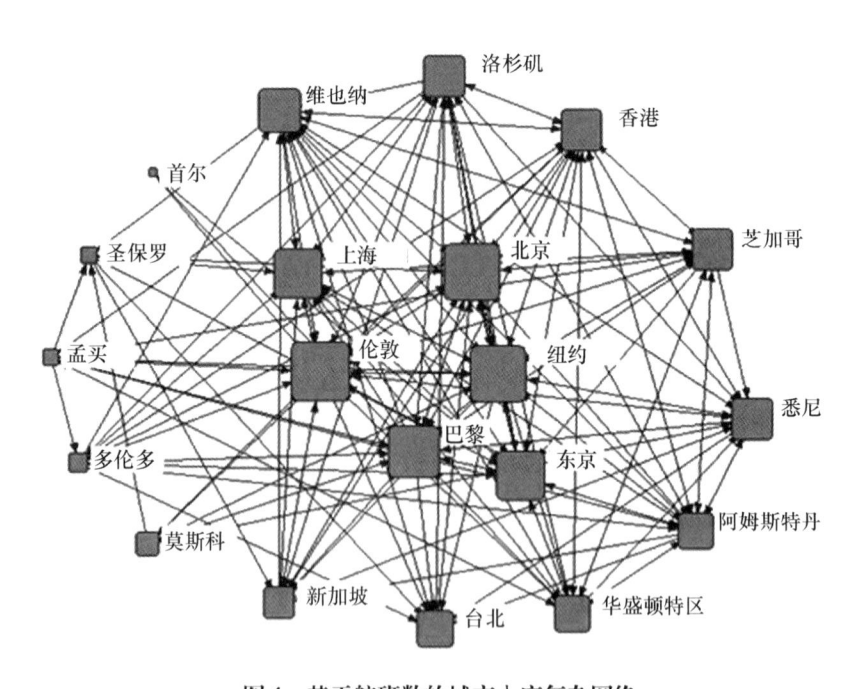

图 4　基于航班数的城市入度复杂网络

（二）基于班轮的全球城市航运网络（航运）

以航运中心的城市作为节点，以世界重点航运企业在各城市之间的联系为边，抽象出航运业在城市之间的价值分配的链接，在全球范围内构建一个多节点、联系复杂的网络，是一个典型的复杂网络。根据世界权威的 Alphaliner 公司对航运企业历年的统计信息，世界约80%的市场集中在少数的航运跨国公司手里，世界排名前20名的班轮公司的总市场份额达83%，而其他公司却只拥有不到20%的市场。该统计还指出历年世界20大班轮公司排名相对稳定。本研究选取世界前20的航运班轮公司作为典型样本。

根据《世界港口集装箱吞吐量100强排名表》，将涉及的世界城市都选择在其中，国内城市主要选择长三角地区16个城市。建立的航运城市矩阵，如图5所示。

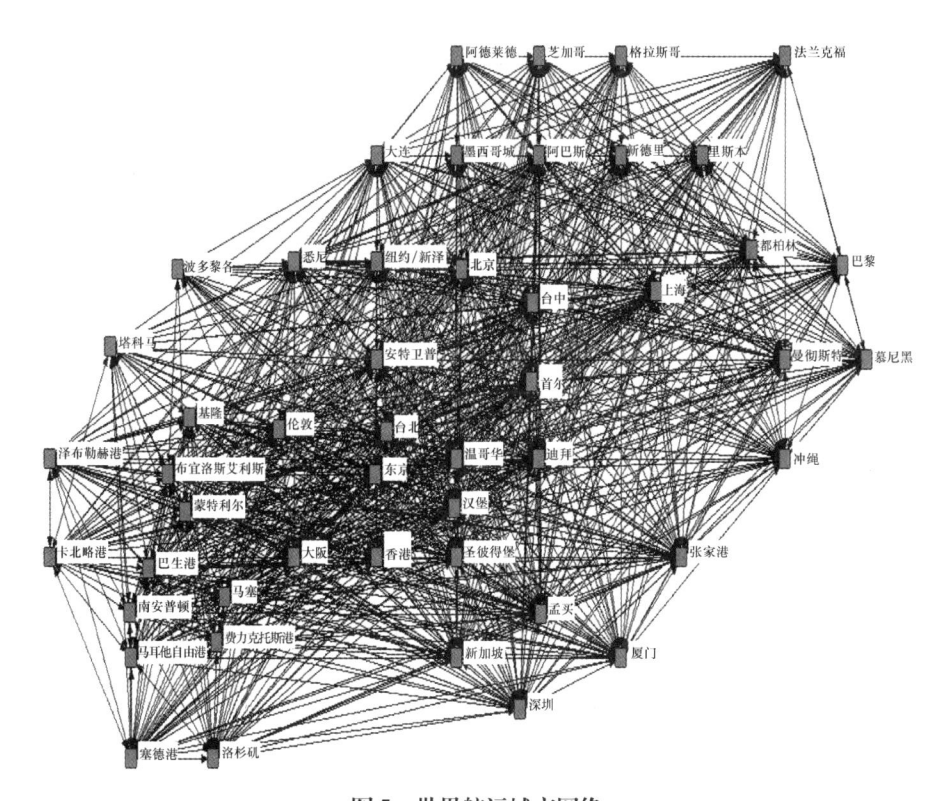

图 5　世界航运城市网络

1. 世界航运网络具有小世界性

对建立的国际航运网络中各航运节点的中心度进行计算,并分别对国内外共计144个城市的点度中心度数据进行汇总,其中,国外和国内的前15名如表5所示。

表5　　　　　　　　国际航运城市网络中心度前15名

排名	航运城市（世界范围）	点度中心度
1	伦敦	0.0256
2	纽约	0.0254
3	新加坡	0.0244
4	中国香港	0.0238
5	东京	0.0235
6	鹿特丹	0.0223
7	汉堡	0.0194
8	上海	0.0193
9	迪拜	0.0191
10	中国台北	0.0188
11	悉尼	0.0184
12	安特卫普	0.0178
13	首尔	0.0159
14	巴生港	0.0155
15	孟买	0.0152

由表5可见,在世界范围内具有较高节点中心度的前3位分别为伦敦、纽约和新加坡,而香港和东京紧随其后。在前15位中有近2/3的城市是亚太地区的,这证明,现在的国际航运已随着贸易中心的全世界东移而向亚太地区转移。

2. 上海处于航运中心的"核心—边缘"的非中心

在一个网络中,核心—边缘是相对而言的,连续型的核心—边缘结构就是基于核心度来划分核心和边缘,通过核心度排序能看到各个元素在整体网络中的相对位置。对航运网络中的中心度较高的城市再次进行核心、边缘的划分，以此找出核心和非核心。在欧式距离空间里，核心度是指每个点距离点中心的距离。通过假设向量，用相似度来衡量假设和原始矩阵拟合程度。一般来说，核心度越高，点离中心越近，两点关系越强，合群性越高。用集中度评价结构矩阵与理想核心—边缘矩阵的相识度，集中度越高说明原始结构矩阵的核心—边缘特点越突出，而其最高点一般被作为核心和边缘的分界线。

对排名较前的航运城市的数据进行相关度、集中度和核心度计算，其结果如表6所示。

表6　　　　　　　　航运网络核心度国外前15名

排名	航运城市	核心度
1	伦敦	0.350
2	纽约	0.336
3	新加坡	0.322
4	中国香港	0.323
5	东京	0.314
6	鹿特丹	0.292
7	汉堡	0.260
8	上海	0.259
9	迪拜	0.257
10	悉尼	0.245
11	中国台北	0.244
12	安特卫普	0.228
13	首尔	0.214
14	巴生港	0.207
15	孟买	0.205

国际范围的集中度达到0.871。从集中度指标来看，核心层包含五个节点城市，世界范围内的航运核心城市主要为伦敦、纽约、新加坡、中

国香港和东京,即为核心层,集中度达到 0.871。上海等其他城市处于国际航运中心的第二层次,边缘层。

世界航运城市网络存在层次性,分为三个等级,第一层次为网络级航运中心,是指世界范围内城市间的联系,如伦敦、纽约等城市,在全球配置资源。这些城市聚集了最优秀的航运跨国公司,这些公司的全球业务流动推动了这些城市的全球资源配置能力,这些公司主要从事"微笑曲线"两端的价值附加值高的业务,在产业链上具有主导权。第二层为节点级航运城市,如上海、汉堡等城市,这些城市的航运业属于提供先进生产性服务的公司。第三层是边缘节点级,无论在世界范围还是地区范围,这些城市都处于边缘,国际化程度低,竞争力弱,比如国内大多数的沿海沿江城市。

(三)基于 PCT 的全球城市研发网络(科技)

专利是研发活动的主要产出形式,其统计与分析结果能够充分反映出一个城市技术研发创新能力的高低程度,是区域科技资产中最富经济价值的部分。采用专利指标数据来分析城市的研发创新特征将会更加具有有效性。

专利合作条约(Patent Cooperation Treaty,PCT)是由世界知识产权组织(WIPO)发起的国际条约,是一种跨越国家边界的专利保护申请。一个城市所拥有的 PCT 申请与授权数量能够充分体现其研发活动与产出的国际化程度。

本研究选取 32 座国际城市(包括东京、硅谷、上海、北京、班加罗尔、新加坡、波士顿、大阪、巴黎、慕尼黑、圣迭戈、横滨、剑桥、川崎、伦敦、中国台北、首尔、纽约、罗利、斯图加特、深圳、巴塞尔、奥斯汀、新德里、莫斯科、休斯敦、西雅图、柏林、筑波、旧金山、特拉维夫、斯德哥尔摩),以 1996 年到 2010 年 32 座研发城市的 PCT 申请数据为依据,以城市作为社会网络中的节点,以城市之间的研发合作为连线,分为 1996 年到 2000 年、2001 年到 2005 年、2006 年到 2010 年这三个时间段,运用 SNA 方法考察研发城市之间的网络结构特征和演化趋势。

1. 整体网络密度不断增大

32 座研发城市网络的三个时段的网络密度如图 6 所示。可见，网络密度总体呈现上升趋势，其中第一时段到第二时段增幅显著，第二时段到第三时段增幅较小，说明 1996 年到 2000 年研发城市之间的合作处于初期，2001 年之后，合作愈加频繁，联系更加紧密。

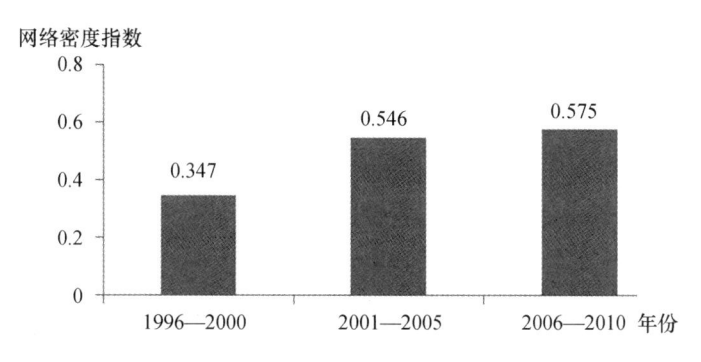

图 6　三个时段研发城市网络密度

2. 东京、伦敦和硅谷成为研发网络三巨头，上海网络地位迅猛上升

三个时段研发城市网络的点度中心度的平均值分别为 10.75、16.94 和 17.81。很明显，随着时间的推移与全球化的深入，网络中参与研发合作的城市日趋增加。

东京、伦敦、硅谷和巴黎的点度中心度在各个时段始终保持在前 5 名之内，说明以上城市在全球研发合作的过程中长期居于主导与中心地位。

表 7　　三个时段全球研发城市网络度中心度前 15 名

排名	研发城市	1996—2000 年	排名	研发城市	2001—2005 年	排名	研发城市	2006—2010 年
1	硅谷	24	1	东京	28	1	东京	28
2	东京	23	2	伦敦	28	2	硅谷	28
3	伦敦	21	3	硅谷	27	3	伦敦	26
4	巴黎	19	4	纽约	25	4	巴黎	26
5	纽约	18	5	巴黎	25	5	旧金山	25
6	波士顿	17	6	慕尼黑	24	6	波士顿	25

续表

排名	研发城市	1996—2000年	排名	研发城市	2001—2005年	排名	研发城市	2006—2010年
7	圣迭戈	16	7	波士顿	24	7	上海	24
8	大阪	15	8	圣迭戈	23	8	圣迭戈	24
9	旧金山	15	9	大阪	21	9	休斯敦	22
10	剑桥	15	10	新加坡	21	10	新加坡	22
11	巴塞尔	14	11	休斯敦	21	11	纽约	21
12	柏林	13	12	旧金山	20	12	柏林	21
13	慕尼黑	13	13	巴塞尔	19	13	巴塞尔	21
14	罗利	12	14	柏林	18	14	慕尼黑	21
15	奥斯汀	12	15	上海	17	15	大阪	19

城市网络中包含了中国的北京、上海、深圳和台北，四个城市在研发创新网络的表现属上海最强。根据表7点度中心度的排名，上海在第一时段排在第28位，第二时段排在第15位，第三时段排在第7位。上升速度快得益于近十年来跨国公司海外研发在上海的投资布局，表明随着研发全球化的日益深入，上海可以借助跨国公司研发机构作为通道与载体来积极扩展国际研发合作渠道，进而不断提升城市在网络中的权力与声望。北京、台北和深圳的排名都处于下游，国际研发合作渠道仍然有待大幅拓展。中国城市的度中心度排名名次变化如图7所示。

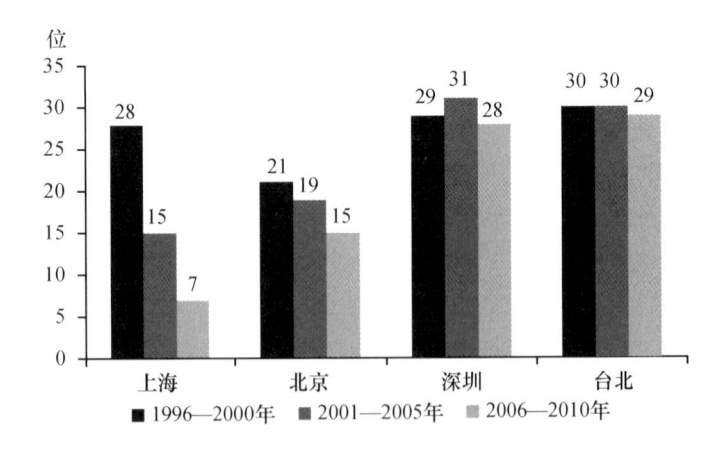

图7 中国城市的度中心度排名名次变化

3. 研发城市网络逐渐呈现多中心结构

网络中心势主要是用于分析网络节点在联系上是否具有向心的趋势。网络中心势的数值在之间,数值越小,则网络的中心势越弱;反之,则越强。根据上述数据,计算得到三个时间段的中心势分别为0.46、0.38和0.35,呈现出下降趋势,说明网络内各节点之间的权力与地位差异渐趋缩小,网络中不断有新的城市崛起来主导各自所在区域的研发合作,国际研发城市网络的中心集聚趋势不断弱化并逐渐呈现多中心均衡化的网络整体结构。

(四) 结论

全球城市的枢纽功能主要体现在节点城市的交通枢纽和技术基础的承载功能。本部分分别建立了全球城市航空网络、全球城市航运网络和全球城市科技创新网络,并对这些网络的特征和上海的定位进行了测度。

航空网络的分析。作为全球城市,连通性在一定程度上决定了其中心地位和权利控制能力。连通性不仅包括资源的输入,也包括城市对外的资源输出。国际城市间的交通运输具有双向性,能够反映城市的入度和出度。通过数据挖掘,选取20个世界城市的航班数据,构造了全球城市航空网络,通过测度得出,上海的中心度在20个城市中排在第13位,入度的排名较高,为第6位,但是出度的水平低,为第14位。而在这三个指标上,伦敦和纽约一直都排在前两位,巴黎也稳步排在前5位,证明了它们作为全球城市的稳定性和高度连通性。

航运网络的分析。以航运中心的城市作为节点,以世界重点航运企业在各城市之间的联系为边,抽象出航运业在城市之间的价值分配的链接,在全球范围内构建一个多节点、联系复杂的网络。选取世界前20的航运班轮公司作为典型样本。在世界范围内具有较高节点中心度的前3位分别为伦敦、纽约和新加坡,而中国香港和东京紧随其后。在前15位中有近2/3的城市是亚太地区的,证明现在的国际航运已随着贸易中心的全世界东移在向亚太地区转移。而上海在网络中心度上排在第8位,处于国际航运中心的第二层次。

技术网络的分析。对于技术基础,采用专利指标数据来分析城市的研发创新特征,以一个城市所拥有的PCT申请与授权数量反映其研发活动与产出的国际化程度。选取32座国际城市,建立了三个阶段的动态网络。通过复杂网络的测度表明,随着时间的推移与全球化的深入,网络中参与研发合作的城市日趋增加;东京、伦敦和硅谷成为研发网络三巨头,东京、伦敦、硅谷和巴黎的点度中心度在各个时段始终保持在前5名之内,说明以上城市在全球研发合作的过程中长期居于主导与中心地位。上海地位迅猛提升,上海在第一时段排在第28位,第二时段排在第15位,第三时段排在第7位。上升速度之快得益于近十年来跨国公司海外研发在上海的投资布局,表明上海借助跨国公司研发机构作为通道与载体来积极扩展国际研发合作渠道,进而不断提升城市在网络中的地位。北京、台北和深圳的排名都处于下游,国际研发合作渠道仍然有待大幅拓展。研发城市网络逐渐呈现多中心结构,网络内各节点之间的权力与地位差异渐趋缩小,网络中不断有新的城市崛起来主导各自所在区域的研发合作,国际研发城市网络的中心集聚趋势不断弱化并逐渐呈现多中心均衡化的网络整体结构。

四 城市平台组织及其对全球城市的影响

平台经济企业成为当今经济发展的动力和引擎,平台经济产业将是未来的主导产业,可以促进城市转型发展。平台经济城市是给各方企业或个人客户提供现实或虚拟交易活动空间的平台城市,协同解决城市平台的外部性问题。上海发展成为全球城市的过程就是建成在全球经济网络中具有极高影响力的平台经济城市。

(一)平台本质:规模经济、降低边际成本(企业)

平台经济是一种更高效率的经济模式,通过平台的搭建能够创造多边市场、实现规模经济、降低边际成本。结合相关企业案例,可以看出,平台经济企业的发展经历了以下从初期、中期到大发展的三个阶段:

初期阶段,传统的平台经济运营时代(1990年以前),人们对平台的运营模式没有非常清晰的认识,没有形成相关的理论。例如,商业银行发行银行卡为商户和消费者提供便利的电子数据结算系统的服务,并不是商业银行提供金融服务获取利润的主要业务。游戏运营商为了扩大市场占有率，从单机版游戏发展到网络上给广大用户提供娱乐服务的大型游戏。银行卡和网络游戏都是平台，不同主体从中获取便利的服务，但对商业银行和游戏厂商，这仅仅是一类产品和服务，没有引起更多的重视。

中期阶段，软件平台与互联网的普及和应用（1990—2006年）推动了平台经济企业的发展。以微软公司1990年发布的Windows3.0的操作系统平台软件为标志，Windows3.0操作系统是收费软件，在这一操作系统平台软件上可以使用一系列应用软件满足各种用户文字、图形、运算和游戏等不同需求，鼓励其他公司不断开发适用配套软件，任何电脑使用这一操作系统平台软件就需要付费，这一模式给微软公司带来巨大盈利。人们逐渐认识到平台经济运营模式可以获取巨大收益。随着互联网的逐渐普及应用，互联网企业大量涌现，其中最有代表性的是阿里巴巴集团旗下的诸多子公司。淘宝网是最受大陆消费者欢迎的C2C购物网站，给人们提供了多元化便捷的商品选择，对实体零售业造成巨大的冲击。1688交易市场是国内领先的小企业国内贸易电子商务平台，B2B类型的采购批发电子商务市场，可以满足零售商的进货需求。支付宝是我国应用人数最多的第三方网上支付平台，向广大个人、企业用户提供网络贸易结算的金融服务，并且具有安全保障。一号店网上超市是国内首家网上超市，也是综合类电商平台，在采购、仓储、配送等方面不断完善，成为国内最大的B2C电商之一。携程旅游网将旅游业和IT技术相结合，使用客户媒体企业与线上线下相结合的混合消费引导运营模式，整合传统的旅游市场，给人们提供酒店、机票、出游预订的便利服务。

大发展阶段，移动互联网时代（2007年至今），以苹果公司2007年推出iPhone为标志。苹果公司推出app store模式具有历史性的意义，允许用户下载海量的手机应用软件，提供手机软件销售平台服务。第三方软件的开发者可以自行开发手机软件，用户选择下载安装，满足各种多元化需求。苹果公司占据了手机软件销售渠道和行业的制高点，是手机软件发展史上重要的里程碑。滴滴打车软件是一款免费的手机应用软件，结合线下的出租车行业，借助手机移动网络的便利，每天为全国数以亿计的用户提供便捷的招车服务。2015年1月4日，国务院总理在深圳前海微众银行完成国内首家开业的互联网民营银行的第一笔放贷业务，通过互联网平台为小微企业和个人消费者提供贷款服务，开创了互联网金融服务新时代。平台经济企业对一些传统产业进行整合、改造，获取收益成为商业模式并进行推广。

从平台经济企业的发展历史可以看出，传统的媒体和中介服务，没有引起人们过多的重视。平台经济的概念也是2000年以后才逐渐进入人们的视线的。平台经济企业和产业的产生和发展是一部分从传统的交易市场（也就是市场中供给方和需求方都在同一市场中进行交易，增加社会福利，市场本身并不获取收益），抽象出来的企业借助交易平台提供交易服务，这一平台上存在多个供给方和需求方的主体，企业作为平台的提供方也是可以获取收益的，如银行卡、电信运营等服务。

平台经济的本质是通过某种平台的搭建，可以在平台上实现多方市场，打破了传统的单一市场的壁垒。通过多方市场的集聚，形成规模经济。而平台的边际成本逐渐下降，甚至降低为零。随着信息通信技术（ICT）的不断发展、互联网的普及，以及"互联网+"多产业和多主体结合，加速了信息的共享与传递，并发展创造出很多智能工具，这些创新起到至关重要的推动作用，使平台经济企业出现了跨越式的发展，传统行业企业均受到不同程度的影响，平台经济企业的业务触角不断拓展至传统行业。例如，互联网医药的生态链涉及健康管理、云药房、检查检验和网络售药等，逐渐打破原有行业的利益垄断和价值链构成，改善人民生活，增加社会福利。促使传统产业产生颠覆性的改变，也对人类社会生活产生重要影响。平台经济企业为经营者、企业和个人提供进行交易的虚拟空间和场所，降低了各方参与主体的交易成本，提高了效率，平台企业也可去获取更多利润。平台经济产业及其商业模式的不断发展壮大，成为经济发展的动力和引擎。平台经济产业将是未来的主导产业，可以促进城市转型发展。

（二）城市平台经济特征与平台组织类型（城市）

对于现代企业而言，"平台"（Platform）更多地以网络、电子信息技术为基础形成虚拟空间。平台经济城市与平台经济企业有一定的区别：平台经济企业通过运营平台向平台内各方利益主体提供各项服务获取经济利润。而城市运营的平台不是单纯地获取商业利益，也可以在政府主导下通过多方主体企业和个人的参与，提供城市平台的载体，给各方企业和个人提供公共产品、准公共产品以及其他各项便利的配套服务，实现社会福利提升和社会生产效率提高，达到相关利益主体共赢的目的。

通过城市平台的整体运行并和其他城市承载能力各不相同的平台联结成城市平台网络，成为统一的大系统，可以降低行政管理体系的成本，提高管理效率，增加社会福利，充分地体现平台正的外部性特征。当然在城市平台经济的运行过程中也可能产生负外部性的问题，这些问题在信息共享的城市经济平台上更容易解决，基于整个平台经济城市网络基础，以平台经济城市的视角协同解决信息不对称带来的逆向选择和道德风险问题，大幅度地降低其他主体的利益损失，例如，环境污染、人才的供给与需求、技术创新的共享等问题，并制定相应的法律规范。

1. 城市平台经济特征

以平台为载体，通过沟通上下游产业链，使关联方增值，并实现自身价值的组织被称为"平台型组织"（Platform Organization）。对于上海这样的国际化大都市，它需要以平台型组织为主导；基于虚拟或现实的空间，与关联方组成一个新的经济生态系统，提升核心竞争力，实现彼此增值。以上特征而建立的经济体系被定义为一个全新的名词——"平台经济"（Platform Economics）。

平台经济依托新一代信息技术（移动互联、云计算、大数据、物联网等）的广泛运用，系统地开发、集聚要素资源，能够充分实现工业化和信息化的深度融合，从而加快生产要素整合，增强资源配置能力。它遵循"一方投入多方获益"的运行规则，在让平台参与者获益的同时，也开发出自身可持续增值的经济形态，最终提升社会整体的生产效率。以互联网技术为切入点，打破原有产业条线的分隔，加速传统产业的升级整合发展和智慧城市的建设，促进政府职能的转变，缩短全球城市的发展建设周期。具体而言，城市平台经济的特征如下：

（1）空间。平台经济是一种超越传统地理边界的全球跨界经济，是对全球优质资源和供需格局的高效配置，具有显著的规模经济和范围经济双重效应，并且包括实体和虚拟的空间平台。

（2）时间。依托于互联网信息，平台经济成为一种不间断、可连续运行的全息经济模式。

（3）行业类型。平台经济是一种专业化和综合化并行的跨行业经济，是低端服务业、传统制造业、高科技行业、脑力劳动行业等产业链和价值链全面整合的经济，具备金融服务、信息服务、运输配送、价格发现等综合服务功能。

（4）产业发展趋势。平台经济产业需要依靠平台型企业将微观市场基础发展壮大，从传统的低端现货交易走向高端虚拟网络交易，实现平台多元化、多类型的发展格局。

（5）市场信用。平台经济的公开透明、开放共赢需要依靠法律硬约束和道德软制约的共同维护才能有效运转。它是一种以诚信、道德、公平、责任为价值理念的人性化经济体。

平台经济是以人脑加电脑为特征，以经营模式加技术创新为支撑的经济形态。它的集聚性、辐射性和开放性与上海和全球城市的区域深化合作有着十分紧密的联系。探讨发展平台经济与促进区域合作，对上海的经济发展意义重大，反映上海平台经济特征的指标应遵循以下原则。

（1）经济开放性。借助市场准入政策，上海能够大规模集聚跨国机构参与全球配置，形成外向型经济。平台经济则具有天然的开放拓展性。开放优势有利于其快速发展，促进上海形成开放型经济的新优势。

（2）设施先进性。作为全球城市之一，上海的信息基础设施条件相对较好、网络覆盖率高，具有发达的物流配送系统，能够为实现资源整合、提高平台经济的发展提供便利，缔造先决条件。

（3）政策先行性。作为全国改革开放的排头兵和科学发展的先行者，先行先试贯穿于上海经济社会发展的方方面面。借助于先行先试的优势，上海的平台经济发展无疑具有良好的政策环境。

（4）平台高效性。如今，上海的平台型企业发展已经有了一定基础。"银联支付"已然成为国内具有代表性的第三方交易平台；"东方钢铁"等大宗商品贸易平台通过开放、即时撮合交易，成为具有高度影响力的定价中心；"上海陆上交易中心"亦是国内首屈一指的物流服务平台。这些平台型企业的发展壮大，为上海构建全球性平台经济打下了坚实的基础。

因此，上海要依托经济开放、先行先试、设施先进等优势，大力发展平台经济，使之成为"创新驱动发展，经济转型升级"战略的重要推动力。

2. 上海不同类型城市平台组织

结合前述分析的城市平台经济特征和基本原则，可以得到如下四种不同类型的城市平台组织。

（1）城市大型活动

承办大型活动是城市开放性的重要体现。为适应经济全球化的新形势，上海逐渐实现了经济对内对外开放的重大举措。2003年，APEC峰会在上海召开，迅速促进了上海会展业的发展。余谦等学者对2010年上海世博会影响力进行了定量分析，证明世博会对上海经济起到了巨大的推动作用。此外，2013年9月底，在上海挂牌成立的自由贸易试验区，标志着上海将加速构建一个更具开放性的经济新体制。

大型活动的举办不仅促进了中外文化的交流，同时也吸引了外商投资、加快我国企业输出的步伐，很大程度上提高了城市国际化的"出度"。经验表明，在一个城市的发展进程中，若干次重大活动的作用是极其深远的，如奥运会对许多当代国际大都市的作用。今天的上海需要这些影响，尤其是这些作用累积的乘数效应。因此，从经济开放性的角度而言，大型活动是衡量全球城市平台经济建设影响因素的重要维度。

（2）功能性平台

功能性平台是设施先进性的体现，各类经济和服务性功能性平台，能够体现一个城市在经济活动中的战略地位。随着"四个中心"建设所衍生出的金融服务、航运物流服务、贸易服务和供应链服务，上海需要建立足够的功能性平台，来为城市积极运转提供动力，保驾护航。在金融服务方面，凭借上海良好的经济发展趋势和特有的"龙头效应"，上海证券交易所积极推动上海资本市场的建设，成为大批国民企业的支柱。在贸易服务方面，作为境内第一家国际化期货交易平台，上海国际能源交易中心正在逐渐与国际市场通行的规则体系接轨。因此，就设施先进性的角度而言，以证券交易所、交易中心为主导的功能性平台也应当是衡量全球城市平台经济建设的重要影响因素之一。

（3）国际标准的行业协会

拥有较多国际标准的行业协会，是一个城市行业政策战略地位的体现。在我国计划经济转向市场经济配套体制的初期，行业协会标准国际化就被作为逐步完善和健全市场经济体制的目标而提出。进入 21 世纪，在市场经济体制下，上海对先进设施和高新技术的要求越来越高。为积极做好对外推介、国际交流等工作，市政府正积极引导企业"走出去"，并不断加强与美、欧、日等国家与地区行业组织的合作——依照美国、德国、英国、日本等发达国家的标准编制行业标准。使行业标准的制定遵循市场化原则是从市场需求出发的自愿性行为，也是历史赋予我们的责任。因此，从政策先行性的角度而言，国际标准的行业协会是衡量平台经济建设的重要影响因素。

(4) 国际功能性组织

拥有更多国际功能性组织，是一个城市平台高效性的体现，也展现了一个城市在公共领域和服务领域的战略地位。平台型企业的发展壮大提升了上海平台运作的高效性，这自然离不开功能性组织的辅助。上海正处于创新驱动发展，经济转型升级的关键时期，需全方位参与国际经济技术的合作交流与竞争。2001 年，上海加入世界贸易组织（WTO），进一步优化利用其外资结构，创新对外投资与合作方式，进一步改善投资环境，提升贸易便利化水平。

此外，2011 年 8 月，上海成为"世界卫生组织（WHO）健康合作城市"，积极推动上海成为世界健康城市的建设进程，围绕消除人群健康危害因素提出奋斗目标，为城市的发展和运作提供根本性的保护。因此，就平台高效性的角度而言，功能性组织也应当是影响平台经济建设高效性的重要因素之一。下面将以上述全球城市为主线，深度验证全球城市影响力与平台经济建设各影响因素间的相关性。

(三) 不同平台组织对全球城市的影响（平台组织）

以全球城市为研究对象，强调"平台经济"的功能以及其对城市的影响。本研究在调研和掌握一手数据的基础上，运用统计分析方法，实证测度分析影响全球城市平台经济建设的影响因素，论证不同平台组织类型对全球城市的正负影响关系和影响强度。

1. 假设平台组织数量与全球城市影响力正相关

从平台经济对城市重要性的 4 个维度出发，得到 4 个影响平台经济建设的因素，它们分别是：大型活动、功能性平台、国际标准行业协会以

及功能性组织。并作出如下假设:

H1:全球城市影响力与该城市的大型活动举办能力正相关;

H2:全球城市影响力与该城市所具备的功能性平台数量正相关;

H3:全球城市影响力与该城市所容纳的国际标准行业协会正相关;

H4:全球城市影响力与该城市所具备的功能性组织数量显著正相关。

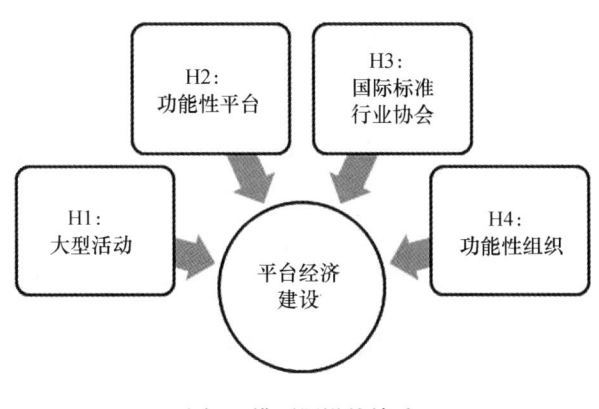

图 8　模型假设的关系

2. 指标体系与样本数据搜集

根据前述城市平台经济机构性质,本部分论证在目前全球城市中代表性平台机构是否与城市全球影响力有相关关系。通过以下方法实现样本选择。

(1) 全球城市影响力,采用森纪念财团 GPCI 指数作为城市影响力指数。该指标代表年份的全球城市影响力排名见图 9 和图 10。

采用森纪念财团 GPCI 指数为城市影响力,是因为森纪念财团研究成果具有权威性,该组织的智库城市战略研究所自 2008 年便开始 GPCI 的研究,是日本第一个进行国际城市排名研究的机构。美国纽约的科尔尼公司的 GCI 指数也是于 2008 年发布。森纪念财团持有的假设具有原创性,他们认为:吸引人才和企业的主要力量集合的评判标准是"一个城市的综合能力"(Comprehensive Power)。森纪念财团研究方法独特:对所选的 40 个城市采取 6 个维度 70 个指标的调研方式。意见的采集来源于四个全球化活动的参与者:经营者、研究者、艺术家和游客;以及一个本地参与者:居民。指标具有"定距性":计算结果是一个简单的数量,它

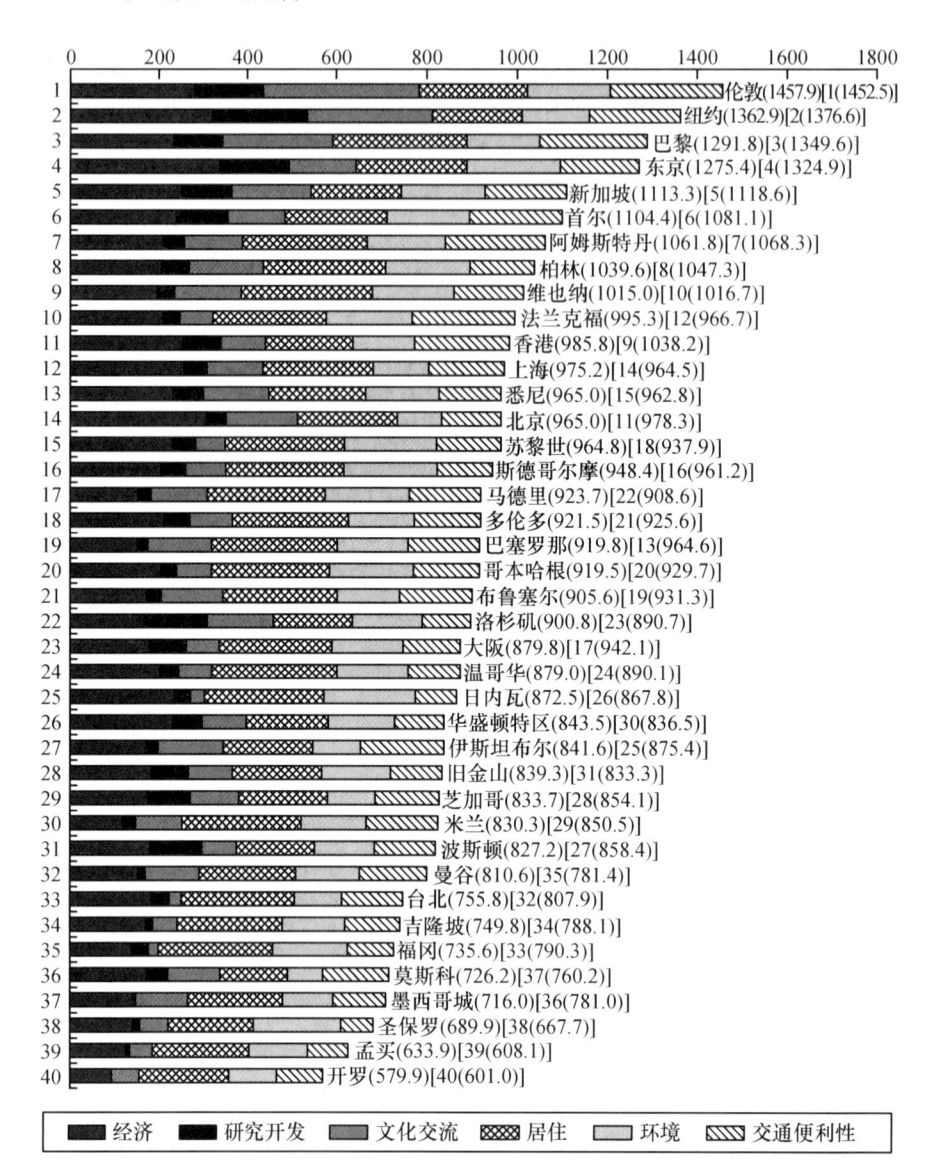

排名	城市 (得分) [GPCI2012排名(得分)]
1	伦敦(1457.9)[1(1452.5)]
2	纽约(1362.9)[2(1376.6)]
3	巴黎(1291.8)[3(1349.6)]
4	东京(1275.4)[4(1324.9)]
5	新加坡(1113.3)[5(1118.6)]
6	首尔(1104.4)[6(1081.1)]
7	阿姆斯特丹(1061.8)[7(1068.3)]
8	柏林(1039.6)[8(1047.3)]
9	维也纳(1015.0)[10(1016.7)]
10	法兰克福(995.3)[12(966.7)]
11	香港(985.8)[9(1038.2)]
12	上海(975.2)[14(964.5)]
13	悉尼(965.0)[15(962.8)]
14	北京(965.0)[11(978.3)]
15	苏黎世(964.8)[18(937.9)]
16	斯德哥尔摩(948.4)[16(961.2)]
17	马德里(923.7)[22(908.6)]
18	多伦多(921.5)[21(925.6)]
19	巴塞罗那(919.8)[13(964.6)]
20	哥本哈根(919.5)[20(929.7)]
21	布鲁塞尔(905.6)[19(931.3)]
22	洛杉矶(900.8)[23(890.7)]
23	大阪(879.8)[17(942.1)]
24	温哥华(879.0)[24(890.1)]
25	日内瓦(872.5)[26(867.8)]
26	华盛顿特区(843.5)[30(836.5)]
27	伊斯坦布尔(841.6)[25(875.4)]
28	旧金山(839.3)[31(833.3)]
29	芝加哥(833.7)[28(854.1)]
30	米兰(830.3)[29(850.5)]
31	波斯顿(827.2)[27(858.4)]
32	曼谷(810.6)[35(781.4)]
33	台北(755.8)[32(807.9)]
34	吉隆坡(749.8)[34(788.1)]
35	福冈(735.6)[33(790.3)]
36	莫斯科(726.2)[37(760.2)]
37	墨西哥城(716.0)[36(781.0)]
38	圣保罗(689.9)[38(667.7)]
39	孟买(633.9)[39(608.1)]
40	开罗(579.9)[40(601.0)]

图例：经济、研究开发、文化交流、居住、环境、交通便利性

图9 GPCI2008—2013年排名趋势

注：*[ ]内的数值是GPCI2012的得分及排名。

资料来源：《日经能源环境网》。

们之间没有定比性，更多的定距性。也就是说，如果数据是具有定比性的，那么不同排名之间的差异值会很大，反而不利于定距性数据的研究。因此，鉴于该指标体系权威、完整，兼顾了经济、社会、文化和人力等

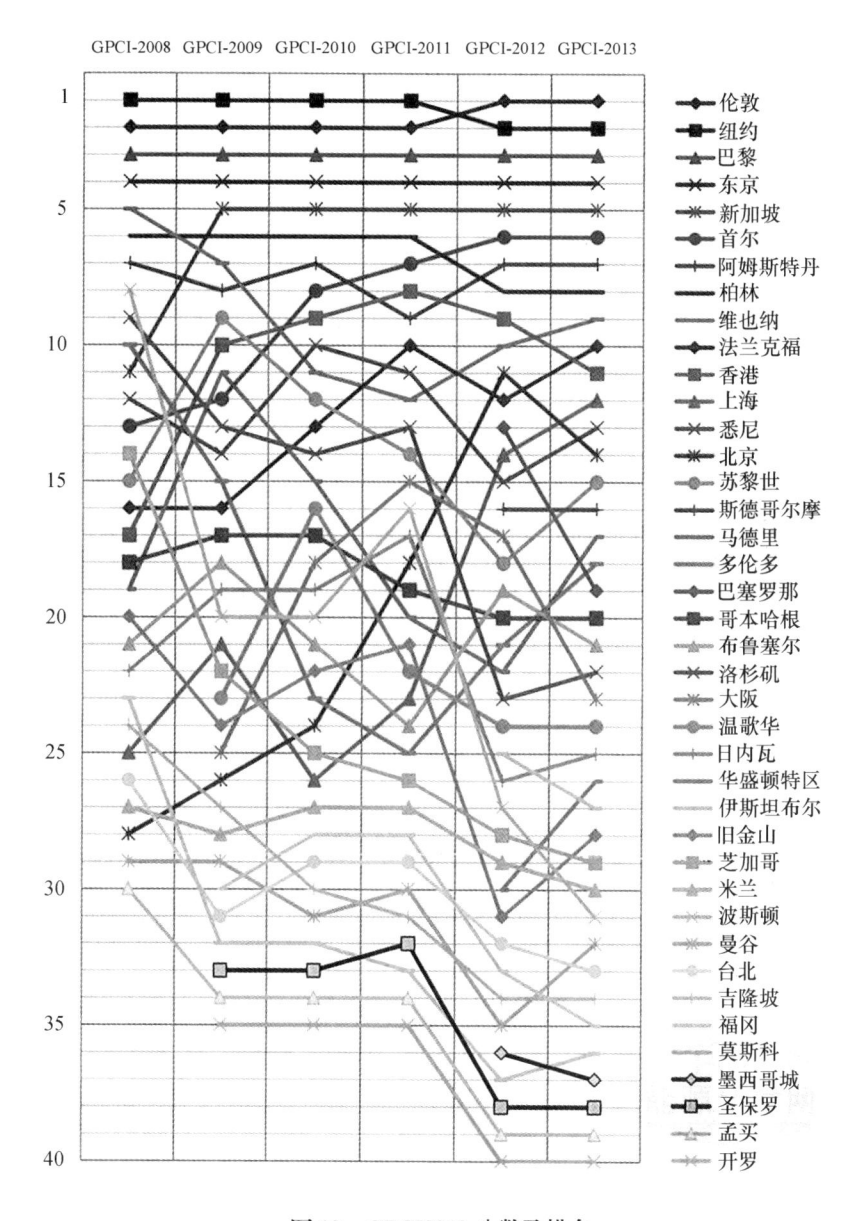

图 10 GPCI2012 分数及排名

方面,考虑了许多相关因素,更具科学性和代表性。本研究的变量 Y 即城市影响力指数,统一选用该指标。

(2) 大型事件:该指标从国际顶级报纸中进行数据挖掘,以正面报道的次数进行统计:分别选取了英国的《金融时报》(*The Financial*

Times)、美国的《洛杉矶时报》(The Los Angeles Times)、新加坡的《海峡时报》(The Straits Times),以及《人民日报》(英文版,People's Daily),并选取了其他报纸,如:卫报(The Guardian)、《泰晤士报》(The Times)、《每日电讯报》(The Daily Telegraph)、《华尔街日报》(The Wall Street Journal)、《纽约时报》(The New York Times)、《今日美国》(USA Today)、《联合早报》、《商业时报》、《参考消息》、《读卖新闻》、《朝日新闻》等,搜索时采取大型事件标题或者"该文章中出现该事件"或者"该文章与该事件相关"的方式。一一统计最后得到一个较为精确的数值。

(3) 功能性平台、行业协会和功能性组织:统计了具有区域以上的交易中心、商贸中心和交易所的所有信息,作为功能性平台指标。行业协会则查找了所涉及城市的行业协会数量。功能性组织主要以国际性基金会和跨国公司总部所在地作为统计量,进行数据挖掘。

3. 10个全球城市平台组织数据分析

收集截至2014年10月10个全球城市的各个指标数据,得到如表8所示的10个全球城市的相关平台组织的数据。

表8　　　　　　　　10个全球城市平台组织数据

指标 比较城市	全球城市影响力指数 (GPCI指数)(Y1)	大型事件 (次)(X1)	功能性平台 (个)(X2)	行业协会 (个)(X3)	功能性组织 (个)(X4)
伦敦	1457.9	2535	637	166	34
纽约	1362.9	2158	594	36	30
巴黎	1291.8	2375	299	204	32
新加坡	1113.3	1163	277	175	12
首尔	1104.4	1408	239	125	13
中国香港	985.8	644	592	89	14
北京	965.0	1602	447	105	25
上海	975.2	951	556	72	13
圣保罗	689.9	982	352	70	8
孟买	633.9	237	473	19	7

由表8可以分析各平台组织数据在10个全球城市的不同特征。

对于功能性平台而言，数据呈现头尾较高，而中间凹陷的特征。分析发现"中间凹陷"的主要原因是城市地域空间的限制。对于土地面积较小的城市，就首尔、新加坡而言，由于经济较为发达，则不需要搭建更多的功能性平台。而尾部数据较高的主要原因是发展中国家城市迅速的崛起，典型的代表是上海、北京、孟买。这类城市正处于急速发展状态，但是由于经济实力不够稳固，所以功能性平台的开发呈现"井喷"态势，而未能形成有效的规模浓缩，只是数量的扩张，全球的控制力不足。

由表8可知，行业协会列数据的统计依据来源是国际行业协会的开会次数。从数据来看，巴黎是第一大会议之都，新加坡紧随其后。值得一提的是纽约在数据上远远落后，其主要原因是美国的国际会议较为分散，有相当一部分会议是在洛杉矶、华盛顿、芝加哥等同样繁华的国际大都市举办的。此外，纽约落后也是受到华盛顿首都优势的影响。同时，北京的国际会议次数高于上海和中国香港，也从一定程度上说明一个国家的首都对其举办国际会议次数有较显著影响。

由表8可知，功能性组织列数据总体偏差不大。从数据上来看，伦敦、纽约、巴黎三个顶尖的国际大都市明显占据上风，中间力量密集，圣保罗、孟买垫底。值得一提的是北京的国际功能性组织远高于同级别城市，接近第一集团。从这些组织的名称来看，其原因可能在于北京深厚的文化底蕴和国际文化交流能力。

4. 统计分析：平台组织提升了全球城市影响力

根据表8的数据，进行相关性分析，并检验数据，拟合贡献度方程，得到表9的方程拟合结果。由表9可以看出，方程的拟合优度高，p值在置信区间内，是可以接受的范围。说明方程具合理性。

表9　方程拟合结果

	R2	Sig.	B (常量)	B (X2)	B (X3)	B 总数	B (Avg. X1 + X4)	B (Avg. X1 + X4) – %
Y	0.814	0.013	1058.01	51.497	80.236	319.487	187.754	0.587673

由表 9 可知，X1 和 X4 即大型事件和功能性组织是影响全球城市的最主要因素，X2 和 X3 即功能性平台和行业协会也对全球城市影响力正相关，这两个因素之间有些相关性。上述判断论证了本部分的假设，即所有功能性组织变量都与全球城市影响力呈正相关关系，相对而言，大型活动举办能力以及功能性组织对于全球城市影响力更大；而功能性平台以及国际标准行业协会对于全球城市影响力相较于前者弱。这表明关注和提升城市的平台组织建设，是建设全球城市的重要途径。

（四）结论

本部分对全球城市的平台经济体系进行研究。首先从平台企业的内涵入手，揭示平台的本质是搭建了多边市场，形成规模经济，可以最大限度地把边际成本降低为零，并从平台企业发展的初期、中期和大发展三个不同阶段，列举典型平台企业的案例来论证平台的操作方式和盈利模式。随后，对比分析了平台城市比平台企业具有更丰富的内涵，平台城市能够更大范围地增加社会福利、经济效率和公共产品及公共服务的正外部性，特别是随着信息通信技术（ICT）和互联网发展，城市平台经济的模式和智慧化程度更高，能够催生产业升级和城市转型。

在分析城市平台经济的空间无限性、时间连续性、产业融合性和多样性等特征基础上，强调城市平台载体即城市平台组织的经济开放性、设施先进性、政策先行性和平台高效性。借助文本分析和大数据挖掘的方式，建立了伦敦、纽约、巴黎、新加坡、首尔、中国香港、北京、上海、圣保罗、孟买 10 个全球城市的平台组织数据库。借鉴森纪念财团的全球城市影响力指数（GPCI 指数），上海在这些城市中排名第 7 或第 8 位，收集了这些城市截至 2014 年 10 月的大型活动、功能性平台、行业协会、功能性组织的数据。通过数据分析发现上海的行业协会和功能性组织的数量在这些城市中普遍偏少，处于末端。而新加坡、巴黎和中国香港的平台组织数量非常多而且丰富。通过相关分析表明，四类平台组织即大型活动、功能性平台、行业协会和功能性组织的数量都与全球城市的影响力呈现显著正相关关系。说明了平台经济建设和平台组织数量的增加能够提升全球城市的发展和影响。特别是大型活动举办能力和功能性组织对全球城市影响力最大。

通过本部分研究表明，平台经济是全球城市的关键特征，加强平台组织建设、增加平台组织数量能够进一步提升全球城市的影响力。从而，为上海全球城市建设提供了途径：增加大型活动承办能力，增加金融、贸易、航运、科技等产业功能性平台的数量，吸引建立更多国际行业协会，吸引更多国际性的政府和非政府组织选址上海，可以进一步加快上海全球城市的建设。

五　上海在全球城市网络中的战略通道

在学术界，随着跨国公司行为选择和新国际分工理论的引入，学者们在全球城市功能、内部特征上做了较丰富的实证研究。而本研究另辟蹊径，从动态"流"和网络的角度诠释全球城市，论证由流经该城市的人才流、商品流、资金流、信息流、技术流等决定的城市功能，以及"流"产生的原因，吸引、疏导和加快流经的速度，这些都是决定城市战略地位的关键要素。本部分从动态的角度讨论上海"流"的现状，从国内的"长三角"到区域的"一带一路"，再到全球范围，探讨如何通过网络价值流提升上海的国内战略、"一带一路"的区域战略和全球城市的国际战略地位。

（一）全球城市网络中上海战略通道的地位（全球）

上海2050年要建设成为全球城市，就要建设成与伦敦、纽约、巴黎和东京相比肩的城市，所以本部分内容以当前的产业价值情况，来构建由全球顶级的20个世界城市构成的网络，并判断目前上海在全球顶级城市网络中的地位，及其寻找实现目标的网络路径。

1. 全球20城市网络模型的建立

跨国企业通过分支机构间信息、计划、知识、指示、建议等的流通将所在的城市相互锁定在一起，创造了全球服务中心的网络。20世纪90年代以来，信息技术发展促使全球城市研究范式发生从传统的地方空间到流动空间的转变。高端服务业分支机构借助高度发达的全球通信网络实现全球化，形成遍及全球的网络体系，全球城市正是这个网络的节点。

借鉴全球化与世界城市研究网络（Globalization and World Cities Study Group and Network，GaWC）的互锁网络模型，全球城市网络是全球服务企业锁定城市而形成的，因此，采用服务价值矩阵的形式使城市间的连通性测量得以实现。本研究以 20 个主要全球城市作为网络节点，以跨国高端服务企业在各城市中的业务设立为边，以企业在该城市所从事的业务价值量为边权。

GaWC 的研究从 315 个城市中挑选出 123 个连通性达到最大值城市的 1/50 的城市。为保证研究的信度和效度，本研究选取其中 20 个极具代表性的城市，分别是伦敦、巴黎、纽约、新加坡、东京、洛杉矶、北京、维也纳、悉尼、首尔、中国香港、阿姆斯特丹、莫斯科、芝加哥、上海、多伦多、华盛顿、圣保罗、孟买、中国台北。同时，为了保证所选择的企业的质量，本研究按照以下标准选择高价值服务企业：入选企业必须至少在 15 个以上的城市拥有分支机构，且其中至少有一家布局在西欧、北美和亚太三大全球化区域之一。借此，可以确保所选择的企业是追求全球化区位策略的。经过反复筛选，最终确定了 100 家企业，包括 18 家会计企业、15 家广告企业、23 家银行/金融企业，11 家保险企业，16 家法律企业和 17 家管理咨询企业。通过 100 家跨国企业在上述 20 个国家间高端服务价值分布，构建出全球城市网络。

2. 全球城市网络的特征

根据建立的城市网络矩阵，本研究进一步对全球网络进行结构测度。在对网络进行结构测度前，首先要证明该网络能够构成小世界网络，才能从理论上证明该网络是复杂网络，然后可以用软件测量网络的结构特征。根据研究，度中心性分析、中间中心性分析是最常见的复杂网络分析角度，本研究采用 Ucinet 软件从这两个方面对城市网络进行分析。

（1）小世界性。Travers 和 Milgram 于 1969 年提出"世界上任何人之间大约通过 6 步都可以建立联系"，整个世界是小世界。1999 年学者 Watts 指出小世界具有四个方面的性质：第一，网络规模巨大，现实世界中包含的人数达到十亿数量级。第二，网络是稀疏的，实现连接数远小于理论上存在的连接数。第三，整个网络具有去中心化特点，不存在核心节点。第四，网络高度聚类，大多数节点的有限步近邻集合都有重叠。"小世界"网络的验证一般通过计算网络聚集系数（Clustering Coefficient）和平均路径长度（Average Path Length）两个指标实现。如果网络同时具有较小的平均距离和较大的聚类系数，那么该网络是复杂网络，具有小世界特性。全球城市网络中,聚集系数描述了网络的结构特征,聚类系数越大,则全球城市网络越倾向于形成内部紧密互联的多社群结构;平均路径长度则度量了实体间关联关系的紧密程度,平均路径长度越小,则城市间连接越紧密。

(2) 平均路径长度。网络的平均路径长度的含义是:在网络中,分处不同城市的服务企业平均至少经过几条边才能联系在一起,也就意味着企业的流通平均至少经过几条边才能实现从一个城市到达另一个城市。其计算公式为:

$$L = \frac{1}{n(n-1)} \sum_{i \neq j} d_{ij}$$

其中,L 表示平均最短路径距离,d_{ij} 为 i 城市到 j 城市的联系数,n 为城市网络中的城市总数。表10给出了刚刚建立的20个全球城市网络平均路径长度分布。可以看出,在该城市网络中任意城市间平均路径长度距离为1的情形出现了162次,占总次数的40%,距离为2的次数出现了218次,占总次数的60%,平均路径距离为1.6。这意味着,对于任意一家跨国企业而言,其仅仅需要经过1.6个国家,即可实现在全球任何两个主要城市间的资源流通。

表10　　　　　　　　全球城市网络平均路径长度分布

平均路径长度	频率(次)	比例(%)
1	162	40
2	218	60

(3) 聚类系数。聚类系数用来反映与节点相连的其他节点是否相连的情况,可以理解为某人的两个朋友是否也相互认识。聚类系数反映的是网络连接的局部属性,衡量整个城市网络的集聚程度,聚类系数越大,表明各城市间集聚程度越大,联系越紧密,流通越顺畅。定义全球城市网络聚集系数 C_i 为:

$$C_i = \frac{1}{(k_i - 1)k_i} \sum_{j \neq k} a_{ij} a_{ik} a_{jk}$$

其中,C_i 为聚集系数,k_i 为 i 城市和其他城市的有效关联数,通过

Ucinet 软件测算得到，该全球城市网络的聚类系数为 0.880。

可见，在所构建的城市网络中，各城市节点可通过平均 1.6 条边的最短路径达到另一个城市节点，基于网络总体节点规模为 400，因此它们的平均路径长度很小。同时，网络聚类系数为 0.88，表明任一城市节点和所有相邻城市节点之间实际连边数目占最大可能连边数目的比例达到 88%，比例较高。因此，该网络同时具有较短的平均路径长度和较大的聚类系数，是一个典型的小世界网络。

（4）点度中心性分析。在复杂网络中，中心度是最简单的合理中心性，一般中心度越高说明该节点在整个网络中的重要程度越高，具有支配地位和优先选择权。它直观反映了个人或组织在其社会网络中具有怎样的权力，或者说居于怎样的中心地位。一般对中心性分析集中在点度中心度。本研究运用 Ucinet 软件对各城市节点的中心度进行计算，并汇总排名，得到表 11。

表 11　　　　　　　　　城市网络点度中心度排名

排名	城市	度中心度	排名	城市	度中心度
1	伦敦	19	11	阿姆斯特丹	7
2	纽约	19	12	圣保罗	7
3	中国香港	14	13	上海	4
4	东京	14	14	中国台北	4
5	巴黎	11	15	北京	4
6	新加坡	11	16	莫斯科	2
7	芝加哥	11	17	华盛顿	2
8	悉尼	9	18	维也纳	2
9	洛杉矶	9	19	孟买	2
10	多伦多	9	20	首尔	2

利用软件画出城市网络，并根据度中心度大小，将 20 个城市分为 4 层级，伦敦和纽约位于第一层级，是全球城市网络的中心，用最大的正方形表示；中国香港、东京、巴黎、新加坡和芝加哥位于全球城市网络的第二层级，用第二大正方形表示；悉尼、洛杉矶、多伦多、阿姆斯特

丹和圣保罗属于第三层级,用第三大的正方形表示;其余城市则位于全球城市网络的边缘,用最小的正方形表示(见图11)。

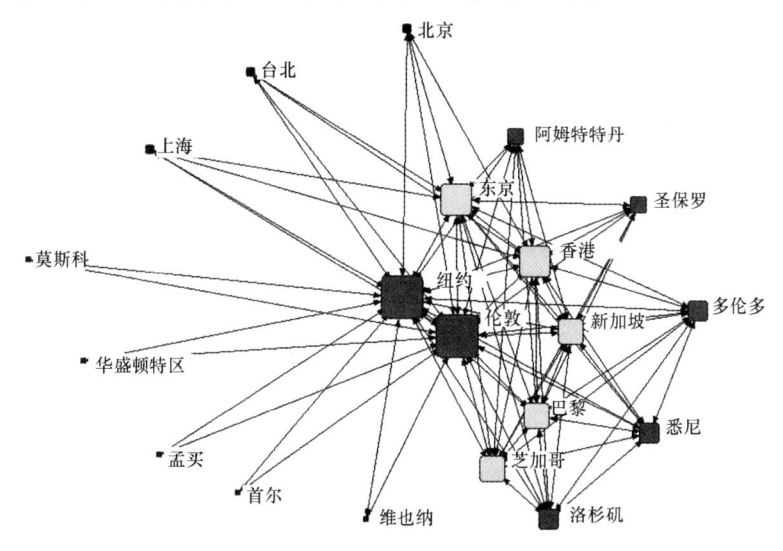

图11 基于度中心度的城市复杂网络图

可见,在这20个全球城市中,大多数是沿海城市。度中心性最高的分别为伦敦、纽约,中国香港、东京紧随其后。前两个层级(最大和第二大的正方形)的7个城市中,有3个是亚洲城市,证明亚洲在世界城市网络中具有一定的话语权和优先权。上海的度中心度排名较后,在城市建设和国际地位方面仍然需要不断的努力。

(5)中间中心度。中间中心度测量的是行动者对资源控制的程度。假设点 X 和 Z 之间存在 n 条捷径,点 Y 相对于 X 和 Z 的中间度指的是经过 Y 连接 X 和 Z 的捷径数与这两点之间的捷径总数之比。如果一个点处于许多其他点对的捷径(最短的途径)上,那么该点具有较高的中间中心度,可以通过控制或者曲解信息的传递而影响群体,拥有很大的权力。

假设点 j 和 k 之间存在的捷径数目用 g_{jk} 表示,第三个点 i 能够控制此两点的交往的能力用 $b_{jk}(i)$ 表示,即 i 处于点 j 和 k 之间的捷径上的概率。点 j 和 k 之间存在的经过点 i 的捷径数目用 $g_{jk}(i)$ 表示。那么,$b_{jk}(i) = g_{jk}(i)/g_{jk}$。把点 i 相应于图中所有的点对的中间度加在一块,就得到该点的绝对中间中心度 C_{ABi}:

$$C_{ABi} = \sum_{j}^{n} \sum_{k}^{n} b_{jk}(i)$$

软件计算结果如表 12 所示,在 20 个全球城市中,分别有 31.85% 的服务企业活动经过了伦敦和纽约,这两个城市对网络资源拥有绝对的控制能力。中国香港、东京和巴黎紧随其后,剩余城市的控制能力相对较弱。

表 12　　20 个城市的中间中心度

排序	点	中间中心度	排序	点	中间中心性
1	伦敦	0.3185	11	阿姆斯特丹	0.0178
2	纽约	0.3185	12	圣保罗	0.0178
3	中国香港	0.0516	13	中国台北	0.0102
4	东京	0.0516	14	华盛顿	0.0076
5	巴黎	0.0389	15	北京	0.0051
6	新加坡	0.0389	16	维也纳	0.0051
7	悉尼	0.0262	17	首尔	0.0051
8	芝加哥	0.0262	18	莫斯科	0.0051
9	洛杉矶	0.0229	19	上海	0.0051
10	多伦多	0.0229	20	孟买	0.0051

综合度中心度和中间中心度的分析结果发现,上海依然处于全球城市网络的边缘位置。这一结论与上海的"流"的现状吻合:从数量上,流经上海的人才流、商品流、资金流、信息流、技术流十分可观,但质量尚待提升。上海对"流"的支配能力弱,处于相对被动接受的状态。

(6) 上海在全球城市网络中处于战略边缘。经前述研究发现,在全球顶级的城市网络中,上海还处于相对边缘的地位。说明上海对外与世界一流城市的流动链接能力还需要加强,需要在深入对接全球经济网络中构建战略通道。具体而言,特别要促进总部型经济发展,作为战略通道,流经上海的要素流是关键的资本、战略决策、关键信息、知识和技术。而这些高价值的关键要素,均位于各种国际机构、跨国企业的总部控制之下。因此,上海作为要素流动的战略通道,通过营造合理、高效的制度环境,吸引更多的综合性、全球性国际机构、企业总部落户上海。

国际机构和跨国企业总部选址的考虑因素分析结果，如表13所示。上海要通过进一步开发构建稳定、透明、高效的政策环境。国际典型的全球城市构建全球要素流动战略通道的过程中，积累了大量成熟经验，而形成一套在全球一体化背景下开放型经济的新的政策体系，是各类跨国公司落户的关键影响因素。

表13　　国际机构、跨国企业的总部类型分类

分类标准	细分类别	落户影响因素
总部能级	综合性总部	业务拓展机会；符合国际惯例的管理体制环境；人力资本的可获得性；商务金融服务的可获得性；优良的基础设施
	营运中心	现在/潜在业务拓展机会，人力资本的可获得性；商务金融服务的可获得性
	采购中心	现在/潜在业务拓展机会；简单税制及低税率；展示等商务服务的可获得性
	研发中心	技术人才等人力资本的可获得性；信息通信基础设施水平；科研资源；支持性产业集群发达程度
	结算中心	金融监管环境；简单税制及低税率；宽松的外汇管制政策
总部覆盖面	全球总部	业务拓展机会；符合国际惯例的管理体制环境；人力资本的可获得性；商务金融服务的可获得性；优良的基础设施
	区域总部	业务拓展机会；符合国际惯例的管理体制环境；人力资本的可获得性；商务金融服务的可获得性；优良的基础设施
	国内总部	国内市场和客户的可获得性；政府政策和信息的可获得性；金融服务成本等

与全球城市网络的对接和融入，政府直接配置资源的范围不能过大，政府也不应对微观经济主体过多干预。随着上海自贸区的带动，市场对要素流动的引导将发挥更大作用，体制将更符合国际经济运行规则。上海需要基于长三角城市集群的腹地，发展先进制造业和生产性服务业，发掘"江南文化""海派文化"形成上海核心文化竞争优势，激发城市魅力，吸引国际人才，突破对接全球顶级城市网络的"瓶颈"。

(二)上海在"一带一路"城市网络中的战略通道(区域)

在以全球顶级的 20 个城市构造的城市网络中,上海的位置处于比较边缘的地位。那么上海在国际区域城市网络中的战略地位如何?上海是否可以采取从国内战略—区域战略—全球战略地位的突破路径?本部分尝试以加入"一带一路"的城市带和世界顶级城市构成的 100 个城市的网络,进一步研究上海在区域城市网络中的战略地位。以期通过与前一部分的对比,得到上海实现全球战略的区域战略通道。

本部分采用 GaWC 研究小组收集的全球范围内高级生产性服务业企业分布数据,并参考 Taylor 等学者创建的"连锁网络模型"分析法,对全球城市网络及"一带一路"战略包含的城市网络分布进行分析,使用社会网络分析软件 Ucinet 计算出城市中心度排名及绘制出不同范围的城市网络分布图。研究方法与图 11 的方法一致。

在实证分析中,使用初步改良的连锁模型算法对数据进行预处理后,再使用 Ucinet 软件进行度数中心度、中间中心度、最短路径以及聚类系数等多项指标的计算。并使用 Ucinet 软件系列中的 Netdraw 软件绘制以度数中心度为衡量指标的城市网络分布图,用以达到将分析结果量化及可视化的目的。在数据选择方面,使用 GaWC 小组网站发布(2000)的基于 APS 企业全球范围分布情况的"315 城市×100 企业"的矩阵表达的城市数据作为实证的基础数据进行筛选、计算和分析。

1. "一带一路"区域城市网络分别情况分析

首先,收集"一带一路"沿线所包含的国家与城市信息,并将信息汇总如表 14 所示;以表 14 中的信息为准,从 GaWC 小组的全球城市研究范围内选出"一带一路"沿线国家的主要城市的相关数据,并将所有城市信息汇总。

其次,使用初步改良的连锁模型算法将"89 城市×100 企业"的二值矩阵转化为"89 城市×89 城市"的一值矩阵,并对其度中心度、中间中心度等各项指标进行计算,进行城市排名,再以所排名的指标绘制出 89 个城市的网络分布图,所得结果即为"一带一路"沿线国家主要城市的城市网络分布情况。在操作过程中,将对"89 城市×89 城市"分布矩阵进行对分运算以简化度中心度的计算过程。

表14　　　　　"一带一路"沿线国家主要城市信息

序号	城市	序号	城市	序号	城市
1	埃里温－亚美尼亚	31	大阪－日本	61	索菲亚－保加利亚
2	巴库－阿塞拜疆	32	东京－日本	62	布拉格－捷克
3	麦纳麦－巴林	33	横滨－日本	63	塔林－爱沙尼亚
4	斯里巴加湾－文莱	34	阿拉木图－哈萨克斯坦	64	布达佩斯－匈牙利
5	安卡拉－土耳其	35	科威特－科威特	65	里加－拉脱维亚
6	伊斯坦布尔－土耳其	36	贝鲁特－黎巴嫩	66	维尔纽斯－立陶宛
7	伊斯兰堡－巴基斯坦	37	吉隆坡－马来西亚	67	克拉科夫－波兰
8	卡拉奇－巴基斯坦	38	纳闽岛－马来西亚	68	华沙－波兰
9	拉合尔－巴基斯坦	39	马六甲－马来西亚	69	布加勒斯特－罗马尼亚
10	拉瓦尔品第－巴基斯坦	40	槟城－马来西亚	70	莫斯科－俄罗斯
11	仰光－缅甸	41	乌兰巴托－蒙古	71	圣彼得堡－俄罗斯
12	阿默达巴德－印度	42	鲁伊－阿曼	72	布拉迪斯拉发－斯洛伐克
13	班加罗尔－印度	43	马尼拉－菲律宾	73	卢布尔雅那－斯洛文尼亚
14	加尔各答－印度	44	多哈－卡塔尔	74	地拉那－阿尔巴尼亚
15	钦奈－印度	45	河内－越南	75	贝尔格莱德－塞尔维亚
16	海德拉巴－印度	46	胡志明市－越南	76	明斯克－白俄罗斯
17	斋浦尔－印度	47	吉达－沙特阿拉伯	77	基辅－乌克兰
18	雅加达－印度	48	利雅得－沙特阿拉伯	78	开罗－埃及
19	勒克瑙－印度	49	新加坡	79	北京－中国
20	孟买－印度	50	釜山－韩国	80	广州－中国
21	新德里－印度	51	首尔－韩国	81	香港－中国
22	万隆－印度尼西亚	52	曼谷－泰国	82	南京－中国
23	巴淡岛－印度尼西亚	53	耶路撒冷－以色列	83	上海－中国
24	棉兰－印度尼西亚	54	特拉维夫－以色列	84	深圳－中国
25	达卡－孟加拉国	55	萨那－也门	85	台北－中国
26	巴格达－伊拉克	56	安曼－约旦	86	天津－中国
27	川崎－日本	57	大马士革－叙利亚	87	厦门－中国
28	神户－日本	58	第比利斯－格鲁吉亚	88	澳门－中国
29	京都－日本	59	德黑兰－伊朗	89	大连－中国
30	名古屋－日本	60	喀布尔－阿富汗		

首先,使用89个城市信息在GaWC小组研究城市APS企业分布信息数据表中选取出对应数据,构建"89城市×100企业"的数据矩阵,通过初步改良的连锁模型算法将其转换为"89城市×89城市"的1-模网络构成的二值矩阵,并计算得出这89个城市的基于企业服务价值的联系度平均值$C2=40.11561$,从均值就可以发现,"一带一路"沿线包含国家区域城市网络间的联系度只达到了全球范围20个顶级城市网络联系度的1/10左右,基本处于比较低的水平,由此可以推论这个区域的城市网络构建还属于初级阶段。接下来,同样将联系度量化值小于均值的城市赋值为0,以强化分级效果,然后使用Ucinet计算得出此网络的平均最短路径和聚类系数分别为1.7、0.884,可见该网络同样具有小世界性,属于复杂网络,可以使用度中心度作为网络现状分析的指标。

然后,测度每个城市与其他城市的链接强度,即网络的度中心度,将矩阵进行对分运算,得到二值矩阵后,计算"一带一路"沿线国家各个主要城市在"一带一路"区域城市网络中与其他城市的链接强度,即度中心度,结果如表15所示。

表15　　"一带一路"沿线国家主要城市度中心度排序

排名	序号	度中心度	排名	序号	度中心度	排名	序号	度中心度
1	32	67	27	80	43	61	33	7
2	81	63	32	15	42	62	28	4
3	49	60	33	61	41	63	75	3
4	18	58	34	35	40	64	40	2
4	20	58	34	72	40	65	12	1
4	52	58	36	56	39	65	22	1
4	85	58	37	42	38	65	27	1
8	37	57	38	34	37	65	87	1
8	83	57	39	65	36	65	88	1
10	6	56	40	31	35	70	1	0
10	43	56	41	25	34	70	5	0
12	21	54	42	9	33	70	10	0
13	51	53	43	45	32	70	17	0

续表

排名	序号	度中心度	排名	序号	度中心度	排名	序号	度中心度
13	70	53	44	7	30	70	19	0
13	79	53	44	73	30	70	23	0
16	62	52	46	63	29	70	24	0
16	68	52	46	71	29	70	26	0
16	78	52	48	44	27	70	39	0
19	64	51	48	66	27	70	41	0
20	36	48	50	38	25	70	50	0
21	3	47	51	59	24	70	53	0
21	69	47	52	89	19	70	55	0
23	46	46	53	84	16	70	57	0
23	54	46	54	30	14	70	58	0
25	13	45	55	2	13	70	60	0
25	14	45	56	11	10	70	67	0
27	8	43	56	16	10	70	74	0
27	47	43	58	29	9	70	76	0
27	48	43	58	86	9	70	82	0
27	77	43	60	4	8			

通过表 15 可以发现,在网络中排名前三位的城市序号依次为 32、81、49,即日本东京、中国香港和新加坡,这三个城市基本处于亚洲地区城市网络的中心地位。东京的度中心度最大为 67,也就是说,东京虽然是位于网络最中心的城市,但是也只与网络中 67% 的城市相连接,说明其区位中心优势弱于伦敦及纽约在全球范围的中心优势(伦敦、纽约的数值见表 11,分别为 19 和 20)。而上海的度中心度为 57,虽然排名为 8,依然尚未处于网络中心位置,但仅落后第 1 位城市东京 15% 左右,由此可见上海想要在提升这个区域的位置,发展成为网络中心并不会特别困难。

将 89 个城市的度中心度排名划分为五个不同层级,并将一、二、三级城市分别用黑色、灰色、浅灰色标出,剩余城市用深灰色表示,绘制出由"一带一路"沿线国家主要城市构成的城市网络分布图,如图 12 所示。

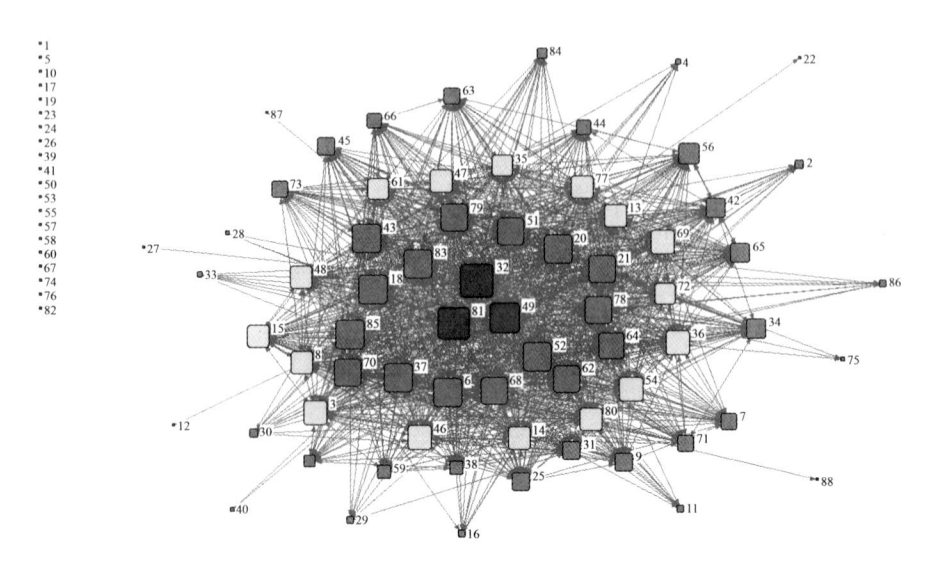

图 12　"一带一路"沿线国家主要城市网络分布

上海为图中所示的 83 号城市，从图 12 中可以看出，上海位于灰色区域，与中心黑色区域的东京、中国香港、新加坡靠近，度中心度的差异不大，基本处于网络中心附近的区域。

除此之外，从图 12 中我们还可以发现，部分位于该网络边缘的城市，例如 22（万隆，印度尼西亚）、27（川崎，日本）、40（槟城，马来西亚）、12（阿默达巴德，印度）等，都是仅与位于网络中心的 32（东京，日本）、81（香港，中国）或 49（新加坡）直接联系起来的，而 83 号的上海则缺乏与这些城市的联系，也正因如此，上海才在城市联系度量化值上落后于排名靠前的城市。

另外，值得注意的是，在"一带一路"城市网络的 89 个城市中，还存在 20 个城市（见图 12 左上角）与网络中其他城市的联系度量值为 0，也就是说，截至数据收集整理的 2010 年，这一区域依然有 20 个城市在 APS 企业方面与其他城市没有显著联系；"一带一路"沿线国家主要城市尚未形成完整的城市网络。由此可见，"一带一路"的战略构想，对于连通东、中、西亚与欧洲各国城市，有着很大的发展空间，同时，"一带一路"也为其重要节点城市上海，在辅助城市网络构建、进入中心战略通道方面带来了难得的机遇。

2. "一带一路"及全球城市网络的综合情况分析

通过对比全球城市网络以及"一带一路"区域城市网络的数据，发现全球城市网络所分析的20个全球典型城市数据中有11个城市数据未被包含在"一带一路"区域城市网络中，因此本部分将以上两部分原始数据合并后的数据矩阵作为基础数据，分析全球典型城市与"一带一路"沿线国家的主要城市所构成的城市网络的分布情况，并对比分析上海在不同城市网络中的位置。

基础数据中所补充的11个城市分别是：阿姆斯特丹、芝加哥、伦敦、洛杉矶、纽约、巴黎、圣保罗、悉尼、多伦多、维也纳、华盛顿。城市的信息和编号见表16。

表16　　　　　　　　补充的11个世界顶级城市信息

序号	城市	序号	城市
90	阿姆斯特丹－美国	96	圣保罗－巴西
91	芝加哥－美国	97	悉尼－澳大利亚
92	伦敦－英国	98	多伦多－加拿大
93	洛杉矶－美国	99	维也纳－奥地利
94	纽约－美国	100	华盛顿－美国
95	巴黎－法国		

首先，将"100城市×100企业"的二值矩阵转化为"100城市×100城市"的一值矩阵，其次对其度中心度、中间中心度等各项指标进行计算以及城市排名并绘制网络分布图，再将所得结果与"一带一路"沿线国家主要城市的城市网络的分布情况进行对比，由此分析20个全球典型城市与"一带一路"沿线国家主要城市的联系情况，推论"一带一路"中的战略地位给上海带来的优势。

将数据抽象为"100城市×100城市"的城市联系度网络矩阵，并计算得出联系度量化值均值$C_3 = 77.35481$，C_3比C_2增加了37.2392，可以初步推断11个城市与"一带一路"沿线国家主要城市都有着比较强的联系程度。将联系度量化值小于C_3的城市量化值记为0，等级强化之后，将数据导入Ucinet，计算得到平均最短路径为1.73，网络聚类系数为

0.888，由于实证中使用的数据已经较多，因此聚类系数比较大、最短路径较小，明显符合小世界特征，是复杂网络。在进行度中心度的计算时，首先对矩阵进行对分运算，得到二值矩阵后，将100个城市的度中心度直接计算并排序，结果如表17所示。

将表15与表17对比发现，原"一带一路"城市网络中的89个城市在新网络中的度中心度均有所降低，这是由于均值C3的增加，导致了等级强化的程度增加，从而使网络中得以保留的城市联系量化值减少而造成的现象。除了度中心度数值的减少，原"一带一路"网络中的城市还普遍出现了排名下滑的情况，例如在表15中排第1位的32（东京），在表17中仅排第4位；而在表15中第3位的（新加坡）在表17中下滑到了第7位；不过与前两者相对的是，表15中排名在32（东京）之后的81（中国香港），在表17中却超过东京，位列第3。由此可见，东京、中国香港与表17中的11个城市具有更强的联系程度，连接优势也集中于亚洲。

上海（83）的度数中心度和排名，从表15中的度数数值57、排在第8位下降到了表17中的数值47、排在第23位，度中心度数值下滑了10个点；说明"一带一路"城市网络中与上海相连的城市，至少有10个的联系度量值介于C2与C3之间，依然属于联系程度较弱的连接。

使用不同颜色对城市中心程度进行层级划分后，可以绘制出"一带一路"沿线国家主要城市与20个全球顶级城市构成的综合城市网络图，如图13所示。

表17　　"一带一路"沿线国家主要城市与20个顶级城市（对分后）度中心度排名

排名	城市	中心度	排名	城市	中心度	排名	城市	中心度
1	94	67	35	47	34	69	29	1
2	92	66	36	69	33	70	75	1
3	81	62	37	14	33	71	16	1
4	32	62	38	46	32	72	26	0
5	98	60	39	48	32	73	5	0
6	95	59	40	61	31	74	12	0

续表

排名	城市	中心度	排名	城市	中心度	排名	城市	中心度
7	49	56	41	3	31	75	17	0
8	97	55	42	15	31	76	24	0
9	20	54	43	80	30	77	76	0
10	90	53	44	77	29	78	53	0
11	93	53	45	72	28	79	4	0
12	91	52	46	35	26	80	55	0
13	96	52	47	56	22	81	1	0
14	85	51	48	38	21	82	82	0
15	37	51	49	31	21	83	27	0
16	43	50	50	45	21	84	28	0
17	62	50	51	42	19	85	60	0
18	18	50	52	34	19	86	86	0
19	6	49	53	71	16	87	87	0
20	52	48	54	9	11	88	88	0
21	64	48	55	25	11	89	39	0
22	70	48	56	65	10	90	40	0
23	83	47	57	7	7	91	41	0
24	78	46	58	63	5	92	67	0
25	68	46	59	59	5	93	57	0
26	51	46	60	73	4	94	19	0
27	99	46	61	89	4	95	58	0
28	79	45	62	30	4	96	10	0
29	36	43	63	84	4	97	22	0
30	21	41	64	44	4	98	23	0
31	100	36	65	66	3	99	74	0
32	8	35	66	33	2	100	50	0
33	13	35	67	11	1			
34	54	34	68	2	1			

从图 13 可以看出，随着 C3 的增大，筛除掉一部分较弱的连接后，联系度量化值为 0 的城市增加至 29 个，与此同时，上海在网络中的位置

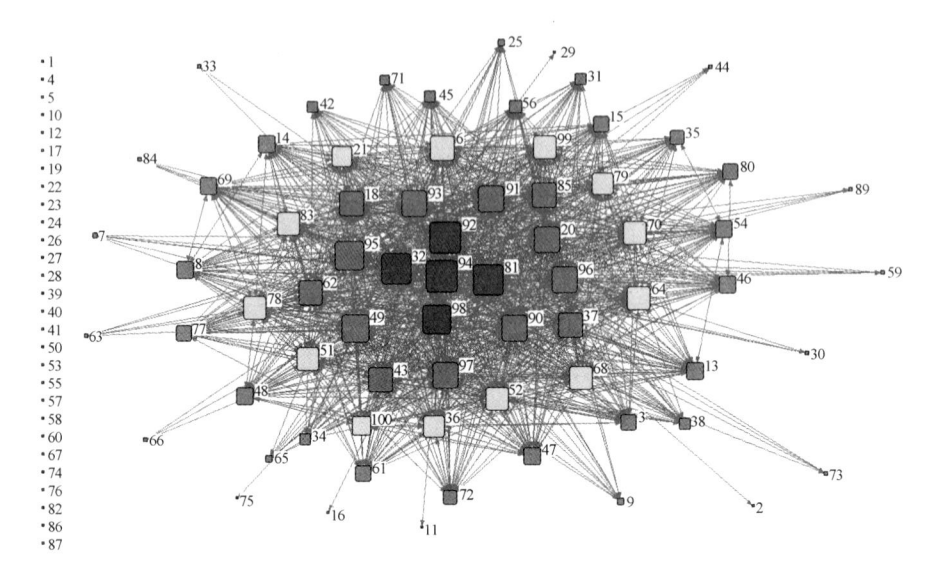

图 13　"一带一路"沿线国家主要城市与 20 全球典型城市网络图

也转移到了比较边缘的黄色区域。由此可见，为了更好地发挥上海在城市网络中的节点作用，使上海进入全球范围内的城市网络战略通道，不仅要增加连接城市的广度，也要加强与各个城市之间联系的程度，这也正是"一带一路"倡议所强调的。

而对于上海而言："一带一路"倡议为其带来的优势明显高于其他城市。为了证明这一点，我们首先将 11 个城市的排名单独提取出来，与"一带一路"网络排名前三的中心城市以及上海作对比，则度中心度对比情况如表 18 所示。再将这 11 个城市在图 13 中用粉色标示出来，就可以得到图 14。

结合表 18 和图 14 发现：在新构成的综合城市网络中，这 11 个不属于亚洲的全球顶级城市依然可以基本保持在网络中心位置，这显示了这些城市与"一带一路"沿线国家的主要城市的联系度不亚于亚洲其他城市。其中 98（多伦多－加拿大）的排名甚至大幅上升，从图 13 中的第三层级一跃进入了第一层级，因此推测多伦多与"一带一路"城市群有着比较强的联系。

在这一网络中，纽约（94）和伦敦（92）保持了其网络中心的地位，但值得注意的是，作为在全球城市网络图中与 90% 城市相联系的中心城市，在表18中度中心度仅为67和66,即分别与网络中67%和66%的城市联系,可以说这两个城市在"一带一路"贯穿区域尚未取得明显的优势。

表18　11个全球顶级城市与东京、中国香港、新加坡、上海对比情况

序号	中心度	排名
90	53	10
91	52	12
92	66	2
93	53	10
94	67	1
95	59	6
96	52	12
97	55	8
98	60	5
99	46	27
100	36	31
32	62	3
81	62	3
49	56	7
83	47	23

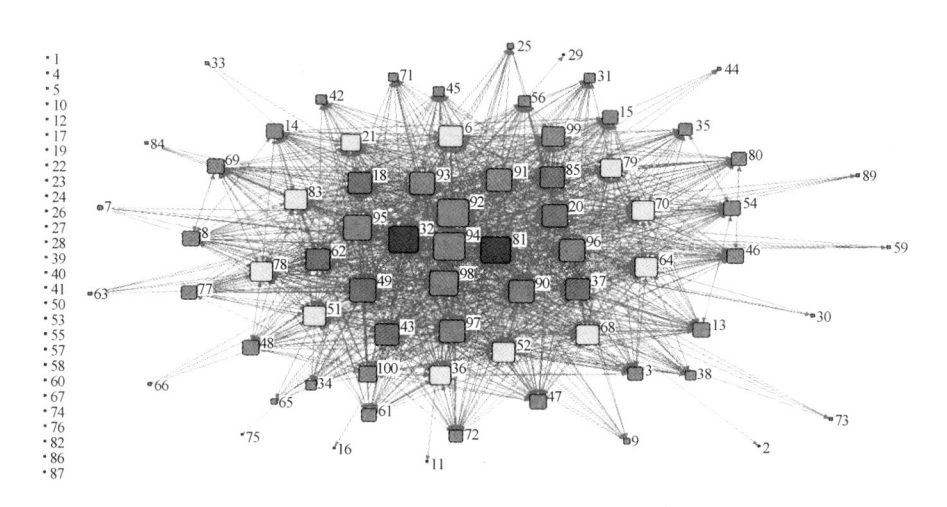

图14　全球顶级城市与"一带一路"关键城市的简化对比

不仅如此，表 18 中，伦敦与纽约同上海的度数中心度差值仅为 20，在如图 14 所示的网络中，它们的中心程度只领先上海 30% 左右，比如图 13 所示的网络中的优势低了约 53%。而这巨大的落差是由于伦敦、纽约尚未建立起与如图 14 所示网络直接连通的战略通道。

由此可见，随着"一带一路"倡议的成功构建和发展，上海在如图 14 所示网络中的节点作用将得到远超其他中心城市的提升，甚至超越伦敦和纽约，建立成为区域的城市网络中心节点，并以此进一步提升上海在全球城市网络的地位，这正是上海在"一带一路"发展战略中的显著优势，也是上海在"一带一路"倡议的发展空间和潜能。

（三）上海在长三角腹地网络中的战略主导地位（国内）

在全球化与信息化的背景下，城市不可能孤立存在，必须依托城市网络。与此同时，全球城市的地位与作用，也需通过全球城市网络体现。上海构建战略通道的目的在于，与更多城市构建结构紧密的联系，使人才流、商品流、资金流、信息流、技术流能够在上海充分流转并进行合理配置，长三角是上海重要的战略腹地，上海对长三角发挥着重要的战略引导作用。在大量高价值的流被吸引到上海，在上海顺畅流通的过程中，上海逐渐跻身于世界顶级城市行列，并作为全球城市网络的重要节点，同时拉动腹地的发展，并对世界政治、经济、文化展现控制力和影响力。

从全球商品链的角度来看，当今的上海和整个长三角地区，主要还是国际市场导向，产业集群具有"外部迁入式"特征。这一点，也可以从长三角地区城市的主导产业重构性较高的特征中得到证明（见表 19）。上海、南京、杭州制造业产值排序前 10 位的行业中，同质性较高。计算机、通信和其他电子设备制造业、汽车制造业、化学原料和化学制品制造业、通用设备制造业等在三个城市制造业产值中均占据了重要地位。跨国公司通过国际分工，将全球商品链的一部分，主要是制造加工业转移到长三角地区。由于产业转移中追求规模经济、互补效应，也由于生产活动的特点，上海、南京、杭州等都接收了相似的产业转移。从全球价值链的角度来看，长三角地区承接高端制造业和高端服务业相对还比较少。低端制造业常常伴随着低工资、低技术、低利润的特点。得益于中国经济多年的高速发展，目前上海的"流"从数量上可观，但高质量的人才流、商品流、资金流、信息流、技术流还需要加强，且上海对"流"的主动支配力需要加强，而不只是相对被动接受。

表19　　上海、南京、杭州制造业产值排序前十位的行业（2013）

	上海	南京	杭州
1	计算机、通信和其他电子设备制造业	计算机、通信和其他电子设备制造业	化学原料和化学制品制造业
2	汽车制造业	化学原料和化学制品制造业	纺织业
3	化学原料和化学制品制造业	汽车制造业	计算机、通信和其他电子设备制造业
4	通用设备制造业	石油加工、炼焦和核燃料加工业	通用设备制造业
5	电气机械和器材制造业	黑色金属冶炼和压延加工业	化学纤维制造业
6	石油加工、炼焦和核燃料加工业	电气机械和器材制造业	电气机械和器材制造业
7	黑色金属冶炼和压延加工业	通用设备制造业	橡胶和塑料制品业
8	专用设备制造业	金属制品业	黑色金属冶炼和压延加工业
9	金属制品业	纺织服装、服饰业	汽车制造业
10	橡胶和塑料制品业	铁路、船舶、航空航天和其他运输设备制造业	非金属矿物制品业

长三角城市网络的建立。以长三角区域作为网络的空间区域，根据长三角城市经济协调会公布和一致认可的长三角16个主要城市作为网络的节点，城市之间的关系，是由关键上市公司在各城市之间的联系形成的，本研究收集了公司的股东构成、主营业务分地区情况、关联交易、子公司及联营、合营企业、重要项目等信息，构造出有权重和方向的边权。数据来源于16市的统计年鉴和上市公司2010年的年度报表，以16个城市

中的 258 个上市公司的信息，建立 16×258 关系矩阵，再根据联系轻重得到边权，进一步求出有权重的 16×16 的有向城市—城市矩阵。采用与 5.1 和 5.2 类似的网络计算方法，得到长三角的城市网络图，如图 15 所示。

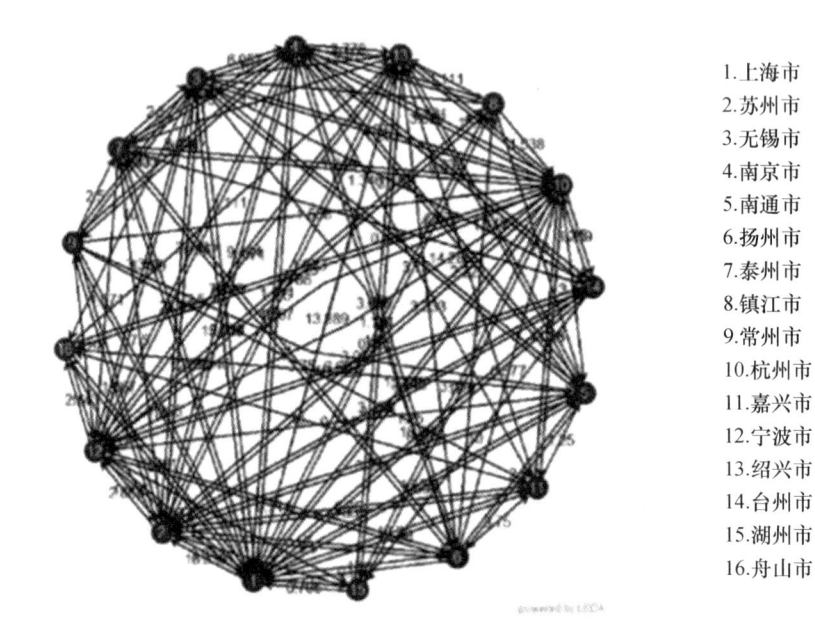

1. 上海市
2. 苏州市
3. 无锡市
4. 南京市
5. 南通市
6. 扬州市
7. 泰州市
8. 镇江市
9. 常州市
10. 杭州市
11. 嘉兴市
12. 宁波市
13. 绍兴市
14. 台州市
15. 湖州市
16. 舟山市

图 15　长三角 16 城市网络

注：城市之间有线条表示城市之间有企业的业务联系，箭头方向表示企业经济活动的流出方向，线上的数字表示经济活动的权重。

由图 15 可以看出，长三角地区的城市已经形成联系密切的小世界城市网络。进一步计算城市的度中心度。由于本研究构造了具有方向的连接边权，可以计算得到出度与入度。见表 20。

表 20　　　　长三角 16 城市的度中心度、点入度和点出度

城市点度			城市点入度			城市点出度		
排序	节点	度（%）	排序	节点	度（%）	排序	节点	度（%）
1	上海	11.1169	1	上海	17.46	1	舟山	8.22
2	杭州	8.3582	2	南京	10.32	2	湖州	6.85
3	南京	8.3524	3	杭州	10.19	3	泰州	6.85

续表

城市点度			城市点入度			城市点出度		
排序	节点	度（%）	排序	节点	度（%）	排序	节点	度（%）
4	宁波	6.899	4	宁波	7.40	4	绍兴	6.63
5	苏州	6.2921	5	无锡	6.69	5	杭州	6.52
6	无锡	6.1001	6	苏州	6.39	6	南通	6.47
7	舟山	5.8307	7	扬州	4.83	7	宁波	6.39
8	南通	5.5028	8	嘉兴	4.56	8	南京	6.38
9	绍兴	5.4855	9	南通	4.54	9	苏州	6.19
10	泰州	5.3892	10	台州	4.39	10	常州	6.09
11	扬州	5.3067	11	绍兴	4.34	11	台州	5.99
12	嘉兴	5.2098	12	常州	4.24	12	嘉兴	5.86
13	台州	5.1868	13	泰州	3.93	13	扬州	5.79
14	常州	5.1657	14	镇江	3.85	14	无锡	5.51
15	湖州	5.1399	15	舟山	3.44	15	镇江	5.48
16	镇江	4.6642	16	湖州	3.43	16	上海	4.77
	合计	100		合计	100		合计	100

由表20可知，上海集聚效应和极化效应最强，舟山的依赖性最强，上海点入度排名第一，占整个网络的17.46%，而点出度排序中上海最低，只有4.77%。说明上海市对长三角的城市产生了很大的集聚效应，其首位度明显，有强烈的极化效应。长三角地区与上海产生众多关联交易。但是，上海的输出活动弱于其他城市与上海的联系，上海在长三角的战略核心地位更多地表现为吸引，区域内聚集效应大于辐射和扩散效应。这一方面是由于在数据统计中，上海的服务业和金融业的上市公司比例最大，上海作为服务和金融的聚集高地，吸引了区域中各种性质的企业来寻求服务；另一方面，由于区域网络边界限制，上海作为国际性都市，其区域内的联系只是一部分，上海很多经济活动直接产生在国家范围或者国际范围，由于研究范畴有限，这部分并没有计算在内。

在长三角经济网络中，一些企业优质要素主动向大城市集聚，而普通要素则选择向中等城市集中，提高了长三角城市群要素积聚的外部性，促使中心城市吸收周边城市的经济资源，同时周边城市也能较多地分享中心城市集聚效应带来的效益，进一步发挥上海的高端金融服务业的核心作用。

从长远看，提升上海"流"的质量和数量，要通过提升上海在全球商品链上的地位。而"集群化发展战略"，打造以上海为核心的长三角全球级城市群是可行的战略路径。在城市群内部，上海带动与联合其他城市，积极推进"长三角一体化"进程，深化"中心—边缘"发展规律和结构关系，梳理城市群内各城市的核心功能和城市地位，形成多样化的城市职能分工体系与丰富的次级城市区域。通过城市群的协调总体发展，提升长三角地区对高端商品链的承接能力，进而提升上海对高品质"流"的吸引与疏导作用。

上海构建战略通道即以上海的战略区位优势为依托，硬件上通过发达的基础设施网络，如港口、航空、公路、铁路等交通系统，软件上通过优良的政策环境，完善的法律法规保障，兼容并蓄的多元文化氛围等，构建面向全球资源要素流通和产业梯度转移通道。上海自开埠以来，长期位于我国的经济发展中心，具有深厚的历史积淀。上海的特点是发展历史长、国际化程度高、对相应资源的配置能力较强。此外，上海的开放型经济规模大，拥有先进的海港、空港，商业环境、法制环境处于全国领先地位。从全球城市网络中重要城市的关键性作用来看，世界级城市群的核心城市存在双重作用：对内，实现了经济发展内向辐射的作用；对外，起到了连接全球经济网络的作用。

因此，上海需要从上述两个方面，构建高价值战略通道。一方面，对外开放，发挥上海开放经济的优势，融入区域"一带一路"和全球范围中。另一方面，对内而言，上海需通过加强对内经济辐射能力，构建战略通道。具体而言，第一，加强交通、通信基础设施建设，提供多元化、立体化的要素流动模式。构建基于高铁网络的长三角一日通勤圈。建设多类型、低成本、大通量与快速化的网络型基础设施，加密城际轨道；加强城市间基础设施的共建共享与分工协作；提高城市内部的各类交通转换衔接，降低共同承受的运行成本。第二，建立协调共赢机制，建立"上海大都市区协调机构——次区域（环湖、环湾、北部区域）发展指挥部——地方政府（市、区一级）"三级协调机制。权衡各项政策的作用强度与作用边界，在长三角城市群内部通过构建互补性政策框架，使其在充分耦合的基础上产生质变。第三，通过产业布局规划，建立差异有序的产业空间分布体系。只有在具有不同梯度的经济系统中，"流"才能顺利地流动。上海相对长三角地区其他省份，在制造业能级、技术实力、人力资本等方面有优势，但并不显著，各城市产业布局相对同质化。上海战略通道的建设过程中需要构筑城市专业化竞争力，通过构建"中心—外围—边界"区域发展经济带，与长三角其他城市形成优势梯度，实现各类价值"流"的高效流动。上海应发挥长三角经济腹地的作用，避免与区域内的产业同构，发挥开放和引领的作用，大力发展开放经济、高端服务业和商贸业，对内地区域起到更好的战略引领作用。

（四）结论

本部分是本研究的核心内容，主要从城市网络的角度论证了上海在不同层次网络中的战略地位，进而认为目前上海在全球顶级城市网络中的地位还比较边缘，为实现成为全球顶级城市的目标，应该采取立足于长三角的国内战略中心，发挥"一带一路"的区域战略核心作用，凭借在区域网络中的崛起和绝对战略通道的建立，提升在全球城市网络的地位。

本部分数据采集量和计算规模都非常大。共采集了全球顶级城市和"一带一路"上的城市以及长三角城市的数据，构建了"全球—区域—国内"的网络层级，形成了一份世界 100 个城市的网络数据，最大数据处理量为 100×100 的矩阵。并将复杂网络分析的方法应用于城市战略分析，从城市的度中心度衡量，即本城市与其他城市联系的密度，来确定战略地位。最终，使城市网络研究实现了定量化和模型测度的创新。

首先，对全球城市网络进行研究。选取全球顶级的 20 个城市建立网络，验证了任何两个城市之间的连接路径平均通过 1.6 个城市就可以实现，城市的聚集程度高，全球顶级城市是一个小世界网络，上海是其中一员。但是，在网络内部，进一步测度揭示节点城市在网络中的重要性、支配权、优先选择权、资源配置能力的系列中心度指标，发现上海在全球顶级的 20 个城市网络中相对尚处于边缘地位，而不是中心地位。伦敦和纽约位于第一层级，是全球城市网络的中心；中国香港、东京、巴黎、新加坡和芝加哥位于全球城市网络的第二层级；悉尼、洛杉矶、多伦多、阿姆斯特丹和圣保罗属于第三层级；上海等其余城市则位于全球城市网络的边缘。

其次，对"一带一路"上的区域城市网络进行研究。建立了"一带一路"上89个城市的网络，东京、中国香港和新加坡处于亚洲地区城市网络的中心地位，但是其区位中心优势弱于伦敦和纽约在全球范围的中心优势。上海的中心度在"一带一路"89个城市中排名第8位，但是其中心度值与第1位的东京相差不大，证明了上海在"一带一路"上提升区域地位的可能性非常大，成为区域网络中心并不困难。特别是加强与该网络边缘的城市，如印度尼西亚、马来西亚和印度等城市的关联，能够迅速提升网络的影响度。在"一带一路"城市网络的89个城市中，还存在20个城市与网络中其他城市的联系度为0，也就是目前"一带一路"沿线国家主要城市尚未形成完整的城市网络。上海增强与以色列、叙利亚、阿富汗、阿尔巴尼亚、白俄罗斯等国家城市的合作，能够快速提升区域战略地位。"一带一路"为上海在区域城市网络影响力和进入中心战略通道方面创造了难得的机遇。

再次，再把全球城市网络的20个城市与"一带一路"区域城市网络结合，形成100个城市的网络，在100个城市中，上海的网络中心度排名第23位。并将其与"一带一路"的89个城市的网络对比分析，结果是东京、中国香港连接优势集中于亚洲，而伦敦、纽约的优势在全球网络。相对而言，伦敦、纽约在"一带一路"并无明显优势，且不如上海在"一带一路"有潜力。由此可见，"一带一路"倡议为上海带来的优势明显高于其他城市，发挥在"一带一路"上的作用，是上海成为区域核心的战略机遇。随着"一带一路"的发展，上海在网络中的节点作用的提升将会远超其他中心城市，甚至超越伦敦和纽约，建立成为区域的城市网络中心节点，并以此进一步提升上海在全球城市网络的地位。

最后，本部分从长三角国内网络的视角，论证了上海在国内城市网络的战略地位和重要性。选取了长三角16个城市，258家企业构成的关联业务和价值交易城市网络。上海的中心度位居长三角首位，上海点入度排名第1位，而点出度排序最低，说明上海市对长三角的城市产生了很大的集聚效应，长三角地区与上海产生众多关联交易，但是上海的输出活动弱于其他城市与上海的联系，上海作为服务和金融的聚集高地，吸引了区域中各种性质的企业来寻求服务，但是其辐射和扩散效应还需要加强。上海作为长三角城市网络的龙头，吸引了一些企业优质要素主动向该区域集聚，提高了长三角城市群要素积聚的外部性。

本部分以世界城市网络、"一带一路"区域城市网络、长三角国内城市网络的三个层次共计100多个城市和近1000个企业的大数据分析和测度，探索出上海从"国内战略—区域战略—全球战略"的实现路径，指出上海实现全球战略地位的区域和国内路径。

六 上海2050年全球城市网络地位预测——基于复杂网络模型

在前述现状研究的基础上，本部分基于已有的城市网络思想和模型算法，预测2050年上海在全球城市网络中的地位。预测以2050年上海成为全球城市网络的中心作为目标，采用复杂科学的方法，通过不同情景的设定，找到实现该目标的条件和途径。采用复杂科学，避免了传统的线性趋势外推的弊端，以目标实现为导向来推求实现的具体条件，从而找到细分的阶段目标。

（一）基于全球城市网络的上海2050年预测

全球城市之间的价值流量是由高端生产制造型企业和服务业企业的活动价值决定的。而企业在不同城市之间的价值流量，更多的是由企业在该城市是否设有分支机构，以及是什么水平的分支机构所决定的。例如，一个城市如果是众多关键企业的全球总部，这个城市的战略地位就比较高。在Peter Taylor的研究中，把一个企业在一个城市的分支机构划分为全球总部、区域总部、关键和大规模办事机构、普通办事机构等几个层次，几个类别分别按照5、4、3、2的方式进行赋值，从而得到城市—城市的价值矩阵。

预测上海需要怎样发展才能在2050年成为全球网络中心，达到伦敦和纽约的城市级别，本研究在前面现状诊断和模型建立的基础上，通过对关键的价值矩阵的迭代模拟，假定其他城市的价值不变，而按照步长为1，不断提高跨国公司在上海的价值赋值，例如分别增加1、2或3，使得分基本不大于5，若有大于5的情况，则按照5计算。然后通过复杂的网络模型，来预测上海在全球城市网络中心度提升的规律。

1. 步长为 1 的预测结果

针对上海,按照步长为 1,分别为其网络联系价值增加 1、2 和 3,然后按照复杂网络模型计算,得到 20 个城市 3 个新的度中心度排名,如表 21、表 22 和表 24 所示,基于新的度中心度的城市复杂网络图如图 16、图 17 和图 18 所示。

表 21　　　　城市网络点度中心度排名(上海赋值 +1)

排名	城市	度中心度	排名	城市	度中心度
1	伦敦	19	11	多伦多	10
2	纽约	19	12	阿姆斯特丹	7
3	香港	14	13	圣保罗	7
4	东京	13	14	台北	4
5	巴黎	12	15	北京	3
6	新加坡	12	16	莫斯科	2
7	上海	12	17	华盛顿	2
8	悉尼	10	18	维也纳	2
9	洛杉矶	10	19	孟买	2
10	芝加哥	10	20	首尔	2

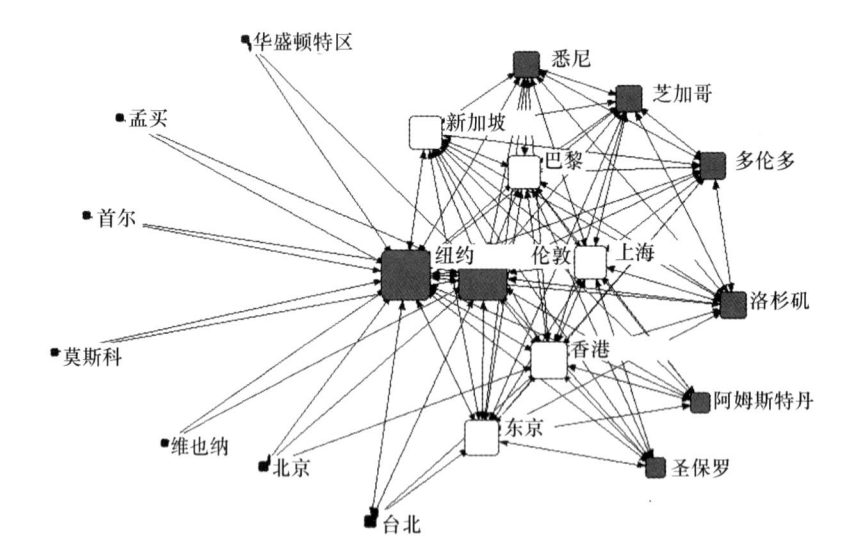

图 16　基于度中心度的城市复杂网络图(上海赋值 +1)

由表 21 可以看出，给上海的所有联系矩阵赋值都增加 1 之后，上海的地位有非常大的提升。上海的度中心度从目前的 4 提高到 12，排名从目前第 13 位提升为第 7 位，但是还未成为网络中心。其余城市的度中心度稍有变动，但是变幅较小。

2. 步长为 2 的预测结果

表 22　　　　　城市网络点度中心度排名（上海赋值 +2）

排名	城市	度中心度	排名	城市	度中心度
1	伦敦	19	11	多伦多	8
2	纽约	19	12	阿姆斯特丹	7
3	上海	19	13	圣保罗	6
4	香港	13	14	台北	5
5	东京	13	15	莫斯科	3
6	巴黎	12	16	北京	3
7	新加坡	11	17	华盛顿	3
8	芝加哥	10	18	维也纳	3
9	洛杉矶	9	19	孟买	3
10	悉尼	9	20	首尔	3

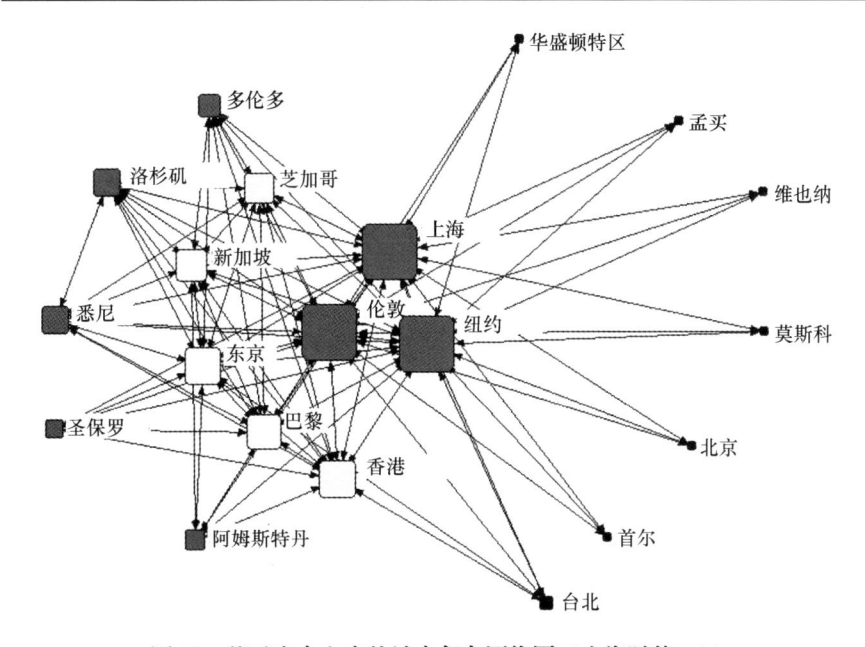

图 17　基于度中心度的城市复杂网络图（上海赋值 +2）

由表 22 可以看出，在给上海的关系价值矩阵赋值都增加 2 之后，上海的度中心度从目前的 4 提高到 19，与伦敦和纽约并列第 1 位，上海的排名也跃升到与伦敦和纽约并列第 1 位。此时上海和伦敦、纽约成为全球三大中心城市，其他城市的度中心度稍有变动，但幅度较小。

因此，上海成为全球中心的条件是，根据赋值含义，全球前 100 家国际高端生产型服务业的跨国企业，在上海需要有 12 家的全球总部、49 家的区域总部和 39 个办事机构。如表 23 所示。也就是说，100 家高端服务性跨国公司，有半数的企业在上海设置区域总部，有半数的企业设置办事机构，能够助推上海成为全球城市的中心。

表 23　　　　　　迭代步长为 2 时上海成为全球城市网络中心

赋值	不同赋值的内涵	上海成为全球城市网络中心应具有的数量
2	跨国公司的普通办事机构	38
3	跨国公司大规模的办事机构	1
4	跨国公司的区域总部	49
5	跨国公司的全球总部	12

3. 步长为 3 的预测结果

由表 23 可以看出，当迭代步长为 2 时，上海就成为全球城市网络的中心，成为全球最核心的城市之一。这时上海的网络实力、城市综合实力和服务实力都非常强，具体表现结果就是有一半以上的世界顶级跨国公司愿意把比较关键的分支和分部设立在上海。该预测是在其他城市的价值矩阵保持当前水平不变的情况，现实中随着上海的发展，其他城市也会产生不同的进步或者变化。为进一步探索在现有假设下上海能否有更大的突破，进一步将上海的企业城市赋值增加 3，其中大于 5 的记为 5，并以同样的网络分析方法，得到迭代步长为 3 的上海的网络点度中心度排名，如表 24 和图 18 所示。

表 24　　城市网络点度中心度排名（上海赋值 +3）

排名	城市	度中心度	排名	城市	度中心度
1	伦敦	19	11	阿姆斯特丹	7
2	纽约	19	12	多伦多	7
3	上海	19	13	圣保罗	5
4	中国香港	12	14	莫斯科	3
5	东京	12	15	首尔	3
6	巴黎	11	16	北京	3
7	芝加哥	10	17	华盛顿	3
8	新加坡	10	18	维也纳	3
9	洛杉矶	8	19	孟买	3
10	悉尼	8	20	中国台北	3

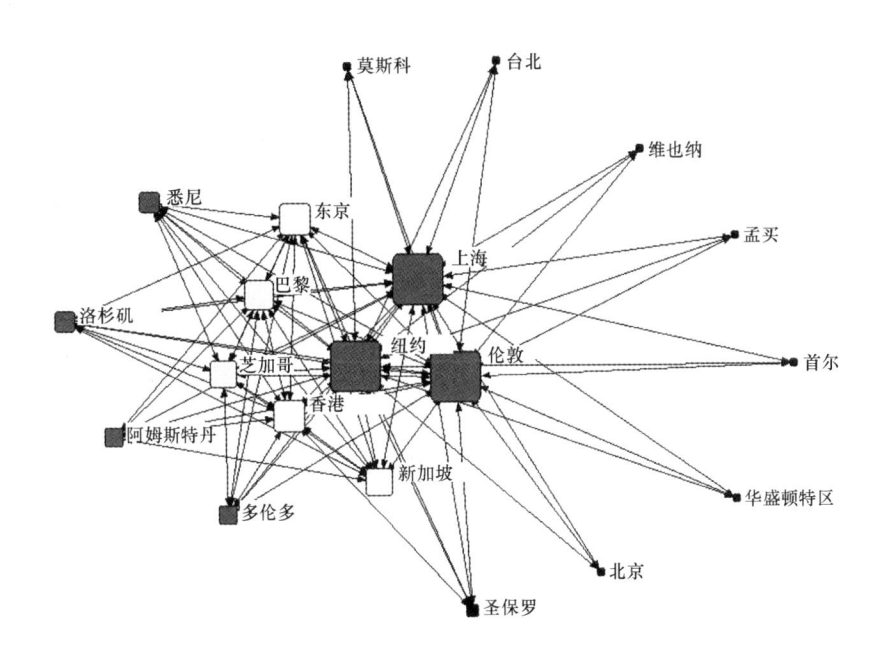

图 18　基于度中心度的城市复杂网络图（上海赋值 +3）

由表 24 可知，上海的所有赋值增加了 3，但是上海的排名与增加 2 个步长是一样的，并没有超越伦敦和纽约，还是与他们并列第 1 位，其他城市的排序稍有变动。此时，这 100 家跨国企业在上海的分布情况如表 25 所示，100 家高端生产性服务企业，要有 60 家在上海设立全球总部。

表 25　　　　迭代步长为 2 时上海成为全球城市网络中心

赋值	不同赋值的内涵	上海成为全球城市网络中心应具有的数量
2	跨国公司的普通办事机构	0
3	跨国公司大规模的办事机构	38
4	跨国公司的区域总部	1
5	跨国公司的全球总部	61

由上述三次迭代的复杂模拟可以看出，上海的企业城市矩阵迭代步长每增加 1，上海的全球城市地位都会极大地提升。2 步之后就能跃升为与伦敦、纽约比肩的全球三大城市之一。尽管步长增加 3 的排序结果没有变化，但表明上海进入全球第一层级大城市后依然有很大的发展提升空间，并不会轻易地超越纽约和伦敦。上海实现成为全球网络中心城市的约束条件是，能够吸引全球排位前 100 的高端服务业的跨国公司，具有与其相配的优秀的软件和硬件条件。

（二）上海总部经济趋势及与预测目标差距

总部经济是跨国企业根据不同地区资源禀赋在全球进行生产配置的结果。随着全球化和信息化的发展，跨区域的网络交流越来越顺畅，为了追求利润，发达国家的跨国公司在全球进行生产布局，发展中国家承接附加值低的制造环节，而发达国家承接生产性服务业。公司总部往往掌握高端资源，总部经济则属于价值链高端环节，附加值高。因此，总部集聚程度自然发达国家比发展中国家高。

一国或地区总部经济发达程度成为全球竞争优势大小、全球贸易利得多少的标志，也是影响城市之间发展水平的重要因素。总部经济具有集聚、高端、创新、集约、合作等特征。总部经济的构建可以提升国家或地区在全球价值链中的地位，可以获得更多掌控权。而且高级生产者服务业的发展既有助于产业结构升级，也有利于结构协调发展，提升服务业比重，提高制造业发展水平，从而有效推动经济发展。因此，总部经济是国家或地区未来发展的重要目标，吸引更多总部入驻是产业升级的重要途径。

跨国公司偏爱在全球性城市设置总部或者研发机构。总部尤其是研发机构涉及商业核心竞争力，因而跨国公司会担心技术泄露、技术复制等问题。并且，跨国公司总部和分部因为空间的分散容易出现信息不对称问题和监管失灵。因此，跨国公司在决定建立总部之前，会考虑所选地是否有完备的基础设施、信息技术支持和知识产权保护等软件设施。那么，全球性城市是它们的第一选择。全球城市在交通运输基础设施、高质量的服务、社会文化基础、法律制度等方面为跨国公司总部提供了有利的条件和支撑。在全球电信网络系统的帮助下，总部可以有效协调分支机构。

总部经济还包括本土跨国公司总部。本土公司选择全球性城市设立总部，看中的也是全球性城市的国际化平台以及资源。本土品牌通过与国际品牌在一个区域或城市同台竞技，能更直接地学习优秀管理理念和经营方法，进而完成国际化战略的前期准备和平台搭建。

总部经济是全球城市的重要发展趋势，而且高附加值的服务业是总部经济的趋势。总部经济作为经济转型发展的重要推手，必定在未来几年对国家或城市经济的发展产生重大影响。上海的资源特点与城市功能决定了上海今后的产业发展必须坚持产业价值链高端化的发展思路。总部经济可以满足中心城市产业转型与升级的内在要求，因此总部经济的发展壮大正是上海产业转型的方向。上海在吸引跨国企业总部入驻的同时，也逐渐成为国内企业总部的集聚地。

1. 上海总部经济发展的趋势

（1）上海跨国公司总部数量和质量不断上升。

表26　　　　　　2002—2014年上海跨国公司总部机构数

年份	跨国公司地区总部	外商投资性公司	外资研发中心	跨国公司总部机构总数
2002	25	—	—	—
2003	56	—	—	—
2004	86	105	140	331
2005	124	130	170	424
2006	154	150	196	500
2007	184	165	244	593
2008	224	178	274	676
2009	257	190	304	751
2010	305	213	319	837

续表

年份	跨国公司地区总部	外商投资性公司	外资研发中心	跨国公司总部机构总数
2011	353	240	334	927
2012	403	265	351	1019
2013	445	283	366	1094
2014	490	297	381	1168

资料来源：上海市商务委员会。

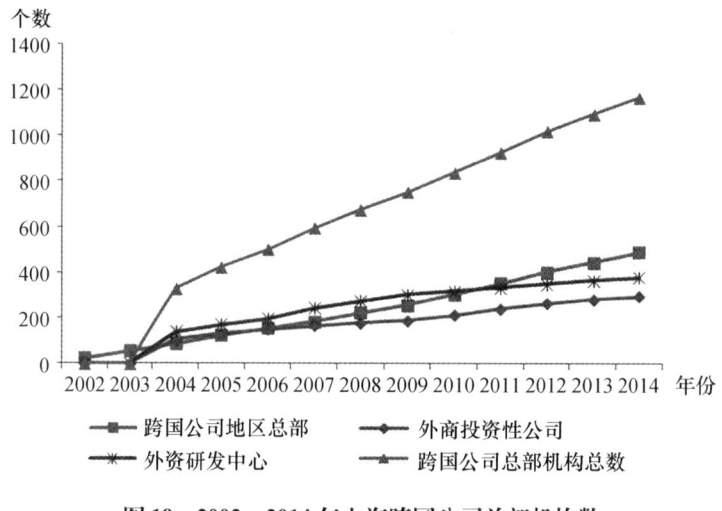

图19 2002—2014年上海跨国公司总部机构数

（2）在沪跨国公司总部数量增加。表26和图19显示，自2012年起，上海总部经济发展已经迈入"千时代"。截至2014年，上海全年新认定跨国公司地区总部45家，新设立投资性公司14家，研发中心15家，跨国公司地区总部累计达490家，外商投资性公司达297家，外资研发中心381家，跨国公司总部机构总数达到1168家，比2004年增长近252.87%，平均每年的增长率近26%。

（3）在沪跨国公司总部质量提升。在数量增加的同时，落户企业的质量也有明显的提升。例如，ABB机器人事业部全球总部、拜耳公司材料科技事业部全球总部的部分职能已转移到上海，新通用公司在沪成立国际运营总部负责北美以外的所有业务。在2014年新认定的跨国公司企业地区总部中，投资方包括来自2013年度"财富500强"企业之一的瑞典沃尔沃集团,来自荷兰的全球第三大独立石油贸易公司托克公司,国际领先的动力系统解决方案提供商芬兰瓦锡兰集团,全球著名食品和饮料公司达能集团,意大利知名企业杰尼亚,全球最大的液体处理系统、焊接和切割产品制造商之一的美国科尔法集团,全球光学和光电行业的领导者卡尔蔡司集团,不锈钢的发明者芬兰奥托昆普集团,在全球物流及货运市场排名前列的世天威集团等著名企业等。越来越多的跨国企业将亚太级以上或者全球总部设在上海。如拜耳将聚碳酸酯业务单元全球总部迁至上海;飞利浦将家居护理业务全球总部迁至上海;IBM 同样把全球性的总部放到了上海,该总部管理着 147 个新兴市场国家的业务。

(4) 跨国总部类型进一步拓展,服务业成为主流。2012 年上海市有近 25 个现代服务业集聚区,集聚区内的服务业增长幅度超过全市服务业的平均增长幅度。从已入驻企业的规模和性质看,相当一部分集聚区已成为企业地区总部、上市公司总部、跨国公司研发中心和服务中心的重要入驻地,并成为国际服务业向上海转移的主要导入区域。区域内聚集了跨国公司商业、广告、人力资源等服务领域的事业总部等。

从图 20 可以看出,进入 21 世纪以来,上海吸收的外资比例逐渐从以第二产业为主演变为第三产业明显领先。自 2005 年开始,以现代服务业为代表的第三产业吸收的外资一直超过第二产业并继续保持增长。2013 年,上海签订合同项目 3842 个,实际吸收外资金额 167.8 亿美元,其中第三产业共吸收 135.67 亿美元,高达总额的 80.9%。

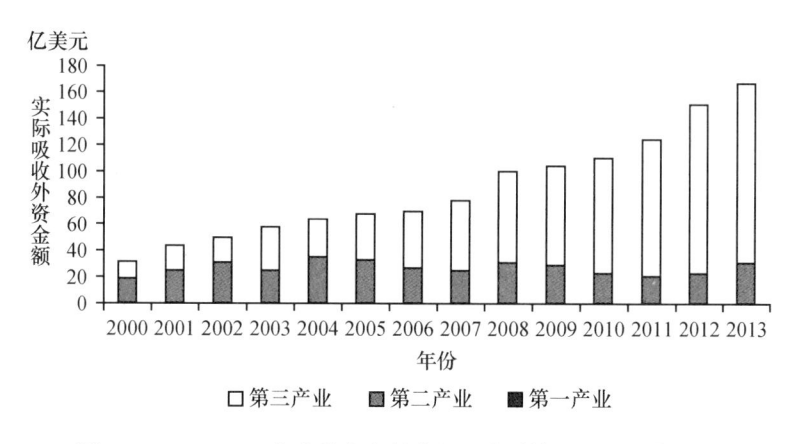

图20　2000—2013 年上海各年份实际吸收外资金额的结构分布

(5) 跨国总部科研能力和创新水平稳步提升,经济带动效应明显。跨国公司总部经济具有带动效应,吸引一批上下游企业聚集上海并维持扩张趋势,由此实现区域产业经济总量的倍数增长和产业结构的日趋优化。例如2006年世界机器人制造巨头ABB公司将机器人制造的全球总部放到上海,为上海发展机器人产业奠定了基础。ABB工程有限公司(ABB集团的机器人总部)2011年有8亿美元的机器人订单,复合增长率年均32%,同时给上海发展机器人产业带来了产业氛围和集聚效应,培养了一批本土的集成服务商和零配件的生产商。目前,上海直接从事机器人生产或者服务的企业有近30家,遍布了产业链的各个环节。这些企业多数是属于中小企业,但是发展速度较快。

通过总部经济的带动,上海科技创新总体实力得到进一步的提升。跨国公司研发中心从研发本土化向研发全球化发展,甚至出现"反向创新"。为贴近市场、增强反馈速度和提高研发效率,通用电气、杜邦、联合利华、德尔福等许多大型跨国公司正纷纷在上海设立全球性研发中心。通用电气、德尔福甚至出现了高端产品研发的"反向创新"模式,即通过上海的研发中心率先研发出高端新产品,而后再销往母国及其他发达国家市场。这不仅仅促进了跨国企业在中国的发展,也带动了本土科研创新能力的提高。

(6) 国内央企和国企总部经济势头较好,民企动力不足。中央企业聚焦总部经济,引领上海产业格局调整,在大型客机、海洋工程、航空航天等多个领域实现突破。据统计,截至2011年年底,在上海的央企多达2700多家,涉及17个行业门类,总资产达2.48万亿元,占上海经济总量超过20%。除6家央企(交通银行股份有限公司、宝钢集团有限公司、中国东方航空集团公司、中国海运集团总公司、中国商用飞机有限公司和上海贝尔股份有限公司)总部落户上海之外,多家央企将第二总部或者功能总部、运营中心等落户上海。例如2010年大唐电信集团在上海建立产业园,2011年中石化将财务、结算中心等部门迁移到上海,2012年中国中化集团和中国外运长航集团分别在上海设立第二总部,并入住原世博园区域。

相对于央企和国有企业而言,上海吸引民营大企业总部的步伐并不矫健,截至2011年年底,只有17家中国民营500强企业将总部设置到上海。虽然其中有一些客观原因,但是政府对民营大企业的重视不够也是重要因素。

(7) 上海本土企业稳定发展。2012年入围中国500强的上海企业有28家,与前几年相比企业变化不大,上海市企业基本上处于一个稳定发展的阶段。上海汽车集团股份有限公司、宝钢集团有限公司、百联集团有限公司依然位列上海中国500强企业的前3位,这些企业在做大做强的道路上已取得较大进步,产业结构调整的成效日益明显。

这28家企业基本上涉及了海外经营的领域,上海电气、汽车、医药等现代制造业和高新技术的一些企业成功走出国门,近些年也加快了跨国并购的步伐。例如上海电气、上海汽车、宝钢集团和光明集团等,成为全国跨国经营的典范,光明集团并购DIVA波尔多葡萄酒公司还被评为"全国十大并购案例"。所以,上海应该瞄准国际性大城市建设的目标和要求,提高企业的跨国经营水平,提高在全球范围内配置资源的能力和增强经济文化渗透力。

(8) "引进来"大于"走出去"。如图21所示,通过2000年至2013年上海实际吸收外资金额和海外企业投资额的对比分析,结果显而易见,尽管上海吸收外资和海外企业投资都在逐年增加,但就总值而言,前者远大于后者,呈现出"引进来"大于"走出去"。然而,令人惊喜的是,吸收外资的平均增长速度为13.7%,海外企业投资额的平均增长速度为45.5%,说明上海走出去的步伐正在加大,有望追赶吸收外资的能力。

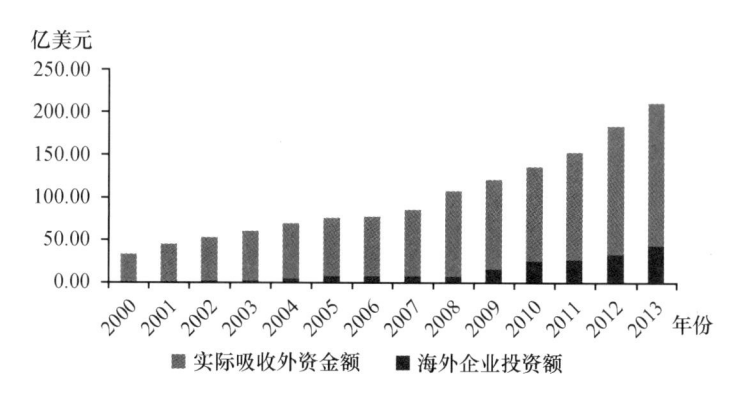

图21 上海吸收外资金额和海外企业投资额对比

2. 上海总部经济与预测目标的差距

将预测的上海成为全球顶级三大核心城市之一时的目标，与上海总部经济的现实趋势进行对比，就可以找到现实与目标的差距，弥补和缩短这个差距的方法就是实现路径。

目标：由预测可知，迭代步长为 2 时上海成为全球城市网络中心，成为与伦敦和纽约比肩的世界三大城市之一，而此时全球前 100 家国际高端生产型服务业的跨国企业，需要有 12 家的全球总部、49 家的区域总部和 39 个办事机构设立于上海。也就是说，100 家高端服务性跨国公司，有半数的企业在上海设置区域总部，有半数的企业设置办事机构，能够助推上海成为全球城市的中心。

现实：由分析可以看出，目前上海跨国公司的区域总部已经有 490 多家，上海跨国公司的办事机构已经有 1000 多家，在数量上远远超过了预测的目标，并且上海市跨国经济的发展趋势良好、结构逐渐优化、质量和服务业的比重都在提升、本土企业逐渐增强。

差距和路径：在构建全球城市网络进行目标预测时，用来衡量的高端服务企业是跨国质量最高的高价值服务企业，这些企业必须至少在 15 个以上的城市拥有分支机构，100 家的企业样本中，包括 18 家会计企业、15 家广告企业、23 家银行/金融企业，11 家保险企业，16 家法律企业和 17 家管理咨询企业。通过将上海的目标和现实进行对比可以发现，上海要成为全球城市网络的中心，在目前的基础上，还需要有一批国际顶级的高端服务业跨国公司的总部落户上海，同时提高上海跨国经济的高端价值比重，培养更多的本土企业成为国际性的大企业。

（三）结论

本部分基于城市网络思想和复杂模型算法，预测 2050 年上海在全球城市网络中的地位。预测以 2050 年上海成为全球城市网络的中心作为目标，采用复杂科学的方法，通过迭代步长的调整，找到实现该目标应该满足的条件。预测采用复杂科学的方法，避免了传统线性趋势外推的弊端，以目标为导向来推求具体条件，再立足于现实基础的分析，明确目标要求和现实基础，并分析两者的差距，从而找到弥补差距的途径，也就是实现目标的方法和路径。

本部分首先预测上海需要怎样发展才能在2050年成为全球网络中心，达到伦敦和纽约的城市级别，预测基于城市网络的理念：全球城市之间的价值流量是由高端生产制造型企业和服务业企业的活动价值决定的；而企业在不同城市之间的价值流量，更多的是由企业在该城市是否设有机构，以及是什么水平的分支机构所决定的。预测的方法是：在第五部分全球20城市网络模型建立的基础上，通过对关键价值矩阵的迭代模拟，按照步长为1、2、3不断提高跨国公司在上海的价值赋值，然后通过网络模型的复杂算法，预测上海全球城市网络中心度提升的规律。得到的预测结果是：上海的关系价值矩阵迭代2步之后，20个城市中上海的度中心度和城市排名，都同时与伦敦和纽约并列第1位，此时上海和伦敦、纽约成为全球的三大中心城市，其他城市的度中心度稍有变动，但幅度较小。预测得到的条件路径是：根据模型内涵，上海成为全球中心的条件是，全球前100家国际高端生产服务业的跨国企业，在上海需要有12家的全球总部、49家的区域总部和39个办事机构。迭代步长增加到3的预测结果是上海依然与纽约、伦敦并列全球第1位，上海并没有实现超越。得到的启示是：上海成为全球顶级城市的目标是现实可行的，上海在不久的将来可以成为与伦敦和纽约比肩的大城市；但是成为顶级城市之后，上海的发展空间还非常大，本预测表明上海能够追上纽约和伦敦，但是很难超越纽约和伦敦。

其次，对上海总部经济的现状和趋势进行分析，上海跨国公司总部数量和质量不断上升，在沪跨国公司总部数量增加，2012年上海总部经济发展已经迈入"千时代"，跨国公司地区总部累计达490家，跨国公司总部机构总数达到1168家；在沪跨国公司总部质量提升，ABB机器人事业部、拜耳公司材料科技事业部等都已转移到上海，一些制造性跨国企业也纷纷将亚太级以上总部设在上海；上海跨国总部类型进一步拓展，服务业成为主流，跨国总部科研能力和创新水平稳步提升，国内央企和国企总部经济势头较好，6家央企总部落户上海，民企动力不足，上海本土企业稳定发展，"引进来"大于"走出去"。

最后，对比目标和现实，缩小差距的建议是，上海要成为全球城市网络的中心，在目前的基础上，还需要有一批国际顶级的高端服务业跨国公司的总部落户上海，同时提高上海跨国经济的高端价值比重，培养更多的本土企业成为国际性的大企业。无论在数量上还是在沪设立的总部级别上，都要追求高端服务业的跨国企业，增加会计企业、广告企业、银行/金融企业、保险企业、法律企业和管理咨询企业的全球顶级企业的数量和总部级别。

七 上海成为全球城市网络中心的政策建议

根据前述研究得出的结论，本部分针对关键结论提出相应的政策建议。

（一）把握全球城市节点功能的演变趋势

上海发展一定要把握在未来的经济环境下全球城市节点功能的演变趋势，抓住全球经济转型的战略机遇。全球城市网络研究强调基于"过程"而非"地方"来理解世界城市，城市被理解为网络化过程，其变化趋势与信息、资本和投资等要素的流动过程密切相关。每当历史上出现一些重大变化，如新的生产结构和组织、新技术条件，特别是运输和通信方式的进步等，信息、资本和投资等要素流动就会发生改变，形成新的流向、新的流量，有时经常是不规则的、突变性的变化。这就使网络节点的形式及特性都因其新的流向与流量的出现而发生重大变化。单个全球城市的崛起，可使要素流动发生改道或变动；世界经济中心发生转移时，全球要素流动的方向及其规模都会有重大的改变，从而导致网络结构中城市节点的功能及其地位变化。

全球城市网络节点的枢纽、战略和平台功能也将从单一向多元演变，它们之间的相互依赖和支撑的作用更加密切，其多元化的演化趋势概括为表27。

表27　　全球城市网络节点城市三大功能的演变趋势

	1990 年	2020 年	2050 年
枢纽功能	区位、交通、经济	信息、互联网	信息枢纽、突破性科技、颠覆性创新

续表

	1990年	2020年	2050年
战略通道	生产系统、劳动力、资金	服务系统、信息流动、资本	知识创新、战略决策、金融服务；人、资本、信息与生态的整合；新能源、信息安全等国际战略资源
平台经济	生产性服务业	跨国公司	制度平台、国际市场；电子商务中心、大数据中心、金融交易和技术中心；非政府组织、管理精英的空间组织

全球城市在网络演化中需要抓住机遇，识别国际优势资源，充分认识信息技术与信息产业对社会经济的拉动效应，新的技术与产业正在酝酿并实现产业化发展，新能源、生物医药、新材料等产业都有可能实现突破。全球城市必然是高科技创新中心，新技术革新将重塑世界经济格局；以高科技研发与制造为主的高端工业体系，最终塑造现代服务业和先进制造业同步高度发达的新型世界城市；全球价值的动态演变，使价值高端进入城市劳动力、技术等要素层次以及基础设施、制度环境的水平更高的地区。全球性城市的政府部门应建设更多的平台组织，推动平台经济发展，吸引全球战略资源、整合全球战略通道。

（二）上海总部经济和科创中心发展建议

上海建设全球城市要着力提高科技创新和科技基础的实力，要大力发展和培养国际化的高端服务业跨国公司，因此本研究针对总部经济和科创中心发展提出如下建议：

1. 发展自由贸易区，促使高端服务业向深度发展

上海自由贸易试验区在贸易、金融、投资准入等方面的改革将会对高端要素的集聚产生重要的虹吸效应，在制度创新方面的突破可以为总部经济的发展创造更有利的制度环境，是提升上海高端服务业总部经济发展的契机。

投资领域的放宽将有利于上海总部经济的纵深发展。上海总部经济中将会融入更多的法律、会计和融资租赁等服务企业总部，并成为诸多

新型业态（如电子商务、融资租赁、高端维修、大宗商品交易、离岸贸易等）的理想投资地。

外汇管制的放松将使总部企业能更好地配置资源。上海自贸试验区内的外汇管制放松，甚至可以实现人民币在资本项目下的自由兑换，预期会吸引亚太地区总部从中国香港和新加坡迁移到上海自贸试验区，从而在很大程度上改变当前跨国公司的亚太总部布局。上海自贸试验区将帮助跨国公司总部实现全球资金管理和结算中心等功能，使其在更大范围、更高水平上发挥亚太资源甚至全球资源的配置能力，很多管理型总部也将转变为能级更高的投资性总部和综合性总部。

2. 大力发展和培育本土跨国公司总部经济

作为大国中心城市，上海总部经济发展的优化路径是：从跨国公司地区总部集聚的国际中心城市发展为本土跨国公司总部集聚的全球城市。从长期来看，上海将最终发展成为像纽约、伦敦、东京一样的有国际化影响力的城市。当一批本土企业成为具有国际影响力的跨国公司时，上海即能成为本土跨国公司总部集聚的全球城市。与中国其他省市相比，目前上海对本土企业总部的吸引力度还不够。随着上海经济的进一步发展，商务综合成本上升，有可能导致国内企业总部在上海的竞争优势丧失。所以，上海不仅应该以人才、信息、技术、开放程度等方面资源优势吸引本土企业，更要出台扶持政策，鼓励本土企业"走出去"，逐步放宽对跨境融资的限制，积极推动本土企业以人民币进行对外直接投资工作，拓展企业境外直接投资的资金渠道，建立和完善企业对外投资风险补偿机制，帮助企业规避汇率风险。

3. 智慧城市与全民创业结合，激发创新活力

随着上海智慧社区试点的推广和智慧城市建设的实施，结合"互联网+"的各种机会，激发全民创新创业。发挥政府主导作用和市场的决定性作用，项目在设计之初要兼顾商业模式，通过智慧城市建设，给城市发展注入创新的基因，整个城市就是一个创新场。在智慧社区建设中，采用生活需求拉动的模式，以满足居民衣食住行、康乐养护为主题的多样化和便利化的生活需求为主，推动智慧产业在公共服务领域、健康管理、养老保障等领域的应用，围绕社区生活服务、社区管理及公共服务、智能小区和智能家居等方面，因地制宜地探索智慧社区建设。在智慧园

区建设中,采用创新供给的模式,基于用户爱好和个人经验的智能推荐技术,为创新个人需求、企业服务和跨界合作搭建智慧产品和服务。并进一步搭建应用和产业对接的平台,促进产学研用跨业界、跨学科的创新和应用。生活领域都是与生产领域相结合的,只有产业和生产的服务和模式变革,社会才能真正地智慧化。

4. 发挥小企业的原创动力,建设中小企业总部经济

中小企业是上海市经济和社会发展的重要力量,也是实现创新的根本动力,是草根原创的主要来源。发展中小企业,鼓励创新和创业,是凝聚创新氛围、集聚创新活力,保持上海经济平稳较快发展的重要基础。中小企业的发展是创新驱动促进转变经济发展的重要方式,对创业富民推进区域经济发展、吸纳就业构建和谐社会等方面具有重要作用,结合科技创新中心建设,积极推动全社会创新和创业,逐步形成中小企业总部,以形成上海未来新的经济增长点和动力源。

(三) 创新"走出去"平台体系,提升上海国际影响力

上海目前虽然在全球城市网络的次中心或边缘地带,还不属于第一梯队的顶级城市,但是上海有一定潜力在未来30年跻身全球三大顶级城市行列。对比目前的伦敦和纽约,根据第五部分的研究结论,可以发现上海在搭建企业"走出去"、形成城市对外的辐射力、主动输出而不是被动流入等方面,还有很多不足需要弥补,通过创新"走出去"平台,提升上海的国际影响力。

1. 加快"走出去",提升影响力

与世界顶级城市相比,上海在全球城市网络中呈现以下特点:其一,跨国公司分支机构进驻上海的数量较多,而本地企业在海外设立分公司的数量较少,即"引进来"的"网络入度"较高但"走出去"的"网络出度"较低。其二,在高级生产服务业方面,上海"引进来"和"走出去"的企业数量远低于伦敦和纽约,产业结构有待优化和升级。因而,推进各类企业有计划、有步骤地"走出去"是提升上海全球影响力的重要途径。

2. "资金、人才、风险","走出去"的三大难题

据统计:2009—2013年,上海企业对外直接投资总额超过144.5亿

美元；2014 年上海共核准或备案对外直接投资项目 594 个，对外直接投资总额 122.9 亿美元，同比增长 185.49%。尽管上海企业"走出去"步伐正在逐步提速，但与世界顶级城市相比仍存在较大差距，企业"走出去浪潮"呈现出企业国际化初级阶段的突出特征：

第一，融资成本高，金融服务跟不上。我国在对外投资税收法律方面没有形成完整的体系，加之融资性支持政策匮乏、国内信贷支持力度不足，导致企业跨国经营的融资成本较高。我国目前只对承担国际援助项目的企业实行税收优惠，并未让更多企业享受到对外投资的优惠政策。由于融资性支持政策匮乏和国内信贷的不足，限制了企业在跨国并购时的国内融资能力。同时，相对于国有企业而言，民营企业没有对外担保权和对外融资权，它们在获得对外投资优惠、境内融资方面的困难更为明显。

第二，国际化人才匮乏。在金融、法律、商务等方面国际化人才的缺乏是阻碍企业全球资源配置的关键因素。目前，多数中资海外公司的管理层及员工的国际化程度较低，国际企业和资本运营管理人才和经验欠缺，企业不断地在国际市场上"交学费"。麦肯锡一项调查显示：88%的公司主管认为，"能与外国同行打交道、具有跨国管理经验的人才匮乏"将成为制约中国公司全球化发展的"瓶颈"。

第三，信息不对称引致的经营风险较高。尽管上海企业的国际化起步较早，但仍处于探索阶段，多数企业对于目标国的政治风险（政治稳定、安全审查）、法律风险（反垄断、证券监管、投资限制）、并购后的整合风险等了解并不深入。当企业对当地的宏观环境和风险预估不准确时，很有可能导致投资战略偏差并引发并购后的高风险。以中国企业海外矿业并购为例，"十一五"期间由于跨国经营风险管理不善而导致的并购失败率超过 95%。

3. "搭、跨、买、评"，创新平台体系

纵观纽约、伦敦等国际大都市的发展历程，政府为本国企业提供"平台式"服务是提升企业跨国经营能力的重要途径。面对企业"走出去"过程中的资金、人才和风险问题，如何在宏观层面上搭建服务平台体系、提高平台运行效率，无疑是上海破解难题的重要途径。

第一，搭建专业化平台，调动"智库"的协同效应。针对企业"走出去"过程中的融资、人才和风险难题,政府相关部门应当依据自身服务特点,搭建异质性较强的专业化平台,例如,服务于"走出去"的专业化金融服务平台、国际化人才的招聘和培训平台、国外投资的信息平台等。以金融服务为例,上海需要建立完善的金融服务平台才能使企业获得更高效、更快捷、低成本的专业化服务。例如,日本的"海外技术者研修制度""海外投资调查辅助制度"就是针对本国企业跨国经营的融资服务。同时,需要引导各类"智库"开始关注不同国家的商务投资环境、国际商务规则等相关研究,倡导各类智库之间的协同效应,推动智库与专业平台共同开展整合的国别商务研究。

第二,跨界整合各类平台,建立跨国并购的联席会议制度。目前,上海已经建成"走出去"信息服务平台、国际文化服务贸易平台、各类国际交易平台等众多专业服务平台。然而,现有平台隶属于不同的组织机构,平台之间存在重复建设、沟通不畅等错位与空位现象。平台经济是建立在跨领域、跨行业、跨地域、跨部门的一体化、网络化经济形态,这种新经济业态势必要求管理组织趋于扁平化、网络化、集成化架构。因而,政府可以建立一个联席会议制度,由发展改革委员会或者商务委牵头,其他部门作为小组成员;统一制定企业跨国并购的各项规制,协调各部门之间的政策衔接问题;消除各类平台的沟通障碍,共享平台信息并形成集成效应,打造"协同性、无缝隙的平台体系"。

第三,购买"平台服务",打造政企合作的平台体系。目前,全球平台经济正在崛起,利用平台经济的整合效应以提升本国企业的国际竞争力,无疑是各国政府服务企业跨国经营的重要途径。一方面,上海可以通过公私合作模式(Public – Private – Partnership,PPP)购买平台企业的专业化服务,借以提升城市的全球资源配置能力。另一方面,着力培育各类交易型、咨询类及金融等服务类平台企业,改善平台经济产业的经营环境,构筑不同产业的全球经营平台,让政企合作的平台体系更好地为上海企业"走出去"保驾护航。

第四,评估服务平台的运行效果,促进平台体系不断地动态优化。综观上海现有的平台企业及政府公共服务平台,其运行效率决定了平台体系的发展状态。针对平台型企业而言,内部竞争完全按照市场规则开展,政府仅需要出台相关的配套政策以保证竞争的公平性和有效性。然而，对于政府搭建的公共服务平台或者 PPP 模式的平台，则需要聘请第三方评估机构，分别从公众、内部成员、同类竞争等多角度对平台组织进行常规化的评估。对于上海而言，更应该大力扶持各类企业"走出去"，通过全面评估以实现平台组织的优胜劣汰，企业"出海"搭建动态优化的平台服务体系。

因此，大力培养各类国际型平台企业、建构公共服务平台，通过创新"平台服务体系"优化并提升平台效率，是提升企业"走出去"竞争力的重要途径，更是上海全面建成全球城市的必然战略选择。

（四）"一带一路"是上海成为全球城市的关键

通过 5.2 对比分析"一带一路"城市网络以及全球城市网络的结构特征发现：上海在全球城市网络以及"一带一路"的区域网络中并未占据网络中心位置，未能发挥作为中国迈向世界的战略通道功能；然而，"一带一路"区域网络城市与全球网络的中心城市存在较弱的联系，这也正是上海利用"一带一路"战略，从区域网络中心城市发展成为全球城市网络中心城市的发展机遇。

为实现将上海建设成为"一带一路中心城市"的目标，需要以"战略引导、分步实施"为原则，围绕上海"4+1"的核心目标，建构系统的机制与政策体系，如图 22 所示。

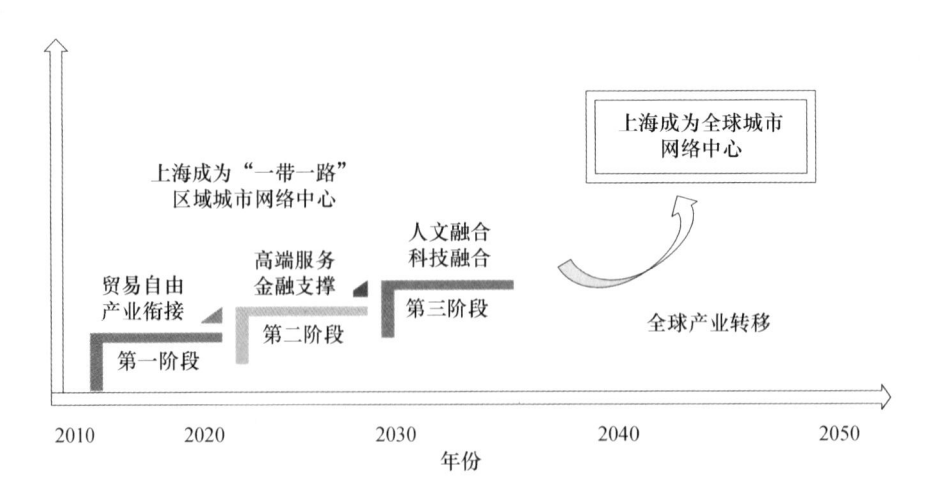

图 22　上海在"一带一路"区域与全球位置的演变

第一，以产业衔接与贸易自由作为抓手，加强上海与区域内城市的联系广度与深度，推动上海进入区域网络中心位置。目前，我国正逐步进入"走出去"的快速发展阶段，与"一带一路"沿线国家和城市加强投资合作，既是促进我国加推动产业转型升级的需求，也是增强区域经济合作的有效途径。"一带一路"沿线国家劳动力与自然资源丰富，可以引导我国纺织、轻工、建材等企业到这些国家投资设厂，通过承包工程积极参与沿线国家基础设施建设，在降低生产成本的同时，帮助相关国家增加就业、税收，完善基础设施。数据显示，上海与"一带一路"沿途60余个国家和地区的贸易额仅仅占到上海对外贸易总额的20%左右，其中与很多地区的贸易往来仍是空白。丝绸之路经济带总人口近30亿，市场规模巨大，各国在贸易和投资领域合作潜力巨大。近年来，尽管沿线国家之间贸易领域逐步拓展、贸易规模不断扩大，但也面临通关、运输、物流"通而不畅"、壁垒较多等问题。因而，上海利用自贸区的辐射作用，建设与沿线国家的"国际贸易标准"、聚集沿线投资贸易机构，加强海关、检验检疫、认证认可、标准计量等方面的合作和政策交流，提高贸易便利化水平，无疑是打造以上海为中心的"一带一路城市网络带"的重要渠道。

第二，金融服务作支撑，以高端服务业占据网络价值链的核心位置。"一带一路"沿线国家经济发展水平相对落后，建设过程需要重视金融服务的重要性。亚投行、上合组织融资平台、丝路基金等机构的建立，使上海有足够的优势整合此类金融平台并为"一带一路"沿线国家提供完善的金融支撑体系。与此同时，包括医疗、养老、教育、旅游、互联网、物流、金融等在内的高端服务业，未来将成为"高增值、高收益、高黏性"的新兴产业，是决定城市网络位置的关键要素。

第三，以科技与文化融合为长期目标，凝聚"一带一路"沿线城市的区域网络合力。在未来的战略规划中，上海的对外交流与合作不应当仅仅关注经济贸易领域，上海需要成为"一带一路"的经济、文化、科技交流的全方位、多业态的中心城市。因而，上海在建立全球科技创新中心的过程中，可以首先利用好"一带一路"契机，加快科技成果"走出去"，使上海的科技创新成果能够辐射到"一带一路"区域网络，并成为网络的科技创新中心。上海作为中西方文化碰撞与融合的国际化大都市，充分利用文化包容优势吸引更多的国外优秀人才，发展自身文化特征形成兼具世界潮流又能体现区域特称的"海派国际大都市"，对于上海最终是否能够成为"一带一路"乃至"全球城市网络"的中心具有决定性的作用。

参考文献

［1］ Sassen S., Global intercity networks and commodity chains: any intersection？. Global networks, 2010（1）: 150–63.

［2］ Taylor and F., B. Derudder, C. Parnreiter, W. Pelupessy, P. J. Taylor and F. Witlox, World city networks and global commodity chains: towards a world systems integration ［J］. Global networks, 2010（1）: 12–34.

［3］［美］曼纽尔·卡斯泰尔：《本土化与全球化——信息时代的城市管理》，姜杰、胡艳蕾、魏述杰译，北京大学出版社2008年版。

［4］［美］丝奇雅·沙森：《全球城市——纽约 伦敦 东京》，周振华等译，上海社会科学出版社2001年版。

［5］吕康娟：《复杂城市网络及复杂产业网络的理论与实证研究》，中国建筑工业出版社2012年版。

［6］吕海霞、陈光：《平台经济将成为产业发展新引擎》，《中国电子报》2012年10月1日。

［7］史健勇：《优化产业结构的新经济形态——平台经济的微观运营机制研究》，《上海经济研究》2013年第8期。

［8］陶希东、刘思弘：《平台经济呼唤平台型政府治理模式》，《浦东开发》2013年第12期。

［9］何秀芳、刘宇：《进一步推进长三角和长江中下游区域经济协调发展》，《中国贸易报》2012-10-18X01。

［10］任新建、王莹莹：《上海发展平台经济的战略思考》，《东方早报》2013-02-18A20。

［11］余谦、亢文蕙、邹贝帝：《大型事件活动的成功举办对城市经济影响力的定量评估——以2010年上海世博会为例》，《当代经济》2011年第18期。

［12］徐晋：《平台经济学：平台竞争的理论与实践》，上海交通大学出版社2007年5月版。

［13］KCHO（2009）：《全球城市的竞争经济政策：透过新加坡看上海——上海崛起：一座全球大都市中的国家战略与地方变革》，上海人民出版社2009年版，第

99—118页。

[14] CoeN., M. et al. Making connections: Global Production Networks and World City Networks. Global Networks, 2010, 10 (1): 138 – 149.

[15] Derudder B., Witlox F., World Cities and Global Commodity Chains: an introduction. Global Networks, 2010, 10 (1): 1 – 11.

[16] Kratke S., How Manufacturing Industries Connect Cities across the World: Extending Research on Multiple Globalizations, 2011, GaWC Research Bulletin 391 [EB/OL]. http://www.lboro.ac.uk/gawc/rb/rb391.html, 2011 – 10 – 19.

[17] Lambregts B., The Polycentric Metropolis Unpacked: Concepts, Trends and Policy in the Ramstad Holland. Amsterdam institute for Metropolitan and International Development Studies, 2009.

[18] 张鹏:《发展平台经济,助推转型升级》,《宏观经济管理》2014年第7期。

[19] 周振华:《活力之都:上海迈向全球城市的基本内功》,《文汇报》2014年2月10日第10版。

[20] 上海市人民政府发展研究中心课题组:《上海全面深化改革的初步思路研究》,《科学发展》2013年第10期。

八 附录

(一) 全球城市关键数据节选

本部分展示个别关键数据,因涉及的样本量比较大,最大的矩阵为100×100,无法排版,研究所涉及的全部数据库,以电子版的形式递交。

森纪念财团 GPCI (Global Power City Index) 2014版(城市影响力):
http://www.mori-m-foundation.or.jp/gpci/index.html#yearbook_ 2014

伦敦	1485.8
纽约	1362.8
巴黎	1292.4
新加坡	1138.6
首尔	1117.8

续表

中国香港	1012.8
北京	960.3
上海	958.3
圣保罗	692.8
孟买	615.3

森纪念财团 GPCI（Global Power City Index）2013 版：

http：//www.mori-m-foundation.or.jp/english/research/project/6/pdf/GPCI-2013Summary_E.pdf

伦敦	1457.9
纽约	1362.9
巴黎	1291.8
新加坡	1113.3
首尔	1104.4
中国香港	985.8
北京	965.0
上海	975.2
圣保罗	689.9
孟买	633.9

科尔尼咨询 2014 版：

http：//www.atkearney.com/documents/10192/4461492/Global+Cities+Present+and+Future-GCI+2014.pdf/3628fd7d-70be-41bf-99d6-4c8eaf984cd5

伦敦	581
纽约	617
巴黎	523
新加坡	343

续表

首尔	326
中国香港	413
北京	351
上海	294
圣保罗	692.8
孟买	615.3

全球前 20 城市的典型数据

1 – AMSTERDAM, 2 – BEIJING, 3 – CHICAGO, 4 – HONG KONG, 5 – LONDON, 6 – LOS ANGELES, 7 – MOSCOW, 8 – MUMBAI, 9 – NEW YORK, 10 – PARIS, 11 – SAO PAULO, 12 – SHANGHAI, 13 – SINGAPORE, 14 – SYDNEY, 15 – TAIPEI, 16 – TOKYO, 17 – TORONTO, 18 – SEOUL, 19 – VENICE, 20 – WASHINGTON

	1	2	3	4	5	6	7	8	9	10	11	12	13	14	15	16	17	18	19	20
1	—	311	389	512	698	343	271	305	641	484	382	294	445	377	311	449	357	9	276	238
2	311	—	304	411	538	272	207	230	491	367	272	253	361	279	269	399	274	14	191	176
3	389	304	—	559	776	510	279	323	775	508	391	305	487	455	329	545	437	25	250	362
4	512	411	559	—	952	514	352	361	914	626	459	384	617	497	428	674	459	22	304	344
5	698	538	776	952	—	742	474	507	1292	893	646	508	862	699	547	892	689	39	447	559
6	343	272	510	514	742	—	251	292	766	457	355	297	480	429	305	531	405	25	240	369
7	271	207	279	352	474	251	—	216	478	342	242	194	313	264	208	330	258	9	198	194
8	305	230	323	361	507	292	216	—	484	348	279	241	327	295	259	363	287	9	203	178
9	641	491	775	914	1292	766	478	484	—	836	616	477	826	695	524	893	675	29	448	579
10	484	367	508	626	893	457	342	348	836	—	429	356	575	488	379	590	443	23	314	324
11	382	272	391	459	646	355	242	279	616	429	—	271	420	368	288	441	370	23	224	246
12	294	253	305	384	508	297	194	241	477	356	271	—	344	277	252	397	247	7	190	186
13	445	361	487	617	862	480	313	327	826	575	420	344	—	463	380	603	433	23	287	336
14	377	279	455	497	699	429	264	295	695	488	368	277	463	—	323	483	416	21	244	291
15	311	269	329	428	547	305	208	259	524	379	288	252	380	323	—	427	293	12	185	172
16	449	399	545	674	892	531	330	363	893	590	441	397	603	483	427	—	438	20	280	340
17	357	274	437	459	689	405	258	287	675	443	370	247	433	416	293	438	—	23	263	282
18	283	242	298	362	458	286	204	237	469	323	273	239	339	276	251	376	271	—	191	164
19	276	191	250	304	447	240	198	203	448	314	224	190	287	244	185	280	263	11	—	166
20	238	176	362	344	559	369	194	178	579	324	246	186	336	291	172	340	282	8	166	—

(二) 上海 2050 年畅想宣传画

本课题在研究过程中发动了全上海的在读大学生和留学生开展"我心目中的上海 2050"的畅想宣传画竞赛,鼓励年轻人和在上海的外国人一起畅想上海的未来。竞赛最终一共收到了 50 余份作品,现选其中 5 份作为样本展示。

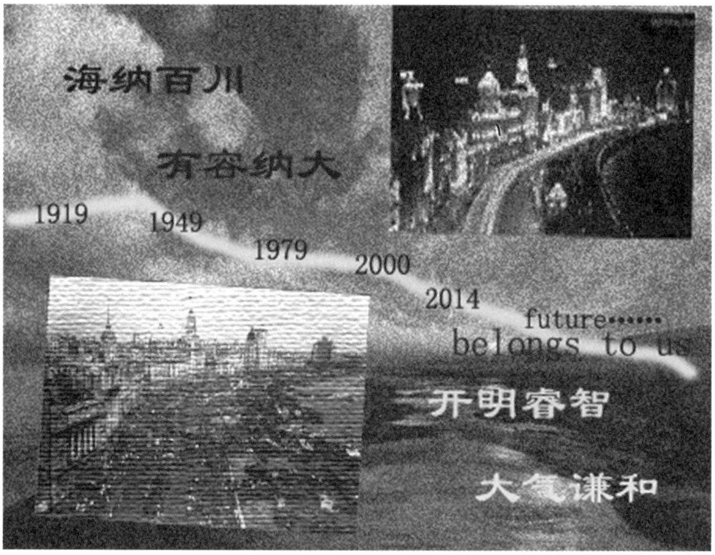
海纳百川
有容纳大
1919
1949
1979
2000
2014
future……
belongs to us
开明睿智
大气谦和

人文
科技
2050
新上海
SHANGHAI

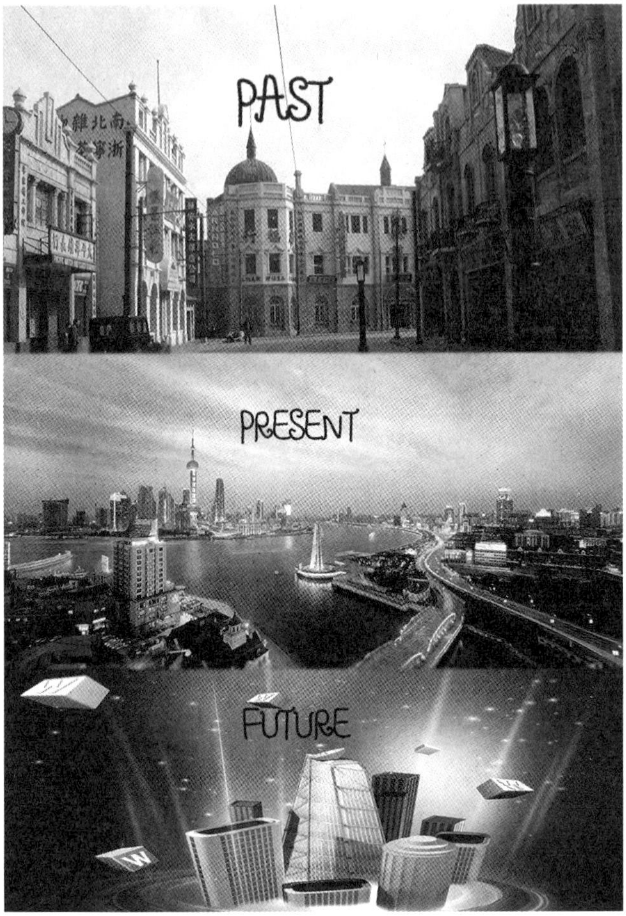
PAST
南北雜貨
浙寧茶
PRESENT
FUTURE

上海城市土地空间资源潜力、再开发及城市更新研究

杨 帆

（同济大学）

一 政策解读和文献综述

（一）立足当前政策背景

1. 借力新型城镇化之势

"十二五"以来，在保持经济增长的同时进行结构性调整——创新驱动和转型发展成为广泛的讨论主题。长三角地区两省一市意识到土地投资密度、环境承载能力已接近饱和，区域发展风险不断加大，因而普遍将"十二五"的经济增长速度目标下调，整体进入相对"低速"的增长通道。习近平总书记在2014年视察上海时提出了"四个着力"的发展要求，其中"实施创新驱动发展战略"得到了再一次的强调。

从2013年年底"中央城镇化工作会议"到2014年上半年"国家新型城镇化规划"的出台，标志着我国在未来相当长一段时间将坚持走"稳增长、调结构、促改革"的发展道路。新型城镇化政策提出包括"控制盲目扩大建设用地"在内的六大主要任务，提出"城镇建设用地以盘活存量为主"的要求，通过"严控增量，盘活存量，优化结构，提升效率"实现提高城镇建设用地集约化程度的目标。

"存量型"规划以及相关议题是当前大势所趋，也同样顺应了国际上一线城市的发展模式。全球城市的能级和影响力，不仅在于经济总量和

规模大小，或者说这些已经不是最为核心的指标，而在于城市中运行的人流、物流、信息流、资金流、技术流等的流动质量和流速、流向。存量型规划倒逼上海市转型发展模式，为建设全球城市做好准备。

2. 应全球城市发展之需

在知识、经济、产业、金融日益全球化的今天，全球范围内一部分城市将会承担起全球性的节点功能，基于全球城市区域的、居于全球城市网络顶端的新型全球城市应运而生。在这样的发展趋势下，上海有成为全球城市的潜力和愿景，也是上海市一个长远的战略性发展目标。

迈向2050年的上海全球城市发展目标，会遇到哪些亟待解决的问题，是当前需要提前给予判断和回答的。其中一个重要的问题，就是2050年的上海城市建设所需要的城市空间载体是什么样的？这个空间载体是不是能够符合彼时城市发展的需要？上海会有这样的空间资源吗？我们需不需要提前做好释放这一空间资源的准备工作？

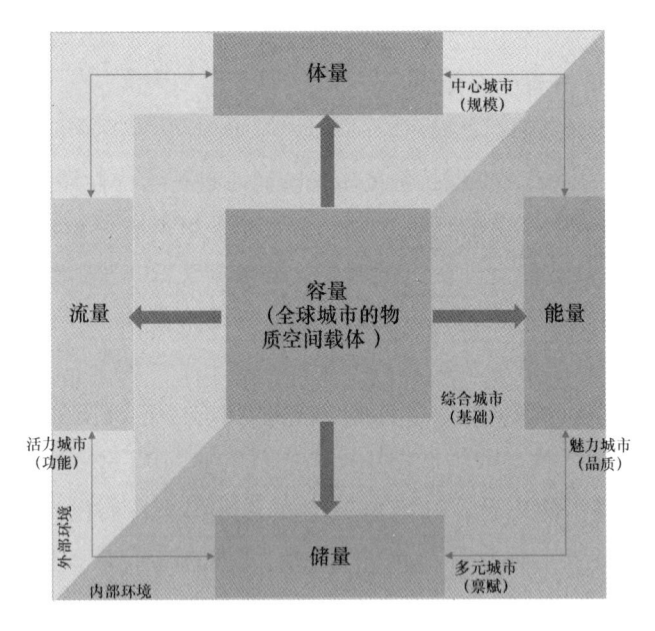

图1　全球城市发展中需解决的重点问题之一：物质空间载体

资料来源：笔者自绘。

（二）借鉴国外理论和经验探索适应市情的更新理论

1. 城市更新的理论和实践经验

（1）狭义的城市更新以物质空间修复为主

狭义地讲，城市更新是 20 世纪 70 年代为了阻止城市功能衰退、改善城市落后面貌而展开的一系列针对中心城市衰退部分的复兴（严华鸣，2012）。这一时期的城市更新侧重于城市物质空间规划和住房政策两个方面，是针对城市现存环境，根据城市发展要求，为了满足城市居民生活需要而对建筑、空间、环境等进行必要的调整和改变，是有选择性地保存和保护，并且通过各种方式提高环境质量的综合性工作（阳建强，2012）。

比较具有代表性的有比森克的说法："城市更新是旨在修复衰败陈旧的城市物质构件，并使其满足现代功能要求的一系列建造行为。"（阳建强，2012）

（2）广义的城市更新着眼社会经济文化环境的综合改善

广义的城市更新涵盖了第二次世界大战以来的一切城市建设，包括多种表述：城市重建（Urban Reconstruction）、城市复苏（Urban Revitalization）、城市更新（Urban Renewal）、城市再开发（Urban Redevelopment）、城市再生（Urban Regeneration）、城市复兴（Urban Renaissance）（阳建强，2012）。它是一种为解决城市问题而实施的干预活动，是寻求持续改善亟待发展的城市经济、社会和环境的综合协调与统筹兼顾的目标和行动（严华鸣，2012）。

根据对第二次世界大战以来英国城市发展与城市问题的分析，Roberts 在《城市更新手册》中将"城市更新"定义为："用一种综合的、整体性的观念和行为来解决各种各样的城市问题；应该致力于在经济、社会、物质环境等各个方面对处于变化中的城市地区作出长远的、持续性的改善和提高。"（Roberts，2000）这个定义突出强调了城市更新的整合性。认为对城市社会、经济、文化等方面的提高，与对城市物质环境的改善同等重要。Roberts 认为，城市更新正是这些诸多因素（物质、社会、自然、经济环境等）相互作用的结果，也可视为针对城市衰败提供的机会与挑战作出的一种答复（翟斌庆，2009）。

2. 有关城市更新实践和概念的演变过程

在西方政府的语境中，在城市化平稳发展时期，"城市更新"（Urban Regeneration）是最重要的技术手段，基于此城市能不断提升环境品质，改善基础设施，提高投资吸引力，从而应对日益激烈的国际竞争。但是，西方学术界的立场却大相径庭，西方学术界盯住了"城市更新"的副作用，并将这一副作用称作"绅士化"（Gentrification）。

根据我国统计口径的城市化率已超过50%，预示着"从增量到存量"的平稳发展时期终于到来了。城市更新无论好坏，绅士化是否注定无法避免，都是城市无法回避的问题，尤其是像上海这样的国际化大都市，越早讨论这一话题、越早进行相关研究、越早进行政策储备，以后的转型发展越能够取得主动。

西方政府和规划学界几十年来的城市更新与绅士化之争，涉及与拆旧建新、更新等相关的概念。以英国为例：

（1）旧城改造（Urban Reconstruction）（20世纪50—60年代）

在英国，旧城改造的理念来源于19世纪"清除贫民窟"的政治愿望，20世纪50—60年代以"清除贫民窟"为理想，大规模动用公共资源（财政、规划）进行物质空间改造。当时人们认为恶劣的城市环境是城市问题的根源之一，在贫民窟中长大的人很难有好的道德规范和社会责任感，这样自然会导致新的社会问题。政府因此决定通过福利国家的政策，扭转资本主义发展带来的贫富悬殊。

从城市规划的实践角度来看，这一时期的旧城改造活动与20世纪80—90年代中国的情况有很多类似之处，如将城市总体规划作为主要的管理手段；通过政府主导，开发商参与的模式，着重于物质空间的改善。为改善穷人的居住质量，英美等国在这一时期，都建成了不少高层住宅。这一时期的旧城改造满怀"乌托邦"的情结，而这些投资拉动也确实起到了推动战后经济发展的效果。

当然，贫民窟的存在有深刻的社会根源，如果社会无法为每一个公民都提供合适的发展机会，再"合适的"住宅也难以使居住于其中的穷人免于贫困。因此，20世纪50—60年代旧城改造中新建的高层住宅，有很大一部分进一步沦为藏污纳垢之所。从规划技术的角度看来，一次性大规模开发，容易造成居民成分过于单一，有可能进一步降低城市活力，减少穷人的就业机会。

这个阶段,绅士化已经悄然出现,不过还没有与政府行为和大规模的商业开发扯上太大的关系。那个阶段还是西方城市增量发展为主的时期,郊区化如火如荼,大部分中产阶级(尤其是美国中产阶级)逃离了城市中心,让出了曾经的好区位。

中华人民共和国成立以来数次的棚户区改造,很多采用了回迁方式,政府利用本来就破烂的地方建造住房改善居住条件且并没有驱离谁(虽然很多历史街区就是这样永远消失的),严格意义上不符合绅士化的定义。即使在改造后的街区,阶层的混合性也还存在着。这也许是世界上绝无仅有的,只有城市物质环境提升而没有绅士化的改造过程。其原因是国家的城市土地市场还未完全建立,区位还没有市场价值。

2015 年在"2040 课题组"的报告中,提到了五个底线中的"公平底线",事实上就是要保证适合弱势群体的居住空间,而不是用统一的标准进行统一改造。

(2) 城市更新(Urban Regeneration)(20 世纪 70—80 年代)

主要指撒切尔政权上台后(20 世纪七八十年代),英国政府更加借助市场的力量推进改造,采取的措施既有专项补贴,也有公私合作(Public-Private Partnership)以及行动规划(Action Plan)。然而,这一城市更新做法恰恰是西方规划学界借助绅士化概念重点批评的对象,他们认为由于资本大举进入城市改造从而带来了巨大的社会不公。

20 世纪 70 年代爆发的经济危机沉重打击了福利国家的理想。撒切尔政府执政伊始发现:①政府没有那么多钱;②政府行为低效僵化赶不上市场的步伐,降低了城市吸纳资本的能力和发展竞争力。也就是说,城市规划妨碍了政府顺应开发商需求。在这一认知的基础上,英国传统规划的地位一落千丈,新的城市发展政策改为主要通过税收减免等手段间接控制城市发展,并引入了更多的私有部门参与旧城更新,强调渐进式、项目式的运作方式。公私合作的城市开发模式以及行动规划都创始于这一时期;以社区为主的更新项目(Neighborhood Renewal)也在旧城中心区全面展开。与上一阶段的旧城改造相比,这一阶段的改造与市场走得更近,实施性更强,是英国 20 世纪 70—80 年代城市更新的主要特征。这些新项目更加精致,经济效益也更好。资本投入到城市更新中,确实也

图 2　利物浦 Albert Dock 城市更新项目

拉动了城市经济乃至就业的增长。

但是，这些项目不再以改善低收入群体居住环境为主要目标，而是为了促进经济发展。这样的区域一旦被开发项目看中，就意味着这些居民只能去往区位条件更差的地区。与此同时，"福利国家"这一西方战后所标榜的政治政策在现实生活中逐渐褪色，城市底层的居民感到自己的居住权越来越没有保障。福利政策的缺位进一步加深了底层群众对这些改造工程的不满。绅士化的说法也正是在这种不满中逐步流行开来。

事实上，大规模绅士化正是20世纪70年代的经济萧条，迫使中产阶级从郊区回流到城市中寻求更便宜的社区而形成的。20世纪80年代经济开始复苏，绅士化却没有像一些学者曾经预言的那样止步或者消失，反而由小规模自发型向开发商主导型的大规模绅士化转变。在西方学术界，一般称其为第二波绅士化。在这一波中，政府退出了城市再开发的舞台，而开发商大规模地投资旧城更新项目，大规模的搬迁与拆建对社会造成了巨大的冲击，城市中社会阶层更加隔离，阶层间的矛盾迅速激化了。20世纪70年代之后，在以纽约为代表的很多西方大城市中，与绅士化相关的城市更新改造引发了一系列暴力冲突。从此之后，绅士化变成了有明显负面意义的词汇，学术界用以指代各类"贫民窟搬家"式的再开发。而政府文件则完全回避了对这一词汇的使用。

城市的更新改造，确实会使地方经济更有活力，但经济发展所带来的收益到底为谁所得？是否对利益受损方（在绅士化进程中被迫搬家的居民）有适当的补偿？一直是西方规划界普遍追问，但至今也没有满意答案的问题。当然，从我国公有制的制度基础理解，绅士化的直接所得，由城市政府（通过地价）与开发商分享，而政府的地价收益应该是用于惠及每个市民的福利或基础设施投入。但即使真的如此，被迫搬迁的原住民就理应为"公共环境的改善"而额外承担利益损失么？事实上，自认为对原有城市物业拥有产权的人、被迫搬迁的租住户群体是西方学者真正关注的利益受损方。

(3) 城市复兴（Urban Renaissance）（20世纪90年代至今）

在英国，1997年工党执政以来，为了与以前的城市更新划清界限，新的名词产生了——城市复兴。城市复兴层次更宽泛，宏观层面可以指针对于大区域的产业复兴政策，如威尔士等工业区的城市复兴政策等；微观层面，可以指针对一个社区的具体规划。

资本大量引入城市再开发造成了严重的社会隔离问题（Social Exclusion），即富人区驱离穷人区，且富人和穷人居住相对分离；穷人的利益尤其得不到保障。因此，工党的新政强调以公共参与作为复兴旧城的主要策略。即鼓励居民自发改善社区，由居民自行决策，政府投资以满足社区居民需求为主导。另外，20世纪90年代人们重新发现了历史文化遗产的价值，一些城市结合老工业遗迹或老建筑的改造，营造城市文化特色；并与城市主导产业发展相呼应，在更新过程中引入更多的设计和文化要素，如组织一些博览会、展会等。这一时期的城市复兴在环境塑造方面也受到了"美国新城市主义"的影响，更强调以人为本的环境尺度和绿色交通服务、可持续发展等，通过这些手段，投资以及中产阶级都被吸引回城市中来，在西方国家掀起了逆郊区化和重回城市生活的风气。1999年，Richard Rogers 在其公司 Urban Task Force 承接的项目中率先使用"城市复兴"一词，从此以后，"城市复兴"就取代了之前的"旧城改造"和"城市更新"，成为20世纪90年代以来英国的城市再开发的统称。城市复兴作品确实广受旅游者的欢迎，对打造城市名片，提升城市知名度功不可没。因此，各种与老城保护以及工业遗址再开发相结合的城市复兴，也包括我国许多城市建设者的大量仿效。

Isle of Dogs looking east, mid 1980s　　　　*Canary Wharf 1997*

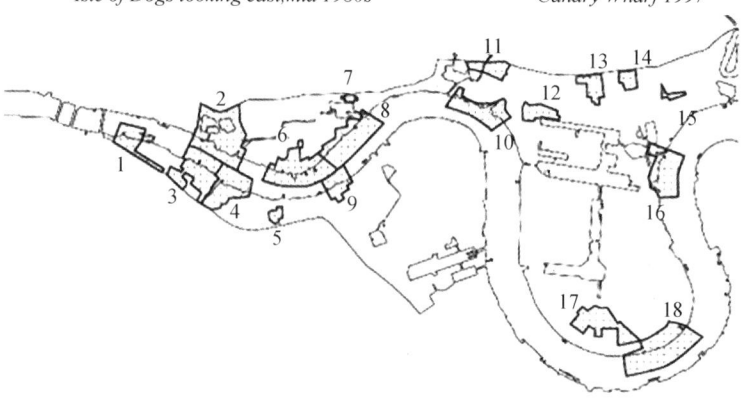

图3　城市复兴的代表性项目——伦敦道克兰更新项目

"城市复兴"的两大特征是：强调社区级别的公众参与和注重文化特色的营造。虽然"城市复兴"提倡渐进式，环境改善中也不乏经典之作，但相关城市政策在过去这些年仍然遭遇了不少批评。首先，在自由市场的前提下，社会隔离本来就是大众自我选择的一个结果。例如，很多社区自主提出的诉求恰恰是拆除周边的黑人社区。不仅如此，社区单元内部的公众参与也不一定真的能够体现弱势群体的利益：即使在社区单元内部，也是有资源、有能力的强者更有主导能力，规划新政到头来还是只满足了少数强势人群的利益。

绅士化进程并没有停步。伴随新一代的年轻人对城市生活的重新发现，旅游者对风貌独特地区的趋之若鹜，旅游业、休闲产业发展带来的绅士化成为新的潮流。这一潮流不仅仅盛行于西方，所有与全球化浪潮有接触的地区都出现了这种休闲旅游型绅士化的趋势。①

3. 城市持续更新理念强调分阶段动态生长过程

随着经济全球化带来的城市间的激烈竞争，20世纪90年代后城市更新具有单纯改善内部环境之外的更高要求，即如何通过各种方式来提升城市的竞争力以谋求更高的竞争能级。这时候城市更新的目标是首先着眼于外部的竞争环境，然后再回头审视内部环境的差距和改造之策，特别是对于纽约、伦敦这些国际性城市。这样的城市更新被称为"城市复兴"（程大祥等，2004）。

20世纪70年代，北美城市规划引入了"城市复兴"理念。由于城市边界的扩张以及建成区内部土地使用多样性的增加无时不在发生，因此，它强调"以综合和整合的视角并通过行动，引导对城市问题的分析，寻求转型地区持续增长的条件，其中包括经济、形态、社会和环境等方面的内容"；不仅强调城市复兴的目标，还指出城市复兴是一个持续的长期过程。

随着城市复兴的理念和内涵不断丰富，其策略和方式也呈现出多样化的特点。作为一种多维度、综合性的思想方法，城市复兴理念对于解决城市问题具有革命性的意义。城市复兴不再以物质空间为关注核心，或不再仅仅以项目导向为基础，而是一种对城市建成区的干预行为。从部门组织看，城市复兴的主体包括公共部门、私有部门和社区组织；从参与力量看，城市复兴是通过共同参与和团体协商找到解决问题的方法；从内涵实质看，城市复兴追求社会公平与公正的实现。由此可见，城市复兴是一个动态过程，目标不仅仅是改善城市环境和市民生活，使城市充满生机，增强城市经济活力，改善环境质量，更重要的是使城市更加具备社会和文化包容性，消除贫困，减少犯罪，提供广泛的受教育机会等（罗翔，2013）。

---

① 该部分内容参考了王昊 2015 年的网络文章，https://mp.weixin.99.com/S/LOIJhx/rwUUYET_SYJ/SMW。

从广义和长远的角度来看，城市更新的理论内涵和实践活动都发生了很大的变化，呈现出动态演进的过程。因此，在面向2050年的上海全球城市时，我们需要充分理解和把握城市持续更新的发展模式，关注城市不断新陈代谢的过程和规律，通过把握这一过程和规律，寻找上海城市发展的空间资源潜力和生长点。

4. 与城市更新相伴随的绅士化现象

该词最早由德裔英国规划师格拉斯（Ruth Glass）使用，词根来源于法语。格拉斯在1964年发表的《伦敦：变化的诸方面》（*London: Aspects of Change*）中写道："在伦敦，一个又一个工人阶层社区遭到中产阶级的侵蚀，租约到期后，低矮错落的破旧房屋就会被收回并逐渐改造成有格调的昂贵住宅……这个过程一旦在一个地区启动，就会迅速蔓延，直到这个区里所有工人阶层住户都被中产阶级租户取代……"因此，"绅士化"一词就用来特指：在城市发展的过程中，中产阶级进驻到以前低收入的工人社区，引起租金上涨，低收入的原有居住者被迫搬离的现象。简言之，就是贫民窟搬家的过程。格拉斯和后来的许多学者都认为，在这个搬家过程中，有钱有权者获益最多，而社会最底层的居民往往被又一次剥夺了，至少被剥夺了住在城市好区位的权力，这往往使得他们就业机会更少，生活更加困难。

根据西方学者的概括（Davidson and Lees，2005），绅士化这一概念的构成要件有四个方面：①资本再投资；②社区社会构成中高收入成员增多；③建成环境的改善；④对原有低收入居民直接或间接地驱离。这一概括扩大了绅士化的概念范围，不仅旧城、老工业厂房的改造算是绅士化，城市郊区的改造，只要符合上述定义的，也被国外学者纳入了绅士化的范畴。与城市复兴相伴随，绅士化也呈现了新的面貌：休闲旅游业入侵老城和老工业区，原住民外迁，原有地区过渡商业化等等。以这个标准看来，我国的很多旅游区，如丽江古城、凤凰古城，也可以算作绅士化的地区。

（1）西方学者将绅士化分为四个阶段。第一阶段，一些新来者，如艺术家等占据空置房屋，但并没有引起租金的上涨，所有人都感到获益，城市复苏呈现一派欣欣向荣的景象。比如简·雅各布斯（Jane Jacobs）对波士顿的"北端"社区的肯定。有学者称这一阶段为帕累托改善期。第二阶段，中产阶级、逐利的商人逐渐涌入，造成租金上涨。最贫穷的租住户开始被迫离开，逐渐演变成财大气粗的画廊和特色旅游商店的聚集地。第三阶段，房地产交易期。更多的新来者准备购买房屋，产权的变换不仅会驱离更多的贫困人群，甚至最开始为这个社区注入了新鲜血液与活力的创意人士也不得不离开了，充满艺术气息的城市复兴活动逐步让位给房地产交易。在西方，除了有产权的原有住户获得收益，其他社区中的人群都感受到了说不出的不公正。很多学者称其为"一个地区往往成为自身成功的牺牲品"。第四阶段，"大鱼吃小鱼"期。由于该地房价上涨，开发商开始大规模介入，大规模的房地产开发不仅使更多人被迫搬离，甚至原有的独立产权人也要在放弃故乡老宅和获得高额补偿之间作出选择，只有资本雄厚的开发商才是赢家，和社区关系更密切的所有其他人都成了被剥夺者。大规模开发结束后，整个地区确实脱胎换骨了，但是，无论在居民构成上，还是社会心理方面，新的社区和以前已经没有一点关系。

没有特殊的理由或背景，第四阶段会成为所有城市再开发地区的宿命。比如北京"798"地区，2006年几乎被住宅开发项目连根拔掉，后来由于包括德国大使在内很多知名人士的干预，才继续作为原工厂的租赁房屋存在。引人深思的是，开发商看重"798"的厂房搞开发，只要业主——工厂愿意，这个行为就是合法的，无论是艺术家，还是画廊，作为租户有什么理由占着不走？由此可以判断，资本对城市的贡献较易显现和评价，而其他的因素常常难以形成强有力的说服力。

通过以上四个阶段不难看出，在一个自由市场和资本主导的世界里，绅士化并不一定和政府的作为有关。英国"城市复兴"政策中以社区为主导的初衷，已经考虑了对大型资本的抑制，他们想要把绅士化叫停在第三阶段，避免资本对大多数人造成剥夺的最坏情况。我国的各种旧城保护政策也多多少少起到了类似的作用，至少是在一定程度上抑制了开发商的大拆大建。

（2）学者们在解释绅士化产生的原因时，形成了两个学派："供给派"（Production – Side）和"需求派"（Consumption – Side）。"供给派"主要研究何种经济动力使城市再开发选中了特定的地区。其主要领军人物是 Neil Smith。1979 年，Neil Smith 利用经济学的分析方法研究了美国城市再开发的案例，提出了地租差理论（rent gap），核心意思是说：由于衰落地区与同等区位地区相比，提供了可供资本盈利的地租差，从而引来资本的注入，形成了城市再开发。所谓城市复兴，实际是资本回归旧城赚取利益所推动的，是资本逐利的过程，而不是所谓追求新的生活方式或文化品位的"人"的回归。

"需求派"主要关注这些回归城市的较高社会阶层的"人"来自哪里。这一派的学者更多，如Ley、Florida、Berry等。他们认为，随着城市产业的发展与升级，城市的就业岗位从原有的制造业为主转向服务业为主，现代人的生活方式与家庭结构也随之转变，催生了一系列重归城市生活的人群。如部分中产阶级由于郊区生活和交通成本上升，选择重回城市生活（Ley，1980；Butler，1997）；年轻而受教育程度高的雅皮士（yuppies）因无法忍受郊区贫乏的文化生活而选择城市中心区作为自己的定居地（Ley，1994）；由于新点子总是需要老房子提供的低地价，创意人群（Creative Class）重新看重了已经衰败的街区和工业厂房（Florida，2002）；此外，构成绅士化社区中回归阶层的还有：丁克家庭（childlessness）、"空巢"的老年家庭（empty nesters）（Berry 1985）以及女权主义者等。

（3）当下，西方绅士化的研究面临新的困境。在西方城市中，政府部门对各种形式的"城市再开发"大唱赞歌，而学者阵营不遗余力地以"绅士化"对其唱衰，是以党派轮流执政为背景的。在这一背景之下，学者对于现有政策的反思和批判，能够不停地为反对党造势，因此很有市场。所以在西方社会，学者几乎多以批判政府为主。这样的政治现实使"政府"和"学者"有意无意地选择不同的角度，有选择性地看待问题。例如，针对城市再开发与绅士化现象，政府部门的评价体系大多只涉及宏观的经济社会改善指标，如GDP、就业率等。而对于在这一过程中，各个社会阶层所获得的利益与失去的利益，却选择性地"缺乏思考"。而学术界对这一过程分析与批评都十分透彻，但却始终没有问一问，如果让你来做，你会怎么做？会做得怎样？刻意拒绝换位思考的后果是，批评了半个世纪的西方学术界，并没有为改善城市再开发的过程，避免最坏的绅士化现象提出有建设性的政策框架。

进入 21 世纪以来，绅士化研究更偏重于案例分析。研究者试图通过对不同城市复兴手段及实施效果的案例研究，发现在这一过程中，何种政策设计能够使处于社会底层的原住民获得更多的收益或者更好的后续发展机会，并提出切实可行的实施建议。与此同时，借鉴他国经验的方法，也存在对本国国情是否能够适应的问题，西方现在的"绅士化案例比较法"研究，能否真正对城市再开发起到好的修正作用，还有待时间检验。

（4）绅士化愈演愈烈的社会经济根源。对于城市复兴与绅士化，西方左翼规划理论家的批判已很到位。他们写道："通过旧城复兴，城市营销等一系列城市政策的实施，财富确实被创造出来了，资本确实得到了累积，但同时，只有资本的拥有者获得了收益，广大的低收入人群被排斥在发展机会之外，涓滴效应始终难以兑现，很多发展甚至以牺牲低收入群体的利益为代价。"然而，批判归批判，东西方无论何种政体，似乎都挡不住绅士化的脚步，绅士化已经是一个不折不扣的"全球化"现象。事实上，城市发展的这一困境来源于市场经济规律本身。

市场交易的产生，不可避免地带来资本的累积，而不断累积的资本有着天然的获利冲动，必须找到新的投资领域。任何价值洼地，都是过量资本的获利场所，城市中的旧区自然也不例外。同时，技术革新为资本的投资创造了一个又一个新的领域，先是普通的初级消费品领域，然后是耐用消费品领域，再后来是完全不同于古代城市的超级城市化（D. Harvey, 1999）。

当然，有时由于新兴产业门槛过高，资本难以顺畅地"升级"，导致某些国家和地区爆发了经济危机，而政府关键时刻的干预终于使资本跃入高一能级的循环，以凯恩斯主义为理论基础的罗斯福新政，以及美国发明的住房抵押贷款制度等，都是这方面政府干预的典范。对于我国而言，后发优势带来的 30 年发展，实际上是将上述资本循环升级过程急速组合在了一起，稳定的社会环境配合先进的制度经验（住房抵押贷款制度），强势的政府更能保障资本循环的升级过程不出问题。城市空间对资本的吸聚作用造就了经济繁荣和社会进步，城市是当下无与伦比的经济高地，因此，上海建设全球城市，必须仍然要以建设经济高地为首要目标，只是相对于上一轮的资本逐利，这一轮的发展要建立更多元化的

"价值"生成体系。

在上述背景下审视"城市复兴"与"绅士化",不难发现其欲罢不能的根源是:由于缺乏新的"接棒者",房地产这一老产业只能勉为其难地支撑越来越大的资本累积。在全球竞争的背景之下,不仅是我国,即使是标榜小政府、市场主导、自由化发展的西方城市,其政府也都将提升城市竞争力作为主要战略。在其他产业支撑乏力的背景下,为了提升税收、稳定就业,城市复兴也就成了城市政府难以放弃的手段。为此,即使是西方城市,实际上政府的角色也不像是个无为的"裁判员",通过制定鼓励政策、成立相关机构、引进公私合营等各种手段,经营着自己可调动的一切资源。

事实上,在所有国家所有地区的"城市化"资本循环过程中,都是只有"资本的拥有者"才能伴随经济增长获得直接的收益。同时,城市化通过固化资本(楼房和基础设施),加大资本的不均衡分布。资本的空间分布反映了西方社会福利制度的褪色和公共利益的解体,其背后最根本的是经济根源。城市化以及全球化,是全球资本的空间聚集过程,城市必须能够为这种资本的空间聚集提供载体,只有将这些资本在小尺度空间上进行固化,才能够在全球拥有对资本的"定价"权。城市发展的主要发动机,是在资本为自身创造沉淀空间和空间载体吸引资本重新分布双重作用下的、持续不断的过程。

(三) 西方城市更新实践和理论研究给本课题的启发

西方的城市更新有深刻的社会政治背景。在这一点上,我国当前推进的城市更新也不例外。课题组认为,对国外理论和实践的借鉴,不能够剥离社会经济和政治背景因素单从技术层面学习。换句话说,如果从解决我国城市,尤其是像上海市这样的大城市的发展目标和现实问题来看,国外经验只能提供思考的逻辑启示,在实际应用方面有局限性。

(1) 城市更新是资本趋利过程。空间和区位因素造成的利润空间的存在,是驱动城市更新的根本原因;即便是以社会改良和城市复兴为目的的城市更新,也仍然必须依靠经济的可行性;单纯通过政府和社区意愿推动的城市更新难以为继。因此,是否推动某项城市更新项目,取决于是否有逐利目标；假如没有逐利目标，这里要回答一个问题：城市确实有迫切的需要去一遍一遍不停地更新吗？

（2）城市更新在基于趋利目标实现过程的同时，可以兼顾社会改良和文化复兴的目的。在这个问题上，政府能够有所作为取决于在制定相关优惠政策的时候，如何捆绑相应的社会目标。优惠政策仍然是为了实现趋利性目标，这对投资商有吸引力；附加的社会目标是为了实现公平性、公正性目标，这对社区居民有吸引力。政府在这个过程中获得城市治理的成功。

（3）在阶层融合问题上，城市更新始终难以回避。如果城市更新从根本上反映了资本聚集的空间特征，那么其对城市社会的空间结构一定会产生深远的影响。这不是资本需要考虑的，但是没有资本进入的城市更新是难以实现的。解决的对策，不是以任何一个目标为重，而是在实现首要目标时兼顾其他的目标。对上海来讲，中心城区实现建设全球城市的目标是首要的，因此，资本的空间聚集是首要的，空间的正义、文化和城市社会的空间结构互动，是需要兼顾的。

（4）考虑任何一个城市功能的更新问题，比如，居住、商业或者工业，都会涉及总量平衡和空间均衡两个重要内容。因此，在上海市土地空间资源潜力上，也体现着总量的优化和空间结构的优化所带来的潜力。从实现的可行性和有效性上，工业用地是社会问题最小、经济效益最高、空间结构优化潜力最大的一类用地，是上海实现全球城市建设目标的抓手和首要切入点。

图 4　西方工业城市滨水地区的更新

二 案例分析

（一）国内外城市更新案例分析

1. 国外城市案例分析

本研究将国外城市分为三个层次进行案例分析，第一层次是具有全球城市职能的一线城市，第二层次是具有地区中心城市职能的城市，第三层次是具有某一领域特殊地位和引领作用的城市。

（1）国际一线城市

纽约

图5 纽约市发布的《一个纽约：规划强大和公正的城市（2050）》

纽约的城市更新从20世纪20年代就已开始，但以往的更新重点在功能的转换和以美学为标准的改造，旨在为城市寻找发展空间。进入21世纪，城市增长越来越缓慢，纽约越来越注重城市公共空间、生态环境和城市安全，旨在使原有城市空间更为宜人。

在对纽约城市发展愿景的分析中可以看到，纽约未来城市更新的重点主要集中在基础设施的改造与廉价住房的提供，并未将重点放在增长空间的获得和已有空间的再开发。这是一个重要的趋势。

更新内容中提到要为大约100万新增的纽约人创建家园，保障住房价格的合理性和可持续性。在城市住房更新中提到，未来10年建造20万个低、中等收入者能负担的房屋单元，帮助他们缓解不断增高的租房成本压力。同时，确保所有纽约人居住在距离公园"十分钟步行圈"内。通过保留自然水域和减少水污染来开放90%的水道作为市民的游憩场所；为老化的供水网络提供急需的备用系统，以确保长期的使用。

通过升级能源基础设施来为每一个纽约人提供更清洁更可靠的电力来源，清理纽约市所有被工业污染的土地。城市安全受到特别重视，尤其是对洪水的防范。改造滨水绿地、增加市民进入滨水绿地的可能性，是未来城市更新的重要目标；纽约辨别需要进行防洪的地区和建筑单元，分别进行改造。

伦敦

图6 伦敦市发布的《伦敦规划（2036）》

进入21世纪，伦敦城市更新的重点集中在城市廉价住房的提供和局部地区的功能转变，尤其是应对商业成熟地区商业功能向居住功能的转变。

城市住房的持续供应，伦敦2015年启动新的住房计划，拨款1.25亿英镑用于提供中低收入者4.2万个住房单元。城市发展愿景中提出，未来需提高现有和新建住房的标准，对居住环境进行二次改造。城市商业地区功能的改变，受网络经济的影响，部分商业区开始转型，伦敦市政府已经着手研究将部分地区商业功能转换至居住功能，已经正式提交关于四个中心商业地区解除功能转换限制的报告。这一做法将会给上海市中心区的功能复合化利用带来启发。

东京

图7　东京发布的《东京都长期愿景（2030）》

东京2030年战略规划中将城市更新的重点放在智慧城市建设、水网和绿道建设、亚洲总部城市建设、重大体育设施建设等几个方面。

建造智慧城市，智慧城市建设愿景集中在技术层面，未来要对住房、建筑、社区等进行改造，使其能自行控制能源使用，减少人工。水网和绿道建设，愿景是将东京恢复到一个被水和绿色植物包围的城市。计划新建1000公顷的植被，至2016年新开发433公顷的城市公园；城市复兴项目中对高层绿化也提出了具体要求。城市复兴项目，在地铁线路网上选择多个站点，对其周边进行再开发。既为了吸引外国投资来分担城市更新的资金压力，也为了使后续更多的外国公司进入城市复兴区域。建造安全城市，东京致力于对城市中的安全设施进行更新与加固，包括抗震、抗灾基础设施和建筑加固，这也成为城市更新的一种重要形式。

(2) 区域中心城市

芝加哥

芝加哥通过2040年的规划展现了未来城市更新的愿景，主要关注宜居性社区建构、城市供水和能源系统、公园和开放空间几个方面。

宜居社区，充分利用现有的基础设施，对社区进行再投资，给市民提供广泛的、多样的住房选择，使其功能更加多样。控制和管理城市水资源和能源，更新改造城市水资源供应基础设施；优化城市现有的水和能源系统，将交通、住房、基础设施等通过宜居社区的建构联系起来。扩展公园和开放空间，通过改造使城市公园，使其占地面积从25万英亩提升至40万英亩；建设联系各个公园绿地的绿化网络系统。

悉尼

悉尼2030年远景规划中预计未来至少将有530万人生活在悉尼，城市应适应未来的变化发展并做好准备。

有多个正在进行和未来需进行的传统的城市更新项目，包括Harold Park马场转变为居住和城市设施；Erskineville工业地区转变为居住区；Barangaroo滨水区转变为城市滨水商业娱乐区域等。基础设施方面，建设可更新的能源系统（包括电力、供暖和制冷），实现悉尼的可持续发展。利用太阳能、风能等清洁能源实现基础设施绿色化。住宅供应方面，在内城再多提供8000个保障性住房单元，解决内城居住需求，同时保护现有的文化和传统街区。

新加坡

新加坡城市发展战略规划和土地利用规划的制定，保持了持续一致性，未来对城市更新的重点集中在以下方面：住宅供应方面，新加坡计划到2030年，再供应大约70万个廉价住房单位，其中50万个在新市镇并纳入城市更新的地区。建设花园中的城市，未来新加坡还将加大对绿化的投入，使城市变为南洋地区最大的城市花园，未来还将建造环岛150公里的绿化带，串联城市的各个绿色地段。建设轻轨和基础设施，在现有轨道交通基础上，计划2030年轻轨开通线路长度翻一番，达到360公里；10分钟内步行距离到达轨道交通站点，从而实现对所有居住单元的覆盖。

(3) 专门化城市

巴尔的摩

巴尔的摩的城市更新在 20 世纪具有广泛的影响力，其内港更新至今仍为城市更新项目的典范。在 21 世纪，城市更新的重点在以下几个方面：

传统城市更新。巴尔的摩以"重建和振兴"为主题，针对城市核心、现有社区和城镇中心、空置建筑物、废弃地、棕色和灰色地带及地标性区域，以创造邻里感、提高生活质量、促进公共交通为发展导向，为住房、商业和就业机会的增长提供支撑。

住房供应和社区营造。巴尔的摩计划为各种年龄和收入群体提供多样化的经济适用住房选择，以邻里与社区为核心，制订历史保护计划、街景营造、邻里美化项目，以促进邻里友好，美化公共空间。

绿化基础设施。制定绿色基础设施清单（包括森林、湿地、牧地、农田、街景和城市公园），加大绿色基础设施建设的投入。

能源。巴尔的摩将能源的高效利用作为发展项目和整个区域发展的基本原则，包括利用可持续性的能源，提高现有化石能源的利用效率等。

底特律

底特律作为以汽车产业为支柱的城市，陷入破产困境以后，正在为积极应对城市萎缩，重树市民信心而努力。于 2013 年 1 月公布了一份城市发展战略规划——《底特律未来城》(*Detroit Future City*)，对城市复兴提出了具体的策略措施。

传统的城市更新。确定 16 个区域作为 2013—2017 年城市更新的重点区域，对此类区域给予税收和其他政策的支持。社区稳定计划，启动社区稳定计划，为低收入者提供住房补贴，购买某些即将衰败的地区进行社区修缮，再将需要住房的人群引入此类区域。

环境改善。政府集中投入高密度建成区，改善市政条件和居住环境；重新评估土地价值，将闲置土地转换成城市固定资产。绿化和开放空间方面，将大批闲置土地转变为绿色社区，增加城市的景观价值和居住品质；将较大的弃置地块和城市道路规划为公共空间，公共空间呈网络化分布，供居民休憩和娱乐。

(4) 小结

通过对国外城市发展战略和城市更新的专题研究，发现有如下特点：

1) 传统城市更新项目较 20 世纪数量有显著下降；

2) 普遍注重对城市绿化和开放空间的建设和恢复，甚至包括水网空间的恢复；

3) 基础设施和城市安全设施是城市更新的重要内容；

4) 通过城市更新增加城市保障性住宅的供应；

5) 受网络经济影响，传统商业地区将逐步重新转型为新的城市居住社区。

2. 国内城市案例分析

(1) 广州"三旧"改造

1) 概况

广州市自 2010 年以来推行"三旧"改造政策，对全市旧改项目统一规划、报批、操作，成为城市更新的主要手段。"三旧"包括"旧城镇"（生活、服务建设用地）、"旧村庄"（城市规划区内的村庄集体建设用地）和"旧厂房"（工业用地）三部分内容。① 此外，"三旧"改造中涉及的边角地、夹心地、插花地等，符合土地利用总体规划和城乡规划的，依照有关规定一并纳入"三旧"改造范围。

2) 政策内涵

2009 年年底，广州全市城乡建设用地约 1250 平方公里，占合理开发规模的 75% 左右，土地资源供求矛盾日益突出。② 广东省人民政府于 2008 年与国土资源部签订了《国土资源部、广东省人民政府共同建设节约集约用地试点示范省合作协议》，在这份协议基础上 2009 年 8 月广东

---

① "三旧"官方界定如下：（1）列入全市"退二进三"名录的产业用地；（2）城乡规划确定不再作为工业用途的厂房（厂区）用地；（3）国家产业政策规定的禁止类、淘汰类产业的原厂房用地；（4）布局分散、土地利用效率低下的工业用地；（5）不符合安全生产和环境要求的厂房用地；（6）布局散乱、基础设施条件落后、公共服务设施亟须完善、居住环境恶劣或存在重大安全隐患的街区和村庄（城中村）；（7）列入"万村土地整治"示范工程的村庄；（8）其他经市人民政府认定属"三旧"改造范围的用地。

② 根据总体规划评估，广州市市区建设用地的合理规模为 1660 平方公里；目前市区建设用地面积约 1250 平方公里，这一数据根据广州最新二调土地数据推算，不含水库和水工类建设用地、平整地、闲置地等。

省专门发布了《关于推进"三旧"改造促进节约集约用地的若干意见》等文件，文件针对符合两规和"三旧"规划的"三旧"改造用地，提出了六个方面的重点"突破"，为全省城市更新工作提供了政策环境。

3）规划编制

广州市运用"1+3+N"的规划编制体系指导"三旧"改造工作。"1"是指《广州市"三旧"改造规划纲要》，侧重总体原则和策略，对接和落实城市总体规划和土地利用总体规划。"3"是指分别编制的旧城、旧村和旧厂房三个专项规划，侧重中观层面的规划控制，对接控规大纲或控规单元法定图则，是相关职能部门推进"三旧"改造工作、调整控规导则、审查和审批改造地块方案的依据。"N"是指"三旧"改造地块的改造方案或规划控制导则，对接控规地块管理图则，纳入控规体系成为法定规划，作为"三旧"改造规划实施的直接依据。

"三旧"改造总体规划提出，广州市旧城区（约54平方公里）内的"三旧"改造项目，是工业用途的全面退出；环城高速与旧城区之间地区的"三旧"改造项目，可保留部分厂区用于发展都市工业以及创意产业，其余重点优先发展商贸、办公等现代服务业；位于城市总体规划以及现代产业体系规划纲要等确定为产业重点发展区、工业集聚区内的"三旧"改造项目，促进产业区的升级。

4）实施操作

广州市将"三旧"政策推行重点集中在番禺、白云、花都等近郊区镇。在改造强度上呈现中心城区高，向外围逐步降低，以充分发挥土地的级差效应。由于"旧城"和"旧村"地区普遍居住环境质量较差，聚居人群混杂，存在复杂的社会问题，因此，居民改造意愿较强。由于区位价值较高，开发主体获得收益的主要渠道是土地市场效益，因此，居民、开发商和政府逐步在改造过程中形成利益分享机制。

具体实施中，广州推行"分类改造"的改造措施。总体上分为全面改造（再开发型）、综合整治（非开发型）两大类型。全面改造（再开发型）以再开发为主要改造方式，采取整体拆建、局部拆建和结构改造等方式，通过对项目用地的功能调整或二次开发为城市发展提供新的空间。综合整治（非开发型）以非开发为主，以改善环境、提升城市形象为主要目标，其中又分为整治、生态维护两种改造方式。

2014年，课题调研时了解到，为了保证三旧改造工作的推行，此前，广州市设置了"三旧改造办公室"专门负责具体事宜，办公室隶属市规划局，在区、镇设派出机构，并规定了改造审批的具体操作流程。由改造主体（政府、集体或开发商）根据三旧改造规划划定的范围向镇、街道"三旧改造办公室"申报改造项目；项目的审核权在区一级三改办，最终审批权在市一级三改办。在本课题即将结题之际，广州市成立了"城市更新局"代替原三旧办的管理和审批职能。

5) 改造实例

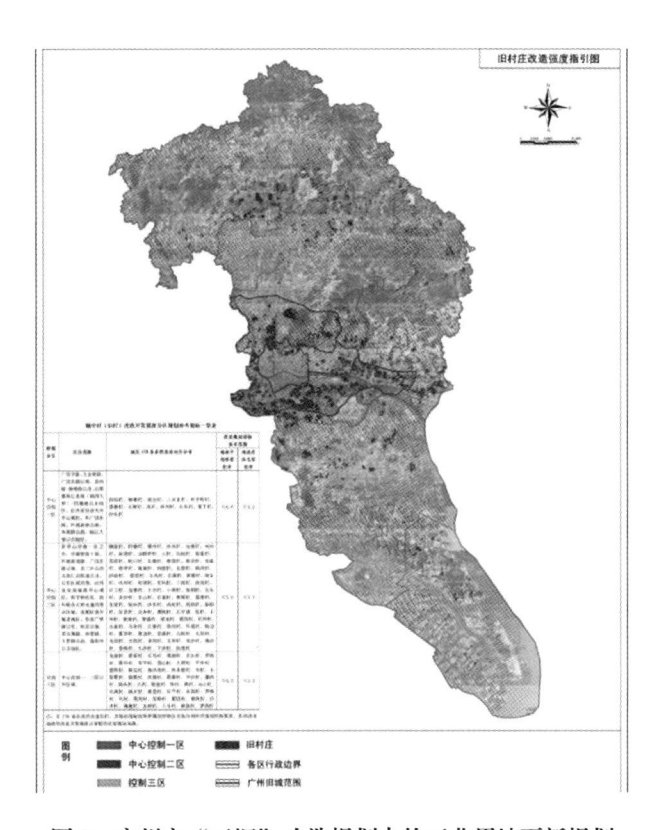

图8 广州市"三旧"改造规划中的工业用地更新规划

"旧村"——猎德村改造

"城中村"改造是广州市"三旧改造"的主要内容，建成区内有多达138处"城中村"。旧村改造一方面满足了村民的利益，使村民变为市民；

另一方面破坏传统文脉、滋生腐败、开发强度过高等问题始终突出。猎德村位于珠江新城中央商务区的黄金地带。改造之前，村庄内部建筑密集，牵手楼林立，缺少垃圾处理和上下水设施。2007年10月开始拆迁，建设工期约3年，至2009年年底基本完成。在"市—区—村集体"三个层面协调分工的机制基础上，村集体充当改造的实施主体，负责土地调查确权、征地拆迁、补偿、搬迁等活动。采用"三分制"[①] 土地使用原则，通过土地产权置换获取改造资金，借力房地产开发商。

"旧厂"——广州红砖厂

"旧厂"全面改造的方式有如下做法：①针对具历史价值的工业遗产旧厂房，按照"退二进三"政策进行改造，根据置换的新功能调整用地性质，如创意产业、商业娱乐、科研教育等服务功能。②一般旧厂房根据区位分为城区/镇区零散的旧厂房、产业集聚区内旧厂房、生态控制线范围内的旧厂房三类。分三种改造模式：其一，城区/镇区零散旧厂房采取全面改建（重建）的方式，按节约集约高效用地的要求实施整体改造；其二，产业集聚区内旧厂房采取功能提升或综合整治的改造方式，在不改变用地性质的基础上，通过厂房翻新、重建、完善配套设施、美化环境，提高开发强度，提升土地利用效率，引进新的生产模式，提升产业档次；其三，生态控制线范围内的旧厂房采取生态功能维护的改造方式进行改造。

广州及周边共有23个创意园，其中"红砖厂"前身是广州鹰金钱食品厂，位于珠江新城临江大道入口，成立于1956年，以苏式建筑为主，区内现在仍保留着几十座大小不一的苏式"红砖"厂房建筑。

除此之外，广州市并没有将更大的力量花在工业用地的更新改造上，尤其是对分布于行政辖区内的各类工业用地制定的全面更新改造措施、机制和实施方法，都没有较好地实现和验证，在工业用地更新方面有规划、有政策，但是缺少实践的积累和反馈。

---

① 土地的1/3用于村民安置，1/3用作商业开发，1/3作为村集体经济预留地。

6）小结

图 9　广州红砖厂案例——传统工业用地的更新
资料来源：照片拍摄，课题组。

广州市的"三旧改造"依托独特的政策背景，推动城市更新的重要主体是政府：①"三旧"改造的主要目的是为了解决大量出让用地的合法性问题；②编制了具有统筹功能的"三旧"改造规划；③设置行政主管部门进行协调和项目审批；④以"旧村"改造为主，城中村量大且密度极高；⑤"旧厂"改造中形成了收益分成规则；⑥民间资本对改造的意愿活跃。

（2）深圳市的城市更新

1）概况

深圳全市域土地面积1991平方公里，2011年建设用地面积为917平方公里；剩余可建设用地仅59平方公里（国土口径）。全市建设用地比例高达47%，面临无新增用地可用的局面。

2）政策内涵

由于深圳市的特殊性，是国内较早进行城市更新的城市，尤其是工业区的更新。20世纪90年代初（1994年），中航苑在上步工业区率先实现了园区功能转变，由工业区及其配套功能转型为城市商贸、居住功能区；华强北工业区也在数年时间内转型成为深圳最有活力和影响力的商圈。

2004—2006年，深圳市政府出台一系列政策，如《深圳市城中村（旧村）改造暂行规定》（2004年）、《深圳市人民政府关于深圳市城中村（旧村）改造暂行规定的实施意见》（2005年）、《深圳市城中村改造总体规划纲要》（2005年）、《2005年深圳市城中村（旧村）改造年度计划》、《关于推进宝安龙岗两区城中村（旧村）改造工作的若干意见》（2006年）、《深圳市城中村改造专项规划编制技术规定》（2006年），推动"城中村"改造。

2007年，深圳市政府颁布了《关于工业区升级改造的若干意见》（深府〔2007〕75号文），《深圳市工业区升级改造总体规划纲要（2007—2020）》于2008年编制完成，标志着工业区升级改造的开始。

2009年，《深圳市城市更新办法》的颁布成为深圳城市更新的里程碑，它将旧工业区、旧商业区、旧住宅区、"城中村"及"旧屋村"四部分内容全部纳入改造对象。同时，改造的方式也升级为综合整治、功能改变、拆除重建等多种类型。

2010年至今，城市更新政策与规划不断完善，与之配套的规划管理体系也不断完善，计划管理与更新单元两大管理体系已基本构建形成。[①]

3）规划编制

《深圳市城市更新（"三旧"改造）专项规划》于2010年编制完成。至此，深圳市有关城市更新的规划大致分为三个层次：

其一，全市城市更新专项规划。该规划根据城市总体规划制定，与近期建设规划相衔接。明确全市城市更新的重点区域及其更新方向、目标、时序、总体规模和更新策略；将全市城市更新地区进行分类，设定发展目标与改造方向。该规划将全市划定为三个功能型地区：功能强化类地区（强化重点片区功能和重振旧区活力）、产业发展类地区（促进产

---

① 配套主要政策包括：《深圳市城市更新规划制定计划申报指引（试行）》（2010年）、《深圳市城市更新项目保障性住房配建暂行规定》（2010年）、《深圳市城市更新单元规划编制技术规定（试行）》（2011年）、《深圳市城市更新办法实施细则》（2012年）、《关于加强和改进城市更新工作的暂行措施》（2012年，2014年废止）、《关于加强和改进城市更新工作的暂行措施》（2014年）等。

业升级转型，提升片区经济水平）和交通引导类地区（引导重大基础设施周边区域的重建整合）。

其二，各区城市更新专项规划。落实全市城市更新专项规划在各区的主要目标、要求，确定各区城市更新的地区及更新方向、目标、时序等；与分区规划相衔接，指导下层次法定图则和城市更新单元规划的制定。

其三，城市更新单元规划。落实城市更新单元内基础设施、公共服务设施和其他用地的功能、产业方向及其布局；城市更新单元内更新项目的具体范围、更新目标、更新方式和规划控制指标；城市更新单元内城市设计指引；其他由城市更新单元规划予以明确的内容。

4）实施操作

深圳市规划国土部门组织各区政府定期对城市更新计划进行清理。城市更新项目的实施纳入市政府绩效考核。建立城市更新项目优先集中审批机制。更新项目审批现由市规土委统管，目前正在成立城市更新局专门负责城市更新，各区设城市更新办公室。操作流程由各更新主体进行更新计划的申报，随后编制城市更新单元规划，由更新办进行审批，之后进入更新的具体建设程序。更新项目最终审批权在市一级机构。

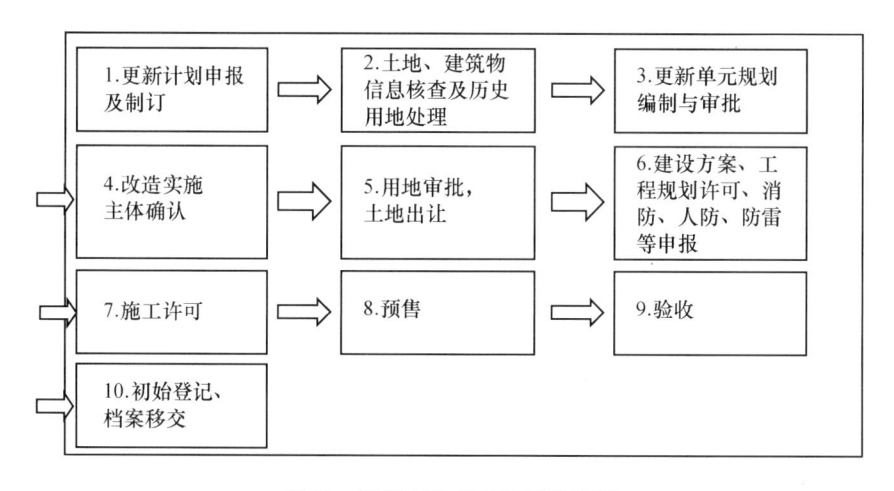

图10 深圳市城市更新操作流程

资料来源：笔者根据调研材料自绘。

5）改造实例

"工业园区整体转型"——华强北

华强北电子工业园区位于市中心福田区，是全国最大的电子类产品批发基地。现在整体更新为以电子商品交易为主的商业区。由于土地权属的多元化，多主体自主介入改造、市场力量促进转型是其特色，这一机制使得华强北地区植入了大量新的功能，如住宿、餐饮、办公、娱乐、购物等。更新过程保留了大部分工业与生活建筑物，建筑使用功能则置换为商业、贸易、批发、办公等。入驻企业多为小商品、电子数码零售批发、互联网创业企业等中小型机构。多样化业态的集聚带来大量人流，街区活力旺盛。

"城郊工业园区整体更新"——华侨城 LOFT

深圳华侨城东部工业区，地处华侨城东北部，原入驻企业多为20世纪80年代的"三来一补"工业企业。园区占地面积约15万平方米，建筑面积约20万平方米，规模较大。目前整体更新为 OCT－LOFT 华侨城创意文化园，现已引进了约40家创意、设计、文化机构。华侨城 LOFT 是充分借助地产资本实现城郊大片工业地区转型与运营的成功案例。将工业区建筑全部保留，对绿化重新配置以美化环境，对道路重新断面划分变为城市道路，使其适应城市生活需求。根据厂区、宿舍区空间的大小和特性分别进行功能植入，营造富于变化的新社区。

"市区工业园区整体更新"——泰然·天安科技园

天安科技园位于福田城市中心区，项目由泰然集团操盘进行整体改造与招商运营，更新改造后完全融入城市肌理。原有工业园区的整体功能得到置换，工业功能转换为居住、商业等社区功能。完整保留原有园区的建筑、街道、开放空间，只针对建筑内部与外立面进行整治，增设人行通道和驻留空间，环境得到改善。是混合使用、功能兼容的典范；融入了居住、社区活动、基础教育等功能；融入了办公、金融等高端服务业；是工业区整体更新的经典。

图 11　深圳泰然·天安科技园更新转型案例
资料来源：笔者调研拍摄。

6）小结

虽然深圳市具有享受"三旧改造"政策的条件，但是，深圳市面临的情况比较紧迫，城市发展新增空间几乎为零。城市更新有以下几个特征：①工业用地的更新改造项目越来越多；②自下而上的模式为主，政府在管控方面较弱；③政府没有运用收储手段为未来预留战略性空间；④市场机制的灵活性使城市更新项目基本上都非常成功。

（3）两个城市案例的比较

广州和深圳两个城市都属市场经济发达地区，在城市更新改造很多方面具有共性，但相对而言城市更新在深圳市成功的几率更高，市场化操作程度更高，相关政策法规也更完备，类型更多样，对上海的借鉴意义较大。

表1　　　　　　　　广州、深圳城市更新比较

城市/项目	广州	深圳
更新模式	拆除居多，保留较少	工业区建筑环境保留较多

续表

城市/项目	广州	深圳
改造主体	政府、集体、开发商、工业企业等主体参与的程度都很高,其中旧城以政府为主,旧村以村集体和开发商为主,旧厂以开发商和企业为主	政府对城市更新改造项目干预度较低,大多数项目由开发商和村集体主导,政府做好对规划审查的控制
机构设置	规划局下设市一级的三旧改造办公室,区、镇(街)分设下级三旧办	规委会下设城市更新办公室,但未来会单独成立城市更新局,比更新办高半级,各区下设更新办公室
法规依据	以广东省府文件为主;市级颁布《关于加快推进"三旧"改造工作的意见》及其相关配套政策	2009年颁布《城市更新办法》,之后陆续出台一系列后续政策;2012年颁布《城市更新办法实施细则》,对城市更新项目的申报、审批、方案制定、调整等作了严格的规定
规划控制	"1+3+N"的规划编制体系,三级规划。其中间层次规划分别编制了旧村、旧厂、旧城专项规划	三级规划,城市更新单元规划法定地位优先于法定图则

资料来源:笔者根据调研文件整理。

3. 案例研究的若干启发

(1)从增加城市可开发空间的有效性上看,选择工业用地进行更新最有潜力可挖,综合成本也相对较小。

(2)从工业用地更新的多样性、有效性、制度化方面看,深圳的经验更值得借鉴。

(3)大尺度的工业用地,可以进行综合性更新。房屋不一定要全部拆掉重建,但是内部的使用功能多样化则会使其更具活力。

(4)小尺度的工业用地,可以进行较高强度的开发。与城市周边功能相融合,与城市道路、轨道交通相结合已经有一些成功经验。

(5)更新机制宜自下而上,让利于企业、社会,实际上政府得到的会更多。

(6)政府如果有更大的建设愿景,应尽早对工业用地进行收储。

三 上海市土地空间资源潜力分析

（一）从工业用地的演进来看上海市城市建设用地空间分布特征和演变趋势

1. 上海经历了工业促进城市发展的历史过程

上海的工业经历了六个发展阶段。①1926年的《上海地区发展规划》提出了沪西、沪东、沪南三个工业基地。②20世纪50年代，北新泾和桃浦成为上海市最早的独立工业基地。③20世纪60年代提出了建设闵行、松江、嘉定、吴泾、安亭5个20万人左右的卫星城，结合卫星城形成彭浦、漕河泾、闵行、吴淞、高桥、周家渡、吴泾、安亭、长桥、庆宁寺、五角场、嘉定、松江等工业基地，形成了工业基地与中心区的圈层布局模式。④20世纪70年代随着金山、宝山基地的形成，突破圈层式空间布局为沿江发展。⑤20世纪80年代至90年代末，上海完成了现代工业园区的建设和扩张，形成了7个国家级工业区、11个市级工业区、12个传统工业基地、174个乡镇一般工业园。⑥进入21世纪后，原有工业园区转变为多功能复合式园区，生产性服务业增加。改革开放30年以来，上海工业对GDP的贡献率基本保持在50%左右，成为经济增长的主要推动力。

2. 工业用地成为上海市城市发展空间资源挖潜的主要对象

上海各级工业园区在扩大发展的同时，也是耗费土地资源、降低环境承载力和集约使用的主要因素。上海工业用地在城乡建设用地中所占比例较大，不仅超出了国家的用地构成标准，而且与上海实现建设"四个中心"目标、实现建设全球城市目标不符。2011年的统计资料显示，全市现状工业与仓储用地共843平方公里，约占全市建设用地总面积的26%，其中，工业用地面积752.4平方公里，约占全市建设用地总面积的23%。各区县的情况也不尽相同。从2008年金融危机以来，上海就谋求转型，借经济转型的机会逐步形成以服务性产业为主的经济结构，工业用地被视为城市转型发展、盘活存量用地、挖潜城市发展空间资源的主要对象（见图12和表2）。

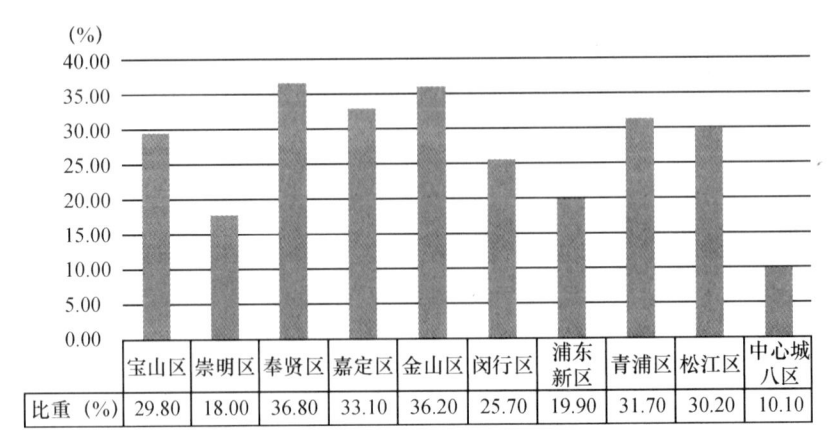

图12　2011年上海市各区工业用地占建设用地比重

	宝山区	崇明区	奉贤区	嘉定区	金山区	闵行区	浦东新区	青浦区	松江区	中心城八区
比重（%）	29.80	18.00	36.80	33.10	36.20	25.70	19.90	31.70	30.20	10.10

资料来源：各级统计年鉴与年度报表。

表2　部分国际大都市工业用地占建设用地比重

城市名称	工业用地比重（%）	备注（年份）
上海	30	2008
纽约	3.75	2006
新加坡	6.8	2006
中国香港	3.86	2007
东京	3.47	2007

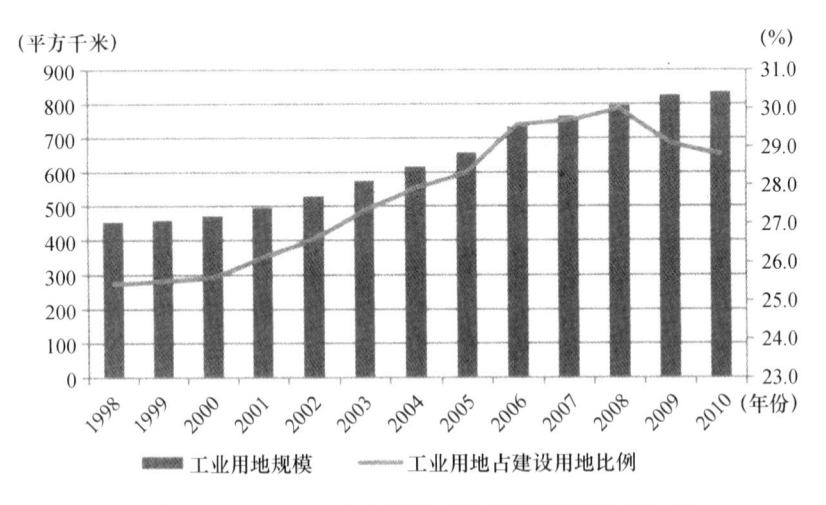

图13　1998—2010年上海市工业用地规模及比例分析

资料来源：上海市各年统计年鉴。

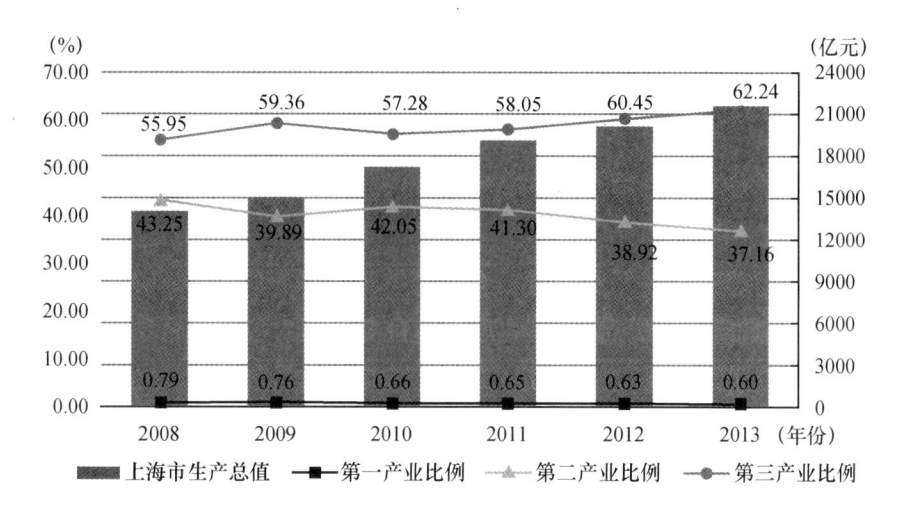

图14 2008—2013年上海市三次产业结构变化趋势

资料来源：《上海统计年鉴（2014）》。

（二）上海现状工业用地的空间布局结构特征

1. 产业空间的聚集程度较低且地均产出率较低

2003年以来，上海经过两次清理整顿和设立审核，在1008平方公里内的177个申报开发区中，筛选公布了41个国家公告开发区（15个国家级，26个市级）。规划面积达656平方公里，其中工业为主的开发区38个，规划面积约556平方公里。

统计资料显示，上海域范围内现状752平方公里工业用地中仅有241.9平方公里分布于公告开发区中，集中率为32%左右，说明仍有大量的工业用地散布于上海行政区范围内，产业空间的聚集程度较低。从2011年的统计资料来看，虽然上海市各区县工业用地的产出率在逐年升高，但是，全市地均产出平均水平为3835.1万元/公顷，只有中心城八区（7965.3万元/公顷）、浦东新区、闵行区、松江区高于平均水平（见图15、图16、图17）。

2. 产业空间呈"圈层、放射状"布局但使用状况混杂

上海现状工业用地在空间分布上分为两个层面、两种模式。两个层面分别为：其一，大规模集中分布模式，主要是指"104区块"，包括分布在"195"政策区域内的工业用地，分布在集建区内但是位于"104区块"之外，属于转型升级向"104"区块聚集的对象，符合集中布局的原

则;其二,零星散布模式,主要是指"198"地区,分布在集建区外,是重点减量化的对象(以嘉定区为例)。

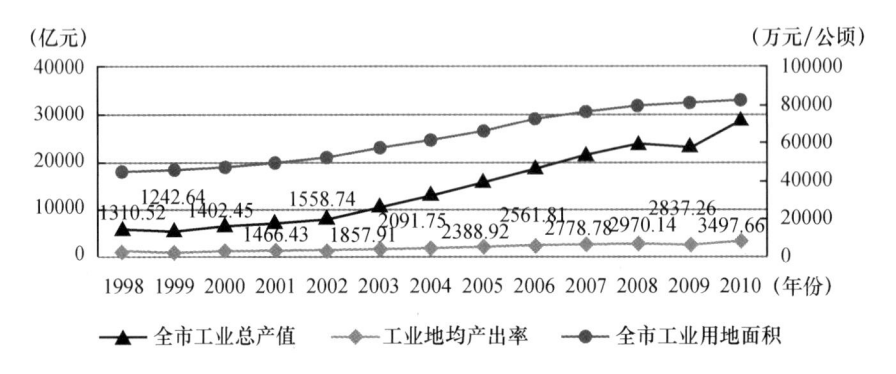

图15 1998—2010年上海市工业用地规模与全市工业总产值的趋势比较

资料来源:1998年工业总产值数据来源于《1998年上海市国民经济和社会发展统计公报》,其余年份工业总产值数据来自历年《上海统计年鉴》;工业用地规模数据来源于《转型时期特大型城市土地利用规划理论与实践》,2013年。

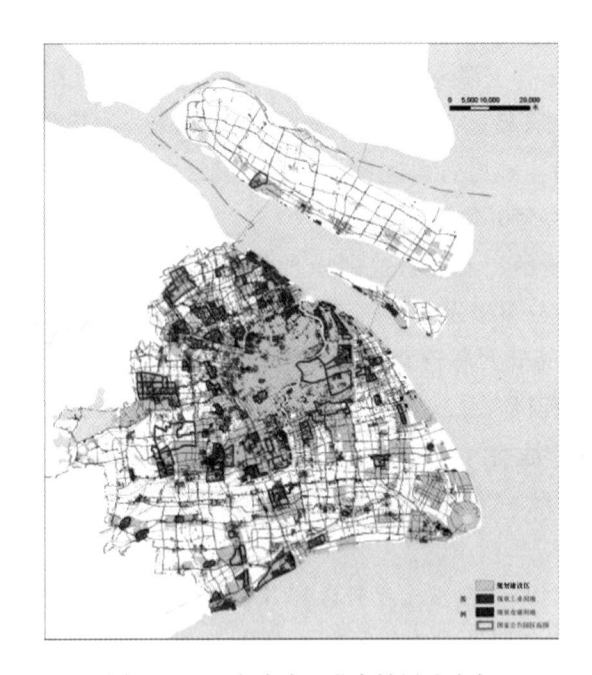

图16 2011年全市工业仓储用地分布

资料来源:上海市规土局。

图例
(1) 产业区块内的工业用地　　(2) 产业区块外、集中　　(3) 集中建设区外的工业用地
　　　　　　　　　　　　　　建设区内的工业用地

图17　上海市嘉定区工业用地空间分布状况（2011年）

资料来源：笔者根据调研资料自绘。

两种模式分别是：其一，圈层模式；围绕中心城九区和内环、中环、外环快速环路体系，呈现出环状分布特征，绝大多数集中工业区分布在外环线以外地区（101块），中心城九区围绕中环分布有三个集中工业区，中环、内环地区以分散的都市工业为特征，每个圈层的特点有所不同。其二，放射状模式；在外环以外的工业区布局上，呈现出一些放射状工业走廊，沿交通性道路呈楔状分布，共有五个产业楔：西北向的嘉定宝山象限、西向的青浦象限、西南的松江闵行象限、南向的金山奉贤象限、东北向的张江高桥象限（浦东）。

除上述能够在空间布局上有独特的结构性特征的工业用地之外，上海还有相当多的工业用地布局与其他类用地相混杂，缺乏明显的结构性特征。这些工业用地混杂分布于集中建设地区，存在几个不利影响，其一，造成城市功能空间结构的混乱，给空间管理带来不便；其二，造成交通的生产性出行与生活性出行之间的相互干扰，给道路网络和设施配套带来压力；其三，工业生产会给周边居民和办公带来安全、卫生隐患；其四，给工业用地的再开发利用带来障碍，工业用地的使用权是50年，很多企业在衰败之后不是考虑转型、出让、再开发，而是等待土地年期到期后的政府收储，以获得超额的土地价格增值，造成闲置土地逐年增多。针对上述问题，上海适时提出了"195""198"政策，为这些工业用地的退出和再利用提供了制度和机制通道。

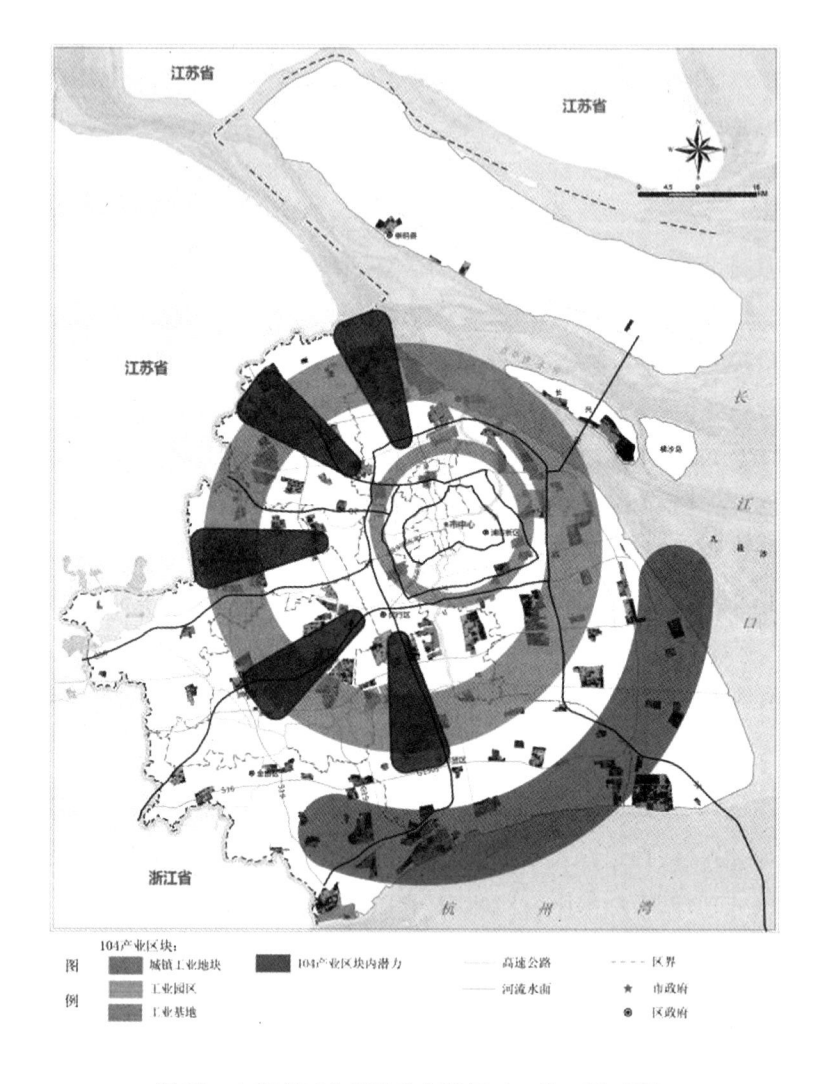

图18　上海市工业用地分布特征（一带一圈五楔）

资料来源：笔者自绘。

3. 工业用地总量锁定、存量释放实现空间结构优化依然困难

工业用地面积稳定并逐步缩减，是国际大都市进入后工业化时期的普遍特征。以伦敦为例，1998—2007年，工业用地建筑面积从1468万平方米减少到962万平方米，降幅高达34.5%。[①]

---

① 参见石忆邵《产业用地的国际国内比较分析》，中国建筑工业出版社2010年版。

上海将3226平方公里作为上海未来建设用地的"终极规模"予以锁定。按照工业用地占比20%—25%，上海只要保证有650—816平方公里的工业用地就能够基本满足需要。在足够的空间弹性预留前提下，这些工业用地只要在"104"区块基础上进行集中建设就能够满足结构性和空间性需求。其余空间范围内的工业用地，包括中心城区的三块工业基地、"198"范围内的零星工业，应当向"104"块产业区聚集；或者进行产业升级、用地转型转性。

有关部门分析，上海现状工业用地"一圈一带"的空间格局上集中了26个高能级工业区，包括上海重要的市级工业基地和区级工业园区，总面积占全市区块面积的54%，占全市区块总产值的80%以上，占全市规模以上工业总产值的75%（2010年数据）。这从另一个侧面描述了整个上海产业空间的总体特征。保持并充分利用好这些产业空间基本上能够保证上海在工业发展上的空间需求和产业结构优化潜力，并具有向"圈层加放射"的产业空间布局结构特征转型的可能。

"滨江沿海带"：沿海布局的老工业基地和新设立的国家新型工业化用地承担着上海重大装备、航空航天、船舶、海洋、石化、精细化工、钢铁等战略性产业。滨江沿海带是上海最重要的国家级制造业布局区域，可以保留提升。

"主城区边缘圈"：由中心城周边的老工业基地和区县重点园区组成，老产业基地沿市郊圈层布局，区县重点园区有一批国家级经济技术开发区、高新园区、保税区等，是全市电子信息产业、生物医药产业、汽车产业、新材料新能源等新兴产业聚集区，包括金桥、张江、外高桥、漕河泾、闵开发、安亭六大市级产业基地。是高附加值产业集中地区，也是需要保留提升的。

"沿交通廊道延伸的楔形"：课题研究小组认为，仅仅形成"一圈一带"的产业空间结构是不够的，上海还应当注意沿放射状区域交通廊道形成的产业聚集区。放射状的产业区空间聚集，在某种程度上是一种开放式的空间结构特征，有利于各种空间资源、功能资源的有效匹配；在解决快速进出的交通走廊方面有得天独厚的优势；在共用基础设施廊道方面又具有提高土地资源空间使用效率的效果；同时，楔形产业空间布局，也有利于结合交通、基础设施廊道形成生态廊道，使城市功能布局形态和空间布局形态更加有机。由于楔形产业空间的布局，有助于形成指状城市空间布局形态,避免城市蔓延造成的"摊大饼"布局形态。

图19 上海现状工业用地的分布特征

资料来源:《转型时期特大型城市土地利用规划理论与实践》,2013年。

(三) 上海市城市发展空间资源挖潜的切入点在工业用地的更新

1. 城市更新的理论和实践经验表明工业用地更新是城市更新的重要对象

城市内部大量公共空间、绿化休闲空间、滨水开敞空间的重新获得,主要靠传统工业用地的再开发利用。与此同时,这些位于城市内部的工业用地,也可以为内城复兴提供各类住房建设的空间、生态绿化建设的空间和办公会展场所的空间等。其中,既包括让更多的就业人口居住在内城地区而建设的保障性住房,也包括让中产阶层聚集而带来休闲和消费所建设的中高端住房。

工业用地的更新相比居住区更新和商业办公空间的更新，一方面较少涉及居民的问题，另一方面较少涉及大量的沉淀资本的问题，因而是一种历史性包袱和社会性包袱较少的用地更新，因此，在很多国家和城市，工业用地更新是实现挖潜目标的首选类型，但是，需要特别关注的是，工业用地更新会造成城市空间的功能结构的较大变化，同时土地使用价值的变化会带来增值预期的增强，因此，工业用地更新需要着重考虑两个方面的问题：其一，给城市空间结构带来的变化是不是具有空间绩效优化效果，这决定了工业用地转型转性成为何种使用性质；其二，工业用地由于区位、设施等因素造成的土地增值部分，应当由哪些群体分享，应该是什么样的分享机制。

2. 城市中心地区的活力需要通过不断释放可开发空间来塑造

城市中心地区的活力，需要从经济行为和生活活动两方面来塑造。一方面，让更多的就业岗位、多层次的就业岗位聚集在城市中心地区；另一方面，要让城市中心地区更适宜这些就业岗位的人生活和居住。从这个趋势来看，国外一线城市已经走在了前边。重要的是，那些释放出来的可再开发用地，如果仅从投入产出的经济效益角度考量，它们更适合于被用作商务、经融、办公等高端服务业功能开发，或者是高档的公寓住宅开发；但是，如果从重构或者再造城市中心地区生活环境的角度，从城市空间公平使用的角度，将它们用于公共空间的开发、绿地系统的建设、步行和慢性系统的沟通、水面和休闲系统的植入，将会给城市带来更为深远、更为长远、更为持续的综合性效益。与此同时，由于居住空间与就业空间的空间毗邻，可以减少长距离的通勤交通，促进绿色和低碳的出行方式；由于职与住的空间平衡，产业与城市生活活动在空间分布上得到优化，从结构上促使城市空间使用的高效、混合和空间绩效，是实现城市土地空间资源潜力得到最有效释放的根本途径。这些能够不断释放出来的可开发空间，一个重要的来源是上海市中心区现存的工业用地，包括一部分的居住用地和商办用地。

3. 上海工业用地规模和空间结构演进的特征表明工业用地有较大潜力可挖

通过对上海这些年来工业用地规模结构和空间布局结构的动态研究，同时比较国外一线城市发展的空间演进趋势，了解上海针对工业用地在规划、管理、使用等方面存在的问题。对上海中心区用地结构和空间结构在2020—2050年的特征进行预判，对照工业用地的分布，为2050年的空间使用做出可能性预测。

理论研究认为，合理的城市空间结构，是城市中心地区大部分工业将向郊区新城和园区聚集，释放出来的可再利用土地使商办、公共绿地比例大幅增长，居住空间分布受就业状况的影响具有扇形空间分布特征。城市空间结构中有大量贯穿内外的绿色楔形空间，各种功能组团呈岛状布局。为了实现这一目标，城市发展更强调用地的混合使用，这样做能够为城市更新和调整预留更大的弹性空间。

4. 实现工业用地指标只减不增并动态锁定总量目标是可行的

按照2050年的发展需求，需要尽快着手建立上海中心区用地控制引导策略，其中最为重要的是针对工业用地的退出、利益分享和收储机制。从总体规模比例结构来看，上海的工业用地比例仍然高于世界上其他几座一线城市；从空间结构来看，上海现有工业用地在外环线以内中心区所占比例仍然偏高，也就是说，有进一步释放出空间的可能性；从城乡空间结构来看，由于传统上忽视郊区、行政区范围内的乡村地区工业用地建设问题，造成上海工业用地在总量上失衡、空间布局上混乱、土地利用总体效率低下等问题。乡村地区的工业用地直接关系到上海建设国际大都市的土地空间资源的根本来源问题：其一，在总量上，乡村地区工业的产值计入统计，但是，其占用土地资源的情况得不到反映，造成工业用地产出效率统计失准，给决策带来错误信息；其二，农村地区的产业建设虽然带来一定税收和收入，但是，就业岗位、产业与居住空间的关系等问题，造成公共配套设施缺口的问题难以解决；其三，税收的属地化导致工业用地的空间分布混杂，造成交通、环境和社会问题，类似2014年一号课题这样的调研结果和政策导向，需要更多地提出；其四，由于工业用地在总量、空间布局上的争夺和挤出效应，造成工业集中建设区的产业效率低下，乡镇一级工业的产业能级和效率更为低下，产业转型政策得不到真正的实现。

根据全球城市的目标定位，应当对上海的工业用地进行总量控制，这个总量需要考虑三个方面的因素综合设定：其一，国际上一线城市在2040年、2050年设定的城市中心区工业用地比例；其二，上海2050年可能的产业结构特征，以及在这样的产业结构导向下，所需要的工业用地总量；其三，上海城市发展的规律，以及过去城市空间结构演进的特征。

综上所述，在确定目标年工业用地总量的大致范围之后，其与现状的差即为可能释放的用地总量，这个用地总量是一个动态范围。在此基础上需要建立一个支撑运行的平台机制：

其一，退出机制。促使市中心区工业企业出让用地，避免企业在不转换土地使用性质的情况下进行建筑使用性质变更，从根本上转变土地使用性质；促使郊区工业用地和各类园区工业用地的再利用，在政策引导转型地区，实施更为严格的退出跟踪机制，促使闲置工业用地的再利用。

其二，利益分享机制。对由于级差地租、土地出让年期带来的土地增值，应当尽早研究政府、企业、个人等的分享机制，既调动企业转性的积极性，也避免由于过高利益预期导致的更新受阻；尤其针对工业用地出让年期问题，2014年上海出台了"弹性出让年期"的制度；基于这一制度，再基于不同出让年期的工业用地的空间分布情况，大致可以判断出在某一年份即将到期的工业用地的数量和空间分布特征；根据这一信息，政府可以事先制定收储策略，为实现空间战略目标进行有目的的引导。

其三，政府收储机制。在前两个机制基础上，政府应当控制市中心区的工业用地资源，退出一幅收储一幅，实施全面的使用功能转变，即使是一些工业遗产类的用地，也应当首先转变土地使用性质，再给予特殊的更新政策。

其四，跟踪调适机制。应当每5年评估一次土地资源空间的总量和空间分布变化趋势，以判定是否需要对政策、机制进行调整，对总量实施动态监测，对土地使用的空间绩效进行评价。

四 面向2050年上海土地空间资源潜力判断

（一）展望2050年上海土地空间资源的特征和战略性预判

1. 对城市发展空间资源潜力的再认识

通过对案例城市的研究，课题组认为，城市发展空间资源的潜力需要被重新认识和界定，至少可能包括三个方面的潜力：

第一，新增的空间资源。从上海发展的历程来看，通过行政区划调整获得新的增长空间曾经给上海市带来发展动力，这一方式在今天、未来，直至2050年会不会再发生，取决于上海市面临空间资源紧缺的程度。但是，一些决定城市生态、安全红线的用地，比如滩涂用地，始终不应被视作空间资源的潜力所在。依靠新增土地空间资源进行扩张性发展建设，并不是具有可持续性的发展模式。

第二，更新出来的存量空间资源。在四大类城市建设用地中，具有存量更新潜力的，主要是居住、商办和工业用地。居住用地因其承载人口的特殊性，更新成本较高，对城市社会结构影响较大，不适宜频繁进行再开发，再开发的强度不宜仅依经济成本进行确定，而应该主要进行环境的整治和提升。商办用地重新更新为居住用地，在伦敦已经有实践，原因是购物行为模式的改变，人们更多地依赖电商物流，原来的实体商业只是提供了展示和体验场所，这是一个值得借鉴的经验。但是，体验和展示的空间需求特征不完全与传统商业模式一致，在需求的量上、需求的层次上有待进一步探索。因此，会有大量的中心商业空间转化为其他类型的功能使用，比如会展、休闲、文化、影视、早教、养老等，居住也是一种可能的方向。从释放土地空间资源的规模来看，更新潜力最大的是工业用地。工业用地的空间释放在规模和空间结构上可以做到预判、调控和优化。

调研资料显示，上海全市107个工业区块内现状工业用地376.6平方公里，占全市工业用地的50.1%；工业区块外、集建区内现状工业用地192.5平方公里，占全市现状工业用地的25.6%；位于集建区外的现状工业用地183.2平方公里，占24.4%。工业区块内还有一些规划但未使用用地249平方公里，这些未使用的产业区块内用地按照工业用地占其65%计算，仍有162平方公里的工业用地未被使用。除此之外，上海在"195""198"范围之内，还有大量的零星工业用地、乡镇工业用地、乡村工业用地，通过30年左右的调整，促使其向107工业区块集聚，这些退出的工业用地又会给上海提供大量的土地空间资源，能够释放出约380平方公里的用地用于其他类型的建设。由于这些大量分布于工业区块之外的工业用地与城市其他类用地混合，既不利于工业用地使用效率的提高,也不利于城市功能结构的布局,完全可以转性成为居住、商业和公共绿地等用途,为上海市优化城市空间结构带来腾挪的余地。

第三,隐性空间资源潜力。包括两个方面:一方面是空间结构调整带来空间绩效的提高,空间绩效的提高使土地利用效率整体提高,从总体上节约了土地。在空间布局结构优化过程中,通过梳理与交通环线平行的环形廊道,以及贯通内外的楔形廊道,通过提高就业空间与居住空间的匹配程度,不同就业空间之间功能结构的匹配程度,降低不必要的通勤交通,可以提高空间结构的有机性和空间绩效。另一方面,通过合理的制度安排和利益分享机制,调动社会资本参与再开发和城市更新的积极性,建立多元化的城市更新和再开发合作机制,运用市场化的力量为城市土地空间的使用带来效益的提升。比如,建立有针对性的权属流转制度、土地价格增值部分的合理分享机制、更为灵活的功能混合使用制度设定、合理的更新单元划定以保证综合型开发、允许更富有弹性的用地性质变更程序等。

表3 　　　　　　　　上海土地空间资源潜力再认识示意表

		空间红利	制度红利
显型潜力	新增	滩涂	用地指标,区划调整
	存量	居住用地再开发	工业+商办,转变用地性质
隐型潜力	数量	用地规模结构优化	市场机制,增值分享
	载体	空间布局结构优化	土地收储,权属流转

资料来源:笔者自绘。

2. 重点针对工业用地更新的同时兼顾旧住区、商业区的更新

在针对工业用地进行缩量、转性、空间结构调整的同时,上海城市发展空间资源的潜力还包括一部分居住区的再开发、商业区的再开发和其他类用地再开发利用,以及乡镇建设用地向城市建设用地流转而带来的新的再开发空间。

(1)居住。居住用地的再开发面临更多风险,一方面,不断增加开发强度将不利于居住环境的改善,不符合全球城市的人居环境特质;另一方面,针对居住空间的再开发如果不控制强度,会给基础设施带来巨

大压力,尤其是交通、停车的问题,由此导致城市运行效率低下、安全风险增高、社会结构隐患凸显。即便从经济可行性角度考虑,容积率也并不是越高越好。

(2) 商办。上海核心商务区办公用地的供需状况基本平衡。但非核心商务区有的空置率达到了 30%—40%。2013 年上海甲乙级商务办公楼规模为 1700 万平方米,而最近 4 年计划推出和在建的办公楼规模 800 万平方米。楼宇经济(现代服务业集聚区)遍地开花,每个区都有 2—3 处集聚区。按人均占有面积算,办公楼的量显然过量。上海的商业用房面积人均达 2.48 平方米/人,高于东京、纽约、巴黎与伦敦。综合体和购物中心达 1300 万平方米。因此中心城区不应再增加商办用地(何芳,2015)。在商业用地的再开发上,可以转变为居住区,也可以转为其他类的公共服务设施。这需要对中心城区商办楼宇面积作一个总量分析,对存量情况有所了解,才能探索转型使用的问题。除了转型成为高端服务设施,也可以探索在现有综合体内建设养老机构、幼儿活动空间等,为中心城区周边的居民提供增值服务,这可能是很重要的转型方向。从另一个侧面改善了中心城区的用地结构和城市功能结构,优化了土地利用的模式,减轻了这类设施占用土地资源的压力。

(3) 公共绿地。城市中心区的公共绿地已经处于完全不能满足需要的程度,从开发强度的角度看,应当将内环线以内释放的土地空间全部转化为公共空间,包括公共绿地和水面,增加中心城区休闲空间的数量和网络化分布。上海中心地区环境品质的提升、居住生活和工作空间质量的改善,比再建一座世界级高楼更有意义和价值。

3. 小结:上海未来城市发展空间资源潜力要点

归纳总结上述的分析,未来上海发展的空间资源在哪里这一命题,可以从闲置的土地和不合理的土地功能使用结构两方面寻找答案。从其他城市的经验、从上海自身成长的历程、从建设城市的根本目标、从各方面的认识和意愿来看,我们也许并不难做出某些判断,这些判断也仅仅是从今天的认识出发而获得的:

(1) 需要建立持续的、广义的城市更新理念,再开发不仅要针对中心城区,也要进行城乡统筹;在这个问题上,国外经验对中国问题提供的解决方法不多。

（2）土地空间资源的潜力主要来自存量用地的规模结构优化和空间结构的优化调整两方面；上海用地从总体上看并不紧缺，但是存量盘活的难度非常大。

（3）存量用地中可挖掘潜力最大的是工业用地，工业用地总量需要控制，工业用地的空间布局更需要优化；应当统筹全行政区域研究和分析工业用地，而不能只顾城市建成区内的传统工业用地。

（4）城市功能结构、空间结构优化带来的空间绩效提升是隐性的土地空间资源潜力；上海应当坚持"双增双减"政策不变，同时通过空间结构的网络化提高空间绩效。

（5）滩涂是理想的生态保护地区，不应作为上海发展的战略性空间资源；同时，应当强调生态空间的网络化、分散化。

（6）在控制用地总量的前提下提高土地使用的混合程度非常有必要；同时，在容量控制上应当坚持上线控制、底线控制，同时引入全局意识和空间结构评价，避免采用单一的经济指标对项目进行可行性评价。

（7）建立一套保障自下而上参与城市更新动力和积极性的体制机制，有利于促进空间多样化和城市活力。

（8）通过工业用地的集中能够释放出大量可再利用、区位好的用地，这些用地与城市集中建设区的空间关系需要进一步研究。

（9）空间优化也需要行政绩效考核的转型，一号课题的实施能够加快上海市工业用地的转型、升级、退出、再开发利用。

（10）工业用地的高度集聚也会带来通勤增加和低效交通的增长，就业空间与生活空间的匹配是进一步需要优化的内容。

（11）城市更新和转型优化应当统筹兼顾，要有全局观和长远设想。

（二）结论

关于建设全球城市的上海空间资源潜力，课题组认为在于功能结构、空间结构的优化，在于城市活力本身。面向2050年的上海全球城市的城市精神内涵在于"包容"，其空间内涵在于"兼容"，其功能内涵在于"混合"，其经济内涵在于"活力"。这样城市的活力才得以延续。未来发展空间资源潜力可以初步用以下四句话概括：建设和发展的空间资源潜力以结构型潜力为主，增量型潜力为辅；空间性潜力为主，指标性潜力为辅；动态优化潜力为主，静态存量潜力为辅；城市活力潜力为主，政府调控潜力为辅。

参考文献

［1］周振华、陶纪明：《战略研究：理论、方法与实践》，格致出版社、上海人民出版社2014年版。

［2］周振华：《崛起中的全球城市：理论框架及中国模式研究》，上海人民出版社2014年版。

［3］广州市"三旧"改造工作办公室：《广州市"三旧"改造规划（2010—2020年）》，2010年。

［4］广州市规划局、广州市"三旧"改造工作办公室：《广州市旧厂房改造专项规划（2010—2020年）》，2010年。

［5］深圳市人民政府：《深圳市城市更新办法》，2009年。

［6］深圳市人民政府：《深圳市城市更新办法实施细则》，2012年。

［7］伦敦：《大伦敦空间发展战略——2030伦敦规划》，http：//www. london. gov. uk/thelondonplan/。

［8］纽约：《更绿色、更美好的纽约——2030纽约规划》，http：//www. nyc. gov/html/planyc2030/html/publications/publications. shtml。

［9］纽约：《纽约住房——五区县十年规划》，http：//www. nyc. gov/html/housing/pages/home/index. shtml。

［10］纽约：《远景2020——纽约城市滨水综合规划》，http：//www. nyc. gov/html/dcp/html/cwp/index. shtml。

［11］东京：《10年后的东京》，http：//www. metro. tokyo. jp。

［12］香港：《香港2030：规划远景与策略》，http：//www. pland. gov. hk/pland_ en/p_ study/comp_ s/hk2030/chi/wpapers/。

［13］新加坡：《挑战稀缺土地——新加坡概念规划》，http：//www. ura. gov. sg/conceptplan2001/index. html。

［14］芝加哥：《大芝加哥都市区2040区域框架规划》，http：//www. cmap. illinois. gov/2040/main。

［15］悉尼：《可持续的悉尼：2030远景》，http：//www. sydney2030. com. au/。

［16］巴尔的摩：《2030远景：共塑区域的未来》，http：//www. baltometro. org/vision2030. html。

［17］底特律：《底特律未来城（Detroit Future City）》，http：//www. detroitmi. gov/Departments/PlanningDevelopmentDepartment/tabid/134/Default.aspx。

[18] ROBERTS P. W. SYKES H. Urban Regeneration：a handbook［M］. London：SAGE Publications，2000：9-36.

[19] 程大林、张京祥:《城市更新：超越物质规划的行动与思考》,《城市规划》2004年第28期。

[20] 刘俊:《城市更新概念·模式·推动力》,《中外建筑》1998年第2期。

[21] 罗翔:《从城市更新到城市复兴：规划理念与国际经验》,《规划师》2013年第5期。

[22] 严华鸣:《公私合作伙伴关系在我国城市更新领域的应用——基于上海新天地项目的分析》,《城市发展研究》2012年第19期。

[23] 严若谷、周素红、闫小培:《城市更新之研究》,《地理科学进展》2011年第30期。

[24] 阳建强:《西欧城市更新》,东南大学出版社2012年版。

[25] 翟斌庆、伍美琴:《城市更新理念与中国城市现实》,《城市规划学刊》2009年第2期。

[26] 张平宇:《城市再生：我国新型城市化的理论与实践问题》,《城市规划》2004年第4期。

从文化指标看上海建设卓越全球城市的文化"短板"问题分析

李守石　刘　康

(上海交通大学　杜克大学)

一　研究背景与概念梳理

21世纪是全球城市大竞争的时代,这意味着国际化大都市之间的竞争程度更为激烈,竞争范围也更加广泛。随着时代的发展,城市,作为次国家行为体的竞争内容已经从以经济竞争力为主的"硬实力"转移到以凸显文化竞争力的"软实力"层面上。当国际化城市的经济综合竞争力具备了一定的条件时,文化竞争力成为竞争的重要砝码。这表明衡量一个国家和地区的发展程度,已经从单一指标转向多重指标。根据世界城市发展的实际,在城市的经济力、政治力要素指标相差无几的情况下,最具竞争意义、发展潜力和传承性的要素,往往是城市所拥有的文化软实力。文化因素在未来的城市竞争力要素中将会占很大比重,城市之间的新型竞争将是基于文化领域与经济领域的双重博弈。

上海作为中国第一大城市、中国最大的经济中心和全球最大的贸易港口,理应在文化建设上成为中国城市的"领头羊"。今日的上海,不仅是中国重要的科技、贸易、金融和信息中心,更是一个世界文化荟萃之地。尽管目前上海还处于世界著名国际大都市的初级发展阶段,但是,自从2010年上海成功举办世界博览会之后,经过八年奋战,上海的国际形象直追纽约、伦敦、巴黎、东京等城市。然而，仅仅通过国际旅游节、国际文化艺术节、国际展览会等大型活动来提升上海的国际形象已经不能满足上海的城市发展需求，也不符合中国全面建设小康社会过程中人们对精神文化生活的期待和诉求。以党的十八大为标志，我国进入全面建成小康社会的决定性阶段。全面建成小康社会，既要让人民过上殷实富足的物质生活，又要让人民享有健康丰富的文化生活。文化软实力显著增强，是全面建成小康社会的重要目标和重要保证。如果没有文化的繁荣发展、离开文化的支撑和保障，全面建成小康社会目标就不可能实现。[1] 因此，上海时任中共上海市委书记在九届市委十六次全会提出：到2020年，上海要力争建设成为"文化要素集聚、文化生态良好、文化事业繁荣、文化产业发达、文化创新活跃、文化英才荟萃、文化交流频繁、文化生活多彩的国际文化大都市"。[2] 这是"十二五"期间上海国际文化大都市建设的目标和着力点。过去几年，上海实现了创新发展、经济转型的艰难跨越，国际文化大都市建设也初具规模。进入"十三五"时期，《上海市"十三五"时期文化改革发展规划》提出，上海要努力建成全国文化中心，建设公共文化设施体系，率先建成现代公共文化服务体系，至2020年基本建成国际文化大都市的总目标。[3] 上海国际文化大都市建设的一大批文化设施正在陆续开工，上海的文化建设已经站到了更高的起点上，大量图书馆、美术馆、展览馆在完善修建，市、区、街道乡镇的文化馆和市民文化活动也都在积极筹备规划之中，市民的文化生活正在社区化、日常化、人性化。然而，城市文化的发展要真正以人为本、深入人心还要增强"文化自觉"的意识，注重文化的内涵和品质，而不仅仅停留于有多少文化活动。站在这个制高点上，上海正式确立了"上海2035年城市愿景目标"，即"上海要坚持以人民为中心的发展理念，至2035年将建成卓越的全球城市，国际经济、金融、贸易、航运、科技创新中心和文化大都市，建设令人向往的创新之城、人文之城、生态之

---

[1] 《坚定不移沿着中国特色社会主义道路前进，为全面建成小康社会而奋斗——在中国共产党第十八次代表大会上的报告》，人民出版社2012年版，第243页。
[2] http://cpc.people.com.cn/GB/64093/64094/16243740.html。
[3] http://news.163.com/17/0424/07/CIP6KTB200018AOR.html。

城"。① 可见，"文化大都市和人文之城"依然是上海在追求卓越全球城市愿景目标中的重要方向和着力点。

从"国际大都市"到"国际文化大都市"，再到打造"卓越的全球城市"，上海的城市建设发展目标和理念，层层逼近国际标准但又保持了自身独有的特色。国际上一般通用"国际大都市"的概念，英文一般用 metropolis、world city、global city 来表示国际性大都市，而刻意强调国际文化大都市的说法并不多见。相比之下，"国际文化大都市"的提法融入了上海在经济飞速发展的背景下对提升文化软实力的愿景和诉求，国际上只有英国伦敦市政府和加拿大蒙特利尔市政府有过类似国际文化大都市的说法。②"国际文化大都市"不仅具有一般国际性大都市所具有的强大的经济功能，同时更注重对文化层面城市功能的提升和拓展。国际文化大都市应具有全球城市的文化生产力、文化聚合力、文化辐射力和文化影响力，较一般的国际大都市有明显的文化优势和特色。对于上海来说，"国际文化大都市"的发展阶段是迈向卓越全球城市的必经之路。"卓越的全球城市"构想实际上是国际文化大都市发展的最高阶段，是上海面向 2035 年的发展目标。这一目标从城市竞争力、可持续发展能力、城市魅力三个维度，明确上海迈向全球城市的具体发展方向和内容，深化了全球城市的内涵和功能支撑，侧重优势整合与短板提升，强化了城市的对外影响力和自身吸引力塑造，将上海打造成彰显中华文化特质和引领现代文明的全球城市。③ 国际文化大都市建设首先是上海完成 2020 年城市发展目标的重中之重，同时也是上海迈向 2035 年卓越全球城市的根本出发点和主要发展方向。因此，汲取世界知名国际大都市的成功发展经验，构建具有国际水准的文化指标体系，以推动上海成为卓越全球城市的文化指标体系建设，提升上海的国际形象和美誉度势在必行。本研究以国际文化大都市的"文化指标"体系构建为研究起点，对世界 100 座城市进行文化大都市排名，从中定位上海作为国际文化大都市的成功

---

① http://news.xinhuanet.com/politics/2016-08/22/c_129248315.htm。
② World Cities Report 2012/2014; Abraham S. M. Global Cities. Oxford：Oxford University Press, 2003, pp.12-15.
③ 肖林：《上海迈向卓越的全球城市》，《科学发展》2016 年第 12 期，第 6—7 页；http://news.xinhuanet.com/fortune/2016-06/11/c_1119021686.htm。

与差距，为今后迈向卓越的全球城市文化建设和文化培育提供实证支撑和理论依据，为提升上海的国际大都市形象和国际传播能力建设出谋划策。

二 卓越全球城市的文化战略与核心理念

20世纪90年代以来，经济全球化的发展加速了城市国际化的进程。然而，国际经济一体化并不意味着世界城市的趋同化。在全球经济和政治活动中发挥重要作用的"国际化城市"或"国际大都市"，其在文化上的碰撞与交融恰恰是使城市变得迥然有异和五彩斑斓的关键所在。联合国教科文组织在2001年发表的《世界文化多样性宣言》中指出："文化是社会或某个社会群体特有的包括艺术和文学，生活方式，共处方式，价值体系，传统和信仰在内的一种独特的精神、物质、智力和情感方面特征的总和。"① 从中可以看出，文化是美学的表现和应用，文化是一种生活方式，文化更是支撑人类发展和城市生活的源泉。全球化以来，城市在时间和空间上的凝聚力、影响力、辐射力都已经由国家范围扩展到全球范围。城市的国际化在某种程度上就是全球本土化实践的一种产物。换言之，全球城市文化战略是国家形象和软实力的重要延伸和体现。全球城市之间，或者说世界城市之间的联系方式和紧密程度决定该城市在国际体系和世界城市体系中的地位和作用，而文化又是连接城市国际化向纵深发展的纽带和桥梁，因此，从多种角度来探寻文化对一个城市的塑造和定型是打造卓越全球城市文化战略的重中之重。

经过对百余座城市长达三年的实证调研发现，文化在一个国际性大都市中所占的比重已经不言而喻。基于对全球城市文化指标体系的优化和建构，本研究建设性地提出国际文化大都市的三个核心理念，活力（dynamic）、多元（diversity）、差异（difference），简称"3D原则"。首先，"活力"显然是指一个城市的人的参与度、人的因素，也就是这个城市的居民，城市的灵魂所在。与一个城市所拥有多少纯粹的硬指标相比，人的参与度、融合度相对更加重要。因此，一个城市是否充满活力是应

---

① Universal Declaration on Cultural Diversity.

该首要考虑的因素。汉语用"以人为本"来表达城市的人文关怀，而国际上比较通用的说法是 very dynamic，非常充满活力。其次，diversity 是多元或者多样化的意思。国际化大都市的发展日新月异，城市文化的发展中不断有新思想、新智慧的涌入，既是城市文化生活不断蜕变和更新的过程，也是城市生活变得越来越多元、越来越多样化的过程。城市与城市之间能够不断地建立新联系、新纽带是一个城市获得可持续发展的关键。此外，从更深的层面理解 diversity，它还有包容性的内涵，城市良好的交流和沟通能力不仅可以激发对人才的包容性和容纳度，促进城市文化多元化的发展，更有助于发现和理解城市发展变化的本质。一个城市的多元化、多样性以及它的包容性可以体现在外侨居民数量、人口种族、民族的种类、国际社区数和文化社团机构数等指标上。体现人文关怀，人的参与度以及文化的多元性的文化特征与联合国教科文组织[1]、欧盟文化统计框架[2]以及美国[3]、英国[4]、澳大利亚[5]和新西兰[6]等国的文化指标设计如出一辙。最后，difference 在汉语中是指差异、差别，也就是说，一个城市要有个性，要有不同寻常的地方，非常 special，非常 original。城市与城市之间、人与人之间、文化与文化之间，都应该显示出彼此之间的差异和不同。城市发展在经济上主张提倡全球化、一体化，但是在文化上却恰恰相反，一个城市要大力提倡文化的多元、活力和差异，既是国际文化大都市发展的宗旨和目标，也是上海迈向卓越的全球城市应努力构建的城市文化核心理念。

三 城市的选取与文化指标设定

到目前为止，各种研究机构所做的城市指标排行大多是以几个或者

---

[1] http：//cscp. tier.'org. tw/CSDB3010. aspx。
[2] http：//epp. eurostat. ec. europa. eu/portal/page/portal/culture/introduction。
[3] http：//www. census. gov。
[4] http：//cscp. tier. org. tw/CSDB3020. aspx；https：//www. gov. uk/government/organisations/department – for – culture – media – sport。
[5] 澳洲统计局：《澳洲艺术和文化：统计性摘要》，2010（Arts and Culture in Australia：A Statistics Overview 2010）。
[6] http：//www. mch. govt. nz/research – publications/cultural – statistics。

十几个城市为样本的"国际大都市排行",研究对象一般是一些典型的国际化大都市,评价指标体系以综合性居多,专门涉及文化因素的评价还比较少见。为推动上海迈向卓越全球城市的文化软实力建设,以人为本,努力促进文化大发展、大繁荣的文化意识,本次国际文化大都市指标排行目标城市的选取,主要是以国际大都市融合世界上一些具有特色的中小城市为基调,突出其文化氛围和自身特质。换言之,城市的选取既兼顾国际性,又具有地区性;既具有国际特色,展现大城市的风采,又不失具有特色的发展中国家甚至一些相对落后国家的城市。2010年上海世博会评选的全球最具代表性的城市最佳实践区也是本研究所选取的主要参考城市。无论是属于经济合作与发展组织国家中的城市,还是发达国家、新兴经济体和发展中国家的城市,只要文化软实力发展繁荣,具备人文关怀,无论大小贫富都是可以向世界展示并供其他国家学习的。因此,本研究以"综合性"和"特色性"为目标选取了世界各地的100座城市,样本之大也是以往的城市排行无法比拟的。

文化是一个城市发展的灵魂,也是永恒的主题。鉴于文化对于城市竞争力以及城市可持续发展的作用和需求,排行榜的指标体系设定主要以文化因素为主,同时融会贯通国际文化大都市发展的核心理念:活力、多元和差异。在国际城市文化指标体系的基础上,同时兼顾100座城市的综合情况和指标测量程度,本研究将国际文化大都市排行的一级指标设定为城市文化建设,其发展目标划分为四个综合层指标,即文化资源、文化历史、文化市场和文化多样性4个二级指标。在此之下的因素层由20项三级指标构成,表达各个综合层的不同文化特点。其中体现文化参与度的三级文化指标主要来自文化资源和文化市场两个二级指标,即博物馆数量、图书馆数量、美术馆数量、体育馆数量、音乐厅剧院数量、电影节与文化节数量,和餐饮场所数量、电影院数量、书店数量、电子游戏场数量、国际旅游人数以及第三产业比例等;各城市的文化历史指标由世界文化遗产数量、世界非物质文化遗产数量、建城历史时间和旅游景点数量组成;而文化社团机构数、大学数量、国际社区数和外侨人口比例则体现了各城市的文化多样性和多元化的特点。具体的各指标体系分层如下图所示。

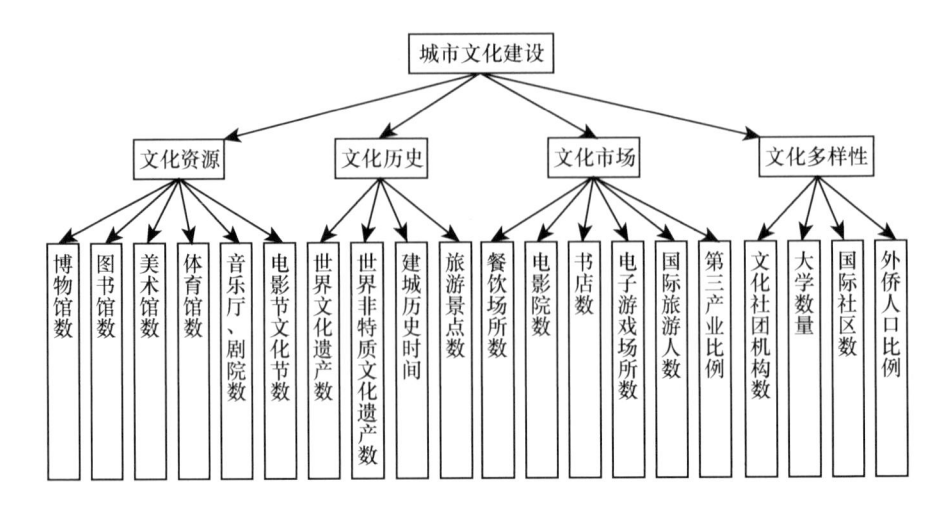

```
                           城市文化建设
            ┌──────────┬──────────┴──────────┬──────────┐
         文化资源      文化历史              文化市场      文化多样性
```

- 文化资源：博物馆数、图书馆数、美术馆数、体育馆数、音乐厅、剧院数、电影节文化节数
- 文化历史：世界文化遗产数、世界非特质文化遗产数、建城历史时间、旅游景点数
- 文化市场：餐饮场所数、电影院数、书店数、电子游戏场所数、国际旅游人数、第三产业比例
- 文化多样性：文化社团机构数、大学数量、国际社区数、外侨人口比例

为了客观准确地评价和考量上海与其他国际大都市文化指标的差距和不足，本次国际文化大都市文化指标的统计时间截至2015年，"十三五"规划开局前的数据相对稳定、准确和全面，因此，本研究的数据搜索范围锁定在2015年前这个节点时间，在数据来源上具有相对的科学性和有效性。本研究使用的所有数据来源于市政府官方网站、各城市文化年鉴、联合国教科文组织网站、世界银行等权威机构发布的数据以及诸如城市黄页、谷歌地图和维基百科等专门搜索类网站的数据，具有一定的权威性和准确性。

在数据处理方面，各指标排行将原始数据进行标准化处理。三级指标的原始数据，有的是具体统计数量，有的是百分比数据，有的数据之间单位不统一，无法直接进行比较。因此，研究时必须分别进行处理。首先对20项三级指标分别进行排序，然后每项指标单项赋值，最高分为5分，最低分为0分（没有），赋值后把每座城市的各项数据相加在一起，既可算出总得分，也可根据二级指标把三级指标分类相加，从高到低进行排序，算出文化资源、文化历史、文化市场和文化多样性的各项指标数据结果。

四　数据分析与讨论

经过标准化处理每一项三级指标的分数之后，各个城市的总分以及各二级指标的分数即作为本次文化指标研究的参考分数。在100座城市中，首先针对前20名进行国际文化大都市文化指标综合研究，同时对文化资源、文化历史、文化市场和文化多样性的各二级指标分别讨论。通过总排名，我们可以了解当今世界文化氛围显著的国际文化大都市各方面指标的总体状况、特点和优势；而通过各项二级指标的单独排名则可以对不同城市的各种文化建设优点和缺点开展明确的比较和分析。

（一）国际文化大都市文化指标综合排名

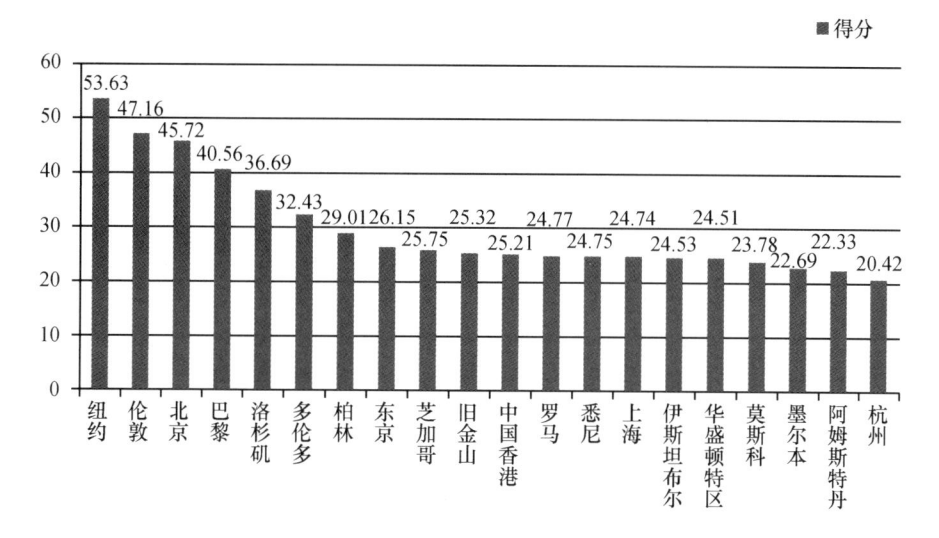

城市	得分
纽约	53.63
伦敦	47.16
北京	45.72
巴黎	40.56
洛杉矶	36.69
多伦多	32.43
柏林	29.01
东京	26.15
芝加哥	25.75
旧金山	25.32
中国香港	25.21
罗马	24.77
悉尼	24.75
上海	24.74
伊斯坦布尔	24.53
华盛顿特区	24.51
莫斯科	23.78
墨尔本	22.69
阿姆斯特丹	22.33
杭州	20.42

图1　国际文化大都市文化指标总排名（1—20名）

国际文化大都市文化指标总排行反映了此次调研考察的100座城市在文化发展方面的综合实力。从美国纽约到中国杭州，图1呈现的是在综合文化指标排行上的前20座国际文化大都市。其中，纽约、伦敦、北京和巴黎分列前4位，并处于优势较为明显的第一集团。纽约以53.63分列第1位，与后3座城市形成了较大的比较优势。根据本研究中数据赋值的标准，博物馆、美术馆、餐饮场所、外侨人口比例都获得了满分5分，而图书馆、音乐厅（剧院）、书店、旅游景点、电子游戏场和大学的数量也获得了较高分值，这些都反映了纽约在文化发展方面具有雄厚的基础。加之其第三产业发达，产值占GDP比重在本次调研中也获得较高分值，综合而言，纽约成为本次调查中国际文化大都市的全球领跑城市。当然，伦敦、北京和巴黎在文化资源、历史、市场和多样性等文化方面亦有不俗表现，进入第一集团也属于名实相符。

从美国洛杉矶开始，加拿大多伦多、德国柏林、日本东京、美国芝加哥、美国旧金山、中国香港、意大利罗马、澳大利亚悉尼、中国上海、土耳其伊斯坦布尔、美国华盛顿，这12座城市分列世界文化大都市总排行的第5至第16位，它们处于第二集团。从分值看，除了美国洛杉矶、加拿大多伦多、德国柏林分值较高，处于相比第一集团尚有不足、相比位列其后的城市稍有优势的地位外，其他城市之间的差距并不是很大。数据显示，从排名第8位的日本东京的26.15分到排名第16位的美国华盛顿的24.51分，9座城市之间的总分值差距也就是1.54分，可见在第二集团，诸多城市的文化综合实力基本相当。从区域分布看，北美有5座城市入围，之后是欧洲、亚洲各3座城市，大洋洲1座城市。中国香港和上海分列第11位和第14位，可见从世界眼光看，两座城市在文化发展方面还大有提升的空间，同时，虽然分值相差不大，只有0.5分还不到，但在综合实力方面上海还与香港存在差距，需要在今后文化发展实践中积极比对并努力赶超。

国际文化大都市文化指标总排行前20名的第三集团，由俄罗斯莫斯科、澳大利亚墨尔本、荷兰阿姆斯特丹以及中国杭州占据。总体而言，这4座城市的文化综合实力与第一集团的4座城市相比还有差距，若将排名第一的美国纽约与排名20的中国杭州相比，其分值相差33分之多，差距非常明显。但换个角度思考，入围前20名毕竟也说明了这4座城市在文化发展方面亦有特点，只不过这种特点不是整体的、全面的、综合的，而是在某些方面较突出而有些方面略微薄弱而已。

（二）国际文化大都市文化资源排名

国际文化大都市文化资源指标排行主要以一座城市拥有的博物馆、图书馆、美术馆、体育馆、音乐厅（剧院）及电影节数量作为指标进行考量。从这些指标的选择来看，相对于文化历史、文化市场和文化多样性，文化资源反映了一座城市文化发展的"客观现实"，并构成了一座城市发展的文化基础设施。

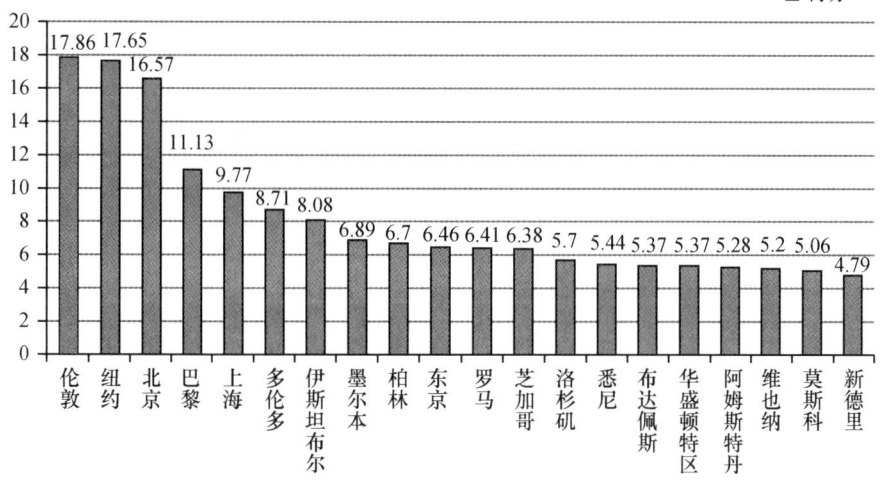

得分：伦敦 17.86、纽约 17.65、北京 16.57、巴黎 11.13、上海 9.77、多伦多 8.71、伊斯坦布尔 8.08、墨尔本 6.89、柏林 6.7、东京 6.46、罗马 6.41、芝加哥 6.38、洛杉矶 5.7、悉尼 5.44、布达佩斯 5.37、华盛顿特区 5.37、阿姆斯特丹 5.28、维也纳 5.2、莫斯科 5.06、新德里 4.79

图 2　国际文化大都市文化资源排名

在此排行榜上，英国伦敦、美国纽约、中国北京分列第 1 至第 3 位，并处于相对明显的第一集团。从打分结果来看，英国伦敦的 17.86 分和美国纽约的 17.65 分相差 0.21 分，应该说，英国伦敦、美国纽约的文化资源不分上下。两座城市在音乐厅（剧院）和电影节数量指标上相差无几，而美国纽约在博物馆和美术馆数量上获得了两个 5 分，英国伦敦在图书馆数量上获得了 5 分。最终影响两座城市细微排名的指标是在体育馆数量上，由于 2012 年伦敦举办过奥运会，英国伦敦与美国纽约拉开了差距。相比前两者，中国北京作为首都城市，亦有不错表现。其博物馆、图书馆、美术馆三馆数量与前两座城市不分上下，得益于 2008 年北京奥运会，体育馆数量的指标分值也很高。但必须看到，音乐厅（剧院）、电影节数量这两项指标中国北京劣势明显，最终影响了其排名。这也正是中国城市与国际大都市在文化指标上的差距所在。

在这之后，以法国巴黎为引领，中国上海、加拿大多伦多、土耳其伊斯坦布尔、澳大利亚墨尔本、德国柏林、日本东京、意大利罗马直至美国芝加哥，9 座城市位列世界城市文化资源排行榜的第 4—12 位，处于第二集团。法国巴黎的地位相对微妙，它虽不及处于第一集团的三座城市，但它又跟第二集团的其他城市拉开较大距离，总体上，它依然饱含底蕴。值得欣慰的是，由于近些年在文化上的有效投入，中国上海处于国际文化大都市文化资源排行的第 5 位。但和中国北京一样，音乐厅（剧院）、电影节数量这两项指标还需持续加强。

国际文化大都市文化资源排行榜的第三集团由美国洛杉矶、澳大利亚悉尼、捷克布达佩斯、美国华盛顿、荷兰阿姆斯特丹、奥地利维也纳、俄罗斯莫斯科、印度新德里 8 座城市占据。总体来看，前 20 名的文化资源特色城市以欧美国家为主，它们都属于世界范围内知名的文化城市，是我们今后学习的典范。

（三）国际文化大都市文化历史排名

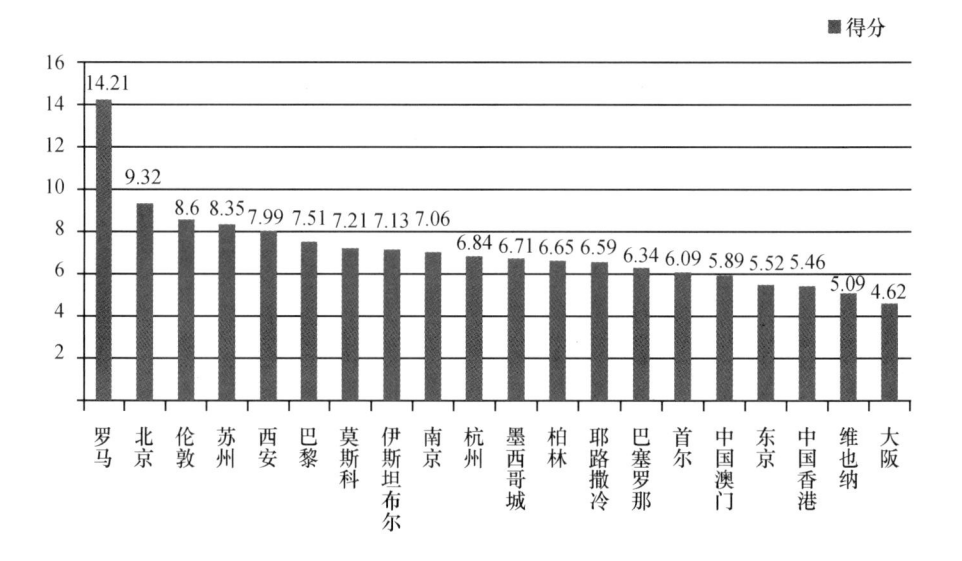

图 3 各城市得分（从高到低）：罗马 14.21、北京 9.32、伦敦 8.6、苏州 8.35、西安 7.99、巴黎 7.51、莫斯科 7.21、伊斯坦布尔 7.13、南京 7.06、杭州 6.84、墨西哥城 6.71、柏林 6.65、耶路撒冷 6.59、巴塞罗那 6.34、首尔 6.09、中国澳门 5.89、东京 5.52、中国香港 5.46、维也纳 5.09、大阪 4.62

图 3　国际文化大都市文化历史排名

世界文化遗产数量、世界非物质文化遗产数量、建城历史时间、旅游景点数量构成了国际文化大都市历史排行榜的主要指标。以文化底蕴为要件，各城市在国际文化大都市文化历史排行榜各就其位。

此排行榜中，罗马的分数遥遥领先，领跑其他入围的世界城市。罗马的历史悠久，文化资源丰富，在文化历史排名中列第 1 位实至名归。北京虽然与罗马存在一定的差距，但其列第 2 位，可见其文化底蕴之深厚非一般城市可以企及。北京的世界文化遗产和旅游景点数量均获得 5 分，足见其后发优势明显。当然我们也应该看到，世界文化遗产数量和旅游景点数量两者相辅相成，前者体现底蕴基础，后者体现发展能力。同时，北京在世界非物质文化遗产数量和建城历史时间两个指标上也获较高分值，这是构成其在文化历史排行中仅次于罗马的主要原因。

在罗马和北京之下，各城市在文化历史方面的表现差距不大，从指标上看各城市得分渐次递减，但并没有形成特别明显的"分水岭"。总体上，以综合得分7分为界，英国伦敦、中国苏州、中国西安、法国巴黎、俄罗斯莫斯科、土耳其伊斯坦布尔、中国南京列第2至第9位，形成第二集团；而中国杭州、墨西哥墨西哥城、德国柏林、巴勒斯坦耶路撒冷、西班牙巴塞罗那、韩国首尔、中国澳门、日本东京、中国香港、奥地利维也纳和日本大阪位列第10至第20位，形成第三集团。必须看到，因为底蕴的原因，有些城市特别是一些发展中国家城市，如中国的杭州、南京、苏州、西安以及巴勒斯坦耶路撒冷等在这方面非常有特点，并出现在国际文化大都市文化历史指标排行的前20位之中。但这种单项优势，更多与"过往"有关，要形成真正的文化实力，还需要多方面的支撑与发展。

（四）国际文化大都市文化市场排名

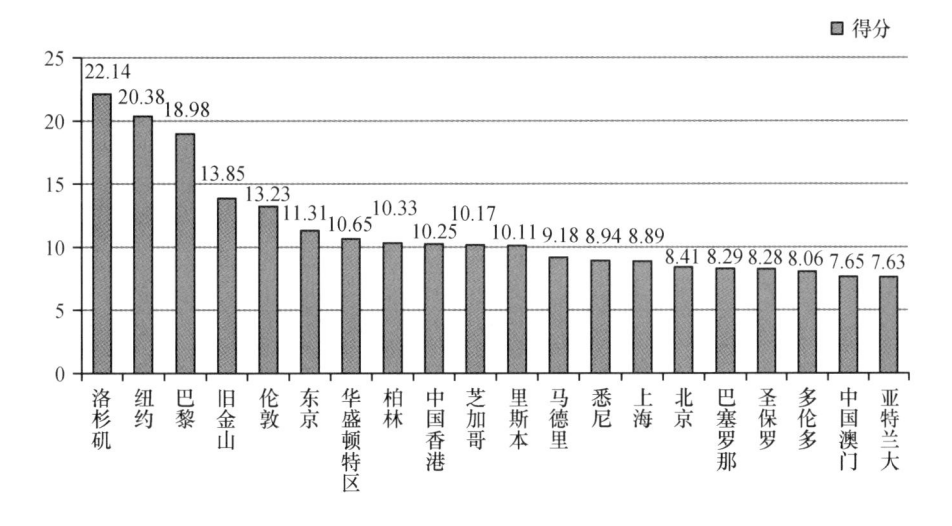

图4 国际文化大都市文化市场排名

本次调研以餐饮场所数量、电影院数量、书店数量、电子游戏场数量、国际旅游人数（万）、第三产业比例6个指标构建国际文化大都市文化市场排行。相比于文化历史，国际文化大都市文化市场排行榜带我们回到当下，似乎又回归了"主流"。

美国洛杉矶、美国纽约和法国巴黎位列国际文化大都市文化市场排行的前三甲，形成第一集团。从美国洛杉矶的22.14分、美国纽约的20.38分到法国巴黎的18.98分，这里呈现的是现代大都市文化市场的繁荣程度，其中最显著的指标是其第三产业所占GDP比例，这三座城市均获得高分。同时，相比较美国纽约和法国巴黎，美国洛杉矶领跑国际文化大都市文化市场排行榜，主要得益于书店数量、电子游戏场数量、国际旅游人数（万）、第三产业比例等方面的得分优势，其中书店数量、电子游戏场数量各获得一个5分。而美国纽约在餐饮场所数量、电子游戏场数量，法国巴黎的电影院数量方面都各自领先。

从美国旧金山、英国伦敦、日本东京、美国华盛顿到德国柏林、中国香港、美国芝加哥、葡萄牙里斯本，这8座城市分列国际文化大都市文化市场排行榜的第4—11位，属于第二集团。从分值看，它们与前三甲有些差距，最好的美国旧金山也只有13.85分，但第二集团各城市得分均保持在10分之上，最低的葡萄牙里斯本也有10.11分，与之后的城市也形成了距离。在第二集团中，美国城市有3座，处于绝对多数地位。且从整个国际文化大都市文化市场排行的前20位来看，算上第一集团的洛杉矶、纽约以及接下来会涉及的第三集团的亚特兰大，美国城市共有6座，占到了1/3，可见由于市场经济发达，美国在文化发展中的文化市场资源具有显著优势。

而西班牙马德里、澳大利亚悉尼、中国上海、中国北京、西班牙巴塞罗那、巴西圣保罗、加拿大多伦多、中国澳门、美国亚特兰大9座城市在文化市场方面得分低于10分，虽然与前面的城市有差距，但也各具特色，进而跻身国际文化大都市文化市场排行榜前20强。其中，排名第14和第15位的中国上海、北京总体上难分伯仲，各项分值均相差不多。但上海在第三产业所占GDP比例上不及北京。这是上海文化软实力的短板之一，也是今后发展的重中之重。

（五）国际文化大都市文化多样性排名

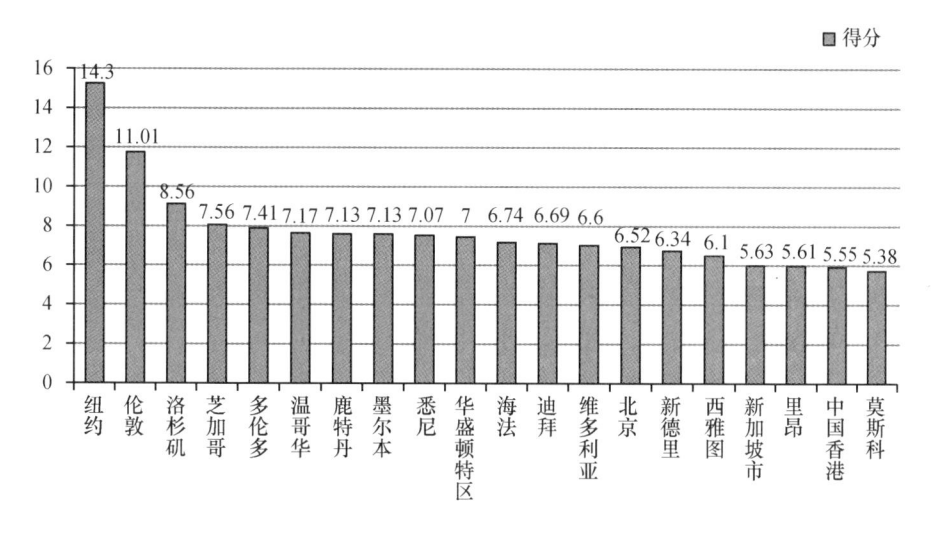

图5　国际文化大都市文化多样性排名

城市得分（从高到低）：纽约 14.3、伦敦 11.01、洛杉矶 8.56、芝加哥 7.56、多伦多 7.41、温哥华 7.17、鹿特丹 7.13、墨尔本 7.13、悉尼 7.07、华盛顿特区 7、海法 6.74、迪拜 6.69、维多利亚 6.6、北京 6.52、新德里 6.34、西雅图 6.1、新加坡市 5.63、里昂 5.61、中国香港 5.55、莫斯科 5.38。

国际文化大都市文化多样性排行主要以一座城市拥有的文化社团机构数、大学数量、国际社区数量以及外侨人口比例作为指标进行分析。这些指标，更加贴近"人"的要素，反映了城市在文化方面的"动感"、开放性及包容性。

美国纽约和洛杉矶分列第1位和第3位，英国伦敦位于第2位，这3座城市形成第一集团。且从所获分值看，从美国纽约的14.30分、到英国伦敦的11.01分以及美国洛杉矶的8.56分，三者之间并不是"咬"得很紧，而是也有一些距离。这其中，美国纽约在文化社团机构数指标上获得5分，同时其他指标分值也较高，故而总体领跑。英国伦敦在国际社区数量指标上有优势，但文化社团机构数指标似是其软肋。至于美国洛杉矶，虽然没有绝对领先的指标，但各指标获得的分数并不低，进而总体分值尚可。

在3座城市之外，有13座城市的分值落在8分之下6分之上，总体上，各城市间的差距不大，分值的递减绝对数较少，并占据从第4—16位的排名。处于国际文化大都市文化多样性排行第二集团的城市依次为美国芝加哥、加拿大多伦多、加拿大温哥华、荷兰鹿特丹、澳大利亚墨尔本、澳大利亚悉尼、美国华盛顿、以色列海法、阿联酋迪拜、加拿大维多利亚、中国北京、印度新德里、美国西雅图。而在第二集团之后，新加坡新加坡市、法国里昂、中国香港和俄罗斯莫斯科也跻身前20名，形成第三集团。总体审视国际文化大都市文化多样性排行榜前20强，美国有5座城市、加拿大有3座城市入围，北美国际文化大都市文化多样性指标优势明显。

五　上海建设卓越全球城市的文化短板问题分析

从以上研究的数据分析可以看到，与其他全球国际文化大都市相比，上海在文化指标上有自己的优势，但也存在一定的不足。

第一，上海荣登国际文化大都市总排行的前15位，并且与第11位的香港只有不到0.5分的差距，说明上海还有很大的文化发展空间，在迈向令人向往的全球城市过程中上海后发优势明显。

第二，上海处于国际文化大都市文化资源指标排行的第5位。从全球的角度来看，上海能进前5位，说明上海的文化资源在世界上已经初具规模。文化资源主要涉及一座城市所拥有的博物馆、图书馆、美术馆、体育馆、音乐厅（剧院）及电影节数量。这些资源是一座城市文化发展的客观再现，构成了城市发展的文化基础设施，也就是所谓的硬指标。在硬的层面上，上海的文化资源优势突显，但是，上海各种文化场馆的利用率、市民参与各种文化活动的频次等相关软指标与其他著名国际文化大都市相比还存在一定的差距。

第三，从文化历史指标排行来看，上海仅获得3.29分，没有进入排行榜的前20位。当然，总排名第1位的纽约也只获得4.58分，同样没有进入前20强。历史的确与过往有关，但是反观中国的杭州、南京、苏州、西安以及巴勒斯坦的耶路撒冷这些城市文化历史指标进入前20位，说明它们对文化历史的保护和传承下了很大功夫，上海可以从这些城市中寻找文化历史保护和传承创新的经验教训。

第四，在文化市场指标方面，上海和北京分别获得第14和第15位，相差无几。但是必须看到，在第三产业所占GDP比例上，上海不及北京。相比较美国纽约和法国巴黎，美国洛杉矶领跑国际文化大都市文化市场排行的城市，它们主要得益于书店数量、电子游戏场数量、国际旅游人数（万）、第三产业比例等方面的得分优势，其中书店数量、电子游戏场数量各获得一个5分。而美国纽约在餐饮场所、电子游戏场方面，法国巴黎在电影院数量方面各自领先。在文化市场指标中，美国的洛杉矶、纽约、旧金山、华盛顿、芝加哥和亚特兰大6座城市进入前20强，占到了总数的1/3，可见美国由于其市场经济的发达，在文化市场层面具有绝对优势。这也正是今后上海需要大力发展和加强的方向之一。

第五，文化多样性的指标排行体现了卓越全球城市"以人为本"的要素，反映出城市在文化方面的"动感"及开放性。美国纽约在文化社团机构数指标上获得5分，同时其他指标分值也较高。英国伦敦在国际社区数量指标上优势明显，这些都是上海需要亟待提高的重要的国际文化指标。总体来看，美国有5座城市、加拿大有3座城市入围国际文化大都市文化多样性指标排行，可见，北美的国际文化大都市在彰显城市多样性、开放性和包容性的同时，更注重以人为本的城市文化发展理念，是今后上海在文化多样性方面的主要参考对象。

六　上海建设卓越全球城市的文化软实力提升策略

上海在城市总体规划（2017—2035）中展望迈向卓越全球城市的发展新目标，符合全球城市的发展潮流和趋势，顺应"十三五"时期国家城市发展战略的精神指引，是对上海城市功能和内涵的及时研判。本研究的实证调研结果是对"十三五"开局前上海城市文化指标发展的全面总结和回顾，立足当下、找准问题，是今后上海提升城市文化软实力的根本所在。因此，针对短板问题，本研究提出几点上海打造卓越全球城市的文化软实力的提升策略。

第一，上海未来卓越全球城市的文化指标体系构建应以"人文关怀"为本，重视提升城市的开放性和包容性，努力促进文化的多样性以及各种文化场馆市民的参与性，使上海真正以"创新之城、活力之都"的形象展示在世人面前。综观世界排名靠前的北美国家和欧洲国家都相当重视城市以人为本的自然发展理念，尊重人的自由和特性。换言之，全球城市文化指标要彰显人类个性的活力和文化多样性的诉求，满足人类对城市的归属感和认同感。这是上海在城市发展精神和城市文化指标构建上所应秉持的正确方向。

第二，上海在保持并继续加强全球城市文化基础设施建设的基础上，大力推进文化软指标的提升和发展。也就是说，卓越的全球城市文化建设不再单纯地关注博物馆、图书馆、美术馆、体育馆、音乐厅剧院等文化场所的数量，而是要重视究竟有多少市民真正参与并受益于文化场管所举办的活动之中，这才是全球城市文化建设发展的最高境界。这方面，中国北京和上海都应以纽约、伦敦和巴黎等国际文化大都市作为参照和借鉴。

第三，上海应大力加强第三产业发展的比重，这是体现卓越的全球城市文化繁荣程度的显著指标之一。尽管上海已经是中国第一的国际化大都市，但是在第三产业所占 GDP 比例上，上海不及北京，更不要说与纽约、旧金山、洛杉矶等美国的 6 座城市相比较。美国在这方面具有毋庸置疑的绝对优势，是上海今后研究和学习的主要目标。

第四，上海应继续增加文化社团机构数、国际社区数量和外侨人口比例，这是上海向卓越全球城市迈进的必由之路。上海目前只在大学数量上有一定的优势，但是在其他体现城市文化多样性、开放性和包容性的指标上均存在软肋。美国的文化社团发展经验和伦敦的国际社区开发路径可为上海塑造一流的全球城市形象提供参考。

第五，国际文化小城市的文化特色也可为上海的全球城市文化建设添砖加瓦。比如文化小城苏黎世如何将古老的文化与现代的艺术相结合，戛纳如何通过电影节塑造城市文化精神，温哥华如何变成世界上最宜居的城市而成为国际文化小城的典范，这些案例是上海推进全球城市文化指标建设不可或缺的经典素材。

上海国际文化大都市建设方略研究

徐清泉

（上海社会科学院）

在我国的城市化发展进程中，一些城市于20世纪90年代后期，特别是在进入21世纪的三五年间，陆续提出了建设"国际大都市"的初步倡议。近十几年来，伴随部分省市文化建设的全面提速，一些省市又陆续提出了建设"文化强省"（浙江等）、"文化大省"（广东等）、"文化强市"（深圳等）及"国际文化大都市"（上海等）的发展战略。在此背景下，一些高等院校、科研院所及政府部门，借助奥运会及世博会的数年准备及正式举办机遇，再次对世界城市及文化大都市的研究予以高度关注。上海市还曾在此期间组织过诸如"建设文化大都市"及提炼"城市精神"之类的相关讨论。不少专家学者也聚焦世界城市发展规律、城市文化产业、公共文化事业及城市文化精神等专题，纷纷发表了不少观点鲜明的论著。这些颇具先见性、尝试性的研究成果，为我们进一步开展"上海建设国际文化大都市"的相关专题研究打下了良好的基础。

在党的十九大胜利召开，《中华人民共和国国民经济和社会发展第十三个五年规划纲要》《关于加快构建现代公共文化服务体系的意见》《中华人民共和国公共文化服务保障法》《关于推动国有文化企业把社会效益放在首位、实现社会效益和经济效益相统一的指导意见》及《国家"十三五"时期文化改革发展规划纲要》等国家政策法规和大政方针正式发布的特殊背景下，在中国共产党上海市第十一次代表大会召开、《上海市国民经济和社会发展第十三个五年规划纲要》已经发布、上海全面贯彻落实中央十八届三中四中五中六中全会精神并掀起学习落实中央十九大精神新高潮的宏观背景下,本课题围绕全面贯彻落实国家有关推进文化改革发展的指示精神,围绕上海市委提出的实施"创新驱动,转型发展"战略、推进"国际文化大都市基本建成"的指示精神,在分析研究世界城市、国际文化大都市建设主要经验的基础上,立足于上海新一轮发展实际,研究探讨影响上海国际文化大都市建设的薄弱环节和"瓶颈"制约,有针对性地提出上海国际文化大都市建设的整体方略,从而发挥"以文化繁荣发展支撑上海转型发展"的智力支持作用。

一 上海建设国际文化大都市的客观要求

上海确立建设国际文化大都市的宏伟目标,并不是一时心血来潮、临时"拍脑袋"的产物,而是上海人民在推进改革开放和现代化建设进程的过程中,充分分析国际国内局势,认真结合上海历史文化传统积淀、当今文化建设实际,在不断吸取国内外文化发展经验的基础上,经反复实践和不断探索,而逐渐聚焦和日益明晰化的城市文化发展战略选择。早在20世纪80年代,上海就曾提出建设"一流城市、一流文化"的文化发展目标;20世纪90年代,上海又曾提出建设"国际文化交流中心";2002年上海第八次党代会再次明确提出了要"努力把上海建成国际性文化交流中心之一"的文化建设目标。至2007年,上海第九次党代会召开之时,"大力发展文化事业,努力建设文化大都市"成为会议共识。2011年《上海市国民经济和社会发展第十二个五年规划纲要》则明确提出"塑造时尚魅力的国际文化大都市"的文化建设目标。2017年5月召开的市委第十一次党代会,则进一步提出到2020年要实现"国际文化大都市基本建成"的目标。从"十三五"期间上海继续实施"创新驱动,转型发展"战略,认真贯彻执行中央有关深化文化体制改革及推动文化大发展大繁荣的指示精神的要求来看,"努力建设与社会主义现代化国际大都市相匹配的国际文化大都市"将成为上海文化建设最为明确的客观要求。

(一)上海"创新驱动,转型发展"要求文化建设提供支撑

按照中央十八大和十九大精神的要求,按照《中共上海市委关于贯彻〈中共中央关于深化文化体制改革推动社会主义文化大发展大繁荣若干重大问题的决定〉的实施意见》的指示，上海今后的文化建设，必须与上海今后继续实施的"创新驱动，转型发展"战略实现深度的有机结合、紧密的互动促进。换句话说，上海的"创新驱动，转型发展"，在客观上要求文化建设提供政治支持、素质保障、产业推动及使命担当等支撑。

1. 要求发挥社会主义先进文化的教育引领作用

上海实施"创新驱动，转型发展"战略，首先需要上海各个领域各个条线的全体干部职工和广大基层群众，在思想道德方面形成基本一致的价值追求，在观念认识方面达成大致统一、足以指导实践的基本共识。面对当下对外开放扩大、信息渠道剧增、社会思潮多元、人们思想多变及意识形态工作面临复杂形势的局面，迫切需要上海发挥社会主义先进文化的教育引领作用，巩固共同思想道德基础，形成观念认识共识，凝聚强大精神力量。针对上述这些客观要求，上海在今后事关"建设国际文化大都市"的文化建设方面，特别需要在践行社会主义核心价值观的过程中，充分发挥针对干部职工和基层群众的社会主义先进文化的教育引领作用，同时也期望将上海倡导的"海纳百川、追求卓越、开明睿智、大气谦和"的城市精神、上海提出的"公正、包容、责任、诚信"的价值追求，有机地融入全体干部职工和广大基层群众的日常言行中，以此形成上海推动"创新驱动，转型发展"的强大精神力量。

2. 要求更好地满足群众文化需求、提升市民文化素质

上海要在"十三五"时期继续推进"创新驱动，转型发展"战略的实施，还需要上海必须在全体市民中间做好健康的情绪氛围准备和科技人文素养准备。如果缺少了这一重要环节，那么实施"创新驱动，转型发展"就会事倍功半，就会缺失广泛的群众基础。面对当今时代人民生活水平不断提高、文化需求日益增长、社会转型加快及群众利益诉求多样化的复杂局面，迫切需要文化建设发挥文化滋润心灵、陶冶情操的作用。让群众共享文化发展成果，获得思想教益和精神满足，让广大人民群众的情绪获得舒缓，使复杂的社会关系得到温润，同时实现市民文明素质和城市文明程度的大幅度提升。这些都是上海"创新驱动，转型发展"不可或缺的群众基础。这意味着：上海必须将"创新驱动，转型发

展",与大力发展文化事业及文化产业、更好地保障及实现群众基本文化权益、努力提升市民文明素养及城市文明程度,实现有机结合及互动并进。

3. 要求发挥文化建设促进转方式调结构的积极作用

上海实施"创新驱动,转型发展"的一个最务实的落地抓手就是"转方式,调结构"。在上海已经确立要逐渐摆脱以往对投资拉动的依赖、对重化工业的依赖、对房地产的依赖、对劳动密集型产业的依赖的前提下,今后到底向哪转、怎么调?成为人们最为关心的问题。2011年发布的《上海市国民经济和社会发展第十二个五年规划纲要》对此作了原则性确定。《纲要》特别强调要"着力提升现代服务业能级和水平,培育发展战略性新兴产业和新型业态,加快发展先进制造业,改造提升基础和传统产业,努力形成服务经济为主的产业结构"。说到这些新产业、新业态,很容易让人把一些期望寄托在文化建设领域。这样想并不奇怪。因为这里提到的未来上海重点发展的"现代服务业""战略性新兴产业"及"先进制造业"三个目标产业,都直接与文化建设领域密切相关。其中的"现代服务业"既覆盖了以公共文化产品供应和服务供应为主要特征的文化事业领域,又覆盖了具有准公共特征的传统文化产业领域和文化创意产业领域;"战略性新兴产业"则更多地与日渐更新出和拓展出的文化产业新业态密切相关,更与以创意科技和创意文化为主要追求的文化创意产业密切相关;而"先进制造业"也在一定程度上与先进的文化装备制造业及文化产品制造业有所交叉重叠。由此来看,上海调整产业结构,转变经济发展方式,就迫切需要发挥文化知识创新、智力创造的作用,以此推动文化产业及文化创意产业成为支柱性产业,促进城市产业能级提升。国务院2009年发布的《文化产业振兴规划》,颇有预见性地提出要"在重视发展公益性文化事业的同时,加快振兴文化产业,充分发挥文化产业在调整结构、扩大内需、增加就业、推动发展中的重要作用"。显然,上海在转方式和调结构的过程中,也特别需要发挥文化建设的直接促进乃至部分引领作用。

4. 要求发挥担当文化"走出去"等国家使命的先锋作用

上海作为我国改革开放的前沿,不但在经济社会及文化发展方面承担着改革开放、先行先试的职责,而且还曾承担了筹办2010年世博会、创建国家对外文化贸易服务平台、实施文化"走出去"战略等重要的国家使命。其中举办的 2010 年上海世博会，实现了"精彩"和"难忘"的既定目标：共有 246 个国家和国际组织参展，累计入园参观者超过 7300 万人次，其中境外参观者约 480 万人次。园区举办各类文化演艺活动 2.29 万场，观众超过 3400 万人次。8 万名园区志愿者、10 万名城市服务站点志愿者、197 万名城市文明志愿者提供了志愿服务。从文化交流和文化服务贸易方面来看，按照国家统计局关于"文化及相关产业"的统计口径，2015 年上海文化产品和服务进出口总额为 90.63 亿美元，同比增长 8.63%，总量规模持续扩大。其中，文化产品进出口额 53.19 亿美元，同比增长 4.72%；文化服务进出口额 37.44 亿美元，同比增长 14.70%。① 在上海文化建设领域，涌现出一批具备担当文化"走出去"责任能力的文化企业，其中涉及广播影视、新闻出版、数字娱乐及文化艺术等条块行业。而就文化创意产业来看，2015 年上海文化产业实现增加值 1632.68 亿元，同比增长 8.1%，增幅高出同期地区生产总值 1.2 个百分点；占地区生产总值比重为 6.50%，占我国文化及相关产业比重的 6%。文化产业作为上海的支柱性产业之一，对促进本市总体经济社会发展"稳中有进，稳中向好"起到重要的支撑作用，并成为深化上海供给侧结构性改革的重要助推力量。以文化软件服务、广告服务、设计服务为主的文化创意和设计服务实现增加值 789.43 亿元，占文化产业增加值的 48%，同比增长 10.3%。文化信息传输服务实现增加值 208.49 亿元，占文化产业增加值的 12.8%，同比增长 28%。"互联网+"的效应正在全面释放，成为文化产业融合发展巨大的推动力量。② 从上海发挥担当文化"走出去"等国家使命的先锋作用来看，建设社会主义文化强国，迫切需要上海能够依托"四个中心"建设和"科创中心"建设，继续主动承担国家重大文化战略任务，扩大国内外文化交流与合作，发挥先行先试的优势，当好文化改革发展的"排头兵"，同时将上海建设成为中国文化产品服务出口

---

① 中共上海市委宣传部文化改革发展办公室、上海市文化事业管理处和上海社会科学研究院文学研究所编撰：《2016 年上海文化产业发展报告》，载"上海市国际服务贸易行业协会"网站，2017 年 9 月 19 日。

② 同上。

的一个重要"桥头堡"。

（二）上海今后文化改革发展直关"建设国际文化大都市"

根据《上海市国民经济和社会发展第十三个五年规划纲要》《中共上海市委关于贯彻〈中共中央关于深化文化体制改革推动社会主义文化大发展大繁荣若干重大问题的决定〉的实施意见》及市委第十一次党代会精神的要求，上海今后的文化改革发展，一是要充分体现服务于建设社会主义现代化国际大都市、提高市民文明素质和城市文明程度、增强城市文化软实力和国际竞争力这个客观需要；二是在推进国际文化大都市建设进程中，努力遵循"五个坚持、五个体现"的原则；三是将推进国际文化大都市建设，与市委第十一次党代会提出的建设"创新之城""人文之城"和"生态之城"的发展目标实现有机结合；四是把握直关国际文化大都市建设的专项目标任务节点，力求不断取得实质性进展；五是逐步落实分项细化目标任务，确保2020年基本建成国际文化大都市。

1. 要求文化改革发展服务于建设现代化国际大都市

上海已经确定的今后文化改革发展"路线图"的总体要求就是：要深入贯彻落实科学发展观，自觉坚持社会主义先进文化前进方向，坚定不移地走中国特色社会主义文化发展道路，紧紧围绕加快推进"四个率先"、加快建设"四个中心""科创中心"和社会主义现代化国际大都市的总体目标，以科学发展为主题，以建设社会主义核心价值体系为根本任务，以满足人民精神文化需求为出发点和落脚点，以改革创新为动力，遵循文化发展规律，推动商旅文体联动发展，发挥上海文化优势和世博会后续效应，提高市民文明素质和城市文明程度，增强城市文化软实力和国际竞争力，努力建设与社会主义现代化国际大都市相匹配的国际文化大都市，为建设社会主义文化强国作贡献。按照上述要求，今后上海的文化改革发展，就必须服务于现代化国际大都市建设，而且特别强调要"努力建设与社会主义现代化国际大都市相匹配的国际文化大都市"。

2. 要求文化改革发展遵循"五个坚持""五个体现"原则

由于上海提出的"建设国际文化大都市"，立足于我国特有的国情、民情和党情，属于中国特色社会主义事业的一部分，所以它既不能完全照搬发达国家的做法，又不能违背世界城市发展规律和文化建设发展规律。为了确保路线和方向正确，上海在围绕国际文化大都市建设目标不断推进文化改革发展的过程中，必须遵循"五个坚持"，即坚持以马克思主义为指导、坚持社会主义先进文化前进方向、坚持以人为本、坚持把社会效益放在首位、坚持改革开放的重要方针；同时要努力做到"五个体现"，即体现地域特色，传承中华文化精髓，吸收世界文化精华，弘扬海纳百川、兼收并蓄的海派文化品格；体现创新驱动，解放思想，更新观念，勇于突破阻碍文化发展的体制机制"瓶颈"，鼓励文化创新创造，激发文化发展活力；体现群众参与，尊重群众主体地位和首创精神，创造条件鼓励群众参与文化建设，增进文化认同，共享文化发展成果；体现开放合作，用好国际国内两个市场、两种资源，"引进来""走出去"，汇聚海内外智慧和力量，增强上海文化的集聚力和辐射力；体现协同推进，促进市区县联动，加强部门协同，鼓励社会参与，推动文化与其他领域的渗透融合，形成举全市之力推进文化建设的格局。

3. 期望在直关国际文化大都市建设的专项目标实现方面取得进展

从上海建设国际文化大都市、为建设社会主义文化强国作贡献的高远立意出发，《纲要》和《实施意见》均提出了较为具体的专项目标要求。

一是要在深入推进社会主义核心价值体系建设的过程中，使社会主义核心价值观逐渐深入人心，使广大市民的文明素养得到较大程度的提升，使上海成为"和谐文化之城"。

二是要利用上海特有的辐射亚太、联通海外的区位优势，主动承担世界优秀文化成果"引进来"及中华文化成果"走出去"的国家使命，使上海成为文化贸易繁荣的"国际文化交流中心"。

三是要充分发挥现代通信技术、现代数字技术及现代互联网技术等高新科技的创新突破优势，努力将本土民族传统文化资源优势转化为文化生产力，充分吸收借鉴世界优秀文化成果，推进文化业态更新升级及新生业态不断开发拓展，支持骨干文化企业跨地区、跨行业兼并重组，培育文化产业战略投资者，以产业集聚、产业跨界融合发展及产业价值链延伸等多种手段，实现文化产业的规模化、集约化经营，使上海成为"现代文化产业重镇"。

四是在理性地、适度地学习借鉴世界城市及国际文化大都市的成功经验的基础上,按照突出国际化、时尚化、高端化、品牌化及潮流化的要求,全力提升上海在国际时尚消费生活领域的全球影响力,使上海成为"国际时尚文化中心"。

五是以文化创意产业的创新创意突破和业态能级提升为抓手,通过创意科技、创意文化及体制机制的多管齐下及齐头并进,努力打造以创意设计研发为主要特色的"创意设计之都"。

六是通过创新文化体制机制、改善文化生态环境、拓展文化创新创业舞台平台等多方面举措,来吸引更多的海内外优秀文化人才到上海创新创业,使上海成为最具凝聚力和辐射力的"文化人才高地"。上述6个方面的专项目标要求兑现完成得好坏,将直接关系到上海能否最终确立国际文化大都市地位身份,因此上海今后的文化改革发展也将力求在这六项目标的兑现落实方面取得实质性进展。

4. 力争按照分项细化目标要求逐步推进国际文化大都市建设

假如说上海的"四个中心"建设和"四个率先"实现,在客观上契合了"力求完成世界城市身份确认的经济指标要求"的话,则上海2011年初明确提出的"塑造时尚魅力的国际文化大都市"的倡议,就具有"力求完成世界城市身份确认的文化指标要求"的深刻寓意。上海在《实施意见》中,初步确定了今后文化改革发展及推进国际文化大都市建设的大致"时间表"。即到2020年,也就是上海"十三五"末期,要实现市民综合素质和城市文明程度显著提升,城市文化软实力和国际影响力显著增强,并且要在以下分项细化目标任务完成方面努力做到——文化要素集聚、文化生态良好、文化事业繁荣、文化产业发达、文化创新活跃、文化英才荟萃、文化交流频繁、文化生活多彩。按照市委2017年5月召开的第十一次党代会的提法,到"十三五"末期,上海要实现"国际文化大都市基本建成,文化软实力和国际影响力日益增强,城市精神充分彰显,文化上海更显魅力。"

5. 力求通过建成国际文化大都市来实现软实力显著提升

上海建设国际文化大都市的最终目的是什么呢?假如我们需要用一段话来概括的话,则其最迫切的目的就是——以文化大发展大繁荣支撑上海实现城市转型发展、创新驱动;而其最终目的就在于——通过全面推进文化发展建设,来促进上海城市软实力的大幅度提升,进而促进城市综合竞争力的大幅提升。毋庸置疑，能否建成国际文化大都市，将直关上海可否在软实力建设方面实现显著提升。

第一，上海已到了最需要提升文化软实力的关键时期。西方一些战略家早在20世纪末期就指出：随着世界政治、军事及经济格局的发展变化，文化在国际竞争中的地位和作用正逐渐凸显和重要起来。① 近年来，上海党政领导对此也有清醒认识，市委第十一次党代会明确提出要创建"人文之城"。②

第二，文化创意产业和公共文化服务的快速发展，顺应经济全球化时代的新一轮产业结构调整及发展模式转型的需要。文化作为综合国力一个至关重要的组成部分，不仅在促进产业结构调整、助力发展模式转型方面具有重大价值，而且在提升经济附加值、开拓新的发展增长点方面意义非凡。

第三，按照恩格尔系数的测算逻辑，上海经济文化发展已经进入了广大人民群众精神文化消费需求显著增长的新阶段，人们期望在更高水平上充分保障和落实文化权益，满足多样化的文化消费期待。上海将自己的文化发展建设目标，最终设定为具有客观形态和内涵品质的国际文化大都市这一发展能级上，无疑是从根本上契合了人民的意愿。

二 上海建设国际文化大都市的对标分析

从上海建设国际文化大都市的客观要求可以看出："建设国际文化大都市"，是上海对"十三五"时期乃至更长时期的文化改革发展目标任务，所作出的一种形态化、感性化和概括化表述。它并不是一项为"应时应景打造"国际文化大都市而刻意为之的即兴即情任务，而是一个经

---

① 参见［美］兹比格纽·布热津斯基《大棋局：美国的首要地位及其地缘战略》，中国国际问题研究所译，上海人民出版社1998年版。
② 市委第十一次党代会报告对上海创建"人文之城"的描述是："人文之城公正包容、更富魅力。中外文化交相辉映，现代和传统文明兼收并蓄，建筑是可以阅读的，街区是适合漫步的，公园是最宜休憩的，市民是遵法诚信文明的，城市始终是有温度的。"（韩正：《勇当排头兵，敢为先行者，不断把社会主义现代化国际大都市建设推向前进——在中国共产党上海市第十一次代表大会上的报告》，《解放日报》2017年5月14日）。

过较长历史实践检验、有着较高社会认同度和广泛社会基础的系统工程。支撑这一工程的是大量"已经做过的""正在做的"和"将要做的"众多条线块面专项任务。这些任务在相当大的程度上与上海今后一段时期能否真正实现"创新驱动,转型发展"密切相关。假如这些任务能够切实保质保量最终完成,我们就大致可以判断:上海已经基本具备了"与社会主义现代化国际大都市相匹配"的国际文化大都市形态内涵架构。设定这一基本判断的前提是:我们对世界上既有的国际大都市和国际文化大都市,已经有一个较为符合实际的规律性认识。基于此,上海的国际文化大都市建设,作为中国特色社会主义事业发展总体布局中的一个有机组成部分,一方面要特别强调突出中国特色、时代特征和上海特点;另一方面则需要遵循国际大都市和国际文化大都市的一般发展规律,体现基本的共性特征。也正因如此,我们极有必要对上海与国际大都市、与国际文化大都市作些相关指标的比对分析,借以查找导致具体差距的背后原因。

(一) 上海与国际大都市的重要指标比较分析

近20年来,国内外学术界对国际大都市特别是世界城市(world city)及全球城市(global city)的研究多有关注。从学术界论定国际大都市的主要标准来看,总体上大致包括人口数量的多寡、城市空间范围的大小、经济总量规模的大小、国际化程度的高低及城市对外影响力的强弱等若干方面。而就世界城市及全球城市来说,它重在基本具备"全球控制中心"(弗里德曼)功能、实现城市形态从工业化向后工业化转型、在世界上占据国际经济文化活动制高点、能够在一定程度上影响世界市场运作。海外学者如弗里德曼(Friedmann)、沃尔夫(Wolff)、萨森(Sassen)、诺克斯(Knox)、亚伯拉罕(Abraham)等,都对世界城市和全球城市给予了极大程度的关注和研究。事实上,国际大都市的说法与世界城市、全球城市的概念界定会在相当程度上形成重叠。一般来说,国际大都市一定是全球城市和世界城市,而全球城市和世界城市就未见得一定是国际大都市。有些城市是因为在某些专项特长方面具备了相当大的国际影响力,从而被人们论定为全球城市和世界城市,如以汽车产业见长的美国城市底特律,以港口经济见长的荷兰鹿特丹,以会展产业见长的德国汉诺威等,日本的横滨则是具有世界影响力的港口物流城市。

不少学者在具体考量国际文化大都市、全球城市及世界城市时,通常也会根据城市体量规模、经济体量规模及全球影响力的大小等,将这些城市分别划入不同的量级和段位,像纽约、东京就被列入了第一量级;伦敦、巴黎、中国香港、新加坡、北京、悉尼、米兰及上海就被列入了第二量级;马德里、莫斯科、首尔、曼谷、多伦多、布鲁塞尔、芝加哥、吉隆坡及孟买等就被列入了第三量级。① 显然按照这一基本划定,就并不是所有的世界城市和全球城市都可称作国际大都市。从上海确定的建设国际大都市和国际文化大都市的发展目标来看,上海离真正的国际大都市的身份最终确定尚有一定的差距。这里仅就上海与世界上公认的一些国际大都市在某些关键指标方面作些对标分析。

1. 城市等级体系的比较

从一些具有代表性的国际大都市理论及世界城市理论来看,判定一个城市是否具备全球城市的基本素质标准,虽然细细考究起来,牵涉的指标显得纷繁复杂,但人们还是可以依据一些关键性的要素来归纳概括出相对简要的共性特质。如萨森(Sassen)更注重从经济方面的综合衡量(不单单是对经济总量的简单比照),并结合对纽约、伦敦及东京等城市的实证考察,最终确定全球城市具备以下四方面非常显著的功能:一是作为世界经济组织的高度集中的命令点;二是作为金融和专业服务业的重要聚集地,制造业不再是经济的主导部门;三是作为金融和专业服务的生产中心;四是作为金融和专业服务的主要市场。② 按照萨森对世界上一些重要城市的经济指标等级划分归类,可以从表1中看出,纽约、伦敦、巴黎和东京在得分上位居世界前列,这4个城市可称得上是典型的世界城市或说全球城市。在我国众多的城市当中,仅有北京进入了这一分级表中,而且名次相对落后,仅得7—8分。③

---

① 参见"维基百科"之"Global city"词条以及英国拉夫堡大学创办的"Globalization and World Cities Research Network"(全球化和世界城市研究网络),http://en.wikipedia.org/wiki/World_cities。

② Sassen Saskia, The Global City: New York, London, Tokyo. Princeton, N. J.: Princeton University Press, pp. 1–397, 1991.

③ Abraham Son M. Global Cities. Oxford Un Ivers Ity Press, 2003.

表1　　　　　一些国外学者为全球城市划分的等级体系

以综合的经济指标划分的全球城市等级体系	
得分	城市
40	纽约
34—37	伦敦、巴黎、东京
28	法兰克福
15—16	芝加哥、中国香港、大阪、苏黎世
11—12	洛杉矶、米兰、新加坡、多伦多
7—8	北京、慕尼黑、圣弗朗西斯科
4—5	阿姆斯特丹、杜塞尔多夫、蒙特利尔、圣保罗、斯德哥尔摩、斯图加特、中国台北

也有一些国外学者（如 Michael P. Smith），则根据具体城市在全球企业、跨国公司、全球金融机构及其总部等落地的情况，特别是围绕这些机构总部为核心开展的经济、金融、贸易等多方面活动的频次和概率，针对这些城市相应具备的国际化功能和对世界经济影响力的强弱，而划分出了核心世界城市、半边缘世界城市、次级核心世界城市及次级核心城市四类大都市（见表2）。不过这种源自2001年的划分，如今看来已经完全不合时宜。

表2　　　　　一些外国学者划分的世界城市等级

核心世界城市	伦敦、纽约、巴黎、洛杉矶、东京、芝加哥
半边缘世界城市	里约热内卢、圣保罗、新加坡
次级核心世界城市	旧金山、休斯敦、迈阿密、多伦多、马德里、米兰、维也纳、悉尼、约翰内斯堡
次级核心城市	墨西哥城、加拉加斯、布宜诺斯艾利斯、首尔、中国台北、中国香港、曼谷、马尼拉

资料来源："确立世界城市目标，开拓创新城市路径"课题组：《建设世界城市——对上海新一轮发展的思考》，上海社会科学院出版社2003年版，第345页。

国内一些学者在充分吸收多种世界城市研究理论成果的基础上，对决定世界城市或全球城市身份确认的指标要素，做了相对综合、相对完整的概括。这些指标要素几乎涵盖了政治、经济、文化、科技和社会等诸多方面。对此，我们可以从表3了解个大概。①

表3　　　　　　　国内学者划分的世界城市职能体系

\multicolumn{3}{c}{世界城市职能体系}		
Ⅰ级指标	Ⅱ级指标	Ⅲ级指标
经济	经济控制和决策中心	跨国公司总部（包括地区性总部）数量
经济	国际贸易中心	外贸转口额，口岸进出口额，贸易进出口额，国际贸易公司规模数量
经济	国际金融中心	金融机构数量，金融业占国内生产总值的比重，外汇交易额，证券交易额，信贷资金，境外上市公司的数量和资本规模
经济	高技术制造业中心	高技术产品产值，高技术孵化公司的数量
经济	生产性服务业中心	会计、广告、法律服务，公共关系，咨询机构数量
经济	国际物流中心	港口吞吐量（散货和集装箱），航空吞吐量（人/货）
政治	政治权力中心	国家最高权力机构所在地，各类政府机构数量，国际权威组织数量，国外政府派出机构的数量
文化	国际文化中心	举办国际文化活动的次数，图书馆外文藏书数量，世界级博物馆数量，高等教育机构数量
文化	观光与会议中心	接待境外游客数，举办国际会议的次数
文化	娱乐业中心	娱乐场所数量
文化	传媒业中心	出版业、新闻业及无线电和电视网总部数量
科技	信息中心	CN域名、www站名数量，电话主线、移动电话、个人电脑、因特网主机拥有量，骨干网络贷款与网络数量
社会	科研中心	科研机构数量，科研成果数量
社会	效能枢纽	港口国际航线的数量，国际机场的数量，航空国际航线的数量
社会	多国籍人口集聚地	国内移民数量，国际移民数量
社会	各类专业人才集聚中心	各类专业人才所占比重

---

① 陆军、宋吉涛、谷溪：《世界级城市研究概观》，《城市问题》2010年第1期。

如果按照表3的指标来一一衡量国内城市特别是上海，则离世界城市的要求还有相当大的差距。首先看经济指标，上海目前国际经济中心、国际贸易中心、国际金融中心及国际航运中心这"四个中心"的建设，基本上是朝着世界城市的经济标准目标在全力推进。尽管上海在外贸转口额、口岸进出口额、贸易进出口额及国际贸易公司规模数量方面保持着一定的优势，但与国际贸易中心的标准，还有不小差距。尽管上海在金融机构数量、金融业占国内生产总值的比重、外汇交易额、证券交易额及信贷资金等方面位居全国前列，但距离世界城市目标还有较大差距。其次从政治指标方面看，与之相关的外来总部及权威机构落地数也未达到世界城市一级方阵的入门指标。最后从文化、科技和社会等方面指标来看，虽然在举办国际文化活动的次数、图书馆外文藏书数量、高等教育机构数量，CN域名、www站点数量、电话主线、移动电话、个人电脑拥有量，港口国际航线的数量，国际机场的数量、航空国际航线的数量、国内移民数量及各类专业人才所占比重等方面占有一定优势，但这些优势还不足以让上海跻身世界城市一级方阵行列。显然，表3还只是偏重于硬性数量指标的衡量，它还缺乏对软性质量指标的适度关照。假如按照更加科学、系统和全面的指标要素来比照，则文化时尚创意指数、科技研发创新指数、城市形象传播指数及城市人文宜居价值等，都将成为衡量世界城市身份的必然指标。用这些指标来衡量上海，同样差距不容小视。

不过，从上海确定建设"四个中心"、着力推进"四个率先"实现、力求政治经济社会文化"四位一体"协调发展的现实实践来看，上海实际上在无形中已将建设世界城市或说国际大都市，视作今后相当长一段时期的发展目标。换句话说，上海的"四个中心"建设、"科创中心"建设和"四个率先"实现的奋斗宗旨，从某种意义上正体现出努力跻身世界城市、全球城市及国际大都市的迫切诉求。

2. 经济文化等若干活力指标的动态比较

上海近年来在经济文化发展方面稳步前进，从2009年到2017年的某些活力指标比较中可以看出变化。

从世界城市GDP来看——如根据世界四大会计师行之一的普华永道（PWC）于2011年公布的数据，结合上海市统计局发布的2010年上海市统计公报数据，当时世界上一些主要城市的名义国内生产总值（GDP）前10位排名如表4所示。

表4　　　　　一些主要的世界城市2010年GDP排名　　　单位：亿美元

排名	城市	GDP	所属国家
1	东京	16000	日本
2	纽约	15580	美国
3	洛杉矶	9050	美国
4	伦敦	6710	英国
5	芝加哥	6330	美国
6	巴黎	6020	法国
7	大阪	5220	日本
8	费城	4350	美国
9	墨西哥城	4310	墨西哥
10	圣保罗	4260	巴西
……	……	……	……
……	……	……	……
23	上海	2556（16872.4亿元）	中国

由表4可见，上海虽然在不断进步，但是在经济总量上与世界一些知名的国际大都市还有较大的差距，甚至与一些属于二、三级方阵的世界城市或说全球城市（如大阪、费城等）也有不小差距。

从城市竞争力比较来看——城市竞争力是决定城市各方面综合实力的关键因素。城市竞争力在各重要指标方面的世界排序，能够客观反映该城市在世界城市乃至国际大都市序列中的具体地位和影响。

表5　　　　世界一些主要城市的城市竞争力排名比较

排名	综合竞争力	国际影响力	跨国公司指数	综合实力国内前10位
1	纽约	纽约	纽约	香港（10）
2	伦敦	东京	东京	上海（37）

续表

排名	综合竞争力	国际影响力	跨国公司指数	综合实力国内前10位
3	东京	新加坡	新加坡	中国台北（38）
4	巴黎	伦敦	伦敦	北京（59）
5	芝加哥	中国香港	中国香港	深圳（71）
6	旧金山	北京	北京	澳门（93）
7	洛杉矶	巴黎	巴黎	广州（120）
8	新加坡	上海	上海	高雄（123）
9	首尔	莫斯科	莫斯科	天津（165）
10	中国香港	首尔	首尔	台中（175）（括号内数字为全球排名）

资料来源：中国社会科学院"皮书数据库"，见 www.pishu.com.cn。

由上述对标比照可见，仅截至2010年，上海在城市综合竞争力、国际影响力、跨国公司指数等决定世界城市身份的关键性指标方面，就已经取得了较为明显的进步，其中后两项指标已经进入前10位，另有要素环境指标已经接近前10位，而综合竞争力指标尚有较大差距。

从城市产业结构等方面比较来看——上海作为世界正在崛起的第六大城市群也即中国长江三角洲城市群的"龙头"城市，在人口数量、人均GDP、劳动生产率特别是产业结构等方面，正在经历不断的发展变化。从表6中可以发现，仅以2009年上海三、二、一产业结构比例数据，与世界上其他城市群的核心城市相比，发达国家国际大都市以现代服务业为核心的第三产业比重已经达到令人吃惊的80%—90%，上海与它们的差距是非常显著的。按照世界城市、全球城市及国际大都市历经的二次现代化转型发展规律，城市以现代服务业为核心的第三产业所占的比例一般要达到75%以上，才能算作基本完成了发展模式转型。到2016年年末，上海第三产业增加值占全市生产总值比重已经达到了70%以上。[①]

[①] 参见韩正《勇当排头兵，敢为先行者，不断把社会主义现代化国际大都市建设推向前进——在中国共产党上海市第十一次代表大会上的报告》，《解放日报》2017年5月14日。

表6 　　　　　　上海与世界五大城市群中心都市区的数据比较①

项目 城市	面积 （平方 公里）	人口 （万人）	GDP （亿美元） （2008年）	人均GDP （美元）	就业率 （百分比）	劳动生产率 （万美元）	产业比率 （三产：二产：一产）
上海	6340	1910	2191	14612	95.8	2.05	59.4：39.9：0.7 （2009年）
纽约	17405	1881	14060	74747	94.9	11.92	90.4：9.6：0 （2001年）
东京	6993	3520	14790	42017	95.2	9.3	80.8：18.9：0.3 （2005年）
巴黎	14518	1177	8134	69107	90.7	10.2	90.7：9.1：0.2
伦敦	1706	1230	5650	45934	92.8	10.3	89.8：10.1：0.1 （2001年）
芝加哥	24814	957	5206	54399	94.4	9.7	84.1：15.7：0.2 （2008年）

美国纽约从20世纪70年代到21世纪的2006年这近30年间走过的转型发展道路，很能说明问题（见表7）。20世纪七八十年代，是美国借助实施"星球大战计划"等军备竞赛手段，与苏联、东欧等社会主义国家将冷战对峙推向白热化的时期。不过美国与苏东对峙的最终结果是：美国终于拖垮了苏东，同时借助互联网等高新技术的勃兴，拉开了以新经济及知识经济引领社会经济转型发展的序幕，还顺带在与日本这个第二次世界大战后新崛起经济体的竞争中取得了主动权。纽约作为国际大都市，完全见证和亲历了这些转型发展变化。也正是在此过程中，纽约的第三产业在"一二三"产业格局中的比重由20世纪70年代的63.7%，最终提升到了2006年的近90%，从而成功实现了创新驱动和转型发展。

---

① 本表引自胡雅龙主编《世界第六大城市群：长江三角洲城市群崛起之路》，上海社会科学院出版社2010年版，第184页。

表7　　　　　　　　　1977—2006年纽约产业结构变化

纽约	1977年		1985年		1996年		2006年	
	数量	占总数(%)	数量	占总数(%)	数量	占总数(%)	数量	占总数(%)
总就业人数	3350257	54.4	2866462	56	3004200	40.7	3408700	
制造业		21.9		15.4		9.0		6.7
第三产业		63.7		73.8		80.3		88.7
服务业		28.4		36.3		44.1		65.3

从2017年的若干指标比较来看——上海在经济文化方面保持了稳步发展态势，我们从国际知名咨询公司科尔尼发布的《2017全球城市指数》报告中可知，上海在若干活力指标方面进步显著，但在总体得分排名上还与纽约、伦敦及巴黎等存有较大差距。

表8　　　　　　　　　2017年全球城市指数前25名

2017年排名	2016年排名	2012	2012—2017△	城市	得分
1	2	1	0	纽约	63.2
2	1	2	0	伦敦	62.9
3	3	3	0	巴黎	53.2
4	4	4	0	东京	47.4
5	5	5	0	中国香港	44.7
6	8	11	5	新加坡	39.1
7	7	7	0	芝加哥	38.3
8	6	6	-2	洛杉矶	38.1
9	9	14	5	北京	37.0
10	10	10	0	华盛顿	34.4
11	12	9	-2	布鲁塞尔	34.0
12	11	8	-4	首尔	33.8
13	13	18	5	马德里	33.7
14	16	20	6	柏林	33.0
15	15	32	17	墨尔本	32.5
16	17	16	0	多伦多	32.3
17	14	12	-5	悉尼	32.3
18	18	19	1	莫斯科	31.8
19	20	21	2	上海	31.7
20	19	13	-7	维也纳	30.0
21	24	15	-6	波士顿	29.8
22	22	26	4	阿姆斯特丹	29.2
23	23	17	-6	旧金山	29.0
24	26	24	0	巴塞罗那	28.6
25	25	37	12	伊斯坦布尔	28.3

商业活动（30%）
人力资本（30%）
信息交流（15%）
文化体验（15%）
政治参与（10%）

（二）上海与国际文化大都市重要指标动态比较

目前，世界上获得普遍公认的国际文化大都市主要有4个，即纽约、伦敦、东京及巴黎。这4个国际文化大都市，同时也是典型的世界城市、全球城市和国际大都市。国际文化大都市最大的特点在于：它除了应当具备国际大都市最基本的形态特征和功能要素外,还同时必须在时尚创意方面、文化艺术方面、人文精神方面具有一般专项型世界城市及一般国际大都市所不具备的优势,它们必须首先是国际文化交流中心之一,具有开展频繁的对内对外文化服务贸易能力,具备"文化码头"的突出特征,尤其还需要具备"文化源头"突出特征,能够不断制造时尚、时常推出创意,发挥引领世界某方面潮流的功能。这里我们择取一些重要指标,拿上海与国际文化大都市甚至与国内部分兄弟省市,作适当的跨年度动态对标分析,以期从中既感受到上海的进步,也发现其尚存的不足。

1. 文化活动及文化参与等的比较

近十余年来,上海的文化改革发展取得了长足的进步,特别是2010年上海世博会的精心准备和成功举办,极大地推进了上海的文化大发展、大繁荣。不过,如果从表9提供的有关世界几个大都市的城市文化活动举办次数及公众参与文化活动次数比较数据来看,上海与伦敦和纽约的差距还是相当明显的。

表9　　　　　　　　世界五个大都市文化活动数量比较

指标	伦敦	纽约	巴黎	上海	东京
大型剧场年演出数	17285	12045	15598	3117	8281
年举办音乐会次数	32292	22204	3612	11736	7419
节庆数	200	81	40	22	N/A

资料来源:刘士林主编:《2011中国都市化进程报告》,上海交通大学出版社2011年版,第73页。因此书为年度报告,所以反映的主要是2010年的情况。

上海可以说是节庆活动最丰富的中国大城市之一。从20世纪90年代开始,上海市级层面陆续创办了上海国际电影节、中国上海国际艺术节、"上海之春"国际音乐节及上海国际旅游节等节庆活动,区县层面则创办了国际茶文化旅游节、国际沙滩音乐焰火节及国际民间艺术节等重大节庆文化活动,吸引了大量上海、兄弟省市区乃至海外的宾客光临参加。不过,拿上海的节庆文化的公众参与度与四个国际文化大都市的同类指标相比(见表10),则可以发现,上海节庆文化的公众参与度同伦敦、纽约相比，差距还是相对较大的。

表10　　　　　　　　　　五个城市节庆文化参与比较

指标	伦敦	纽约	巴黎	上海	东京
1. 大型嘉年华/节庆活动估计参与人次（百万）	2.0	2.5	N/A	0.5	N/A
2. 大型嘉年华/节庆活动估计参与人次占总人口比例（%）	27	30	N/A	2	N/A

资料来源：刘士林主编：《2011中国都市化进程报告》，上海交通大学出版社2011年版，第75页。

2. 文化出版及信息传播的比较

通常来说，一个城市的文化出版是否具备基本的数量和质量、信息传播是否具备较高的频率和速率，可以大致反映该城市日常文化生产、文化消费及文化活跃的真实水平。图书、报刊的出版发行量及人均的年文化用纸量等，就是一些基本的评价指标。

表11　　　　　　　　　世界一些主要城市的文化出版比较

指标	计量	伦敦	纽约	巴黎	上海	中国香港	东京	新加坡
日报千人拥有数	份	336	196	142	59	218	566	273
每百万居民的书籍发行量	册	135				317		

资料来源：叶辛、蒯大申主编：《城市文化研究新视点——文化大都市的内涵及其发展战略》，上海社会科学院出版社2008年版，第263页。

如果说纸媒生产消费的情况反映的是传统文化生活状态的话，则以现代互联网技术和现代通信技术为突出表征的互联网文化服务消费、移动通信业务消费及相关电子消费的具体情况，则反映了新经济时代大众文化生活消费的客观信息。必须两方面考察同时兼顾。从20世纪90年代中后期开始，越来越多的原先以纸质传媒（如图书报刊等）消费作为日常文化消费一个重要方面的文化受众，逐渐向互联网文化消费领域分流。原先不少习惯于订阅报刊、购买图书的文化消费者，开始花费较多的时间在互联网方面和电子消费方面。

表12　　　　世界若干大都市互联网及移动通信使用情况比较

指标	计量	伦敦	纽约	巴黎	上海	中国香港	东京	新加坡
年人均国际邮件数		23	9.0	15		35	4.1	39
固定与移动电话数	每千人	1431	1134	1216	1990	1733	1195	1258
市内3分钟通话费	美元	0.18	0.00	0.12	0.03	0.01	0.07	0.02
个人电脑	每千人	599	749	487	41	608	542	763
互联网用户	每千户	628	630	414	52.7	506	587	571
安全服务器号码		13540	138514	2860	182	768	11878	732
信息通信支出占GDP比例	%	6.9	9.0	5.6	4.4	8.7	7.6	9.9
人均信息通信支出	美元	2450	3595	1899	134	2065	2732	2498

资料来源：叶辛、蒯大申主编：《城市文化研究新视点——文化大都市的内涵及其发展战略》，上海社会科学院出版社2008年版，第267页。

表11及表12的比较可以看出，无论在纸质文化出版消费方面还是在新媒体文化服务消费方面，上海虽然在个别指标的比较方面，差距不能算大，但是在文化用纸量、人均拥有报纸量、千人拥有个人电脑数及千户拥有互联网用户数等方面，还明显体现出发展中国家独有的特点，即发展水平有限，差距同样明显。

3. 科技水平及创意功能的比较

就城市"创新驱动，转型发展"而言，特别需要城市在科技创新和文化创新等多方面创新提供强有力的支撑，而城市在相关创新方面的投入产出效果及在相关创新功能方面的实际能力，常常就成为检验和决定该城市能否实现发展方式转型的关键所在。

表13　　　　　　　　国际大都市科技水平比较

城市		上海	中国香港	新加坡	东京	巴黎	伦敦	纽约
1. 研发科学家工程师（从事研究与开发的研究人员）	每百万人口	663*	1564	4745	5287*	3213*	2706*	4484*

续表

城市		上海	中国香港	新加坡	东京	巴黎	伦敦	纽约
2. 研发技术人员	每百万人口		225	381	528*			
3. 发表科技论文（2001年）		6659	1817	2603	57420*	31317*	47660*	200870*
4. R&D经费占GDP比例	%	2.5	0.44	2.11	3.09*	2.20*	1.90*	2.80*
5. 高技术出口总量	百万美元	161603*	80109	87742	124045*	64871*	64295*	216016*
6. 高技术产品占制成品出口比例	%	30*	32	59	24*	19*	24*	32*
7. 居民专利申请文件	件	40346*	112	511	371495*	21959*	33671*	198339*
8. 非居民专利申请文件	件	140910*	9018	93748	115411*	160056*	251239*	183398*

资料来源：叶辛、蒯大申主编：《城市文化研究新视点——文化大都市的内涵及其发展战略》，上海社会科学院出版社2008年版，第268页。

表14　　　　　　　　　　全球四大创意产业中心城市

城市	功能	背景
纽约	具有世界影响的媒体、娱乐、软件等产业，具有多元文化的包容性，是辐射全球的媒体和娱乐产业中心之一	后工业化城市
伦敦	确立了建设欧洲乃至世界的文化之都之目标，在扶持音乐、媒体、广告、娱乐、影视等企业的成效方面为世界瞩目	后工业化城市
东京	是亚洲乃至世界最集中的出版、印刷、动漫、游戏产业中心之一，具有活跃的创造能力，也是世界级的文化消费市场	后工业化城市
上海	在发展文化创意产业参与城市改造和传统制造业转轨方面产生了巨大的效益，特别是强调文化创意产业为先进制造业服务，为现代服务业服务，成为发展中国家建设创意城市的典范	工业发展城市

资料来源：花建、郝康理：《文化成都——把什么样的成都带入2020年》，人民出版社2008年版，第64页。

从以往发布的数据来看,上海与世界上既有的几个国际文化大都市相比,在百万人口的研发科学家拥有数、发表科技论文数、研发费用占GDP比例等关键指标方面并不占有明显优势。从上海的城市创意功能方面看,尽管近年来上海由于在创意产业的发展方面在国内走在了前列,在世界上也引起了相当程度的关注,并且成为全球四大创意产业中心城市之一,但是,上海的创意产业及创意功能发展背景却带有明显的"工业发展城市"特征,这与以"后工业化城市"为特征的纽约、伦敦及东京等还存在阶段性发展差异。这个差异的存在,完全可以解释如下这一现象:上海乃至国内许多发展创意产业的城市,为何总是走模仿、复制西方发达城市旧有做法,却无力实现原创性创意突破和创新跨越?因为创意环境和创意动力受制于理念思路及体制机制。上海官方发布的一些宣传材料特别指出:"上海成功举办世博会,在一定意义上意味着传统工业文明的光荣谢幕,率先开启追求后工业文明伟大梦想的航程"。[①] 也就是说,2010年是新旧阶段的"分水岭"。

4. 文化吸引力和幸福感的比较

国际文化大都市的建设,特别需要在文化吸引力的塑造、培育、挖掘和传播等方面有超出一般城市的做法和收益,特别需要在城市魅力、城市宜居性及城市舒适度等多方面创造出超出一般城市的良好成效,从而使本地市民、外来客商及流动人口,能够对该城市产生认同感、归属感、安定感、满足感,同时形成对外界人群的向往度及赞誉度等。表15是上海与伦敦、纽约、巴黎及东京之间的文化吸引力相关指标比较。

表15　　　　　　　　世界五个大都市的文化吸引力比较

指标	伦敦	纽约	巴黎	上海	东京
本市就读的国际留学生数	85718	64253	50158	26190	40316
本市就读的国际留学生占高校总学生数之比(%)	22	12	16	3	—

---

① 中共上海市委宣传部:《形势与任务:推进文化改革发展,建设国际文化大都市——中共上海市委九届十六次全会精神学习读本》,2011年11月编印。

续表

指标	伦敦	纽约	巴黎	上海	东京
年国际游客数（百万）	15.6	8.1	9.7	4.3	1.5
年国际游客数占人口比例（%）	208	99	85	24	12
专业艺术设计机构内的学生数	50130	N/A	1440	10000	7355

资料来源：刘士林主编：《2011 中国都市化进程报告》，上海交通大学出版社 2011 年版，第 75 页。

表 16 是仅以国内近五年一些主要城市的幸福感所作的对比排名。由于在幸福感的国内城市排名方面，上海尚处于中流偏下的位置，此处暂未就上海与国际文化大都市的幸福感排名作进一步比较。

表 16　　国内近五年主要城市的幸福感排名比较

2007—2011 年最具幸福感城市排名

年份 城市排名	2007 年	2008 年	2009 年	2010 年	2011 年
1	杭州	杭州	杭州	青岛	广州
2	沈阳	宁波	珠海	杭州	合肥
3	中山	昆明	长春	成都	南昌
4	宁波	天津	青岛	大连	杭州
5	青岛	唐山	成都	金华	上海
6	台州	佛山	桂林	威海	北京
7	珠海	绍兴	大连	无锡	昆明
8	上海	长春	昆明	长春	济南
9	北京	无锡	长沙	惠州	成都
10	成都	长沙	天津	宁波	长沙

资料来源：中国城市发展网（系中国社会科学院中国城市发展研究会官方网站）《2007—2011 年中国最具幸福感城市排名》，http://www.chinacity.org.cn/csph/csph/73825.html。

通过表 15 和表 16 的对标比较可以发现，上海在文化吸引力方面与国际文化大都市还有一定的差距；上海在直接关系城市魅力和城市吸引力的幸福感方面，尚与国内许多城市存在着差距，因此要想缩小这些差距，可谓任重道远。

5. 国际化程度等的相关比较

毫无疑问,"国际化"程度是决定一个城市能否真正确立"国际大都市"及"国际文化大都市"身份的关键衡量指标。如果该城市在支撑其国际化程度的众多相关细节指标方面每年取得实质性的突破和进展,则该城市在本质上也还只能算作"区域城市"乃至"地方性城市",即使自我标榜也没有用。衡量国际化程度的常规性指标常常包括常住外国人口占比、接纳外国留学生人数、出国留学人数、国际旅游收入、国际旅游支出及出境旅游人数等多个方面。表17是上海与若干国际文化大都市在上述指标方面的比较。

表17　　　　　　　　若干国际大都市国际化程度比较

指标	单位	上海	中国香港	新加坡	东京	巴黎	伦敦	纽约
国外出生者占总人口比	%		40.6	15.5	0.7	10.4	6.5	37.5
常住外国人口	万人	11.987	53.2	60	35.528		42.2	383.8
常住外国人占总人口比	%	0.67	7.7	15	2.87			20
出国留学生数	千人	10.582	36.5	18.1	64.3	39.2	25.1	30.4
接纳外国留学生数	千人	14.1	1.0	5705	53.5	138.2	198.8	454.8
接纳国际旅游者数	千人	6056.7	21811		6138	75121	27755	46085
国际旅游收入	百万美元	3961			14343	32329	37193	112780
出国旅游者人数	千人	585.4	5003	4221	16831	21131	27624	61776
国际旅游支出	百万美元	21360			48175		68778	93217

资料来源:叶辛、蒯大申主编:《城市文化研究新视点——文化大都市的内涵及其发展战略》,上海社会科学院出版社2008年版,第269页。

其实,与国际化程度直接相关的指标比较可以罗列许多,有些指标虽然体现出相当突出的专项行业特点,但却非常具有说服力,如文化产品及服务进出口贸易的规模、国际性节庆活动及体育赛事的举办等。表18是一份关于上海等国内城市与世界上一些大都市之间的体育产业竞争力比较。表格显示:上海在体育产业的国际竞争力方面位列第四方阵,优势明显较弱。事实上,近年来上海建造足以承接世界顶级体育赛事的F1赛车场,却未能因此打开举办国际汽车赛事的局面,这也间接说明了一些问题。

表 18　上海与国际文化大都市的体育产业竞争力比较

中外国际大都市体育产业竞争力比较	
第一方阵（很强优势）：	纽约、伦敦
第二方阵（较强优势）：	东京、芝加哥、洛杉矶
第三方阵（优势一般）：	巴黎、中国香港、悉尼
第四方阵（优势较弱）：	墨尔本、慕尼黑、巴塞罗那、首尔、大阪、北京、上海
第五方阵（优势极弱）：	广州、深圳

资料来源：周良君、陈小英、李凡：《中外国际大都市体育产业竞争力比较研究》，载《中华人民共和国第十一届运动会科学大会论文摘要汇编（2009 年）》，见中国知网"中国重要会议论文全文数据库"。本表根据该文绘制。

从表 17 和表 18 的比较中可以看出，上海与纽约、伦敦、巴黎及东京四大国际文化大都市相比，在国际化程度方面还有待作极大提升和强化；上海在某些直接关系国际化程度的专项领域如体育产业竞争力等方面，也有待作进一步的强化提升。

6. 城市文化软实力等方面的比较

国际文化大都市最显著的特征、最突出的功能应当在于城市文化软实力的强大。约瑟夫·奈认为，"软实力"（Soft Power）是一个国家文化与意识形态的吸引力，它通过吸引而非强制来达到预期的效果，它能使别人自愿地跟随你或遵循你所制定的标准或制度行事；而文化是最能够吸引别人的部分。显然，最大层面的文化，可以将物质文明与精神文明全部包括在内，而约瑟夫·奈这里所指的文化基本被涵盖或重叠在了我们所说的"精神文明"的范畴内。这个"文化"是作为软实力的核心而存在的，但它并不等于软实力的全部，像管理、法律、机制、体制、价值观、传统、道德、教育、体育、国民（市民）素质、人文精神、城市精神、社会环境等诸多方面都是软实力的重要组成部分。假如将软实力落实到具体城市层面，则注定会与文化发展建设甚至会与国际文化大都市建设发生关系。表 19 是西方学者亚伯拉罕（Abraham）于新千年初期对世界一些大都市所作的文化角度的体系划分。尽管距今已经超过 10 年，但也不妨用来对上海在世界上的位序做些参照考察。

表 19　　世界若干大都市的文化位序划分

从文化角度划分的全球城市等级体系	
得分	城市
30	纽约
18—21	伦敦、洛杉矶、巴黎、悉尼、东京
12	多伦多
4—7	开罗、中国香港、卢森堡马尼拉、墨西哥城、孟买、纳什维尔
1	布鲁塞尔、迈阿密、蒙特利尔、华盛顿

资料来源：参见 Abraham son M.，Global cities. Oxford University Press，2003。

表 20 是国内学者对世界若干城市文化软实力所作的相关指标排名比较。该表按照各城市可获得的指标数据，从文化软实力、文化基础力、文化保障力、文化生产力、文化传播力、文化吸引力及文化创新力 7 个指标方面，作了具体的排名比较。

表 20　　世界若干城市文化软实力等相关排名比较

城市	文化软实力	排名	文化基础力	排名	文化保障力	排名	文化生产力	排名	文化传播力	排名	文化吸引力	排名	文化创新力	排名
纽约	100.00	1	100.00	3	100.00	5	100.00	1	100.00	2	100.00	4		
巴黎	97.38	2	114.29	1	134.30	2	61.41	3	68.60	3	111.18	1	193.90	2
伦敦	87.15	3	101.35	2	87.44	6	64.46	2	81.65	2	89.66	3	148.58	3
东京	71.69	4	90.13	4	114.89	4	43.06	4	54.44	4	69.04	7	205.08	1
中国香港	58.18	5	70.46	7	158.33	1	25.51	7	17.39	7	86.44	4	51.09	10
新加坡	52.21	6	71.18	6	121.03	3	19.64	9	24.13	5	69.77	5	79.57	5
悉尼	50.32	7	75.41	5	79.80	7	26.90	5	18.23	6	69.56	7	74.25	6
中国台北	45.97	8	66.79	8	67.95	9	26.23	6	8.31	10	69.68	6	61.83	8
北京	42.36	9	48.80	10	71.70	8	25.15	8	14.43	8	59.64	10	68.07	7
上海	40.09	10	52.80	9	59.25	10	21.75	9	9.75	9	60.10	9	59.19	9

资料来源：吴信训主编：《世界传媒产业评论》（第 8 辑），中国国际广播出版社 2011 年版，第 16 页。

我们借助对上述两个表格提供的城市位序排名及文化指标比较分析，可以明显看出，在西方学者眼里，上海还没有进入与其体量规模和经济实力相匹配的文化位序中。在中国学者所作的城市文化软实力综合比较中，上海不仅与纽约、伦敦、巴黎及东京等国际文化大都市差距较大，与中国香港、新加坡及中国台北等城市也有一定距离。

7. 文化管理体制机制的比较

一个城市的文化管理体制机制是否有利于推进该城市的文化发展建设，最关键的地方在于：该体制机制是否能够最大限度地解放和发展文化生产力，是否能够为文化的繁荣发展创造良好的事关文化生态及文化法制等多方面的良好环境。上海作为我国改革开放及现代化建设的前沿，她在文化管理体制机制方面与发达国家国际文化大都市完全不同，这种体制机制方面存在的差异，也许十分契合上海正在建设的社会主义现代化国际文化大都市这个客观定位。不过纽约、东京、巴黎及伦敦等国际文化大都市的文化管理体制机制架构，兴许会给我们深化文化体制机制改革带来一些启示。这里仅就上海与这几个城市的文化管理体制机制作些扼要的比对分析。事实上这些城市的文化管理体制机制也存在着一定的差异。

纽约实行的是借助"民间主导"力量推动公共文化服务管理的模式。其市政府没有十分正规的文化行政主管部门，政府财政对文化的投入主要通过各类通常被称为"国家艺术理事会"的准行政机构进行分配。政府主要以政策法规营造良好文化生态，鼓励各类文化团体或机构自我生存，鼓励企业、个人和民间机构捐赠支持或灵活参与文化建设。公共文化服务大量由非政府组织（NGO）或非营利机构（NPO）介入开展。伦敦实行的是通过政府与民间分权化共建的"一臂之距"①式文化管理，是一种政府与民间共建的"分权化"管理模式。政府以"一臂之距"与民间"建立伙伴关系"，进行文化资源的分配、文化事务的管理和文化服务的提供。相比之下，巴黎和东京的做法比较接近，它们是实行以强化

---

① 发达国家在中央政府文化行政系统之外建立起相对自主的、半官方的、专业的文化艺术基金管理组织，置于国会和中央政府的监督下，通过独立分配国家文化基金的方式执行国家的文化政策。这种间接管理和分配文化经费的做法，被称为"一臂之距"。

立法执法的方式来直接或间接体现"政府主导"的文化管理意志。即通过强化立法执法及借助民间第三方力量等直接间接的方式，来体现"政府主导"公共文化的指标化管理。这种模式中，从中央到地方政府均设有文化行政管理部门，但有的是垂直领导关系（如法国），有的则不是（如日本）。各级政府文化部门对文艺团体进行有限的资助并提供比较完善的公共文化服务。

相比之下，上海实行的是"强党委""大政府"指导引领下的"政府主导"式文化管理模式。其特点是整个城市文化发展建设，完全在宣传文化系统统一领导掌控下，按照条线块面及部门划分，将管理职能和功能触角延伸覆盖到了城市文化事业产业的各个方面。在我国实行改革开放和建立社会主义市场经济体系的时代背景下，尽管政府文化管理体制机制改革已取得了十分显著的成效并将继续深化，而且管办分离、不断放权也极大地解放和发展了文化生产力，但是如何在确保国家文化安全的前提下找准政府文化管理的合理"站位"，更好地调动民间的、社会的众多力量来参与文化建设，却是始终亟待破解的难题。

8. 文化建设投入及文化建设主体的比较

近年来，文化建设的公共财力投入问题成为人们普遍关心的大问题，也成为人们探究文化发展建设滞后于经济发展的一个归因要素。从上海与国际文化大都市甚至与国内兄弟省市的文化投入比较可以看出：上海还需要根据时代发展变化作适当的调整。"十五"以来，全国文化事业财政拨款占国家总支出的比重，一直在0.4%以下徘徊。2010年全国各地文化事业费占财政支出平均只有0.36%。[①] 长期以来，科教文卫等工作是属于并列的条块工作，但是与科技、教育和卫生等相比，文化事业费占财政总支出比重只是教育事业费的1/35，是卫生事业费的1/10，是科技事业费的1/8.5。相比之下，发达国家政府对文化的直接投入占财政支出的1%左右，而且大量文化投入通过企业直接捐赠或设立基金会为文化发展提供资助的方式得以实现。我国文化投入仅有政府这一块，缺乏第二、

---

① 文化部计财司：《近几年我国文化投入情况及对策建议》，参见中华人民共和国文化部网站。

第三甚至更多的渠道支持。如此情况下，我国无论在文化投入所占比例上还是在文化投入绝对总量上，均与发达国家特别是与纽约、伦敦、巴黎及东京等国际文化大都市相去甚远。从"十一五"时期开始，不少省市区加大了文化事业费投入。近几年，北京、浙江、重庆等的年投入增幅达34%以上，江苏、湖北增幅也相当明显（18%以上）。上海的增幅则与之有相当大的差距。2005年以来，上海文化投入占财政支出比例持续多年在0.5%左右徘徊。

文化建设主体是城市文化发展建设的主要推动力，在我国及上海特有的文化管理体制机制背景下，城市文化发展建设长期来被视为宣传文化系统条块范围内的事情，而宣传文化系统也与经济领域和其他行业部门形成了一种"各自为政"及"大家自扫门前雪，莫管他家瓦上霜"的行为默契。这与发达国家特别是几个国际文化大都市相比，明显表现为文化建设主体来源十分单一（仅仅局限于文化系统条块之内），这直接导致我们一旦脱离开体制内的资金支持、资源配置及力量动员，则无法更有效地调动一切分散于社会各领域的文化生产要素和文化生产力。这显然与建设国际文化大都市需要举全社会之力的客观要求有较大的差距。中央自十七届六中全会、十八大及十九大召开以来，特别制定了大力"吸引社会力量参与""形成文化建设强大合力"的文化建设政策举措。不过如何使政策真正落到实处，却始终是需要在现实实践中加以突破的改革创新难点。

9. 部分综合性指标体现出的上海新变及其不足

如果说文化投入、文化参与、文化出版乃至文化吸引力等衡量指标，能够从不同的侧面反映城市发展进步水平的话，则文化发展指数、文化资源配置力指数等综合性指标，就能够更为全面地体现城市发展的优势和不足。上述1—8分项指标比较大多反映的是2011年以前的情况，这里我们采用综合性指标，反映近年来上海在文化发展方面取得的进步变化和存在的不足。

在国内比较方面，湖北大学、社会科学文献出版社和中华文化发展湖北省协同创新中心曾联合发布《文化建设蓝皮书·中国文化发展报告（2015—2016）》。该报告分别从文化投入、文化生产、文化供给和文化传播4个单列指数方面对中国31个省市自治区文化发展状况进行客观评价。

其文化投入主要包括文化事业投入和文化产业投入两个方面，细分为文化事业费占财政投入比重、人均文化事业费、公共图书馆财政拨款等 7 项子指标，上海在该项中占据第 1 位。文化生产包含文化事业生产和文化产业生产，以博物馆数量、公共图书馆数量和文化产业营收情况等作为子指标，反映生产文化产品、提供文化服务的综合能力。江苏、广东在博物馆数量和文化制造业营业总收入上遥遥领先，占据全国榜单前两席。文化供给包括文化产品和文化活动两个方面，是文化生产成果的集中体现和文化发展状况的直接反映，细分为电视剧播出数、有线广播电视用户数、有线电视用户数占家庭总户数比重等指标。江苏省在有线广播电视用户数、报纸和图书发行发明排名全国前列，文化供给指数综合排名全国第 1 位。文化传播是将文化成果传输到社会受众，让人民群众接触、了解、认同和享受文化成果，反映了文化发展的深度和广度，细分为电视节目综合人口覆盖率、图书馆总流通人次、境外演出次数等多个子指标。广东省境内传播和境外传播发展均衡，两项指数均列全国第三，文化传播总指数雄居首位。在中国 31 个省市自治区中，广东、浙江、江苏、上海、四川文化发展指数居前 5 位。由此可见，上海的进步和不足。

在国际比较方面，一些学者采用文化资源配置力指标动态衡量世界城市取得的实际进步和具备的发展潜力。上海与国际文化大都市的比较结果可见表 21 和表 22。[①]

表 21　　2004—2013 年世界 5 大国际城市文化资源配置力得分

年份	2004	2005	2006	2007	2008	2009	2010	2011	2012	2013
纽约	5.57	6.72	7.98	8.98	10.05	10.83	11.68	12.87	13.52	14.27
伦敦	5.85	7.41	8.37	8.97	9.88	10.31	11.52	12.43	13.05	13.98
巴黎	6.04	6.85	8.03	8.68	9.55	10.61	11.49	12.52	13.33	13.78
东京	4.96	6.74	7.90	8.54	9.40	10.23	11.47	12.20	13.02	13.41
上海	4.02	5.23	5.97	7.02	8.39	9.27	10.17	11.19	11.62	11.94

---

① 高维和、史珏琳：《全球城市文化资源配置力评价指标体系研究及五大城市实证评析》，《上海经济研究》2015 年第 5 期。

表22　　　2013年5大城市文化资源配置力分析子系统得分及排序

城市	文化基础资源配置力	排序	文化产业资源配置力	排序	城市文化国际配置力	排序	城市文化活力	排序	城市文化吸引力	排序	城市文化保障配置力	排序
纽约	1.95	3	2.60	2	3.75	1	2.96	2	1.89	3	1.12	2
伦敦	1.99	2	2.66	1	3.21	2	2.94	3	1.96	2	1.22	1
巴黎	2.05	1	2.35	4	3.01	4	3.25	1	2.02	1	1.10	4
东京	1.90	4	2.54	3	3.12	3	2.92	4	1.82	4	1.11	3
上海	1.80	5	2.30	5	2.24	5	2.89	5	1.63	5	1.08	5

由表21、表22可以看出，上海与纽约、伦敦、巴黎及东京在文化资源配置力方面的差距并不很大。但如果再回看一下本报告表8，则会发现，上海在全球城市指数的排序仅在第20位，排名明显偏低。这意味着上海还需做出极大的提升努力。

（三）上海现存的薄弱环节及"瓶颈"制约

发达国家的国际文化大都市从孕育、发展及成熟，一般都经历了几十年乃至上百年的发展历程。上海作为中国改革开放和现代化建设的前沿，作为中国特色社会主义事业发展中的一个城市样板，她不可能完全依照西方国际文化大都市的发展模式，而只能按照中国的特殊国情和发展路径，去选择性地学习和借鉴其中一些有益的做法和经验。建设国际文化大都市说到底是一项任务艰巨、时间较长的系统工程。在此背景下，所有适时提出的关于上海建设国际文化大都市的战略和策略，大多只能是服务于"在国际文化大都市建设过程中"力求解决阶段性问题矛盾这个实际。按照上海"十三五"期间以文化大发展、大繁荣促进"创新驱动，转型发展"、推进国际文化大都市建设进程的客观要求，上海需要在遵循国际大都市及国际文化大都市发展一般规律的基础上，通过必要的中外都市发展比较，来查找导致既存差距的薄弱环节及"瓶颈"制约，从而为上海现阶段建设具有中国特色、时代特征和上海特点的社会主义现代化国际文化大都市，制定有一定针对性的具体方略。根据本课题组的研究，上海目前存在的影响文化大发展大繁荣的薄弱环节及"瓶颈"

制约，主要表现在以下几个方面。

1. 思想观念及体制机制仍待实现转型式改革创新

事关文化发展建设的思想观念及体制机制的先进与否，直接决定着文化方针政策的制定实施是否符合时代需要，是否符合科学发展观的要求。就目前上海的文化建设领域而言，看待和处置文化建设的思想观念，管办文化建设的体制机制，基本上还停留在改革开放初期和中期的水平。其主要表现为：一是在思想观念上，不少人既缺乏文化自觉意识，也缺乏文化自信（盲目求洋求大）及文化自强意识；二是体制机制架构的不少方面依然还跟不上移动互联时代引发的诸多变化，一些领域和部门还是以条块分割、行政分割的思路理念及管理架构，来应对日益纷繁复杂、始终充满变化的文化发展局面。进入21世纪以来，文化借助现代互联网技术、现代通信技术及现代数字技术的突飞猛进，逐渐加快了向其他领域跨界渗透的速率。在此背景下，文化与科技、经济、金融、工业、农业、物流、旅游、体育乃至房地产之间的相互融合越发频繁而常见。依照以往宣传文化系统用"单打独斗"的自管文化、自办文化的"画地为牢"模式去考量谋划全市的文化发展建设，已经完全不能适应移动互联时代的发展潮流。在全球化浪潮及改革开放大潮的冲击下，在社会主义市场经济的带动下，上海的城市文化发展边界已经从原先宣传文化系统条块内及体制内，延伸扩展到了条块外及体制外的方方面面。在此情形下，仅凭宣传文化系统的单一力量、单一资源，已经很难胜任整体推动全市文化大发展大繁荣的重任，也很难破解文化因跨界发展带来的管办难题。这说明我们的文化思想观念及文化管办体制机制，亟待按照城市转型的要求实施改革创新，从而树立理性看待文化跨界融合发展的自觉意识，形成各行业条块统筹协调、社会力量广泛参与、共同推进文化大发展大繁荣的强劲合力。

2. 文化建设亟待整合资源力量及实施投入方式创新

上海在文化建设方面的投入尽管也保持了一定的增幅，不过上海文化投入占财政支出比例，持续多年保持在与建设国际文化大都市客观诉求并不相称的水平。这种情况与上海的经济地位和实际影响力并不相配。之所以会如此，这和上海历史上形成的文化财政经费投入格局密切相关。自20世纪90年代后期开始，上海率先创新"列收列支"管理新体制，即上海宣传文化系统所属企业上缴利税中形成的地方财力部分，由税务部门代为征管，列入专项资金账户收入，专门用于反哺上海文化发展所需支出。这种"列收列支"通常又被称作"小盘子"。这一机制很快得到中央肯定，并逐步为全国大部分省（市）采纳运用。客观地说，在改革开放前期，以"列收列支"的形式确保文化建设"专款专用"的确能够起到支持文化发展建设的巨大作用。但是，随着改革开放和现代化建设进程的提速，这种以"小盘子"经费投入来支撑上海城市文化整体发展的投入格局，明显已经不能适应时代的发展需要。因为"小盘子"的积极用意在于确保文化建设资金专款专用，但其弊端也在于：文化建设只能靠"小盘子"自给自足，几乎没有理由从"大盘子"中再获得额外的经费投入。在当今文化已经跨界融合发展、寻求条块外及体制外延伸扩张的情况下，显然，靠区区一"小盘子"的财力根本无法支撑整个城市追求齐抓共管、合力共建文化大发展大繁荣的客观需求。换句话说，以来自单一部门的"小文化"资金反哺全市"大文化"发展，力度明显不足。这就要求上海在今后的文化建设方面，必须跳出条块限制以开放性全新思路来整合汇聚各方面资源力量，特别是社会多方面的资源力量，同时要通过借助投入结构调整、文化金融跟进及多元化专项经费扶持等手段，逐渐在投入方式方面实现改革创新。

3. 文化及相关产业亟待实现版本更新升级并对接全市转型

从国内外文化及相关产业经历的发展过程来看，它实际上存在着按照众多行业条块区分的不同生命周期发展规律，尤其存在着代际更新轮替的可持续发展客观诉求。如果不关注这些规律、不满足这些诉求，既有的文化及相关产业产品生产和消费供应，就会在市场竞争中逐渐走向衰败、逐渐被公众所抛弃。如果仅从我国改革开放30多年来的文化及相关产业发展历史来看，则大致可以形象化、简单化地划分成三个文化消费偏好各有侧重的时代。20世纪80年代中期以前的时代，可谓大众普遍侧重于图书报刊纸质传媒等文化消费的时代；自20世纪80年代中期至90年代末期，是大众侧重于电视电影娱乐文化消费的时代；进入21世纪以来，随着互联网技术、移动通信技术及数字多媒体技术的发展，形成了大众侧重于互联网文化及移动电子终端文化消费的时代。在这三个时代的顺向重叠更替及逐渐跨代转换过程中，不仅出现了以青少年及中青年为主的文化消费群体向新生文化消费形态分流的现象，而且还出现了不少传统产业业态衰落消亡、新生产业业态大量涌现的现象。从上海的情况来看，宣传文化系统所管辖的国有体制内条块领域，目前虽启动了传统媒体、传统业态向新媒体新业态的跨界融合发展改革创新，但以广播电视、图书报刊、音像出版、印刷发行、文艺演出、文化娱乐、影视制作等为代表的国有文化企业，总体上赶不上宣传文化系统外民营文化企业在信息服务、游戏动漫、网络小说及数字传媒等新生业态领域的强劲发展势头。这表明：上海宣传文化系统亟待尽快推进对既有文化业态行业的更新升级进程，亟待利用城市空间功能布局的业态化及结构性再整合再调整来增强文化及相关产业的发展竞争力。上海特别需要针对全市业已确定的未来产业发展重点目标，努力以宣传文化系统之长去对接"现代服务业""战略性新兴产业"及"先进制造业"三个目标产业，从而切实发挥以文化促进上海转型发展的功能作用。

4. 文化事业产业发展亟待实现深入互动和区域联动

上海建设国际文化大都市，不仅是上海实施"创新驱动，转型发展"的需要，而且也是上海全面落实国家和上海"十三五"规划、继续贯彻科学发展观和习近平同志治国理政新思维、切实落实党的十八大及十九大有关文化建设的指示精神、更好地全力保障和实现"文化惠民"的需要。按照世界范围内建设国际文化大都市的成功经验，世所公认的纽约、伦敦、巴黎及东京国际文化大都市，基本上都有所属区域的城市群崛起作依托。上海作为新兴起的世界第六大城市群——长江三角洲城市群的龙头城市，其所处区位的地理条件、政治基础、经济规模、人文资源、社会环境及发展潜力等，均已具备在未来可以预见的时期内创建国际文化大都市的必备要素。在此背景下，上海亟待要像打造"四个中心"及"科创中心"那样，制定专门的旨在引领国际文化大都市建设的专项规划。这个规划的特点在于，紧贴上海未来文化事业、文化产业及城市精神的发展需求，努力将国际文化大都市的建设任务以指标式细化转换的方式大致确定下来，以方便上海宣传文化系统及上海各个条块各个行业参照执行。上海亟待进一步寻求获得党中央及国务院的政策支持，亟待通过范围扩大"部市合作""省市合作"及"跨境合作"来激活创新政策。与此同时，上海也必须尽快主动争取与泛长三角省市地建立一种

"区域联动、多方共赢"的统筹协调合作机制,亟待主动融入国家实施"一带一路"倡议、融入打造"长江经济带"的改革实践中。显然,上海建设国际文化大都市,必须尽快从既往形成的城市内部"自说自话"及"自顾自做"的文化建设"路径依赖"窠臼中跳脱出来。

5. 创意研发及品牌塑造的横向跨年比较显现出不足

上海文化及相关产业的原创能力不强、创意研发力度不够、产品品牌及企业品牌不多不强,一直是上海文化发展建设广受诟病的方面。这固然和上海文化建设领域现有的体制机制状态、文化生态环境、文化资金投入、文化政策措施、文化法制建设及文化人才集聚等情况欠佳密切相关,但最根本的是和上海文化建设领域缺乏"敢为天下先"的锐意改革创新的动力及勇气直接相关。我们认为,文化的创意研发及品牌塑造,是决定文化及其相关产业具体行业领域生命力强弱的关键所在。而创意研发又可以归结为两大方面:一是科技创意研发,二是文化创意研发。科技创意是提升文化及相关产业科技含量的重要凭借;文化创意或说文化原创,则是支撑文化及相关产业品质内涵的核心依托。这两个方面构成了推动文化及相关产业可持续发展的"双轮驱动"。近年来,上海虽然加大了创意研发的投入力度,但是横向比较兄弟省市仍显力度不足。从以下三个对照表中,我们很容易体会到这一点。

表23　　　　　　　　上海与个别省市的研发强度比较

上海与全国其他省市研发强度比较(1998—2008年)			
年份	北京	上海	陕西
1998	5.14	1.23	2.05
1999	5.55	1.23	2.10
2000	6.28	1.62	2.98
2001	6.02	1.78	2.80
2002	6.83	2.04	2.89
2003	7.00	2.10	2.84
2004	7.41	2.30	2.90
2005	5.55	2.28	2.51
2006	5.50	2.50	2.24

续表

年份	北京	上海	陕西
2007	5.40	2.52	2.23
2008	5.25	2.59	2.09

资料来源：安同良等：《长三角地区研发的行为模式与技术转移问题研究》，经济科学出版社2011年版，第21—22页。本研究根据该书表格摘编。

表24　　　国内三地的系统集成资质认证软件企业数比较

国内主要城市通过系统集成资质认证的软件企业数（截至2010年）					
地区	一级资质	二级资质	三级资质	四级资质	合计
全国	241	607	2173	559	3606
北京	83	156	401	30	670
广东	9	30	139	21	199
上海	12	33	104	38	187

资料来源：上海市经济和信息化委员会：《2011上海产业和信息化发展报告——服务业》，上海科学技术文献出版社2011年版，第18页。

表25　　　主要城市2010年软件著作权登记数比较

2010年全国主要城市软件著作权登记数			
地区	软件著作权登记数量（个）	同比增长率（%）	占全国百分比（%）
北京	24905	12.92	30.38
深圳	7974	33.95	9.73
上海	7905	44.38	9.64
杭州	4613	21.46	5.63
广州	4004	13.59	4.88

资料来源：上海市经济和信息化委员会：《2011上海产业和信息化发展报告——服务业》，上海科学技术文献出版社2011年版，第21页。

通过上述诸表比较可以发现，上海2008年以前10年的科技研发强度不仅只有北京的一半，而且总体上仅与中部省份陕西的强度相当甚至还略显疲弱。这说明以往上海在创意研发上的投入及产出都是比较欠缺的。事实上比较2010年的"通过系统集成资质认证的软件企业"登记数也可看出，上海具有一二三四级资质的软件企业数要远远低于北京。而表25的比较表明，上海2010年的软件著作权登记数和在全国的占比均不及北京的1/3。这说明，上海的创意研发力量是亟待大幅增强的。从文化品牌产品及品牌企业方面来看，上海宣传文化系统管辖范围内的国有文化各条块行业，目前还十分欠缺有世界影响力的产品品牌和企业品牌，甚至连具有全国影响力的品牌也显得不足。在业界略有影响力的产品品牌和企业品牌大多分布于系统外和体制外。究其原因，其中最突出的一点就是：宣传文化系统所属的国有各条块单位企业，比较满足于上一轮文化体制改革所形成的条线岗位资源整合既得格局，不愿意为了前景未卜的创意研发和品牌塑造去担当任何市场风险。显然，这种状况和这种心态，是完全不能适应上海迫切需要实现"创新驱动，转型发展"的客观要求的。

让人略感欣慰的是，上海近年来在上述方面不断出现可喜的变化，当然这也和全国整体水平的提升密切相关。公开数据显示：2016年我国全社会研发投入达到15440亿元，占GDP比重为2.1%，全国技术合同成交额达11407亿元，科技进步贡献率增至56.2%。其中，2016年北京全年研究与试验发展经费支出1479.8亿元，比上年增长6.9%，相当于地区生产总值的比例为5.94%。上海2016年全年用于研究与试验发展经费支出1030.00亿元，相当于上海生产总值的比例为3.80%，这也是上海研发投入首次突破了1000亿元大关。深圳位居第3位，至2016年，深圳研发投入达到800亿元。从研发强度（研发投入占GDP比重）来看，北京以5.94%高居榜首，深圳以4.1%位居第二位，上海以3.8%位居第3位。[①] 这说明近年来上海的总体位序并未发生大的提升。

6. 文化建设的政策及法制等综合环境亟待改善

与上海文化建设领域的体制机制有待深化改革到位相联系的是，上海的文化政策及法制法规建设等综合环境营造也亟待改善。上海由于担负中国改革开放及现代化建设前沿示范的重要角色，加上文化建设领域本身特别注重强调意识形态导向和国家文化安全，因而在某种程度上使

[①] 凤凰财经网：《中国各大城市研发投入排行：京沪深前三》，2017年9月5日转自《第一财经日报》。

上海在政策制度创新方面严谨过度,在法制法规建设方面守成过度,反倒缺乏开拓创新及勇于改革的活力和气度。上海早在 2003 年就作为中央确定的全国文化体制机制改革的试点单位,开始在宣传文化系统国有企事业单位各条块行业领域进行相应的改革试点。但因为始终受制于文化管理体制机制没有更进一步的突破性变革,在文化政策的梳理、调整、废改及创制等方面尚未取得与上海实施"创新驱动,转型发展"相匹配的跟进性变化。到目前为止,上海于"十一五"末期以来出台的一些文化政策,大多是按照国家科技文卫各条线规划要求而出台的一些细化落实性新政,而一些具有上海地方特色的文化方针政策,也基本上是属于对既定任务所作的一些方向性、规划性及解释性政策,缺乏针对具体执行过程中的政策尺度、准入标准及保障措施等多方面的考量。同样,上海的文化法制环境建设,也与上海建设国际文化大都市的客观需求有不少差距。这些都不利于上海在转型发展过程中最大限度地解放和发展文化生产力。

7. 文化的国际化及个性化品格亟待同步加强

文化的国际化品格与文化个性化品格,是决定国际文化大都市身份地位的两个极为重要的方面。自 19 世纪 40 年代开埠到 1949 年,上海的社会经济文化发展,历经西方帝国主义殖民活动、中国官僚资本主义裹挟影响及民族资本主义自我发展的多重影响,形成了既具有浓烈的西方文化特征,又具有突出的中国传统文化特点的中西文化交汇共融积淀。这种历史文化积淀被不少人称作海派文化特色。改革开放 40 年来,上海在承续新中国社会主义计划经济发展成果的基础上,全面开创了中国特色社会主义政治、经济、文化及社会等多方面事业发展的新局面,逐渐形成了具有新的时代特点的海派文化新气象。不过从上海推进"十三五"规划实施序幕、不断推进"四个中心"建设及"四个率先"实现、着力建设"科创中心"、力求以文化大发展大繁荣支撑城市全面转型的客观要求来看,从努力促进上海国际文化大都市建设的客观期望来看,上海还有待在国际化及个性化的品格塑造方面不断加强。就上海既往的改革实践而言,上海在文化硬件设施的建设方面已经具备较为突出的国际化,洋派、西化是上海留给不少外地游客最为外在的印象。然而在文化建设接轨对接国际惯例、顺应驾驭国际规则等方面,在营造开放、包容、多元及大气的国际化工作生活环境方面，还明显与国际文化大都市有一定差距。与此同时，上海在同步挖掘弘扬江南本土文化特长、塑造彰显个性化文化品格方面，还缺乏必要的力度和抓手。这些都有待在今后的工作中加以改善。

8. 城市软实力提升及城市文化营销亟待加强

国际文化大都市超出一般世界城市及全球城市的地方就在于，它不是仅仅满足于在某一专项领域具有世界城市的影响力，而是在立足于做好专项特长的基础上，实现城市软实力乃至城市综合实力的全面提升。如纽约和伦敦就首先是具有世界影响力的国际金融中心、国际经济和贸易中心，然后才是享誉世界的国际文化大都市。东京和巴黎同样也是因为具有相当强的城市综合实力，具有名列世界前茅的城市软实力，才奠定其国际文化大都市的身份地位的。就上海当下的情况而言，其直接关系城市软实力建设的文化、管理、法律、机制、体制、价值观、传统、道德、教育、体育、国民（市民）素质、人文精神、城市精神、社会环境等多方面要素，还亟待按照世界城市及国际文化大都市的目标定位而不断加强。依照"软实力凭借吸引而非强制或收买，自然而然地使得公众自愿追随或遵循既定意志和标准去行事"的要求，上海的软实力建设还有许多重要工作需要去做。在这些工作中，最迫切的是有待通过那种源自实践的城市精神的反复提炼、概括和宣传，来凝聚新老上海人乃至外来流动人口的精气神，从而形成对上海的认同感、归属感、自豪感及幸福感，为公众在上海置业、创业、创新及干事打下坚实的精神基础。同时上海还应该借鉴2010年世博会精心筹备及成功举办的经验，最广泛地调动各方面的文化资源及文化力量，继续做好城市对外形象的文化营销工作，尽力扩大上海在国际上的文化影响力。

三 上海建设国际文化大都市的整体方略

从上海贯彻落实党的十八大、十九大和市委第十一次党代会精神、确保上海"十三五"规划全面实施的现实实践出发，上海对于自当下至2020年的文化建设目标任务和总体战略，已形成了较为清晰的认识。那就是要继续推进实施"创新驱动，转型发展"战略方针，以推进上海建设与社会主义现代化国际大都市相匹配的国际文化大都市为抓手，全力实现上海新一轮跨越发展中的文化大发展大繁荣，为以文化改革创新及繁荣发展促进上海全面转型作出积极的贡献。为此，本部分研究将在前文科学分析上海国际文化大都市建设客观要求、对上海进行重要指标对标分析并查找"瓶颈"制约的基础上，做好以下四项工作：一是确定便于上海今后操作实施的概括性重点聚焦任务目标；二是概括梳理出一些需要特别关注的共性指标及个性指标；三是确立今后实际操作需要遵循的原则；四是确定基本的战略和策略。

（一）确定便于操作实施的重点聚焦概括性目标

按照上海今后若干年间的文化建设客观要求，其相应的工作任务涉及健康向上的社会舆论氛围营造、精神文化产品的创作生产、一流的公共文化服务体系建设及完善、推动文化创意产业成为支柱产业中更具贡献率的产业、创建文化人才高地及加强并改进党对文化工作领导等众多方面。基于此，这里将从确定便于上海今后操作实施的重点工作着手，因地制宜、因事制宜地确定以下几方面的阶段性任务。

1. 逐步树立以文化自觉自信自强为核心的文化建设共识

在"十三五"期间，上海应当在认真学习并贯彻落实中央十八大、十九大及上海有关文化建设的指示精神，在不断推进上海文化体制机制深化改革的过程中，逐步树立"勇当排头兵，敢为先行者"的文化自觉意识、文化自信意识及文化自强意识，从而形成各级党委政府高度重视文化、各条线部门统筹协调关心文化、宣传文化系统开门办文化、社会各方面力量积极参与发展文化的文化建设共识，为形成强大的文化建设合力打下坚实的基础。

2. 推动上海逐渐成为具有专属长项的现代化世界城市

世界城市是区域中心城市跻身国际大都市的最基本门槛。建设世界城市不可能走全面"铺摊子"、四面出击"占山头"的路子，只能因地制宜根据自身城市所长，来逐渐创建具有专属长项的世界城市。上海在以往确立"四个中心"建设和"十三五"开局阶段确立"科创中心"建设的基础上，在市委第十一次党代会上确立了创建"创新之城""人文之城"及"生态之城"的发展目标，这无疑对于上海尽快跻身具有专属长项的世界城市有重大意义。上海今后最需要的就是将"创新之城""人文之城"及"生态之城"建设与国际文化大都市建设紧密结合起来。

3. 推动上海更好地担当亚太乃至国际的文化交流中心角色功能

客观地说，上海经过近40年的改革开放和现代化建设，已经初步具备了担当亚太乃至国际文化交流中心的角色功能，2010年"精彩、难忘"的上海世博会的成功举办、连续多年实现文化贸易顺差，以及勇于承担文化"走出去"使命、力求开创对外文化贸易新局面等，都在一定程度上证明上海正在成为新时代的国际文化"大码头"。如今更需要上海努力通过不断提升文化原创和时尚创意能力，尽快成为享誉中外的国际文化"大源头"。唯有推动上海在"十三五"期间乃至更长远的时间内，更好地履行亚太乃至国际文化交流中心的角色功能，她才能在建设国际文化大都市的道路上行稳致远。

4. 创建具有独特品格的国际文化大都市内涵形态架构

国际文化大都市至少需要有内涵和形态这两方面的软硬兼顾发展作支撑。由于上海是属于中国特色社会主义的上海，她所追求的内涵形态软硬支撑，只有充分地体现中国特色、时代特征及上海特点等独特品格，才会体现出弥足珍贵的存在价值。其内涵形态的创建是今后若干年间文化建设工作的立足点。具体来说就是：

一是推进文化事业及公共文化服务体系的发达完善。这一任务中既包括与城市外在物质形态建设密切相关的文化基础设施建设、文化空间功能布局再调整等，又包括切实落实"文化惠民"政策、繁荣发展公共文化产品生产供应及服务、促进广大群众基本文化权益的更好保障及实现等众多方面。

二是推动文化产业及创意经济发展再上新台阶。具体说就是要在努力更新拓展文化产业业态、实现文化产业升级转型的基础上，借助科技创意及文化创意的研发运用及市场运作等多种手段，努力做大做强文化创意产业，使其"十三五"期间在全市GDP中的占比在目前超过12%的基础上更有新提升，推进该产业在满足群众多样化文化消费需求的同时，成为最富市场前景和市场竞争力的城市社会经济发展骨干性支柱产业。

三是在弘扬社会主义核心价值观过程中增强城市文化精神影响力。弘扬和传播社会主义核心价值观，是上海文化建设乃至国际文化大都市建设的精神追求所在。为此,上海必须在今后若干年间,始终牢牢抓住社会主义核心价值观的实践、提炼、宣传及弘扬这个重要环节,努力将其有机融入上海"海纳百川、追求卓越、开明睿智、大气谦和"的城市精神实践过程中,在大力提升市民思想道德素养及科技文化素养、做好城市品牌形象锤炼营销的同时,全力推进上海城市软实力建设取得实质性成效。

上述三方面是相辅相成、合力并进的关系,并不是简单地依次递进关系。我们既不能等上海已经成为世界城市了,再来考虑国际文化大都市建设;也不能等文化发展建设对软实力提升产生积极成效了,再去为上海量身定做世界城市和国际文化大都市的形态内涵架构。

(二) 上海建设国际文化大都市的关键性衡量指标

1. 必须立项达标的国际大都市主要共性指标

成为世界经济控制及决策中心之一,跨国公司指数、国际组织机构数位居世界城市第一量级阵营,位序进入全球城市前10位。

成为世界新技术、新专利、新时尚等的产出中心之一,研发指数、力求进入全球排名前20位。CN域名、www站点数、互联网主机拥有量,移动电话及个人电脑数居世界前列。

成为全球金融、贸易和航运中心之一,其中金融机构数、金融业在GDP中的占比、外汇交易额、信贷资金额、证券交易额、境外上市公司数及资本额、外贸进出口额、国际贸易公司数量、海港空港吞吐量、国际航线数等居全球城市前10位。

成为全球城市中的经济巨擘之一,在经济总量规模及城市综合实力等方面跻身全球城市前10位,同时形成第三产业比重不低于75%的目标。

2. 必须重点突破的国际文化大都市主要共性指标

成为世界富有影响力的科技文化教育集散地,其中每千人中受高等教育占比、外国留学生人数、出国留学人数均跃居全球城市第一量级阵营。

成为具有相当影响力的文化传媒之都,其中纸质图书报刊的每千人订阅量、电子报刊的千人订阅量、人均每年文化用纸量、广播电视频道节目播出量等均位居全球城市前列。

成为具有很好的文化福利的公共文化消费乐园，其中公共图书馆、美术馆、博物馆、纪念馆、文化馆、展览馆等的每万人拥有量（面积等），位居世界城市前列。

成为具有独特魅力的文化艺术之都，其中每年的文艺演出数量、参与文艺观赏的人数、电影放映场次、电影上座率、各类文学艺术作品年产量、文艺类节庆数等均位居全球城市第一量级阵营。

成为对内对外文化贸易最为繁荣的世界第六大城市群龙头城市，其中每年的文化产品及服务等进出口贸易位居世界城市前列。

成为名副其实的创意之都、时尚之都，其中每年著作权、版权、专利等登记数，各类时尚消费新品发布量等均位居世界城市前列。以文化创意产业为代表的创意经济在城市第三产业中的占比达到纽约、伦敦等国际文化大都市水平。

成为具有文化体育活力、宜居宜游、人文气息浓郁的绿色之城，其中国际性文体赛事年举办数、生态环境指标、年入境出境旅游观光人数、人文景观万人占有率等，均位居世界城市前列。

以上大多为约束性指标，除既定的约束性指标外，还需注意对一些没有硬性要求的增效性指标加以适当关注，如城市文艺影院的数量等。既有的许多国际文化大都市甚至一些世界城市，都有一定数量的文艺影院，有的城市文艺影院还成为城市文化品牌。文艺影院的基本定位就是：专门播放具有独立制片人特征、前卫实验探索特征的影片甚至剧目，其中有些影片常常是未能通过审查、未能准予公映的电影。文艺影院的发达程度，在一定程度上能够体现该城市是否具有包容气度。目前上海虽已设置了一些文艺影院，但总体上还处于发展较为艰难的阶段。

3. 体现上海独特魅力的本土化重要个性指标

上海的本土化个性指标可以具体梳理概括的不少，这里仅作些例示。如在文化产品生产服务、时尚创意生产等方面，为了着力体现江南海派文化传统特点，可以设置每年文艺演出中体现上海地方特色的沪剧、昆曲及滑稽戏占比数；可以在生活时尚创意新品的年发布额中，适当强调体现江南海派文化特点的品种数量等。

一般而言，发达国家的国际文化大都市很少从精神价值及人文素养等方面来概括和提炼城市精神，它们更多的是从城市的营销、推广及宣传的角度来界定和定位自己的城市。① 相形之下，依托上海市民长期丰富的社会实践，来提炼概括上海城市精神，反倒是一个具有很强的中国特色和上海特点的本土化个性指标，对此我们可以不断发扬光大，并以之考量城市软实力等方面的建设。

（三）上海建设国际文化大都市需要遵循的规律及原则

1. 遵循世界城市（全球城市）发展建设的基本规律

从发达国家一些重要城市历经一次现代化、两次现代化乃至实施新"城市革命"的发展历程来看，但凡最后跻身世界城市的那些区域城市，都经历过了一次、两次乃至三次的城市产业结构调整、城市功能空间布局及城市发展模式转型，而且都几乎经历过"一二三"产业的位序更替升级腾挪，也经历过从城市急速扩张时的画圈"摊大饼"转换为"城市再造"时的组团化多中心排布。产业结构调整和发展模式转型，势必会给包括文化产业及创意经济在内的多种新兴现代服务业带来持续发展的良好契机，同时也会给包括公益性文化事业在内的众多福利性公共产品社会供需服务带来极大的发展空间。在此背景下，世界城市尽管可以在某一特定的行业领域（如汽车、航运、会展等）一展身手、扬名世界，但是它必定会在总体上呈现为以下特点：现代服务业的比重基本会超过70%，传媒经济、创意研发、时尚会展、文娱演艺、影视制播、人文旅游、节庆赛事等会在集合的经济总量上占据相当分量。此外，该城市也会以区域性城市群龙头的地位，对周边乃至全球产生相对巨大的聚集和辐射效应。这就是世界城市发展的基本规律，上海也应遵

---

① 美国的一些城市就从城市营销的角度来为自己作出了口号性的界定，如芝加哥是"一切的中心"，波士顿是"合作带来进步"，纽约是"永不休息的商业业城市"，孟菲斯是"美国的配送中心"等。参见"确立世界城市目标，开拓创新城市路径"课题组《建设世界城市——对上海新一轮发展的思考》，第370页。日本东京曾于刚进新千年的几年间，提出了颇有些塑造城市精神意味的"东京心灵革命行动计划"，主张有守信誉、爱他人、能自律、负责任及乐奉献等信条。参见尹继佐主编《2004年上海文化发展蓝皮书：培育上海城市精神》，上海社会科学院出版社2004年版，第211—223页。

循这一规律。

2. 遵循国际文化大都市建设及文化发展建设的特殊规律

无疑，国际文化大都市是文化发展建设实践的积极成果。这里需要看清一点的是：目前世界所公认的国际文化大都市如纽约、巴黎、伦敦及东京等，从一般的区域性城市发展为具有全球影响力的世界城市和国际文化大都市，既是其城市居民和外来移民长期进行文化创业、多方努力的历代奋斗结果，也是其承续文化历史传统、以开放包容姿态接纳融入人类不同文明的结果。"文化的发展"在某种意义上具有自然积累性、非刻意人为性，"文化的建设"则体现出较为鲜明的人为谋划推动特点。就这四个既有的国际文化大都市的发展历程而言，它们几乎从来没有刻意打出"建设国际文化大都市"的鲜明旗号，但却经过漫长时期的发展，最终实现了国际文化大都市的发展建设目标。这个事实表明，国际文化大都市的发展建设一定有其特殊规律，而这一特殊规律又一定是契合文化发展建设的特殊规律的。可以肯定的是，国际文化大都市绝对不是自封的，而是别人对你的评价。[①] 文化发展建设特殊规律的"特殊"之处就在于：文化既有经济性、商业性属性的一面，又更有人文性、意识形态性属性的一面。鉴于此，简单照搬经济发展建设的做法肯定是行不通的。显然，一个城市国际文化大都市身份的最终确立，注定与该城市对那些世所公认的一系列"约束性共性指标"的对标实现直接相关。相形之下，其余的一些"增效性指标"和"个性化指标"并非不够重要，因为恰恰是这些指标才能确定此一国际文化大都市区别于彼一国际文化大都市的不同，才能体现出其无可替代的本土化独立价值。总之，上海既然确定要建设国际文化大都市，就必须按照相关的特殊规律来开展管办文化发展建设的相关实践。

3. 尊重中国特色社会主义事业发展规律

目前摆在我们面前最突出的一个问题就是：世界上既有的国际文化大都市均毫无例外是发达国家的区域中心城市，没有一个是发展中国家的区域中心城市，它们发展建设国际文化大都市的经验尽管可供我们学

[①] 参见吴建民《开放是文化发展的根本因素》，《文汇报》2007年9月20日"文汇时评"栏目。

习和借鉴，但很难简单以拿来主义的态度去全单照抄照收。因为我们独特的国情、市情、党情、社情和民情等因素，决定了我们必须依托这些特定因素，以因地制宜、以我为主、取其精华、去其糟粕及改革创新的理念，去开展国际文化大都市发展建设实践。概而言之就是，我们必须尊重中国特色社会主义事业发展的特殊规律。从发达国家已经建成的那些国际文化大都市来看，尽管它们也具有无以计数的、足以让生活在不同国体政体下的世人所羡慕憧憬、光鲜亮丽的东西，但也不可否认地容纳展示出许多唯有资本主义世界才具有的腐化肮脏、侈糜堕落、光怪陆离、病态离谱的东西。这提醒我们：中国上海的国际文化大都市建设，只有在坚持社会主义先进文化发展方向的前提下，沿着具有中国特色、时代特征和上海特点的发展路径，在实现文化发展建设最大限度地改革开放的同时，确保国家文化安全，稳步奋勇前行，才能体现出它真正的实践价值。

4. 坚持顺应行业产业融合趋势与多部门协调共建要求的原则

当今世界正处在大发展大变革大调整时期，世界多极化、经济全球化深入发展，科学技术日新月异，各种思想文化交流交融交锋更加频繁。与此相应的是，文化与科技、金融、工业、农业、旅游、体育、休闲、地产、养生等众多行业产业的相互渗透融合趋势正逐渐加剧。面对这一趋势，上海以往形成的部门条块分割、行业壁垒阻隔的行政管理模式正面临着越来越严峻的挑战，已经明显不能适应文化与非文化领域相互跨界渗透的客观趋势。这就要求我们必须认真贯彻执行中央针对文化建设提出的有关指示精神，即"建立健全党委统一领导、党政齐抓共管、宣传部门组织协调、有关部门分工负责、社会力量积极参与的工作体制和工作格局，形成文化建设强大合力"。[①]

5. 坚持国际区域共性与上海本土特点相结合的原则

发展建设国际文化大都市，必然是一个文化共性社会实践成果与文化个性社会实践成果不断互动并进、有机交融的过程。上海设定的国际文化大都市建设目标最具独特魅力的地方就在于它的无法替代性和独一

---

① 《中共中央关于深化文化体制改革　推动社会主义文化大发展大繁荣若干重大问题的决定》，《人民日报》2011年10月26日。

无二性。我们不能将上海的国际文化大都市建设实践，简单理解成打造所谓"远东巴黎""东方纽约"。因此，唯有在建设国际文化大都市的过程中，努力坚持在创建吸收国际文化大都市共性特征的同时，积极挖掘利用本土文化传统资源、形成独一无二的本土文化特点，才能使上海真正成为"时尚魅力的国际文化大都市"。

6. 坚持社会建设与文化建设互动并进的原则

我国改革开放40年，经历了社会经济发展的巨大变革。以往计划经济时代形成的"企业人""单位人"等社会基本单元组织分布架构，早已在市场经济带来的"五个多样化"冲击下进入"社会人""社区人"的再分布、再重组状态，从而引发社会建设的巨大需求。在此过程中，群众的文化消费需求、文化消费方式等也产生了的相应变化。然而，由于我们的文化发展建设在某种程度上还留有计划经济时代的"管""办"烙印，所以并不能完全适应当今形势的发展需要。为此，我们必须在推进国际文化大都市建设的过程中，努力借助深化文化体制机制改革的特殊机遇，开拓性地创建与社会发展建设相适应的文化发展建设新体制新机制。真正开辟社会力量参与文化建设、社区群众共享文化成果、文化建设融入社区建设的新天地。

7. 将贯彻既定方针政策与国际文化大都市建设有机结合起来

近年来，上海陆续提出了"四个中心"建设、"四个率先"实现、"国际文化大都市"建设及"科创中心"建设的奋斗目标，同时还提出了"创新驱动，转型发展"战略方针。无疑，这些奋斗目标与战略方针的落地实施，将极大地推进上海国际文化大都市的建设进程。因为"四个中心"建设、"四个率先"实现无异于在全力创造国际文化大都市建设的经济基础；而"科创中心"建设乃至"智慧城市"建设无异于在创造国际文化大都市建设的智力基础；"创新驱动，转型发展"则将为国际文化大都市建设提供路径手段支撑。因此，只有将它们有机结合起来，国际文化大都市的建设才会取得显著成效。

(四) 夯实"三大基础",筑牢"三大支点"

1. 以大力增强经济实力来夯实文化发展建设的物质基础

建设国际文化大都市不同于常规的文化事业产业单一发展,它是一项体量规模巨大、形态内涵复杂的系统工程,它客观上需要有相对持久有力的经济发展实力做保障、做支撑,因此上海应当明确:不能为实现国际文化大都市的目标而勉为其难地建国际文化大都市,只有真正奠定和巩固了足以支撑国际文化大都市建设的物质基础,这个宏伟目标才有望实现。

2. 以大力深化体制改革来夯实文化发展建设的创新基础

借助于继续深化文化体制机制改革、深化政府行政管理体制改革,来推动经营性文化单位机构将"转企改制"后的现代企业制度建设引向深入,推动文艺院团之类的事业单位实施"场团合一"及"一团一策"的文化治理创新,按照社会主义市场经济和社会主义法制建设的要求,厘清政府把握导向、规划引导、依法行政的角色职能,发挥中介机构穿针引线的功能和市场配置文化资源要素的积极作用,按照文化自有规律来管办文化,以此来为上海国际文化大都市建设打下扎实的创新基础。因此,上海有必要充分发挥自贸试验区建设运营的创新探索先行先试效应,力争在改革方面有更大的作为。

3. 以大力推进社会建设来夯实文化发展建设的社会基础

在目前社会主义市场经济条件下,我国还相对缺乏社会建设的经验,尤其缺乏将社会建设与文化建设有机结合起来的相关实践经验。基于此,我们更需要在推进社会建设、开展丰富多样的社区公共文化服务等方面进行大胆尝试,通过充分解放和调动社区群众参与文化建设的积极性,通过动员更多的社会志愿者、社区义工、社会组织和其他各种有志于文化建设的社会力量,形成文化发展建设的基层合力,从而建立和巩固上海国际文化大都市建设的社会基础。

4. 筑牢第一大支点:努力做大做强"文化实业"

"文化实业"特指我国公益性的文化事业和市场性的文化产业。文化事业和文化产业既是我国文化发展建设的主要载体,也是上海实现国际文化大都市发展建设目标的重要支撑。文化事业发展得好坏直接关系广大群众基本文化权益的保障和实现，直接关系群众基本性文化需求的满足，其中建立完善发达的公共文化服务体系就是重要抓手之一；文化产业发展得好坏直接关系提供公共文化产品及服务的基础是否扎实，直接关系群众多样性文化需求的满足，其中促进文化产业成为国民经济支柱产业就是推进措施之一。国际文化大都市在客观上要求文化事业产业，要在总量规模及质量效益方面成为现代服务业的中坚，要在人文传统及城市精神对本土文化实业的统摄弘扬方面成为其核心依托。因此，上海必须重点掌控好、发展好"文化实业"。

5. 筑牢第二大支点：切实抓好"文化民生"

多年前召开的中央十七届六中全会就曾强调：要"以建设社会主义核心价值体系为根本任务，以满足人民精神文化需求为出发点和落脚点"。党的十八大和十九大更是重申了这一"以人民为中心"的文化建设主张。文化民生和文化福利的落实既是群众文化权益得到保障和实现的标志，也是国际文化大都市建设的目标追求之一，因此应当依托公共文化事业和文化产业的充分发展来全力做好，同时要尊重人民群众的文化意愿。中央领导同志指出："人民群众是文化产品的享有者，文化产品最终应由人民群众来评判。我们坚持把人民群众认可不认可、满意不满意作为评判文化产品质量的重要标准，引导文化创作生产更好地贴近实际、贴近生活、贴近群众。"[①]

6. 筑牢第三大支点：培育彰显"文化精神"

培育和彰显文化精神，最为集中地体现出国际文化大都市建设的软实力成效。无疑，上海的文化精神应当既包含国家意识形态层面的社会主义核心价值体系的建构、理解、认同和宣扬，又展示上海市民思想道德和科技文化素养的良好水准，还体现具有江南本土海派文化风格的城市精神。应当强调的是：上述三大支点应当是有机共融、相辅相成的，而不应当是彼此割离、南辕北辙、各自为政的。上海若干年前提出"海纳百川、追求卓越、开明睿智、大气谦和"的城市精神，以及上海市委主要领导后来提出的"公正、包容、责任、诚信"的城市价值追求，均

[①] 刘云山：《中国特色社会主义文化建设的实践探索和理论思考——在第六次中越两党理论研讨会上的主旨报告》，《求是》2010年第20期。

属于因地制宜、立足上海实践的积极探索。

(五) 采取旨在建立有机互动的"十大支撑"策略

1. 专项规划引领与任务分解执行支撑

在立足上海现实实践、通过中外比较及依靠充分调查研究的基础上,尽快制定《上海国际文化大都市建设专项规划》,以贯彻落实科学发展观、践行习近平同志治国理政新思路、推进创新驱动及转型发展为主线,用专项规划的形式将今后若干年间期望完成的工作加以指标化确定,并将具体任务细化分解到各条线领域,以此引领工作推进。

2. 产业转型升级与市场体系拓展支撑

按照"十三五"期间上海产业结构调整及转型升级发展的基本预期,上海将掀起新一轮的城市功能空间布局再调整,逐渐形成以大虹桥、大浦东、大张江、大滨江等为区块和轴线的现代服务业集聚板块区带,重点围绕文化创意产业的发展,形成"一轴、两河、多圈"的创意经济空间新布局。为此,上海必须同时拓展文化市场体系的集聚和辐射功能,使之具有覆盖长三角、辐射海内外的影响力,以之支撑产业新业态的发展。

3. 人才智慧集聚与品牌功能辐射支撑

文化产品品牌、文化企业品牌的培育,往往和文化高端复合型人才的大量集聚密切相关。两种品牌的匮乏,同以往热衷于低端模仿、贴牌加工及放弃高端原创、疏于自主研发等直接相关。上海确定今后将致力于打造文化人才高地、致力于培育文化企业品牌和文化产品品牌的发展战略,这就需要努力将两方面的互动支撑格局创建起来。

4. 全面对外开放与多元并存包容支撑

国际文化大都市必然要求营造一个适宜于最大限度地解放和发展文化生产力的文化生态环境,这个环境的总体特征应当是在确保国家基本的文化安全的前提下实现全面对外开放。国际文化大都市天然具备的国际化特征,也必然要求其在凸显强调体现本土特色的城市文化精神的同时,要尽可能地体现出对多元文化的并存和包容。只有全面对外开放与多元并存包容形成了基本的良性互动,文化生存发展的生机和活力才能最终焕发出来。

5. 内生自主发展与区域联动共赢支撑

内生自主发展与区域联动共赢，是上海今后不断实施"创新驱动，转型发展"战略、推进国际文化大都市建设，必须长期坚持的基本策略。内生自主发展的主要诉求在于：在依托学习借鉴样本城市和样板地区成功经验及积极成果的基础上，要主动挖掘利用本土文化资源优势，大力实施自主研发、自主创新，形成"以我为主"的内生动力；区域联动共赢的客观意义在于：上海是正在崛起的世界第六大城市群——长三角城市群"龙头"城市，上海必须依托融入国家"一带一路"发展倡议落地、长江经济带联动发展的特殊机遇，努力延伸放大都市圈功能。具体来说就是，通过与长三角16个城市的联动合作、统筹协调，进而在产业链、价值链方面，建立一种各城市专长相对突出的分工配套、功能互补和错位发展关系。从而带动上海国际文化大都市建设及第六大城市群建设取得突破性进展。

6. 国际化追求与个性化塑造风格支撑

国际化追求的主要用意在于：逐渐在城市的形态功能方面具备担当亚太乃至全球经济文化等多方面要素集聚、影响辐射的角色职能；个性化塑造的目的在于：着力创建具有中国特色、时代特征及上海特点的城市内涵品质，实现上海"塑造时尚魅力的国际文化大都市"的既定目标。显然，国际化与个性化这两方面必须同时兼顾，不能有所偏废。

7. 法制体系与诚信契约系统共建支撑

国际文化大都市必定是一个法制体系完备、诚信契约系统发达的城市。从某种意义上来说，上海在历史上经历过重法制、讲诚信、守契约的外来文化洗礼，这在一定程度上形成了一种传统积淀，[①] 这对于上海按照时代要求重塑城市法制体系及诚信契约系统，无疑具有帮助。就当今上海的实际而言，与文化建设相关的法制体系建设滞后、诚信契约系统空缺，是制约国际文化大都市建设的一个重要方面，必须着力突破。

8. 中介要素培育与文化金融发展支撑

文化中介系统是否发达完善，直接决定着文化市场的活跃度和繁荣

---

① 参见钟祥财《近代上海的契约精神——钟祥财研究员在上海市政协"学习茶座"的讲演》，《文汇报》2012年3月5日"每周演讲"栏目。

度，它是文化市场的润滑剂。此外，以文化投融资、文化贸易交流、文化外汇结算、文化版权交易等为主要服务内容的文化金融，也是决定国际文化大都市资金流、商物流、项目流的重要方面。目前上海在这两个方面都相对欠缺和滞后，亟待在今后发育壮大。

9. 形态架构与精神培育互为表里支撑

国际文化大都市的建设成型，需要形态架构创建与精神培育彰显互为表里、互作支撑。在改革开放40年中，上海在形态架构创建方面花费了大量的财力、人力及资源，也取得了初步的成效，但是离上海国际文化大都市的建设目标还存在一定的差距。在城市精神培育和彰显方面，虽然上海也在全国率先做出了一定的努力，但是同样与建设社会主义现代化国际文化大都市的目标有差距，尚需付出更大的努力。

10. 创意研发与时尚引领统合互动支撑

国际文化大都市最鲜明的一个共性指标就是：具有十分强劲的创意研发能力和动力，具有引领世界时尚潮流的控制力，而后者恰恰须以前者为基础。就当下的情况而言，目前直接影响上海推进文化大发展大繁荣、影响国际文化大都市建设进程的掣肘因素之一，就是在创意科技、创意文化的生产应用等方面，既缺乏人才又缺乏动力还缺乏环境友好支撑。上海倡导实施"创新驱动，转型发展"战略，其中就有力图破解这些方面难题的用心。基于此，我们必须在上述方面力求有所突破。

参考文献

[1] Friedmann J., The World City Hypothesis, Development and Change (SAGE, London, Beverly Hills and New Delhi), Vol. 17 (1986).

[2] Peter Hall, The World Cities, London Weidenfeld and Nicholson, (1966).

[3] Sassen S., The global city: New York, London, Tokyo. Princeton: Princeton University Press (1991).

[4] European Institute for Comparative Urban Research. An International Comparative Quick Scan of National Policies for Creative Industries. 2007.

[5] Abraham son M., Global cities. Oxford University Press, (2003).

[6] 周振华：《崛起中的全球城市：理论框架及中国模式研究》，上海人民出版社2008年版。

［7］［美］保罗·诺克斯、琳达·迈克卡西：《城市化》，顾朝林、汤培源、杨兴柱编译，科学出版社2009年版。

［8］薛晓源、曹荣湘主编：《全球化与文化资本》，社会科学文献出版社2005年版。

［9］张鸿雁：《城市形象与城市文化资本论（中外城市形象比较的社会学研究）》，东南大学出版社2002年版。

［10］尹佐主编：《世界城市与创新城市：西方国家的理论与实践》，上海社会科学院出版社2003年版。

［11］"确立世界城市目标，开拓创新城市"课题组：《建设世界城市：对上海新一轮发展的思考》，上海社会科学院出版社2003年版。

［12］叶辛、蒯大申主编：《2009年上海文化发展蓝皮书：文化大都市建设的理论与实践》，社科文献出版社2009年版。

［13］鲍宗豪：《国际大都市文化导论》，学林出版社2010年版。

［14］上海市统计局、上海市委宣传部编：《上海文化统计概览》（2009年度及2010年度）。

［15］叶辛、蒯大申主编：《城市文化研究新视点：文化大都市的内涵及其发展战略》，上海社会科学院出版社2008年版。

［16］刘玉芳：《国际城市评价指标体系研究与探讨》，《城市发展研究》2007年第4期。

［17］上海证大研究所：《文化大都市：上海发展的战略选择》，上海人民出版社2008年版。

［18］［美］李欧梵：《上海摩登：一种新都市文化在中国》，北京大学出版社2001年版。

［19］胡雅龙主编：《世界第六大城市群：长江三角洲城市群崛起之路》，上海社会科学院出版社2010年版。

［20］刘士林主编：《2011中国都市化进程报告》，上海交通大学出版社2011年6月版。

［21］吴信训主编：《世界传媒产业评论》（第8辑），中国国际广播出版社2011年版。

［22］安同良等：《长三角地区研发的行为模式与技术转移问题研究》，经济科学出版社2011年版。

［23］上海市经济和信息化委员会：《2011上海产业和信息化发展报告——服务业》，上海科学技术文献出版社2011年版。

［24］尹继佐主编：《2004年上海文化发展蓝皮书：培育上海城市精神》，上海社会科学院出版社2004年版。

全球城市指数及对上海的实证分析

尹应凯　蒋志慧

（上海大学）

随着全球化与信息化进程的不断加快，城市与城市之间的联系日益紧密，城市在全球经济发展中扮演了越来越重要的角色，这些在经济、社会、文化或政治层面能够直接影响到全球事务的城市群体通常被称为"全球城市"或"世界城市"。全球城市的排名情况构成了全球城市指数，它直接反映了全球城市的综合实力水平。

随着全球经济以价值链分工为主要特点的新模式发展，如何从定量的角度去把握全球城市的特征则成为当务之急，为此，我们构建出以吸引力、创造力、竞争力三力为核心的新型"全球城市评价指标体系"，来更好地认识全球城市、把握全球城市的塑造和形成规律。

当前，在中国经济快速发展崛起的背景之下，作为现代化国际大都市的上海确立了经济、金融、航运、贸易四个中心的建设目标，正在向卓越的全球城市不断迈进。《上海市城市总体规划（2017—2035）》明确了"上海至2035年建成为卓越的全球城市"的目标。全球城市的内涵集中表现为"吸引力、创造力、竞争力"，因此本文在对"全球城市评价指标体系"阐述的基础上，分析了上海市目前建设全球城市的现状，并基于全球城市评价指标体系对上海市提升全球城市竞争力提出相应的政策建议。

一 全球城市文献综述

对全球城市的研究，国外要明显早于国内，最早可追溯到19世纪末，而国内的研究则在20世纪90年代掀起了热潮。如今，全球城市这类在经济、社会、文化、政治层面能够直接影响全球事务的城市群体已成为世界经济结构中最为重要的研究议题之一。

1. 全球城市内涵及理论发展

回顾全球城市的发展历程，我们发现其大致经历了四个阶段：以跨国公司主义为主的早期研究阶段、从国际劳动分工角度出发的理论形成阶段、以经济全球化为背景的理论发展阶段、基于全球价值链视角切入的理论成熟阶段。

（1）以跨国公司主义为主的早期研究阶段。这一阶段大约开始于20世纪初期，全球经济在经历了第一次世界大战的腥风血雨后逐渐归于平静，并形成了发达资本主义国家经济、发展中的民族主义国家经济和社会主义国家经济三者并存的格局，第二次世界大战后世界各个国家之间的经济联系日益紧密，大多数商业活动往往集中在少数一些城市进行。在此背景之下，格迪斯（1915）正式提出了世界城市的概念，明确指出那些在世界商业活动中占有较大比例的城市可以被称作世界城市。20世纪50—60年代，世界上主要的资本主义国家的经济实现了高速度的增长，谢守红（2004）指出60年代以后，跨国公司得到迅猛发展，在全球范围内所向披靡。这些跨国公司的不断兴起，开启了全球经济发展的新模式，而这些跨国公司的总部往往集中设立在全球主要城市中，来确保更高效率地处理世界范围内的商业活动，于是人们开始用拥有跨国公司总部数量的多少对世界城市进行排序，这也拉开了对世界城市研究的序幕。

（2）从国际劳动分工角度出发的理论形成阶段。回顾国际分工理论的发展历程，由最初亚当·斯密的绝对优势理论到李嘉图的比较优势理论再到马克思的国际分工理论，最后到较为成熟完善的赫克歇尔-俄林的国际分工理论，我们不难发现国际分工理论是随着人类生产力的发展而不断发展的，世界经济格局决定了世界上各个国家和地区都或多少地参与了国际分工的过程。其中，Frobel（1980）把20世纪60年代以来的国际劳动分工称作新国际劳动分工。经济学家弗里德曼（1986）从国际劳动分工的角度出发，对世界城市进行了新的阐述，他把主要金融中心、跨国公司总部（包括地区性总部）、国际化组织、商业服务部门的高速增长、重要的制造中心、主要交通枢纽和人口规模概括为世界城市的7个特征，对世界城市理论进行了新的补充完善。20世纪80年代末以来，世界城市作为一种特殊的城市类型，成为越来越多学者关注的对象。

（3）以经济全球化为背景的理论发展阶段。经济全球化的概念最早由莱维（1985）提出，它指的是商品、技术、服务、货币、人员等生产要素在世界范围内的流动，即整个世界经济紧密联系成为一个整体的表现。在这样一个大的世界经济发展趋势背景之下，世界城市在全球经济中发挥的作用更是不言而喻的，它们开始在社会、经济、文化、政治层面直接影响全球事务。弗里德曼（1986）提出了著名的"世界城市假说"，"全球城市"一词被首创出来。沙森（1991）认为，全球城市对世界经济有一种全球范围内的控制能力，通过分析考察世界城市的三大顶端——纽约、伦敦、东京，沙森进一步将全球城市定义为"发达的金融与商业服务中心"。至此，以经济全球化为背景的全球城市理论研究开始盛行。

（4）基于全球价值链视角切入的理论成熟阶段。唐子来（2015）指出，经济全球化导致以"产业链"为特征的空间经济结构正在转变成为以"价值链"为特征的空间经济结构。进入21世纪，随着世界经济飞跃式的发展，以"全球价值链"为特征的生产方式正在全球范围内扩散开来，这是一种以产品为中心的全球性生产组织活动，在整个产品的生命周期都能够创造出不同的价值，应该说这种生产模式必将成为未来经济结构的核心特征。在这样的背景之下，全球城市则成为全球价值链生产的载体，依托于一个个全球城市而展开的价值链投资过程使全球城市在具备了全球竞争力和影响力的同时更是作为全球核心节点城市在世界经济网络体系中发挥出枢纽功能，在这一视角下，人们对全球城市的理论研究也进入成熟阶段。

2. 全球城市评价指标体系研究

随着世界各国和地区经济的高速发展，全球城市的规模和数量也随之不断扩大，除了伦敦、纽约、巴黎、东京4个传统的世界级城市，开始有越来越多的城市加入全球城市的阵营中，开始涌现像芝加哥、新加坡、香港、上海、北京等这样一些不断向全球城市迈进的国际城市群体，那么如何对这些城市进行定量的考察分析，则需要我们重点研究。

全球城市评价指标体系的衡量在研究早期往往基于对个别单项指标的考察，尤其是对拥有跨国公司数量进行了着重强调，科恩（1981）采用了"跨国指数"与"跨国银行指数"两项指标对城市等级进行排序。王颖（2014）指出，单项指标判别法从某一核心维度评价城市发展程度，虽然简便易操作，但却存在明显不足，难以反映全球城市等级体系的完整网络图谱。因此，应该采用综合性的指标体系来全面判别全球城市，如全球城市实力指数（GPCI）、全球化城市指数（GCI）、网络关联度指数（GaWC）、全球商业中心指数（WCoC）、全球金融中心指数（GFCI）、全球城市创新指数（2thinknow）等。对其取不同权重，从而建立一个更为合理公平的评价指标体系对全球城市进行考察，而随着创新逐渐成为城市发展的核心驱动力，全球城市的衡量指标将在2thinknow这项创新能力指标上占据更大权重。在国内，对全球城市指标体系的研究也逐步增多。例如，中国社科院社会科学研究所发布城市综合竞争力报告，依据经济、人民生活水平、环境、教育、科技、政府行政能力等指标构建了GN评价指标体系，调查了包括港澳台地区在内的中国34个省级城市和295个地级市，根据经济、社会、环境、文化四大系统及多项指标，对城市竞争力进行综合评估，至2017年已连续15年发布相关排行榜。周莉清（2016）对全球城市实力指数进行了详细综述；齐心等（2011）认为，城市的世界地位来自其总体实力、网络地位的总和、必要的支撑条件三个评价维度；在实证分析中，通常采取层次分析法（王颖，2014）、因子分析法（许爱萍，2012）等。

3. 全球城市的吸引力、创造力、竞争力评价指标体系研究

当前，全球经济正以价值链分工为主要特点的新模式发展，全球城市的"吸引力、创造力、竞争力"构成了其"综合力"的三大重要组成部分，与传统的评价指标体系有所不同，如何从定量的角度构建出以

"吸引力、创造力、竞争力"三力为核心的新型"全球城市评价指标体系"来更好地认识全球城市、把握全球城市的塑造和形成规律则成为当前全球城市评价指标体系的研究重点。

对于全球城市竞争力的考察，我们可以从政治、经济、文化、科技、社会选取多个"城市个体指标"，从而构建相应二级、三级指标来评价全球城市自身的综合实力；而对于全球城市创造力的考察，邹燕（2012）提出创新型城市是由众多要素组成的复杂系统，为此，我们可以从知识创新、技术创新、产业创新、环境创新出发来衡量其创新型城市的建设进程；而对于全球城市吸引力，其主要用来评价全球城市在世界范围内的外部影响力，我们可以通过研究其同其他城市在资本、产业、人口、运输与信息五个方面的联系度来进行衡量。总的说来，目前针对全球城市的吸引力、创造力、竞争力进行评价指标研究的文献比较少。代表性的有王颖等（2014）研究了"全球城市"指标体系，并基于指标体系对上海进行了实证研究；屠启宇（2009）分析了世界城市指标体系的路径取向与方法拓展，并对上海进行了实证分析。

4. 上海全球城市建设的相关研究

在中国经济快速发展崛起的背景之下，上海确立了经济、金融、航运、贸易四个中心，建设具有全球影响力的科创中心等目标，正在向卓越的全球城市不断迈进。虽然与传统的全球城市相比，上海在跨国公司规模、创新能力、生态环境、政府作用发挥等方面仍然存在不足，但是目前上海已经确立了未来30年建设全球城市的战略目标，将按照"创新、协调、绿色、开放、共享"的发展理念打造一个全球城市综合体。

近年来，有关上海全球城市建设的研究不断增多。代表性的成果有：周振华等（2004）研究了全球城市发展的国际经验并分析了上海全球城市发展现状。唐子来、马海倩（2014）研究提出了上海迈向全球城市的战略目标、基本标志、目标体系，提出应该集中体现全球资源配置能力和全球综合服务功能的五大核心功能。苏宁（2015）提出，未来30年上海应建设"引领性全球城市"，不仅要在等级层次上登顶，更要最终确立中长时段的历史地位和全球影响力。肖林（2016）明确指出，要把上海建设成为有全球竞争力和影响力、能够在全球城市网络体系中发挥枢纽功能、彰显中华文化特质和引领现代文明的全球城市。未来，对上海全球城市的发展研究不仅为其自身发展提供新思路，更充实和拓展了全球城市理论，具有重要意义。唐子来（2017）认为，在全球城市发展版图中，上海经济影响力比较明显，但科技和文化影响力仍是"短板"，并指出上海应继续致力于打造金融中心（全球资本服务）和总部经济（全球资本支配），把价值链做高，提高劳动生产率，争取跻身全球城市体系的高端价值区位，比肩纽约与伦敦。

二 全球城市评价指标体系

1. 全球城市"吸引力、创造力、竞争力""三力"模型的提出

通过梳理全球城市功能内涵的演变历程和全球城市的最新发展趋势，我们发现全球城市的功能内涵集中体现在全球城市的"吸引力、创造力、竞争力"，在此基础上，我们进一步提出推动全球城市走向卓越的"三力"模型。具体说来：吸引力是吸引生产要素聚集在城市，创造力是让吸引来的生产要素在城市发挥创新创造活力，竞争力是在全球配置资源的能力以及全球城市的成长与可持续发展能力，是前两个力的集中体现，反过来也影响前两个力。三力之间的关系可以具体阐述如下：竞争力是全球城市自身综合实力的体现，是能否成为全球城市的内因；创造力是对全球城市创新能力的评判；吸引力则是建立在全球城市具备一定的创造力和竞争力的基础上，是其对世界其他城市的辐射和影响能力，三力共同构成了全球城市的综合力，是一个相辅相成、相互促进的关系。全球城市"吸引力、创造力、竞争力"犹如三角形的三个顶点，三力合一，共同指向三角形的重心——全球城市综合力，三力共同构成在全球城市价值链的生态闭环，在这个生态闭环中形成"吸引资源—激活资源—提升城市在全球价值链能级"的正反馈机制。发挥吸引力、创造力、竞争力的正反馈机制，提升城市能级。

2. 上海全球城市"吸引力、创造力、竞争力"的"三力"评价指标体系

2017年5月8日，在中国共产党上海市第十一次代表大会明确指出上海未来五年的发展目标：基本建成"四个中心"和社会主义现代化国

际大都市,在全球大都市中的影响力稳步提升。还指出要让城市更加宜居宜业,城市的吸引力、创造力、竞争力不断增强。

在这一背景下,构建上海全球城市的"三力"评价指标体系显得尤为重要。我们围绕全球城市的内涵即"吸引力、创造力、竞争力"(横向三个维度)、上海全球卓越城市的外延即全球卓越城市表现得令人向往的"创新之城、人文之城、生态之城"(纵向三个维度),提出研究上海全球城市综合力的"九宫格"。具体说来,全球城市的"综合力"是一级指标,"吸引力""创造力""竞争力"是二级指标,"九宫格"的每个单元格包含三个三级指标。本部分拟构建上海全球城市评价指标体系,该体系由三层体系组成:目标层,即全球城市发展程度,及全球城市"综合力";准则层,分别由全球城市"吸引力""创造力""竞争力"三类二级指标构成;指标层,是对上层指标内容的具体化,表现为九宫格的每个单位格,每个单元格选取 3 个三级指标,一共拟选定 27 个三级指标。具体见表 1:

表 1　　上海全球城市"三力"评价指标体系"九宫格"

纵向维度＼横向维度	吸引力	创造力	竞争力
创新之城	科研环境 创新人才政策 著名高校数量	科研企业、机构数量 国际精英人才数量 创新资源密集度	科研要素投入产出比 国际论文发表数量 国际公认专利数量
人文之城	城市对外开放包容程度 居民保障制度 城市公共服务满意度	社会公共资源 劳动力数量 文化交融程度	城市基础设施建设 居民就业医疗保障服务 社会综合治安水平
生态之城	自然资源数量 空气污染指数 生态保护意识	资源利用效率 生态环境宜人程度 居民绿色发展理念	城市可持续发展程度 居民生产生活方式 人与自然相处方式

3. 全球城市评价指标体系在上海的应用——以全球城市实力指数(GPCI)为例

城市竞争力的综合表现可以用全球城市实力指数(GPCI)来进行衡

量，该指数由日本森纪念财团都市战略研究所于2008年首次在GPCI报告中发布，报告通过对全球44座大都市进行评价和排名，以这些城市的"磁力"为依据，即城市吸引世界各地有创造力的人士和企业的综合实力。在该评价指标体系中，城市的评分以6类指标为基础：经济、研发、文化互动、宜居性、环境和方便度。

2017年10月12日，日本森纪念财团都市战略研究所发布了权威的2017年全球城市实力指数（GPCI）排行榜。排名前十的城市依次为：伦敦、纽约、东京、巴黎、新加坡、首尔、阿姆斯特丹、柏林、中国香港、悉尼，其中上海排名第15位。

从GPCI的6类指标来看：

（1）经济领域指标：随着经济中心建设的不断推进，上海凭借着其庞大的人口规模、高水平的GDP实力以及世界500强企业运营落户数量目前排在全球第5位，在经济领域已在全球具备强大的竞争力。

（2）研发领域指标：研发规模和强度直接体现了一个国家或城市的科技实力和核心竞争力，上海成功建设了有着"中国硅谷"之称的张江高科技园区，园区内有着国家各类产业基地，为科技研发提供了契机和环境，随着政府扶持力度的不断加大和企业入驻数量的增多，该园区目前正向着世界级的高科技园区的目标阔步前行，但相较于纽约、伦敦和东京这类传统的全球城市的研发能力仍有较大差距，仅排在全球第18位。

（3）文化互动领域指标：上海作为我国第一大城市，是中国的经济、交通、科技、工业、金融、贸易、会展和航运中心，是首批沿海开放城市之一，这里汇集了来自世界各国的多元文化。2016年数据显示，上海全年接待国际旅游入境者854.37万人次，比上年增长6.8%，其中，入境外国人659.83万人次，增长7.4%，另根据中国移民局数据，每年成为新上海人的外籍人士超过7000人，并成正比递增，预计2020年上海外籍移民将达到80万人，不同国家的文化在上海碰撞交织融合，文化的多元化程度不断增强，吸引了越来越多的世界眼光，这些也使上海在文化互动领域指标上由2016年的全球第22位上升至2017年的全球第17位。

（4）宜居性领域指标：2016年上海全球排名第25位，而在2017年则下降至第38位。我们知道，宜居性是对现代城市的一种定义。一般情况下,一个"宜居城市"要有充分的就业机会,舒适的居住环境,要以人为本,并可持续发展。具体来说,宜居城市应当是经济持续繁荣、社会和谐稳定、文化丰富厚重、生活舒适便捷、景观优美怡人、公共秩序井然有序适宜人们居住、生活、就业的城市。

根据2016年中国社科院发布的《中国宜居城市研究报告》(以下简称《报告》),上海仅排在被调查的40个城市的第12位,从评价的指标来看,该《报告》评价指标共包括城市安全性、公共服务设施方便性、自然环境宜人性、社会人文环境舒适性、交通便捷性和环境健康性6大维度和29个具体评价指标。上海的公共服务设施方便性排名全国第1位,它拥有世界地铁最长里程,高覆盖密度的公交网络体系,公共绿地、自行车等这些都构成了上海便捷的公共服务设施,为上海的宜居性贡献了力量。

而交通便捷性和环境健康性则是上海宜居指数的"短板",简单来说就是交通拥堵和环境污染降低了上海的城市宜居性。尽管房价与宜居城市有直接关系,但在这份报告中特意回避了房价这一评价指标,主要是为了避免评价结果被房地产商用来炒作,但与此同时我们不得不重视的一点是上海当前的高房价确实在一定程度上制约了城市的宜居性发展。

(5)环境领域指标:2017年的全球城市实力指数(GPCI)共选取了全球44个城市进行排名,其中在环境指标上上海仅排名第41位,处在GPCI统计的六类指标中最靠后的位置。虽然2016年上海市环境治理状况报告显示,上海近年来的空气质量及水环境均有明显改善,环境质量总体向好,但是与其他全球城市相比,仍存在较大差距,上海市经济的快速发展在某种程度上会不可避免地带来了一系列的环境污染问题,这些环境问题都需要在未来的城市建设中高度重视并被不断改善。

(6)方便度领域指标:2017年上海仅次于巴黎和伦敦列全球城市方便度指数第3位,基于上海国际航运中心建设这一大的契机和背景,开始有越来越多的国内和国际航班从上海出发或抵达上海,庞大便捷的空、海运交通运输体系共同促成了上海的城市"方便度"。

综合来看,分析全球城市实力指数(GPCI)选取的六大类指标,我们发现,上海在经济、方便度处于全球城市领先水平,但在研发、文化互动指标上则略显劣势,尤其在宜居性和环境指标上明显处于靠后位置,亟待加强和改善。我们再从整体上来看亚洲城市近年来的城市发展模式，不难发现其经济都得到了较为快速的发展，即在经济和方便度指标上表现颇为不俗，但是这些城市在城市软吸引力上却普遍存在问题。新加坡作为2017年全球城市实力综合排名第5位的亚洲城市，毋庸置疑成为亚洲其他新兴城市的榜样，其一直以来的城市发展轨迹和模式尤其值得上海和其他亚洲城市借鉴学习。

如今，全球城市的实力不仅仅看重城市是否具备强大的经济实力，还重视城市能否提升生活品质的其他方面，如高品质住宅、多元文化和零售设施、无压力的交通网络和丰富的自然环境等。全球化城市要想进一步繁荣壮大，跻身世界前列，则必须在积极发挥自身优势的同时，克服现有的不足，这些都将有助于增强全球城市的整体磁力，吸引全球的人才和投资，只有城市兼备了硬实力和软实力才能真正成为具备"吸引力、创造力、竞争力"的有磁力的全球城市。

三 上海全球城市建设现状

基于上述我们构建的上海全球城市"吸引力、创造力、竞争力""三力"评价指标体系，我们对上海全球城市的建设现状进行具体分析。

1. 上海全球城市吸引力建设现状

上海作为一座国际化大都市，是中国的经济、交通、科技、工业、金融、贸易、会展和航运中心。2015年，上海荣获"中国最具幸福感城市"称号，同年当选为"2015年中国十大智慧城市"，2016年公布的中国百强城市排行榜，上海仅次于北京排名第二位。再加之近年来上海市四个中心建设的不断推进，吸引了越来越多海内外精英人才的流入，更是连续4年成为外籍人才眼中最具吸引力的中国城市。中新网最新数据显示，目前常住上海的外国专家达9.3万人，来沪工作和创业的留学人员已达14万余人，留学人员在沪创办企业4900余家，注册资金超过7亿美元。

上海是一所开放包容多元的城市，它保留着过去，容纳着现代，孕育着未来，它现代、友善、有活力、有魅力，吸纳着不同背景的人。上海拥有强大的全球城市吸引力都得益于上海坚持为人才"增动力、添活力",最大限度地激发人才创新、创造、创业活力,主要体现在政策环境、工作环境和生活环境3个方面。

(1)政策环境方面:以2016年为例,外籍人才申请"中国绿卡"的门槛进一步降低;上海高校毕业的外国留学生在自主创新示范区和自贸试验区直接就业的学历要求从硕士降低到本科;外籍博士后纳入外国人来华工作许可申办范围;持有"中国绿卡"的外籍人才可直接申办上海市海外人才居住证;外国专家证和外国人就业证实现了"两证整合",这一做法简化了办事手续和办理流程为外籍人才提供了便利。不仅如此,作为一个国际化的大城市,上海在各项政策方面能够做到公开透明,为外资企业提供了实实在在的安全感。

(2)工作环境方面:近年来,上海依托自贸试验区建设,全面提升开放型经济水平,不断完善营商环境,吸引外资规模连年创新高。近年来,上海还加大对知识产权的保护力度,知识产权的数量和质量保持稳步提升,上海把对知识产权的保护融入全球科创中心建设的过程中,一个完善的知识产权保护制度吸引了越来越多来自世界各地的500强企业将其研发中心建立在上海。一个公平、舒适、安全、有保障的工作环境吸引了越来越多的全球人才和企业流入上海。

(3)生活环境方面:根据近日携程旅游的一份客户抽样调查结果显示,上海位居"国内最有安全感的十大城市"首位。很多外籍人士纷纷表示,在上海工作和生活,几乎没有安全方面的顾虑,上海的城市安全感是最吸引他们的原因之一,而这恰恰是世界上诸多城市难以相比的。上海从社会公共治安、城市交通服务、自然人文环境、经济发达程度等方面共同为生活在这所城市的人们营造了强烈的安全感。此外,上海还为外籍人士提供了来自世界各地的美食餐厅、适合不同国籍人士就医的医院和不同国别孩子就读的学校,还有丰富多彩的艺术活动,为他们提供了一个安全有保障的居住环境,从生活环境上实现了全球城市的吸引力。

2. 上海全球城市创造力建设现状

创新是城市发展的不竭动力,全球城市创造力主要体现在城市的创新能力。

(1)创新能力建设呈现积极活力。《2015国际大都市科技创新能力评价》报告从创新态势、创新热点、创新质量、创新主体、创新合力5个维度评估了上海、北京、深圳、纽约、伦敦、巴黎、东京、柏林、首尔、波士顿十大国际知名大都市的科技创新能力。报告显示，上海市专利申请、学术论文和会议论文3项指标的年度复合增长率均位列前3位。创新热点领域主要体现在医学、化学、材料科学、工程电子几个领域。在创新主体方面，专利申请前20位机构中，企业比例高达75%，仅次于东京（100%）、伦敦（90%）和深圳（80%），其中，外资企业占50%，国内企业占25%，表明外资企业在上海技术创新中具有举足轻重的地位。在高等级论文方面，上海达到109581篇，处于十大城市的第2位，仅次于北京的222844篇，这也说明政府对基础性学科研究的重视程度较高。值得注意的是，上海在同族专利平均规模、专利授权率、平均权利要求数量、平均被引数量4项指标的综合排名为第8位，创新质量有待进一步提高。

（2）创新资金投入力度加大。早在2015年上海市人民政府就印发了《关于本市发展众创空间推进大众创新创业的指导意见》，其中明确指出优化财政资金支持方式；调整市、区县两级财政资金支持创新创业的投入方式和范围；利用市场化机制，采取补助、创投引导、跟投、购买服务等方式，支持众创空间及创业项目、初创项目；鼓励各区县对众创空间建设中发生的孵化用房改造费、创业孵化基础服务设施购置费、贷款利息等给予一定补贴。不仅如此，上海还设立了各类创新专项基金，如上海创业投资引导基金、上海科技型中小企业技术创新资金等。通过创新专项资金的投入，为城市创新发展提供支持，鼓励全市范围内积极响应"大众创新、万众创新"的号召。

（3）创新转化率较低、创新环境不够完善。虽然上海对全市创新的支持力度逐年加大，但在建设全球创新城市的过程中仍暴露出一些问题。从目前来看，虽然上海在研发经费上的投入和伦敦、纽约等全球创新城市相当，但是由这些资金所能转化成的科研创新成果却相对较少，即研发所投入的资金并没有真正转化为创新能力，科研要素投入产出比较低，这不仅是上海，更是我国目前在创新建设方面所面临的共同问题。不仅如此，设立在上海的一些创新型企业目前仍然缺乏相应的创新创业环境，尤其是一些中小型创新企业，由于其自身缺乏足够的实力，往往在创新的初期就会受制于市场竞争公平性、融资渠道单一、企业税赋较多等因素的制约,无法将创新生产进行下去。

3. 上海全球城市竞争力建设现状

中国城市竞争力研究会 2016 年发布的调研结果显示,2016 年中国城市综合竞争力排行榜中,上海连续 4 年排名第 1 位,香港和深圳分别居第 2 和第 3 位,应该说上海目前已经发展成为中国最具竞争力的城市,并逐渐同传统的四大全球城市伦敦、纽约、巴黎和东京缩小差距。全球城市的竞争力主要体现在经济、社会、环境和文化 4 个方面,近年来,上海在这四个方面的建设不断取得突破。

(1) 经济方面。上海作为中国首批沿海开放城市,位于东部沿海和长江流域两条经济带的交汇处,是汇集所有经济的集中地点,优越的地理位置为其提供了更多价值创造点,也决定了它发达的经济水平。上海不仅是全球著名的金融中心,更被全球最权威的世界城市研究机构之一 GaWC 评为世界一线城市。2016 年统计数据显示,上海 GDP 总量达到 27466.15 亿元,位居中国城市第 1 位、亚洲城市第 2 位,仅次于日本东京,上海居民人均可支配收入为 54305 元,社会消费品零售总额 10946.57 亿元。随着上海国际金融中心建设的有力推进,上海的经济金融发展取得了骄人的成绩,我们以 2015 年的数据为例,上海全年金融业的增加值超过了 4000 亿元,上海金融市场交易总额达到了 1463 万亿元。作为中国的经济中心和国际性的大都市,上海一直以来都聚集着大量的世界 500 强的企业,众多巨头在此汇集,相互竞争,最终形成了上海经济繁荣的景象,也使上海逐渐发展成为有竞争力的全球化城市。

(2) 社会方面。从目前上海社会整体发展来看,上海的优势十分明显,特别是近年来浦东新区、自由贸易试验区的试点建设和使用,使上海整个社会更加开放包容,人文环境得到进一步的提高,社会各方面保障和制度完善,并且上海人平均的教育程度也达到全国前列,随着上海社会服务业的发展,以第三产业为驱动的新型经济模式更是带动了整个社会的稳步向前发展,社会的整体治理大大领先于全国其他城市,是很多外籍人士公认的全球最具安全感城市之一。

(3) 环境方面。在环境治理方面,上海环境治理水平在全国整个城市里处于前列,尤其是 2015 年 7 月,上海市启动生态环境综合治理工作以来，取得了非常显著的成效。在能源利用方面，上海每年的科技成果达到5000多项，2016年上海共有52项牵头及合作完成的重大科技成果荣获国家科学技术奖，获奖总数比2015年增加了10项，占全国获奖总数的18%，连续15年获奖比例超过10%，科技的进步大大提高了能源利用效率，2016年上海绿色环保经济的发展增速更是达到8.6%，这在全国范围内来看都是十分优异的成绩。在绿化建设方面，上海注重人与自然的和谐相处，全市的绿化面积在全国居于领先。尤其是在"十三五"期间，上海将进一步打造完善"绿地、林地、湿地"基础生态空间，既聚焦"两道两网两园"重点建设，又尝试化整为零，努力见缝"插"绿，扩大市民共享。

（4）文化方面。作为上海支柱性产业之一的文化产业十分发达，2015年上海文化产业实现增加值1632.68亿元，占地区生产总值的6.5%，文化产业不仅能够促进经济社会发展，更是深化上海供给侧结构性改革的重要助推力量。不仅如此，上海的著名高校较多，以复旦大学、上海交通大学为首的上海众多高校聚揽了众多人才，吸引了全国甚至全世界的人才会聚于此，各大高校为上海培养了众多高尖端人才，人才资源丰富使上海拥有足够的高素质人力资源供高新技术产业选择，这些对于上海的文化建设都作出了重大贡献。

四 上海建设全球城市的政策建议

目前，上海在建设全球城市的道路上已经走出了自己的特色和一定的成就：高度的对外开放水平、强大的城市综合服务功能、完善的社会保障体系、不断改善的生态环境、优越的城市法治和安全环境、包容的文化和人文气息等，这些都使上海的全球城市吸引力、创造力、竞争力不断提升，城市整体的综合实力不断增强。

但卓越的全球城市建成之路仍然任重道远，为此，我们从上海全球城市"吸引力、创造力、竞争力""三力"评价指标体系出发提出我们的政策建议，以期有助于最终实现上海未来发展成为卓越的全球城市的这一目标和愿景。

1. 打造上海全球城市吸引力

全球城市的吸引力是实现创造力和竞争力的重要前提和基础，其很大程度取决于城市是否具有一套完善的城市综合服务系统，包括科研创新环境、人才引入政策、生活保障制度、公共设施建设、人文生态环境等，这些都是构成城市吸引力的必要因素。

对于上海而言，首先要营造好一个公开、公平、公正的科研创新体系，鼓励全民尊重科研创新，政府要加大扶持力度、为科创项目提供资金支持，从多方面为科创研究提供有力的保障，吸引海内外科创研究人员和团队入住上海，为城市发展提供原动力；其次要尽量完善简化海内外人士在沪入住、办事等的手续及流程，提高各级单位办事效率，让人们住得安心、舒心、放心；再次要坚持持续改善民生、加强城市治理，构建全覆盖、均等化的基本公共服务体系和社会保障体系；还要加强人文和生态文明建设，创造多元文化交流的机会，大力发展与政治、科技、文化相关的高附加值产业；最后要把绿色发展理念融入城市建设中，积极保护环境，统筹生产、生活和生态的相互协调，努力推进绿色低碳和循环经济发展，注重人与自然和谐相处，努力把上海建设成为全球最安全、最有序、最干净的大城市之一，吸引更多人和企业走进上海。

2. 增强上海全球城市创造力

全球城市的创造力是实现城市吸引力和竞争力的核心原动力，主要体现在城市的创新能力上，创新是全球城市的重要特征，也是城市发展的不竭动力。

对上海而言，更应该加快建设具有全球影响力的创新型城市的步伐。首先要积极营造一个优良的科研创新环境，聚集世界的创新资源、要素和资本，完善海内外人才引进政策和人才创新创业服务体系，吸引创新型人才和企业来到上海，共同为上海的科创研究提供有力的支持和保障；其次要以重点高校区域、张江综合性国家科学中心等为载体，集聚更多的高水平研发机构和高科技企业，共同建设具有世界先进水平、充满创新活力的科研创新项目群；还要制定积极的科研创新相关政策，鼓励和扶持外资企业参与上海科技创新中心建设，以实体经济为基础，加快供给侧结构性改革，努力在全市范围内形成"大众创业、万众创新"的良好氛围和局面，实现好创新人才、创新企业、创新机构的有效联动机制，把上海建成国际一流的创新创业人才的会聚之地，增强上海全球城市的创造力。

3. 提升上海全球城市竞争力

全球城市的竞争力是城市吸引力和创造力的直接体现，上海可以从以下几个方面提升上海的城市竞争力。

（1）积极借鉴国际经验。上海作为一个国际化大都市，应当放眼全球，并结合城市实际情况把对世界知名的全球城市的成功经验转化为自身前进的动力和准则，以全球化为视角，充分考虑国际宏观背景、全球竞争环境和发展动向等因素，作出富有远见和科学合理的战略选择。要积极利用、充分借鉴国际经验，制定并实施富有创造力的发展城市的政策和具体措施。以纽约、伦敦等国际大都市为赶超目标，在城市规划、建设、经营，特别是在上海自由贸易试验区的开发方面，要瞄准国际水准，实现新的成果和突破。

（2）发挥城市优势。上海要努力聚集起城市的优势资源，集中发展特定的企业群、产业群以及特定的区域，培育核心竞争能力，并注意适度多元化。要以建立卓越的全球城市为最终目标，借助全球、全国资源，选择并集中发展金融、贸易、航运等现代服务业，钢铁、造船等现代制造业，电子信息等高新技术产业；重点开发和开放浦东新区、自由贸易区，集中发展陆家嘴金融中心、聚焦张江高科技园，从多方面支持加快金融服务业发展，把上海建设成具有竞争力和发展前景的全球城市。

（3）转变政府职能。上海要加快转变政府职能，全方位参与经济全球化和对外开放。要对接好"一带一路"建设，强化同沿线国家的基础设施建设、经贸和金融服务合作，还要深化上海自贸试验区的改革开放，制定政策让更多有条件的企业"走出去"，同时引进国外优秀的跨国公司"走进来"，加快形成更高水平、更高层次的开放型经济新体制，把提高城市综合竞争力作为制定各项政策的核心，改善好城市的硬件和软件，并使之相协调，合力促进城市建设。上海还要有意识地瞄准竞争对手，加紧培育其竞争力的关键要素，建立人才高地，建设资本市场，创新制度和科学技术，建设大规模的基础设施，尤其在"十三五"期间要把提升上海综合竞争力作为主旋律。

参考文献

[1] Hall P., London: Weidenfeld and Nicolson Ltd., The World Cities, 1984.

[2] Friedmann J. Wolff G., World City Formation: An Agenda for Research and Action, International Journal of Urban and Regional Research, 1982 (3): 309-344.

[3] Reed H. C., The pre-eminence of international financial centers, New York: Praeger. 1981.

[4] Friedmann J., Development and Change, The World City Hypothesis, 1986, 17 (1): 69-84.

[5] Sassen S., London: Pine Forge Press, Cities in a World Economy, 1994.

[6] Sassen S., The Global City: New york, London, Tokyo [M]. NJ: Princeton University Press, 2001.

[7] Smith D. A. Timberlake M., Empirical Analysis of Global Air Travel Links, American Behavioral Scientist, 2001.

[8] Castells M., The Rise of Network Society, Oxford: Blaekwell, 1996.

[9] Taylor P. J., Exploratory Analysis of the World City Network, Urban Studies, 2002.

[10] Cohen R. B., Dear M. and Scott A. J., The New International Division of Labor, Multinational Corporations and Urban Hierarchy, 1981.

[11] 谢守红、宁越敏：《世界城市研究综述》，《地理科学进展》2004年第5期，第56—66页。

[12] 王颖、潘鑫、但波：《"全球城市"指标体系及上海实证研究》，《全球城市》2014年第6期，第46—51页。

[13] 陆军：《世界城市判别指标体系及北京的努力方向》，《首都发展》2011年第4期，第16—23页。

[14] 邹燕：《创新型城市评价指标体系与国内重点城市创新能力结构研究》，《管理评论》2012年第6期，第50—57页。

[15] 周莉清：《全球城市实力指数综述（2014）》，《统计与管理》2016年第3期，第103—104页。

[16] 唐子来、李粲：《迈向全球城市的战略思考》，《国际城市规划》2015年第4期，第9—17页。

[17] 黄亮、田星星、盛垒：《世界城市研究的理论发展与转型》，《国际城市规划》2015年第1期，第37—41页。

[18] 马海倩、杨波：《上海迈向2040全球城市战略目标与功能框架研究》，《上海城

市规划》2014年第6期,第12—18页。
[19] 肖林:《上海建设全球城市对全球城市理论的发展与贡献》,《科学发展》2016年第2期,第5—11页。
[20] 苏宁:《未来30年世界城市体系及全球城市发展趋势与上海的地位作用》,《科学发展》2015年第12期,第12—20页。
[21] 许爱萍、俞会新:《基于因子分析法的创新型城市评价》,《技术经济与管理研究》2012年第4期,第21—25页。
[22] 肖林:《上海迈向卓越的全球城市》,《科学发展》2016年第12期,第5—7页。
[23] 袁永、郑芬芳、郑秋生:《广东建设全球性科技创新中心研究——基于全球创新城市指数》,《科技管理研究》2017年第7期,第105—109页。

第三部分 案例篇

中国（上海）自由贸易试验区建设三年成效、经验与建议

上海市人民政府发展研究中心课题组*

建设中国（上海）自由贸易试验区（以下简称"上海自贸试验区"），是以习近平同志为总书记的党中央治国理政新理念、新思想、新战略的重大实践，是我国在新形势下推进改革开放的重大战略举措。3年来，在党中央、国务院领导下，在国家相关部门的直接指导和大力支持下，上海自贸试验区紧紧围绕国家战略，以制度创新为核心，大胆先行先试，率先探索建立符合国际化、市场化、法治化要求的制度体系，取得一系列可复制推广的重要成果，充分发挥改革开放"排头兵"的作用。当前，上海自贸试验区已进入深化推进的关键阶段，需要在更大程度上加大制度创新力度，进一步发挥示范引领、服务全国的功能。

一 上海自贸试验区建设总体进展和主要成效

自2013年9月29日挂牌至今，按照党中央、国务院的决策部署，在国家有关部门的直接指导和大力支持下，上海自贸试验区紧紧围绕制度创新这个核心，开展了一系列改革开放先行先试。《总体方案》和《深化方案》提出的绝大多数任务已经落实，并取得显著成效。上海自贸试验区着力推进供给侧结构性改革，率先改革探索与国际投资贸易通行规则

---

* 课题组组长：肖林、周国平。成员：李锋、郭爱军、陆丽萍、樊星、邱鸣华、陈畅。

相衔接的制度体系和开放型经济新体制，率先改革探索发挥市场配置资源决定性作用的制度体系和地方政府治理体制，一批制度创新系统集成成果已逐步在全国复制推广，发挥了先行先试、示范引领、服务全国的作用，实现了预期目标。经梳理，《总体方案》和《深化方案》明确的219项任务、上海自主改革的290项任务，合计509项任务，超过80%已经落实或取得阶段性成果，总体上进展顺利。

（一）基本形成以负面清单管理为核心的投资管理制度

1. 负面清单管理模式已经确立。借鉴国际通行规则，对外商投资实行准入前国民待遇加负面清单的管理模式，并不断探索深化。2013年9月，上海自贸试验区率先出台了全国第一份外商投资负面清单。2014年6月，在提高负面清单开放度、透明度的基础上，修订出台了2014年版负面清单，将外商投资准入特别管理措施由190项减少到139项，调整率达26.8%。2015年4月，国务院统一发布了适用于上海、广东、天津、福建4个自贸试验区的负面清单，将外商投资准入特别管理措施进一步减少到122项，负面清单开列方式明显改进，表述更加细化明确。负面清单管理模式确立以来，90%左右的外商投资企业以备案形式设立。同时，按照国家统一部署，积极推进适用于各类市场主体的市场准入负面清单试点，目前试点的各项工作正在抓紧展开。

2. 境外投资管理制度改革成效显著。上海自贸试验区积极改革境外投资管理方式，对境外投资开办企业实行以备案制为主的管理方式。目前，境外投资备案事项已经下放到自贸试验区受理，试验区外的浦东新区境外投资项目下放至浦东新区受理，可确保在3个工作日内完成备案。这些措施对促进境外投资产生了显著效果，上海自贸试验区成为国内企业"走出去"的"桥头堡"。截至2016年5月，上海自贸试验区共办理境外投资备案1190项，涉及信息技术、生物医药、互联网、文化娱乐等领域。仅2016年1—5月，区内就办理境外投资备案331项，实际对外投资额55.8亿美元，占同期全市实际对外投资额131.6亿美元的42.4%。

3. 服务业对外开放逐步扩大。上海自贸试验区围绕金融、航运、商贸、专业、文化以及社会服务等领域，逐步暂停或取消投资者资质要求、股比限制、经营范围限制等准入限制措施，主动对外开放。先后推出2

批54项扩大开放措施,半数以上措施已有项目落地,项目总数近1800个,并涌现出我国首家再保险经纪公司等首创项目,融资租赁、工程设计、船舶管理等行业的扩大开放措施取得明显成效。

(二) 基本形成以贸易便利化为重点的贸易监管制度

1. 国际贸易"单一窗口"率先建立。借鉴国际先进做法,建立贸易、运输、加工、仓储等业务的跨部门综合管理服务平台。2014年6月,国际贸易"单一窗口"平台正式上线运行,2015年6月启动1.0版,共有海关、检验检疫、海事等17个部门参与,拥有货物申报、运输工具申报、支付结算、企业资质、贸易许可、信息查询六大模块。2016年年初推出2.0版,涉及部门增加至20个,试点范围涵盖到全市,开户企业累计达到1200家。

2. 货物状态分类监管试点率先实施。上海自贸试验区于2014年年底启动货物状态分类监管试点,建立了以信息化系统监管为主、海关现场监管为辅的基本架构,实现了从"物理围网"到"电子围网"的改变,极大地降低了企业的仓储物流成本和人员投入成本。目前,货物状态分类监管试点已在海关特殊监管区域常态化运作,有需求的19家物流型企业全部纳入试点范围,截至2016年6月累计运作4628票,涉及货值15.88亿元,企业普遍对此反映良好。

3. 贸易便利化监管制度不断优化。海关推出了"先进区、后报关"、国际中转便利化等一系列改革举措,通关无纸化率从最初挂牌时的8.4%提高到87%,进、出口平均通关时间分别较区外减少41.3%和36.8%。检验检疫部门推出了"一线检疫、二线检验"、第三方检验结果采信等改革举措,优化"十检十放"等管理模式,出入境检验检疫无纸化率超过90%。口岸办进一步减少口岸进出口环节收费,每年减收费用约2.6亿元。

4. 国际航运发展制度逐步完善。国际中转集拼、沿海捎带业务、启运港退税等功能性政策试点逐步开展,国际船舶登记制度纳入交通部即将出台的《船舶登记办法》,亚太示范电子口岸首个试点示范项目已经启动,中英航运人才"双认证"试点项目落地实施,《上海市推进国际航运中心建设条例》已由市人大常委会通过并公布。

（三）基本形成着眼于服务实体经济发展的金融开放创新制度

1. 以自由贸易账户为核心的金融开放创新深入推进。一是自由贸易账户体系建成运行。自由贸易账户可以提供经常项下和直接投资项下的跨境本外币结算、境内实业投资人民币结算等服务，开展境外融资、跨境大额存单、利率互换交易、跨境直接投资和并购、跨境汇兑、跨境同业拆借、跨境贸易融资、跨境担保等业务。目前，共有45家金融机构直接接入FT账户体系，开设账户约5.2万个，当年累计收支余额约1.4万亿元。自由贸易账户已与100个国家和地区发生业务往来，没有成为热钱流入套利的通道。二是宏观审慎的本外币一体化的境外融资制度基本建立。稳步推进人民币境外借款、跨境双向人民币资金池等创新业务。人民币跨境支付系统（CIPS）一期已上线运营。截至2016年5月，自贸试验区累计发生人民币境外借款271亿元，368家企业累计开展跨境双向人民币资金池业务收支总额6472亿元，区内跨境人民币结算总额1.94万亿元。三是外汇管理体制改革取得积极成效。通过改进跨国公司外汇资金集中运营管理，完善结售汇管理，简化经常项目外汇收支手续，极大地便利了对外贸易和投资。

2. 金融市场和金融服务开放度进一步提高。一是面向国际的金融交易平台建设稳步推进。黄金国际板功能得到拓展，"黄金沪港通"启动。上海黄金交易所推出"上海金"集中定价交易机制，形成"上海金"人民币基准价交易。上海国际能源交易中心首个交易品种原油期货已获批准。上海保险交易所正式运营，成为全国首家国家级、创新型保险要素市场。二是金融服务业对内对外开放积极推进。银监会积极支持中外资银行业金融机构入区经营，证监会、保监会也积极推动证券期货、保险机构在区内集聚发展。多家民营金融机构已落户区内。

3. 金融监管和风险防控能力显著增强。依托由国家金融管理部门在沪机构和市政府有关部门组成的自贸试验区金融工作协调推进小组，完善金融宏观审慎管理措施及各类金融机构风险防范机制，每一项金融开放创新举措的推出都匹配相应的金融监管制度。中国人民银行上海总部会同相关部门建立了跨部门的跨境资金监测分析与应急协调机制；上海银监局推动建立涵盖销售、投诉、查处等全流程的银行业消费者权益保护体系，已在全市3760个银行网点推广，信访、举报和投诉事项同比下降10%；市金融办会同有关部门制订上海市金融综合监管实施细则，加快建立信息互联共享的综合监管模式。

（四）基本形成与开放型市场经济相适应的政府管理制度

1. 企业准入门槛进一步降低。针对审批流程繁杂、前置审批环节过多的问题，上海自贸试验区不断加大行政审批制度改革力度，放宽准入门槛。一是商事登记制度改革不断深化。浦东新区实施"先照后证"改革，2016年4月又率先推进"证照分离"改革试点，聚焦市场主体办证难问题，对与企业经营活动密切相关的116个事项逐一制订改革方案。此外，在全国率先实施注册资本认缴制改革，推行"三证合一、一照一码"改革，开展企业住所登记改革、企业名称网上申报和电子营业执照改革试点。二是企业准入"单一窗口"加快完善。在工商部门主导下建立企业准入"单一窗口"，实现由"多头受理"向"一口受理"的准入流程再造。

2. 事中事后监管制度初步建立。以社会信用体系、企业年报公示、信息共享、综合执法、安全审查、反垄断审查6项制度为主体的事中事后监管制度，近3年来不断拓展和深化。一是"综合+专业"监管体系基本确立。浦东新区率先在市场监管领域推行"三加一"改革，整合工商、质监、食药监职能，后来又将价格监督检查职能纳入，成立市场监管局。率先在知识产权领域推广"三合一"改革，整合专利、商标、版权等管理执法职能，成立知识产权局。此外，4个海关特殊监管区域已对11个领域、19个条线事项实现联动执法。二是事中事后监管基础平台初步建成。浦东新区率先推进综合监管信息平台建设，将碎片化监管信息进行统一整合，初步形成了信息查询、协同监管、联合惩戒、行政执法和刑事司法衔接、社会监督、数据分析和双告知、双随机的"6+2"功能框架，有效促进跨部门综合监管。浦东新区公共信用信息服务平台正式上线，初步搭建起包括信用查询、信用监管、信用服务、信息归集等功能在内的基础框架。三是企业年报公示制度及经营异常名录制度初步建立。探索构建年报公示与高风险企业信用分类管理相结合的机制，采取"双随机"方式开展企业年报信息和即时信息抽查，并将食品生产等风险系数高的10个行业列为重点监管对象。凡是未按照规定期限履行年报公示义务的企业均载入经营异常名录，采取信用约束，实现"一处违法、处处受限"。四是外资安全审查制度成效初显。制定《中国（上海）自由贸易试验区外商投资国家安全审查试行办法》，配套联席会议规程，引入地方配合审查机制，将外资安全审查范围从并购扩展至新设项目。

3. 政府服务能力显著提升。浦东新区主动对接市场和社会需求，积极探索"互联网+政务服务"模式，推进公共服务外包，政府服务效率和水平不断提高。一是网上政务大厅加快建设。运用信息化技术有效推动审批服务流程优化。目前，浦东新区所有审批事项均已上线，出版物展销备案、出版物网上发行备案等4个事项已实现网上全程办理，网上政务大厅"事项24小时全天候服务"模式，降低了企业办事成本，增强了企业感受度。二是政府购买服务不断扩大。凡属事务性公共管理服务，原则上都引入竞争机制，提高公共服务供给效率。积极培育社会组织，并通过政府购买服务方式，鼓励社会组织参与公共服务。

（五）基本形成自贸试验区改革创新的法治保障制度

1. 立法引领改革局面基本形成。国家立法层面，根据全国人大常委会授权，国务院暂时调整外资三法有关法规规章在区内的实施。国家相关部委根据职责分工制定关于自贸试验区的一系列部门规章。这些法制规章保障了负面清单管理模式、服务业扩大开放等多项改革措施在自贸试验区的顺利推行。地方立法层面，2013年9月22日，上海市政府公布了《中国（上海）自由贸易试验区管理办法》，市人大常委会通过《中国（上海）自由贸易试验区条例》，确立了从管理体制、投资开放、贸易便利、金融服务到综合监管的法制框架。上海市政府根据法定职权或国务院授权，出台了一系列规范性文件，保障了相关改革措施的推进实施。

2. 司法保障和争议解决机制基本建立。上海自贸试验区借鉴国际经验，加快健全争议解决机制，形成以法院为主、仲裁调解为辅的格局。一是司法保障机制抓紧建立。2013年，上海市浦东新区人民法院自贸试验区法庭正式成立。2014年，《涉及中国（上海）自由贸易试验区案件审判指引》发布，明确区内案件审理规则。2016年，上海自贸试验区知识产权法庭和上海海事法院自由贸易试验区法庭相继成立，进一步延伸专业化司法服务。二是商事仲裁体系不断完善。自贸试验区仲裁院投入运行，吸收诸多国际商事仲裁先进制度，制定《中国（上海）自由贸易试验区仲裁规则》。香港、新加坡国际仲裁中心相继在自贸试验区设立代表处，仲裁机构多元化、国际化程度不断提高。三是商事调解制度逐步建立。目前，中国贸促会浦东分会、上海市保险同业公会等具有调解功能的行业协会和商会已入驻区内。同时，还引入了上海经贸商事调解中心等商事纠纷专业调解机构，满足企业对多元化纠纷解决方式的需求。

总体上看，经过3年来的持续推进，上海自贸试验区坚持以开放促改革、以改革促发展，各项工作取得了显著成效，制度创新极大地激发了市场与社会活力，解放和发展了社会生产力，对扩大对外开放、推进供给侧结构性改革、加快经济转型升级起到了重要作用。

二 上海自贸试验区建设的国家战略意义和实践经验

推进自贸试验区改革试验，本质在于最大限度解放和发展生产力，改革不适应生产力发展的生产关系，实行制度创新，激发创新驱动发展的活力、动力和潜力，实现资源要素的最优配置，提高全要素生产率，促进经济持续高效增长。经过3年来的率先探索和推进，上海自贸试验区紧紧围绕制度创新这个核心，大胆闯、大胆试、自主改，对于我国全面深化改革开放具有重大示范带动意义。

（一）始终立足国家战略，充分发挥制度创新先行先试和示范带动作用

上海自贸试验区运行3年来，始终把服务国家战略作为根本出发点和落脚点，对带动全国改革开放发挥了重要作用。一是坚持立足全局，把自贸试验区建设放在国家战略维度来谋划。上海自贸试验区充分对接国家层面需求，既体现自身实际，更从代表国家参与国际竞争的高度来推进改革。经过3年来的奋力开拓，示范带动效应初步显现。二是突出先行先试，努力成为全国改革开放"排头兵"。上海自贸试验区作为新一轮改革开放的试验田，就是要对标高标准国际投资贸易规则。全国其他

地方暂时不具备改革条件的，可率先在自贸试验区先行先试。3年来，上海自贸试验区肩负这一使命，在一系列重点领域大胆探索，为全国改革开放探索新路径。

（二）对标国际高标准投资贸易规则，率先探索建立开放型经济新体制

面对全球经济治理体系的新变化新趋势，中国需要主动当好参与者、引领者，积极融入经济全球化浪潮，在国际经贸规则制定中争取应有的话语权。上海自贸试验区在这一进程中发挥重要作用，为我国参与国际经贸谈判提供依据。比如，率先实行准入前国民待遇加负面清单的管理模式，改变了我国传统的外资管理制度，对负面清单之外领域按照内外资一致原则，积极探索以开放倒逼改革的新路径。又如，在一系列服务业和制造业领域扩大对外开放，大幅提升了对外开放水平，拓展了对外开放新空间。

（三）坚持社会主义市场经济改革方向，充分发挥市场配置资源的决定性作用和更好发挥政府作用

上海自贸试验区运行3年来，始终坚持社会主义市场经济改革方向，正确处理好政府和市场的关系，切实转变政府职能，释放改革新红利。一是放宽市场准入，释放市场活力和社会创造力，形成"大众创业、万众创新"的良好局面。二是努力营造公平竞争的市场环境，促进商品和要素自由流动，初步形成公平、统一、透明的营商环境，极大地释放出改革红利，提升了资源配置效率。三是切实加强事中事后监管，增强综合监管能力，加强对市场主体"宽进"以后的过程监督和后续管理，提高开放环境下的政府监管水平，做到放得更开、管得更好、服务更优。

（四）坚持在法律框架下有序推进改革，充分发挥法治引领和推动作用

重视运用法治思维和法治方式，处理好法治建设和改革创新的关系，加强对相关立法工作的协调，营造规范的法治环境，做到重大改革于法有据。一方面，自贸试验区制度设计突出立法先行。通过全国人大常委会授权,解决了自贸试验区建设的法律依据问题,创造了法律"因地调整"的模式,已经初步形成由法律、行政法规、地方性法规、地方政府规章和规范性文件组成的规则体系,为改革创新提供了法治保障。另一方面,自贸试验区运行实践体现法治主导。在政府管理、司法保障、纠纷解决等各个方面,法治始终处于突出位置,这对自贸试验区依法运行起到了重要作用。

(五)坚持目标导向与问题导向相结合,在不断破解问题"瓶颈"改革探索中实现预定目标

自贸试验区建设作为一项重大改革试验,在推进中始终紧紧围绕中央提出的总体目标,通过大胆探索和及时总结,较好地实现各项目标任务,在更大程度上激发经济社会发展活力。一是始终坚持目标导向。全力推进落实《总体方案》和《深化方案》提出的各项任务,逐项分解落实,聚焦重点突破。二是始终坚持问题导向。从企业需求出发,提高改革针对性,如率先推进"证照分离"改革,切实解决企业办证难问题。三是把发展成效和企业感受作为重要标尺。随着自贸试验区改革的深化,企业越来越感受到市场更开放、经营更便利,投资热情不断高涨。

(六)中央顶层设计和地方自主改革相结合,形成统筹协调合力推进的良好格局

一方面,中央对自贸试验区建设给予大力支持。党中央、国务院对此高度重视,多次作出重要指示,对自贸试验区目标定位和工作推进提出明确要求。全国人大常委会专门作出决定,授权在自贸试验区内暂时调整相关法律实施。商务部、国家发改委、工信部、财政部、人民银行、海关总署、税务总局等有关部委从方案制订到推进实施,都给予了直接指导和大力支持。另一方面,上海市主动作为、全力推进。上海市委、市政府把自贸试验区建设放在重中之重的位置,全力推进落实,成立了上海自贸试验区推进工作领导小组,定期研究部署自贸试验区建设重点工作。自贸试验区管委会与浦东新区政府合署办公,浦东新区在一级政府框架下全面推进改革,在投资贸易、政府管理等领域率先先行先试,取得了良好效果。

(七)处理好扩大开放和控制风险的关系,努力构建高效协同的风险防控体系

自贸试验区作为一项开创性的制度创新试验,其复杂性、艰巨性前所未有,这就要求处理好扩大开放和防控风险的关系。上海自贸试验区运行3年来,始终坚持底线思维,在扩大开放的同时切实防控潜在风险,防止出现颠覆性错误。一是在制度设计中强化风险防控。比如,在金融开放创新中通过分账核算体系,形成资金跨境流动的"防火墙",有效加强资金监测和风险防控。这些举措有效增强了自贸试验区防范风险的能力。二是注重通过"压力测试"积累经验。许多在全国复制推广的改革事项都是最初在区内测试,积累风险防控经验后再逐步推开。总体上看,上海自贸试验区运行至今,尚未出现重大风险问题,充分证明了扩大开放和防控风险协同运用的有效性。

(八)注重制度创新可复制可推广,为我国全面深化改革和扩大开放积累经验

上海自贸试验区率先在接轨国际的制度规则、运作模式等方面积极探索,形成了一大批制度创新成果,并陆续在全国复制推广,有力发挥了示范带动作用。一是确立了一批影响深远的改革理念。比如,通过引入外商投资负面清单,培育了"法无禁止即可为"的理念;通过大力推动政府职能转变,形成了放宽准入和强化事中事后监管相结合、从被动审批转向主动服务的理念。这些理念对深化全国改革开放将产生重大而深远的影响。二是形成了一批可复制推广的改革事项。在投资管理、贸易便利化、金融、事中事后监管等领域,已经形成了一批在全国和海关特殊监管区域复制推广的改革经验。2014年年底,国务院发文将上海自贸试验区的35项改革事项在全国其他地区复制推广,近两年又有不少试点经验陆续在全国推开,对促进全国新一轮改革开放起到重要作用。

三 上海自贸试验区需要深化解决的问题

（一）开放试验和制度创新与高标准投资贸易规则仍有较大差距

1. 外商投资负面清单有待进一步完善。一是负面清单开放度仍须提高。2015年版负面清单中特别管理措施减少到122项，但仍然过于繁杂。国际上高标准负面清单基本都是短清单模式。二是限制方式和具体措施有待完善。特别管理措施以股权限制为主，而国际通行的负面清单同时还采用高管和董事会等其他限制措施。不少行业的特别管理措施过于笼统，操作性不强。三是缺少法律法规依据支撑。国际上外资负面清单均对相关条款涉及的法律法规进行详细描述，而自贸试验区负面清单未列明与相关义务不符的管理措施，不利于具体实施。四是行业分类与国际惯例不接轨。国际上外资负面清单通常采用WTO《服务部门分类清单》或《联合国临时中心产品分类目录》的分类方法，而自贸试验区负面清单采用我国国民经济行业分类。五是负面清单制定的透明度需要提高。负面清单的制定程序及相应的法律依据有待明确，相关利益主体在负面清单制定、修改和实施过程中参与不够充分。

2. 高标准经贸规则的压力测试不充分。从最新的TPP协定看，其范围涵盖WTO协定中已有议题，以及竞争中立、知识产权、环境、劳工等边界内措施。目前，上海自贸试验区对最新议题特别是边界内措施缺乏深入跟踪和研判分析，对是否应当在自贸试验区内进行试验尚不清晰，迄今尚未在实践中进行系统的压力测试，先行先试效应不足，难以在这些领域为我国参与国际经贸谈判提供有力依据。比如，在竞争中立领域，自贸试验区尚未建立专门的公平竞争审查制度，信息披露的透明度不高，对妨碍公平竞争的行为也缺乏惩处手段。

（二）部分领域改革深度和广度需要进一步提高

1. 金融开放创新尚需不断深化。金融开放创新离资本项目可兑换和金融服务业开放的目标还有较大差距。一是部分实施细则尚未落地。受各方面因素影响，"金改40条"仍有部分项目尚未出台细则或推出创新案例，导致相关工作进展迟缓。二是自由贸易账户试点范围和功能有待进一步扩展。目前，自由贸易账户使用主要是在经常项目上，对资本和金融项目交易的限制仍然十分严格，和预期效果有一定差距，导致一些金融机构对此反馈并不积极。三是外汇管理制度创新力度尚需加大。自贸试验区内的跨国公司地区总部对转口贸易和离岸贸易的外汇收付便利化有较大需求，但目前自贸试验区对新型贸易业态的外汇管理政策总体在收紧。

2. 服务业开放限制仍然偏多。特别是在金融、电信、航运、商贸、专业服务、文化及社会服务等领域的开放度不够。一是服务业开放措施前后不一致。如2013年、2014年两批服务业开放措施早于2015年全国版负面清单，处于同一法律层级，但后者在某些领域的开放上明显收紧。二是服务业开放模式过于单一。目前，上海自贸试验区服务业开放以放宽股权为主，但在信息技术迅猛发展的背景下，许多服务主要通过跨境交付方式来实现，上海自贸试验区在这方面很少涉及。三是操作细则有待健全。上海自贸试验区第一批服务业开放的细则基本已出台，但将近一半的细则没有明确服务范围和服务半径，企业在投资经营决策时存在疑虑。第二批服务业开放措施尚未发布实施细则，导致企业难以开展业务。

3. 符合国际惯例的税制改革需要加快推进。与高标准自由贸易园区相比，上海自贸试验区在相关税制上还存在差距。一是离岸贸易税制与国际惯例有较大差距。区内离岸贸易企业的所得税率较高、区内企业承担的流转税负也较高，缺乏针对服务贸易和融资活动的特殊流转税政策。二是现行税制设计不适应跨境投资发展要求。例如，现行税法关于"受控外国公司"的相关规定，在很大程度上抑制了企业跨境投资的热情。三是促进金融业发展的税制有待进一步完善。比如，针对特定金融业务发展的税收政策尚在研究探索中。

（三）自贸试验区法治建设任务仍然繁重

1. 现行法律法规位阶不高。大多数制度创新举措都是以部门规章的形式发布，法律层级较低，不利于提升自贸试验区立法的权威性。

2. 地方立法的创设空间有限。上海自贸试验区条例涉及的投资、贸易等先行先试事项均属于国家专属立法权事项，地方立法只能作出实施性规定。

3. 一些领域法制建设存在薄弱环节。上海自贸试验区改革试验还处于不断深化的过程中,一些领域法律法规有待调整完善,还有一些领域存在立法空白。

4. 立法透明度有待提高。目前,上海自贸试验区条例仅引入了制定中和制定后两个阶段透明度要求,还需要进一步加强完善相关法规制定前的预先通知制度。

(四)基于开放创新的风险防控体系需要进一步完善

1. 安全审查制度与反垄断审查制度尚未有效落实。上海自贸试验区早在设立之初就建立了安全审查制度和反垄断审查制度,但迄今尚未实质有效开展。随着下一步深化金融、电信等服务业开放,建立这些制度更为迫切。

2. 综合监管体系亟待健全和完善。比如,各部门之间信息共享机制还未完全建立,呈现"蜂窝煤"状况,其主要难度是不同政府部门分属不同上级机构,已形成各自独立的信息收集网络和平台,短期内难以完全打通。又如,企业年报公示和经营异常名录制度威慑作用不明显,对"失信"企业的惩戒手段有限、方式单一。

(五)制度创新的系统集成度有待提高

1. 一些部门改革措施的协同性、系统性有待加强。自贸试验区制度创新涉及面广、任务重,目前主要由各部门根据分管领域实际情况推进,带来了制度创新系统性不足、协调性不够的问题,影响了改革的系统实施。

2. 部分制度创新试点范围偏窄。往往在少数企业"点试",但对全面复制推广意义有限,需要在更大程度上兼顾平衡性。

3. 基于全球价值链视角的制度设计薄弱。自贸试验区现有投资贸易制度设计主要是从价值链的单个环节出发,而非从价值链全链条优化的视角出发,因此对企业整体生产成本的影响有限,制约了制度竞争力的提升。

四　进一步推进上海自贸试验区改革开放的思路与建议

当前，上海自贸试验区建设已进入关键时期，进一步推进上海自贸试验区改革开放的总体思路是：全面贯彻中央要求，按照习近平总书记提出的"对照国际最高标准、最好水平的自由贸易区"的要求，坚持目标导向和问题导向，进一步解放思想，聚焦若干核心制度和基础性制度，以更大的勇气和智慧推进制度创新，进一步发挥全国改革开放试验田作用。重点把握好三个原则：一要更加注重制度创新的系统集成。从改革开放全局出发，以系统集成的整体视角推进各项改革深化，重点在构建开放型经济新体制、全面深化市场化改革、强化法治保障体系三大层面系统集成。二要更加注重改革开放的先行先试。进一步对标高标准投资贸易规则，加大压力测试力度，加强自贸试验区与中美、中欧 BIT 谈判的联动，为我国参与全球治理体系重构、深化改革开放积累经验。三要更加注重与国家战略的紧密联动。加强与"四个中心"和科创中心建设的联动，提升"四个中心"集聚辐射能力。加强与"一带一路"和长江经济带的联动，发挥在"一带一路"中的战略支点作用，强化对长江经济带的引领带动效应。

具体来说，对深化下阶段上海自贸试验区建设，提出 7 个方面共 20 项建议：

（一）对照更高标准，加快构建高水平的自贸试验区制度创新体系

1. 进一步完善以负面清单管理为核心的投资管理制度。一是减少投资限制。减少禁止和限制外商投资行业的数量，有针对性地采取最惠国待遇、业绩要求、高管和董事会等限制，特别是对敏感业务应当采取高管和董事会限制。二是形式上与国际标准对接，包括六大核心要素：部门、子部门、行业分类、保留条款的类型、政府层级、措施。专门制订金融领域的细化负面清单。三是提高负面清单变动程序的透明度。逐步建立透明度长效机制，明确制订负面清单的程序以及相应的法律依据，制定过程中吸纳不同利益主体参与并充分发表意见，公布后及时提供信

息并答复相关问题。

2. 进一步完善以贸易便利化为重点的贸易监管制度。一是深化国际贸易"单一窗口"建设。争取国家部委开放其业务受理系统与"单一窗口"的数据接口，切实提高通关效率。建设"混合系统型单一窗口"，实现通关、商检等基本功能通过窗口平台直接处理。二是深化货物状态分类监管。在货物状态分类上，考虑货物的来源地以及进出区不同流向、用途和操作方式等因素，推动货物状态分类更加合理化。三是改进危化品贸易监管。参照国际经验，根据危化品含量和危险程度采取不同的监管等级，并加强信息化实时记录和事后核查措施。

3. 加快建立符合国际惯例的税收制度。一是探索建立鼓励境外股权投资和离岸业务发展的税收制度。对国际标准定义下的转口贸易和离岸贸易实行低税率。综合确定单个企业的转口贸易和离岸贸易业务收入比例，根据该比例对两头在外的离岸贸易业务实施15%所得税税率。二是探索建立税收预先裁定制度。帮助企业避免耗费不必要的成本，提升上海自贸试验区税收制度的综合竞争力。

4. 进一步完善与开放型经济相适应的风险防控制度。一是完善产业风险防控制度，加快健全国家安全审查和反垄断审查协助工作机制。加强相关部门协作，提高信息互通、协同研判、执法协助水平。配合国家有关部门建立健全与开放市场环境相匹配的产业预警体系，及时发布产业预警信息。二是完善金融风险防控制度，建立与自贸试验区金融开放创新相适应的金融综合监管机制，掌握金融开放主动权。尤其是加强对大规模短期资本跨境流动的监测分析，探索完善资本流动管理机制（CFM）、自贸试验区金融监管协调新机制，并加强金融信用信息基础设施建设。

（二）服务实体经济，加快建立适应人民币国际化和资本项目可兑换的金融开放创新体系

1. 积极审慎推进金融开放创新。一是配合国家有关部门制定"金改40条"实施细则。加强与"一行三会"及商务部、外汇局等部门的沟通协调与对接，做好"金改40条"的落地实施工作。二是进一步拓展自由贸易账户功能。启动自由贸易账户本外币一体化各项业务，鼓励和支持银行、证券、保险类金融机构利用自由贸易账户等开展金融创新。探索在自贸试验区开展限额内可兑换试点，实施启动合格境内个人投资者境外投资试点。三是扩大金融市场对外开放。加快面向国际的金融交易平台建设，探索建立人民币国际化服务中心。四是研究制定金融业负面清单，推动金融服务业对符合条件的民营资本和外资机构扩大开放，为国家对外谈判提供试点经验。

2. 加快服务业对外开放步伐。一是扩大服务业开放领域。在增值电信、金融服务、演出经纪、航空服务、教育培训等领域进一步扩大开放。二是试点跨境交付和自然人流动的开放方式。三是抓好已有开放措施落地。对于第一批服务业开放措施，要对相应细则进行评估并对部分细则进一步规范。对于第二批服务业开放措施，建议尽快与各部委协调，推动相应细则的出台。

（三）积极先行先试，加快推进高标准投资贸易规则的压力测试

1. 探索构建竞争中立制度。一是建立公平竞争审查制度。切实贯彻近期出台的《国务院关于在市场体系建设中建立公平竞争审查制度的意见》。在法规政策制定中，对拟采取的措施是否可能导致不公平竞争、对某些企业赋予特殊优势进行审查，确保符合竞争中立要求。二是加强对国有企业的分类管理。对竞争性国有企业，应当逐步取消政府在项目获得、融资等方面给予的优惠待遇。对承担公共服务职能的公益性国有企业，参照国际经贸规则的通行做法予以适当补贴。三是建立高质量的信息披露机制。建议在自贸试验区中，要求国有企业参照上市公司，将承担的社会责任和享有的政府补贴予以披露，并由政府及时披露与公平竞争相关的信息。四是建立竞争中立申诉机制。在自贸试验区内设立申诉机制，通过市场主体的监督维护公平竞争环境。

2. 加大知识产权和环境保护力度。在知识产权保护方面，区内应当实施更加严格的知识产权保护和执法制度，探索在生物医药和数字产业中开展知识产权制度创新。在环境保护方面，应积极探索更多行之有效的措施，推行环境保护协议制度。

3. 探索建立投资者异议审查制度。当投资者认为相关法规规章或文件违反我国加入的国际条约、国际惯例时，可以提出异议审查申请。

(四）实施创新驱动，依托自贸试验区和科创中心建设再造发展新动能

1. 以自贸试验区建设强化价值链升级的制度支撑。一是构建吸引全球高端要素集聚的制度体系，促进全球高端技术、资本、人才等要素流入。支持跨国公司在沪设立研发中心，鼓励其升级为全球研发中心和开放创新平台，并充分发挥溢出效应。二是营造促进跨国公司总部集聚的制度环境，吸引跨国公司地区总部集聚，推动已有跨国公司总部拓展贸易、研发、物流和结算等功能，向亚太总部、事业部全球总部升级。支持本土企业开展跨国经营，构建自主的全球价值链网络，逐步形成具有国际影响力的跨国公司。三是完善价值链升级的贸易金融制度，大幅削减贸易壁垒，优化进出口流程，降低企业整体成本。大力发展供应链融资，促进转口贸易和离岸贸易的外汇收付便利化，构建符合新型贸易业态的外汇管理制度。

2. 以科创中心建设提升全球价值链高端竞争力。一是构建与国际接轨的科技创新体制机制。完善高新技术企业和技术先进型服务企业认定管理办法，帮助科技创新型企业建立上市通道。推进创新药物上市许可持有人制度试点，支持委托生产（CMO）等新的组织模式发展。二是加强国际创新合作。鼓励外资研发中心与本地科研机构联合开展技术攻关。发展跨境研发，研究利用保税政策开展再制造业务。三是完善科技创新融资体系。推动股权投资企业开展境内外双向投资，鼓励商业银行等金融机构为科技企业提供自由贸易账户、境外本外币融资等金融创新服务。

（五）深化政府改革，着力打造高效透明的现代政府治理体系

1. 推进简政放权向纵深发展。一是进一步放宽市场准入。积极开展市场准入负面清单制度试点，使各类市场主体可依法平等进入清单之外的领域。二是加快推进"证照分离"改革试点，深化商事登记制度改革，进一步清理和取消一批行政许可事项，推动一批行政许可事项由审批改为备案，推动一批行政许可事项实行告知承诺制，提高办理行政许可事项的透明度和可预期性。

2. 加强事中事后监管措施系统集成。一是加强部门协同监管，推进统一市场监管和综合执法模式，整合监管部门，减少监管层级，提高监管效能。二是强化监管信息化平台建设。完善公共信用信息服务平台功能，完善企业经营异常名录制度和严重违法企业"黑名单"制度，加强政府监管信息基础平台建设。三是完善社会参与监督机制。加强监管部门与第三方征信平台的合作，充分发挥行业协会商会作用，积极推进陆家嘴金融城业界自治和法定机构试点。

3. 加大政府服务管理创新力度。一是以信息化手段推动政府服务管理流程再造。全面推行"互联网+政务服务"模式，努力打造电子政府，完善"网上政务大厅+单一窗口+集中审批"的管理服务新机制。二是扩大政府购买公共服务。充分发挥社会资本在参与公益性事业投资运营中的作用，提高公共服务供给效率。

（六）立足国家战略，加强自贸试验区与重大国家战略的紧密联动

1. 加强自贸试验区与"四个中心"建设的联动。一是以自贸试验区金融改革深化国际金融中心功能创新。充分发挥自贸试验区的制度优势，推进金融市场开放和金融产品创新，不断提升国际金融中心集聚辐射能力。二是以自贸试验区航运创新深化国际航运中心功能提升。重点是推进航运服务体系开放和创新发展。三是以自贸试验区贸易创新深化国际贸易中心功能拓展。重点是加快探索支持离岸贸易、服务贸易发展的制度环境。

2. 加强自贸试验区与"一带一路"、长江经济带建设的联动。一是强化自贸试验区在"一带一路"倡议中的支点作用。发展"一带一路"自由贸易区（FTA）网络，发挥金砖银行和亚投行的影响和作用，以金融制度创新推动"一带一路"倡议。结合亚太自由贸易区建设，发展"互联网+跨境自贸区"数字化网络。二是充分发挥自贸试验区对长江经济带建设的辐射效应。加大自贸试验区制度创新力度，推动创新成果在长江流域推广和共享。加快推进面向国际的金融市场建设，为长江经济带企业提供更为便利的金融服务。深入推进国际贸易"单一窗口"建设，不断优化口岸监管和通关流程。

（七）坚持法治先行，进一步强化自贸试验区制度创新的法治保障

1. 建议国家层面对自贸试验区统一立法。建议在总结《中国（上海）自由贸易试验区条例》和其他自贸试验区地方立法实践的基础上，结合最新形势发展，将其核心内核加以扩充，抓紧制定《中国自由贸易试验区法》，提高自贸试验区的整体立法位阶。加强国家层面的立法指导，对各地自贸试验区法治建设中存在的一些深层次问题切实加以研究和解决。

2. 建议全国人大常委会建立法律"因地调整"的快速程序。为加快推进自贸试验区制度创新先行先试，建议全国人大常委会针对自贸试验区改革领域，专门制定较为便捷的暂停相关法律法规实施的程序，确保相关改革举措尽快落实到位。

3. 完善多元化争议解决机制。上海自贸试验区应积极构建多元化的争议解决机制，除司法诉讼外，积极发展替代性争议解决机制，尤其是完善仲裁机制，充分发挥其高效便捷的优势。一方面，探索完善仲裁规则。建议在自贸试验区内对尚未纳入《仲裁法》但又具有合理性的规则先行探索，为我国构建高水平仲裁规则积累经验。另一方面，提升仲裁机构功能。建议借鉴国际通行做法，创新上海自贸试验区仲裁院管理机制，建立以理事会为核心的法人治理结构。同时，鼓励其向多样化的替代性争端解决机制模式发展，最终打造成为复合型争端解决中心。

4. 健全国际性法律服务体系。一是完善国际法律查明机制。建立自贸试验区进一步完善国际法律查明机制，探索为自贸试验区法院商事审判活动提供境外法律查明服务。二是加强境内外法律服务业合作。研究制定支持自贸试验区法律服务业集聚发展的专门政策，吸引境内外知名法律服务机构进驻，培养高端法律服务人才。

上海"五个中心"建设的进展与经验

尹应凯　胡婧凡　张延峰

（上海大学）

一　问题的提出：上海全球城市建设的内涵与"五个中心"

美国经济史学家 N. S. B. Gras（1922）的都市发展阶段论认为，都市发展的第一阶段是商业，第二阶段是工业，第三阶段是运输业，第四阶段是金融业。金融发展处在都市发展的最高阶段，而且金融业比商业、工业和房地产业有更大的集中度，因此都市发展的最终阶段就是成为金融中心（潘英丽等，2010）。因此，金融中心建设对当代全球城市建设具有重要意义。除此之外，经济中心是全球城市的重要标志，贸易中心、航运中心与金融中心一样，对经济中心建设具有重要的支撑作用。

2001 年国务院批复"上海城市总体规划"时明确提出上海建设"国际经济、金融、贸易、航运四个中心"的定位。在国家"十三五"规划中，更是明确提出：到2020 年，上海要基本建成国际经济、金融、贸易、航运中心。在当今建设创新型国家背景下，上海承载了更多的创新期待。2014 年，习近平总书记在上海考察时第一次对上海提出"向具有全球影响力的科技创新中心进军"的工作要求，标志着"上海建设具有全球影响力的科技创新中心"开始上升到国家战略层面。

在此背景下，《上海市城市总体规划（2017—2035）》确立了上海至2035 年的发展新目标，即坚持"以人民为中心"的发展理念，建设"卓越的全球城市,国际经济、金融、贸易、航运、科技创新中心和文化大都市"。可见,国际经济、金融、贸易、航运、科技创新中心"五个中心"已经成为上海到2035年建设全球卓越城市目标的重要支撑。

经过十多年的努力,上海"四个中心"已初具规模,集聚和辐射功能有了明显提升,上海全球科创中心建设也取得了明显进展,上海"五个中心"建设也积累了一定的经验。

二 上海"五个中心"建设的进展

上海"4+1"中心建设发展旨在建设发展经济、金融、贸易、航运以及上海最具影响力的科创中心。这一部分内容将从客观评价指标——全球金融中心指数、全球国际航运中心竞争力指数科技、创新指数等分析研究上海近期在经济、金融、贸易、航运以及科创五个领域的演变、成就及不足。

(一) 上海经济中心建设

上海2012—2016年经济总量稳步上升。生产力逐步从第一产业转入第三产业。截至2016年,第三产业占上海生产总值比重高达70.5%。较上一年增加9.5%。相较第三产业,2016年第一产业生产总值较上一年下降6.6%,第二产业上升1.2%。上海人均生产总值为11.36万元。

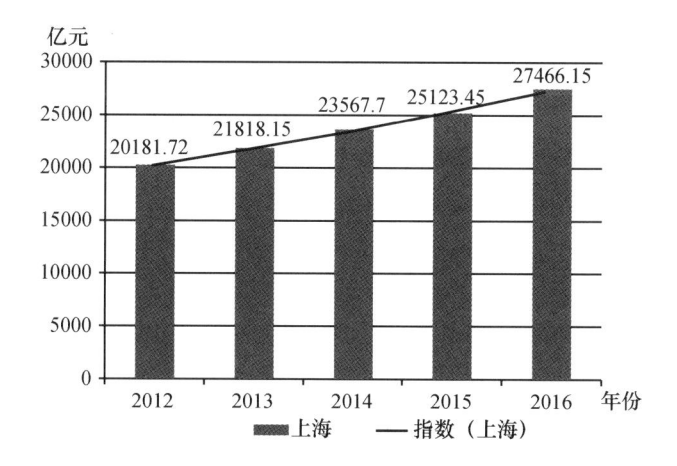

图1 2012—2016年上海国内生产总值

近几年，上海着重发展新兴产业，科技创新，人文建设等支撑的产业发展迅速。以制造业为主的产业结构逐渐转向以服务业为主的产业结构。2016年，服务业增加值达2374.51亿元，增幅6.9%，创历史新高。而主体市场较往年也有所转变，依托互联网迅速发展和开放型贸易发展趋势，上海私营企业、个体商户数量明显增加，据工商局统计，内资企业和外商企业数量减少，但个体商户数量增幅达22.2%。可见，上海在经济产量增加的同时，经济结构也随之发生改变。放松落户政策吸引高端人才，建设创业园鼓励投资创业等措施使中小型企业、个体商户逐日增加。而人民需求的增加，对生活质量要求的提高，更促进服务业的创新和发展。上海正从"单一且传统"的经济结构转型走向"多元且创新"的经济体系。人们不再简单地追求生存所需，而是去"创作"并"享受"生活之乐。

从各个行业领域来看，农业产值下降6.9%，工业和制造业较往年增幅不大，而批发业零售业、交通旅游以及金融保险产品增长迅猛，涨幅分别为4.6%、6.3%和12.8%。金融领域表现最为突出，2016年全年金融业增加值为4762.50亿元。这不仅要归功于上海注重科技金融、金融衍生产品的发展，更得益于"一带一路"倡议的推动和长三角城市群的产业协作能力和辐射作用。

在对外经济方面，上海2016年货物进出口额28664.37亿元。进口增速大于出口。上海对主要国家的进口额均上涨，其中对日本进口货物涨幅较大。在出口方面，上海2015年减少了对欧盟和日本的出口，加大了对美国和东盟的出口。

表1　2016年上海对主要国家和地区货物进出口总额及其增长速度

国家和地区	出口额（亿元）	较上年涨幅（%）	进口额（亿元）	较上年涨幅（%）
美国	2965.08	5.6	1791.99	2.4
欧盟	1990.54	-10.9	3729.41	6.3
东盟	1446	6.3	2069.86	6.2
日本	1266.95	-3.5	1941.73	9.7

随着经济总量的提升、经济结构的转型以及经济"龙头"发挥辐射作用，上海的就业机会增加，人均可支配收入达54305元，较上年增长8.9%。全市居民人均消费支出达37458元，增幅7.7%。可见，消费带动经济发展，而经济发展又可以提高人们的收入和生活水平，形成良性循环。

（二）上海金融中心建设

金融中心建设正在科技创新的发展条件下逐步转型，上海作为亚洲领先的金融中心正在逐步追赶伦敦、纽约等先进城市的步伐。这一部分内容将从客观评价指标GFCI（全称为全球金融中心指数）来分析评价上海近几年来金融领域的发展、演变和不足以及对伦敦、纽约、新加坡金融发展的借鉴。

近五期的GFCI排名显示，上海与亚洲乃至国际的金融中心竞争力差距逐渐缩小。2017年9月第22期"全球金融中心指数"报告指出，上海以总分711分跃升至排行榜第6位，仅次于伦敦、纽约、香港、新加坡、东京，首次跻身全球十大金融中心。此次排名的上升得益于国际上对上海金融未来发展的认可度的提升，上海在客观指标——金融业发展、基础设施建设、人力等方面的提升，同时部分传统全球金融中心如苏黎世、多伦多、悉尼排名上出现大幅下降。

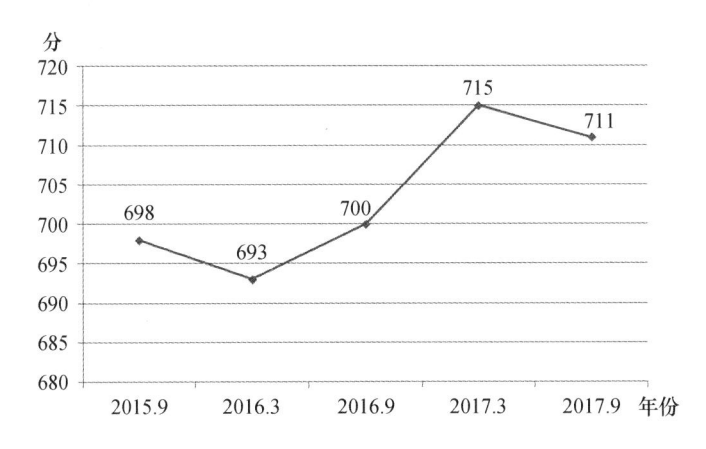

图2 上海在GFCI第18—22期指数

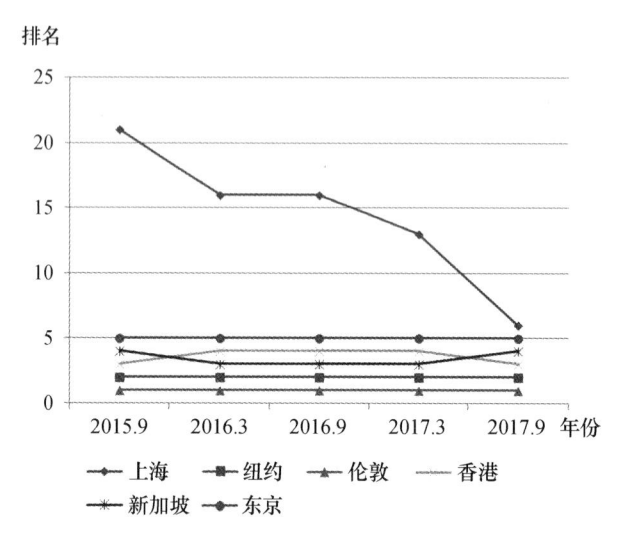

图3 近五期GFCI上海于五大金融中心排名变化

全球金融中心指数是指从商业环境、金融业发展、基础设施、人才资源和声誉五个核心领域计算的总竞争力。以下,我们将分别讨论不同指标下上海排名变化的原因,并对比伦敦、纽约、香港、新加坡和东京五个国际中心,分析上海在分类指标上的进步与不足。

1. 商业环境

商业环境主要考察金融监管、法律和稳定以及税收和成本竞争力。由近三期排名可见,上海在2016年之前金融监管体系还不够完善,仅名列第28位。而近一年来上海加大了金融领域的监管力度,监管部门从培育创造力、竞争力角度给予相关企业更多政策上的优惠和资金上的帮扶,帮助上海引入了大量科技金融公司、金融衍生品公司、金融保险公司等。在最新一期报告中,上海在商业环境分指标上已超越东京,名列全球第5位。但上海金融中心建设在监管上依旧存在漏洞,相比伦敦、纽约、新加坡、香港在科技金融方面的起步较晚,对其监管也存在很多漏洞,众筹诈骗、借贷宝事件等都是在监管相对较松的科技金融领域发生的非法融资。未来,上海应加强对个人资产的保护(尤其是互联网投资),防止非法融资,防范财务管理风险。

表 2　　GFCI 第 20—22 期伦敦、纽约、香港、新加坡、
　　　　东京及上海商业环境指标排名

城市（排名）	第 20 期	第 21 期	第 22 期
伦敦	1	1	1
纽约	2	2	2
香港	4	3	3
新加坡	3	4	4
东京	5	6	6
上海	28	16	5

2. 基础设施建设

基础设施建设考察金融设施建设，信息通信技术建设和可持续发展。上海作为长三角城市群的主要城市，其基础设施建设和未来发展潜力一直被国际上看好，因此在第 20—22 期 GFCI 报告中，均位列全球前 10 位。近一年来 PPP 模式创新下上海政府与企业之间的合作加强了城市基础建设，拉动投资和消费增长，上海创投资控股集团和作为国企代表的北京华信电子企业集团在 2016 年的城市基础设施发展研讨会上签署了战略入股合作协议，投入更多新技术到基建项目中，使上海在第 22 期 GFCI 报告中超越东京，在金融基础设施上位居亚洲第一。

表 3　　GFCI 第 20—22 期伦敦、纽约、中国香港、新加坡、
　　　　东京及上海基础设施建设指标排名

城市（排名）	第 20 期	第 21 期	第 22 期
伦敦	1	1	1
纽约	2	2	2
香港	3	3	3
新加坡	4	4	4
东京	5	5	7
上海	9	6	5

3. 金融业发展

金融业发展包括金融市场的流通性、经济生产力和金融衍生品等相

关产业的发展。上海在金融业发展领域从2016年前第14位跃升至全球前5位。保险业排名更是位列全球第1位。2016年金融业全年增加值达4762.50亿元，较上年增长12.8%。全市金融服务单位622家，资本市场服务单位382家。上海金融业发展态势迅猛，未来还有更大发展空间。

表4　　GFCI第20—22期伦敦、纽约、香港、新加坡、东京及上海金融业发展指标排名

城市（排名）	第20期	第21期	第22期
伦敦	2	2	1
纽约	1	1	2
香港	3	3	3
新加坡	4	4	4
东京	5	5	6
上海	14	10	5

4. 人力资源

人力资源不言而喻考察的是技术型人才的数量、灵活的人才市场以及教育水平。从三期报告排名可以看出，上海在近两年培养和引进人才方面取得突破。在第22期报告中，上海金融中心建设的人力资源已跻身全球前5位。这得益于"十三五"规划报告提出加大科技创新投资，培养科技型、专业型人才，建立多个金融研究所并和全国高校合作建立多个研究团队。上海市还放宽了落户政策来吸引外省人才流入。加强国际交流研讨，出访美国、英国等国家进行学术交流。最终，一批批金融领域人才留在了上海。

表5　　GFCI第20—22期伦敦、纽约、香港、新加坡、东京及上海人力资源指标排名

城市（排名）	第20期	第21期	第22期
伦敦	1	1	1
纽约	2	2	2
香港	4	3	3

续表

城市（排名）	第 20 期	第 21 期	第 22 期
新加坡	3	4	4
东京	7	6	9
上海	28	10	5

5. 声誉

在 5 个指标中，声誉单项排名近两年来变化不大。虽然 2016 年较 2015 年排名有所提升，但低于其他指标排名。这折射出上海在国际上的影响力还不够，目前，上海主要受访者集中在亚太地区，而欧美大多数国家对上海金融中心建设的了解还不够深入。

表 6　　GFCI 第 20—22 期伦敦、纽约、香港、新加坡、东京及上海声誉指标排名

城市（排名）	第 20 期	第 21 期	第 22 期
伦敦	2	1	1
纽约	1	2	4
香港	4	4	2
新加坡	3	3	3
东京	14	7	5
上海	12	15	7

（三）上海贸易中心建设

近几年，上海依托长江经济带、长三角区域市场加快电子口岸信息网，建立了相对高效通畅的贸易链。自 2013 年建立自贸试验区以来，这四年上海进出口贸易发展迅猛（见图 4）。2015 年上海实现进出口贸易总值 2.8 万亿元，虽较 2014 年下降 2.1%，但占我国进出口比值增加 0.6 个百分点。上海深化"一带一路"倡议以及自贸区改革。2016 年进出口贸易总值在 2015 年下降的背景下，增加进出口企业数量 982 家，达到 2.87 万亿元的总值，增长 2.7%。上海电子商务交易额比商品销售额增加势头更为迅猛。

"十二五"期间电子交易发展迅猛，2015年电子商务交易额较上年增长31.1%，这标志着电子商务越来越被人们所接受。与此同时，上海进口贸易增速高于出口，成为我国最大进口消费品集散地。并且依托互联网拉动消费，人们对国外产品的获取渠道变得广泛，加速了进口贸易。2015年年底大宗商品"上海价格"基本形成，石油、天然气、矿产、煤矿等大宗商品交易中心相继在上海成立。同年，上海期货市场占全国1/3以上份额。"十二五"期间上海在贸易上取得发展与进步，但仍存在贸易环境有待改善，市场开放度、透明度不够，市场体系能级不高，对国际价格影响力不够等问题。

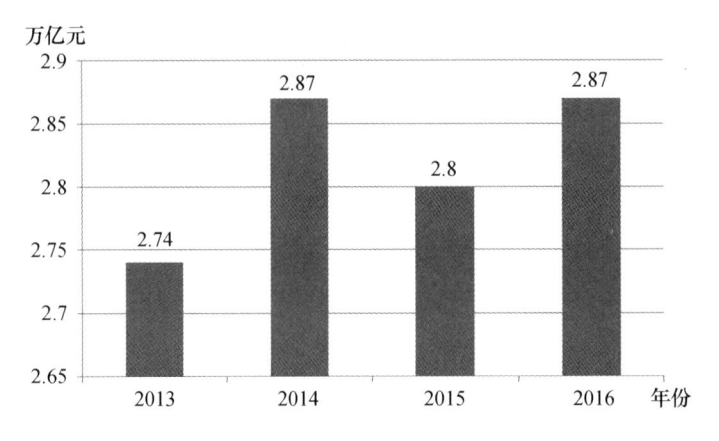

图4 2013—2016年上海进出口贸易总值

在当前"十三五"时期，2016年上海进出口贸易总值虽上涨到2.87亿元，但在国际贸易保护加强、全球贸易持续走低、多边贸易受到区域性高标准自由贸易体制挑战的环境下，上海贸易发展依旧存在很多挑战。上海贸易中心建设应依托自贸试验区和"一带一路"倡议，进一步提升国际影响力，加强贸易流通体系改革。上海在"十三五"期间的主要贸易发展目标可归结为：贸易环境的提高、贸易竞争力的提高以及贸易功能的加强。针对这3项目标，上海在国际贸易中心建设规划报告中提出多项措施：①推进自贸试验区制度创新。深化投资管理体系，扩大服务业和先进制造业对外开放。②完善上海贸易中心的法制环境。完善商务执法与刑法司法连接机制，形成贸易中心相匹配的知识产权保护体系。③吸引与培养高端人才。建设人才培养中心，开放高端人才直接落户等户籍政策吸引人才入住上海。④推动出口迈向中高端。目前，上海贸易出口市场乃至中国出口市场的结构单一，且集中在低端市场，上海应推动贸易出口结构多元化发展，并拓展汽车、船舶、药品等中高端产品出口。打造新的出口主导产业。⑤提升进口综合效益。发挥平台交易作用，扩大先进设备，关键零部件进口，鼓励贸易企业代理国外品牌。⑥推进贸易创新发展。加强离岸服务外包，技术贸易，文化贸易领域规模，聚集创新能力强，集成服务水平高的服务贸易总部企业。⑦提高吸引外资的质量和水平。优化外商投资政策，放宽外资准入限制等。

"十三五"时期预计上海在 2020 年对外贸易总投资额将达到 180 亿美元以上，商品销售总额将突破 13 万亿元，千亿万亿级平台将达到 10 个左右，口岸货物国际中转比率将达到 15% 左右。上海将逐步拓展其贸易在国际上的影响力。

（四）上海航运中心建设

通过 GSCI 全球国际航运中心竞争力指数来探讨上海"4+1"中心建设的航运领域。全球国际航运中心竞争力指数评价体系是从航运能级、航运服务、航运生态 3 个分项中选取了 58 项指标作为评估。近几年上海在 GSCI 指数全球排名见图 5。

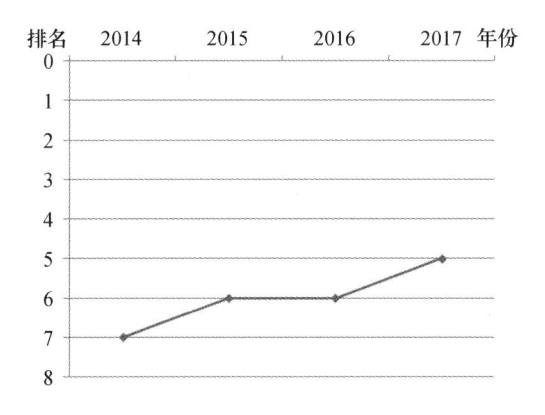

图 5　2014—2017 年上海在 GSCI 指数中的全球排名

2014 年发布的《新华·波罗的海国际航运中心发展指数报告》基于

港口条件、航运服务和综合环境3个维度对全球46个国际航运中心进行评价，上海位居第7位。波罗的海交易所总裁潘杰明在这一年指出航运发展不仅关注散货、集装箱吞吐能力，也需要加强航运经纪、金融、保险的发展。上海为成为具有国际影响力的航运中心开始建设航运软实力。

2015年是国家对航运建设政策战略性改革的一年，在这一年党提出"一带一路"建设，更突出强调了"21世纪海上丝绸之路"战略规划并出版了《上海国际航运中心建设蓝皮书》第一版（2015年版）。上海港作为长江经济带上的自贸区，在国家政策的支持下实现了与国际航运中心全球网路节点的高度契合，3月上海国际港务集团成功获得了以色列海法港口的25年码头经营权。这一举动为其沿线港口贸易提供了便利，加速了中东地区进出口贸易发展。与此同时，上海致力推广非五星船舶沿海捎带等业务，为"一带一路"建设贡献了力量。除了传统航运关注的进出口流量和集装箱吞吐量，上海着力建设航运融资、航运保险、海事法律服务等，中国船舶险和货运险总收入超过140亿元，标志着航运保险中心东移。

在BDI低指数徘徊的2015年年底，上海抓住了"一带一路"倡议和"海上丝绸之路"规划的机遇，实行铁海联运专线，开通中欧班列11列、中亚班列500列，在"海上丝绸之路"沿线斩获了样本72.21%的货物吞吐量，稳定了全球第六大航运中心的位置（2016年3月公布数据）。散货、集装箱的运费持续走低，并出现运力过剩的情况，在大宗商品不景气的这一年，波罗海交易所提出评定指数除了关注海上硬件设施外，还关注海域相关的航运服务是否完善。上海航运中心基于航运产业转型，侧重发展自己的软实力，即航运服务实力。北外滩的航运衍生品交易、无车承运、航运产业基金相继斩获全国第一。为响应"十三五"规划，上海市虹口区提出航运发展规划，以更好地融合"21世纪海上丝绸之路"发展战略。

从2017年3月发布的《新华·波罗的海国际航运中心发展指数报告》显示，上海首次跻身全球五大航运中心，仅次于新加坡、伦敦、香港和汉堡。并且在全球十大航运中心，亚洲占据5个名额，可见亚洲航运中心崛起的趋势日渐明显。纵比2014—2017年评价结果，2017年表现得较为稳定，稳定的航运中心有38个，占总样本数的88.37%，波动性较大的航运中心有 4 个，占总样本数的 9.3%，异常波动航运中心 1 个，占总样本数的 2.33%。这个成绩得益于自贸区科技创新的引入以及"一带一路"合作下航运技术，机制的改革和对欧洲市场的贸易航运增长。进入自贸试验区的上海港在人民币双向资金池业务中降低了资金风险，逐渐形成港城互通、湾区经济的创新生态模式。2016 年 11 月，上海浦东国际机场货运站还和江苏南通兴东机场签约组建了合资公司，计划将南通兴东机场打造成"长三角北翼第一航空物流基地"，从而实现沪通两地航运货运的协同发展。2017 年第一季度上海国际航运中心港口景气指数显示，长三角地区主要港口吞吐量统计增长 12.35%，集装箱吞吐量同比增长 7.91%，外贸货物吞吐量增长超过同期 GDP 增速。

纵观上海这几年的航运发展，集装箱吞吐量连续 6 年保持世界第 1 位。"十二五"期间航运成果累累，2015 年上海货物吞吐量达 7.17 亿吨，集装箱吞吐量达 3653.7 万标准箱。上海的空中枢纽、旅客吞吐量都突破新高，新技术的引入使上海航运逐渐走向国际化。对于"十三五"规划，上海提出 10 个目标任务：提升海空枢纽能力；完善集疏运体系；发挥航运服务集聚区的效应；加强现代航运服务业；拓展航运金融业；促进邮轮产业发展；促进绿色，安全航运发展；促进智能航运功能发展；培育航运文化以及加强航运人才引进和培养。未来，上海航运发展将在"一带一路"和"21 世纪海上丝绸之路"政策推动下充分依托长三角、长江经济带有利资源，继续利用科技创新驱动航运转型，增强上海港在国际上竞争力。但上海航运在国际依旧面临挑战。全球贸易需求放缓，航运市场运力过剩，全球经济增长不均衡，贸易保护主义以及绿色，节能等环境保护要求提高都应纳入上海未来航运规划考察中。

（五）上海科技创新心中建设

除了传统关注了经济、金融、贸易和航运四个中心，极具国际影响力的科创中心近几年在上海来发展迅猛。科创作为全球焦点，其发展影响着各行业领域的发展和转型。上海在 2011 年推出"上海科技创新中心指数报告"，以 2010 年基数 100 分起计，通过综合考虑创新资源集聚力、科技成果影响力、创新创业环境吸引力、新兴产业引领力和区域创新辐射力 5 个主要因素，每年评定上海科技创新指数（如图 6 所示）。

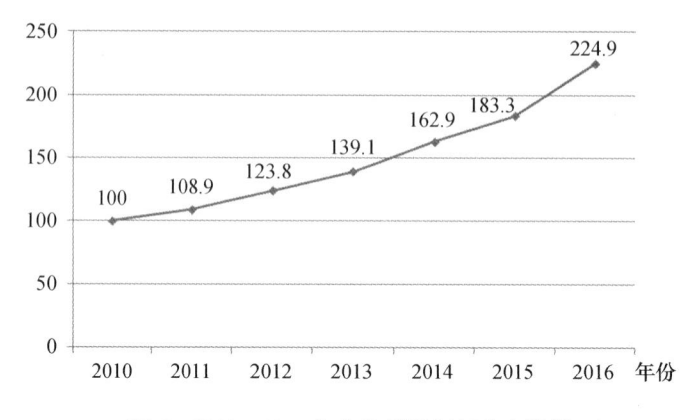

图6　2010—2016年上海科技创新中心指数

最新发布的《2017上海科技创新中心指数报告》指出，2016年全年科创指数达到224.9，较上年增长22.7%，达到历年来最高涨幅。在5个一级指标中，科技成果影响力增长迅猛，高达34.0%。这标志着上海在2016年技术研发上取得突破。新兴产业发展力和区域创新辐射带动力较上一年提升明显，分别增长15.6%、15.0%。可见，上海在2016年加速了创新经济转型，对周边产业发展也起到推动作用。2017年5个指标指数都有明显涨幅，其中创业环境吸引力增幅最低。上海在未来科创发展道路上要更注重城市环境建设，吸引更多专业型高端人才和科技创新公司入驻。

近六年来指数平稳上升，2013—2015年的年均增长率分别为16.0%、17.9%。可见，上海近几年在科技创新领域发展新动能，环境优化，人才培养上取得可圈可点的成绩。2014年5月，习近平总书记对上海提出建设具有全球影响力的科技创新中心的战略要求，2015年上海市委发布了《关于加快建设具有全球影响力的科技创新中心的意见》，同年上海加速引入专家研究团队，全年科创研发投入达936.14亿元，吸引创业投资和私募股权投资达965.84亿元。上海逐步向具有国际影响力的全球科创中心迈进。"十三五"规划加大了科技创新研究投入，加强外资研发中心建设，旨在建设开放型创新生态。预计未来随着高等教育人口比例提高，功能性平台技术提升，科技金融产品、衍生物增加，企业积极转型，科技创新发展将继续有所突破。但上海科技创新依旧存在"短板"和漏洞：

一是科技创新下的监管不完善,尤其在科技金融领域,近期发生的借贷宝事件等金融诈骗事件都是利用监管疏漏非法融资。二是PCT专利申请量较东京、伦敦等偏低。三是区域技术转移,优化区域资源配置还需加强。

上海自身科技创新的发展使其在国际上的优势也日益明显。2thinknow指数——澳大利亚墨尔本的一家资深咨询公司面向全球500个城市发布的2016城市创新指数——显示上海排在第32位。图7总结了2013—2016年上海在2thinknow指数中的排名。近几年,上海在科技创新领域全球排名相对稳定,最好的一次为2015年度位居全球第20位。今年排名下降的主要原因在于上海的创新能力相较欧洲城市的发展速度还是较为缓慢,城市的吸引力不足,高端人才输入不够以及创新成果不突出。

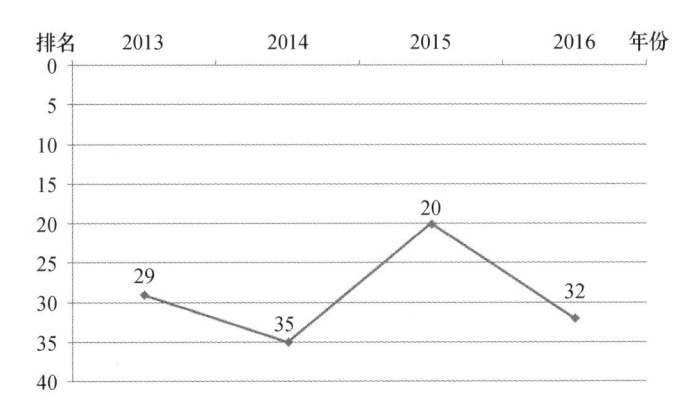

图7　2013—2016年上海在2thinknow指数中的排名

上海相较伦敦、纽约、东京、新加坡等科创中心的发展,还有很大距离。伦敦虽然面临"脱欧"事件,但在此次评比中还是拔得头筹。这表现了伦敦应对重大变化的弹性和活力。纽约虽然在此次排名中跌至第4位,但其发达的科技水平依旧在国际上具有不可撼动的地位。这里,我们着重对与上海同处亚洲的东京进行对比分析。东京与上海均位于大河三角洲,面向太平洋,东京与神奈川、千叶、琦玉三县相交形成东京都市圈,上海与浙江、江苏毗邻形成"江浙沪"区域。相同的地理优势下,上海拥有东京近3倍的土地面积、1.5倍的人口密度,东京为何能在狭小的空间取得全球第三科创中心?这个问题的答案对上海科创的发展有着非凡的意义。

科技创新的主要动力就是科技人才和科技产业的注入，而如何吸引人才和企业？城市环境成为主要因素。上海应加强文化活动、生态环境、创业科技园的建设，为创新型人才提供宜居的生态环境。科技创新基础设施建设。上海应加速基础设施建设，提升其在全球创新网络中的地位。科技创新成果的差距。上海在 PCT、SSCI、SCI 等国际专利申请方面远不如东京。上海应加设科技创新研究所，与全国高校合作，建立多个科技研究小组。以上所述既是上海与东京差距所在，也是上海今后科技创新发展的方向。我们积极地预测未来 10 年上海的发展潜力无限，在科技创新领域存在超越东京的可能。

上海进入"4+1"中心建设和社会主义现代化大都市的重要阶段，我们应理性分析当今市场现状，规划未来发展方向，规避之前存在的问题，学习借鉴西方国家的新科学新思想。推动上海经济、金融、贸易、航运和科创中心建设联动，建设更加完备的经济贸易体系。

三 上海"五个中心"建设的经验

（一）国际经济中心

1. 建设现状

从我国目前主要城市的经济发展来看，2013 年全国 GDP 规模超过 7000 亿元的城市共有 18 个，GDP 规模占全国 GDP 总规模的比重为 34.8%，而上海则是这 18 个城市中唯一一个规模超过 2 万亿元的城市，其作为国内"经济中心"的地位不言而喻。

当然上海的经济建设也存在不足之处：在 20 世纪 80 年代，由于国家战略调整，上海的经济发展有所放缓，经济地位下降。然而，在 21 世纪初，因为浦东的战略开发实施，上海的经济地位得到提升。但是，随着中国加入世界贸易组织（WTO）、2008 年国际金融危机的出现等，上海的经济中心地位再次下滑，而且更加迅速。根据上述的数据和分析，以 GDP 为衡量的指标，我们发现在过去的 30 年，上海作为国际金融中心的地位有大幅度的下降，尽管上海现在仍然是国内最大的城市经济体，但这种优势也在渐渐丧失。

2. 上海经验

上海自改革开放以来便对如何建设国际经济中心进行了一系列积极的探索和实践，其间取得了丰硕的成果。1986 年，上海明确提出建设"太平洋西岸最大的经济贸易中心"，此后"经济中心"建设始终成为上海城市发展战略的主要目标之一。上海市第十次党员代表大会肯定了上海自改革开放以来在贸易发展、制度创新、试点改革等方面所取得重大成果。

（二）国际金融中心

1. 背景

目前全球具有影响力的国际金融中心都有其明确的定位和特色：芝加哥是衍生品交易中心，纽约是资本市场中心，新加坡是全球财富管理中心。就全国而言，上海和北京金融业是错位发展的。上海具有大的在岸金融市场，具有管理国际人民币的能力。

2. 现状

上海早在 20 世纪 90 年代初开发浦东的时候就已提出建设国际金融中心的战略目标。上海具有发达的资本市场，有众多全国性的交易机构（如证券交易所、期货交易所和黄金交易所等），国内很多证券公司和基金公司都将总部设在上海，这些都是上海建设成为具有国际影响力的金融中心的最基本的条件。

今天的上海已经发展成为国内外资金机构云集，金融交易量最大的地区。上海在地理位置、经济实力和金融发展等国际金融中心所需要的最基本要素中都比国内其他很多城市更具有条件和资格。

3. 经验

上海在成为资本市场中心后，逐步向国际理财中心发展，形成了自己的一系列发展优势。具体包括：①上海有良好的地理区位条件；②上海具有雄厚的经济实力的优势；③上海拥有规模庞大的金融机构；④上海有数量众多的金融市场体系；⑤上海金融市场的规模日益扩大；⑥上海具有品种多样的金融产品；⑦上海具有辐射周边地区的巨大潜力。

（三）国际贸易中心

1. 背景

《"十三五"时期上海国际贸易中心建设规划》中明确指出，到2020年，上海市要基本建成具有国际国内两个市场资源配置功能、与我国经济贸易地位相匹配的国际贸易中心，并且还要基本形成与高标准国际投资和贸易规则衔接的制度体系，基本形成商品和要素自由流动、平等交换的现代市场体系。

2. 现状

目前，上海国际贸易中心建设已取得较大突破，从"十二五"规划完成和评估看，上海已达到或接近国际主要贸易中心城市的水平，主要表现有：一是贸易规模稳步扩大，贸易结构进一步优化，商品销售总额、社会消费品零售额、电子商务交易额等主要内贸流通指标位居国内主要城市的前列。二是贸易主体不断集聚，市场竞争力进一步提升，2014年，全市有进出口业绩企业40665家，其中超10亿美元52家；批发和零售业企业逾14万家，其中超百亿元83家；跨国公司地区总部490家、投资性公司297家、研发中心381家，使其成为我国内地总部机构最多的城市。三是贸易载体建设加快，重点的区域和平台的支撑作用得到进一步增强，上海自贸试验区正式挂牌运作，虹桥商务区、迪士尼度假区、国家会展中心（上海）等重大功能性载体和项目建设取得突破性进展。四是贸易环境持续改善，贸易便利化水平进一步提高。

3. 上海经验

（1）基本形成了贸易集聚功能。近5年以来，上海将贸易投资制度创新作为引领，不断推进贸易自由化和投资便利化，充分发挥自贸试验区、虹桥商务区等开发区和园区的重要载体作用，着力提高其贸易要素的集聚能力，从而推动贸易成为全市经济社会发展的重要支撑力量。

（2）扩大了上海市流通规模。上海目前已经全面完成国家内贸流通体制改革发展综合试点的各项任务。2016年，上海商品销售总额达到100793亿元，年均增长10.9%，位居全国中心城市的首位。社会消费品零售总额更是突破万亿级，达10947亿元，年均增长9.9%，这也标志着消费成为上海经济平稳健康发展的稳定器、压舱石。2016年的商业增加值、商业税收分别占全市的16.1%和15.3%，占第三产业的22.8%和21.2%，并贡献了全市接近300万个工作岗位，有力地助推了上海形成以服务经济为主的产业结构的步伐。

（3）基本形成了资源配置功能。近年来，上海参与全球资源配置的能力不断增强，尤其在国家"一带一路"和自由贸易区战略实施的背景之下，上海参与国际竞争和合作的意愿和能力大幅提高，"走出去"的网络已经覆盖了全球178个国家和地区，还同"一带一路"沿线的14个国家的经贸部门和一些重要的节点城市建立了经贸合作伙伴关系。上海还通过投资并购海外的品牌、技术、渠道等优势资源，大力发展上下游产业链，使上海的企业在全球范围内配置资源的能力明显增强。

（4）基本形成了贸易创新功能。上海顺应科技产业创新，从互联网、物联网、云计算、大数据等新技术方面出发，为国际贸易中心建设增添了新的动力和活力。

4. 前景

从上海当前的总体市场角度而言，上海在国内的贸易地位呈现下滑趋势，其对外贸易在全国的比重在下降，商品的交易结构存在失衡问题，在社会消费品零售总额上也已经被北京超越。

因此，一个良好的市场氛围、具有国际竞争力的经营主体、呈现国际大都市的品牌魅力等特征则是上海想建设成为国际贸易中心所必须具备的。不仅如此，上海还需要实施一系列的战略措施，为建成国际贸易中心和未来的信息中心城市做好充分的准备。

（四）国际航运中心

1. 背景

2017年《新华·波罗的海国际航运中心发展指数报告》的评价结果显示，2017年全球综合实力前10位的国际航运中心分别为新加坡、伦敦、中国香港、汉堡、上海、迪拜、纽约、鹿特丹、东京、雅典。上海凭借自贸区的创新驱动效应，排名跃升至第5位。值得一提的是，航运中心指数评价体系使用一种新型的航运中心分类标准，分别从传统认知型、创新引领型、潜力发展型3个部分来重新定义全球航运中心，这也是一大创新点。

而此次公布的世界前 10 位的国际航运中心中，共有新加坡、中国香港、上海、迪拜、东京 5 个亚洲城市入选。航运中心全样本城市集中在亚洲和欧洲，分别是 18 个和 12 个。但其中亚洲航运的崛起趋势更加凸显，说明世界航运正式迎来了一个亚太时代。

2. 建设现状

《上海国际航运中心建设蓝皮书 2017》不仅从第三方的视角呈现了上海国际航运中心的建设成果，更从上海枢纽港、航运软环境、航运新技术、航运服务业体制机制改革以及"一带一路"沿线港口合作五大类别作了阐述。蓝皮书所涉及的指数并不仅限于一些航运统计的传统指标，还对于一些不好硬性规定的如航运服务业等给予了足够的重视。

《"十三五"时期上海国际航运中心建设规划》指出，上海要在 2020 年，基本建成航运资源高度集聚、航运服务功能健全、航运市场环境优良、现代物流服务高效，具有全球航运资源配置能力的国际航运中心。

在最近十几年里，航运成为上海推动城市发展的重要组成部分。自 2004 年开始，因为政策开放，上海许多外资航运物流办事处纷纷转化为独资公司。世界上很多著名的物流公司，纷纷把中国区的总部设在上海虹口区。据统计，2002 年，北外滩的航运企业有 508 家，到 2016 年年底则有 4178 家，航运服务业已经成为虹口区的支柱产业。作为上海航运的发祥地，虹口北外滩地区具有发展航运服务业得天独厚的优势。

其主要优势有：（1）地处市中心和黄浦江的核心区域，北外滩是上海 CBD 即中央商务区的一个组成部分。（2）黄浦江两岸的综合开发，又为北外滩沿黄浦江一带提供了发展的契机。（3）虹口有发展航运的历史积淀和产业基础，更有未来发展的巨大空间。（4）航运经济业以及邮轮产业同步发展。

未来的虹口北外滩，还将与金融等众多产业结合，形成一个强大的航运、金融中心。

3. 上海经验

近年来，上海坚持各港口从海向"走出去"、陆向"延进去"两个方面发力，加强港口建设，取得了一定成效。而 2017 年上海在航运中心上的排名能实现战略性提升主要也是受益于自贸区创新驱动效应。

创新始终是上海航运发展的核心驱动力,上海被称为创新引领型航运中心,相对于传统的航运中心,其更重视科技创新与自贸区开放政策的结合,而这样港口基本已经和城市贯通,形成了一种经济共同发展的新模式,这将对亚太地区的航运大环境造成变革性的影响。

4. 前景

目前国内很多大港口企业都属于到海外后劲乏力,深入内陆发展货源不足的状况,而大部分港口国际化程度仍然偏低。上海国际航运中心建设未来需要建设更加开放的航运中心,让各个地域、各种经济体更加融合,同时不断提升服务功能。

(五) 国际科创中心

1. 背景

当前上海在科创中心建设方面既有优势也有不足,总的创业创新活力不够,很少有"草根"累积成大型科技创新企业的案例,这不仅与上海本地文化有关,也与较高的创业成本有关。相比北京有物联网,深圳有通信产业,上海如何做出自身的特色,营造一个有利于科技创新的环境则成为未来建设科创中心需要关注的重点。

2. 现状

(1) 建设张江综合性国家科学中心。未来,上海将努力争取将海底长期观测网、超强超短激光、活细胞成像平台等大科学设施和光子科技国家实验室落户张江综合性国家科学中心,还致力于在民用航空发动机与燃气轮机等领域承担更多国家重大专项任务。《2016年上海市国民经济与社会发展计划》指出,在2016年上海市计划开展建设的100项重大项目中,前三大项目均与建设全球科创中心有关,总投资为46.05亿元,分别为上海光源二期(线站工程)、集成电路研发中心12英寸先导线项目、上海微小卫星工程中心通信卫星研发基地。

(2) 推动上交所设立战略新兴板。2016年,上海市为了建设具有全球影响力的科创中心,加大了在金融领域的支持创新力度,推动上海证券交易所设立战略新兴板,还积极探索银行、保险等领域新型投融资模式。而随着上海国际金融中心建设的不断推进,金融将成为推进上海全球科创中心建设的重要驱动力。

（3）建设一批创新功能性平台。未来，上海还将在信息技术、生物医药、高端装备等领域建设若干重大创新功能型平台，重点建设若干共性技术研发支撑平台，建设一批科技成果转化服务平台。与此同时，还将建设具有特色的科技创新集聚区，如加快建设张江国家自主创新示范区，聚焦张江核心区和紫竹、杨浦、漕河泾、嘉定、临港等重点区域，进而打造科创中心重要承载区。

3. 上海经验

自2013年以来，上海市委每年会立足当前、着眼长远，确立一号调研课题，通过突破重要领域和关键环节，从而带动面上工作推进落实。其中，2015年的一号调研课题为"大力实施创新驱动发展战略，加快建设具有全球影响力的科技创新中心"。自2014年8月以来，上海市委领导分别到市科委、市发改委等委办局，部分高校科研院所，一些重点企业等进行科技创新突出问题、主攻方向和任务措施等方面的专题调研；全市各委办局重点就体制机制和政策突破、创新项目和工程筛选、人才工作等，做了大量前期研究，最终形成工作方案；2014年年底，市委年度务虚会、市委全会又开展集中讨论，进一步统一思想、深化认识，在科技创新主战场、关键环节和方式方法上达成初步共识。从2015年2月开始，一号调研课题就由前期调研进入专题研究阶段，聚焦发展目标、体制机制改革、创新人才发展、创新创业软环境建设、国家科学中心和重大科技创新前沿布局五个专题。

4. 发展建议

上海要坚持需求导向和产业化方向。把经济社会发展作为主战场，扎实推进科技创新，围绕产业链部署创新链，着力推动科技应用和创新成果产业化，解决好经济社会发展的现实问题和突出难题。

上海还要坚持深化改革和制度创新。充分发挥好政府和市场配置资源的作用，着力以开放促改革，破除一切制约创新的思想和制度障碍，全面激发城市各类创新主体的创新创造的动力和活力，让创造社会财富的源泉在城市涌动。

四 "五个中心"建设的国际经验:以纽约、伦敦、新加坡、香港、东京五大都市为例

(一) 纽约

1. 经济领域借鉴

纽约在经济发展从20世纪初期的轻工业到60年代中高端轻工业,直至70年代初期美国经济衰落。但财政危机后的纽约迅速崛起,将目标投向第三产业、新媒体产业、金融业、保险业的发展使纽约重回全球经济中心。纽约在面对重大事件时所表现出的弹性,以及经济转型的高效性都值得上海学习。当今正处于互联网科技和创新产业的时代,上海传统的国有公司、制造业公司乃至银行都面临着产业转型,融入科技金融、互联网金融,用平台式交易取代传统的人工交易。或是利用PPP模式使私企带着资金与技术入驻国企,进行产业转型,实现"一站式"服务。

2. 金融、航运、贸易领域借鉴

纽约港自由贸易区是美国最大的自贸区之一,是全球数一数二的贸易中心。其结构和规模都比上海自由贸易区更加完善。上海港作为贸易、航运中心的新力量,应借鉴纽约港的优惠政策和市场结构。在政策方面,可推迟缴纳进口关税,倒置关税税率节省关税,在自贸区的企业可以自由选择支付税率的方式是以原料或成品计价。自由贸易区之间免收关税,自贸区的企业根据货物数量按季度收纳港口维护费,减少收纳费用次数,减少人力物力,以此来吸引企业入驻。在市场结构方面(即金融市场方面),纽约拥有大量优质的人才和金融机构保证了纽约港自贸区的金融服务稳定,资金流通稳定。上海需学习借鉴,保证高效益的融资,确保上海的金融产业和人才力量足够满足上海港贸易所需,建立流通性高的货币市场、债券市场、金融衍生品市场等。

3. 科创领域借鉴

纽约"硅巷"位于曼哈顿,是继硅谷后美国信息科学技术的聚集地、科技创业者的摇篮。目前已有超过500家信息科技公司入驻"硅巷",成为纽约经济增长、科研的主要来源。其宜居的商业环境和优越的地理位置使纽约在GFCI指数中商业环境指标名列第1位。相较纽约曼哈顿,上

海虹口和静安区有着相似的天然条件。2015年上海将原静安、闸北区合并为新的静安区，总面积达37平方千米，位于上海中心，毗邻黄浦、虹桥等6个区。静安区借鉴"硅巷"经验，着力城市更新，建设商业配套基础设施，优化商业生态结构。近年来，吸引了一批国际知名企业入驻，其中作为全球联合办公鼻祖的Wework已落户两家分公司于静安，并将其设为中国总部。而虹口区也效仿"硅巷"建立了德必运动Loft园区，200多家初创公司入驻，这得益于其对初创公司政策上的帮助与扶持。目前虹口有11家园区被认定为市级文化创意产业园区、5家被认定为市级科技企业孵化器，主导产业集聚度接近50%。虹口也在一步步向无边界的科技园区"硅巷"靠近。①

（二）伦敦

1. 经济、金融领域借鉴

上海浦东新区拥有陆家嘴金融城，上海证券、期货交易所等众多金融市场机构。浦东新区也致力于学习借鉴"伦敦金融城体制"。伦敦金融城有接近300多家外国银行分支机构，有500多家外国公司在伦敦交易所上市，其股票占全球股票市场份额的20%，每天有约2.7万亿美元的外汇交易，超过全球外汇总额的40%，还处理了全球约20%的跨境贷款，拥有强大的核心竞争力。然而，这里的成功不仅仅来源于金融机构和交易市场，金融城内有4500公顷的绿地，大型批发市场，罗马风格的文化中心。②伦敦金融城不仅仅属于高端的白领、投资者，更属于每一个伦敦市民。商业环境的建设和产业多元化使金融城的运作体系更为完善，吸引投资逐年增加。上海浦东新区有着和伦敦金融城相似的地理条件，都是金融市场的集聚地，但上海在商业环境和国际影响力上还需要向伦敦学习，对外资企业的吸引力还不足，这与城市建设、文化建设及服务体系都有很大关系。再者，浦东新区还需思考如何形成核心竞争力，参与

---

① 上海电视台：《虹口打造"硅巷"型科创园区，增强区域发展活力》，http://www.sh.xinhuanet.com/2016-12/17/c_135912567.htm，2016-12-17/2017-9-30。

② 《伦敦金融城的多面色彩》，http://www.cs.com.cn/xwzx/hwxx/201612/t20161231_5141901.html，2016-12-31/2017-9-30。

国际竞争而不是单一的区开发任务。在保险行业方面,上海还可以借用伦敦劳合社保险市场的运作模式来提高上海保险业的发展,增强航运企业和保险行业的风险防范能力。

2. 航运、贸易领域借鉴

伦敦航运中心是全球最权威的航运中心之一,这里聚集着国际海事组织(IMO)总部、国际海运联合会(ISF)、国际货物装卸协调协会(ICHCA)、波罗的海航运交易所(BE)、波罗的海和国际海事公会(BIMCO)等多家国际航运组织。近几年来,全球贸易交易放缓,散货、集装箱的运费持续走低,并出现运力过剩的情况。伦敦依旧保持全球领先航运中心主要在于其"软实力"的发展,如保险、融资、租赁、法律等服务都居世界前沿,而航运金融品就起源于伦敦。伦敦海事仲裁员协会规则也被全球广泛使用。上海在借鉴伦敦航运中心服务体系的同时,需要思考自己的核心竞争力,创造属于自己的航运服务体系从而来吸引各类金融行业入驻,提高在金融衍生品市场的交易额。再者,上海应制定自己的政策来培养高素质航运人才,制定符合国内和国际市场的监管法律条例,松弛有度。既能有效帮扶贸易公司进入上海自贸区,也能合理控制规避航运风险和财务风险。

3. 科创领域借鉴

上海在科创方面主要要借鉴伦敦的高素质人才培养和研究机构的构建。在19世纪,伦敦依靠先进的技术和优秀的人才引领工业革命的发展。这些年来伦敦剑桥大学培养了近80名诺贝尔奖得主,在生物、数学、医学、金融领域都贡献了不俗的成果。伦敦集中了英国1/3的高等院校和科研机构,同时还有大量的思想库和科研院所。[①] 然而相较伦敦,中国上海在人力资源方面欠缺很多,虽然近年来GFCI指数显示上海金融中心的人力资源有所上升,但仍有很大的发展空间。上海应学习伦敦加大对人才培养的投入和科研机构的建设。制定相关政策鼓励留学学子带着现金技术回到上海。也应对上海高校开设创新实践课程,科研研讨项目组来激发学生的创新和研发能力。在毕业考评时可考察学生的创新成

---

① 三亿文库:《伦敦科技创新中心分析36》,http://3y.uu456.com/bp_4o2k-749buy7tdik0367f_1.html,2017-9-30。

果,并对优秀专利成果予以奖励。另外,上海应学习伦敦对科研机构的投入与支持,鼓励各行各业的科研机构在上海设立研究所,从优惠的落户政策和设立专项基金来吸引研究机构的入驻。

(三) 新加坡

1. 经济、金融领域借鉴

新加坡经济主导为第三产业服务业。在金融领域发展迅猛。GFCI 第 20—22 期中,新加坡金融中心发展指数一直领先于上海。5 个分类指标也表现稳定,分列全球第 3—4 位。在 2014 年,新加坡成为亚洲第一个获得"AAA"长期主权债务评级的国家。新加坡市作为其首都,拥有亚洲第一个设立的金融期货市场和完善的短期融资市场。[①] 其次,新加坡对外资企业开放性优惠政策,使新加坡市聚集了众多知名外资企业、金融机构。上海也应调整战略,先吸引国际上知名的外资企业来上海开展业务,为其提供优惠的税收、融资等政策。再者,上海可以学习新加坡的金融监管体系。加强监管当局的独立性和权威性,实现混业经营和合业监管体制,加强金融行业监管。建立多项风险测评,如新加坡执行的内部风险评级、VAR 等。

2. 贸易、航运领域借鉴

新加坡因港而兴,是亚太地区重要的国际贸易、航运中心。与多个国家签订了自由贸易协定。新加坡主张贸易自由,发展离岸金融。大部分经港货物都免征关税,这毫无疑问为其吸引了大量进口交易。上海港作为中国最大的港口,依托中国这个世界第二大经济体,也应学习借鉴新加坡对贸易的开放政策,加强自由运输和自由贸易体系建设,减少运输费、关税来提高国际贸易往来,发展离岸金融业务和平台式交易。除此之外,新加坡注重航运人才培养。新加坡政府为"海事基金会"拨款 300 亿新元用来资助中小型企业海外参展和学生完成航海学业。新加坡还

---

① 启德北京亚洲部:《新加坡——未来世界的金融中心》,http://www.eic.org.cn/News/Detail/vwmxT9SDukeSYVzf8G6ggg, 2015 - 01 - 16/2017 - 9 - 30。

会给从事海上工作的人员发放资助与奖励。① 这让更多新加坡人助力发展航运技术研发和贸易往来。上海在航运人才培养上也可以学习新加坡政府拨款鼓励学生致力于研究航运技术、服务、金融领域的方法，并提高从事该事业的人员的社会保障与福利。

3. 科创领域借鉴

新加坡进入21世纪后提出"科技创新经济"的发展战略。在创新科技模式的驱动下，新加坡几乎未受到金融危机的影响，经济总量稳定增长。新加坡建立了产、学、研一体化，政府参与设立了研究、创新和企业理事会，为政府研究和国家研发政策提供导向。其成员包括新加坡总理、内阁部长等政要官员，也包括来自世界各地名校的研发团队人员。研发团队切实将研发所需反映给国家，而国家也可将发展需求告知研发团队。上海科创中心建设可以借鉴这种研发与政策及时对接的做法。但鉴于中国国土面积大、政府的结构比新加坡复杂，可依照国情适当减少部门间的对接，使科创研发可以和上海市市政府乃至中央及时有效沟通，实现科研与政府之间相互服务。

（四）香港

1. 经济、金融领域借鉴

2017年9月第22期GFCI报告指出，中国香港超越新加坡成为亚洲第一大金融中心。香港金融业的发展来源于地理位置的优势、自由经济体和完善的监管制度，以及先进的金融基础设施建设。香港的税率比纽约、伦敦更低，与上海税收种类繁多、税率高形成强烈对比。除此之外，上海的金融监管制度不灵活，外汇管理政策偏紧，很大程度上限制了国内金融机构开展创新领域开发以及贷款融资。上海金融发展背景不同于香港，不能完全模仿，但可以借鉴改善。上海应加速金融信息服务的传递，增加市场透明度，帮助市场参与者更容易获得价格、交易量等信息。再者，上海在金融监管上应适当放宽税收，同时加大财务风险和融资风险的监管力度，防止金融犯罪，提高金融市场秩序。最后，上海应抓住

---

① 中共上海市浦东新区委员会研究室：《新加坡建设全球科技创新中心的经验及其对浦东的启示》，《新区政研动态》2015年第32期。

长三角城市群的发展机遇，拓宽其联动市场，加强龙头产业的辐射力，做大经济总量。

2. 科创领域借鉴

中国香港近一年来着力发展科技金融，在港股交易市场上市首只科技金融保险新股引发投资者热议。香港理工大学成立创新中心"理大"InnoHub 集合在校学生、创业团队、工商界人士合作开发科技创新项目。这些都标志着香港将科技创新融入了人们的生活。上海在互联网支付、共享金融方面都领先于香港。科技金融也在发展的重要阶段，但了解科技金融的人却不多，即使高校学生也不全知道。大数据、区块链的技术日益发展，但人们对这个市场却很陌生，其应用也不够广泛。上海应学习香港，加强高校与科技创新领域的交流，强化科技金融的理念和应用。广泛应用于传统企业的转型和金融衍生品开发。

（五）东京

东京与上海同属亚洲大陆，有着相似的地理优势。东京与神奈川、千叶、琦玉三县相交形成东京都市圈，上海与浙江、江苏毗邻形成"江浙沪"区域。在相同的地理优势下，上海拥有东京近 3 倍的土地面积，1.5 倍的人口密度，而东京却超越上海成为全球第三的科创中心，这其中缘由对上海科创的发展有着非凡的意义。东京的成果来自其对科技创新产业认知较早，高端人才集中，研发机构力量大，城市吸引力高等。在硬件设施上，上海应着力建设科创相关的基础设施建设，提高商业环境和城市吸引力。软实力方面加强基础研发，提高 PCT、SSCI、SCI 等国际专利申请。加设科技创新研究所，与全国高校合作，建立多个科技研究小组等。

城市更新背景下大数据服务于社会治理初探
——以上海市铜川路水产市场搬迁为例

刘 森 邹 伟 王芃森 陈 晨

（上海市城市规划设计研究院）

一 引言

随着我国经济发展进入新常态，城市发展也从增量发展向存量优化转型，由此，城市更新以空前的规模和速度在全国各地展开，对城市功能和结构的调整起到了重要作用，但也存在一些矛盾和问题。由此，城市更新应更加重视平衡经济发展和社会发展之间的关系，更加关注其对当地居民、就业者和社区带来的影响。实际上，当代社会治理已突破传统的线性模式，走向网络化治理形态，呈现出网络化、多样化、自组织的特征，社会治理需要从传统的行政管理模式向复杂科学管理范式转变（范如国，2014）。随着我国经济社会转型深化以及社会治理要求的提高，传统的社会管理方式在应对复杂的社会治理问题时显示出一定的局限性。同时，中共十八届三中全会提出了"将推进国家治理体系和治理能力现代化作为全面深化改革的总目标""坚持系统治理，加强党委领导，发挥政府主导作用，鼓励和支持社会各方面参与，实现政府治理和社会自我调节、居民自治良性互动"等要求（《求是》，2013），旨在进一步推动社会治理模式创新及社会治理方法改进，这对城市政府的社会治理提出了更高的要求。

作为我国特大城市的典型代表,上海在城市总体规划中明确提出了控制人口和土地发展规模的目标,并进入存量主导的城市更新阶段——"推动城市更新,转向存量优化"(《上海市城市总体规划(2017—2035)》,2017)。铜川路水产市场的搬迁,是上海市普陀区在"大市场、大流通、大配送"的传统积淀实现产业格局转型的背景下,实现城市更新的一个典型案例(蒋志洲,2011)。水产市场是流动人口大量集聚的地区,存在大量非正式发展的现象。作为喜爱水产的老上海人的记忆,吸引大量外来人口就业的大型市场,铜川路水产市场关闭问题一直受到广泛的社会关注。经研究表明,正式的空间规划通常难以对地区发展中的非正式策略作出回应。那么,在本次铜川路市场搬迁项目中,政府规划的这种干预行动是否成功?对其他城市的城市更新和社会治理有提供了哪些有益的经验?本文希望回应上述问题。

城市社区更新改造是社会治理的重要组成部分,也是城市基层治理重点所在。传统的城市社区更新改造工作一般包括旧区搬迁安置、产业园区转型、历史街区改造等(杨贵庆等,2011;孟华,2016),工作方法通常采用常规的实地考察访谈、抽样问卷调查、人员追踪调研等方式,实现社区改造的数据采集、实践论证等工作,往往策划操作周期长、实施人力费用高,跟踪频次和取样范围也极易受到限制,导致数据信度和效度方面的局限性。自 2009 年 IBM 提出智慧地球、智慧城市(Smart City)理念以来,大数据作为新一代信息技术的代表,为社会治理提供了新手段、新方法,也为社会治理的模式转换提供了新思路(许晔等,2010)。当前,大数据在社会治理方面的应用探索已取得一定的成果(牛强,2014;李永清,2014;周利敏,2016),本文以铜川路水产市场搬迁为例,尝试在城市更新背景下应用大数据服务于社会治理方面进行初步探索,特别是用大数据研究与传统调查结合的方法,还原铜川路市场搬迁前后的就业人口和访客的特征,并分析其动因机制。

本文第 2 节介绍研究对象、方法与数据,第 3 节还原铜川路水产市场搬迁前后的内部布局、从业人员的基本情况、市场访客情况;第 4 节分析水产市场搬迁后的人员迁移情况等,并用传统的访谈方法解析动因机制;第 5 节就大数据观测服务于社会治理提出若干思考;第 6 节提出结论。

二 研究对象、方法与数据

铜川路市场区。铜川路水产市场所在的普陀区位于上海市中心城西北部,素有上海"西大堂"之称。基于良好区位和便利交通,普陀区在"八五"期间基本确立了"物贸中心"的功能定位,尤其依托1996年开通并直达普陀区中心地带的沪宁高速公路优势,普陀区内星罗棋布102个各类市场(其中,蔬菜、水产和大宗商品交易市场份额一度占据全市半数以上)。"十二五"期间,普陀区初步形成了"大市场、大流通、大配送"的格局,成为城市配送及多式联运为特色、辐射华东乃至全国的陆路口岸型现代物流枢纽(蒋志洲,2011)。

铜川路水产市场是普陀区众多市场发展的一个典型代表。铜川路水产市场占地面积约206亩,包括铜川水产市场、百川综合市场和利民冻品市场三部分,是经营国内外、高档鲜活水产海鲜精品为主的大型批发市场,自1996年两个马路水产市场搬迁至此,同年10月开始营业。1997年,市场开业一年即收回全部投资。2000年,市场成交额达到27.2亿元,受到盛赞。2004年,市场年成交量达到10万吨,成交额32.3亿元,全年税收达到千万元,曾一度成为上海最大海鲜水产批发市场。

图1 铜川路水产市场内部及周边环境

资料来源:人民网。

但是,随着上海市中心城区外扩、产业结构提升和真如副中心发展的要求,铜川路水产市场日渐面临多方面的压力。首先,铜川路水产市场在内部管理和外部环境均面临越来越大的转型发展压力。从内部管理来看,市场内部多呈兵营式的空间布局,导致土地利用率低;内部交通流线设计不当造成内部交通拥堵，影响市场形象和交易效率；办公经营、仓库、住宿"三合一"的标准商铺以及经营过程中产生的违法搭建，遗留了严重的消防、治安等隐患；市场主要功能缺失，经营模式简单，主要依靠租金和停车费，缺少大型冷库、广告位、展览展示区、加工区、餐饮等配套设施（王德才，2014）。从外部环境来看，电商平台的崛起和新型冷鲜物流配送体系的构建，已极大地分流和替代了中心城水产市场的传统作用；同时，周边土地价值的提升，逐步提高了经营者租金和生活成本压力；大市场的存在，给周边造成交通、社区治安、环境品质等多方面的管理问题。

图2 真如地区整治前后鸟瞰图

资料来源：上海市规划院。

至于水产市场的搬迁位置，上海市人民政府在2013年8月公布了

《上海市食用农产品批发和零售市场发展规划（2013—2020年）》，其中对专业水产市场，明确规定"上海只建设东方国际水产中心和江阳水产市场两个专业水产品批发市场"。2004年提出铜川路水产市场的搬迁计划，后续江阳水产市场和东方国际水产中心作为水产经营资源承接对象，在实际搬迁过程中，江阳水产市场被确定为主要的水产经营资源承接对象。

三　研究方法与数据

铜川路水产市场是流动人口大量集聚的地区，存在大量的非正式发展的现象。经验研究表明，正式的空间规划通常难以对地区发展中的非正式策略做出回应。那么，在本次铜川路市场搬迁项目中，政府规划的这种干预行动在多大程度上是成功的？我们希望用大数据的手段来还原铜川路水产市场搬迁前后的内部布局、从业人员的基本情况、市场访客情况，以及水产市场搬迁后的人员迁移情况等，并用传统的访谈等方法来解析动因机制。

本次研究以腾讯位置数据[①]为基础，选取特定时间及特定观测对象（选取2016年4月市场从业人员实体对象，分别跟踪观测4月、6月、8月、10月、12月的月末5个时间节点的人员工作地及居住地分布；选取2016年4月市场访客实体对象，观测这些人员的工作地及居住地分布），从区域区位特性、市场人本特征、搬迁影响效果三个维度，对上海市普陀区铜川路水产市场搬迁工作的开展跟踪观测，探索为社会治理中的城市社区改造问题提供新方法和新模式。

研究内容涉及：①基于交通可达性的铜川路水产市场交通区位和地区潜力分析；②基于热力图的市场设施布局和使用分析；③基于标签识别的人物画像分析；④基于从业人员职住分布的通勤距离和时间分析；⑤基于访客工作地及居住地的市场影响范围分析；⑥基于5个时间节点

---

①　腾讯位置数据依托腾讯生态内APP（微信、QQ、滴滴出行、点评网、腾讯云、京东、58同城、饿了么等）在智能手机领域的广泛覆盖和强大黏性，通过对用户发起定位请求的计算和存储，腾讯位置大数据日均获取全球定位次数已超500亿，覆盖人数超过6亿。腾讯位置数据可根据用户多元APP请求特性计算用户性别、年龄等标签，根据用户的位置请求时空行为累积信息计算用户的居住地、工作地及籍贯地。

从业人员新工作地跟踪观测和分析。

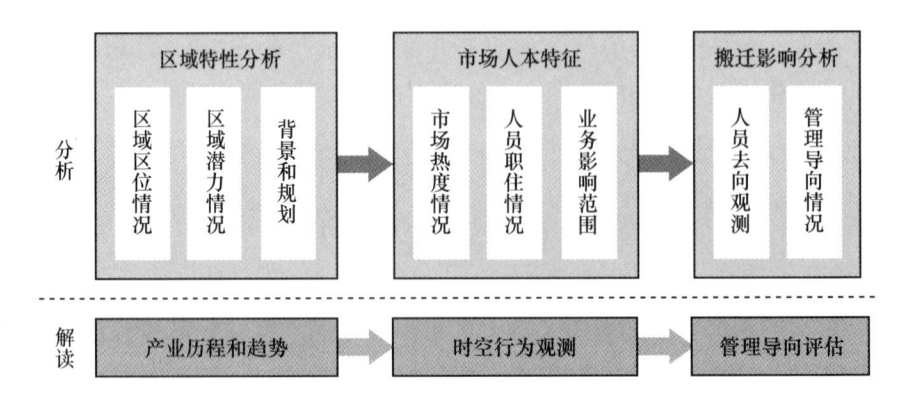

图3 "铜川路水产市场搬迁"社会治理新模式实践技术线路

资料来源：笔者自绘。

四 市场搬迁前的就业人员和访客来源分析

（一）市场内部布局和从业人员分析

1. 市场内部运营布局："兵营式""在沿街沿主出入口"纵列

依据4月正常工作日从业人员在市场区域内的固定分布点位，构建市场从业人员的热力分布，用于表征铜川路水产市场内部的商铺布局和运营状况。从人员分布比例来看，在铜川路主干道路上分布从业人员最多，占比超过22%；次之为市场1号门入口的主干道，分布近10%的从业人员；其余邻近铜川路的街道里弄则呈现较高的分布热度，水产市场东西两端人员分布较少。从人员分布整体结构来看，水产市场呈现"兵营式"布局、"在沿街沿主出入口"纵向排列的特点，与市场自身的工作性质较为一致。

2. 从业人员来源构成：福建籍人员领衔水产市场就业

依据人物画像数据，标定从业人员的家乡来源信息。从从业人员家乡来源构成来看，铜川路水产市场以福建人、上海人等居多，分别为20%和17%，考虑到地域、空间等因素，可以说福建人占据着水产市场主要的人员份额，也反映了福建人在上海水产市场长期耕耘的成果积淀。

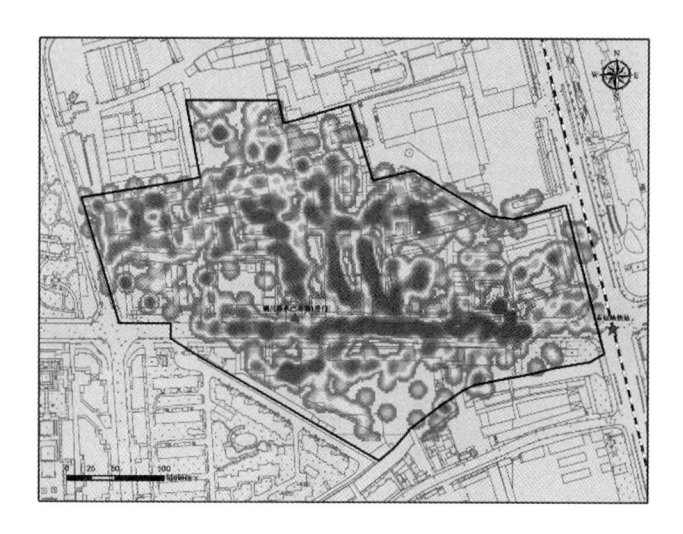

图4　4月正常工作日的从业人员在市场区域内的热力分布

资料来源：笔者自绘。

就福建来沪从业人员细分来看，以福州市为主，占到水产市场总数的7%，泉州市、宁德市、漳州市、南平市等依次减少，占比2%—4%不等。另外，上海邻近的江苏、浙江、安徽，沿海的广东、广西等地也有较多的从业人员。

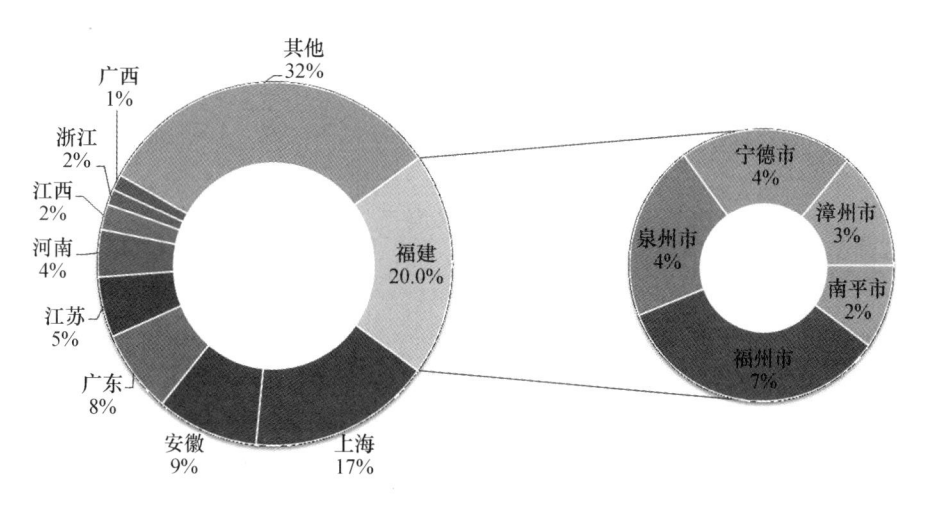

图5　从业人员家乡来源的省域分布

资料来源：笔者自绘。

此外，在市场从业人员的性别、年龄构成统计情况中，男女比例近似3∶1，19—30岁的青年为从业人员主力，超过80%；少部分少年（0—18岁）及老年（56岁以上）人员分布在市场范围内。

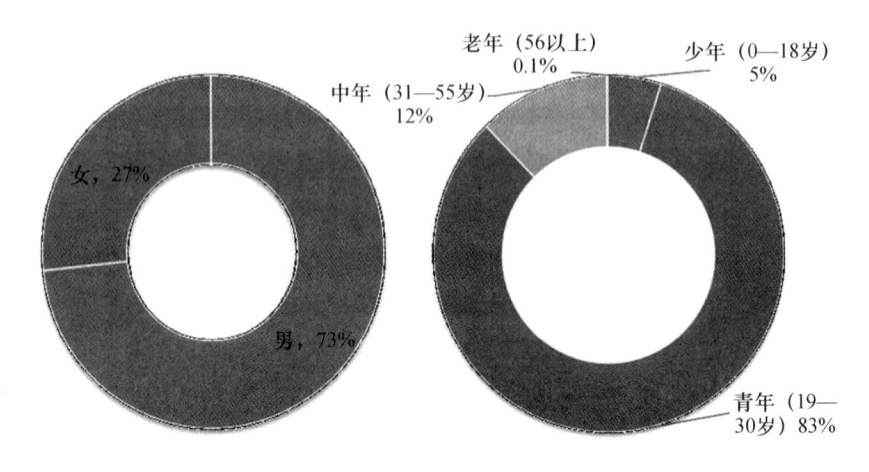

图6　从业人员性别、年龄构成

资料来源：笔者自绘。

3. 从业人员职住分布：市场内部居住近三成，平均通勤12分钟

铜川路水产市场作为外来人口从业集中的区域，跟踪4月正常工作日从业人员的居住地分布信息，确定从业人员居住空间分异性。从居住空间分布来看，从业人员居住地距离市场1千米、2千米、3千米的人数分别超过75%、85%及90%的比例，其中桃浦地区为其重要集聚地；而在水产市场内居住的比例也占到近30%，整体呈现"就近居住、居职集聚"的特征。此外，研究也发现，在水产市场西北方向4千米、靠近中环的区域，存在一定数量的市场从业人员集聚居住，此处为"阳光威尼斯"等大型小区。

从公共交通出行时间来看，15分钟、30分钟通行时长的从业人员分别超过90%及95%比例，其全部从业人员加权公共交通平均通勤时间为12分钟，大幅低于中心城平均通勤时间43分钟（上海市第五次综合交通调查，2015）。

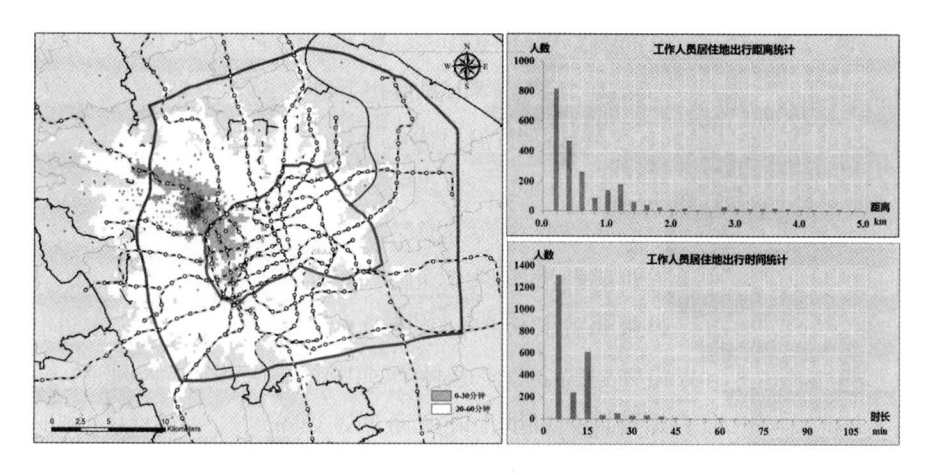

图 7　水产市场从业人员居住地分布

资料来源：笔者自绘。

（二）搬迁前市场访客来源分析

1. 访客来源分布：覆盖上海全域，遍及全国多省市

铜川路水产市场以海水活鲜（含国产的、进口的）和干货及经营大户为优势，其供销业务与全国多省市都有联系，具体业务涵盖货源提供、物流配送、货品采购及零售等（王德才，2012）。针对2016年4月工作日访客的居住地信息，观察水产市场的业务联系范围。

从全国范围来看，铜川路水产市场的主要销售对象为上海本地，近90%的上海本地访客来到水产市场开展业务；有超过10%的人员来自上海以外，涉及江苏、浙江、安徽、福建、广东等地，尤以上海周边的江苏和浙江占比较多，分别为5.8%和1.5%，表明铜川路水产市场以上海为核心、对周边省市存在一定的辐射影响作用。此外有较多的福建、广东等地访客，也从侧面反映了水产市场从业人员的来源地特点。

从上海市域来看，本地访客遍及上海全市区域，包括奉贤、金山、松江、崇明等远郊地区；多数访客分布集中在铜仁路水产市场周边，其距离市场1千米、3千米、5千米、10千米的人数分别超过25%、45%、55%及75%的比例，访客居住地与水产市场的整体平均距离在8.1千米。

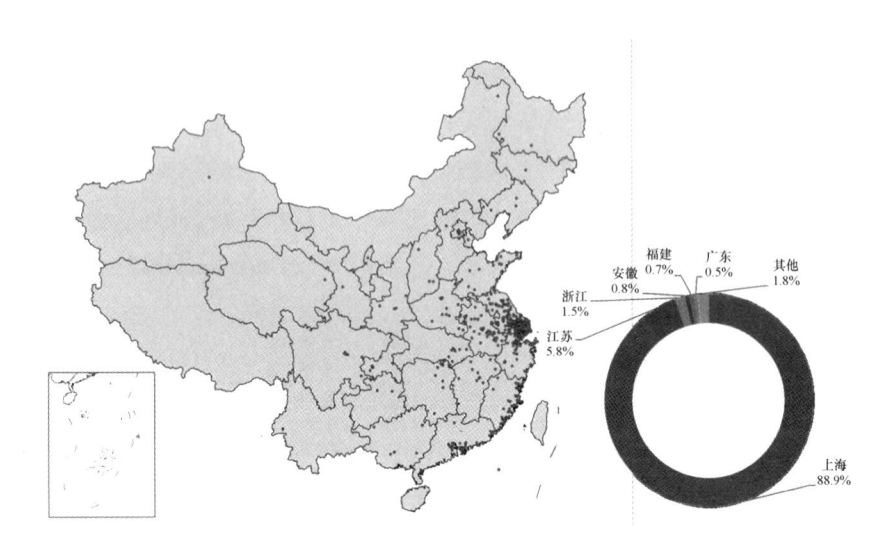

图8　全国范围内铜川路水产市场访客居住地分布

资料来源：笔者自绘。

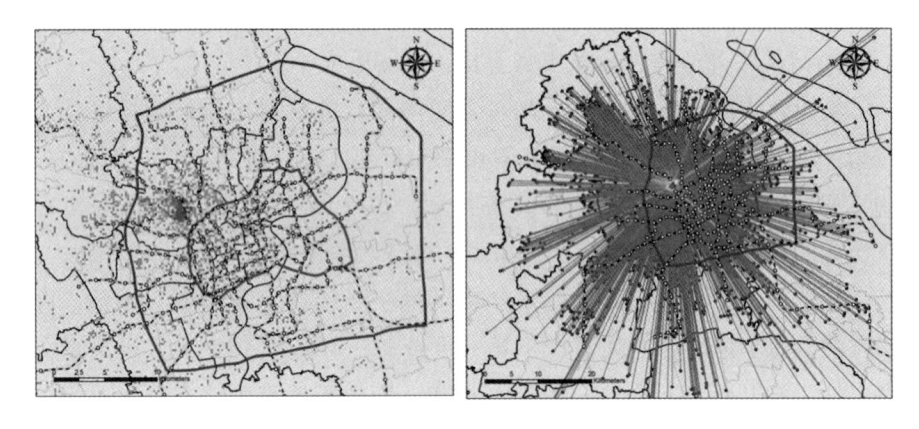

图9　上海市域内水产市场访客居住地分布

资料来源：笔者自绘。

2. 访客属性：主体服务于餐饮服务行业及中老年群体

依据铜川路水产市场访客的工作地信息，以上海市土地使用现状数据作为访客属性的表征指标，探讨水产市场访客来访目的及去向。

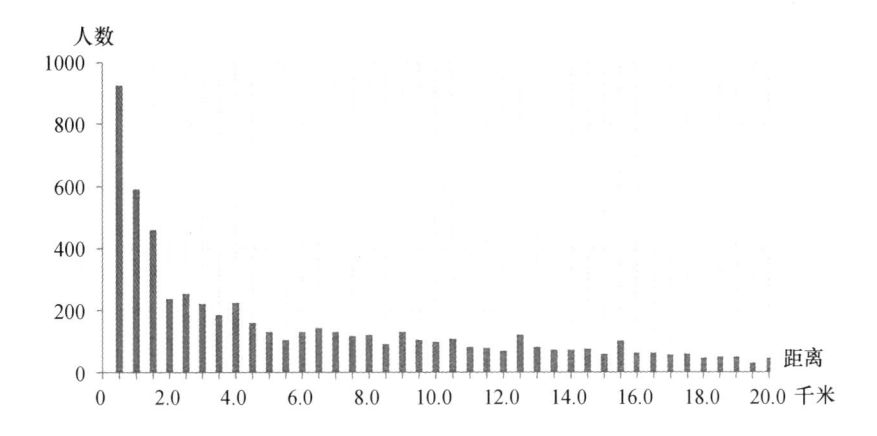

图10　上海市域内水产市场访客居住地分布距离统计

资料来源：笔者自绘。

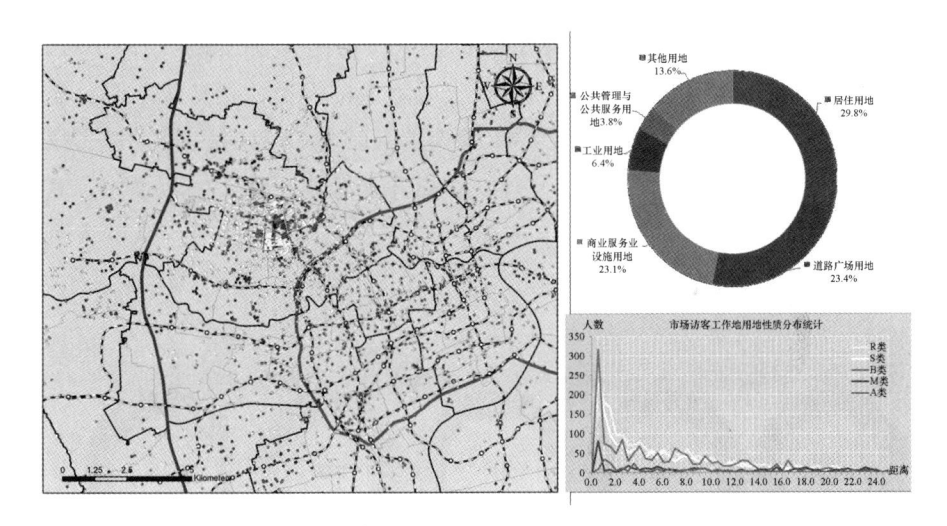

图11　上海市主城区周边水产市场访客工作地用地性质分布

资料来源：笔者自绘。

从访客工作地用地类型统计来看，居住用地占比近三成，为所有访客用地类型中最高，其所代表的访客群为中老年离退休或无业居家人员；人数占比次之的为道路广场用地，达到23.4%的比例，考虑到一定的空间误差，推测其所代表的访客群可能为路边沿街的餐饮商贩人员；商业服务业设施用地占比则超过20%，其代表的访客群为住宿、酒店、餐饮、商务等服务人员。此外,工业用地和公共管理与公共服务用地也存在较大的占比,这一类人员应为工人及行政企事业人员等。综合访客群的构成特点,铜川路水产市场主要服务于餐饮服务人员、中老年离退休或无业居家人员等群体,部分辐射到工人及行政企事业人员。

五 市场搬迁后从业人员安置等跟踪分析

(一)人员迁移跟踪特征

据东方网报道,铜川路水产市场90%的商户均已与宝山的江杨水产市场和江阳水产市场签约,141户选择了上海江阳市场,100多户选择到浦东的凌海国际水产品贸易中心(东方网,2016)。其中,"从业人员会不会跟随商铺搬迁"问题值得关注。

从4月、6月、8月、10月底及12月5个时间节点的观测结果来看,原铜川路水产市场从业人员继续留在上海就业的人员比例持续下降,至10月底水产市场关闭之时剩余83%的人员,而至12月时仅剩78%,累积减少超过20%的从业人员。此外,在离开上海就业的22%人员中,其从业去向以江苏、福建、广东、安徽为主,这一点与前文中"从业人员家乡来源构成"有一定关联性。

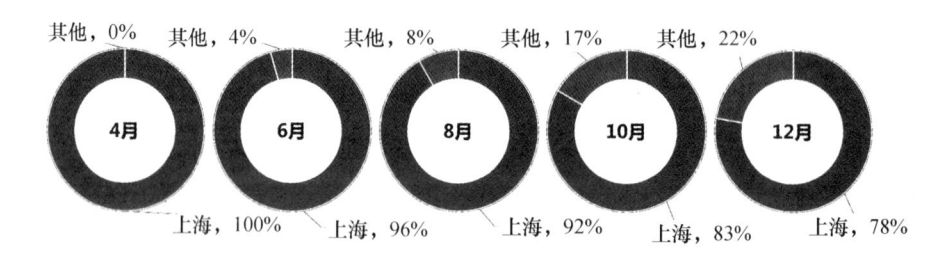

图12 2016年4—12月从业人员上海工作比例变化

资料来源:笔者自绘。

在上海市内从业人员的分布中,外环内中心城区域从业人员下降比例较明显,至12月时已低于六成,共计近两成的从业人员迁移至外环外就业;而搬迁项目的定点安置区域(江阳水产市场),原有从业人员有三成同步前往就业,至12月时约五成,低于90%的商铺前往率。最后考虑到搬迁过程中商户的意愿，管理人员将全面关闭时间延后两个月到12月31日。

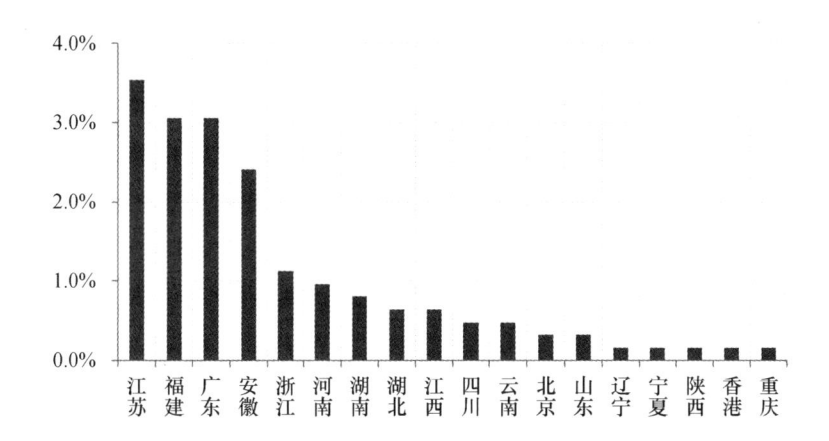

图13 2016年12月原水产市场从业人员的各省市工作地分布

资料来源：笔者自绘。

表　　　　2016年4—12月在上海从业人员工作区域统计　　　　单位：%

时间	人数		
	上海全市	外环内	江阳（杨）市场
4月	100	100	0
6月	96	94	0
8月	92	89	0
10月底	83	72	29
12月	78	59	48

搬迁后人员迁移现状成因。从原铜川路水产市场从业人员的跟踪观测来看，至12月时仅五成人员前往安置区域，低于90%的预定目标，部分从业人员未能跟随商铺同步搬迁。

经现场调研访谈及参阅相关资料，其原因如下：①多数老板的水产交易主要依靠老客户，只需要依靠电话、网络联系就可以完成交易，而新办公地点作为门面，全员入住需求尚不强；②由于子女学业因素，部分从业人员短期内留在中心城；③当前市场刚关闭、商户实施搬迁，其

图14　2016年12月原从业人员的上海市区工作地分布

资料来源：笔者自绘。

新市场区位较偏僻，新增性质的交易业务减少，尚不急于满员上班；④从业人员未跟随原有店面，选择就地重新找工作。

从规划管理导向来看，由于真如副中心及社会各界对水产市场的搬迁准备充分，约七成人员仍留在上海，六成在中心城以内；商铺的前往率很好地得到保障完成，但受到商业运行状况、家庭、电子商务等方式，以及自我搬迁意愿的影响，就业人员搬迁的比例相对偏低。虽然原有就业生态发生很大变化，但随着时间的推移，新水产市场区域依然会在当地构建起新的经济生态和社会网络。

（二）大数据观测服务于社会治理的若干思考

1. 为社会治理提供高质量、富细节、多层次的基础数据

社会治理工作开展过程中，实地考察访谈、抽样问卷调查、人员追踪调研等内容是必不可少的工作。在传统的方法手段下，这些工作往往耗费大量的人力、物力才能指导下一步的管理工作。当前，在大数据的协同下，社会治理所涉及的部分工作内容已相对容易实现数据支持，并且是比过去传统手段更加丰富和细致的信息，还能实现一定时间的跟踪观测和实时监测。例如，在此次"铜川路水产市场搬迁"的研究中，笔者依托腾讯位置

数据，勾勒出市场内部的多元特征，包括市场运营布局、从业人员职住、访客分布等；同时，依据腾讯数据定制的人物画像标签属性，在市场从业人员的来源构成、年龄层次、性别比例等方面揭示了更为丰富的信息。此外，结合住房与城乡建设部、国土管理部门特有的地形图、土地利用、土地权属、空间管控等数据，通过叠加操作、交叉分析等手段，也进一步获得了更多的市场搬迁管理信息，如访客来源属性、人员迁移分布等数据。由此，利用位置大数据提供的高质量、富细节、多层次的基础数据信息，可以成为社会治理新模式创新与推动的重要支撑。

2. 社会治理中的大数据跟踪观测与传统调查方法的协同

数据调研是规划管理和社会治理的重要基础，其准确性、严谨性和时效性十分重要。本次研究使用的位置大数据的主要特点在于它能够基于手机 APP 使用习惯得到人群的标签信息和不同人群的时空行为特征。作为数据获取的新兴方法和途径，位置大数据在便捷性、效率性、及时性、客观性（"用脚投票"）等方面较之传统方式有较大的优势。不过，实际研究过程中也发现了一些亟须解决的问题，尤其相较传统社会调查方法，社会调查可根据预估的情况设计问卷，维度建议更丰富些，可开展意愿和原因机制等方面的调研。为切实提高数据的可靠性及可用性，需要结合实地调研、多元验证等手段，对位置数据画像背后的动因机制作出科学解读。

3. 大数据跟踪观测方法可有效服务政府管理和服务创新

城市更新正成为城市规划中越来越重要的组成部分，它与增量规划很大的不同在于存量用地上存在大量工作或居住的人群，在更新过程中如何更好地考虑这些已有人群的需求，以更好地实现服务地区经济发展和社会发展的目标，已经成为一项重要议题。一方面，在城市规划的"编制—实施—监测—评估—维护"体系下，"维护"作为最后一环，承担着规划成果保证、社会治理提升的屏障作用；另一方面，对既有人群的引导，是政府管理和公共服务中服务公民的重要内容。本文通过对铜川路水产市场搬迁工作的细致观测，获得了有效的人员迁移等信息，有助于辅助相关规划对存量人员的规划疏导和及时发现相关问题。在实际的城市规划及政府管理工作中，大数据跟踪观测方法可有效服务政府管理和服务创新。

六 结论

近年来，互联网大数据在社会治理方面的快速发展，极大地丰富了传统规划治理中的调查和分析手段，可以在更高频次、更动态观测、更客观呈现等方面进行补充，能够较好地满足社会治理所需要的动态性、及时性要求，对当前主要的现场野外调查方法提供有益的补充。

水产市场是流动人口大量集聚的地区，存在大量的非正式发展的现象。经研究表明，正式的空间规划通常难以对地区发展中的非正式策略作出回应。本文以铜川路水产市场搬迁前后的数据跟踪观测为例，通过地区发展的综合多元视角，可开展区域区位特征、市场人本特征、搬迁影响效果等多个维度的实证研究。初步发现：①基于交通可达性，可发现普陀区大流通的形成原因，以及真如地区作为副中心的未来发展潜力；②基于从业人员和来访人员的人物标签属性（性别、年龄、籍贯、职住分布等），分析得到从业人群的人物画像，如福建人领衔就业，居住地近三成在市场内部以及市场业务覆盖全上海、遍及多省份等；③基于从业人员去向的观测，可以获知前往江阳水产市场比例虽低于九成的商户签约搬迁比例，但12月留沪比例约七成，这与前期相关部门的长期准备有莫大关系，体现了上海在管理上的精细化趋势。

正如道格·桑德斯在《落脚城市》一书中所认知的趋势，铜川路水产市场代表的低端批发市场正是外来人口在大城市就业的"落脚城市"。随着搬迁工作的开展，区域的整体就业生态已发生变化，固然假以时日在新的地方会逐渐形成新的就业生态，但这样的城市改造，近期影响了一个极大的群体以及他（她）们身后的一个个家庭，其影响需要从政府到社会各层面的认真关切及对待。

参考文献

[1] 范如国：《复杂网络结构范型下的社会治理协同创新》，《中国社会科学》2014年第4期，第98—120、206页。

[2]《中共中央关于全面深化改革若干重大问题的决定》（2013年11月12日中国共产党第十八届中央委员会第三次全体会议通过），《求是》2013年第22期，第

3—18页。
[3] 杨贵庆、黄璜:《大城市旧住区更新居民住房安置多元化模式与社会融合的实践评析——以上海市杨浦区为例》,《上海城市规划》2011年第1期,第64—69页。
[4] 孟华:《探求历史文化街区市政基础设施规划提升改造之路——以嘉定西大街改造区为例》,《上海城市规划》2016年第3期,第114—117页。
[5] 许晔、孟弘、程家瑜、郭铁成:《IBM"智慧地球"战略与我国的对策》,《中国科技论坛》2010年第4期,第20—23页。
[6] 牛强:《城市规划大数据的空间化及利用之道》,《上海城市规划》2014年第5期,第35—38页。
[7] 李永清:《大数据对提升城市精细化管理能力的价值分析》,《上海城市管理》2014年第4期,第12—15页。
[8] 周利敏:《迈向大数据时代的城市风险治理——基于多案例的研究》,《西南民族大学学报》(人文社会科学版)2016年第9期,第91—98页。
[9] 蒋志洲:《上海"西大堂"的创新与发展》,《质量与标准化》2011年第12期,第11—13页。
[10] 王德才:《上海水产市场竞争态势和竞争策略研究》,《上海商业》2012年第9期,第61—63页。
[11] 王德才:《上海水产市场如何提高竞争力》,《上海商业》2014年第12期,第28—32页。
[12] 《真如城市副中心控制性详细规划简介》,《上海城市规划》2009年第1期,第27—30页。
[13] 刘君德、张玉枝、刘均宇:《大城市边缘区社区的分化与整合——上海真如镇个案研究》,《城市规划》2000年第4期,第41—43、64页。
[14] 《上海市第五次综合交通调查主要成果》,《交通与运输》2015年第6期,第15—18页。
[15] 《沪铜川路水产市场将关闭 未来水产市场格局如何变迁》,东方网,http://sh.eastday.com/m/20161030/u1a12229590.html,2016年10月30日。
[16] 《中共上海市普陀区委关于制定普陀区经济和社会发展第十二个五年规划的建议》。
[17] 《普陀区国民经济和社会发展第十三个五年规划纲要》。
[18] 《上海市食用农产品批发和零售市场发展规划(2013—2020年)》。

上海城市综合管理的主要问题和改进对策研究
——以黄浦区为例

夏江旗　张同林

（上海社会科学院）

当前，我国城镇化进程正从追求规模速度的外延扩张型模式转变为注重质量效益的内涵发展型模式，提升城市发展品质和管理水平的需求日益迫切，城市管理工作的地位和作用日益突出。2015年年底，中央城市工作会议提出了我国城市发展的新思路、新要求。2016年年初，中共上海市委将补好"短板"作为年度唯一重大调研课题，正在为探索形成符合超大城市特点的综合管理新模式展开决策谋划。黄浦区作为上海城市的"心脏、窗口和名片"城区，城市综合管理工作对全市尤其是中心城区具有较强的代表性和典型性。本文力求通过对黄浦区城市综合管理现状和主要"短板"问题的分析，为上海更好地推进未来城市管理工作提供一定的决策参考。

一　近两年来黄浦区城市综合管理的主要成效

自上海开展创新社会治理加强基层建设"1+6"改革和城市管理执法体制调整以来，黄浦区聚焦城市管理"短板"问题和难点顽症，注重优化顶层设计、创新体制机制，城市综合管理工作取得明显的阶段性成效。

（一）上提统筹层级，增强了工作合力

2015年，黄浦区将原来的区市政管理委员会升格为区市政综合管理

委员会（以下简称"区市政管理委"），主任由区长兼任，副主任由分管副区长兼任，成员包括相关部门和街道负责人，负责城区综合管理的规划决策，统筹协调解决难点问题；同时，在区城管执法局设立区市政综合管理委员会办公室（以下简称"区市政管理办"），主任由分管副区长兼任，主要负责落实区市政管理委的决策部署，对城区综合管理开展组织、协调、指导和监督（见图1）。区市政管理办自成立以来，围绕"定标准、定计划、定方案"等职能，发挥统筹层级由部门层面上移至区级层面的优势，打破城市管理中部门分割、行业分散的格局限制，组织多个部门、街道、行业和社会专业力量，开展集体研究攻关，编制了《黄浦区城市综合管理工作标准》（2015年版）、《黄浦区老城厢地区环境综合治理标准》《黄浦区城市管理顽症治理工作方案汇编》《黄浦区城市管理工作典型案例汇编》《黄浦区机动车、非机动车停放规划布局和设置方案》等文件资料，有力地推动了城市管理工作的进展。

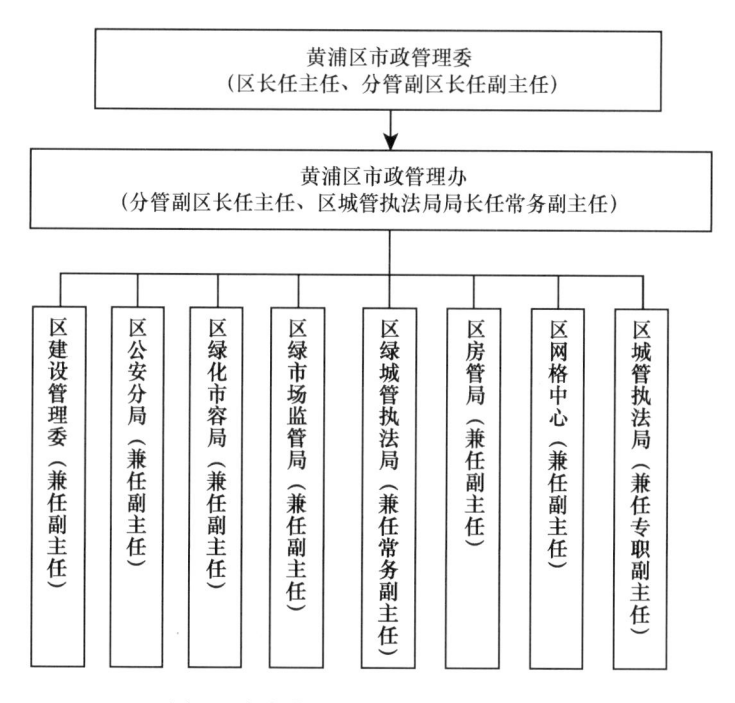

图　上海市黄浦区市政管理委组织架构

（二）下移管理重心，加强了基层基础

1. 下放管理权限。一是赋予街道党工委对区职能部门派出机构负责人的人事考核权和征得同意权，其中，城管执法中队、房管办、绿化市容所实行"区属、街管、街用"模式，所、队、办负责人由街道商区职能部门共同任命，人、财、物由街道管理；二是赋予街道综合管理权，即对区域内城市管理、人口管理、社会管理等地区性、综合性工作，由街道对相关职能部门及其派出机构进行统筹安排、组织协调、考核督办。

2. 下沉管理力量。一是撤销了区城管执法大队的机关编制，将城管执法大队92%编制下沉到街道和重点地区执法中队；二是对外滩风景区、人民广场、南京路步行街三个重点地区城管执法中队进行集中管理执法，将豫园、新天地、田子坊等重点地区作为"特定管理网格"，适当增加了城管执法编制。

（三）优化管理机制，促进了联勤联动

1. 初步建成"两级平台、三级管理、四级延伸"网格化管理架构。一是在区级层面，将区网格管理中心、区应急中心、区总值班室和"12345"热线集中办公、整合优化；二是在街道层面，建立由街道办事处负责人担任网格分中心指挥长、各职能部门派出机构共同参与的联勤联动机制；三是在街区层面，建成了29个网格工作站，在队伍、机制、信息等方面与居民区对接，延伸网格管理"触角"，使其成为整合社区资源、提高区域综合管理效能的枢纽型平台。

2. 初步形成城管执法与网格化管理对接机制。区市政管理办每日派成员单位机关干部进驻区网格中心办公，进行现场指挥、协调工作；城管执法部门主动适应街道、服务街道，深化城管执法进社区、进工作站、进网格中心等活动，努力建立和完善新型的网格化管理勤务模式。

3. 基本形成城管综合执法保障和联动机制。一是建立了区公安分局分管治安副局长兼任城管执法局副局长制度，明确由公安配备专门力量配合城管综合执法队伍开展工作。二是建立了职能部门与城管综合执法部门之间案件移送机制，相关职能部门在执法中发现属于城管综合执法范围的违法行为，及时收集移送至城管综合执法部门。

4. 探索创新居民群众自治参与城市管理机制。近年来，黄浦区在推进社区治理和城市管理工作中，通过政府引导、街道搭台、街区工作站对接、居委牵头，探索建立起弄管会、路管会、片管会、市场管委会等在党建引领下的自治共管模式。目前，全区共有该类群众自治组织60多个，并形成了居民自治美化弄堂模式，马路菜场画线定位治理模式，无证、无照、无序设摊经营多发路段治理模式等多种模式。

二 黄浦区城市综合管理存在的突出"短板"问题

调研发现，黄浦区城市综合管理工作面临的主要"瓶颈"集中在体制机制、资源配置、政策法制、市民素质四个方面。其中，体制和法制问题是当前亟须补好而又需要国家和市级层面予以高度关注的"短板"。

（一）体制机制：管理体制机制尚未完全理顺，统筹协调能力有待继续加强

1. 市区两级领导体系存在差异，区级体制创新受到一定限制。黄浦区在全市各区县中对管理体制率先进行创新突破，建立了以区市政管理委及其办公室为组织架构，由区长和分管副区长挂帅，对城区管理工作进行总牵头、总指挥、总督察的领导体系。但目前城市管理的市级主管部门是市住建委，其他区级主管部门也是建设管理部门。这带来两个问题：一是黄浦区的管理体制创新仅有区级政策的授权保障，而无法规授权或更高层面的政策性确认，区市政管理委和市政管理办的工作职能也非法定职能，这就导致黄浦区城市管理体制创新的合法性不足，影响对成员单位统筹协调的权威性。二是市政管理办在向上与市级部门、横向与其他区县有关部门进行工作联系对接时，存在一定的不便。

2. 区市政管理办还未独立设置，机构职能还未完全落实到位。目前，黄浦区市政管理委的性质属于区政府议事协调机构，具体事务需要由区市政管理办牵头组织协调。但区市政管理办挂靠在区城管执法局，主要依托城管执法局的内设科室进行日常运作，还不是独立的实体机构，更未列入区政府序列，因而容易被其他部门机构视同为城管执法局。加之

市政管理办对全区城市综合管理的监督考核职能尚未在制度机制上落实，致使其在组织协调其他区属职能部门时受到很大限制，往往需要由区政府领导出面动员协调或者依靠"面子人情"才能顺利推进工作，城区综合管理的协调联动效率颇受影响。

3. 街道承接管理力量下沉的能力不足，存在"重用轻管"现象。在城管执法、绿化市容、公安、市场监管、房屋管理等城市管理力量下沉基层之后，由于改革推进步伐较快、体制磨合期较短，加之街道以前比较欠缺相应专业管理经验，导致街道在对职能部门派出机构行使综合管理权时，往往出现"重用轻管"的现象：抱持街道本位观念，根据街道阶段性、短期性需要来论定所、队、办的用处大小，而非着眼全局和长远；对"区属、街管、街用"管理力量倾向于多用少管，对"区属、共管、街用"管理力量倾向于只用不管；在结合社区发展整体工作格局，合理运用和建设所、队、办等管理队伍方面缺少统筹规划，若不注意及时改进，势必影响下沉队伍的人心稳定和能力提升。

4. 多头、分段"碎片化"管理问题还比较突出，影响管理效能。由于城市管理的专业化分工和长期历史沿革，虽经不断改革完善，但多头、分段管理一直是城市管理的一大突出问题。比如，城市综合管理中的监测、管理、执法等环节一般分属于不同部门单位，相互之间易于产生脱节现象，前期管理造成的问题和疏漏往往转压到执法环节。像废气排放、噪声污染、偷倒渣土垃圾等问题刚发生时往往不能及时保存证据，也比较难以溯本追源，给执法带来难度。再如，上海在区级层面推行市场监管体制"四合一"改革之后，工商、质监、食药监和物价等部门的市场监管力量进行了合并，但四个部门之间在整合工作职能、磨合监管队伍、统一人员待遇、形成管理合力上还处于摸索阶段，有时还存在貌合神离的情况。此外，为加强跨部门、跨区域的综合管理能力而建立的多类型多层次联席会议等协调机制，由于受到部门、区域本位观念等因素的影响，有时出现部门单位之间信息共享不及时、不充分，以及联席会议"议而不决、决而不行、行而低效"的问题。

5. 常态管理机制与特殊时期举措的衔接不够，加大后续管理难度。突击运动式的城市管理模式，容易产生临时性的特殊举措与常态管理机制之间衔接过渡不到位的问题。例如，2010年世博会期间，由政府出资为住宅小区和沿街商铺进行了大规模的"穿衣戴帽"等综合改造工程,目前不少设施已陈旧老化,存在安全隐患,亟须进行维修养护。但由于当时由政府出资,并没有对空调架、店招店牌等设施的权、责、利进行分类归属,加上很多房屋、店铺的承租人已经更换,这些设施的维护责任应由谁承担就成为一个有争议的问题,后续管理难度很大。

(二)资源配置:管理资源配置现状与区情特点不相适应,影响管理标准的执行落地

1. 黄浦区城市管理的区情特点。特点之一:黄浦区地处上海城市核心区域,商业、旅游业、交通设施发达,重大活动举办次数多、频度高,① 区域人流密集,② 城市运行安全风险源多,加之又是上海的行政中心所在地,城市管理要求高、任务重、压力大。受此影响,黄浦区在很多时候必须增加大量岗位、调动更多资源,才能达到市级管理标准要求。例如,2014 年亚信峰会期间,为满足市级有关重大活动保障标准的要求,黄浦区日均增加保洁岗位 748 人次,出动各类作业车辆 7079 辆次(比平常增加了 1036 辆次),出动各类人员 32025 人次(比平常增加了 15708 人次),20 余座环卫公厕延长了服务时间。特点之二:黄浦区"城区二元结构"特征明显,繁荣繁华的重点道路与脏、乱、差的中小马路并存,高端商务区、景区、住宅区与设施环境较差的老旧小区并存,各个街道和区域在面临的主要管理问题、拥有的管理基础和条件等方面差异比较明显,发展定位和管理目标也有所不同。受此影响,按照统一化的标准和要求进行管理和作业便存在一定难度,不同街道、区域的管理工作也容易出现不均衡、不协调的现象。对照上述两大区情特点,黄浦区城市管理资源配置状况主要存在以下三方面的"短板"问题。

2. 城市服务管理设施建设布局总体相对滞后。由于长期以来受城市规划、建设与管理之间的脱节等多种因素影响,目前黄浦区市政公共设

---

① 近年来,黄浦区辖区内每年举办上海国际马拉松赛、世界体育舞蹈大奖赛等各类体育比赛及活动 400 多场次。

② 据统计,2015 年仅国庆节黄金周期间黄浦区共计接待游客即高达 810 万人次。参见黄浦区政府网站网页,http://www.luwan.sh.cn/shhp/infodetail/?CategoryNum=002002004&InfoID=ea3eb22f-1ebb-4a53-8b33-cc8965eaa4c1。

施总量不足、系统不够完善、结构不够合理的问题比较突出。以公共厕所为例，2014年上海每万人拥有的公共厕所数量为4.31座，而黄浦区仅为1.05座，远低于全市平均水平。加之，黄浦区现有二级以下旧里110多万平方米，无卫生设施家庭8万多户（数量居全市各区县之首），受大客流动态需求叠加影响，区域实有人口对公共卫生设施的需求远超全市平均水平。在需求远大于供给的情况下，要达到《公共厕所保洁质量和服务要求》规定的市级标准，难度很大。特别是外滩、南京路、豫园等商业中心和旅游景区，日均人流量均有几十万人，但公共厕所布点只能依照《上海市城市公共厕所规划和设计标准》统一执行。① 公厕少造成如厕排队时间平均达到10—12分钟，保洁员的工作频率必然受到影响，往往保洁不及、物资补充不及，由此带来投诉和差评。再以道路交通为例，受交通规划建设影响，黄浦区虽地处交通要冲，但城市快速路和主干道的数量以及道路面积总量相对较少，路幅不宽，"瓶颈"路、"断头"路、畸形交叉口多；高架路上下匝道布局设计和地面路口渠化不够科学合理，导致区域路网通行能力和蓄流能力较弱，分流能力较差，很难消化日趋饱和的交通需求。

3. 城市管理力量配置状况明显相对薄弱。一是管理队伍规模与实际需求不相适应。由于长期以来管理人员编制上"总量控制有余、动态调整不足"的政策偏差，目前在黄浦区城市综合管理的不少领域，专业管理力量人手不足现象已成为"新常态"。以城管执法力量为例，原黄浦区、卢湾区、南市区的城管执法队伍总人数近千人，3区行政区划合并后，执法区域范围没有变化，执法事项和任务有增无减，但新黄浦区城管执法编制人数只有510余人，总数相较原来减少了近一半。再如，全区安全监管人员只有16人，人均需要监管2000余家企事业单位，如果再将数量庞大的个体户纳入监管，则管理力量更加捉襟见肘。另如，区消防支队和派出所消防专职监督执法人员只有25人，人均需要负责上千家社会单位和7个居民区。二是行业人才供给难以满足实际需求。目前，城市管理的专业性日益增强，诸如市政地下管网、特种设备、户外广告、

---

① 该标准规定：市区地区级中心以上的商业文化街，每400—600米设置一座公共厕所；旧城区按常住人口5000人左右设置一座，旧城区成片改造地区，每平方千米设置3—4座。

景观灯光等设施设备，在设计、敷设安装、监测检查、维修养护等环节都要求较强的专业知识和操作技能，但区内经验丰富的一线作业人员年龄普遍偏大，将逐年退休，而年轻人才比较匮乏，受市场过度竞争和工资待遇偏低等因素影响，雇佣单位招录人才有难度，且后续培训力度有限。此外，在住宅小区物业管理领域也存在同样的情况。据统计推算，黄浦区物业服务从业人员中具有执业资格的物业管理师人数比例不超过2%，物业经理平均年龄在55岁左右，行业人才"青黄不接"问题堪忧。

4. 城区管理力量的差异化配置水平仍嫌不足。一是黄浦区各类城市管理力量在街道层面主要还是依据街道常住人口规模进行平均配置，对原南市区各街道的倾斜力度不够；二是管理力量配置的重点主要还是外滩等重点地区，近两年随着街区网格工作站的建设，开始向城市管理问题比较集中的老旧片区增配管理力量，但就目前的情况而言力度仍嫌不够。比如，南京东路街道只设立一个街区工作站，很难覆盖街道全部区域，不利于问题的快速处置。

（三）政策法制：城市管理的政策支撑和法治保障尚不健全，制约管理和执法效能

1. 法规政策配套滞后，掣肘管理模式转型创新。一是掣肘城市管理向综合管理新阶段迈进的步伐。当前城市管理已进入综合管理阶段，但涵盖整个城市管理领域的系统性、综合性立法在国家和市级层面都还处于空白状态，城市管理体制的改革创新往往面临于法无据的困境。二是掣肘城市管理向网格化、精细化管理模式转变。现有法律法规长期以来都是与城市管理的传统模式相配套，而网格化、精细化管理新模式推行后，实践中部门职能、机构设置、权责关系、绩效评价等方面业已发生了变化，但法规的调整修订尚未充分配套到位。三是掣肘城市管理的社会化参与。比如，对城市管理协管人员的激励机制和人身财产安全等权益保护缺少立法保障，容易挫伤他们的工作积极性；再如，对近两年来市容环境整治工作中涌现出的弄管会、路管会、片管会等群众自治组织，在其性质定位、工作职责、参与机制、建设发展、经费保障、领导体系等方面，尚无专门的政策指导意见。

2. 城管执法体制尚未完全理顺，综合执法职权不匹配。由于相对集中执法权的范围和标准缺乏明确界定,实践中对城管部门执法职责的划转,随意性较大。划转的多为其他部门感觉管理棘手的事项,造成城管部门执法事项多而庞杂,职权配置不合理;有些事项专业性强,需要其他部门的确认或配合才能完成执法,降低了执法效能;有些职权属于部分划转,整合不彻底,执法边界不明晰,各部门依据不同法规,对同一行为均可查处,职能交叉重合,争议问题多;有些职权虽然划归城管,但原来部门的相关职权和队伍仍然保留,或者虽将职权移转,但未移转相关技术人员、机构和设备等支持力量,增加了执法难度;有些事项的划转将管理职能转移到执法层,以罚代管,导致管理弱化、问题难以根治。

3. 执法队伍法律素养总体不高,影响城管执法效果。我国城管综合执法程序主要分为简易程序和一般程序。其中,适用简易程序的违法行为一般案情简单、违法情节和处罚较轻;适用一般程序的主要是案情较复杂、违法情节和处罚措施较重的违法行为,程序流程较复杂、专业性要求较高。目前,黄浦区城管综合执法人员队伍学历总体偏低,法律知识基础普遍薄弱,加上城管综合执法权涉及9个方面多达223项,相关法规依据分散庞杂,难以全面准确掌握。在具体执法过程中,执法人员往往倾向于适用简易程序执法,对违法行为人往往简单地予以罚款、扣押物品了事,而对适用一般程序产生畏难避错情绪,执法必严、违法必究原则有时难以落实,导致执法和违法成本倒挂等现象,影响执法效果和社会感受度。

4. 执法行政强制手段比较有限,缺少有效的配套措施。城管执法的处罚手段主要是罚款以及对"物"的查处,缺少对违法行为人的有效制约手段。根据《行政处罚法》的规定,限制人身自由的行政处罚只能由公安机关行使。当面对抗拒执法尤其暴力抗法时,城管执法相当被动。比如,对流浪乞讨人员的管理,在《城市生活无着的流浪乞讨人员救助管理办法》及其《实施细则》颁布施行之后,原来的强制收容遣送制度转变为自愿救助管理制度,执法缺乏强制性手段,一定程度上增加了对"牟利性乞讨"等乱象问题的治理难度。再以违法建筑、无证照摊贩、乱发小广告等市容顽症整治为例,2012年开始施行的《行政强制法》对执法程序规定了更为严格的要求,一般案件按流程需启动一系列法律程序才能处理完毕，其间要耗费大量人力物力和时间成本，而且公安等部门目前还缺乏相应的后续教育管理和场所安置等配套机制手段，对相关防控工作和快速处置造成一定不便，容易造成顽症回潮反弹现象。

5. 城管法制宣传不足，影响良好社会环境氛围的形成。加强城管法制宣传，对于市民群众养成学法知法守法的良好行为习惯、加强城市管理部门与社会公众之间的沟通、降低城市管理和执法成本有着重要的基础性作用。但目前黄浦区市政管理办（依托城管执法局内设科室）尚无科室机构承担城市管理法制宣传职能，其他相关职能部门也比较疏于对城市管理法规的宣传教育工作。与此同时，社会新闻媒体对城管执法正面宣传较少，负面炒作较多，这一状况既不利于城管法规的普及和城市管理执法部门形象的改善，也会对城市管理法制建设和宣传普及工作产生一定的消极作用。

（四）市民素质：重权利、轻义务，参与和文明意识不强，对城市管理带来负面影响

1. 市民重权利、轻义务，拉高城市管理的成本。随着市场经济的深入发展，市民的利益观念和维权意识逐步增强，使一些城市管理标准和要求有时会与居民和社会单位的需求存在冲突，成为城市综合管理工作不顺或评价不高的重要原因。淮海路商业街景观灯光带的设置和拆除即是典型案例。为烘托区域商业的繁荣景象，相关部门曾在淮海路中心地段设置了景观灯光带，但由于淮海路沿街仍有不少居民居住生活，灯光带布设不久就被投诉光污染扰民，景观灯光带不得已被拆除。再以住宅小区物业管理为例，一些小区的业主维权意识过强、过度，与物业公司很难合作，在较短时间内频繁更换物业公司，致使小区的正常管理受到很大影响。此外，值得指出的是，一些市民群众出现"重权利维护、轻义务履行"的倾向，实地调研发现，有些居民长期拖欠物业服务费或公房租金，甚至以拒缴物业服务费的过激方式来表达对物业公司的不满；有些市民以违法搭建、群租、居改非、毁绿占绿等违法方式片面追求私利，很少顾及是否侵害他人权益和公共利益。

2. 市民参与意识淡薄，制约城市管理工作的进展。目前，上海市民参与城市管理的意识仍有待加强。以生活垃圾分类减量为例，居民生活习惯决定了垃圾的种类、数量，进而影响到垃圾处理方式。上海自 2005 年就开始推行生活垃圾分类，2014 年还正式出台了全市统一的规章制度，但由于生活垃圾分类的环保理念还没有渗透到市民意识中，效果一直不好。如今在全市选取 8 个试点小区（其中黄浦区有 7 个）开展城市绿色账户工作，由企业单位提供奖品，对垃圾分类作出突出贡献的居民进行奖励。虽然城市绿色账户注册用户已超过 9 万户，但真正激活并使用的用户只有 2000 多户。

3. 市民生活陋习难改，妨碍城市文明水平的提升。市民文明素质直接影响到城市的文明形象，决定了城市的文明程度。由于传统生活方式和生活习惯的影响，黄浦区居民素质的文明程度滞后于城市形态的文明程度，并制约着城市管理文明程度的提升。根据 2015 年黄浦区文明办组织的问卷调查结果，黄浦区市民群众反映比较集中强烈的生活陋习和不文明行为有 30 项。2016 年市文明办等部门组织评选出的"十大不文明行为"名单包括：乱穿马路、宠物扰邻、公共场所插队、电动车违章行驶、图书馆中不文明阅读、公共场所吸烟、高空抛物、随地乱扔垃圾、不文明乘坐地铁、行车抛物。从中可见，市民生活陋习和不文明行为大多也是道路交通管理、住宅小区管理等城市管理领域的难点顽症，如果不能逐步根除，整洁有序、美观文明的市容环境便难以实现。

三 进一步改进城市综合管理工作的对策建议

（一）完善城市综合管理统筹协调的体制机制

1. 探索成立独立运作的市区两级城市综合管理部门。随着城市管理的地位、作用日益突出和综合性不断增强，构建"大城管"体制已成为改革方向。从实践运行效果来看，黄浦区的"市政综合管理委员会"体制架构具有两大优势：一是城区综合管理的统筹协调由部门层面提升至区级层面，有利于弥合区域内城市规划、建设和管理之间的脱节问题，有利于理顺条条、条块、块块之间的关系，形成管理合力；二是"区市政管理办"作为区市政管理委的常设办事机构，通过实践运作不断积累相关经验，有利于促进城市管理在组织、协调、指导、监督上的规范化、专业化、长效化。建议市级层面授权黄浦区开展城市管理体制深化改革试点，为黄浦区在全市率先探索符合超大城市特点的城市综合管理新型模式提供更大的政策或法规空间。从黄浦区层面来看，城市综合管理体制改革的路径大致为：区市政管理办实体化运作和独立办公，与区城管执法局分离，集成整合其他职能部门机构的城市管理职能，进入区政府序列（或挂靠区府办）。同时，将区网格化综合管理中心与区市政管理办实体运作部门整合为一，促进网格化管理的发现处置、数据分析、指挥调度、监督考核等职能与市政管理办的研究规划、统筹协调职能之间的相互支撑，形成"区市政管理委领导下的区市政管理办 + 区网格化综合管理中心"的"1 + 2"组织架构和一体化运行体系。

2. 加强管理力量下沉基层的后续管理。区城管执法局、市场监管局等部门要主动适应街道体制改革，在"区属、街管、街用""区属、共管、街用"的原则下，按照构筑新型条块关系的要求，加强对街道的工作支撑，将工作重心及时转变到对基层所队办的指导、培训、监督等方面上来，在管理上做到放手而不甩手。街道要完善下沉人员队伍的管理机制，注意发挥街道网格分中心、街区工作站的协调督办、联勤处置功能，提高对下沉队伍的统筹使用能力；在下沉队伍的资产资金管理、履职监督、工作考核上制定明细制度，在人事任免、人员招录、能力建设上科学制定中长期规划，在管理上做到接手而不脱手。

3. 健全城市规划、建设和管理的对接机制。一是建议市级政府从建设现代化国际大都市的发展战略层面，加强对城市规划、建设和管理一体化的顶层设计和统筹协调；市区两级城市规划、建设和管理部门相互之间要建立健全常态长效的工作沟通、问题协商机制和信息共享平台；明确赋予城市管理部门提前介入规划和建设环节的工作权限，跳出管理抓管理，从规划和建设等源头环节为城市管理打好基础。二是制定完善全市城市管理总体和各类专项规划，充分考虑各区特点和城市管理需求，完善对交通路网和停车泊位、居住区公建配套、公厕、垃圾运输和处理、景观灯光及公用事业等基础设施的专项要求，发挥好规划的先导作用和约束功能。三是健全城市公共基础设施建设移交管理的制度和机制，明晰部门职责，明确移交条件、内容、程序，强化移交责任追究、整改措施，尽量避免和消减后续城市管理环节的问题矛盾，疏解城市管理压力。

4. 完善城市综合管理的协调联动机制。一是全面梳理多头分段管理、交叉分散执法导致的各类管理和执法缝隙、漏洞情况（如管理、执法、作业相分离，监测、管理、执法相分离所造成的问题），制定相关部门职责清单，并全面建立和强化落实联席会议制度，责任部门之间严格实行工作信息共享制度、管理方案共商制度、联勤联动处置制度、责任督查追究制度。二是进一步梳理网格化管理目录，对存在多头分段管理的问题，应将涉及的所有责任部门和单位纳入网格化管理责任主体目录之中，建立"户籍化"档案，明确各自职责，弥合管理漏洞和执法缝隙，为提升管理和执法效能提供制度保障。

5. 建立特殊举措与常态管理的衔接机制。一是加强特殊时期举措与后续常态化管理之间的过渡衔接。在设计特殊时期的管理措施和标准规范时，提前考虑与以后的常态化管理进行衔接转换的问题，并将过渡机制体现在特殊时期的管理规范和技术标准等相关文件之中，使后续常态管理做到有案可查、有据可依。二是加强应急处置与常态管理之间的对接协调。加强应急处置预案与常态管理方案之间的衔接和配套，完善城区运行风险隐患的排查、治理和预警制度，建立应急处置和常态管理的事前对接机制；依据应急处置形成的经验，在部门职责、工作流程、管理标准、资源保障等方面及时调整修订常态管理方案，加强突发公共事件的事后熨平和常态防控能力。

（二）优化城市综合管理的资源支撑

1. 建立市区两级城市管理资源配置的动态调整机制。要尽快建立健全涵盖人（包括机构和编制）、财、物等管理资源配置的全方位动态调整政策方案。针对黄浦区城市管理的区情特点，一方面，黄浦区要加大对城市公共设施建设和旧区改造的投入力度，同时对城区管理所需配套的人财物等资源进行测算核定，适当留出提前量和冗余度，逐年提高对城市管理的财政经费投入比例；要特别注意管理资源力量的差别化配置，优先提高重点区域公共设施的布点密度，提高对大客流、大交通流的服务承载能力；优化管理队伍岗位结构，增加一线管理力量，优先向老城厢等管理问题集中、管理基础薄弱地区倾斜配置。另一方面，建议市级政府参考黄浦区年均动态实有人口规模而非常住人口规模来规划调整相应的资源配置标准；对城管执法、市场监管、公安等管理力量，在编制上给予黄浦区一定的政策倾斜，适当增加人员编制数量。

2. 强化大客流的限流、分流措施，缓释城市管理压力。一是加强系统规划，完善重点地区和景区景点导向标识系统；同时，充分利用手机短信、微信、微博、公交车载电视、电子显示屏等信息化载体和平台，及时向社会公众发布客流信息，加强对客流的引流、限流和分流。二是举办重大活动要注意优中选优，控制重大活动举办的数量和频度，减轻重大活动保障压力；对在黄浦区举办的市级重大活动，建议建立相应的管理力量、物资的支援和补偿机制。

3. 运用社会化、市场化机制拓展管理力量的构成来源。一是建立健全社会共治和居民自治机制，推动社会力量和市民常态长效参与城市管理。二是加强志愿服务制度化、规范化建设，发挥志愿者队伍作用。三是通过政府购买服务机制，加大购买社会组织和企事业单位（如保安公司、各类设施设备专业检测维修机构、律师事务所等）专业管理服务的力度，以及城市管理、运营、作业的市场化外包力度。四是加强各类城市管理协管员队伍、车辆停放管理公司等事业单位转制企业的能力建设，使其成为专业管理力量的有力补充。五是鼓励企事业单位引入第三方管理和远程管理模式，弥补本单位专业人员短缺、自身技术水平不足等问题，同时便于城市管理部门及时有效掌握相关情况信息。

4. 借助信息化等科技手段提升城市管理资源的运用效能。一是建设和完善智能化辅助管理设施体系。全面梳理城市道路、景区景点、住宅小区监控探头，分期推进补充建设和综合改造，分批接入网格化视频巡视平台，扩大监控面，尽量消除监管盲区；以"1+10+X"区域为重点，推进工作站区域视频巡视系统建设，实现特定区域监控视频信号数字化集成、智能化运用；在管理顽症易发点全面推广安装"电子警察"等智能监控巡逻和远程喊话劝导设施建设，以智能化警示补充人工干预管理。二是深化网格大数据应用。按照"互联网+""网格化+"的理念，分别建立工作站、居民区信息点案件采集和电子台账登记模块，扩大网格信息量；以网格化管理信息平台、区政务平台为主干，推广应用社区管理信息系统、住宅小区物业管理信息化系统、物联网监控系统，逐步推进各类城市管理相关信息平台的相互对接，开展叠加处理、科学运用，形成具有黄浦特色的城市综合管理信息系统。

(三) 加强城市综合管理的法规和政策保障

1. 健全城市管理和执法法规体系。建议市人大、市政府加强对与城市管理相关的地方性法规、行政规章、规范性文件的"立改废释"工作。一是尽早研究制定《上海市城市管理条例》，形成市级层面的系统性、综合性城市管理法规，为城市管理和执法体制的改革创新进一步拓展法制空间；进一步修订《上海市城市管理行政执法条例》，按照执法更便利、成本更低、效率更高的原则，对现有9个方面约450项执法事项重新归类划转，更好地理顺城管综合执法体制；在公安配合城管执法机制之外，强化其他部门对城管综合执法的行政协助保障义务。二是及时修订《上海市市容环境卫生管理条例》《上海市道路交通管理条例》《上海市环境保护条例》《上海市住宅物业管理规定》等地方性法规和行政规章，将明晰部门权责、覆盖新型问题、加强源头治理、理顺管理流程、优化执法程序、强化惩处力度作为修订重点，提高法规规章的现实针对性和可操作性，为补好管理"短板"、治理管理顽症提供更加有力的法制支撑。三是建立城管法规的动态清理机制，及时废止与上位法冲突或已陈旧过时的法规条款、规范性文件，城市管理、执法、作业等部门一旦发现有关规定已经落后于实践，应当及时向相关部门反映，促进城管法制体系的完善健全。四是对于尚未有国家或者市级政策法规的，可先制定区级工作规范或技术标准，从操作实务出发，及时填补空白。

2. 提升城市管理执法队伍的依法治理能力。一是提高"进口"门槛，加强队伍能力的源头建设。建议市级层面尽快成立城管执法专业人才的教育培养机构，健全学科设置和教学体系，形成执法人员专业化培养体系和执法人才储备机制；提高执法人员招录资格标准，明确要求执法人员必须经过一定时间的正规学习和实践训练；编制招录规划，按照统一规划向区、街镇输送相关人才，稳步推进全市城管执法队伍的新老更替和能力升级。二是推进执法规范化工作，加强队伍能力的常态建设。科学系统汇编城市管理法规规章和规范性文件，健全执法人员的日常法律学习、定期法律培训和考核制度；推进队伍规范化建设，严格落实执法人员行为规范，加强城管执法文化建设；从工资福利、奖惩、职务晋升等方面完善激励和保障机制，提高一线执法人员的工作积极性和增强执法队伍凝聚力。三是强化执法监督,加强执法纠错和队伍净化能力建设。整合内部执法监督力量,健全监督责任制度和全过程、信息化监督机制,加重对有案不立、压案不查、逃避监督等行为的查处惩治力度;探索建立律师随队监督服务等社会评议机制,提高社会监督质量。

3. 明确社会力量参与城市管理的扶持政策。目前,城市管理和社会治理相互对接融合的趋势日趋显现,但由于长期以来的范畴分隔和运作分立,两者之间在工作性质、任务要求、管理体制、运行机制等方面都还存在较大差异。建议在贯彻落实上海市委、市政府《关于组织引导社会力量参与社区治理的实施意见》(沪委办发〔2014〕45号)的基础上,市区有关部门组织开展专题调研,制定出台组织引导社会力量参与城市管理的指导意见,对街道城市管理服务社、综合管理服务社,以及弄管会、路管会、片管会等群众自治组织的性质定位、职责要求、领导体制、建设发展等作出政策规定,加强权益维护和工作激励,更好地发挥社会力量在城市管理中的作用。

4. 推进城市管理标准编研的常态化制度化。一是建立健全城市管理标准汇总清理制度。建议市区有关部门分别出台有关政策文件,明确部门、人员、工作要求,定期对分散化的行业和区域标准进行汇总梳理,按照"立改废释"的分类,编制出城市管理标准的目录清单、问题清单、清理清单。二是完善城市管理标准编制队伍建设的政策。首先,健全考核机制,提升相关部门机构工作人员的城市管理标准知识水平;其次,加大标准专家库建设力度,吸收各方面专家学者参与标准编制活动,为开展城市管理标准化研究、推广应用标准化成果提供基础力量;最后,建议市区两级政府支持本地高等院校开设城市管理服务标准化专业,与院校、科研机构在人才培养、项目研究等方面加强沟通合作。

(四) 厚植城市管理文明的社会基础

1. 创设新型渠道,提高居民法治素养和文明意识。一是明确区市管理办、城管执法局等城市管理、执法部门负责法制宣传的责任科室,加强城市管理法制宣传的规划和组织工作。二是拓宽城市管理法规、标准的宣传渠道,加大宣传力度。首先,可以创设社区法律文化节、社区城市管理标准知识竞赛、小区法律知识读书会等活动形式,吸引市民群众广泛参加学法学标准活动；其次，可在新闻媒体、社区刊物杂志开设城市管理法规政策和标准规范宣传栏目；最后，可以通过政府官方微博，定期推送宣传城市管理法律、标准知识。三是探索建立区域性城市管理社会信用信息系统，并与市级征信平台打通对接，通过依法合理征信，将单位组织、市民、游客的违法和不文明行为纳入信用信息系统，并建立红黑名单。四是建议市、区城市管理主管部门加强与市区两级文明办、社建办等部门的协调联系，共同制定完善和推行"市民公共行为文明规范"；加大社会单位社会责任报告制度的推行力度；发挥现有的市民巡访团、社区文明志愿者队伍的作用，广泛开展文明宣传、文明评议、文明劝导活动。五是以"线下"和"线上"相结合的方式多渠道推行政务公开，采取荣誉表彰、经济激励、参与评价等多种手段，聘请人大代表、政协委员、新闻媒体工作者及社会人士等担任监督员，提高广大市民关心、参与和支持城市管理工作的积极性和主动性。

2. 创新自治机制，推动市民有序参与城市管理。一是推广建立"社区发展基金"，改变公共财政在社区治理项目上的自上而下的行政化使用方式，项目的确定、申报、验收和效果评估工作交给居民区党组织和居委会来组织完成，以此激发居民的自治精神、参与意识，锻炼培养其有序开展自治和参与城市管理的能力。二是将住宅小区和重点路段片区管理作为推动市民自治参与的首要切入点，进一步完善住宅小区综合治理联席会议制度和党建联建制度，拓展现有的居民区听证会、协调会、评议会"三会制度"的应用范围，将住宅小区综合治理等城市管理事务带入"三会制度"的实践运作之中。三是加强业委会的规范化、专业化建设。房管部门和街道要通过统一引导、个案指导等多种手段规范业委会的运作，完善《业主管理规约》《业主大会议事规则》和《业委会工作章程》等制度规范，对物业服务费标准调整、业委会工作经费使用、业委会成员工作津贴发放、小区禁止性不文明行为及处置、业委会委员的罢免条件和程序等作出明确规定，逐步建立健全业委会成员的培训、激励、监督、退出机制，更好地发挥业主自治在城市综合管理中的作用。

参考文献

[1] 谭维克、刘林：《城市管理蓝皮书：中国城市管理报告（2014）》，社会科学文献

出版社 2015 年版。
[2] 宋迎昌：《城市管理的理论与实践》，社会科学文献出版社 2013 年版。
[3] 徐林：《城市管理：问题、体制及政策》，浙江大学出版社 2012 年版。
[4] 王郁：《世界城市东京的发展战略》，同济大学出版社 2004 年版。
[5] 尹艳华：《现代城市政府与城市管理》，上海大学出版社 2003 年版。
[6] 恽奇伟：《大都市城管法制保障体系建构的理性思考——以上海为例》，《上海城市管理》2012 年第 4 期。
[7] 李媛：《上海城市管理行政执法效能提升的法律研究》，《法制与经济》（上旬刊）2011 年第 8 期。

上海推进特色小镇的政策思路及典型案例研究

路建楠

(上海市发展改革研究院)

一 国内外特色小镇发展的时代背景

1. 特色小镇是进入城镇化发展中后期空间发展的新模式

美国城市地理学家诺瑟姆（Ray M. Northam）把一个国家和地区城镇人口占总人口比重的变化过程概括为一条稍被拉平的"S"形曲线，并把城市化进程分为三个阶段，即城市化水平较低、发展较慢的初期阶段，人口向城市迅速聚集的中期加速阶段和进入高度城市化以后城镇人口比重增长趋缓甚至停滞的后期阶段。其中，当城镇化率处于30%—70%时，资源由农村向城市高度集聚，城市人口快速增加，城市规模扩大，数量增多，工业在区域经济和社会生活中占主导地位；当城镇化率大于70%时，城乡之间的资源互动更加紧密，在资源向城市流动的同时，居住和部分产业功能反向流向郊区，新兴产业蓬勃兴起，城市人口增长速度下降（见图1）。发达国家的一些城市在进入这一阶段后出现了格林尼治小镇、达沃斯小镇等以现代服务业和知识经济为主的特色小镇。目前，我国城镇化率为56.1%，绝大多数省份已经进入从城镇化中期向后期推进的阶段，其中上海的城镇化率为89.61%，浙江为65.8%，江苏为65.2%，以人口、产业、文化等资源高度集聚为特色的"小镇"正在成为我国城镇化发展中后期空间发展的新模式。

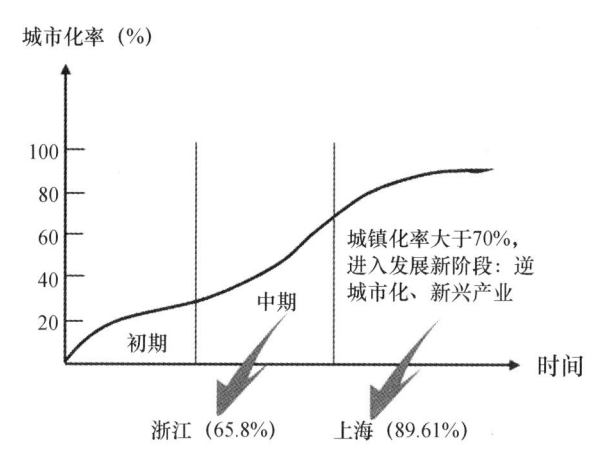

图1 诺瑟姆曲线及我国部分省份所处阶段

2. 特色小镇是践行新型城镇化、突出"以人为本"的示范性样本

改革开放以来，我国城镇化建设取得显著成效，城镇化发展迅速、城镇规模不断扩大、体制改革取得明显进展。但在取得显著成效的同时，城镇化发展推进中也暴露出诸多问题。如以房地产开发为拉动的大规模"造成运动"之后，全国多地出现了大量配套欠缺、无人居住的"空城"，同时，随着大量农村人口涌入城市，城市用地紧张，房价不断上涨，城市生态环境、水资源遭到破坏，城市人口激增与城市综合承载能力的矛盾不断加剧。近年来，随着从国家到地方新型城镇化的稳步推进，推动城乡一体化和新型城镇化的理念也发生变化，相较于过去的"造城运动"，"新型"城镇化更加突出"人"的需求，更加关注宜居、宜业、宜游，融合"创新、协调、绿色、开放、共享"五大理念。突出产业、生态、文化高度融合的特色小镇正是我国践行新型城镇化、突出"以人为本"的示范性样本。

二 特色小镇的内涵分析

特色小镇是规划面积紧凑（浙江要求1—3平方千米），产业、文化、宜居、生态等各类高端资源高度集聚的功能复合型发展区域。特色小镇既不是开发区、企业集群，也不是新城或建制镇，是在这些区域、集群的基础上复合了多种功能的创新创业发展平台。相对于开发区和企业集群，特色小镇功能更加复合，在开发区和企业集群仅有产业功能的基础上，更加突出文化底蕴、生态环境、生活配套等多功能叠加；相对于新城，过去的新城在功能形态上与中心城区相似，但功能能级远低于中心城区，而特色小镇则正好相反，形态特色鲜明，但建设理念和标准并不逊于中心城区；相对于建制镇，特色小镇更加紧凑，讲究"小而精"，不是"摊大饼"，如浙江特色小镇规划面积一般控制在3平方千米左右，建设面积一般控制在1平方千米左右。

三　浙江特色小镇率先成势的原因分析

1. 块状经济的草根性

块状经济是指一定的区域范围内形成的一种产业集中、专业化极强同时又具有明显地方特色的区域性产业群体的经济组织形式。块状经济与区域发展的结合是浙江特色小镇在全国率先成势的重要禀赋基础。浙江是我国市场经济最为发达的省份之一，在过去的20多年，数以万计的中小企业在浙江形成了近500个工业产值在5亿元以上的"产业集群"，块状经济的崛起是近年浙江经济中最为突出的一个亮点，无论是义乌的小商品、嘉善的木材、海宁的皮革、绍兴的轻纺这些县域性的块状经济，还是濮院的羊毛衫、大唐的袜子、织里的童装这些镇域性的块状经济，其发展所带来的人口聚集，在浙江的城镇化推进过程中发挥了重要作用。浙江各地注重发挥自身的资源优势和产业特色，培育了各具特色、以民间资本为主、中小型企业居多的产业集群，以"一村一品""一乡一业"生产方式，通过村、乡范围细分工、协作来进行产品的专业加工生产。

2. 产业升级的迫切性

进入21世纪以来，浙江块状经济转型、分化现象日益明显。少数通过与周边城市融合，成为城市经济中的有机部分，或是通过中心镇建设、小城市培育，初步构筑起商贸科技等功能优势，但绝大部分陷入转型升级困境，活力受损严重。一方面，因轻工产品仿制较易而企业知识产权保护意识较弱、知识产权保护难度较大，导致企业陷入主要靠不断引进技术、设备来升级产品的非良性循环，创新意愿越来越弱，同时，由于普遍缺乏良好的商务、人居、教育环境，难以吸引优秀人才，导致创新动力严重缺乏。另一方面，块状经济依赖的规模生产、专业市场销售模式已难适应定制化生产、个性化消费潮流，特别是在国内外市场基本饱和的背景下，价值链低端的薄利多销模式，随用工、用地、环保、商务等成本增加而日益艰难。因此，在供给侧结构性改革的大背景下，浙江传统制造业最先面临产能过剩的巨大压力和产业转型升级的迫切要求。

3. 城乡一体化的长期性

浙江长期以来坚持推进城乡一体化，从嘉兴经验到德清经验，再到今天的特色小镇，是长期坚持不懈、一以贯之的结果。1998年，浙江在全国率先提出并实施城市化发展战略。2004年，率先制定实施全国第一个城乡一体化纲要。2006年，在全国率先提出并实施新型城市化战略，出台《关于进一步加强城市工作，走新型城市化道路的意见》，强调新型城市化的核心要义是推动城市化的科学发展，基本内涵是坚持统筹发展、集约发展、和谐发展、创新发展，走资源节约、环境友好、经济高效、社会和谐、大中小城市和小城镇协调发展、城乡互促共进的城市化道路。2010年，率先提出开展小城市培育试点，扩大财权和土地使用权，推动事权下放和人事权改革，特色城镇雏形初显。2015年1月，浙江省《政府工作报告》中，"特色小镇"作为关键词被提出，其重要性被提升到了新一轮更大范围的战略布局中："加快规划建设一批特色小镇。按照企业主体、资源整合、项目组合、产业融合原则，在全省建设一批聚焦七大产业，兼顾丝绸、黄酒等历史经典产业，具有独特文化内涵和旅游功能的特色小镇，以新理念、新机制、新载体推进产业集聚、产业创新和产业升级。"

正是在这样的基础上，浙江的特色小镇得以迅速在全省范围推开，政府和市场共同推动，且民间积极性尤其高涨。透过浙江特色小镇发展的"内在动力"可以看到一些普遍特征，即新时期的城乡一体化面临破题，区域禀赋基础有待激发，城乡资源配置有待优化，城镇功能提升有待突破。

四 上海推进特色小镇的现实需求

上海推进特色小镇绝不是简单照搬照抄浙江经验，而是在实证分析的基础上，探索符合本地禀赋基础和发展需要的推进路径。现阶段，上海城市发展的特点可以用"两后两高"来概括：

1. "后工业化"

当前上海第三产业比重达到70.9%，第三产业就业人口占54.5%，美国社会学家丹尼尔·贝尔认为，当一座城市的服务业产值和就业超过工业和农业，标志着这座城市进入后工业社会。上海已经进入这一阶段，制造业与服务业融合，新兴产业大规模涌现，而特色小镇正是金融、科研、文化创意等新兴产业的新载体。

2. "后城镇化"

当前，上海已经基本告别粗放的、以土地为核心的大规模新城开发，进入环境空间形态改善优化阶段，尤其要配合大都市非核心功能的疏解，打造郊区的宜居宜业小城，重构郊区城镇之间功能布局。上海市总面积为6340平方千米，而外环以内仅有630平方千米，仅占全市面积的1/10，过去有太多的机会和资源集聚在外环以内区域，未来，其余9/10在外郊区的大片空间将成为城市非核心功能疏解和城市功能更新的发力点和主战场。在功能承载空间上，大都市核心区突出高端服务功能，发挥全球资源配置能力，大都市边缘区承载科技创新和新兴业态培育功能，新城等城市节点区域体现综合服务功能，推动城乡一体发展。

3. "高创新"

上海建设具有全球影响力的科技创新中心稳步推进，特色小镇将成为上海科技创新的重要承载区域。当前，以五角场、张江、徐汇、桃浦等点串联起来的中环"创新圈"已经基本形成，而外环大量低端乡镇工业园区亟须转型升级，相对于中环，外环成本更低、生态更好、文化更丰富，可以选择马东、车墩、周浦等一些有条件的区域，进行工业开发区与镇级建成区一体开发，在体制机制上进行突破，形成若干以创新为主的特色小镇。

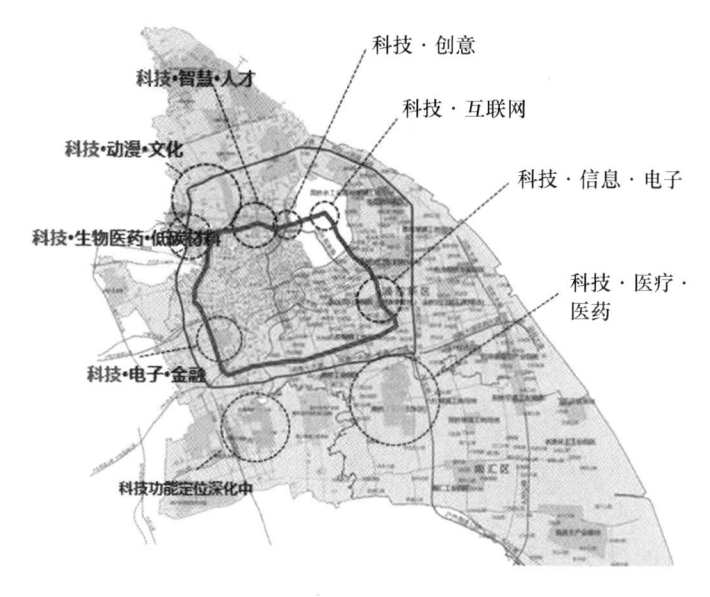

图 2　上海中环及外环"创新圈"示意图

4. "高收入"

2015年上海居民人均可支配收入近5万元，居全国第1位，同时上海常住人口与流动人口达3500万人，相当于一些发达国家的全国人口，人们开始追求异质化的特色消费享受，缺少配套的农家乐、破败的乡村已经无法满足高收入城市居民的文化旅游消费需求。特色小镇可以为推动区域环境综合整治和在土地减量化背景下发展新型都市农业等形式的新型体验经济、推动郊区产业"退二进一""退二进三"及农业"接二连三"提供平台载体。通过新规划、新政策、新定位、新功能等方面为广大郊区带来新的生机，即以环境整合整治和土地减量化发展为起点，以产业文化和生态特色为引领，融合区域环境特色和发展基础，通过产业链延伸、价值链重构和政策链整合，试验打造转型发展的样本小镇。

五　上海推进特色小镇的政策思路

（一）指导思想

全面贯彻党的十八大和十九精神，牢固树立和贯彻落实"创新、协调、绿色、开放、共享"发展理念，因地制宜、突出特色，充分发挥市场主体作用，创新建设理念，转变发展方式，通过培育特色鲜明、产业发展、绿色生态、美丽宜居的特色小镇，探索小镇建设健康发展之路，促进经济转型升级，推动新型城镇化和新农村建设。

（二）总体考虑

特色小镇作为城乡一体化和新型城镇化的抓手，在促进城乡区域协调发展、促进新型工业化与农业现代化同步发展、增强薄弱地区发展后劲方面具有重要意义。从本市情况来看，镇是推进城乡发展一体化和新型城镇化的重要载体，上海推进特色小镇建设应从城乡发展一体化的角度出发，充分体现国际化大都市的特点，主动适应区域环境综合整治、土地减量化背景下郊区农村经济可持续发展的新要求，发掘并支持有基础、有条件的特色小镇探索符合本地实际的发展路径。

（三）思路举措

1. 因地制宜"一镇一策"

按照分类施策、"一镇一策"原则，根据每个特色小镇的产业特征及发展基础在融资便利、市场准入、高效审批、人才支持、用地保障、公建交通等方面实行分类施策，突出政策的针对性、实效性、精准性、灵活性。

2. 创建开发把握节奏

总体评估现有城镇发展的资源和水平，采取有快、有慢、有轻、有重的开发策略，充分考虑地区发展基础、产业集聚水平、城市未来拓展走向、重大交通设施布局等因素，按照国家级特色小镇、市级特色小镇、区级特色小镇顺序，依次创建开发，避免一哄而上。

3. 资源集聚"蒸小笼"

特色小镇的建设关键在于"特"字，"特"字的形成，需要资源的高度集聚，浙江梦想小镇和基金小镇分别由省委书记和省长牵头，举全省之力推动优质产业资源、开发资源、招商资源的集聚。上海特色小镇的建设开发要转变过去"平均用力"方式，集中力量高标准打造国家批复的首批三个特色小镇（朱家角、枫泾、车墩），以此为带动和示范，推动其他特色小镇的开发。

4. 坚持市场化的运作方式

特色小镇的建设、运营要处理好政府和市场的关系，政府要做好规划协调、政策配套等工作，可作为参与方，引导市场主体有序开发。具体推进中，注重运用商业化理念加大引入社会资本力度，重视引入实力型龙头企业作为投资建设主体，尤其是一些上市公司，这些公司大多重视小镇开发的品质，资金相对充裕，短期利益行为比较少，融资渠道相对顺畅。让专业的人干专业的事，解决政府在资金和招商等方面的压力，用市场来消化开发成本。

5. 环境生态突出以人为本

未来城市发展，相较于城市服务和交通便捷，对自然环境的需求程度更大。环境的质量在一定程度上能够冲抵距离的障碍。下一步特色城镇体系的开发，应突出环境特色，在不破坏原有自然环境的基础上，突出以人为本、因地制宜，从现代化、人性化的角度着手进行功能布局、能源利用和建筑设计，改善居民生活环境，提高生活品位，让人民在特色城镇建设中有获得感。

6. 加快推进体制机制创新

释放特色小镇的内生动力关键要靠体制机制创新，加强土地要素保障，积极盘活存量土地，建立低效用地再开发激励机制，多渠道完善交通和公建设施配套，完善财税资金支持，重视人才引进扶持，推动体制机制创新。

六 上海推进特色小镇的典型案例

松江区车墩镇、金山区枫泾镇、青浦区朱家角镇于2016年10月13日入选国家住建部首批特色小镇名单。除此之外，课题组在深入调研的基础上，认为松江区的新桥镇，浦东新区的合庆镇、北蔡镇、惠南镇，嘉定区的安亭镇、徐行镇，奉贤区庄行镇等也具备一定的基础条件，可作为上海市级特色小镇的创建备选镇。以下选取松江区新桥镇、浦东新区合庆镇作为典型案例具体分析。

（一）松江区新桥镇：大都市周边镇打造科技创新集聚区示范小镇

1. 新桥镇发展概况

新桥镇位于上海市西南郊、松江区东北部，北邻九亭、南接车墩、西邻松江工业区、东部与闵行区莘庄镇接壤，距离市中心人民广场约30公里。镇内主干道有沪昆高速、沈海高速、嘉金高速，城镇化水平较高，集体经济发展势头较好。十年来，新桥镇着力打造上海市"区区合作、品牌联动"的示范样板，在机制创新、科技引领、产业集聚、土地集约、服务集成等方面开展了积极探索，并取得显著成效。

——创新发展机制：国有经济与集体经济紧密合作。2006年，新桥镇资产公司与漕河泾新经济园（国有公司）合资组建漕河泾松江高科技园开发有限公司，合作开发新桥境内1037亩土地。在合作方式的设计中，采用双方共同出资组建合资公司的模式，把两者的发展利益紧紧捆绑在一起，建立了共同发展的合作模式。一方面，新桥镇发挥在社会管理上的属地优势，着重推进征地动迁、农民安置、水电气配套以及道路交通等基础设施工作，营造良好外部环境。另一方面，漕河泾开发区通过品牌和管理输出，把先进的规划理念、丰富的招商资源、完善的服务体系引入园区。这一合作机制较好地解决了征地动迁、农民安置等社会问题，为国有资产保值增值开辟新的发展空间，也为集体资产持续发展提供有力保障，以实现经济效益与社会效益多方共赢。

——引导产业集聚：科技与新经济特色鲜明。经过多年发展，新桥漕河泾工业园形成了以高科技为特点、高端产业为主导，多种功能性产业平台共同协调发展的良好态势。一是借力漕河泾开发区产业优势，发展以光仪电为主导的现代服务业和先进制造业。二是围绕打造"四新"经济载体，以要素交易、流量经济、文化创意、互联网等为重点，引进大唐移动等优质企业，初步形成以研发设计、信息技术、物联网、检验检测、3D打印等新兴产业为重点的产业集聚。新桥漕河泾工业园先后获批"上海微电子产业基地松江国际光仪电产业园""上海市生产性服务业功能区""上海市企业服务优秀园区""上海市知识产权示范园区"和国家高技术产业基地——上海3D打印产业中心。新能源产业联盟、互联网及3D打印产业联盟、金融创新联盟等新兴产业平台先后挂牌成立。2015

年，新桥漕河泾工业园实现销售收入129.18亿元，位居全市产业园区前列。

——带动"二次开发"：新老园区联动发展。"区区合作、品牌联动"机制不仅在促进新桥漕河泾工业园这一新兴园区的发展上发挥了积极作用，也复制推广到了新桥老工业园区的"二次开发"，形成新老联动、共同提升的发展格局。新桥镇与漕河泾签署了《关于在"区区合作、品牌联动"机制下推进新桥工业园区二次开发的合作协议》，由漕河泾公司承担二次开发的规划、招商职能，新桥镇负责动迁、配套设施建设，共同推进老工业园区转型升级。一方面，逐步淘汰老工业区落后产能，盘活低效传统厂房资源，可为新园区发展腾出空间。另一方面，新园区科技研发和"四新经济"的发展也逐步形成品牌辐射效应，成为老工业区的重要招商资源，有助于促进老工业园区的产业结构调整，帮助老工业区提升产业能级。

经过前一轮的快速发展，新桥镇在收获成效的同时，也开始面临"瓶颈"制约。一是发展空间受限。新桥毗邻中心城区，区位优势突出使其较早、较快发展起来，但也存在建设用地指标超出"天花板"的近郊地区共性问题；即使大力推动了198区域工业用地减量化，但腾挪出来的指标却难以落地。二是各类配套不足。在新桥漕河泾工业园产业快速发展的同时，就业人口不断增加，相关配套服务则显得较为滞后，对外没有大容量轨道交通方式与中心城区相连接，对内基本公共服务等社会配套资源欠缺。

2. 新桥镇科技特色小镇可行性分析

——科技创新的空间布局呈现向大都市中心区逐步靠拢态势。科技创新空间结构是指各类创新要素在城市地域上的空间分布和组合状态，优化城市创新空间结构，是提高城市创新效能的有效途径。过去因为生活成本和环境保护等因素制约，创新企业逐渐从大城市，特别是大城市的核心区退出，而现在越来越多的国内外科创中心城市呈现创新资源从城市郊区向城市中心高度集聚的态势，以远离市区喧嚣、偏居郊区一隅著称的"格林威治小镇"正在成为过去时。从国外的情况来看，著名大企业纷纷放弃郊区，直奔城市中心高成本而去，例如，2015年美国著名设备制造商NCR将设在亚特兰大郊区的Duluth的全球总部迁入市中心佐治亚大学高技术产业园区，2016年GE（通用电气公司）将公司的全球总部从康涅狄格州的Fairfield搬到波士顿。从国内的情况来看，在近20年北京创新集聚区不断向内城收缩，创新资源不断由外围向中心集聚，科技创新活动通过不断占据市中心空间来巩固其"领地"，呈现出"农村包围城市"的创新空间格局。可见，未来的创新是大都市创新，大城市拥有其他地区无法比拟的密集人才资源、良好交往空间以及随之而来的激情碰撞的创新火花，这些优质资源足以冲抵高房价及其他方面的高商务成本。新桥镇紧邻大都市核心区域，在产业、环境、区位、配套方面优势突出，有条件在上海科创中心建设中发挥作用。

——科技创新的空间载体进入"小镇"时代。科技创新的空间载体是指各类科技创新要素高度集聚的地理承载空间，当前，科技创新的空间载体已经经历了从传统的科技园区到开发区的过渡，正在从开发区向科技小镇转变。1950年以后各地逐渐出现了以工业承载和政策扶持为主要功能的工业园区，这一时期的工业园区功能单一、形态单调、人员单纯（主要是产业工人和科学家）。1980年以后，一批产业特色较强、区域优势明显的块状经济逐步形成，以长三角为代表，建成了一批成效显著的省级、国家级开发区（园区）。近年来，由于土地指标的不断收紧、"用工荒"的普遍蔓延、地方债务和融资平台的清理、全球贸易的大幅下滑等因素，传统意义上依靠"量"的扩张方式已不可持续，这种情况下，更注重产业转型升级而不是传统意义土地开发的科技特色"小镇"凸显出独特优势。跟工业园区、开发区的"大而全"相比，科技特色小镇讲究"小而美"，以具有科技创新特色的产业或业态为基础，重视产业链上下游各要素的集聚，通过"小镇"内制度、政策、人文、社区等"小气候"来吸引科技创新资源的高度集聚。新桥特色小镇的设想区域就在漕河泾新桥园区和九亭园区内，这两个园区是长三角区域发展基础较好的工业园区代表，近年来借助"新桥模式"实现了松江区政府与园区之间的"区区合作"，在制度政策、开发模式、社区功能方面均有较好基础。

3. 对推进"特色小镇"发展的设想与建议

从新桥镇特别是新桥漕河泾工业园的前期发展来看，新桥镇建设"特色小镇"的发展基础较为扎实，发展机制也较为有利，今后的发展潜力和势头也较好，具备建设"特色小镇"的基本条件。对于新桥镇推进

"特色小镇"发展，建议着力突出其作为大都市周边镇利用大都市资源的区位特色、融入全球影响力科创中心建设的产业特色以及在农村原生态背景中发展现代新业态的风貌特色，打造"互联网+科技智慧城"。

——进一步强化产业集群发展。积极对接上海具有全球影响力的科技创新中心建设，积极培育和发展"四新"经济，在现有的科技创新产业基地、互联网及3D产业社区、新能源产业联盟、大宗商品贸易交易平台、境外商品交易中心、文化创意品牌运行产业园区六大产业板块的基础上，进一步聚焦重点行业、重点环节，主导发展VR/AR产业集群、智能制造/机器人产业集群和科技研发产业集群，凸显互联网经济与科技智慧型的产业特色。一方面，要依托漕河泾和临港两大品牌，加强对高端产业资源的吸引和集聚力度，做大做强重点产业。另一方面，要融入科创中心战略，争取市级层面的资源支持，在项目引进、产业布局、资金政策等方面获得倾斜，帮助引入符合新桥特色小镇导向的优质企业。

——调整优化镇域空间布局。建设"特色小镇"需要在空间上形成相对集聚，聚焦一定范围、集中连片的功能承载区域，不宜规模过大和分布过散。在目前新桥镇发展格局和漕河泾工业园布局的基础上，建议依托新桥与九亭两镇相邻且均与漕河泾工业园合作的有利条件，以新桥镇内漕河泾工业园（占地面积约1平方千米）及九亭镇内漕河泾工业园（占地面积约1平方千米）范围为界，合计2平方千米的区域建成"特色小镇"。一是研究编制跨区域"特色小镇"发展规划，以产业基础和资源条件为依据，突破行政边界，合理确定未来"特色小镇"的发展目标、产业定位、功能布局和形态风貌，促进产业协同发展与资源整合共享。二是争取调整区域土地利用规划，在集建区范围不扩大的前提下，允许将集建区范围内104区块中零散分布的集体建设用地进行整合和腾挪，用于"特色小镇"综合配套建设。三是申请建设用地指标跨年周转，针对198工业用地减量化任务实施进展滞后于新兴产业综合体"拉斐尔云廊"的建设开发进度的实际问题，建立市区两级土地指标的使用和偿还机制，允许用地指标跨年平衡，提前释放项目建设用地周转指标，以保障项目按期建设。四是打造原生态特色景观风貌，在马汤地区建设8000亩农业园区，营造原汁原味的自然田园景观，完善湿地、健身步道、自行车道等生态配套，作为600亩现代化综合体的发展背景，构成新桥"特色小镇"的形态亮点。

——多渠道完善交通和公建设施配套。随着"特色小镇"的产业集聚，人口导入和社会配套压力也将逐渐增大。初步估算，漕河泾公租房启用后将导入1万居住人口，"拉斐尔云廊"建成后将集聚5万—6万的通勤人口以及超过2万的居住人口。为此，需要及早谋划完善交通和各类公建设施资源配置。一是增强本区域公建设施配套能力，满足引进人才的各类生活需求，促进产城融合发展，通过配备公租房、幼儿园、学校、医院、社区商业等服务设施，建设宜业宜居的产业社区。二是整合周边地区社会配套资源，建立互惠合作机制，与九亭共建产城融合的"特色小镇"，借助九亭地区健全的居住生活和公共服务资源，加强跨区域资源整合和共享，避免重复建设和资源浪费。三是加强与中心城区的交通联系，新桥镇虽然邻近中心城区，但缺乏与中心城区快速贯通的大中运量公共交通联系，难以满足未来产业导入人口和通勤人口的交通出行需求，有必要未雨绸缪，争取市级相关部门支持，抓紧研究交通配套方案。

（二）浦东新区合庆镇：环境综合整治后郊区农村经济可持续发展示范小镇

1. 发展概况

合庆镇位于浦东新区东北部沿海，东临长江入海口，西靠唐镇，南与川沙新镇接壤，北连曹路镇。龙东大道和远东大道（G1501）交叉贯穿区域中心，距离市中心30千米，距离浦东机场12千米，距离外高桥保税区15千米。集镇规划面积3.15平方千米。合庆镇是上海市委一号调研课题补"短板"的调研重点，有着非同一般的全局意义和样本价值，其环境整治折射出上海土地有效利用、生态环境改善、人口结构调整等政策的示范效应。整治前，合庆镇生态环境存在明显"短板"，存在大量低效的现状工业用地，集中了承担全市近一半生活污水处理任务的白龙港污水厂等一批城市公共设施，镇域及周边有数个养殖场，空气、水质环境无法保障。整治后，拆除违章建筑5000余平方米，补绿8000余平方米，腾出建设用地指标近600亩，2016年全镇拆违任务165万平米，位于全市之首。

2. 发展设想

合庆镇以环境综合整治为起点，以产业文化和生态农业特色为引领，融合区域特点，通过产业链延伸、价值链重构、政策链整合，打造环境整治后转型发展的样板小镇。

——以环境综合整治为逻辑起点，再造镇域经济。通过整治，影响生态环境的重点污染源得到有效遏制，合庆镇可以结合产业结构调整、建设用地减量化、规划调整，更节约、更高效进行土地利用开发，加快推进涉及合庆镇长远发展的目标任务，再造镇域经济。其中，G1501 以东地区，北部以占地 400 亩的火龙果科研示范基地为核心，聚焦水果采摘等休闲体验功能，东部结合白龙港污水厂防护林建设，增加森林覆盖率、优化绿化林业布局、建设生态走廊，南部靠近三甲港区域整合海滨游乐、海产品等资源建设海农综合休闲区，中部自然村宅区域以喜来春农业旅游区为核心，以田园风光、农耕文化、农家乐等为特色，开展美丽乡村、农业休闲旅游建设。G1501 以西地区，用总规修编契机及 195 区域产业结构调整，198 区域建设用地减量，整合区域内农用地资源，调整农田规划布局，美化农业环境，培育特色农产品，实现农业增效。

——整合农业优势资源，推进第一、二、三产业融合发展。合庆镇农业资源丰富，可以市场需求为导向，以新型城镇化为依托，着力构建农业与第二、三产业交叉融合的现代产业体系，突出"生态""休闲""观光""农业"特色，塑造清新自然的田园风光，打造民俗质朴的人文环境，演绎"农村，让城市更向往"的美好主题，让上海市民在市内即可实现观赏、见闻、体验、度假、休闲旅游的全方位需求。一是加快农业结构调整，结合土地整治成果还地于农，根据土地实际情况，宜林则林，宜农则农，宜花则花，同时推广火龙果、有机桃、翠冠梨、醉妃葡萄等适合精细加工和休闲采摘的作物品种，促进农业增效、农民增收。二是培育农业产业链，推进农产品品牌建设，走科技兴农之路，依托上海农业科研学校等教育资源，促进形成农业科技创新应用企业群。三是拓展农业多种功能，持续完善道路、通信、停车场、游客接待中心等配套设施，推进"农业+"产业，即农业旅游、教育、文化、体育、健康养老等产业深度融合。

——打好生态牌，分享生态治理成果。一方面，条件允许下适当向公众开放白龙污水厂（污水处理量亚洲第一）等部分城市公共设施，将"负资产"打造成城市名片。另一方面，推进特色景点串联，将华夏文化旅游区、林克司高尔夫、郊野公园、火龙果基地形成几个富有特色的闭环，如道路交通路环、绿林湿地绿环、水系水环，形成"田成方、林成行、渠成网、路通畅"的美丽乡村形态。

3. 政策需求及建议

合庆镇的集镇区域总用地面积约3.85平方千米，浦东机场第四、第五跑道建成后，高科东路以南、东川公路以东区域将被75分贝以上噪声区覆盖，涉及1044.38公顷镇域，这块区域规划选址不再符合环保部门噪声控制要求，需要重新选址、重新编制集镇区域控制性详细规划。

发展现代都市农业需要建设停车场、洗手间等公共配套设施，同时希望在水果种植区周围开办食品加工企业，对采摘的水果进行现场加工。建议落实对符合规划的乡村旅游用地实施"点状"建设用地供地，满足相应建设需求。

合庆镇符合现代化农业生产需要的高素质人员较少，缺乏农业生产技术人员，建议借鉴上海交通大学在崇明区设立农学院的经验，与有关院校联合进行种子培育、土壤修复等技术攻关。

全球科创中心建设背景下社会治理机制
——以浦东新区科技社团转型发展为例

曾 军 聂永有 李 晨

（上海大学）

一 选题背景：上海创建全球科创中心背景下，浦东科技社团转型发展面临的机遇与挑战

浦东科技社团作为浦东科技工作者自愿结社的社会组织通过发挥组织网络、智力荟萃、人才集聚的自身优势，从事科技项目咨询、创新平台搭建、创新人才培养等科技活动，促进科技发展、营造创新氛围，为浦东实施创新驱动、转型发展战略作出了积极努力。本研究拟以浦东科技社团为对象，立足于浦东科技社团的现实问题，借鉴国内外先进经验和成功案例，结合多学科多视角的研究分析，探讨在上海争创全球有影响力的科创中心的大背景下，适应新的形势和要求，实现浦东科技社团的转型发展。

1. 全球科创中心的基础条件和建设要素

传统意义上的国际大都市都在加紧谋划和建设"全球科技创新中心"，以进一步凸显和强化科技创新功能对城市功能的支撑和引领。纽约、伦敦、新加坡、东京、首尔等大都市先后提出了建设全球或区域性科创中心的议题。上海市委市政府2015年的1号调研课题即聚焦全球科创中心的建设，并引发上海市各界的专题研讨。综合各方研究，具体而言，可以从创新能力、产业基础、金融支持、智力资源、制度环境五个

方面来探讨全球科技创新中心的构成要素。

(1) 全球科技创新中心的创新能力。创新能力是构成全球科技创新中心的最核心要素,它体现的是一个城市作为科技创新中心的创新领导力和带动性。当前,世界各国把推进基础科学发现作为科学工程创新的核心部分,① 当今世界的竞争正从资本竞争进入创新竞争阶段,各国不约而同地谋求通过科技创新、文化创意形成新的增长驱动力。城市的竞争也同样从以争夺经济流量枢纽功能为取向,转向将创新创意作为同样重要的高端功能。

衡量一个城市科技创新功能对于城市及其所在区域有无贡献的重要标准,是城市创新能力的评判与解构。中国科技发展战略小组认为,区域创新能力是指一个地区将知识转化为新产品、新工艺、新服务的能力,将区域创新能力从知识创造能力、知识流动能力、企业的技术创新能力、创新环境和创新的经济绩效五个方面进行评价。②

对于全球科技创新中心而言,影响的全球性、文化的包容性、空间的共生性是三个典型特点。但是,一般意义上的城市创新能力评价并不能涵盖全球科技创新中心的创新能力,全球科技创新中心对全球科技和产业发展具有强大影响力和辐射力,不仅要有体现知识创造力和技术创新力的世界级科技领袖企业和世界一流大学,而且要有体现知识流动力和技术转化力的国际性服务贸易与领先型专利和新产品,还要有体现文化包容力和创新系统性的多元化城市文化氛围和完善的配套设施。只有当一个城市的科技创新功能,不仅成为这个城市的主体功能,服务于经济、社会、环境以及人的发展,而且其功能的影响力不断扩大,最后扩展到全球范围,能够引领世界知识创新的新潮流,能够开创世界技术创新的新领域,能够形成世界产业发展的新模式,也就意味着全球科技创新中心的正式崛起。

(2) 全球科技创新中心的产业基础。产业基础是构成全球科技创新中心的最基本的要素,纵观多个全球科创中心的发展历程,一个有世界影响力的科技创新中心在产业基础上至少应满足以下条件:第一,要产

---

① 万峰峰:《科技创新、知识经济与社会发展》,《学术论坛》2008 年第 12 期。
② 柳卸林、高太山、周江华:《中国区域创新能力报告 2013》,科学出版社 2014 年版。

生一批世界一流的高科技企业；第二，要产生多个引领世界潮流的高科技产业；第三，要形成若干世界级的创新型产业集群。

科技创新包括科学创新和技术创新两个方面。其中，科学创新体现在以研究院所和大学为载体的知识增量上，而技术创新则体现在以企业为载体的产品创新和工艺创新上。事实上，无论是创新理论（如熊彼特的创新理论）还是产业组织理论（如SCP范式），最终的落脚点都集中在企业身上。由此可见，诞生和凝聚一批世界级的高科技企业是形成全球科创中心的重要产业基础之一。

世界一流的高科技企业，引领了世界顶级的高科技产业发展潮流，引领世界潮流的高科技产业集聚共生了众多相关企业，衍生了各类创新产业集群。全球科技创新中心绝大多数都是通过发展创新产业集群而实现的。[①] 置身于该创新体系的新技术、新创意能够轻易找到互补性创新资源，从而可以迅速地转化为具有市场竞争力的新产品。创新体系中的各种资源可以实现创新链、价值链、产业链上的整合。

（3）全球科技创新中心的金融支持。金融支持是构成全球科技创新中心的最活跃要素，它体现的是一个城市作为科技创新中心的创新推动力和持续性。在全球科技创新中心城市，金融与科技创新之间不仅仅是金融服务科技创新的问题，而是已发展到科技和金融共生阶段。其中，风险投资和信用体系对于科技创新有着非常明显的重要作用。

拥有核心技术，使成熟的高科技企业享有较高的利润率、获得超额利润甚至垄断地位。而高科技企业在初创期往往具有高投入、高失败率、高风险的特点，这使急需资本支持的新生高科技企业难以在传统的资本市场上融资，而风险投资则满足了这种需求。[②] 风险投资对于高新技术产业化和科技创新中心的建设而言是必不可少的催化剂，是一种针对高科技企业发展特点的金融制度的创新。风险投资支持的都是一些高成长性的产业，其中多数是高新技术产业。对于全球科技创新中心建设来说，

---

① 例如，法国索菲亚·安蒂波利斯科技园拥有电信产业集群、生命和健康科学产业集群、地球科学产业集群；印度班加罗尔拥有计算机软件产业集群；台湾新竹拥有半导体产业集群等。

② 美国一大批优秀的高科技企业如英特尔、微软、思科、雅虎等的成长与崛起都得益于风险投资的支持，而硅谷的成功则是风险投资创造高科技产业集群的典范。

风险投资具有支撑作用，发展高科技产业离不开风险投资提供的金融支撑。①

另一个问题是信息体系建设，这也与全球科技创新中心的金融支持密切相关。高度发达的信用体系在防范金融风险、提高市场资源配置效率等方面发挥着积极作用。准确的信用评级可以消除银企信息不对称，降低银行信贷的成本，从而降低企业的融资成本。以发达国家的三种主要模式为例，美、德、日三国完善的信用体系通过一系列措施控制着信用的风险，不仅为科技创新提供灵活多样的保障，同时为科技创新企业提供规划、管理、融资等方面的咨询服务。这些国家完善的信用体系对科技创新的发展起到了很好的助推作用和风险防范作用，也为其本国的科技创新中心城市创造了立足于企业信用的融资平台。

（4）全球科技创新中心的智力资源。智力资源是构成全球科技创新中心的最本质要素，它体现的是一个城市作为科技创新中心的创新原动力和集聚性。纵览各国科技创新成功经验，不难发现在智力资源的挖掘、配置和管理中，政府、高校及科研院所、企业发挥着不同的功效：

政府发挥主导作用，为人才培养提供资金和政策保障，并通过相关法律的制定以确保人才政策的稳定性，为科技创新营造良好的社会氛围，为吸引和留住各类人才提供了政策条件。通过移民优惠、高薪待遇等方式加速了全世界优秀人才向这些国家集聚。

高校及科研院所作为人才的主要培育方，通过教育体制的创新大力培养科技型创新人才、通过大力发展职业技术教育、继续教育推动职业技术人员技术不断更新升级，以及以校企合作型人才培养模式培养以需求为导向的科技人才，实现对智力资源的挖掘与培养功能。以硅谷为例，斯坦福大学在硅谷崛起和发展的过程中起到了重要作用。

企业作为用人方，通过提供优厚待遇抢夺国际优质人力资源，采用慎重的企业接班人培养制度、本土化的用人制度、以提高技能和综合素

---

① 硅谷是美国乃至世界著名的高科技产业集群地，许多世界知名的高科技大企业都是在硅谷诞生和发展起来的，而硅谷的成功发展，离不开风险投资的支持。硅谷是美国风险投资的主要活动中心，美国有35%的风险资本投资于硅谷，有60%的风险投资基金落户于硅谷。

质为目的的企业员工定期培训制度，以及实行持股制度、绩效工资制度以及阶梯式的企业福利制度实现人力资源的高效配置与科学管理。

（5）全球科技创新中心的制度环境。制度环境是构成全球科技创新中心的最丰富要素，它体现的是一个城市作为科技创新中心的创新服务力和系统性。全球科技创新中心的制度环境，可以从正式制度和非正式制度两个层面来解析。正式制度是指一些成文的规定，包括国家中央和地方的法律、法规、合同等，正式制度安排是有意识地设计或规定的规则，包括政治规则（宪法、政府管制等）、经济规则等；非正式制度是指人们在长期社会交往过程中逐步形成，并得到社会认可的约定俗成、共同恪守的行为准则，包括价值信念、风俗习惯、文化传统、道德伦理、意识形态等。与科技创新中心相关的正式制度非常多，科技、人才、教育、产业、金融、贸易等等诸多政策均包含在内，但最为重要的是知识产权制度；非正式制度主要表现在创新文化方面。

有效的知识产权保护是科技创新中心建立和发展的有力保障，其水平的高低主要依赖于国家层面的立法以及相关法律的实际执行状况。全球主要科技创新中心所在国家在知识产权保护的立法方面时间不同且有各自的历史，[①] 但也都有着共同的特点：各国根据自身的发展情况及国际规则不断调整和完善相关法律，知识产权的保护范围日益扩大，积极参加相关国际公约，做到国内知识产权相关法律逐步与国际接轨。执法方面，全球主要科技创新中心所在国家一般都是通过司法体系来保证知识产权相关法律的执行，行政部门起辅助作用。知识产权保护离不开相关社会服务机构的支持，以及企业和个人对知识产权保护的重视。只有国家重视，社会支持，企业和公众积极参与，形成全社会通力合作、共同参与的氛围，才能真正实现对知识产权的有效保护。

创新文化已经成为一个区域或城市核心竞争力的重要表现。创新文化是指与创新有关的文化形态，它包括文化对创新的作用和如何去营造一种有利于创新的文化氛围。针对硅谷的创新文化价值形态的循环过程，美国著名经济记者迈克德维特和伍尔德利奇进行了高度的概括，归纳出

---

① 美国、英国、德国、日本等国家的知识产权保护的历史较为悠久，韩国、以色列和印度等国家知识产权立法要晚一些。

10条"文化簇集"。此外，社会化的专业服务也是科技创新需要的良好环境要素。硅谷具有国际化的人才环境，它把目光聚集海外，吸引国际化人才，于是就有了国际性的专业人才服务中介机构，以商业化的模式运作国际人才，服务本区域内的高科技企业。另外，随着硅谷新移民企业家越来越多，社会服务业中的专业跨国团体和社交网络也纷纷建立，他们跨越了国家界限，使资本、技能、技术、信息的流动变得更为容易，使当地的生产者能够参与日益全球化的经济活动。

2015年5月25日，上海市委、市政府发布《关于加快建设具有全球影响力的科技创新中心的意见》（以下简称"《意见》"），明确提出加快建设具有全球影响力的科技创新中心的目标、任务和实施路径。如何对接、落实这22条意见，并将之转化到浦东科协未来的工作之中，是摆在浦东科协面前的头等大事。

2. 创意阶层的崛起：从美国经验到中国特色

《意见》明确指出，要"发挥科技类行业协会作用"，这是对上海科技社团和行业协会提出的明确指示，也是浦东科协服务科技社团，营造全民创新、大众创业的良好环境的重要抓手。《意见》实施方案是由"建立市场导向的创新型体制机制""建设创新创业人才高地""营造良好的创新创业环境"和"优化重大科技创新布局"四个部分组成，紧紧围绕科技创新所需要的软硬件条件而展开。浦东科协作为中共浦东新区委员会领导下全区科技工作者的群众团体，承担着党和政府连接科技工作者的桥梁和纽带的重要作用，是直接服务于广泛科技工作者，激发科技工作者创新创业活力，营造浦东新区创新创业软环境，推进浦东新区科技事业发展的重要社会力量。

在大众创业、万众创新的大背景下，创新创业人才的培育和凝聚是建设全球科创中心的首要任务，所有的体制机制和软环境建设，都是紧紧围绕着创新创业人才来展开的。因此，我们首先要研究的是在现时代创新创业人才究竟出现了何种状况和发展趋势，这对于浦东科协服务科技社团、助推浦东打造上海科创中心核心功能区至关重要。

（1）弗罗里达"创意阶层的崛起"。2002年，美国学者理查德·弗罗里达的《创意阶层的崛起》一书引起重大的关注。在他看来，创意阶层是继农业阶层、工业阶层、服务业阶层之后在美国兴起的第四个阶层。

这个阶层由一个"超级创意核心"——"从事科学和工程学、建筑与设计、教育、艺术、音乐和娱乐的人们"——以及分布于商业、金融、法律、保健等相关领域的创意专业人才组成。弗罗里达的这一阶层（严格意义上是具有特殊属性的人群）的分类依据不是一般的按其所处政治、经济地位特征进行的社会阶层分类，而是依据其在经济活动中所发挥的作用进行的区分。弗罗里达还为我们确立了一个重要的关系链条：经济增长依赖创意人才的集聚，创意人才的集聚则依赖该地区的吸引力。也正因如此，一个能够包容和激励创新创意的城市，才显得尤为重要。

弗罗里达还为我们描述了"创意时代"美国创意阶层的三个最重要的基本特征：其一，是作为创意人才个体的创意工作特征。它们普遍表现出对缺乏创造性的、一成不变的、官僚机构（科层制）的"工作"的不满，以及对随心所欲的、自由自在的、不受束缚的"无领"化创意"工作"的向往。① 其二，是创意人才的生活与休闲特征。在"非工作时间"，创意人才更注重体验性生活，它虽然属于我们所说的"体验性经济"的一部分，但其意义绝非如此。其三，是创意人才的"社区"，讨论的是"创意人才的集聚"问题，即文中所提出的"为什么创意人士集中出现在一些固定的地方？人们处在一个流动的世界中，为什么有人选择住在或集中在某些城市，而又出于什么原因不去其他城市呢？"弗罗里达开出一系列的标签：开放性、多样性、宽容度、丰富选择性，等等。

（2）弗罗里达"创意阶层"的理论盲视。不过，弗罗里达的这些分析仍有一些值得商榷之处：

其一，弗罗里达提出了一个极具创意性的概念——超越于农业阶层、工人阶层、服务阶层之上的"创意阶层"，前者更多地具有"职业化"的特征，而"创意阶层"则是"反职业性"的，具有"自由职业"的特征。这背后还有一个重要的社会基础被弗罗里达忽视了——美国的社会保障和福利体系。在一个社会保障体制不健全、福利体系不完善的地方，一个人一旦"放弃（职业）工作"，就意味着生计出了问题，创意谈何而来？

---

① 《Google 谷歌工作环境（美国 + 中国 + 英国）》，http://blog.sina.com.cn/s/blog_642fdecf01019vi3.html。

其二，正因为仅限于"美国经验"，而忽略掉了一个巨大的背景：经济的全球化使资本主义生产体制超越了某一特定的"国家"区域范围，使生产链及生产要素等在全球重新分布和流动，尤其是大量的"农业阶层、工业阶层和服务阶层"等处于生产链中低端的生产和服务人才被转移到第三世界，这才导致了他这里统计的美国范围内创意阶层的比重达到"30%"的"现实"。因此，在我国目前还处在从"中国制造"到"中国创造"转型过程中的现实面前，我们不可能简单将这一统计数据作为追求的目标。

其三，在弗罗里达所描述的"创意阶层"那里，阶层的文化是与其政治、经济一整套理念相匹配的：个人主义的价值观念、自由主义的市场经济和美国式的民主政治。那么，在一个个人主义相对缺乏，集体主义、群体意识比较深厚，一个市场经济并不绝对自由（计划和市场只是生产实现的手段，并非社会主义和资本主义的区分标准），一个"非美国式民主"的政治体制的民族国家里，"创意阶层"是否存在？其所具有的特征是否与弗罗里达所描述的完全一致？答案是显而易见的。如果没有这些体制机制价值理念做支撑，我们将很难想象"创意阶层"能够在非美国的其他地方获得生长。这里包含着一个双重的悖论：一方面，弗罗里达所描述的"美国式的创意阶层"是仅限于美国区域的，在极有启发性的洞见之外还存在诸多的盲视区域；另一方面，正因为其具有鲜明的"美国性"，因此我们不能简单地将弗罗里达对"创意阶层"的描述移植到非美国区域，比如说以此为标准来研究中国创意人才的识别、集聚及培养等问题。

（3）"创意阶层"的中国特色。但是，我们仍有必要通过弗罗里达对"创意阶层"这一创造性的研究视角为出发点，结合中国特色、区域特点的政治、经济和文化来探讨"上海创意阶层"的现实问题及其出路问题。与美国"创意阶层的崛起"相比，中国创意阶层的差异已相当明显：

首先，从内部条件来看，中国的社会保障和福利制度尚在完善过程之中，不可能将用以谋生的"工作"与绝对自由的"创意"区分开来。因此，依附于农业阶层、工业阶层和服务阶层的"创意阶层"是中国式创意阶层的主体部分，只有真正实现财务自由、经济独立、"衣食无忧"

的人才能够成为彻底的真正意义上的"创意人才"。也正因如此,"创业"确实是中国调和"工作"与"创意"之间关系的路径之一,即通过创意来创业,将创意转化为一种商业模式,并使之产业化。

其次,从外部环境来看来,中国尚处在从"中国制造"到"中国创造"转型的过程中,在国际生产分工中,中国的起点是生产链国际分工的中低端位置。这也决定了中国的"创意阶层"不可能完全脱离其所处国际分工的现实,其创造性的源泉和活力来自于如何对"中国制造"进行升级改造和转型发展,以及如何有选择性地跨越式发展"中国创造"。"中国创造"不能也不可能成为"美国创造"的简单的复制品,它应该是"中国制造"的革命性升级版以及"美国创造"的替代版和超越版。

中国没有美国式的个人主义,那么,中国式的集体主义有没有创造潜质?中国没有美国式的自由市场经济,那么,"计划+市场"的创意经济是否可行?中国的政治理念是"民主+集中",强调的是在"差序格局中的平等"和"有别于垄断专制的集中",这也与美国式的自由民主相去甚远。因此,创意的动力来源不只是个人兴趣,而且来自群体、民族、国家的需要;创意的方式既来自"独创",也来自"众创"。我们要探讨的是,如何在中国的政治、经济和文化土壤上创造更有利于创意阶层崛起的发展之路。

同时,强调"中国特色"也特别需要警惕单纯的路径依赖。我们不能将"中国特色"视为不可改变的因素,而只在现有的特色下推动创意人才的培养和创意阶层的培育。这很容易导致的结果是,对创意的自由空间造成相当程度的挤压。比如说,"小创意"多,"大创意"少;"创意应用"多,"核心创意"少;在知识生产、技术革新、经济和社会发展中发挥关键作用的、战略地位的"创意"的匮乏,都有可能成为"大众创业、万众创新"中的一块"短板"。也就是说,为了"中国创意阶层的崛起",既要充分认识"中国特色"的基础性地位,同时也要将制约创意阶层发展的不利因素和负面特色加以克服和改变。

3. 上海(浦东)创意人才的现状及其问题

(1)全球科创中心与上海城市的特殊性。上海提出要创建全球科技创新中心,正体现了政府作为支配性力量在科技创新、文化创意和区域发展中不可忽视的作用。其背后的文化逻辑正是文化上的集体主义、经济上的有计划的市场以及政治上的民主集中为代表的这一系列"中国特色",再加上上海相对比较完善的社会保障体系、城市运营管理体系以及科技、文化和教育上的相对领先的地位。

不过,上海要创建全球科创中心,未必一定完全照搬弗罗里达在此规划上的路线图。这与上海作为世界上最大的发展中国家的最具国际化的大都市这一双重特殊性密切相关:一方面,在全球分工体系中,中国居于整个生产链的中末端,科技创新核心竞争力的缺乏是中国最大的"短板";另一方面,上海又是中国最开放、最国际化、最具高端资源吸引力的地方,上海有条件在打造国际经济、金融、贸易、航运"四个中心"的同时,接续承接提升科技创新核心竞争力的国家战略,打造具有国际影响力的全球科创中心。因此,上海对创意人才的需求不能简单套用弗罗里达的限定。如果说弗罗里达聚焦的还只是最具核心创造力的"创意精英"的话,那么,"全民创意"则可能成为有上海特色的建设全球科创中心之路。时任上海市委书记韩正反复强调,创新的活力来自改革、来自市场,来自"大众创业、万众创新"的局面。上海要成为全球科创中心,既要拥有高、精、尖的能够引领世界科技发展潮流的科学技术,还要有充满活力的生产消费、管理服务及日常生活氛围。这就不能仅仅将目光聚焦到少数"创意精英"身上,而更应该将力气花在将上海建设成为真正的"创意城市"——不能仅仅停留和局限于2010年上海加入联合国教科文组织创意城市网络的"设计之都",而更应该是激发全民创意热活力的城市精神。

(2)创意阶层的上海现实及其问题。那么,如何将上海打造成全民创意的全球科创中心?非常重要的一点就是提升全民创意能级,创新创意文化环境。

首先是"核心创意阶层"亟待扩容。根据2014上海年鉴的统计,按照弗罗里达所界定的"创意阶层"所从事行业及文化水平等相关因素的要求确定的上海"核心创意阶层"人数为149.01万人,从事其他行业的人数为998.61万人。核心创意阶层所占人数之比仅为12.9%,还不及美国第二次世界大战之后的水平。如果再扣除其中从事相关服务性工作的人数,真正属于创意阶层的人数所占比重更低。因此,上海打造全球科创中心，核心创意阶层的扩容势必成为当务之急。

其次，全面提升全民创意能力，是实现"大众创业、万众创新"的重要抓手。如果说核心创意阶层主要从事和开展的是具有国际竞争力的高、精、尖的科学技术和人文艺术的创意的话，那么，如何激活占上海就业总人数87.1%的非核心创意阶层的创意能力则是摆在上海面前的另一道难题。这部分的人数主要分布在农业、制造业和低端服务业，其人数分别为49.35万人、341.71万人和607.55万人。从人数分布来看，"大众创业、万众创新"的工作重心，应该是全面提升上海服务业能级。多年以来，上海一直致力于现代服务业的升级转型，但从目前的情况来看，形势仍不容乐观。

最后，创造全民创意的文化氛围，创建适应全民创意的体制机制，是上海建设全球科创中心的必由之路。正如弗罗里达所言："衡量经济竞争力的关系尺度，是一个地区吸引、培育和调动这种人才资源的能力。"（《创意阶层的崛起》"序"）。上海只有营造充分有利于"大众创业、万众创新"的区域环境，通过创意人才的集聚全面激活上海的创造力，只有这样才能真正实现上海的社会进步和经济发展。

当然，我们主要是从"上海"全市的整体情况来谈上述问题的，事实上，由于浦东特殊的区域经济结构（陆家嘴金融城集聚的金融及相关服务人才、张江集聚的科技及相关服务人才等），其所集聚的"创意阶层"人数比例应该远远高于上海的平均水平。因此，上海问题未必就一定是浦东问题。

（3）上海推动创意阶层培育需要开展的工作。就上海市区各级政府及其相关部门而言，可以开展如下工作推进全民创意的建设。

1）开展上海创意人才普查。以创意阶层为对象，展开上海科创中心核心竞争力的人才普查，建立创意人才数据库。

2）编制上海科创中心创意人才发展纲要。根据上海创建全球科创中心的发展规划编制创意人才需要目录。

3）在此基础上，与现有创意人才普查结果相比对，制定分层分类创意人才发展框架。对于已有的创意人才资源，提出明确的培养、激励计划；对于目前暂缺的则加大创意人才引进力度。

4）针对非核心创意人群，需要分层分类地采取提升创意能力的举措。针对农业和制造业人群，可以提高他们的农业生产和工业技术的技术水平。针对相对低端的服务业人群，一方面，城市的正常运转必须有一批从事相对低端服务业的人群，因此，在稳定必要的规模的前提下，通过服务人员文化素质的提高、服务手段和技术的升级可以提高低端服务业的水平；另一方面，加快低端服务业向高端的现代服务业的转移，通过"互联网+"实现低端服务业的信息化是一条重要的途径。

5) 借鉴上海自贸试验区以"负面清单"为代表的行政体制改革成功经验，在创意人才管理上，构建"创意人才发展特区"，逐级取消限制创意人才发展的人事、科研、教学等审批和考核方面的规定，制定充分保护创意自由和激励创意生产的人事管理机制。

6) 伴随政府管理体制的重大改革，科技性行业协会、社团等社会组织将承接更多的职能，形成培育、激励和保护"全民创意"的运行机制。

总之，科创中心需要创意阶层的崛起，创意阶层需要创意城市的培育。上海打造全球科创中心，要实现的是上海这个国际化大都市的整体转型和能级提升。

4. 浦东新区科技社团转型发展的机遇与挑战

上海创建全球有影响力的科创中心为浦东新区科技社团的转型发展提供了良好的机遇，也使其面临着新的挑战。浦东新区需要认真审视正在和即将发生的变化，牢牢把握出现的新的机遇，认真应对未来的新的挑战，从而推动浦东新区科技社团健康和快速的发展。

《意见》显示：上海为创建全球有影响力的科创中心，将会在体制机制、管理、环境、布局等多方面作出相应的部署和调整。其中最核心的有三个特点，这些特点对于浦东科技社团而言，既有机遇，也有挑战：

（1）"市场化导向"中的机遇与挑战。《意见》指出："清除各种障碍，让创新主体、创新要素、创新人才充分活跃起来，形成推进科技创新的强大合力，核心是解决体制机制问题，突破创新链阻断'瓶颈'。"而在体制机制的调整方面，特别强调了"市场导向"。其具体要求是：以职能转变、简政放权为目标的政府管理创新；以公平竞争、分类管理为特点的科技资金管理；以政事政企分离的科研院所分类改革；以完善企业研发计核为抓手的企业主体创新投入制度，以及弱化行政审批的科技成果转移转化机制。政府职能转变、简政放权之后，必然会将相应的职能转移到社会组织和群众团体之中，这无疑是给科技社团带来重要的承接政府转移职能的重要机会，但同时，我们的科技社团是否有能力承接这些可能出现的拓展职能的机会？最为重要的还是科技社团自身是否组织健全、运行良好、人员齐整。"市场化导向"还有一个重要的问题，就是有可能进一步给科技社团"断奶"。目前，浦东科技社团中还有不少"半死不活"的社团，全靠浦东科协给予的资助开展活动，这些社团有可能在未来的转型过程中出现生存危机。

（2）"国际化方向"中的机遇与挑战。《意见》中明确了上海科创中心建设的目标是"全球有影响"，这无疑强化了科创中心的国际化方向。如在建设创新创业人才高地的方案中，"进一步引进海外高层次人才"成为摆在第一位的任务，"打造辐射全球的技术转移交易网络""继续完善鼓励外资研发中心发展""优化境外创新投资管理制度""瞄准世界科技前沿和顶尖水平"等内容遍布于《意见》之中。国际化方向意味着浦东的科技社团也应该向着国际化的方向发展，如何吸引更多的国外科技人才参与浦东科技社团的活动，如何使浦东科技社团在世界的科技舞台上展示自己的风采，这些都是浦东科技社团转型发展的重要机遇。但同时我们也应该看到，浦东科技社团长期习惯于在"大政府、小社会"的体制机制之下，还有许多科技社团没有能力站在国际科技发展的前沿，一旦以国际顶尖标准来衡量，它们很可能相形见绌。

（3）"系统化工程"中的机遇与挑战。科创中心的建设不是仅靠一家单位、一个部门、一部分的人员就能完成的事业，它需要充分调整起上海政府、企业、个人等各个方面的力量，协调处理好各方面的关系，凝聚好各方面的资源，制订系统化的推进方案，才有可能完成。因此，"系统化工程"是《意见》的另一重要特点。尽管与科技社团相关的语句只是在《意见》第十四条中有一句话的表述，但这并不意味着科技社团和浦东科协只是承担其中个别的和局部的使命。一方面，它充分显示科协、科技社团在创建科创中心的系统工程中有自己不可替代的地位和作用，因此，浦东科协需要认真领会《意见》的相关精神，自觉明确自己在科创中心建设中的位置；另一方面，作为系统化工程，科创中心的建设意味着不同组成部分之间的相互联系和紧密关系，对于浦东科协而言，既认清自己的相对位置，同时积极处理好与其他部门之间的相互关系，就能为科技社团的转型发展达到更多的机会和可能。同时，系统化改革的特点也使科技社团在转型发展中不可能孤立地发展，科技社团也必须认清形势，既要敢于创新、转型，又不能"越轨""跨界"，这也是摆在浦东科协面前的一个挑战。

二　专题调研：浦东科技社转型发展的调查报告

对浦东科技社团和科技协会的专题调研分为两部分。一为问卷调研，二为深度访谈。

1. 问卷调研总结

从回收的有效问卷中反映的情况可以作如下分析。

（1）基本情况分析。各社团与协会中，76.92%成立时间在10年以上，69.23%属于综合交叉学科。84.62%具有独立的办公场所，61.54%专职工作人员在4人（含）以下，30.77%专职工作人员在5—10人。

（2）管理运作情况分析。各社团与协会中，100%能够定期换届选举与召开理事会。53.85%的单位每年举办科技展览活动次数在5次（含）以下。84.62%的单位会举办各类培训班。61.54%的单位每年活动经费在10万元以上。81.82%的单位活动经费主要来源为业务主管单位。38.46%的单位用于学术活动的支出占经费总额的10%—30%，46.15%的单位超过50%。84.62%的单位有独立财务人员。53.85%的单位认为其在同行业内的知名度一般，46.15%的单位认为其知名度很高。

（3）国际化程度分析。46.15%的单位能够每年举办国际会议与论坛。18.18%的单位能够每年在国际刊物发表学术论文。27.27%的单位会每年派会员至国外交流考察。

（4）相关建议。各社团与协会的建议主要集中在以下方面：

1）自身管理方面。目前经费少、待遇低，留不住人才。专职人员专业水平不够高。而长期发展需要具备国际视野、相关专业知识和良好的语言能力等综合素质较高的人才。着力抓好项目管理、品牌建设推进、规范协会管理与服务。做好会员吸收工作。协会远期发展目标设定不明确，没有自主意识及动力，目前发展规范不明确。尽快明确目标，制定发展规划。

2）政府扶持方面。希望能够加强培训，给予政策支持，给予项目或经费支持。有选择地组团出国考察，与国外科技社团或机构建立定期交流活动，或联合举办国际会议会展；加大对举办国际交流活动的学会的业务指导和经济资助。

2. 深度访谈总结

（1）样本选择与访谈实施。本次深度访谈共选取6家单位。根据"2013年浦东新区科协学会工作评估统计表"，选择综合评估居于前列的单位4家，居于中游的单位2家，样本分布4个组别，基本涵盖各类社团与协会，具有普遍性与代表性，既可以总结先进经验，又可以发现问题。这6家单位是：光电子行业协会、研发机构联合会、生物学会、项目管理协会、工程师协会与医学会。访谈对象为6家单位的相关负责人，采取上门走访的形式，进行深度访谈。

（2）总体情况。6家单位均能够高度认识当前"大众创业、万众创新"的大背景，与浦东新区打造创新中心的战略发展目标，认为浦东新区科技社团与协会应该在这一背景与战略下，积极发挥作用，抓住机遇、迎接挑战，既促进本社团与协会的发展，也为创新中心的建设作出贡献。6家单位均对浦东新区科协的管理与服务表示满意。认为浦东新区科协创新意识强、服务意识强、管理能力强，能够积极提供各类政策与市场信息并对社团与协会的发展进行引导，能够有效组织各社团与协会间的沟通与协作，能够为各社团与协会切实解决现实困难并提供政策与资金的扶持。6家单位充分认识到，在市场经济中要注重生存能力、研究能力、转化能力与服务能力的建设与提高，积极承接政府职能转移，开拓市场需求，既使本社团与协会生存好、发展好，又能有较高的社会声誉与社会价值。

(3) 经验总结。

①以服务拓展市场，赢得发展空间。光电子行业协会以免费服务作为打开市场的手段，对于企业逐一拜访、调查和后期整理、制作，最终得到了比国家统计局更加精确、具体的数据，编制了《光电子产业年报》。并以此逐渐得到政府的认可信赖，树立了协会能做事、能做成事、能做成好事形象，同时注重发挥协会功能，将政府和企业两方面对接，使协会有了资源和生存空间，稳步发展，收入逐年上升。研发机构联合会注重全过程提供服务。在研发前提供科技信息推送服务，目的是在研发起步时提高起点，提供专业信息方面的借鉴，避免不必要的科研浪费。同时横向联合合作机构，如中科院、中心和知识产权、咨询行业专业的公共机构。在研发过程中，专门成立了中小企业创新服务联盟，主要联合研发公共服务平台机构，为企业提供检测、技术等公共服务。在研发的后期，平台促进各类研发机构之间的反馈、交流。

②注重宣传推广，提高社会影响力。生物协会是专业协会，以个人会员为主。以生命科学理论为依据，为提高全民科学意识和素养献计献策，并积极开展相关工作。主要包括组织开展生命科学科技和教学等领域的学术交流活动、组织培训活动如各类讲座、培训班和努力普及科技知识、扩大青少年的知识面等。

项目管理协会背靠一家管理咨询公司，目前主要通过科普服务、基础讲座、技能培训、案例分析等开展业务。如举办的"3D打印技术运用与项目管理"主题讲座，集中探讨前沿技术对项目管理的冲击和展望。以及2015年举办的"自主创新与项目管理论坛"和"精益项目管理论坛"，既开展了具体服务，也扩大了协会的知名度。

③积极拓展职能，推动产学研协同发展。工程师协会参加上海市社会组织规范化评估，荣获"5A级社团"荣誉称号。在工程师继续教育方面，协会结合需求，推出了"上海市工程师继续教育系列公益讲座"品牌项目，在义务提供程师职称申报受理服务方面，每年服务咨询量都超过1000例。此外注重产、学、研综合性项目研究，较成功的案例是研究提出了节能电梯方案，成功应用于虹桥国家会展中心的200部电梯。

医学会与政府部门联系紧密，受到政府扶持力度较大。主要通过开拓医疗、护理临床及非临床学科各项教育培训、举办学术报告、开展医疗质量评估等活动开展业务。为了拓展功能，学会先后成立医疗质量评估中心、医疗质量控制中心、医疗卫生科技成果转化中心等为会员提供专业服务。其中，由于医务人员的发明方法、科技创新不能直接在医院转化成产品和价值，一直得不到支持，针对这种情况，学会主动提供平台支持、联系厂家、承担风险。

（4）存在问题。

①生存状态良好，但未来发展趋势不明朗。当前我国对社会团体的管理还处于摸索期，对社会团体的定位、功能政策上还不明朗。6家单位都认为虽然趋势会持续向好，但是目前政策变化较快，给科技社团与协会的未来定位与发展带来一定的困惑。

②市场不规范、不公开，存在行政限制是重要制约因素。承担政府职能转移是将来科技社团与协会发展的重要方向。但是，由于这一领域发展还不充分，还存在很多行政性准入限制，给社团与协会发展带来很多困难。比如，曾经有一家生产新型生活污水处理器的中小企业，他们的产品比起现有运作的处理器有着成本更低廉、处理时间更短、可操作性更强的优势，但是实际在向政府推行使用时却遇到很多困难；国家水务环保体系多年来已形成固有模式，环保局、水务局拿出财政预算进行原有设备的购置，不会轻易地尝试新产品，新型产品想要打破格局在现阶段扩大推广不太可能，没有实际操作性。

③内部管理受人才与经验约束较大。当前科技社团与协会普遍专职管理人员较少，多为兼职。另外，由于受资金制约，很难聘请到高水平管理人员，对社团与协会的发展有很大影响。社团与协会管理的规范化、效率化、信息化还需进一步提升。另外，由于很多社团与协会成立时间不长，与市场、政府接触不充分，对外交流不广泛，在管理经验方面还有欠缺。

④在树立品牌还需进一步加强。虽然浦东新区科技社团与协会普遍专业度高、实力较强、对市场熟悉度高，但是能够在上海乃至全国叫得响的名牌社团与协会还不多。其中一个重要原因是宣传工作不力。各单位也希望在自身加强宣传的同时，科协能够提供更多的宣传展示平台，让浦东的科技社团与协会"走出去"，扩大影响。

三 路径选择：浦东科技社团转型发展的基本思路

1. 发挥科协聚人优势，融入科创"三最"

2014年5月，习近平总书记在上海考察调研时指出："当今世界，科技创新已经成为提高综合国力的关键因素，成为社会生产方式和生活方式变革进步的强大引领，谁牵住了科技创新这个牛鼻子，谁走好了科技创新这步先手棋，谁就能占领先机、赢得优势。"习近平要求上海在推进科技创新、实施创新驱动发展战略方面，走在全国前头、走到世界前列，加快向具有全球影响力的科技创新中心进军。上海作为我国最大的综合性经济中心城市，其产业和技术实力雄厚，具备成为全球科技创新中心的潜力。上海建设全球科创中心，既是国家战略所需，也是上海自身实现创新驱动转型发展的内在要求。

围绕创建全球科创中心这一中心工作，浦东科协在推进科技社团工作方面应该进一步发挥科协服务科技人才、凝聚科技队伍的专业化、职业化和市场化优势，实现"三最"：

（1）范围最广。与上海其他区县相比，浦东科技社团无论是在总体数量还是覆盖领域方面都是最广的。从传统的为农业养殖生产服务的社团到新能源、新材料、生物医药等高新科技企业社团，浦东科技社团始终将社团建设在科技创新和经济发展最活跃的细胞上，使之真正融入和服务于浦东经济和社会的发展。因此，浦东科协将全面分析科创中心的建设任务和浦东科技社团的现有基础，推进科技社团与科创中心建设的全面对接。

（2）融合最深。生物医药和新能源是浦东新区的两个主要产业领域，有着相对完整的产业链。因此，服务这两个产业的科技学会非常多，比如包括新材料、计算机、光电子等各种各样的行业协会和科技类社团等。在推进这些科技社团与相关行业领域的深度融合方面，浦东科协需要做好的、最根本的任务就是市场化，就是要解决好如何促进科技成果转化以及怎样进行科技成果评价的问题。比如，2013年，浦东新区生物产业行业协会科技评价机构正式宣告成立，该协会组建了一支由70多人组成的科技专家队伍，成立科技评价机构办公室，制定科技评价工作管理办法、实施细则和操作手册，成为服务浦东生物产业科技创新的重要力量。浦东科协将在重点行业、重点领域、优质社团中逐步复制相关经验，推进它们与科创中心建设这一中心工作的深度融合。

（3）工作最实。社团管理首先服务的是人，并不直接作用于科技创新和经济建设，工作对象和工作方式往往会出现"软化"和"虚化"的现象。浦东科协以平台化管理方式，紧紧结合具体的实实在在的工作（如科技成果转化、科技成果评价、科技成果推广、知识产权产业化等等）来开展，通过加强浦东科创文化的软环境建设，促进科技人才、科技企业、科技行业之间的交流，使工作真正落到实处。

2. 深化科协机制改革，提高科技服务质量

在上海加快向全球科技创新中心进军的新形势下，浦东科协不断探索深化科技体制机制改革，优化创新科协管理方式，通过体制改革和机制创新为全球科创中心建设提供支持。

（1）规范补贴机制。补贴政策在社团管理中有不仅能起到规范社团活动的作用，还有着重要的导向作用。通过补贴政策的调整可以实现科协对社团的有效引导和管理。在扶持社团方面浦东科协有对应的补贴政策，关于如何规范引导社团活动，提高社团活动质量和效率是科协在扶持社团过程中需要解决好的问题。后补贴政策是科协资助社团的一种方式，是对现有经费资助方式的优化和完善，后补贴作为当前科技经费补贴的形式之一，出现较早，但在最近几年才为社会各界所重视。狭义的后补贴政策只涉及经费下拨的时间点，而不涉及具体形式和内容；广义的后补贴，则从整个计划项目的涉及和管理角度出发，包括补助的范围、方式、标准和内容等。后补贴政策优势在于能够更好地激发创新主体参与科技研发活动的积极性。它实行"先实施，后拨款"的资助机制，后补贴的资助方式改变以往重过程的科研管理模式，它以结果为导向，有利于提高财政科技经费的使用效益和科技资源的配置效果。浦东科协拟针对以往社团管理中出现的简单分钱分物的做法出台一些后补贴的政策，对社团活动进行有效的引导和管理。通过后补贴的政策科协就可以对社团活动的知识成果进行有效的绩效评估。它避免了以往社团在申请到会议经费以后，组织会议达不到应有的规格和标准的情况。相对于事前补

贴，后补贴的政策可以充分发挥财政经费的引导作用，激发企业参与科技创新的积极性，加快建立以企业为主体的技术创新体系，对社团活动有更好的监督和引导效果。

后补贴的方式毕竟是项目实施完成后才拨付资金，因而决定了其不会是"雪中送炭"，而只能是"锦上添花"。此外，由于后补贴形式实施的时间较短、推广范围较窄，在补助效果、补助对象、补助标准、经费用途与验收标准等方面还存在较大争议。后补贴政策是推进科技管理体制改革的重要手段之一。实行后补贴政策，一方面有助于简化管理流程，减轻负担，提高行政效率和科技研发的效率，进而带动科研管理体制改革；另一方面，有助于强化财政经费保障，巩固市场主体地位，进一步深化科技与经济的密切联系，因此有必要进行推广。虽然是事后补贴，但是对科研项目的管理依然要覆盖全过程，前期调研、中期跟踪等环节同样必不可少，并且这一以结果为导向的后补贴政策可以更具有针对性、更有效率。

补贴政策本身应有导向性，补贴政策的调整更应该有明确的指向。在社团管理中，项目补贴范围广、数量多，容易出现"一刀切"的做法，浦东科协的项目补贴应紧紧围绕"22条"中提出的重要内容进行，抓住重要内容中的关键项目提供资助。大力支持22条中的一些重要板块（如科技成果评价、人才服务、科技成果转化等），主要围绕这些板块去服务、引导、研究。总之，在补贴机制上的创新就是形式上先出成果再补贴的后补贴模式；方向上，围绕22条的重要内容展开。补贴机制的调整是机制改革的重要内容，也是实现22条的政策性铺垫。

（2）完善分类管理。学会是智力密集、人才荟萃、创新思维活跃的知识高地和创新源地，是跨行业、跨部门、跨地域的网状组织体系；学会植根于广大科技工作者和职业者，具有沟通社会的治理结构和组织能力；对会员的愿望和需求十分了解，新知识、新技术、新信息等的汇集面广，在社会上具有较高的权威性、信誉度和号召力；学会组织体系完善，运行灵活，管理多样化，有利于加强组织建设，增强竞争能力。

科学学会的组织建设是社会科学学会管理学的重要内容之一。创新学会分类管理机制，加强学会组织建设。启动建立科协学会考评机制，对学会进行分类管理，树立"以科技工作者为本，以学会为主体"的科协工作理念。

根据浦东科协下属学会的性质进行分类管理是必要的。不过，试图用单一的分类标准来管理也会产生粗放化管理的问题。因此，从实际工作情况出发，根据现有学会社团的多重性质，选择几个比较有代表性的分类方法提出社团管理的复合分类标准，是比较现实的选择（见表1）：

表1

		科协行业主管	部门业务主管
自然科学	科技工程 新兴科技	计算机协会 高分子学会 光电子行业协会 移动通信协会 研发机构联合会 新能源协会 先进音视频技术协会	软件行业协会 集成电路行业协会 生物产业行业协会 中医药协会 数字媒体行业协会
	传统科技	超大件运输起重技术协会 机械工程技术协会 养兔协会 花卉盆景协会 农业机械协会 畜牧养殖协会	
	基础科学	数学学会 物理学会 化学化工学会 生物学会 土地学会 农村经济学会	环境科学学会

续表

		科协行业主管	部门业务主管
社会科学	咨询服务		反邪教协会
			欧美同学会浦东分会
		创业投资协会	信息化协会
		知识产权保护协会	金杨社区青少年素质教育促进协会
		工程师协会	质量技术协会
		管理咨询行业协会	风景园林协会
		青少年科普促进会	医学会
		科学技术普及志愿者协会	档案学会
		科普教育基地联合会	会计学会
		翻译协会	财政学会
		实践管理研究会	统计学会
		项目管理协会	计划生育协会
		心理咨询师协会	工商行政管理学会
		科技企业创新研究会	基本建设优化研究会
		科普影像家协会	环境保护协会
			农协会
			农民专业合作社联合会
			食品生产安全管理协会
	基础研究		

另外还有两家比较特殊：

表2

上海市张江高科技园区科技企业协会	科协行业主管
上海市浦东新区康桥企业协会	康桥镇行业主管

从以上的分类来看，值得注意的有如下几点：

1）59家科协学会名单中有由科协行业主管的"上海市张江高科技园区科技企业协会"和康桥镇行业主管的"上海市浦东新区康桥企业协会"

两家属于企业科协,应该归并到企业科协中进行管理。

2) 按目前的分类整理下来的情况来看,浦东科协59家协会有如下几个特点:①从数量来看,"社会科学"类的科技社团(相当于"软科学")明确多于"科技工程"以高新技术为主的科技社团(相当于"硬科学");②受部门业务主管的社团与受科协行业主管的科技社团比例相当(24∶33——有2个为企业科协);③应用研究类社团(科技工程+咨询服务)多于基础研究类社团。

3) 在此分类基础上,建议浦东科协再围绕"活跃度"设计一系列细化的评估指标,如活动经费、活动次数、活动质量(如科技开发、科技评价、咨询服务等),对学会进行综合评估和动态管理。

(3) 依法规范行为。科学技术是强国之基,依法治国是强国之魂,科协要团结带领广大科技工作者增强法制观念,立足本职岗位,从自身做起,努力做依法治国的拥护者。坚持把知法、懂法、尊法、守法作为科技工作者立身行事的行为准则,引导广大科技工作者在全面推进依法治国、建设社会主义法治体系的实践中,体会和感受法治,培育法律信仰,强化法治观念,将法律信仰、遵法守法的意识内化于心,依法行政、依法办事的行为外化于形,逐渐培育和养成法律至上、依法办事的行为习惯,树立遵章守法的法治形象,依法维护合法权益的法治意识,一致认同并积极参与法治建设,共同推进社会主义法治进程,推动全社会形成尊法、守法、护法的良好氛围。坚持把自由、平等、公正、法治作为科技工作者履行社会责任必须坚守的价值追求,充分发挥科技工作者科学文化水平较高、逻辑思维严谨、专业知识深厚的优势,及时发现法治建设中出现的苗头性和倾向性问题,在依法治国的背景下,依法依规办事是一项需要长期坚持的工作,在实际工作中需要不断深化、调整。

科技工作者是中国特色社会主义建设的先锋,是社会主义先进生产力的开拓者和先进文化的传播者,依法维护科技工作者权益是社会主义法治建设重要的一环。以科技工作者为本,为他们提供合法权益保护,激发他们的创新热情和创造活力是科协工作的重中之重。在贯彻依法治国方略实践中,我们将坚持把科协打造成为凝聚人才之家,使其继续致力于促进科学技术繁荣和发展,更好地为经济社会发展服务。

科协的工作要依法依规进行,具体来说就是严格按照"一句话章程"

以及"22条"中的相关规定，进一步完善各项制度，规范浦东科协行政管理，严格依法依规履行职责；不断提高科协工作人员照章办事的能力和水平，扎实推进各项工作依法依规进行，确保"一句话章程"和"22条"的全面正确实施；要团结带领广大科技工作者增强法治观念，做依法治国的拥护者；要加强道德自律，坚决遏制科学研究中的学术不端行为；要以科技工作者为本，依法维护好科技工作者的合法权益。深入开展依法行政宣传活动，加强法律宣传，形成推进依法行政工作良好的舆论氛围。把依法行政工作作为创新科协管理机制的一面旗帜，做到依法规范工作。

四 主要举措：现浦东新区科技社团转型发展的平台构建

结合深圳考察经验，夯实科协"三化"，实现科创"三最"，搭建创新服务平台，强化科协服务能力是未来浦东科协的核心工作。通过学术交流平台的建设，可以创新学术交流方式，营造鼓励不同学术观点争鸣、思想火花碰撞的良好学术氛围，打造学术品牌，使科技工作者特别是在科研一线的科技工作者能够在学术交流中施展才华和增长知识，进一步推进学术建设，促进科技创新、学科发展和创新人才成长，发挥学术交流在国家创新体系中的重要作用。

浦东新区现有大量高新技术企业，它们的迅速发展在客观上要求有为企业提供国际化信息、融资、技术支持以及其他支撑的服务平台。为了强化浦东新区科技社团科技创新服务功能，浦东科协将在学术交流平台、文化软环境平台、人才服务平台、创新创业孵化平台、创业成果转化平台五个方面着手展开工作，通过这五个平台整合传统工作和创新性工作。

1. 重点升级学术交流平台

学术交流是科学研究的基础，对学科建设和发展具有重要影响。举办学术会议的数量和质量直接影响着科学发展的前景，在当今科学界，学术交流被广泛地定义为学者之间的知识和创意活动互相传播的社会现象。它是科学研究工作的重要组成部分，是研究者学术生涯的一种生活方式，也是人类知识生产力的一种生产方式。"学术交流活动是科学技术工作中个人钻研和集体智慧相结合的一种形式。通过科学家之间的思想接触、学术交流、自由争辩，可以沟通情况取长补短，互相促进，共同提高，使认识得到发展，从而有可能产生新的科学假说，开辟新的研究途径。"

科协又在促进国家科技事业发展，提高企业自主创新能力，加速人才成长战略的实施等方面担负着重要责任。浦东科协需要切实加强社团的学术交流建设，提高学术交流的质量和成效。浦东科协传统的学术交流平台内容包括开好年会、办好科技沙龙、做好三个固定的论坛以及关于重大会议的支持。传统学术交流平台是科协学协会的根，在未来的平台建设中，科协需要在根中培育新的内容。需要通过重点升级学术交流平台，强化浦东新区科技社团创新服务功能。

（1）孵化器发展论坛。科技企业孵化器又称企业创业中心，是一种新型的社会经济组织，它通过为新生企业提供研发、生产、经营、通信、网络与办公等各方面的硬件设施和系统全面的教育培训、政策咨询、投融资以及法律、人才等各方面的支持来降低新创企业的成功率和成活率。孵化器将技术资源、人才资源、基础设施和金融资本结合在一起，为有才干的企业家和有前景的小企业从零开始创业提供发展环境，其产业模式是不但把科技资源和经济资源进行有机整合，使科技成果商品化，还使科技企业及科技企业家市场化、网络化和国际化。

2012年召开的全国科技创新大会将"创新驱动"上升为国家发展战略，提出要深化科技体制改革，加快建设国家创新体系，强化企业技术创新主体地位。这就意味着我们需要更加关注和支持科技企业孵化器的建设和发展，扶持孵化器是科创中心工作的一项重要内容。第一，浦东新区的孵化器论坛，参与孵化器论坛的单位数量大、种类多，存在各种公营和私营的孵化器，并且数量众多。第二，基于此孵化器论坛可供讨论的话题也多种多样，既包括孵化器本身的学术讨论（如融资、商业环境配套、人才服务、科技成果转化、知识产权保护等），又包括浦东科协的社团如何服务好孵化器的讨论。第三，孵化器发展论坛上可以合作的对象多种多样，包括各个开发区管委会、知识产权局、金融局、各种孵化器单位，以及浦东科协的院士专家论坛。

科技企业孵化器，在服务中小企业，促进区域经济发展，推动技术创新等方面发挥着重要作用。科协在孵化器发展论坛的组织过程中要以科技人才为要素，发挥好社团组织的优势，团结广大科技工作者，在科技人力资源开发中发挥好衔接纽带作用。因此，在充分认识企业科协的重要作用的基础上，浦东科协必须把扶持孵化器作为科创中心的一项重要工作来做。

（2）院士专家论坛。人才资源是企业的第一资源，专家人才是企业人才资源的核心，对于企业创新与发展至关重要。院士专家论坛作为聚集院士专家及其背后的科研院所的创新要素直接参与企业对接，实现供求结合，在智力集聚与人才培养、科技合作与攻关、战略咨询与技术指导、研发基地共建与成果转化等方面发挥了其他创新方式无法替代的作用，具有高端、前沿、战略性的特点。

院士专家论坛为专家充分发挥创新以及带动人才的作用搭建了新的平台，通过院士专家论坛，专家可以对自己的研究方向及研究水平正确定位，有利于专家自我改进创新方式和提高创新水平，可以促进各专业新工具、新技术、新方法的交流与推广，在公司范围内贡献专家最新研究成果，促进各单位之间技术水平均衡发展，从而使专家创新成果发挥最大作用。院士专家论坛是浦东科协每年固定举办的传统项目，浦东科协还会定期举办院士专家年会。院士中心也会组织自己的专家论坛，也有类似的专家年会。

为了避免两个论坛之间同质化的问题，浦东科协将与院士中心展开合作，整合资源优势，将两者结合起来，通过科协和院士中心的紧密合作，集中力量做好院士专家论坛。

（3）企业科协论坛。企业是国家创新的主体，企业科协是企业创新的灵魂。企业科协既是地方科协的基层组织，又是企业党委领导下的群众团体，是企业领导连接科技人员的"桥梁"和"纽带"，是企业发展科技的重要力量。其性质决定其必须服从于企业发展的大局，认真履行人民团体的职能。浦东科协一贯重视企业科协的工作，在浦东企业科协论坛作为浦东一大特色表现尤其突出。企业科协能够发挥组织优势，帮助企业整合内外部科技和人才资源，既为一线科技人员开辟更为广阔的用武之地，又促进企业技术升级；既提升会员的创新能力，又为企业生产注入创新动力。企业科协最了解企业科技工作者在想什么，最清楚他们需要什么，能够协助企业领导即时传达有关企业发展的重要理念与战略决策，同时又能准确反映基层科技工作者的建议、意见和诉求，维护他们的合法权益。第一，浦东的企业科协论坛走在全市前列，并且这些企业恰好就是科技创新的"龙头"企业。第二，企业科协的工作对浦东科协是一个重要补充，同时企业科协论坛存在着和浦东科协论坛同质化的问题。第三，从性质上看，企业科协是与学会同一性质的社会上的群众团体，它和学会不一样，学会和浦东科协是领导和被领导的关系，而企业科协和浦东科协之间是指导和合作的关系。企业科协论坛是丰富和扩大学术研究，推进浦东新区学术氛围和科技研究能力的一个平台。

在传统学术交流平台上重点创新的地方，就是把孵化器、院士中心、科协三个层面的内容进行有机整合，这三个层面包括作为高级层面的纯研究的院士专家层面，站在最前沿的企业科协层面，和未来的科学家企业家院士的孵化器层面。真正做到产、学、研三者有机结合，并且有重点地突出三个论坛，在传统项目中挖掘新内容，这是浦东科协未来工作的重要方向。

（4）重大学术会议。学术会议是科学和技术发展到一定阶段的产物，与科技工作的职业化分工和科学活动的组织化发展密切相关，是科技共同体形成和发展的组织基础。学术会议伴随着经济社会的发展和科学技术的进步，以及科学技术工作的职业化、科技社团的规范化而逐步形成、发展、完善起来。学术交流日益成为技术创新人才培养成长的重要途径，也是产、学、研合作的重要纽带。参加科技学术会议有助于启发学术思路，促进人才的培养，提高科协知名度。对于重大学术会议，浦东科协每年拿出100万元的经费支持。针对国际性会议、全国性会议、市级会议分别有15万元、12万元、5万元三个档次的资金资助。科协对重大会议的支持政策必须继承和发扬，但是科协同样也面临着支持面太广的问题，这就需要浦东科协进一步优化对重大会议的支持政策。浦东科协应该在孵化器发展论坛、院士专家论坛、企业科协论坛这三个固定论坛的范围内办好大型交流会议。使会议政策真正落到实处，工作能够真正见到成效。在这三个平台之上办好国际性会议。

2. 着力营造科创文化软环境平台

（1）科技奖励。第二个平台是浦东科协为营造氛围和提供服务而打造的一个软环境平台。软环境建设主要是指培养科学精神、人文精神和科普精神，营造学术氛围和成果转化与产学研信息沟通环境，打造科技人员工作环境和团队融合环境，倡导学术道德和学风建设，形成凝聚等方面。在这一平台上浦东科协传统工作主要做的是"讲、比"（讲理想、比贡献）活动，目前这一活动由上海市科协和中国科协联合主办，活动的范围限定在科技工作者内部。目前，科协考虑一方面继续深化办好"讲、比"活动，另一方面要扩大创新，学习借鉴浦东新区十佳青年评比活动，让更多的力量参与"讲、比"活动，通过"讲、比"活动与团委、妇联、青联等群众团体合作，把辐射的面扩散到更广的层面，把"讲、比"活动做成扩大创新的活动。

（2）浦东科创英雄会、讲师团。科技精英是社会精英的重要组成部分，也是科技创新的核心力量。目前精英存在于社会生活的各个领域。但是现代社会人们对于精英的关注仅仅停留在经济精英和政治精英的层面。科技战线也有精英，但是仅仅作为精英并不能引起人们的关注，对于科技精英应该有新的注解，科技精英必须具有民族精神，还要有正能量，要树立好科技精英作为英雄的正面形象。对于在"讲、比"活动中涌现出的一些典型人物和先进事迹，浦东科协要以此为契机借此树立品牌，创立浦东科创英雄会，把这些先进人物打造成为一个讲师团，对他们的先进事迹进行宣传。政府可以为这些科创英雄营造良好的硬件条件，科协可以从软环境上着手，为科创营造良好的舆论氛围、思想氛围。塑造高大的科技工作者形象也是科协在营造软环境工作中的重要内容，对比深圳在这方面的工作，浦东科协更应该从中吸取教训，相对于深圳在市场化的过程中不断涌现出草莽英雄，浦东更需要超越这一点，培育出具有民族精神，具有充分正能量的科创英雄。将这些科创英雄的先进事迹以微电影、巡讲会、科普读物等形式传播出去，从而营造出浦东尊重人才、尊重科学、尊重英雄的舆论氛围。

3. 深化拓展人才服务平台

（1）院士专家工作站。科技人才是第一生产力的主要创造者，人才资源是第一资源，科技人才尤为重要，科技人才推动着科技进步和科创新，决定着社会经济发展速度和区域科技产业发展状况，影响着区域科技自主创新能力。建设一个完善的人才服务平台对于吸引科技人才，充分调动科研人员的积极性、主动性和创造性有着重要意义。"院士专家工作站"是中国科协根据企业技术创新需求，把院士、专家引入企业，一次提高企业创新能力。院士专家工作站建站至今，产生了良好的社会影响和实际成果。"院士专家工作站"在引领攻克核心技术形成创新成果，帮助企业掌握关键信息优化发展战略，配需创新团队提升企业创新能力等方面发挥着重要作用。围绕创新中心工作，浦东科协有一个人才服务的平台，在这一平台上浦东科协传统的人才服务包括职称评定、论文评定、继续教育三个方面的内容，这三个人才服务的项目作为传统的服务项目要沿用，人才服务中也还需要加入新的内容。

首先，要充分发挥院士专家工作站在人才服务中的功能，院士专家工作站是科协搭台引导，院士专家与企业互利合作进行科技创新的有效形式。院士专家工作站的建设，对于提高企业自主创新能力，对接国家重大科技专项、服务社会经济发展，以及服务人才方面都具有重要意义。其次，院士专家工作站作为一种产学研相结合的模式，它为企业搭建技术创新服务平台，将院士专家个人和企业法人沟通起来，实现了专家、企业的共赢。因此，要进一步发挥院士专家工作站在服务企业中的功能，要有真正为人才服务的内容，而不是仅仅挂牌。最后，浦东科协需要创新院士专家工作站的工作方式，让企业科协、孵化器和院士三者工作相结合，让院士通过院士中心给企业提供帮助，在人才服务方面，要明确院士工作责任，为院士专家培养人才确定量化指标。还可以在企业发展遇到困境的时候，让院士专家工作站和企业科协、孵化器等相关单位结合，真正为企业发展出谋划策。

(2) 职称授予权限。科技人员职称评定是科技评价的重要组成部分，在人才服务的内容上，浦东科协可以探索和人保局等单位合作，在职称评定的过程中扩大科协服务的范围，扩大科协职称授予的权限，在市人保局争取一些权限，或者探索一些新的做法，让市人保局直接在科协设点，然后由科协组织职称授予等相关事宜。另外，在人才服务的内容中，浦东在未来规划中有一个张江科技城、有人才服务、主动进城等相关项目。还有在未来有一个大学城，创新创业大学。科协可以组织一批有实践经验的企业家、科学家组建专家团队，作为师资力量为创新创业大学服务，为孵化器服务。

4. 深度扶持创新创业孵化平台

（1）科技评价。科技评价是科学技术管理工作的重要组成部分，是推动国家科技事业持续健康发展，促进科技资源优化配置，提高科技管理水平的重要手段和保障。合理有效的科技评价体系对于更好地激发科技人员的创新潜力，营造科技创新环境，推进国家科技创新体系建设有着重要意义。浦东科协本身也担负着科技评价的职能，目前针对创新创业服务的孵化器的服务平台，需要单列一个服务专项，这项工作的突破口就在于做大做强浦东新区科技类社团的评价功能。孵化器作为浦东科协直接扶持的对象，在浦东科协直接扶持的范围中。因此，可以赋予社团科技评价的功能，让社团参与科技评价。探索第三方科技评价工作的新途径、方法，发挥科技社团的组织作用，推进科技评价工作有序、健康发展。一方面企业有着大量科技评价的需求；另一方面浦东新区有着50多家手握资源的科技类社团。开展科技评价工作，可以发挥科技社团作用，突出专业优势，拓展为科技创新发展的服务模式，加快推动战略性新兴产业发展步伐。因此科技评价作为第四个创新思想，需要做强做实社团的科技评价功能。这有两个重要指标组成，第一，科技评价的队伍需要进一步扩大；第二，要有一批实实在在的项目让社团去做，并且这一范围需要控制在浦东新区的孵化器中间。

（2）设联络点或者工作站。院士专家工作站通过引进院士及其团队，建立协同创新机制，为企业技术决策定向把关，帮助企业解决技术难题，引领培养创新人才，工作站作为促进产学研用相结合的有效载体能够有效实现经济效益和社会效益的高度统一。浦东科协探索通过学协会、行业协会等在孵化器里面设联络点或者工作站，让工作站担负起联络科协与孵化器的重要作用。科协可以公益性地为孵化器提供帮助。通过联络点与科协联系，孵化器可以顺畅地与科协沟通想法，做建言献策、决策咨询等相关的事宜。工作站的目的一方面是深入企业，紧邻第一线孵化器、企业科协，为企业生产解决问题；另一方面要做的工作是学术交流，交流的内容不是无源之水，恰好可以是企业生产一线所面临的问题。学术交流和企业生产相结合，把决策咨询作为学术交流的形式，以孵化器的问题作为决策咨询的重要来源。解决实际问题的同时也产生了新的研究课题。

5. 全新打造科技创业成果转化平台

（1）科技创业成果转化展。科技成果转化服务平台是科技成果转化的一个重要组成部分，是提高区域科技创新、加快成果转化、完善成果转化服务的重要载体。创新创业公共服务平台，在促进科技资源高效配置和综合利用，提高科技成果转化效率，完善科技成果转化服务中有着重要作用。结合深圳的经验，建设好创新创业成果转化服务平台，需要每年围绕企业科协、孵化器等等，组织一批企业科创成果转化展。在这一个展会上可以联合农业成果转化、生物医药、新能源等项目一起做成展会的联盟。由科协搭建平台，社团组织内容，给社团研究出来的项目提供一个可供展示的平台。

（2）构建政产学研协作机制。科协要充分发挥优势，在政府规划布局、企业生产需求、科技人才培养和重大项目攻关等方面寻找和调配资源，参与构建政产学研协作机制，推动科技工作者围绕"四化"同步发展和产业转型升级中的核心关键技术开展科技攻关，深入生产一线开展科技创业和科技服务，促进产学研结合和创新要素向企业集聚，推动科技成果加快转化为现实生产力。

浦东开发与上海的再都市化

刘士林

（上海交通大学）

自 20 世纪中期开始，上海迅速从国际都市体系中淡出，根本原因在于其被迫选择的政治型城市发展模式。与古代城市不同，中华人民共和国成立后复杂的全球政治势力和新的世界政治格局是其选择的主要原因，但由于政治型城市与现代城市化进程的格格不入，是上海在中华人民共和国成立后在"逆城市化"泥潭中挣扎长达 30 年的根源。在这个意义上，"由国际化向国内化"的结构与功能转型，可以看作是 20 世纪中期上海最重要的一次"逆城市化"运动。与上海的知识分子、技术工人大量迁往祖国四面八方不同，国际人口与资源的重大撤离意味着人口、资源、资本与文化向全球的流动，因而也可以把上海在 20 世纪 50 年代前后开始的"逆城市化"称为"逆都市化"。与"逆城市化"相比，"逆都市化"的后果当然更加严重。与城市的空间形态与结构功能的蜕变相一致，海派文化也遭遇到全面而彻底的大清洗。因为与国际政治、军事、资本同时撤离的，还有上海密集的领事馆、宗教文化、艺术家等。在中华人民共和国成立的 1949 年，上海只与苏联等少数国家有文化往来。这与它在开埠时期、在 30 年代的黄金时代，可以说已有隔世之感。在经历了很多重大的、具有"夺胎换骨"意义的置换与重构之后，20 世纪 70 年代的上海，早已不再是那个霓虹闪烁、欲望横流、美丑交织、东西杂糅、古今缠绕的"东方巴黎"了。这既是上海在改革开放到来之前的基本状态，也是上海在新时期开始其"再都市化"历程的历史起点。

浦东开发与上海的再都市化 / 441

一

与思想解放运动给中国社会带来勃勃生机一样，上海也是在改革开放的时代大潮中开始新发展的。"三十功名尘与土，八千里路云和月。"中国城市改革开放可相应划分为两个阶段：一是1978—2000年中国城市化进程的恢复、起跑与积累阶段。与中国社会改革开放的初级阶段或早期形态相适应，以"城镇"与"小城市"发展为主体的"城市化进程"是其标志与主要成果。在城市发展观上，与之相对应的是城镇化理论，其代表是国务院1989年制定的"三句话方针"，即"严格控制大城市规模，合理发展中等城市，积极发展小城市"，在学术理论上则主要表现为以城市化村庄为主题的超微型城市论（复书章等）和以小城市为主题的微小城市论（费孝通等）。二是在经济全球化的背景下，特别是在中国加入世界贸易组织以后，以"大都市"与"城市群"为核心的"都市化进程"构成了中国城市发展的主旋律。在千年之交的2000年——这一年中国城市化水平达到36.09%，人均国民生产总值超过800美元，两项指标表明中国城市化正在驶上快车道，并迅速融入作为世界城市发展主流的都市化进程。

在新时期的城市化进程中，曾有远东第一大都市美名的上海具有地标性的意义。早在改革开放的初期，当时中国的城市化水平仅为18%左右，上海往昔的大都市风采更是荡然无存。在这样的背景下，1982年国家领导人提出了"以上海为中心建立长三角经济圈"的构想，由于经济圈的具体内涵等同于西方的城市群，因而也可以说预示了中国都市化进程序幕的揭开。尽管在此后近20年的历史中，长三角经济圈几番炎凉，但正是在这一新的战略指导下，中国城市逐渐走出封闭和不发达状态，开始融入全球性的都市化进程。都市化进程在中国的真正确立始于2005年《中央关于"十一五"规划的建议》，在建议中首次出现了"城市群"的概念，要求"珠江三角洲、长江三角洲、环渤海地区，要继续发挥对内地经济发展的带动和辐射作用，加强区内城市的分工协作和优势互补，增强城市群的整体竞争力"，以及提出在"有条件的区域，以特大城市和大城市为龙头，通过统筹规划，形成若干用地少、就业多、要素集聚能力强、人口合理分布的新城市群"。① 这表明城市群战略在中国现代化进程中开始占据主导地位。而之所以会这样,当然与长三角、珠三角两大城市群在改革开放中的奋力开拓密切相关。如果说,"逆都市化"意味着城市人口的减少、财富创造的凋敝和文化生活的贫乏,那么,在上海重新启动的都市化进程中,正是以这三方面的巨大发展开始重续因为政治、战争而中断的大都市之梦的。

二

如果要为上海的再都市化寻找一个地标,可能每个人都会不约而同地选择浦东,这并不奇怪,因为它的象征意义太明显了。特别是20世纪90年代开始,中央作出开发开放浦东的重大战略决策,为上海重拾现代大都市的梦想提供了可能。

浦东,是与上海浦西市中心区仅一江之隔的一块三角形地区。地理环境得天独厚,紧靠基础雄厚的上海老市区,背倚物阜人丰的长江三角洲。②

到2004年,浦东新区面积522.75平方千米,户籍人口180.9万人,已是一个环境优美、经济繁荣的现代化新兴区域。③

曾几何时,与外滩隔江相望的陆家嘴,是一个破旧棚户、低矮厂房与阡陌农田犬牙交错的落后之地。如今,陆家嘴已成为可与纽约曼哈顿、东京新宿对话的世界级中央商务区,2003年每平方千米产生的GDP增加值达147亿元。这里荟萃7家要素市场、156家中外金融机构、4000多家中介服务机构和3万多名"金融白领"。这里有这座城市最耀眼的建筑——东方明珠和金茂大厦。东方明珠电视塔已成为上海的标志,上海最繁华的南京路、淮海路、四川路等,恍如"明珠"的辐射线,每条路上,都可看到电视塔的伟岸身影。88层高的金茂大厦,头顶世界第三、

---

① 《中共中央关于制定"十一五"规划的建议》,新华网,2005年10月18日。
② 熊月之、周武主编:《上海:一座现代化都市的编年史》,上海书店出版社2007年版,第584页。
③ 同上书,第589页。

中国第一高楼之桂冠，矗立在陆家嘴黄金地段，被誉为"上海建设高潮中的优秀结晶""中国建筑科技水平的集中展示"。①

浦东的发展作为新时期上海的发展引擎，带动了上海城市整体的迅速发展。人口是城市化的基本尺度，都市化则意味着更高的城市化水平。以城市人口为例，在改革开放之初，上海户籍人口只有1100万人，而目前上海已成为全国人口密度最高和世界人口密度最高的城市之一。2007年上海市常住人口达到1858万人，常住人口密度为2931人/每平方千米，比2005年2804人/每平方千米增加了127人/每平方千米。② 这与浦东开发密切相关。相关研究表明，上海人口的大流动主要出现过两次：一是开埠后的1843年，短短百年时间，上海人口从20万人激增到500多万人；二是随着20世纪90年代浦东开发开放，在不到20年的时间里，上海外来流动人口从106万人增加到660万人。城市人口的国际化程度是衡量大都市的一个重要尺度。相关统计表明，1996年，上海首次正式接受外国人就业登记，当年登记人数为5000人。13年之后，在沪就业的外国人数超过68600人，增长了13倍。他们主要来自日本、美国、韩国、新加坡、德国、法国、加拿大、马来西亚、澳大利亚、英国等，其中高级管理人员（投资人、正副董事长、正副总经理、首席代表、合伙人、地区总裁及总监等）占总数的32.1%，高级技术人员（高级工程师、高级会计师、高级建筑师等）占7%，一般管理人员（主要为部门经理、主管等）占45.9%，一般技术人员（含工程师、会计师、摄影师、西式厨师等）占9.7%，提升了上海经济的外向度和管理、技术水准，有力地推动了上海的国际化进程。③ 正是在这样的时代背景下，在"逆都市化"进程中人气式微的上海，迅速找到了现代化的感觉和位置。

经济是城市的命脉。密集的工厂一直是现代大都市的象征。在现代中国城市之林中，上海一直以工业制造业中心闻名。由于新时期是一个"城市化"与"都市化"相交织和嬗变的特殊时期，这两种城市发展模式

---

① 熊月之、周武主编：《上海：一座现代化都市的编年史》，上海书店出版社2007年版，第590页。

② 陈青：《上海常住人口密度持续增加去年每平方公里达2931人》，《文汇报》2008年3月18日。

③ 陈惟：《在沪就业外国人13年增13倍》，《文汇报》2008年12月26日。

基本区别在于：与城市化进程以矿山开采、冶炼、纺织等传统制造业为主体的现代工业为核心要素与主要机制不同，以高新技术产业、金融资本运营、信息产业、文化产业等为基本标志的后现代工业与商业构成了都市化进程的主导性经济机制，特别是由于前者建立在对自然环境与资源的严重污染与恶性损耗基础上，在都市化进程中必然要遭遇更大的冲击甚至是被淘汰的命运。这也是上海城市发展在新时期所面临的挑战与困境。上海城市经济发展面临着"工业化与后工业化的冲突"。中国现代工业发展先天不足，一方面，这是其农业人口压力巨大、城市化起点低、发展不平衡的主要原因。因而，中国城市化的一个重要内容是必须大力发展现代工业。另一方面，这也是上海在改革开放之初的经济发展战略。但由于以下三方面的原因，上海发展现代工业的条件并不是很好。

一是上海地区的资源与环境影响。上海是缺乏能源的地区，一次能源为零。但与此同时，却是全国能耗最高的城市。上海每年的能耗水平是日本的4倍、美国的4.7倍、印度的2倍。上海的能源结构不合理，目前能源消耗仍以煤炭为主，天然气占的比重较小，燃气的现代化程度不高。以煤炭为主的能源消耗造成环境污染，并加重了运输的压力。第二产业是耗能大户，用煤的绝对量庞大，且能源的利用率不高。……2001年上海消耗每吨标准煤创造GDP为1000美元，仅为日本的22%，美国的48%。[1]

二是新技术革命对传统工业生产方式的挑战。1978年上海市经委组织的"上海工业改造与振兴"的讨论，是上海经济发展战略研究的序幕。当时的调研结论是：上海工业设备陈旧、厂房简陋，"老牛已难以拉破车"。有学者建议：树立"技术救市"观念，要求中央增加对上海工业的投入，大规模进行技术改造。这是在我国经济体制逐步转轨、上海经济出现窘态情况下，上海对自身发展思路的重新思考和选择。1983年，上海市市长汪道涵在《政府工作报告》中，正式吹响了"加快老企业和老城市的改造"和"经济振兴"的号角。[2]

---

[1] 郭培章主编：《中国城市可持续发展研究》，经济科学出版社2004年版，第279—280页。

[2] 熊月之主编：《上海通史》第12卷，第303页。

三是计划经济向市场经济转型的影响。如从20世纪80年代开始，上海先后有50万纺织工人下岗转产。尽管早在改革开放之初，上海对此就有一定的认识并开始酝酿新的变革：只有走新的路子，按照新技术革命的要求调整自身的产业结构，从根本上摆脱目前发展中过分依赖物质资源的困难局面，才能真正发挥上海在知识水平、经营管理水平和社会文化水平方面比较高的优势，才能在全国四化建设中发挥先锋作用和基地作用，在世界经济之林占据强有力的地位。①

但在整个20世纪80年代，上海城市经济一直扮演着"后卫"角色。按GDP计算，1970—1979年上海的年均经济增幅为7.96%，其间全国的GDP年均增幅为7.44%，上海的增幅略高于全国的平均增幅；1980—1989年，上海的年均经济增幅为7.90%，全国的年均增幅则达到9.79%。1978年，上海的GDP在全国所占比重为7.53%，1991年，该比重下降为4.13%。其间，广东的GDP在全国的比重由5.13%上升为8.74%。工业企业经济效益的连年滑坡，是上海在20世纪80年代经济变化的另一个显著特点。②

真正的变革实际上就来自浦东的开发。浦东开发是城市发展的需要，特别是空间资源的不足，一直影响着上海大都市的发展。上海城市规划部门先后于1953年、1958年和1963年制作过上海城区越江向东扩展的蓝图。这可以说是延续了现代大都市的发展思路。但在压缩城市发展，特别是限制大城市规模的背景下，这些建议不可能获得实现。直到1986年，借助改革开放的东风，上海东扩计划重新被提起，国务院批复《上海市城市总体规划方案》时指出"当前特别要注意有计划地建设和改造浦东地区"，"使浦东成为现代化的新区"。1988年，时任上海市委书记的江泽民在"开发浦东新区国际研讨会"上，进一步强调要把浦东建设成国际化、枢纽化、现代化的世界一流新市区。甚至到1990年4月，党中央、国务院正式作出开发开放浦东的重大决策之后，由于当时的思想解放还处于反复中，浦东开发开放还未取得实质性进展。直到1992年邓小平同志南方谈话发表以后，特别是当年2月，邓小平同志在上海对进

---

① 熊月之主编：《上海通史》第12卷，第301页。
② 王志平：《60年来上海发展战略的演进》，《文汇报》2009年6月1日。

一步开发开放浦东提出殷切希望。当年10月，中共"十四大"明确提出："以上海浦东开发开放为龙头，进一步开放长江沿岸城市，尽快把上海建成国际经济、金融、贸易中心之一，带动长江三角洲和整个长江流域地区经济的新飞跃。"

三

浦东开发意味着上海城市经济结构与方式的重大变迁，以高新技术产业、金融资本运营、信息产业、文化产业等为基本标志的后现代工业与商业，逐渐取代了传统工业制造业，成为上海在都市化进程中的主导性经济机制。

以张江高科技园区和陆家嘴金融中心为标志，浦东开发带动了上海整个城市经济发展方式的转型，其巨大成就在今天看来越来越明显。在产业定位上，以上海市发展改革委和市经委制定的《上海产业发展重点支持目录》为例，其在《征求意见稿》中一共列出20大产业，即金融服务业、信息服务业、科技服务业、专业服务业、现代物流业和商贸业、文化服务业、教育卫生体育服务业、其他服务业、电子信息制造业、装备制造业、汽车制造业、船舶和海洋工程产业、石油化工和精细化工业、精品钢材业、航空产业（民机）、航天工业、信息技术装备、新能源产业、新材料产业、生物医药产业，都是与上海国际化大都市建设相适应的都市新兴产业。以金融服务业为例，《征求意见稿》中提出，信托与资产管理、金融发展投资基金，银行卡业务和相关第三方专业服务，创业投资担保、评估服务，货币经纪，汽车金融和航空器、工程机械等大型设备融资租赁，促进节能环保的金融服务，服务"三农"和中小企业的金融机构及产品，证券期货投资、咨询与管理，养老保险、公共责任险、商业医疗保险和企业年金管理，将成为下一步上海金融服务业发展的重点。以先进制造业为例，在原有的电子信息、汽车、装备制造、石化、医药、精品钢上海六大支柱产业基础上，《征求意见稿》中还提出重点支持以大型客机、支线飞机、直升机的研发和总装为核心的航空产业，以航天器运载火箭、深空探测、卫星导航、通信和遥感为核心的航天工业，以及新能源产业、新材料产业。① 以现代服务业为例，为加快形成以服务经济为主的产业结构，上海在全市重点推进建设包括中小企业总部商务区在内的 20 家现代服务业集聚区。从 2005 年至 2007 年，上海先后成立 75 家创意产业园区，吸引了 3000 多家企业入驻。目前，上海创意产业已逐步从量的聚集，转为质的调整和提升。与此同时，产业转移和长三角交通一体化进程，使上海既获得了更大的内部空间，也延伸了服务业的空间范围。如闵行区老工业区里的生产车间将逐渐转移出上海，同时腾出来的工业用地也坚决拒绝能耗高、占地多、污染重、效益低的项目，以确保上海引资的效率、质量和水平。这表明，上海在现代服务业发展方面已进一步明确了定位：凭借要素市场齐全、对外开放程度高、科研院所相对集中等区位优势，在强调生产性服务业、创意产业的同时，更在物流、金融和创建科技服务平台上处于领先，并在长三角城市群中发挥出辐射和带动作用。

　　浦东开发，不仅是一个经济战略，由于发生在中国与世界交流日益密切、经济全球化影响越来越显著的 20 世纪 90 年代，特别是在中国加入世界贸易组织（WTO）之后，它在很大程度上还深入推动了已昏睡了一个甲子之久的上海国际化进程。其中最明显的标志是，90 年代以后，无论是城市发展的整体目标，还是局部的战略，其定位都不再局限于区域、国内或亚洲，而是直接瞄准了风雨激荡的当今世界，于是，"国际化"成为我们在上海城市规划和实际发展中最耳熟能详的概念。从 1988 年上海市委书记江泽民提出把浦东建设成国际化、枢纽化、现代化的世界一流新市区，到 1992 年中共十四大明确提出"以上海浦东开发开放为龙头……尽快把上海建成国际经济、金融、贸易中心之一"，表明正是浦东开发为上海在当代的国际化进程提供了契机。而后来大家熟知的"四个中心"，也正是在这个基础上完善的结果。

　　从"一个龙头、三个中心"到"四个中心"。1992 年，中共十四大明确了上海"一个龙头、三个中心"的发展战略。1995 年 8 月，上海市提出了在距离上海较近的浙江舟山海域洋山岛建设深水港区的战略构想。2001 年 5 月，国务院原则同意《上海市城市总体规划（1999—2020）》。

---

① 张晓鸣：《上海拟重点支持 20 大产业发展》，《文汇报》2008 年 7 月 3 日。

国务院批复指出：要把上海建设成为经济繁荣、社会文明、环境优美的国际大都市，国际经济、金融、贸易、航运中心之一。这个规划提出的城市发展目标是：2020年，把上海初步建成国际经济、金融、贸易中心之一，基本确立上海国际经济中心城市的地位，基本建成上海国际航运中心。

"两个中心"建设提出新要求。2009年春，上海迎来改革发展的新机遇——国务院常务会议于3月25日审议并原则通过《关于推进上海加快发展现代服务业和先进制造业、建设国际金融中心和国际航运中心的意见》。意见清晰阐明了党中央、国务院对上海改革发展的新定位：上海要按照科学发展观的要求，立足国家战略，加快结构转型和发展方式转变，率先形成服务经济为主的产业经济。这将为上海加快实现"四个率先"、建设"四个中心"和社会主义现代化国际大都市注入强大的推动力。①

以国际贸易中心为例。贸易中心的原型是古代市镇——"集市"，在古代世界中，它们一般依靠便利的水陆交通而形成。如地中海沿岸的希腊、罗马、米兰、汉堡、威尼斯等，都是现代以前欧洲著名的商业都市和贸易中心。国际贸易中心是传统贸易中心进一步升级的结果，作为一种洲际或国家之间的国际商品集散地，它的出现与人类始于15世纪的大航海时代密切相关。大航海时代在印度洋、大西洋、太平洋沿岸催生了一大批海港贸易城市，如欧洲的巴塞罗那、里斯本、阿姆斯特丹、伦敦、利物浦以及大洋沿岸的孟买、雅加达、马尼拉、墨西哥、巴拿马、纽约、悉尼等。而上海最初作为国际商埠的城市功能，也是在这个背景下逐渐形成的。特别是在20世纪30年代前后，上海被誉为"东方巴黎"，和伦敦、纽约、鹿特丹、东京、中国香港、新加坡等一起成为新的全球财富集聚区和国际贸易中心。在经过半个多世纪的曲折与沉寂之后，改革开放使上海与全球中断和弱化了的联系开始恢复，而往昔的国际贸易中心的光荣与梦想也重新回来。

改革开放以来，历史又一次给上海创造了机遇，经过十多年的努力，上海重新成了中国最大的商业城市和外贸港口。上海有通江达海的地理位置，有吞吐量居世界第一的海港码头，有传统的外贸优势，有雄厚的

---

① 王志平：《60年来上海发展战略的演进》，《文汇报》2009年6月1日。

工业基础，有足够的城市经济规模，有中国最具实力的长三角腹地为依托以及对于长江沿线中西部的辐射影响力，有四通八达立体化的海陆空交通网络，有信息化的现代通信手段，有比较宽松的国际贸易环境和政策导向，有一定的国际贸易服务体系和管理机构，有开放的浦东作为对外开放的前沿阵地。这些都成为构建国际贸易中心强有力的主客观基础。上海正在加快国际化大都市的建设步伐，国际的经贸和文化交往越来越频繁，商品流通已经通过各种渠道进行渗透。上海的消费时尚已经与国际市场对接，这种优势也是其他城市难以企及的。而2010年世博会进一步拉近了上海同世界的距离，强化上海连接国际国内两个市场的枢纽地位。在国际贸易中心的自身建设方面，上海也取得了一定成绩："购物天堂"在硬件上已经足以同东京、巴黎等国际大都市相媲美；上海口岸进出口贸易总额2008年达到6065.6亿美元，占全国1/4，国际服务贸易进出口总额超过700亿美元，占全国的1/5，双双高居全国榜首，在世界上也占有一席之地；国际贸易的经营主体开始呈现多元化格局，2008年在沪的外贸企业累计34679家，上海对国际市场的影响越来越大。①

许多方面的研究都表明，上海的商务服务功能进步神速，并在中国城市中首屈一指。在纽约市合作组织联合普华永道会计师事务所美国公司于2007年3月发布的《机会城市：21世纪宜商环境指标》（Cities of opportunity: Business – readiness indicators for the 21st century）中，上海不仅进入到"机会城市"的行列，同时还被称为"表现抢眼的城市"。尽管与伦敦、纽约、巴黎和东京相比，仍有很大的差距，但在商务成本与生活方式资产两项指标上已位居中游。② 浦东开发才十几年，取得这样的成绩，这是很不容易的。另有一项对中国三大商务中心的研究表明，在华投资企业的约95%集中在长江三角洲（上海、江苏、浙江）、泛珠江三角洲（香港、广东、海南、澳门）、环渤海地区（北京、天津、河北、辽宁、山东）三大城市群，其中，长三角占45%，泛珠江三角洲占29%，环渤海占21%。在长三角城市群中，上海的地区总部型日资企业（机构）

---

① 朱连庆：《如何构建上海国际贸易中心》，《文汇报》2009年6月20日。
② 陈超等：《21世纪的机会垂青哪些城市——解读一份"纽约制造"的国际大都市比较研究报告》，《文汇报》2008年6月22日。

数分别占长三角与全国同类企业的99%和36%,而香港占泛珠三角与全国的80%和26%,北京占环渤海与全国的62%和19%。①

在根本的意义上,正如我们所说上海从宋代以后就是一个国际商埠城市一样,它一旦从"长烟落日孤城闭"的状态中走出,就会很快恢复被扭曲的本性并获得更大的发展。

长远来看,上海经济的成长发展,将视它跟整个东亚和世界各地经由海道自由通航的恢复原状而定。上海的贸易和商业的功能,对它的成长发展和市场繁荣,甚至比对它的工业发展更加重要;该项功能,不仅取决于它在中国的位置,而且还取决于它在整个商业世界中所处的地理方位。上海也许再也不会像往常那样地充当西方入侵中国的突破口和中国经济变革的主要策源地。鉴于中国日益由于刻下正在上海进行的变革而卷入世界经济体系,其他口岸和其他现代化的发祥地,将越来越变得引人注目,直到整个经济体系统一为止。但是,如果没有像上海那样的一个早已确立的工商业中心所能起的催化作用,中国所需要的体制上的经济变革是完成不了的。在变革的过程中,上海只会更加可能成长发展,而不会走向衰落。②

浦东开发,正是打通了上海重归国际经济体系与世界市场之路,其必然要给上海城市带来深刻而重大的变化。这既包括城市自身在改革开放30年中的巨大变化——

经济体制从传统的计划经济模式转向社会主义市场经济体制,商品市场化程度已达95%,实现投资主体多元化的国有企业占改制企业的80%以上。

城市性质从工商城市转向经济中心城市,拥有证券、外汇、期货、人才等一批国家级要素市场,以及18个区域市场和180个地方性市场。

城市建设从还历史性欠账转向建设枢纽功能性设施,初步形成市区立体交通网的构架,基本建成信息港的主体工程,全市新建建筑面积达

---

① 戴二彪:《从日资企业的区位选择看中国三大国际商务中心城市的功能特征》,载《和衷共济——中国与世界的共存之道》(第三届世界中国学论坛会议手册),上海,2008年9月,第137—138页。

② [美]罗兹·墨菲:《上海——现代中国的钥匙》,上海人民出版社1986年版,第246—247页。

到1亿多平方米。

经济运行从相对封闭转向全方位开放,91个国家和地区在上海投资2.2万多个项目,累计吸收外资合同金额454亿美元,全国各地在沪投资企业1.5万多家,注册资金超过600亿元。

经济发展重心由"高速中发展"转向"发展中调整",在加快工业新高地建设的过程中,第三产业占国内生产总值比重已经超过50%,信息产业已经成为工业第一支柱。

各项社会事业发展从量的扩大转向质的提高,新增劳动力受教育年限超过12年,居民平均期望寿命达78岁,先后建成一批标志性的文化设施。

城乡人民生活从温饱型转向比较宽裕的小康型,城镇居民年人均可支配收入超过1.15万元,农村年人均纯收入超过5500元,城镇登记失业率低于3.5%,市区居民人均居住面积超过11平方米。

人们的活动方式从"单位人"转向"社会人",城镇社会保障覆盖率超过98%。①

同时,由于当代城市发展的主流趋势是城市群战略。也就是说,当代城市发展已超越了单体城市或城市发展的"单兵作战"模式,作为城市化进程最高形态的长三角城市群成为上海在新世纪的重要战略目标。这时,上海已超越了"四个中心",而是深度融入都市化进程。在这个意义上,以上海为首位城市的长三角城市群战略的推进,也与浦东开发密切相关。

早在上海还处于都市化进程的前夜时,敏感的西方学者已经开始关注长三角一带的城市群体。1976年,戈特曼发表《全球大都市带体系》,认为世界上有6个大都市带:①从波士顿经纽约、费城、巴尔的摩到华盛顿的美国东北部大都市带;②从芝加哥向东经底特律、克利夫兰到匹兹堡的五大湖都市带;③从东京、横滨经名古屋、大阪到神户的日本太平洋沿岸大都市带;④从伦敦经伯明翰到曼彻斯特、利物浦的英格兰大都市带;⑤从阿姆斯特丹到鲁尔和法国西北部工业聚集体的西北欧大都

---

① 熊月之、周武主编:《上海:一座现代化都市的编年史》,上海书店出版社2007年版,第601页。

市带；⑥以上海为中心的城市密集区，这是研究还比较少的一个大都市区。①

1982年，国家领导人提出"以上海为中心建立长三角经济圈"，当时的长三角经济圈主要包括上海、南京、宁波、苏州、杭州。这是以经济区为表象的长三角城市群的最初形态。以后，长三角经济区（圈）的内涵屡有变化。1983年1月，姚依林副总理在《关于建立长江三角洲经济区的初步设想》中指出：长江三角洲经济区规划范围可先以上海为中心，包括长江三角洲的苏州、无锡、常州、南通和杭州、嘉兴、湖州、宁波等城市，以后再根据需要逐步扩大。1986年，长三角经济圈的概念扩大到五省一市，即上海、江苏、浙江、安徽、福建、江西。但由于经济区内一体化发展的矛盾、分歧过多，红极一时的长三角经济圈在20世纪80年代末至90年代初无疾而终。近20年的区域经济一体化努力也随之付诸流水。在这个意义上，正是浦东的开发与开放，成为长三角城市群的剪彩之作。在1992年10月中共十四大上提出：以上海浦东开发开放为龙头，进一步开放长江沿岸城市，尽快把上海建成国际经济、金融、贸易中心之一，带动长江三角洲和整个长江流域地区经济的新飞跃。

这样，浦东开发开放就从上海的地方发展战略变为国家发展战略，形成了上海及浦东为龙头和枢纽，向沿海南北两翼拓展，向沿江腹地推进，向内陆铁路沿线和四周沿边地区扩散的全方位开放新局面。②

这表明，浦东开放不仅是一个城市战略和区域战略，同时也是一个面向都市化进程和全球经济发展的国家战略。长三角实质性的合作与对话，也正是以此为契机而展开的。就在1992年召开的长江三角洲及长江沿江地区经济规划座谈会，长江三角洲协作办（委）主任联席会议正式成立，1993年，上海正式提出推动长三角大都市圈发展的构想，使长三角也逐渐由一个经济区概念演化为城市群概念。1996年，长江三角洲城市经济协调会成立，正式明确了新长三角经济区的范围包括上海、杭州、宁波、湖州、嘉兴、绍兴、舟山、南京、镇江、扬州、泰州、常州、无

---

① 《2007中国都市化进程报告》，上海人民出版社2008年版，第120页。
② 熊月之、周武主编：《上海：一座现代化都市的编年史》，上海书店出版社2007年版，第587页。

锡、苏州、南通。在以后一段时间内，这个长三角只有局部修改和扩充，如1996年地级市泰州设置，使长三角城市群扩展到15个城市。① 2003年8月台州市进入长三角，② 又使长三角城市群发展到16个。此后，以16城市为主体的长三角框架一直保持稳定，并受到普遍的认可。2008年9月16日，国务院公布了《关于进一步推进长江三角洲地区改革开放与经济社会发展的指导意见》，首次在国家战略层面上将长三角区域范围界定为苏浙沪全境内的26市，主要是加进了苏北的徐州、淮阴、连云港、宿迁、盐城和浙西南的金华、温州、丽水、衢州。③ 由此过程可知，浦东开发进一步密切和强化了上海与长三角城市的经济社会与文化联系，使长期以来徘徊不前的长三角经济区战略在一个更高层次上复苏。

如果以2000年为起点，中国都市化进程可以说比西方整整晚了40年；如果以1982年为起点，长三角经济区比西方的五大城市群大约晚了20多年；如果以1992年的浦东开发为起点，那么上海都市化进程则比西方差不多晚了30年。尽管中西发展的差距依然存在，但却可以说，正是在以城市发展为战略重点的新时期，中西文明近百年来被迅速拉大的差距正在急速缩小。从中国的都市化进程中，我们看到的正是实现中华民族伟大复兴的希望所在。

---

① 长江三角洲城市经济协调会办公室编：《走过十年——长江三角洲城市经济协调会十周年纪事》，文汇出版社2007年版，第132页。
② 同上书，第211页。
③ 徐益平：《26城市"引擎"轰鸣"大长三角号"强力启程》，《东方早报》2008年11月12日。

第四部分　展望篇

携手共建长江经济带，积极融入国家战略

肖 林

（上海市人民政府发展研究中心）

当前，中国处于加快结构调整和经济转型升级的关键时期，以往支撑经济高速增长的传统优势趋于减弱，新的优势逐渐形成，国内经济发展格局发生重大变化，"一带一路"、京津冀、长江经济带将成为我国经济发展的新的动力源。

2013年7月，习近平总书记在湖北武汉考察时指示"长江流域要加强合作，发挥内河航运作用，把全流域打造成黄金水道"。同年9月，李克强总理批示要求"深入调研长江经济带，打造中国经济新的支撑带"。随后，国家发改委、交通部启动长江沿线省市调研。2014年9月，国务院颁布了《关于依托黄金水道推动长江经济带发展的指导意见》，部署将长江经济带建设成为具有全球影响力的内河经济带、东中西部互动合作的协调发展带、沿海沿江沿边全面推进的对内对外开放带和生态文明建设的先行示范带。这标志着"长江经济带"正式成为我国继沿海开放、西部开发、京津冀一体化、"一带一路"之后又一个重大的国家战略，将进一步推动和促进沿长江流域地区可持续发展。

建设长江经济带，是惠及长江流域各省市经济社会发展的共建项目，迫切需要流域内各省市在政策沟通、经济发展、城镇开发、交通建设、生态保护、公共服务和社会治理等领域加强合作，构建协同高效、联动联通、互利共赢的合作机制，为我国跨区域、跨流域合作提供样板。

上海是长江流域经济发展的龙头,党中央和国务院要求上海"当好全国改革开放'排头兵'和科学发展先行者",并赋予了上海"服务长三角、服务长江流域、服务全国"的重要历史使命。参与和带动长江经济带建设,促进流域联动发展,是上海面临的一项重大课题。

一 从战略和全局高度深化建设长江经济带的认识

(一)战略意义

长江经济带覆盖九省二市,区域面积占全国的21.3%,人口占全国的42.7%,经济总量占全国的44.1%,具有横贯东中西、连接南北的独特区位优势,是我国经济增长潜力最大、增长速度最快、发展活力最强的经济地带,有着巨大的发展空间。同时,长江经济带沿线城市众多,形成了以上海、重庆、武汉、长沙、南昌、合肥、南京为核心的城市群,是我国重要的经济走廊,也是全国新型城镇化进程最快,经济、科技、文化最发达的区域之一。

加快长江经济带建设,将有效发挥长江"黄金水道"的功能,促进沿线城市与城市群的要素流动、产业联动和设施联通,进一步激发长江流域的经济活力,缩小城乡差距和区域差距,促进区域经济协调发展,为中国经济转型升级提供新的动力和重要支撑,是我国增强综合实力、积极参与经济全球化的迫切需要,对于进一步推动我国经济发展方式转变、实施好国家区域发展总体战略、实现经济持续稳定发展具有重大的战略意义。

(二)功能定位

1. 深化改革和扩大开放的试验区。充分发挥中国(上海)自由贸易试验区、浦东综合配套改革试验区、成渝全国统筹城乡综合配套改革试验区、武汉和长株潭全国两型社会建设综合配套改革试验区等改革试验区的示范带动作用,着力争取在经济、社会、生态等领域取得突破,率先建立健全充满活力、富有效率、更加开放的体制机制,积极扩大对内对外开放,推动优势产业"走出去",主动参与国际产业竞争和合作。

2. 东中西联动发展和服务全国的先行区。按照优势互补、互利共赢、协调发展的原则，统筹产业规划和支持引导，促进生产要素的合理流动和优化配置，加快长江流域经济一体化联动发展，加大对中西部地区的辐射和带动，更好地服务全国。

3. 具有国际竞争力的世界级城镇、产业带。进一步加强长江全流域航道建设，构建"点、轴、面"有机结合的航运服务产业链。加快建设以特大城市和大城市为主体、中小城市和小城镇合理发展的城镇网络。产城融合、以城带产，形成产业发展和城市化建设互为推动的良性循环。不断提升城市开放型经济水平和国际化程度，增强长江流域整体国际竞争能力。

4. 科学发展和社会和谐的示范区。加快经济结构和产业结构调整步伐。依靠创新为主导，推进经济发展方式的转变。推进生态文明建设，切实加强资源节约和环境保护，加快形成可持续发展的空间格局、产业结构、生产生活方式和制度体系。坚持以人为本，促进社会公平正义，推动经济社会科学发展、和谐发展，让全体人民共享改革发展成果。

（三）问题"瓶颈"

1. 长江经济带各区域处于不同发展阶段，内部经济发展水平差异较大。长三角城市群、皖江城市群、武汉城市群、长株潭城市群以及成渝城市群五大城市群中，长三角城市群由于人才集聚、高校及科研院所分布较为广泛，已处于以高新技术产业为主导的技术知识集约化阶段，面临着优先发展服务经济的任务；其他城市群第二、三产业比重差距仍然较大，未来一段时期内"二产"仍将占据主导地位；特别是长江经济带西部地区整体上还处在工业化的初期阶段，重点仍然是推进工业化、城市化。区域内的异质化一定程度上影响了长江经济带共同发展目标的确定，处于不同发展阶段的东、中、西部地区之间利益诉求各异，合作成本相对较高。

2. 长江经济带资源禀赋差异明显。生产要素禀赋的区域差异，加之区域间经济发展阶段、发展程度和城市化水平的差距，使长江经济支撑带经济与资源环境协调发展任务艰巨，资源供需矛盾突出。上游地区地域辽阔、资源丰富，但经济基础薄弱，市场化程度低，未能将自然资源优势充分转化为经济优势。特别是西部的贵州、云南是重要的能源输出省份，但在过去能源价格过低的情况下，付出了巨大的生态环境代价。而下游地区经济发展水平高，具有资金、人才、技术优势，但自然资源相对匮乏，尤其土地、森林、水等资源尤为紧缺，能源供应与社会经济发展以及环境承载之间的矛盾十分突出。

3. 东西向交通联系不畅阻碍长江经济带市场一体化进程。长江经济带已初步形成铁路、公路、水运、航空、管道等多种运输方式组成的点线结合、连接城乡、沟通区内外的多层次综合交通运输体系。但是，总体来说，南北向铁路、高速公路等交通干线密集，较为通畅，东西向交通干线稀疏，联系不足。区际之间交通差异明显，交通干线主要集中于下游地区，上游地区交通干线稀疏。同时，长江水运占区域客货总运量极低，长江作为贯穿我国东中西部区域的交通大动脉作用尚未充分发挥，导致长江经济带内部各省市之间交通联系不便。

4. 上海与长江经济带经济互动水平不高。长江经济带的中心城市分布相对不均匀，造成流域经济发展的不均衡。上海与长江经济带的经济联系主要集中在长江三角洲地区，广大中西部地区由于受地理位置、交通、经济规模等因素的制约，与上海的经济联系不强，障碍多，各地区间尚未形成联动发展格局。

5. 长江经济带城市区域协作组织发展缓慢。长江经济带尚缺乏能够有效协调全流域行动的机构，铁路新线和大型机场、港口等重大基础设施的统一规划与建设问题难以解决，长江黄金水道跨区联运与经济发展要求相去甚远，多边联合的大型投资项目较少，城市间产业分工难度大，区域生态合作机制未能形成。

（四）基本原则

1. 坚持市场导向，政府引导与社会参与相结合。充分发挥市场在资源配置中的决定性作用，加快政府职能转变，形成联动开放、竞争有序的区域统一市场，实现生产要素合理流动和资源优化配置，努力构建社会多方参与、协同推进的区域发展环境。

2. 坚持先行先试，制度创新与破解"瓶颈"结合。不断深化改革、扩大开放，先行先试，大胆创新，突破制约区域协调发展、科学发展的

"瓶颈"和难题，继续在改革开放方面走在全国前列。

3. 坚持扩大开放，对内开放与参与国际竞争结合。着力提升全球资源配置能力和对内对外开放水平，推动市场进一步对内对外开放，努力提升统筹利用国际国内两种市场、两种资源能力，构建长江流域区域开放新格局。

4. 坚持产城融合，产城联动与区域联动相结合。全面树立联动开放的发展理念，按照城市化、工业化互动发展的内在要求，推动三大城市群产业发展与城市功能协同共进，实现人口、产业、城市功能、生态等多元要素的均衡协调发展。

5. 坚持绿色发展，经济社会发展与生态文明建设结合。立足人与自然和谐相处的现代生态文明理念，把建设资源节约型、环境友好型社会作为加快转变经济发展方式的重要着力点，推动经济发展、城市建设、居民生活绿色生态化，促进人口、经济、社会、资源、环境相协调。

二 充分发挥上海在长江经济带建设中的引领作用

（一）指导思想

坚持深化改革、扩大开放，始终立足国家战略、服务国家战略，充分发挥上海"四个中心"的综合服务功能和自贸区建设的辐射带动效应，着力推进产业协作和优化布局、着力推进沿江综合运输大通道建设、着力推进生态环境一体化建设、着力推进区域城乡一体化建设、着力推进对外开发开放一体化建设，促进区域经济协调发展，引领长江经济带转型升级。

（二）战略定位

1. 引领改革开放的"排头兵"。按照"可借鉴、可复制、可推广"的原则，充分发挥上海自贸试验区的先行先试作用，重点向经济、政治、文化、社会、生态文明"五位一体"的全面改革转变，探索在体制、税制、管制、法制方面的突破和创新，将上海建成长江经济带改革开放创新模式的先行者、带动者和推广者。

2. 推进科学发展的"先行者"。以科学发展观为指导，全面推进经济、政治、文化、社会、生态文明建设，更好地促进城乡发展、区域发展、产业结构、投资与消费、内需与外需、经济与社会发展相协调。率先转变经济发展方式，率先提高自主创新能力，率先推进改革开放，率先构建社会主义和谐社会，带动整个长江经济带向服务经济和创新驱动转变。

3. 辐射内陆腹地的"动力源"。加快形成服务经济为主的产业结构，率先推动上海经济转型升级，打造带动长江腹地发展的服务辐射"动力源"。以金融市场体系建设为核心，加强上海与长三角、长江中上游的金融合作和联动发展；以优化航运集疏运和现代航运服务体系为核心，与长江流域形成分工合作、优势互补、紧密协作、竞争有序的港口航运格局；以打造多功能综合服务平台为核心，探索上海与沿江城市内外贸易发展对接。

4. 协调区域发展的"领头羊"。依托上海在长三角一体化中的核心城市地位和功能，积极推动长江经济带区域协调发展体系的构建，为政府、市场两个层面的协调担当搭台人的角色，促进长江经济带区域产业链优化布局，促进综合交通运输的联动协调，促进生态文明建设协调发展。

5. 参与国际竞争的"桥头堡"。依托上海自由贸易区的制度创新，重点探索"境内关外"的海关监管、接轨国际的服务贸易管理，遵循国际惯例的税收管理、与国际规则相适应的法律制度等制度创新试验权，全面提升上海的全球资源配置和资源定价功能，为长江经济带城市提供国际化标准的贸易、金融、航运等功能服务。通过制度创新的溢出效应，带动长江经济带在更高层面的开放。

6. 践行美丽中国的"示范者"。率先实践绿色发展、低碳发展、循环发展，加快形成可持续发展的空间格局、产业结构、生产生活方式和制度体系，推进环境保护与经济社会发展的协调融合，努力成为特大型城市生态建设和环境保护的典范，为建设长江生态文明、美丽长江做出应有的贡献，示范践行美丽中国。

（三）基本思路

1. 加强"四个中心"建设，增强服务辐射能力。经济中心建设方面，围绕"创新驱动发展、经济转型升级"的总方针，加快构筑以服务经济为主的产业结构，提升综合经济实力，推动长江经济带的产业升级转型，优化区域产业布局，促进区域产业联动发展。金融中心建设方面，加强金融市场体系建设，提升金融服务水平，完善金融发展环境，提高金融中心的影响力和资源配置功能，推动长江经济带金融体系的构建和金融环境的培育。航运中心建设方面，加快推动沿江港口布局的优化，依托长江黄金水道，推动集装箱江海直达，提升长江航运能级，完善东西向交通体系。贸易中心建设方面，提高市场开放度和贸易便利化水平，加快形成货物贸易和服务贸易同步发展、国际市场和国内市场相互融通的发展格局，成为连接长江流域腹地和国际市场的枢纽节点。

2. 加快改革开放创新，发挥自贸试验区的示范引领作用。进一步加快上海自贸试验区的制度创新，重点在金融服务、航运服务、商贸服务、专业服务、文化服务和社会服务等领域争取实现进一步的扩大开放，加快政府职能转变、扩大投资领域开放、推进贸易发展方式转变、深化金融领域制度创新、完善法制领域制度保障。注重把改革和发展有机结合起来、把解决本地实际问题和攻克面上共性难题结合起来、把实现重点突破和整体创新结合起来、把经济体制改革和其他方面改革结合起来，为长三角、长江流域和全国的改革积累经验、作出示范，有效带动长江经济带改革开放和制度创新向深层次推进，打造中国经济升级版的标杆。

3. 加快经济结构调整，带动腹地转型升级。沿海、沿江先行开发，再向内陆地区梯度推进，是区域经济发展的重要规律。长江经济带是站在更高的层面推进区域经济协调发展。上海要继续推进经济结构调整和产业转型升级，通过大力发展现代服务业，提高服务能级和辐射腹地的带动能力；通过大力推进技术创新，实施品牌战略，形成一批竞争力强的龙头企业，带动周边及腹地省市的产业合理分工和优化布局。同时，积极加强产业深层次合作，推动创新成果向长江流域转移、扩散，加强高新区和工业开发区的互动合作，积极完善长三角区域合作机制，创新长江流域合作模式，通过扶持创立区域行业协会、探索建立区域利益分享和补偿机制、设立跨区域发展促进基金等手段，推动企业、中介组织、非政府性区域合作组织以及承担社会服务的相关机构参与到长江经济带建设中，逐步形成合理有序、协调融合，既有专业化分工，又有深层次合作的区域产业格局，推动长江新经济带的共同发展和繁荣。

三 上海服务长江经济带建设的战略举措

（一）强化上海综合交通枢纽功能，服务长江综合运输大通道

适应长江流域经济转型升级的要求，上海要依托长江黄金水道，大力发展"国际海空枢纽"和"区域公铁协调"功能，逐步建成具有全球资源配置能力的国际航运中心，增强对长三角、长江流域的服务和辐射能力。

主要举措：一是提升长江黄金水道综合能力，大力推进以江海联运为主的水路集疏运体系。完成洋山、外高桥港区后续工程建设，提升上海港口服务能力和水平。大力推进江海直达运输，降低综合物流成本，发挥国际主要枢纽港和干线港作用。积极促进沿江港口的分工和协作，带动长江中游和上游的武汉、重庆航运中心建设和沿江港口群发展。加快内河高等级航道建设，促进内河航道干支连通、区域成网。二是加快沿江沿海铁路通道建设，促进海铁联运取得突破。推动沪通铁路进入外高桥港区，促进港口企业与铁路部门合作，大力推进海铁联运发展，充分发挥铁路运输大运量、长运距、节能环保的优势。拓展航线网络和业务服务模式，构建航空枢纽快速集疏运体系。三是拓展国际国内航线网络，构建航空枢纽快速集疏运体系。加强浦东机场与长三角的紧密联系，注重区域机场群的协调发展，加强与长江流域和长三角区域内机场的协调发展，发挥区域枢纽机场功能，完善区域机场群功能分工。通过国际性货运企业货运中心项目建设和自贸区监管模式创新，服务长江流域外向型经济发展。四是深化长三角区域交通融合发展。规划建设沪通、沪宁、沪湖、沪杭、沪甬五个方向的对外运输主通道，与长三角交通多点对接、深度融合，加强长三角城市群内各节点城市之间的交通联系。

（二）加快上海产业结构调整，推动长江经济带产业转型升级

按照"高端化、集约化、服务化"的思路，上海要积极推动第三、第二、第一产业融合发展，大力推进产业结构战略性调整，提升科技创新和体制创新能力，加快构建以现代服务业为主、战略性新兴产业引领、

先进制造业支撑的新型产业体系，实现与长江流域产业优势互补和联动发展。

主要举措：一是发挥上海及长三角的核心竞争优势，带领长江经济带参与国际竞争合作。抓住全球新一轮服务业转移的重要机遇，以开展自贸试验区改革试点为契机，积极承接国际高端服务外包，加快推进国际经济、金融、贸易和航运中心建设，充分发挥对金融、航运、贸易、技术创新等战略要素资源的配置作用，在我国参与全球合作与对外交流中发挥主体作用。二是优化区域产业布局，构建沿江优势产业集群。围绕长江流域的岸线、腹地等资源，依托上海、武汉、重庆等重要产业基地的产业优势和辐射带动作用，大力推进技术创新和实施品牌战略，在重点产业领域培育若干具有核心竞争力的优势产业集群，形成一批拥有核心技术和自主品牌的龙头企业，提高制造业附加值，实现上中下游城市圈产城融合、产业链联动联盟、高端人才宜居宜业的产业组团式发展。三是大力推进产业创新发展，提升长江经济带产业整体竞争力。着力探索突破制约产业发展的体制机制"瓶颈"，积极构建区域创新体系，打造共性技术研发平台，加大对长江经济带的创新带动和促进资源优化配置，为区域产业转型和提升整体竞争力提供创新支撑。四是提升产业资源配置能力，促进区域产业联动发展。加快长江经济带产业链布局的规划研究，通过资源合理配置和调整优化产业布局，增强区域经济的整体联动发展，提升经济带的产业核心竞争力。进一步完善各省市之间的合作协调机制，逐步构建产业转移信息平台，鼓励跨省市共建产业园区，支持具有市场竞争力的龙头企业在长江流域开展产业重组和投资布局。五是促进能源布局优化，推动沿江地区天然气利用、能源要素市场发展和煤电基地建设。发挥上海能源市场功能，建设国家级天然气交易中心，服务长江经济带产业发展。发展沿江液化天然气（LNG）船运贸易，有序规划布点建设小型 LNG 接收站。推进沿江煤电基地建设，保障区域供电安全。

（三）加快上海新型城镇化建设，推动沿江城镇带协调发展

上海要立足"功能优先、协调发展"的发展原则，坚持城市形态与城市功能协调，注重科学发展和民生需求，促进土地资源的高效、节约

和集约利用,着力形成有疏有密、错落有致,紧凑型、高密度的城市形态,由单一的开发建设转变为功能培育、能级提升、形象塑造,努力实现城市建设的全面、协调、可持续发展。

主要举措:一是深化完善城镇体系,形成融入区域一体化发展的空间格局。坚持"多心、多轴"的空间发展策略,形成中心城、新城和新市镇融入长三角城市群、沿江城镇带一体化发展的空间格局。优化中心城功能,推进城区升级改造,改善环境品质,充分展现国际大都市形象和魅力。发挥新城在优化空间、集聚人口、带动发展中的作用,将重点新城建设成为长三角城市群、沿江城镇带的重要组成部分。提升小城镇建设管理水平,扎实推进新农村建设,率先形成城乡一体化发展格局。二是推动产城融合,加快产业和服务功能的同步发展。推进产业空间与城市空间的一体化协调发展,加强产业区与其他片区之间的交通、环境等基础设施的共建、共享和整合,促进区域之间的功能联动,着力改善软环境,形成人口集聚与产业发展的良性互动。三是体现以人为本,促进社会事业发展和社会管理创新。加大对郊区新城和重点城镇的社会公共服务设施的建设和投入力度,不断提高社会公共服务供给能力和水平,逐步缩小城乡公共服务差距,推进公共服务均等化,提高郊区的城市化运行管理水平。四是增强基础设施对城市功能培育的引导和支撑作用。积极实践上海世博会带来的新理念与新技术,逐步建立可靠、高效、完善的现代化基础设施体系,切实营造出行便捷、生活便利、生态宜居的环境。统筹协调推进信息化建设,支持先行先试,加快重点领域、重点区域、重点项目建设,推进信息化设施完善、应用渗透和产业发展。贯彻落实低碳发展理念。五是合理控制城市发展规模。以建设全球城市和宜居城市为导向,以调整产业结构为抓手,以资源环境承载能力为底线,以公共服务和基础设施保障水平为支撑,通过优化产业结构、调整公共政策、加强社会管理,综合调控城市发展规模。六是不断推进制度创新,为新型城镇化提供发展动力。在国家现有土地政策框架和区县土地利用总体规划基础上,积极推进城乡建设用地增减挂钩、农村宅基地置换、农村集体建设用地流转等改革试点,提高土地利用效率。

(四) 充分发挥上海自贸试验区示范带动作用，推动长江经济带制度创新和扩大开放

以建设上海自贸试验区为契机，上海要以开放促改革、促发展，积极转变政府职能，着力培育国际化和法治化的营商环境，形成市场开放度与贸易便利化程度高，资金流、商品流、信息流、技术流、人才流等生产要素流动顺畅的运行机制，推动长江经济带打造中国经济升级版，为实现中华民族伟大复兴中国梦作出贡献。

主要举措：一是加快上海自贸试验区的建设，着力发挥示范带动作用。按照先行先试、风险可控、分步推进、逐步完善的要求，积极推进服务业扩大开放和投资管理、贸易监管、金融管制、综合监管四个方面的制度创新，形成与国际投资、贸易通行规则相衔接的基本制度框架，加强试点经验向长江经济带的复制、推广，更好地服务长江经济带发展。二是加快推进外贸发展方式转变，着力提升竞争新优势。引导加工贸易从加工制造为主向研发设计、品牌营销、物流配送等环节延伸，加强贸易与产业联动，鼓励通过电子商务方式开拓国际市场，积极完善进口贸易产业链。三是加快发展服务贸易，扩大规模提升层次。着力推进服务贸易重点领域的发展，鼓励云计算、大数据相关的软件开发，大力发展国际物流服务，推进文化服务贸易发展，加快本土专业服务与国际接轨的进程。鼓励服务贸易模式、领域、业态的创新，推动服务贸易集群发展，推进服务贸易和服务外包高端化发展，打造一批亚太一流、全球知名的服务贸易企业。四是提升上海对外开放的枢纽功能，进一步服务、带动区域和自身发展。推动上海总部经济向更高层次发展，提升资源配置能力，促进上海从跨国公司全球布局中的生产、销售基地向对各类资源进行协调、控制的区域性乃至全球性枢纽转变。推动外资参与"四个中心"建设，提升服务区域发展能级。以国际产业分工的新发展为契机，进一步推动经济结构优化升级和创新能力增强，加快转移传统制造业到周边地区，建立生产、加工中心。支持上海成为国内企业"走出去"平台，进一步推动对外经济合作，使上海成为境外投资制度创新先导区、企业走出去的"桥头堡"、内外联动发展的连接点。五是建立完善长江流域外资工作的协调合作和支持促进机制，提升区域利用外资的综合优势和总体效益。围绕区域产业发展协调、利益协调，破除地方行政壁垒，建立区域的投资支持促进服务体系。充分利用上海总部型外资企业集聚优势，大力培育跨国公司与本土企业的联盟，带动区域产业技术水平的升级。积极发挥上海研发机构优势、服务优势、人才优势，共享技术创新和服务资源。

（五）加强上海生态文明制度机制建设，提高长江流域生态环境整体质量

以生态文明建设为指引，上海将率先实践绿色发展、低碳发展、循环发展，加快建设生态宜居、人民幸福的社会主义现代化国际大都市，努力实现"天蓝、地绿、水清"，不断满足人民群众对生活环境和宜居城市的追求，努力成为特大型城市生态建设和环境保护的典范，争做美丽中国的先行者。

主要举措：一是加快绿色转型发展，推进环境保护与经济社会各方面融合。全力推进环境保护向经济社会各方面和全过程的融入渗透，加快完善环境保护长效管理体系，建立更明确的责任体系、更有力的推进机制、更广泛的参与机制、更科学合理的评估考核机制，强化节能减排和环境影响评价对转型发展的调控和倒逼机制，加快推进工业结构布局优化和农业发展方式转变，积极发展低碳和循环经济。二是深化完善环境污染综合整治，着力解决涉及民生的突出问题。强化多源协同控制的大气雾霾污染防治体系，完善系统性、协调性相统一的水污染防治体系，健全安全可靠的固体废物处置和管理体系，建立土壤、地下水污染防治体系，推进重点区域环境综合整治，加强城乡接合部和农村环境综合整治。三是大力推进水环境保护和水资源利用。进一步完善防汛保障体系、农田水利体系和水资源管理体系，建立水资源开发利用控制、用水效率控制、水功能区限制纳污三大红线，健全水资源管理责任和考核制度。加强水源保护区和崇明岛生态河道建设，进一步完善河口海洋开发保护体系，推进陆域与海域联动发展、河口与海洋共同保护，保持滩涂资源和生态湿地动态平衡。四是积极加强生态建设和环境保护。加快实施基本生态网络结构体系的建设，扩大城乡绿色生态空间，构建城市绿地和公园体系。加强绿地、林地、湿地资源保护，完善森林生态群落结构。充分利用林地资源和人文资源，鼓励林地资源综合利用。

（六）深化长三角一体化体制机制，建立健全长江经济带区域合作机制

着眼科学发展、和谐发展、率先发展，合力推动长江三角一体化进程和长江黄金水道打造的要求，上海要充分发挥作为长三角城市群核心城市的功能，加强与沿江省市的交流合作，联手推进长三角、长江经济带重大基础设施、创新体系、环境保护、市场体系、社会事业等领域的一体化发展，加快推进长江流域联动发展。

主要举措：一是深化长三角一体化合作。推进长三角重大基础设施建设，加快长三角地区轨道交通衔接，不断完善长三角道路运输体系，合力推进长三角港口集疏运体系建设，参与长三角信息基础设施共建，夯实一体化发展基础。加快推进长三角产业结构优化升级，合力推进区域科技创新体系一体化建设，鼓励创新成果优先在区域内推广使用。以高新技术开发区产业链整合为抓手，推进区域高新技术产业合作和跨地区联合兴办开发区，形成区域战略性新兴产业集群。推动长三角环境保护一体化发展，完善区域污染联防机制，联合做好黄浦江源头地区、太湖流域以及杭州湾的环境保护，合力推广实施合同能源管理技术，推进区域内排污权有偿使用和交易制度改革。加速长三角市场一体化进程，推进各类要素的合理流动。推动长三角社会事业融合，建立区域优质教育资源共享机制，合作完善区域职业教育培训体系、医保跨地区结算机制，推进区域医疗资源共享。推动建立长三角区域性行业协会，发挥行业协会在引导区域产业优化布局和维护企业权益等方面的积极作用。二是完善与长江流域合作机制。整合政府、企业、社会组织三方力量，构建官商学共同参与的互动协作机制，共同推进上海与长江流域合作。有效发挥市场力量、专业团队在筛选项目、培育企业和配置资源等方面的优势，形成以资本方式推动长江流域合作的新机制。推动建立健全区域利益分享和补偿机制，探索建立长江流域生态环境和资源开发补偿机制，从资金、技术、人才、信息等方面对长江上游地区予以援助和支持。尤其是完善上海对三峡库区的对口支援工作，以增强库坝区"造血功能"

为重点，加大经济合作和项目建设力度，助推当地产业转型发展。推动建立和完善长江流域市场协作机制，对沿江各省市间实施相互开放政策，着力消除市场壁垒，规范市场秩序，提供平等竞争、互惠互利的政策环境和发展条件，促进长江经济带统一市场共同体的形成。进一步完善与各省市间的产业合作机制，搭建合作交流平台，逐步构建产业转移信息平台，推动产业有序梯度转移。

上海新一轮城市总体规划的
创新与期待

屠启宇

（上海社会科学院）

上海新一轮城市总体规划（以下简称"上海2035"）是全球经历金融危机进入新常态和中国时隔37年再次召开中央城市工作会议之后，国家住建部批准启动的首个城市规划。"上海2035"从规划理念、规划目标、空间视野和发展策略等方面，都树立了新常态下中国城市发展的新标杆。"全球城市""存量规划""底线意识、内涵发展、弹性适应""空间留白"、以产业空间规划替代产业规划、"中央活动区""15分钟社区生活圈"、90分钟都市通勤圈等一系列新思路、新设计都已经在后续启动的城市规划中得到借鉴参考。当然，正如中央城市工作会议文件明确了城市规划、建设与管理3大环节，上海新一轮城市总体规划是总纲，主要解决方向、愿景和策略路径问题，规划的完成正是新一阶段城市建设与管理的起点。"上海2035"中的诸多创新以及限于各方面原因留待深化研究应对的问题，必然是期待在面向2035年的城市建设与管理环节予以落实和破解。

一 全球城市：目标创新与建设挑战

"上海2035"提出的"卓越的全球城市"总体愿景符合上海实际、国家战略，特别是既符合国际通行认识，又敢于进行认识创新。Global

City 一词，相比较上海 2020 年总规划的"国际经济、金融、贸易、航运中心之一和有中国特色现代化国际大都市"，更易于为国际社会所理解。同时，使用了"卓越"的表述体现了上海本轮规划对于全球城市理论的新创建。即从单纯关注流量控制的码头功能拓展到强调创新能力的源头功能。对全球范围而言，上海是第一个明确将科技创新和文化创意纳入全球城市核心功能的城市。这实现了对传统全球城市理论的超越。

在分目标和具体功能性质的设定上，"上海 2035"实现了整体性愿景与个体感受的兼顾，也较传统规划有很大的进步。在分目标上，特别注意了公众个体的可感受性，提出：创新之城、人文之城、生态之城，且以分目标贯穿组织整个规划的框架。同时，将具体功能在城市性质中予以表达："四个中心"＋科技创新中心、文化大都市，兼顾了专业工作部署需要。当然，从规划阶段进入建设与管理阶段，还有诸多功能主次关系和功能内涵需要厘清。

（一）期待厘清全球城市功能的主、副关系

本次"上海 2035"的正式表述中，还是根据承接在先、创新在后的顺序，在卓越的全球城市性质表述中，首先确认了上版规划设定的国际经济、金融、贸易、航运中心 4 项功能，接续以国际科技创新中心和国际文化大都市 2 项功能。在"卓越的全球城市"的决策咨询和规划研究中，对上述各种功能整体上达成高度共识。但是，至于如何摆放原来的"码头"功能和新兴的"源头"功能优先位置，的确是一大问题。这直接涉及规划期内工作推动的缓与急，以及特定时期工作事项的轻与重。这是后续的上海全球城市的建设与管理工作需要进一步思考的问题。

从功能的基础性作用上看，"流动"功能始终是全球城市的主功能，未来全球城市的发展仍将围绕其自身的流量枢纽地位展开。即便在全球化动力发生变化、创新创意成为时代新趋势的阶段，全球城市的核心竞争力仍是其对要素发挥的枢纽作用。

在创新功能的层次中，创新枢纽功能的重要性也反证了全球城市的核心功能仍是流量枢纽与控制节点（流动功能）的趋势，而创新功能从整体上看，仍是全球城市的副功能。

从全球城市发展的历史上不难看出，只有少数全球城市最终成为创新的策源城市，但这些城市的流量枢纽功能仍然得以保持，因此不存在创新策源替代要素枢纽功能的情况。对顶级全球城市而言，枢纽功能能级的筛选仍是十分严酷的。从 GaWC 项目组对 2000—2016 年这 16 年间全球城市等级的测度可以看出，处于 α++ 层级的城市，始终只有纽约和伦敦两个。这是由于这两个城市在策源与枢纽作用方面始终保持同步与均衡。

反观全球城市网络中大量的知名创新城市，如波士顿、巴黎、海德堡、旧金山等城市，其创新的要素不可谓不富集。但城市的传播能力和枢纽功能受到约束，从而使这些城市只能保持创新发起城市的定位（如创新城市、创意城市、文化名城、大学城等），无法成长为具有支配力的顶级全球城市。

从性质上看，未来 30 年，创新能力将成为决定全球城市地位的关键因素之一。创新功能是全球城市变"流量"为"存量"的核心功能。但创新的"策源"功能仍将依托于流动的"枢纽"功能才能达成效用最大化。危机后，对全球城市的新认识，也主要在于"策源"与"枢纽"的均衡发展，以及两者的均衡发展对城市历史地位形成的终极作用。因此，未来全球城市功能的主—副结构上，枢纽功能应居于首位，策源功能起到先导和支撑作用。在这一点上，上海不应游移。尤其是"四个中心"仍须在未来 25 年间完成从"基本建成"（2020 目标）到"全面建成"的最后一跃。

（二）期待客观把握全球城市创新功能的核心内涵

创新是活力之源。传统全球城市的理论与实践缺乏对创新的深刻认识，进而在全球城市的策源功能上没有给予专门设计。千年之交，恰恰是一批不在传统全球城市视野中的新兴城市得以主要基于创新策源功能而崛起成为新一代的先锋城市、标杆城市。人类城市文明史已经反映，是否创新既是各时代的中心城市之所以崛起的关键原因，也是一大批名城衰败的核心诱因。面向未来，卓越的全球城市的内涵设计必然涉及对创新的响应，即策源功能。但是在策源功能的内涵方面，不同于一些创新发起城市（诸如海德堡、牛津、剑桥、坎布里奇、硅谷小城市群、特拉维夫、新竹、班加罗尔、巴塞尔、威尼斯等知识、科技、研发、文化创意名城），全球城市更具核心竞争力的是作为创新中心城市的汇集、筛选和释放 3 项子功能。

世界科技史、世界文明史一再证明（见下表），真正推动人类文明进步的是得到规模化应用的创新（无论是知识还是技术、管理、艺术）。因此，具备推动创新规模化应用能力的创新中心城市才是真正的策源地，这样的城市才是为创新做出最大贡献的城市，同时也是从创新中获得最大收益的城市。以流量枢纽和控制节点为核心性质的全球城市，恰恰在创新的规模化应用上具有难以复制的核心竞争力。因此，卓越的全球城市相应担当的策源功能，既包含自主创新，更包含开放创新，而创新的汇聚、筛选和释放 3 项子功能是其他城市难以复制的核心竞争力所在。

就上海建设卓越的全球城市而言，"创新策源功能"是需要优先提升的关键功能。在二级功能层次上，则主要应坚持开放创新，发挥"创新汇聚平台""创新筛选平台""创新释放平台"的功能，通过对于创新的规模化应用，形成上海的创新核心竞争力。

表　　西方商业文明 1000 年以来中心城市的崛起与关键创新

中心城市	（比利时）布鲁日	威尼斯	安特卫普	热那亚	阿姆斯特丹	伦敦	波士顿	纽约	旧金山都市区（硅谷）
时代	1200s—1350s	1350s—1500s	1500s—1560s	1560s—1620s	1620s—1788s	1788s—1890s	1890s—1929s	1929s—1980s	1980s 以来
技术	三区轮作，方向舵	快帆	印刷机	会计算法	运输船工业化制造	蒸汽机	内燃机	电动机	微处理器
规模化服务	商业秩序开端	西方连接东方	书籍	金融	交通工具	工业	工业	工业	信息化
持续年数	150	150	60	60	160	100	40	50	—

二 创新之城:求解活力持续之道

创新之城是"上海2035"第1分目标。在2016年9月的规划草案向社会公示期间,得到了公众的高度评价。公示期间,社会舆情也深化到了创新之城的活力问题。

(一)期待老龄少子化问题的有效解法

当下的上海已是一个老龄化、少子化的城市。根据2015年普查,上海65岁以上老龄人口占常住人口的12.8%,占户籍人口的19.2%,已逼近乃至可能已跨过20%的超高老龄化门槛。少子化格局(2010年14岁以下儿童占比8.6%)也并未因"二孩"政策而出现实质性改观。无论是维持上海的既有功能("四个中心")还是致力于科技创新中心和文化大都市新功能,都需要在上海进一步释放年长人士的创新潜力、提高市民人力资源素质的同时,持续吸引外部高素质人才。然而高昂的安居成本,的确已成为一股推力。事实上,当前,上海的人才集聚优势已不在顶尖行列。上海大专以上学历的人口占比持续小于北京、南京和武汉。应该说,多重挑战情况下的上海整体解决策略还需要摸索。

(二)期待从创新空间规划升级到创新场所营造

对于城市创新的空间部署是"上海2035"的一个重大亮点。在认真研究了全球科技创新发展和产业变革态势后,"上海2040"判断在现有的科学认知水平上,不具备条件准确预见超长期的产业发展,最终放弃产业规划。但这不代表上海在推动科技创新和产业发展方面无所作为。"上海2035"充分吸取了科学研究对科技创新活动、工业活动与具体城市空间互动的最新规律性认识,分别规划了市域科技创新空间和市域先进制造业发展空间,并分别识别了创新功能集聚区、复合型科技商务社区、嵌入式创新空间、集中集聚的产业基地,以及呈现产城融合的特色的产业社区。这是在将包括规划在内的公共政策资源主要投入营造科技创新和产业发展的环境基础上,让市场来决定最终是哪些创新项目、哪些产业会脱颖而出,成为城市发展新动能。

放弃产业规划，专注产业、创新空间规划，在中国城市规划实践中可谓开了先河。但同时，对于创新活动规律认识的不足也导致创新场所的营造还需要持续探索。目前，在张江科学城和作为核心地块的"国家实验室单元"的规划中，不仅是规划设计方的认识需要提高，而且作为科技创新主体的使用者（高校科研院所以及园区）的认识也要提高。比如，科学城是不是需要对周边社区在非科创的商业、文化功能上也形成辐射和吸引力？又比如，科学城在设计、功能配置上是否仅仅服务于科技人员，还是也要具备一个位于中心城区的城市副中心应该具备的对周边的正常服务功能？再比如，在科学城向所在高校一再"示好"（扩地、放容积率、增配交通等基础设施等）的同时，高校是否也要转变思维，从封闭的校园转型为开放的校园？

三 生态之城：宏大雄心的实现之道

"生态之城"是"上海2035"3个分目标之一，也是公众调查阶段共识最高的社会期望。"上海2035"以立体式（大气、水、土壤）、全域化（不仅是陆域还有上海辖区内的海域）的方式，对生态保护予以部署，并且与总规同步，启动了标志性项目——崇明国际生态岛规划。但是，上海还缺乏引领潮头的举措。对于崇明岛，主要还是采取了控制乃至减少过多人类干预的消极保护性策略。上海的生态之城建设需要升级到积极保护层面，要推动大量先进的生态友好型、可持续技术的运用，由此实现国际示范。

（一）期待棕地处置方式全面升级

"上海2035"提出了宏大的工业用地减量化方案，终极目标是将现有的超过700平方千米的工业用地削减至150平方千米。而且明确减量下来的低效工业用地主要用于战略性新兴产业、生活、生态以及重大基础设施建设。但是略有遗憾的是，本规划对于工业转型用地的环保处置只提出污染地块实现百分之百安全利用率目标，还没有形成基本指引。鉴于上海城市工业发展的长期历史，相当比例的现状工业用地存在大气污染、水污染，尤其是土壤污染。环保处置应当是棕地转型使用的前置步骤，要让后续的生活、生态类功能运用安心、舒心，不能简单地"铺草种树"，更不能直接推平建楼。实际上，上海在国际旅游度假区核心区开发的前期，就积累了土壤处理方面的经验和技术手段。应引导有关经验形成溢出，推动有关科技创新的应用。

（二）期待发挥应对气候变化的全球领导力

当前，美国正式退出《巴黎协定》，对全球应对气候变化的努力造成重大伤害。最终能否将全球气候变暖控制在不超过工业化前水平2℃的前景堪忧。这意味着应对气候变化，不仅要坚决"减"，而且要着力"防"，防极端气候事件，防海平面上升。"上海2035"所提出的"碳排放总量与人均碳排放量2025年前达到峰值"，比中国的国家承诺提前了5年。但作为定位于"卓越的全球城市"这样一个标杆目标的上海，还应当在应对气候变化方面发挥更多的领袖性作用。目前全球范围内，C40组织事实上承担了城市层面应对气候变化的国际网络平台功能，涵盖了占到全球GDP 25%的91个超大城市（Megacity）。先后有伦敦、多伦多、纽约、里约和巴黎的市长（现任）担任C40的主席。中国城市中，南京、武汉、成都、广州和香港已是成员城市，北京和上海尚为观察员城市。定位卓越全球城市的上海应考虑尽快正式加入C40，并通过创新性地应对气候变化规划与举措发挥领导作用。

四 人文之城：坚守自信与包容

"上海2035"提出"人文之城"，并明确建设国际文化大都市，规划除了对历史文化风貌区、历史文化街区、风貌保护道路、风貌保护街坊和历史城镇与村落进行整体保护外，还创新性地运用城市设计理念，对市域风貌进行设计，形成了都市风貌区、水乡风貌区、滨海风貌区和三岛风貌区的分区设计。甚至还非常领先地提出研究地方立法设立"公共艺术百分比"（Percentage for Art）等制度的可行性。可以说，"上海2035"对于物化的（包括由物质空间承载的）文化引导是游刃有余的。但在实体与形态之外，上海建设"人文之城"如何确立海派文化的新自信，如何将新的时代精神人格化，这些问题还有待破解。

（一）期待重塑海派文化新自信

著名城市学者科特金在《全球城市史》一书中，把对于城市的终极愿景归纳为"安全、繁荣、神圣"，这3个词显然是递进的。在今天的语境之下，"神圣"的含义实际上就是文明。21世纪是一个多元化、多极化发展的世纪，多元文明的交流、交融将替代单一文明主导的格局。未来具有全球性影响力的城市将更有可能在文明交会点上崛起。不同于文明渊源型城市强调的文明传承性和正统性，文明交会点上的城市更强调多元文明的传播、交流与交融（Hybrid），关注本土文明的世界贡献，因而更可能获得世界性的认可与接受。这也是"上海2040"将国际文化大都市纳入为"卓越的全球城市"的6项城市性质之一的根本性考虑。然而，当前上海文化的吐故纳新、交融蜕变能力恰恰在退化。

在笔者于2013—2014年开展的一项针对上海市政协委员的问卷调查（受访委员超过时任委员总数的30%）中反映，即使是政协委员对于当代上海城市文化的标志性形象（物、人、作品）认识，也主要集中在物化的地标（如世博场馆、大剧院）和风貌（如浦江两岸、石库门里弄）。而识别出的代表人物主要集中在现代作家和名人（如鲁迅），而当代文化人物很少（仅提及余秋雨、陈逸飞等）。同时，几乎没有任何当代文化作品被提及。因此，在未来的规划实施中，需要更多着眼于用城市设计为精神塑造和文化创意营造更好的土壤，支撑海派文化在新的时代重塑自信。

（二）期待包容性问题得到更全面的关注

"上海2035"对于规划的包容性问题予以重视，明确提出引入社区规划师制度，在社区层面更全面地践行参与式规划，推动社区自治，实现众创众规。"包容性"（Inclusive）也是全球范围内城市可持续发展的关注焦点。2016年联合国"人居三"大会正式通过的《新城市议程》36次提到"包容性"。所谓包容性城市，包括包容性的经济增长及经济转型、包容性的工业化、包容性的社会建设、包容性的城市空间建设、包容性的城市政策和法律规定、包容性的人居环境等。对照《新城市议程》的"包容性"要求，"上海2035"还明确划分了"我"和"他"，明确了"住房、养老、基础教育、体育、绿地等基本公共服务设施以满足常住人口需求为主"。① 对于人口规模的控制叠加高安居成本，的确会对相当一些向往到大都市生活与工作的潜在人群形成一股推力。可以预见，上海新增就业岗位可能有相当比例将会以跨域通勤人口方式填补。为此，如何确保围绕"大上海"生活、工作的人士不再为那些有形和无形的"界限"感到困扰，这将是上海城市规划、建设与管理需要持续回答的考题。

五 城市空间：视野开放引导空间开放

"上海2035"的一个重大突破就是将空间考虑放大到了广域尺度，在市域以外，分别以"先导""引领"和"一体化"为策略，部署了上海与国家战略、上海与长三角区域发展、上海与90分钟通勤都市圈的3层发展关系，可谓真正践行了功能性城市—区域（Functional Urban-Region）的认识。这具体表现在：①部署长三角城市群战略协同方案，识别了5个战略协同区，"东部沿海战略协同区"形成沿海开放国际门户；"杭州湾北岸战略协同区"推进海洋环境修复；"长江口战略协同区"强化长江流域生态保护；"环淀山湖战略协同区"突出江南水乡历史文化和自然风貌。②开展了以上海为中心的90分钟通勤大都市圈研究，并特别针对跨界近沪地域，以同城化为目标，开展了规划衔接和设施衔接。③"上海2035"提出"弹性适应"的策略，结合城市功能辐射力，按不同辐射范围的人口口径（常住人口、实际服务人口、更大区域范围）分类配置各项城市基础设施能力，从基于常住人口的基本公共服务能力配置到释放20%以上弹性的全球性功能设施配置。然而，上海对于周边城市的发展诉求与现实实力，依然不够重视。

（一）期待充分考虑广域空间的战略机遇与挑战

在长三角范围内，根据2017年4月GaWC公布的世界城市报告（2016年数据），南京、杭州、苏州已属于γ级世界城市，宁波也位列准世界城市。这些兄弟城市进入21世纪以来，不仅取得了显著发展，而且在不同程度上形成了各自的功能特色。事实上，长三角是由一个具备冲

---

① 参见《上海市城市总体规划（2016—2040）》第三章第二节之三。

击顶级全球城市的上海和一批专精特色功能的世界级城市所共同构成的。在 90 分钟通勤可达的都市圈内，苏州、无锡、宁波、南通和嘉兴在城市势能上都超越上海市域之内的 5 个新城。根据"上海 2035"，"卓越的全球城市"的功能不仅需要由上海主城区来承担，而且各个新城也定位于对长三角城市群中具有辐射带动作用的综合性节点城市，要全面承接全球城市核心功能。但显然在上海都市圈尺度上，二级城市并非上海的新城。为此，全球城市核心功能的培育、形成与承载不应单纯在上海市域范围内讨论，而应放到广域尺度上来共同规划。即使对于上海的 5 个新城而言，广域尺度上合理的功能分工，也有利于找到各新城更为现实的发展愿景与策略。

（二）期待全球城市新愿景在各层空间中的落实与践行

"上海 2035"在市域范围建立了主城区、新城、镇、村 4 级体系。特别是针对 2001 年版总规颁布以来中心城的局部蔓延和新城参差发展的现实情况，以实事求是的态度，规划了由外环以内中心城和跨越外环蔓延的宝山、虹桥、闵行、川沙 4 个片区组成的 1161 平方千米主城区。同时，根据新城的客观情况与发展需要，有并（并入主城片区）、有降（金山、城桥），优化聚焦到嘉定、松江、青浦、奉贤、南汇 5 个新城，以及 21 个核心镇、重点镇，还有一批村。"上海 2035"对于主城区，无论是在认识理解的深度上，还是在规划未来的高度上，都是相当到位的。但是由主城到新城再到镇、村，客观上规划的指引越来越概要化，作为一个城市总体规划，的确不能苛求对全域范围事无巨细地予以部署。然而的确仍存有这样一个疑虑，即上海的新城、镇、村能够配合主城区支撑起上海的全球城市抱负吗？在笔者接触的若干新城 2035 规划和一批镇域 2035 规划中，应该说仍然乏善可陈，多数规划是基于现状的，重点考虑了实现 15 分钟社区生活圈等公共服务均等化的要求，但少有发展导向性规划，少有真正体现作为全球城市的新城、镇、村所应有的功能与水准。事实上，不做好新城、镇、村的规划、建设与管理，上海光靠中心城、主城区去冲击位于金字塔尖的全球城市目标，是不现实的。

六 结语

中央城市工作会议将城市工作整体上划分为规划、建设、管理三大环节。制定"上海2035",只是面向两个百年上海发展部署的第一环节,真正实施、实现规划,还需要在建设与管理环节做大量工作。今天,上海面向21世纪中叶的蓝图已然绘就,但实现新的光荣与梦想的征程还刚刚起步。尤其是围绕规划目标,如何进一步增进上海全球城市的吸引力、创造力和竞争力,相关的探索实践挑战是艰巨的。

参考文献

[1] 乔尔·科特金:《全球城市史》,王旭译,社会科学文献出版社2014年版。Kotkin J. The city: a global history, Wang Xu, translate. Beijing: Social Science Academic Press (China), 2014.

[2] Sassen S. The global city: New York, London, Tokyo, Princeton: Princeton University Press, 1991.

[3] The World According to GaWC 2000, (2009-02-20) [2017-07-05]. http://www.lboro.ac.uk/gawc/world2000t.html.

[4] The World According to GaWC 2004, (2009-02-20) [2017-07-05]. http://www.lboro.ac.uk/gawc/world2004t.html.

[5] The World According to GaWC 2008, (2010-04-13) [2017-07-05]. http://www.lboro.ac.uk/gawc/world2008t.html.

[6] The World According to GaWC 2010, (2011-09-14) [2017-07-05]. http://www.lboro.ac.uk/gawc/world2010t.html.

[7] The World According to GaWC 2012, (2014-01-13) [2017-07-05]. http://www.lboro.ac.uk/gawc/world2012t.html.

[8] The World According to GaWC 2016, (2017-04-24) [2017-07-05]. http://www.lboro.ac.uk/gawc/world2016t.html.

[9] 上海市城市总体规划编制工作领导小组办公室:《上海市城市总体规划(2016—2040)报告》,2016. Leading Group Office of Shanghai Master Plan. Report of Shanghai master plan (2016—2040), 2016。

[10] 上海市城市总体规划编制工作领导小组办公室:《上海市城市总体规划

（2016—2040）草案公示读本》，2016. Leading Group Office of Shanghai Master Plan. Shanghai master plan (2016 - 2040) (draft for public consultation). 2016。

[11] 2015年12月中央城市工作会议，The central urban work conference in December, 2015, 2015。

[12] 上海市2015年人口抽样调查，Shanghai population sampling survey in 2015, 2015。

第五部分 善治良政制度汇编

上海市政府新闻发布会介绍迈向卓越的全球城市,构建创新、人文、生态之城有关情况

过去几年,市规划国土资源局围绕"创新驱动发展,经济转型升级",坚持"五大发展理念",主动适应经济发展新常态和资源环境紧约束新形势,着力强化规划引领作用,着力提高国土资源节约集约利用水平。具体开展了五个方面的工作:

一 以新一轮城市总体规划编制为契机,促进城市转型发展

2014年上海召开第六次规划土地工作会议,正式启动新一轮城市总体规划"上海2040"(后调整为"上海2035")的编制工作,目前已报国务院审批。新一轮城市总体规划主要形成了四个方面的成果:一是发展目标,突出"以人民为中心",提出上海建设"卓越全球城市"的目标内涵;二是空间布局,突出开放协调,从区域和市域两个层次明确了上海未来"网络化、多中心、组团式、集约型"的空间格局;三是发展模式,确立了"底线思维"、"内涵发展"和"弹性适应"的发展路径,并明确了人口、土地两个规划要素的规划导向,以土地供给侧改革和土地利用方式转型,促进城市转型发展;四是发展策略,从建设创新之城、人文之城、生态之城三个维度,重点在综合交通、社区与住房、文化魅力、生态、安全等领域明确了发展策略。新一轮规划基于对全球城市发展趋

势的判断，响应国家战略对上海的定位和要求，立足于民众期待和上海实际情况，是未来一段时期引领上海城市发展的重要纲领。在此基础上，今年已全面有序铺开各区总体规划的编制工作。

二 以城市有机更新为抓手，提升城市发展品质

有了规划引领，也要有城市建设实践。城市更新伴随城市建设发展的全过程，是城市持续发展和繁荣的驱动者。在"上海2040"提出的"底线思维""内涵发展""弹性适应"的要求下，城市更新也在逐步转变理念和方法，从有机更新的规划、政策、管理和行动模式等方面进行了深入探索，走出一条具有上海特色的"城市有机更新"之路。

一是探索城市有机更新规划新方法。近年来，先后推出《上海市社区规划导则——15分钟社区生活圈》《上海市街道设计导则》，制定发布《关于完善本市控详规划管理的指导意见》，提出以社区公共要素的"补缺"作为城市更新的前提，"补短板、提品质"，打造低碳绿色、复合创新、共享成长、开放协调的城市空间，将上海建设成为宜居、宜业、宜学、宜游的城市。二是健全城市有机更新政策体系。研究制定《上海市城市更新实施办法》，在政策制定上对城市更新项目进行更多的倾斜，在用地性质转变、高度提高、容量增加、地价补缴等方面，实行以强调公共利益为前提的奖励机制，激发城市更新改造的积极性。三是推进城市更新实践活动。坚持重大项目与小微更新齐头并进，一方面，通过以共享社区、创新园区、魅力风貌、休闲网络为主题的"四大行动计划"，聚焦有影响力的重大项目。其中，黄浦江两岸贯通项目、三大文化场馆项目（上海博物馆东馆、上海大歌剧院和上海图书馆东馆）等，通过注入公共艺术与文化内涵，打造丰富多元的文化空间载体，助力建设人文之城；世博文化公园项目放弃近百万的建筑容量，把世博园后滩地区打造成开放、共享的大公园，回应广大市民对于建设生态之城的期盼；张江科学城项目通过引导就地居住，实现职住平衡，提升园区活力，实现从产业园区向创新城区的转变，是建设创新之城的积极实践。另外，通过"行走上海"活动激发量大面广的社区空间"微更新"。关注零星地块、

闲置地块和小微空间的品质提升和功能创造。通过自下而上、以民为本的更新路径，还权于社会、还权于市场，努力为社区提供更为精准化的公共服务，提高居民认同感。

特别是在加强历史文化风貌保护方面，采取最严格的措施，保护好延续好这座城市文脉和记忆。要以城市更新的全新理念推进旧区改造工作，进一步处理好留、改、拆之间的关系，以保护保留为原则，拆除为例外"。从"拆、改、留"到"留、改、拆"，进一步强化城市更新过程中的历史积淀意识，探索新形势下的风貌保护路径和多样化的空间重塑激活机制。一是扩大保护范围。截至目前，已有1058处优秀历史建筑、397条风貌保护道路和街巷、44片历史文化风貌区、250处风貌保护街坊，形成了点线面相结合的历史文化风貌保护体系。二是加强配套政策立法。出台《关于深化城市有机更新，促进历史风貌保护工作的若干意见》，重点针对保护对象、资金筹措和管理体系等提出新要求。开展《上海市历史文化风貌保护条例》立法准备工作。三是创新保护方法。加强顶层设计，制定《上海成片历史风貌保护三年行动计划（2016—2018）》。坚持"保护与利用相结合"的原则，加强历史风貌抢救性保护，制定《上海市历史风貌成片保护分级分类管理办法》，探索活化保护利用，建立原权利人及市场主体等多方共同参与的保护模式。

三 以土地供给侧改革为主线，推动城市集约高效发展

土地和空间是城市发展的重要资源，土地利用方式影响着城市发展模式和城市治理理念。上海积极应对经济发展新常态和资源环境紧约束的新形势，将推进规划国土资源领域供给侧改革与优化土地要素配置、优化用地结构、优化空间管控政策充分结合，自2013年起提出"五量调控"土地新政，通过上海土地利用方式转变，促进城市发展方式、社会治理方式、政府工作方式转变。

一是总量锁定。通过新一轮总体规划编制、划示"新三线"，将上海2020年规划建设用地总规模3200平方千米作为全市建设用地终极目标，锁定了上海未来城市空间发展和土地利用的基本格局。二是增量递减。

大力推进减量化工作。在保障战略新兴产业、重大基础设施、社会民生项目需求的基础上,建立新增经营性建设用地指标与现状低效建设用地减量化挂钩机制,年新增用地从"十二五"初期的每年40平方千米,逐步降至2016年的16平方千米。预计到"十三五"末,全市将累计完成减量50平方千米,截至2017年8月底,累计已完成项目立项47.9平方千米,项目验收19.6平方千米。减量化复垦的土地将优先用于生态建设。三是存量优化。坚持存量用地盘活与闲置土地处理并举,会同相关部门联合制定本市盘活存量工业用地实施办法,建立多方利益平衡的存量转型开发机制,于企业而言实现了产业转型升级,于社会而言增加了公共设施和公共空间,于政府而言提高了节约集约用地水平。近年来,全市已有96个项目、约629公顷土地纳入盘活转型计划,并取得阶段性进展。四是流量增效。推行工业用地弹性年期出让制度。根据工业企业生命周期规律,实行产业类工业用地20年弹性年期出让,并完善配套续期政策,提高土地流转速度,降低用地成本,支持好的项目续期用地持续经营。实行土地全生命周期管理。以土地出让合同为平台,将项目建设、功能实现、运营管理、节能环保、土地使用权退出等要素纳入土地出让合同,实现土地全生命周期全要素管理。优化房地产市场供应结构。加大房地产市场调控力度,实行土地复合出让,强化用地交易资金来源监管,严控投机。按照"商品住房用地稳中有升、保障性住房用地确保供应、租赁住房用地大幅增加"的原则,在确保土地可持续供应的基础上,充分考虑市场需求,有序加大住宅土地供应,保障中小套型供应比例,调整优化商业办公规模布局,在就业密集、产城融合重点区域以及轨道交通站点周边区域推出租赁住房用地,构建租售并举的住房体系。五是质量提高。落实"十三五"单位GDP建设用地下降目标,加强土地利用绩效评估,围绕需求较为迫切、矛盾较为突出的公共服务设施、道路、高校用地等开展专题研究,研究编制《上海市节约集约建设用地标准(2016)》,各类设施指标控制值平均"瘦身"幅度达20%以上。在自贸区和全市轨道交通场站地区开展试点,引导土地混合和各类设施的综合设置,完善城市功能。

四 以城乡发展一体化为目标，补齐城市发展"短板"

郊区的发展是上海未来发展的主战场。近年来，上海聚焦补城市发展"短板"，一方面，在城乡建设用地负增长前提下，加快推进郊区土地的集约高效利用；另一方面，积极推动公共服务资源配置向郊区倾斜，全面缩小城乡发展差距，打造"有品质的乡村环境、有尊严的乡村生活、有乡愁的乡村文化"。

一是有序推进规划覆盖。积极开展新市镇总规、郊野单元规划和保护村、保留村村庄规划编制工作，推进农村产业发展、环境改善和农民集中居住工作。制定《上海市郊区镇村公共服务设施配置导则》《上海市郊野乡村风貌规划设计导则》。重点聚焦金山枫泾等9个国家级特色小镇，开展"一镇一策"规划土地支持政策研究，推进乡村地区绿色创新产业发展试点。二是稳妥推进农村土地制度改革。统筹协调集体经营性建设用地入市和土地征收制度两项试点任务，在松江区开展宅基地有偿退出、市场化土地征收安置补偿等试点，并完成两项入市试点地块出让工作。三是全面推进"土地整治＋"新实践。自2012年起，在全市规划布点了21座郊野公园中（规划总面积400多平方千米），并选取了其中7座作为首批试点（面积约130平方千米），开展"土地整治＋运动＋艺术＋景观风貌＋自然教育＋生态"系列实践活动，从加强生态文明建设的高度探索耕地生态复合利用，推动城乡资源有效配置和良性互动。

五 以基础服务为核心，提升城市现代化治理水平

在"大、云、平、移"的互联网背景下，规划国土资源管理主动适应信息时代的发展要求，发挥平台作用，助力提升上海城市现代化治理水平。

一是以空间基础数据信息平台建设为契机，以不动产登记系统、城市发展战略数据库、地理空间信息数据库等为基础，构建规划国土信息交互的动态管控平台，同步整合全市经济社会发展相关数据，为实现城市动态治理和智慧治理打好基础。二是发挥测绘、地质工作服务作用。从确保城市安全的高度出发，开展全市地理国情普查、基础性地质调查、地面沉降监测等工作。建立地理信息公共服务平台，目前已在建设交通、公安消防、应急保卫、气象灾害预警等近100个管理系统中实现了深度应用，为城市精细化管理提供了数据支撑。三是打造"平台型"政府部门。结合城市有机更新、总规编制等工作，举办规划草案公示、"行走上海"、城市空间艺术季、城市设计挑战赛等多种公众参与活动，拓展公众参与的主体、深度和广度，引导城市发展过程中全社会共建、共治和共享。

下一步，市规划国土资源局将继续做好城市规划和国土资源管理工作，努力为上海迈向卓越的全球城市提供助力和保障。

一是建设更具活力的繁荣创新之城。以强化科技创新、金融商务、文化创意、高端制造等"全球城市"核心功能为主线，以规划土地供给侧改革为抓手，支持科创中心建设；强化航空、航运、陆运、信息枢纽等支撑功能，构建由市域线、市区线、局域线构成的"三个1000千米以上"区域轨道交通网络，建设具有较强辐射和服务能力的国际综合枢纽和门户；强化与创新经济和创新发展相适应的、吸引全球创新创业人才的服务设施和服务环境等基础功能，完善便捷高效的现代化基础设施体系，巩固提升实体经济能级，激发城市持续活力。

二是建设更富魅力的幸福人文之城。突出"文化兴市、艺术建城"，立足空间载体和文化活动，新建一大批具有国际一流水准的重大文化体育设施；立足历史文化传承和自然禀赋，塑造有辨识度的城市特色风貌形象；立足多元包容的社会主体，激发全社会文化活力，繁荣城市文化产业，弘扬城市精神和软实力。

三是建设更可持续发展的韧性生态之城。在资源环境紧约束下，探索上海高密度超大城市低碳、安全、韧性的发展方式。聚焦"存量时代"的发展特点，优化土地集约节约标准，强化土地立体复合利用；聚焦全市17条生态廊道和21座郊野公园，显著增加绿色生态空间；聚焦进一步加大减量化工作力度，将耕地等传统农业要素纳入全市大生态结构，推进农村土地数量、质量、生态、文化、景观"五位一体"的保护和利用；聚焦广域空间统筹利用，加强陆海统筹和地下空间功能拓展，挖掘上海发展新空间。

上海服务国家"一带一路"建设发挥"桥头堡"作用行动方案

上海市推进"一带一路"建设工作领导小组办公室

"一带一路"建设,是我国今后相当长一个时期对外开放和对外合作的管总规划,对于全面提升我国全方位开放水平具有重大意义。把中国(上海)自由贸易试验区(以下简称"上海自贸试验区")建设成为服务国家"一带一路"建设、推动市场主体"走出去"的"桥头堡",是习近平总书记在全局高度对上海提出的新要求。上海在国家"一带一路"建设中发挥"桥头堡"作用,有利于进一步提升上海城市综合服务功能,发展更高层次的开放型经济;有利于推动形成我国全方位开放、东中西联动发展的新格局,更好地参与全球竞争与合作。为贯彻落实"一带一路"国际合作高峰论坛精神和中央要求,制订本行动方案。

一 功能定位、主要路径和主要原则

——功能定位。把服务国家"一带一路"建设作为上海继续当好改革开放"排头兵"、创新发展先行者的新载体,服务长三角、服务长江流域、服务全国的新平台,联动东中西发展、扩大对外开放的新枢纽,努力成为能集聚、能服务、能带动、能支撑、能保障的"桥头堡"。

——主要路径。上海服务国家"一带一路"建设,以上海自贸试验区为制度创新载体,以经贸合作为突破口,以金融服务为支撑,以基础设施建设为重点,以人文交流和人才培训为纽带,以同全球友城和跨国公司合作为切入点。上海服务国家"一带一路"建设的过程,也是培育发展新动能、代表中国参与全球竞争合作的过程,测试压力、防控风险、转型升级的过程,传播中国发展新理念、凸显上海全球城市价值的过程。

——基本原则。上海发挥服务国家"一带一路"建设"桥头堡"作用,要充分体现国家战略。站在国家提高开放水平的高度,以内外联动的大视野,加强与长江经济带等战略对接。充分发挥上海优势,把服务国家"一带一路"建设与"四个中心"、具有全球影响力的科技创新中心、上海自贸试验区建设等国家战略紧密结合起来,发挥战略叠加效应,承接一批国家重大功能性载体,打造一批开放型合作平台,增强要素集聚和辐射能力,为上海全球城市建设注入新动力。充分对接市场主体需求。把市场在资源配置中的决定性作用和企业的主体作用发挥出来,切实解决市场主体开展双向投资、双向经贸的发展需求。把握远近结合、滚动推进。充分对接国家"一带一路"建设的新要求和高峰论坛成果清单,聚焦2017—2020年重点领域专项行动,与各方共同推进,共建共享,防控风险,为更长远的发展夯实基础。

二 贸易投资便利化专项行动

对接国家自由贸易区战略,构建多层次贸易和投资合作网络,促进贸易和投资自由化便利化。

(一)以上海自贸试验区为载体,加强与"一带一路"沿线国家(地区)制度和规则对接。系统梳理上海自贸试验区的制度创新经验,积极对接"一带一路"沿线国家(地区)[以下简称"沿线国家(地区)"]自由贸易协定谈判,与沿线国家(地区)开展上海自贸试验区相关制度创新合作,提升上海自贸试验区的国际影响力(责任部门:市发展改革委、市商务委、上海自贸试验区管委会)。

(二)加快推进上海自由贸易港区建设。以"区港一体、一线放开、二线安全高效管住"为核心,把货物进出、国际贸易、航运物流、金融服务等相关领域改革结合起来,实现开展国际业务的最大便利(责任部门:市发展改革委、市商务委、市交通委、市金融办、市财政局、上海自贸试验区管委会、上海海关、上海出入境检验检疫局)。

（三）争取进一步放宽境外投资备案权限（责任部门：市发展改革委、市商务委、上海自贸试验区管委会）。

（四）建设"一带一路"进口商品保税展示中心。依托上海自贸试验区，打造酒类、汽车、医药、化妆品、钻石珠宝等专业化的外贸直通平台，建设沿线国家（地区）常年商品展示平台，加快设立若干全球商品直销中心，为与沿线国家（地区）商品双向直通创造更多便利渠道（责任部门：市商务委、上海自贸试验区管委会）。

（五）提升上海自贸试验区文化服务贸易基地功能。依托国家对外文化贸易基地（上海），加强与沿线国家（地区）开展文化服务贸易，推动文化创意产业交流。发挥上海文化出口重点企业、重点项目优势，建设"一带一路"文化贸易海外促进中心（责任部门：市文广影视局、市商务委、上海自贸试验区管委会）。

（六）推动"一带一路"跨境电子商务发展。鼓励跨境电商在沿线国家（地区）扩大规模，支持跨境电商拓展产业链、生态链，共同推进电子商务国际规则制定，推动上海成为沿线国家（地区）"买全球、卖全球"的重要节点。支持重点互联网企业在沿线国家（地区）建立国际物流中心、结算中心、跨境电商平台等（责任部门：市发展改革委、市商务委）。

（七）促进"一带一路"服务贸易创新发展。制定上海跨境服务贸易负面清单，逐步取消或放宽对跨境交付、自然人移动等模式的服务贸易限制措施。在风险可控前提下，加快推进金融保险、文化、旅游、教育、医疗等高端服务领域的贸易便利化。在软件、通信、外包等重点领域打造国际合作交流网络，开拓"一带一路"服务外包与技术贸易市场。打造"海上中医"品牌，加快在沿线国家（地区）建立中医药海外中心，提升中医药国际服务贸易平台能级（责任部门：市商务委、市金融办、市文广影视局、市旅游局、市教育局、市卫生计生委）。

（八）加强"一带一路"国际产能和装备制造合作。重点在火电、核电、风电、太阳能等能源装备，智能制造装备，生物医药与医疗器械，特种设备装备制造等领域加强合作。深化跨境经贸合作区发展，发挥重点企业龙头作用，搭建国际产能合作平台，与沿线国家（地区）在园区规划、设计、运营、管理模式等方面实现合作共享（责任部门：市商务委、市发展改革委、市经济信息化委、市国资委、市质量技监局）。

（九）加强"一带一路"检验检测认证认可和标准计量合作。依托"一带一路"技术贸易措施企业服务中心，促进与沿线国家（地区）在检验检测认证认可和标准计量等方面的合作（责任部门：市质量技监局、上海自贸试验区管委会）。

（十）提升上海国际会展平台服务"一带一路"建设功能。拓展中国（上海）国际技术进出口交易会、华东进出口商品交易会、中国国际工业博览会等品牌展会的规模和水平，为沿线国家（地区）的商品、技术、服务等提供国际化、专业化、便利化的功能平台，完善上海企业与沿线国家（地区）企业双向参展的促进机制（责任部门：市商务委）。

（十一）建立"一带一路"综合性经贸投资促进服务平台。依托上海市对外投资促进中心等拓展海外网络、提升服务功能，建设综合性专业服务平台，为市场主体提供沿线国家（地区）发展规划、政策法规、法律查明、投资项目、风险提示等专业服务，为中小企业更好地"走出去""引进来"提供支撑，促进双向经贸投资发展（责任部门：市商务委、上海市贸促会、上海自贸试验区管委会）。

（十二）建设"一带一路"国际仲裁中心。依托上海国际经济贸易仲裁委员会、上海仲裁委员会、中国海事仲裁委员会上海分会，推进实施国际通行争议解决方式，探索境外仲裁机构与上海仲裁机构的多元化合作模式，打造国际化仲裁服务品牌，为沿线国家（地区）提供专业化的商事、海事仲裁服务（责任部门：市司法局、市政府法制办、市商务委）。

（十三）与香港、澳门共同探索"一带一路"框架下的合作新模式。加强与香港在金融、贸易、航运、文化、专业服务等的全面合作，鼓励上海企业在香港设立分支机构，共同开发沿线市场。积极对接澳门，共同开辟葡语国家市场（责任单位：市政府港澳办、市金融办、市商务委、市国资委）。

（十四）服务兄弟省市参与"一带一路"建设。支持和参与新疆、云南、大连等对口支援地区和对口合作地区有关保税区、开发区等建设，与长三角地区和长江经济带沿线省市共同参与"一带一路"建设（责任部门：市政府合作交流办）。

（十五）为国内外企业总部、功能性行业协会、国际机构（组织）落户上海发展，提供更为便利的服务和配套解决方案（责任部门：市商务委、市经济信息化委、市国资委、市工商联等）。

三　金融开放合作专项行动

把握国家金融开放和人民币国际化机遇，对接"一带一路"金融服务需求，在风险可控前提下，依托上海自贸试验区金融改革创新，加强与上海国际金融中心建设联动，把上海建成"一带一路"投融资中心和全球人民币金融服务中心。

（十六）打造人民币跨境支付和清算中心。推动人民币在沿线国家（地区）的贸易、实业投资与金融投资中的广泛运用。加强与境外人民币离岸市场合作，吸引沿线国家（地区）央行、主权财富基金和投资者投资境内人民币资产。加快推进人民币跨境支付系统（CIPS）二期建设，与沿线国家（地区）清算机构建立货币联动清算机制。大力支持银联国际等非银行支付机构提供跨境金融服务，推动互联网、电信支付为代表的普惠金融走进沿线国家（地区）（责任部门：市金融办、人民银行上海总部、上海银监局）。

（十七）拓展上海自贸试验区自由贸易账户功能。支持全国其他自贸试验区和沿线国家（地区）运用上海自贸试验区自由贸易账户，为参与"一带一路"建设的企业和员工提供相关跨境金融服务。对开立自由贸易账户的各类主体提供跨境资金的结算便利和可兑换服务（责任部门：市金融办、上海自贸试验区管委会、人民银行上海总部、上海银监局）。

（十八）完善面向"一带一路"的投融资服务体系。支持沿线国家（地区）在上海发行熊猫债等人民币证券产品，支持境内外优质企业利用上海资本市场发展。发挥中国保险投资基金作用，拓展保险资金服务"一带一路"建设的范围和形式（责任部门：市金融办、人民银行上海总部、上海银监局、上海证监局、上海保监局、上海证券交易所）。

（十九）加强上海金融市场与"一带一路"沿线国家（地区）双边和多边合作。支持在沪金融市场与沿线国家（地区）交易所、登记结算机构间的双边业务和股权合作。深化黄金国际板建设和"上海金"定价机制，推动与沿线国家（地区）的业务对接和产业合作，提升人民币黄金定价影响力。建设上海保险交易所再保险平台，探索设立"一带一路"再保险共同体。支持设立中央结算公司上海总部，建设人民币债券跨境发行平台。支持上海期货交易所在境外设立交割仓库。支持上海清算所与境外清算机构开展业务合作和交流（责任部门：市金融办、人民银行上海总部、上海证监局、上海保监局、中国外汇交易中心、上海证券交易所、中国金融期货交易所、上海期货交易所、上海黄金交易所、上海保险交易所、上海清算所）。

（二十）建设上海"一带一路"能源和碳交易市场。依托上海国际能源交易中心、上海石油天然气交易中心等平台，尽快推出原油期货，促进能源现货与期货交易、碳交易、技术交易等市场领域与沿线国家（地区）对接，提升国际影响力（责任部门：市金融办、上海期货交易所、市发展改革委、市商务委）。

（二十一）加大开发性金融和政策性金融支持力度。争取国家开发银行加大对通过上海参与沿线国家（地区）的基础设施、金融合作、产能合作等项目的专项贷款支持力度，扩大"一带一路"专项债券发行规模。争取中国进出口银行加大对通过上海开展沿线国家（地区）项目的贷款支持，增加优惠性贷款投放规模（责任部门：市金融办、国家开发银行上海分行、中国进出口银行上海分行）。

（二十二）提升保险服务"一带一路"建设能力。争取中国出口信用保险公司对通过上海"走出去"的项目扩大信用保险覆盖面，实现重点领域融资应保尽保。大力发展海外保险、货物运输保险、工程建设保险等业务，为"一带一路"建设提供全方位的保险保障（责任部门：市金融办、市财政局、市商务委、上海保监局、中国出口信用保险公司上海分公司）。

（二十三）推动设立"一带一路"金融资产管理公司。支持符合条件的金融机构在上海自贸试验区设立金融资产管理公司，优化"一带一路"金融资产配置。探索境外信贷资产证券化试点，吸引境内外金融机构和机构投资者共同参与（责任部门：市金融办、上海自贸试验区管委会、人民银行上海总部、上海银监局、上海保监局、国家开发银行上海分行、中国进出口银行上海分行、中国出口信用保险公司上海分公司）。

（二十四）吸引集聚"一带一路"单边和多边金融机构。吸引"一带一路"相关国际开发性金融机构、沿线国家（地区）商业性金融机构等到上海设立机构。支持设立"一带一路"股权投资基金和创业投资基金。支持中国进出口银行在沪设立功能性机构（责任部门：市金融办、市财政局、人民银行上海总部、上海银监局、上海证监局、上海保监局、中国进出口银行上海分行）。

（二十五）培育和发展"一带一路"信用评级机构。推动符合条件的企业面向沿线国家（地区）开展信用评级，逐步培育和建立具有国际影响力的信用评级机构和体系（责任部门：人民银行上海总部、市金融办）。

四　增强互联互通功能专项行动

加强与上海国际航运中心建设联动，畅通内外连接通道、拓展综合服务功能，提升上海全球城市门户枢纽地位。

（二十六）打造海上丝绸之路港航合作机制。依托中远海运集团和上港集团，发起并举办"'21世纪海上丝绸之路'港航合作会议"，与沿线国家（地区）港口建立长期、稳定的沟通协调和战略发展合作机制，以共同开发、业务合作等方式，提高资本运作和项目开发水平，加大沿线港口投资力度，拓展延伸对物流园区、铁路、公路等基础设施的投资（责任部门：市交通委、中远海运集团、上港集团）。

（二十七）进一步拓展完善航线航班网络布局。加快打造高效通畅的全球集装箱海上运营网络，开辟上海至非洲、美洲、南亚、加勒比等区域，打通经印度洋、非洲东部到欧洲的新主干航线。提升上海航空枢纽航线网络覆盖面和通达性，争取在空域管理、航权分配、时刻资源市场化配置方面进行试点。支持基地航空公司优先发展面向"一带一路"区域的国际航线（责任部门：市交通委、上港集团、机场集团）。

（二十八）加快构建全方位多式联运综合体系。加快海铁、空铁建设衔接，积极发展海铁联运，加强上海铁路网与中欧、中亚铁路网的衔接，以信息化提升海港、空港、铁路等交通枢纽服务能级（责任部门：市交通委、上海铁路局、上港集团、机场集团）。

（二十九）提升"一带一路"上海航贸指数影响力。深化"一带一路"贸易额指数、"一带一路"货运量指数、"海上丝绸之路"运价指数的内涵，拓展应用范围，提升影响力和话语权（责任部门：市交通委）。

（三十）提升国际海事组织亚洲技术合作中心服务功能。推动与"一带一路"沿线国家（地区）在海事技术、管理和服务等方面协作协同，构建国际海事合作网络，发起横向技术合作，开展海事专业培训，引领全球海事技术标准制定（责任部门：市交通委、市教委、上海海事大学）。

（三十一）组建国际海事校企联盟。依托上海海事大学，牵头组建国际海事校企联盟，加强"一带一路"沿线区域海事院校和企业之间的合作交流（责任部门：市交通委、市教委、上海海事大学）。

五　科技创新合作专项行动

全面对接国家"一带一路"科技创新行动计划，加强与建设具有全球影响力的科技创新中心联动，依托功能性平台和项目，利用优势科技资源，促进科技联合攻关和成果转化。

（三十二）建设"一带一路"技术转移中心。在上海自贸试验区建设"一带一路"产权交易中心与技术转移平台，推动国家技术转移东部中心进一步在沿线国家设点布局，与沿线国家（地区）拓展技术转移协作网络，搭建技术转移信息平台，共建技术转移中心，促进绿色技术等转移转化（责任部门：市科委）。

（三十三）加强与沿线国家（地区）科技园区合作。以张江自主创新示范区为载体，分享上海高新技术产业园区经验，探索与沿线国家（地区）共建科技园区。鼓励漕河泾、临港等园区企业和科研机构参与沿线国家（地区）科技园区合作，支持有条件的企业到沿线国家（地区）设立海外研发中心（责任部门：市科委、市张江高新区管委会）。

（三十四）与沿线国家（地区）共建联合实验室或联合研究中心。与沿线国家（地区）相关机构联合推进高水平科学研究，加强技术联合攻关，共建一批联合实验室、技术创新中心、工程技术研究中心，争取5年内投入运行的联合实验室或联合研究中心达到20家左右（责任部门：

市科委、市发展改革委)。

(三十五)推进大科学设施向沿线国家(地区)开放。依托张江综合性国家科学中心建设,推进上海大科学设施、国家实验室、上海市研发公共服务平台,以及各类研发与转化功能平台向沿线国家开放共享,鼓励和支持沿线国家(地区)一流科研机构和科学家来沪参与国际科研大设施和大科学工程建设与合作应用(责任部门:市发展改革委、市科委、张江国家科学中心办公室)。

(三十六)与沿线国家(地区)深化海洋科学研究与技术合作。构建与沿线国家(地区)海洋科技创新合作伙伴关系,深化在海洋资源勘探开发、高端装备制造、可再生能源、海洋新材料、海洋生物制药等领域合作,探索成立国际区域海洋科技产业联盟。加强与沿线国家(地区)在海洋生态环境修复、生物多样性保护、预警预报、气候变化、防灾减灾等方面的海洋公共服务合作,共建共享海洋观测监测网、以北斗通信为主的海洋多模通信网、海洋环境综合调查监测网(责任部门:市海洋局、市科委)。

(三十七)与沿线国家(地区)深化科技交流。实施优秀青年科学家交流计划,5年内资助沿线国家(地区)400人次以上,来沪进行为期6—12个月的科研工作。充分利用上海国际科技节、浦江创新论坛等平台完善合作机制,促进与沿线国家科技创新政策及管理经验的交流。鼓励上海科技馆、上海自然博物馆、上海天文馆等科普场馆与沿线国家(地区)开展民间交流。推动政府间科技合作支持向沿线国家(地区)倾斜。积极承办科技部"发展中国家培训"项目,举办各类适用技术及科技管理培训。鼓励和支持上海交通大学为主发起的"一带一路"科技创新联盟建设(责任部门:市科委)。

六 人文合作交流专项行动

按照将"一带一路"建成文明之路的要求,依托上海国际文化大都市建设,发挥好重大"节、赛、会"作用,搭建更多文化艺术、教育培训、卫生医疗、旅游体育等交流机制和平台,全面提升与沿线国家(地区)的人文合作交流水平。

（三十八）成立国家级"丝绸之路国际艺术节联盟"。依托中国上海国际艺术节，整合现有平台资源，加强与沿线国家（地区）文化交流与合作机制化发展，成立国家级"丝绸之路国际艺术节联盟"（责任部门：市文广影视局）。

（三十九）加强上海国际电影节、美术馆、博物馆、音乐创演等与沿线国家（地区）交流互动。深化上海国际电影节、美术馆、博物馆、音乐创演等与沿线国家（地区）的合作机制，进一步丰富和拓展文化交流合作内容（责任部门：市文广影视局）。

（四十）升级打造公务人员培训工程。依托中国—上海合作组织国际司法交流合作培训基地（上海政法学院）、上海外国语大学、中国浦东干部学院等平台，为沿线国家（地区）培养政府精英。扩大深化上海友城公务员培训项目（责任部门：市教委、市委组织部、市政府外办、上海政法学院、上海外国语大学、中国浦东干部学院）。

（四十一）升级打造沿线国家（地区）青年留学上海及能力提升培训工程。依托每年举办的上海国际友好城市青少年夏令营、上海暑期学校、国际青少年互动友谊营、中国上海教育展、上海高校"一带一路"教育研修等，为沿线国家（地区）的青年人才提供教育培训平台（责任部门：市教委、市政府外办）。

（四十二）升级打造"走出去"跨国经营人才培训工程。开展本土跨国经营人才培训，每年为本土企业培训跨国经营人才超过5000人次。实施"一带一路"经贸人才千人培训计划，承办更多援外培训项目，帮助沿线国家加强能力建设，5年内为沿线国家培训人员1000人次以上（责任部门：市商务委）。

（四十三）积极筹建联合国教科文组织"二类机构"教师教育中心。依托上海师范大学，整合中外教师教育资源，面向亚非及"一带一路"沿线国家（地区）培训教师及教育管理人员（责任部门：市教委、上海师范大学）。

（四十四）在沿线国家（地区）传播推广中医药应用。积极推广中医药科研成果和技术标准，推动我国中医药文化与沿线国家（地区）的共享共用。促进"中国—捷克中医中心"功能提升，建设"非洲中医中心"（责任部门：市卫生计生委）。

（四十五）加强与沿线国家（地区）传染病防控、卫生应急、妇幼卫生、卫生援外等领域交流合作。承接国家卫生计生委行动，积极防控传染病输入，完善沿线国家（地区）重大项目公共卫生保障措施，开展卫生应急培训演练、探索航空救援合作交流（责任部门：市卫生计生委）。

（四十六）加强与沿线国家（地区）旅游交流合作。办好2018年中国国际旅游交易会，打造和推介上海旅游品牌。发挥好上海旅游节、上海世界旅游资源博览会、上海（中国）邮轮旅游发展实验区等平台功能，打造跨区域旅游新产品与新线路。与沿线国家（地区）联合举办"丝绸之路国际邮轮旅游节"等大型推广活动（责任部门：市旅游局、市商务委）。

（四十七）积极申办2019年世界武术锦标赛（责任部门：市体育局）。

七　智库建设专项行动

充分发挥上海各类智库研究优势、网络优势和资源优势，加强对沿线国家（地区）全方位、多层次研究，通过优势互补、资源互利、信息互通，大力推动成果共享，为"一带一路"建设提供专业智力支撑。

（四十八）探索建设国家级丝路信息数据库。依托中国国际经济交流中心和上海社科院建立的"丝路信息网"，进一步提升功能，建成面向不同国家、城市和企业的国家级大型综合数据库（责任部门：市委宣传部、上海社科院）。

（四十九）深化完善"一带一路"智库合作联盟。依托中联部、中国社科院、复旦大学共同成立的"一带一路"智库合作联盟和国务院发展研究中心发起成立的丝路国际智库网络，为加强相关沿线国家（地区）智库资源整合、政策沟通、人才交流搭建平台（责任部门：市教委、市政府发展研究中心、复旦大学、上海社科院、上海国际问题研究院）。

（五十）建立上海全球治理与区域国别研究院。依托上海外国语大学，筹建上海全球治理与区域国别研究院，打造全球治理与区域国别研究的数据库和人才培训体系（责任部门：市教委、上海外国语大学）。

（五十一）打造中国城市治理模式研究智库平台。依托上海交通大学中国城市治理研究院，加强对上海、北京、深圳等城市治理模式、经验的案例库建设，面向"一带一路"沿线城市开展合作交流（责任部门：市教委、上海交通大学）。

（五十二）提升中国—阿拉伯改革与发展研究中心服务功能。依托上海外国语大学，加强面向阿拉伯国家的国情研究，开展面向高级别官员的研修和培训，推动中阿治国理政经验交流和深层次合作（责任部门：市教委、上海外国语大学、市政府外办）。

（五十三）提升"一带一路"贸易投资规则研究服务能力。依托上海对外经贸大学、华东政法大学，加强与沿线国家（地区）贸易投资机构交流互动，共同研究探讨商事与贸易投资规则设计（责任单位：市教委、上海对外经贸大学、上海WTO事务咨询中心、华东政法大学）。

（五十四）发挥好上海市市长国际企业家咨询会作用（责任单位：市政府外办、市发展改革委、市政府研究室）。

八　强化体制机制和政策保障

强化体制保障，整合政策资源，加强监测预警，强化推进落实机制，调动各方力量参与"一带一路"建设，形成服务国家"一带一路"建设发挥"桥头堡"作用的强大合力。

（五十五）优化完善上海推进"一带一路"建设工作机制。进一步完善上海推进"一带一路"建设工作领导小组工作机制，强化责任落实和督查考核。加强与国家推进"一带一路"建设工作领导小组办公室的协调沟通，研究解决"一带一路""桥头堡"建设相关重大问题（责任部门：市发展改革委）。

（五十六）加强与国家"一带一路"重大项目库对接（责任部门：市发展改革委、市商务委、国家开发银行上海分行、中国进出口银行上海分行、中国出口信用保险公司上海分公司）。

（五十七）进一步加大上海对推进"一带一路"建设工作的资金支持力度（责任部门：市财政局、市发展改革委等）。

（五十八）建立完善上海推进"一带一路"建设统计体系（责任部门：市统计局、市发展改革委、市商务委、市金融办、市旅游局、外汇管理局上海市分局等)。

(五十九)拓展上海与"一带一路"友城合作网络。统筹全市资源,拓展友城网络、深化合作内涵,扩大上海与"一带一路"友城在文化交流、城市形象宣传、媒体互动、青年交流等方面的深度合作(责任部门:市政府外办)。

(六十)建立完善上海境外投资安全保障机制。建立"一带一路"境外投资预警监测服务平台。建立境外企业和对外投资安全保护体系(责任部门:市金融办、中国出口信用保险公司上海分公司、市政府外办、市公安局、市商务委)。

上海市人民政府关于进一步支持外资研发中心参与上海具有全球影响力的科技创新中心建设的若干意见

沪府发〔2017〕79号

各区人民政府，市政府各委、办、局：

为加快向具有全球影响力的科技创新中心进军，坚持全球视野、国际标准，更好地服务外资研发中心集聚发展，进一步营造有利于企业创新发展的环境，促进创新要素跨境流动和全球配置，现就进一步支持外资研发中心更加深入、更加广泛地参与上海具有全球影响力的科技创新中心建设提出如下意见：

一、支持外国投资者在沪设立具有独立法人资格的研发中心，支持外资研发中心升级为全球研发中心。对研发人员超过100人的全球研发中心和具有独立法人资格的研发中心，参照《上海市鼓励跨国公司设立地区总部的规定》（沪府发〔2017〕9号），给予500万元开办资助；以不超过1000平方米办公面积、每平方米每天不超过8元人民币的标准，按照租金的30%给予三年租房资助（市商务委、市财政局负责）。

二、支持外商投资设立各种形式的开放式创新平台，有效对接跨国公司和中小微企业、创新团队的创新资源，构建开放式创新生态系统。各开放式创新平台设立的所在区对开放式创新平台，以不超过1000平方米办公面积、每平方米每天不超过8元人民币的标准，按照30%给予三年场地资助（各区政府负责）。

三、加强对外资研发中心建设国家级、市级企业技术中心政策辅导，提高本市国家级、市级企业技术中心的外资占比；对开展创新基础能力提升、关键核心技术突破更新、智能化绿色化制造等工程的市级企业技术中心，参照《上海市产业技术创新专项支持实施细则》（沪经信技〔2015〕769号），给予不超过项目相关投入50%，总额不超过300万元的专项支持；支持外资研发中心主导建设制造业创新中心、各类产业技术转化等平台建设，鼓励针对前沿技术、共性关键技术和跨行业融合性技术开展联合攻关和协同创新，打造跨界、共享、协同的制造业创新生态系统，采用适当方式给予专项支持（市经济信息化委、市财政局负责）。

四、对符合条件的外商投资战略性新兴产业领域的重大研发类项目等，给予专项资金支持。对采用投资补助方式给予支持的重大项目，产业发展项目支持比例一般不超过新增投资的10%，重大科技攻关项目、示范应用项目、公共技术创新服务平台支持比例一般不超过新增投资的30%（市发展改革委、市财政局、市经济信息化委、市科委负责）。

五、支持外资研发中心申请大科学设施重点课题，在申请通过专家评审后，可给予重点保障。鼓励和支持外资研发中心参与研发与转化功能性平台建设；鼓励和支持外资研发中心参与上海市研发公共服务平台建设，共享共用研发公共服务平台的大型仪器设备及相关研发实验服务；鼓励和引导外资研发中心运用"科技创新券"等优惠政策，开展科技创新活动（市科委、市经济信息化委、市发展改革委负责）。

六、鼓励和支持外资研发中心参与政府计划项目，吸收外资研发中心的科技人员参加政府计划项目专家库，参与政府计划项目方向的研究；引导和支持外资研发中心利用上海市财政科技投入信息管理平台参与政府计划项目。鼓励和支持外资研发中心创新团队参与本市科技企业创新能力提升计划，并可享受相关政策（市科委负责）。

七、通过本市产业转型升级投资基金，引导社会各类资本支持外资研发中心研发成果在本市进行产业化，对所投项目在土地、人才等方面提供便利，给予支持（市经济信息化委、市发展改革委负责）。

八、鼓励外资研发中心创新成果在国家技术转移东部中心等服务平台上汇交，支持外资研发中心创新成果优先对接国内外创新服务渠道和社会资本。外资研发中心创新成果在本市实现技术转移,或者购买(许可使用)在本市的高校、科研院所科技成果的,可享受本市科技成果转移转化相关政策(市科委负责)。

九、提升研发环境国际竞争力,依法简化具备条件的外资研发中心研发用样本样品、试剂等进口手续,为外资研发中心运营创造便利条件。对外资研发中心优先办理报检资质审批,优先考虑提升信用及分类管理等级(上海海关、上海出入境检验检疫局负责)。

十、完善专利资助政策,支持外资研发中心申请PCT国际专利和国内发明专利,加大对专利创造与运用的支持力度。对每项通过PCT途径获得授权的发明专利,给予总额不超过25万元的资助,每个国家资助金额不超过5万元,不超过5个国家。对获得授权的高质量国内发明专利,每项最高可资助1.5万元(市知识产权局、市财政局负责)。

十一、加强对外资研发中心的知识产权保护,通过专利优先审查和中国(浦东)知识产权保护中心等途径,探索开展集专利审查、快速确权、快速维权于一体的"一站式"综合服务。完善行政执法和司法保护两条途径优势互补、有机衔接的知识产权保护模式,加大对侵权违法行为的惩治力度,健全知识产权信用管理,完善知识产权纠纷多元解决机制(市知识产权局、各区政府负责)。

十二、鼓励外商投资知识产权服务业,支持国际知名知识产权服务机构依法开展知识产权服务业务,为企业提供高效、便捷、安全的知识产权服务。探索在沪设立国家知识产权局专利局PCT专利审查中心,加强知识产权公共服务平台建设,完善检索和咨询功能,推动专利、商标、版权等知识产权基础信息互联互通,提高知识产权信息利用和服务能力。推进漕河泾国家知识产权服务业集聚发展示范区建设(市知识产权局、市财政局、各区政府负责)。

十三、外资研发中心聘雇的人才,可享受公安部支持上海科技创新中心建设的出入境政策措施。为中国籍人才赴香港、澳门、台湾地区或者国外申请办理出入境证件提供便利;放宽外籍人才签证有效期限,对符合条件的外籍人才,签发长期(5年至10年)多次往返签证,并可凭该签证办理工作许可、申请工作类居留证件;为外籍人才申请办理R字(人才)签证、长期居留和永久居留提供停居留便利(市公安局出入境管理局、市人力资源社会保障局负责)。

十四、外资研发中心聘雇的外籍研发人员,可直接申请办理外国人来华工作手续。采用"告知+承诺""容缺受理"等方式,为外籍人才办理工作许可提供便利。对在本市科技研发、成果转化等方面做出杰出贡献的外资研发中心聘用的高端人才和紧缺人才,根据本市人才政策,给予一定的资助。鼓励外资研发中心引进行业内顶尖科学家,为其开展科研活动营造便利环境。支持各区开展外籍高层次人才服务"一卡通"试点,建立安居保障、子女入学和医疗保健服务通道。加大对外资研发中心高层次人才参评领军人才等人才计划的支持力度(市人力资源社会保障局、市财政局、市住房城乡建设管理委、市教委、市卫生计生委、各区政府负责)。

十五、积极创造条件,满足外资研发中心多元金融需求。支持外资研发中心通过开立自由贸易账户,享受跨境金融服务政策便利。鼓励符合条件的外资研发中心及相关产品参保首台(套)重大技术装备、关键研发设备的财产保险、产品责任保险、产品质量保证保险等产品(市金融办负责)。

十六、建立多渠道、多形式的外资研发中心服务机制。畅通政府部门与企业沟通渠道,及时研究解决企业的困难和问题;整合各方资源,为外资研发中心提供优质的公共服务和专业服务;依托上海市企业服务平台,归集发布各有关部门的科技创新政策,提高政策知晓度。鼓励各区出台支持外资研发中心参与上海具有全球影响力的科技创新中心建设的政策措施(市商务委、市经济信息化委、各区政府负责)。

上海市人民政府
2017年10月10日

"十三五"时期上海国际贸易中心建设规划

"十三五"时期是上海基本建成具有国际国内两个市场资源配置功能、与我国经济贸易地位相匹配的国际贸易中心的决定性阶段。为全面推进"十三五"时期上海国际贸易中心建设，依据《中华人民共和国国民经济和社会发展第十三个五年规划纲要》和《上海市国民经济和社会发展第十三个五年规划纲要》，编制本规划。

一 "十三五"时期上海国际贸易中心建设的基础和环境

（一）"十二五"时期的主要进展

过去五年，上海国际贸易中心建设在服务国家和本市经济社会发展过程中取得了重要进展，国际贸易中心核心功能已经基本形成。

1. 贸易规模稳步扩大，贸易结构进一步优化。大市场、大流通格局加快形成，2015年，商品销售总额、电子商务交易额分别达93407亿元和16452亿元，年均增长13.9%和31.1%。口岸货物进出口保持领先，从2010年的9083亿美元扩大到2015年的10921亿美元，占全国的27.6%和全球的3.4%，超越香港、新加坡等国际贸易中心城市。贸易结构持续优化，2015年，附加值较高的一般贸易进出口占比达47.4%，比2010年提高7.2个百分点；新兴市场开拓初见成效，对美国、欧盟、日本三大传统市场依赖度降低；进口增速持续快于出口，成为全国最大的进口消费品集散地；跨境电子商务试点深入推进，开辟了国际贸易新渠道。服务贸易加快发展，进出口额从2010年的1047亿美元扩大到2015年的1967亿美元，占全国的27.6%和全球的2.1%；技术进出口合同额、国际服务外包执行额分别是2010年的2.9倍和3.4倍。服务贸易在对外贸易中的比重由2010年的22.1%提升至2015年的30.3%，比全国高14.9个百分点。

2. "互联网+消费"蓬勃发展，消费拉动作用进一步凸显。消费规模不断扩大，社会消费品零售总额从2010年的6187亿元扩大到2015年的10132亿元，年均增长10.2%，商贸业增加值占全市GDP的比重提升至16.8%，消费对经济增长的贡献率达到70%左右。消费新业态新模式不断涌现，网络购物交易额从2010年的345亿元扩大至2015年的4356亿元，年均增长66.1%。以精细化、集成化、平台化为特征的社区商业零售规模已占全市的50%以上。商业国际化程度显著提高，53.4%的国际知名零售商已进驻上海，购物节、时装周等在国内外的影响力持续提升，成为城市消费和时尚新名片。率先实施境外旅客购物离境退税政策。结构合理、功能健全、配套完善的现代商业网点体系基本形成，全市购物中心达到163家。

3. 贸易功能持续完善，资源配置能力进一步提升。以平台经济为代表的流通和交易模式创新发展，2015年实现交易额16125亿元，亿元级以上平台32个，平台交易撮合、金融服务、价格发现等功能持续增强。大宗商品"上海价格"基本形成，钢铁价格指数、有色金属现货价格指数等被国际市场采纳，石油天然气、矿产、棉花等大宗商品国际交易中心相继成立，上海期货交易所成交量占全国期货市场1/3以上。农产品流通市场体系更趋完善优化，已与全国1000多个生产基地建立了新型产销合作关系，形成了总部在上海、基地和网络在全国的新格局。现代物流对贸易流通的支撑作用进一步显现，全社会物流总费用相当于全市生产总值的比重降到15%左右，低于全国平均水平。区域辐射带动效应进一步增强，率先启动长江经济带区域通关一体化改革，正式建立区域市场一体化发展合作机制，外省市进出口约占上海口岸贸易额的2/3。亚太示范电子口岸网络运营中心落户上海。

4. 贸易主体不断集聚，市场竞争力进一步增强。贸易流通企业集聚效应明显，至2015年年底，全市批发和零售业企业逾14万家，年销售额超过百亿元的商业企业80余家；有进出口业绩企业39009家，年进出口规模10亿美元以上企业51家，分别比2010年增加10309家和8家；融资租赁企业1600多家，资产总额约1.3万亿元，均占全国的1/3左右。统筹利用国际国内两个市场、两种资源能力提升，5年新引进外商投资企业22918家，占全国的18.2%；新增跨国公司地区总部230家、投资性公司99家、研发中心77家，累计分别达535家、312家和396家，成为中国内地跨国公司地区总部最多的城市。上海企业在境外投资设立企业超过3000家，是"十一五"时期的5.8倍，"走出去"网络覆盖178个国家和地区；总部在上海的财富世界500强企业已达8家，比2010年增加6家。美中贸易全国委员会、德国工商大会、瑞士世界黄金协会等90余家国际贸易投资促进机构在沪设立了常驻代表机构。

5. 贸易载体加快建设，重点区域和重要平台支撑作用进一步彰显。贸易核心功能区建设取得重大突破，中国（上海）自由贸易试验区（以下简称"上海自贸试验区"）建立，2015年，区内货物进出口、吸收外商投资和对外直接投资分别占全市的26.4%、60%和57.4%，引领带动作用明显；虹桥商务区核心区建设基本完成，成为国际贸易中心建设新承载区。服务全国的贸易投资促进平台建设成效显著。国家会展中心（上海）全面建成，室内外展览面积50万平方米，2015年，展出面积390万平方米，分别占全市的50%和25.8%，上海可供展览面积和展出总面积均居世界城市前列。国内第一个专为技术贸易设立的国家级、综合性展会中国（上海）国际技术进出口交易会永久落户，有效地促进了我国与各国间的技术转移与创新合作。25个现代服务业集聚区成为各类贸易总部和机构的重要集聚地，年度税收亿元以上楼宇近130栋。成功创建国家电子商务示范城市，建成4个国家级示范基地和7个市级示范园区。新增服装服饰、船舶等4个国家级进出口基地和3个市级外贸转型升级示范基地。上海化工区、松江工业园区升级为国家级经济技术开发区。贸易信息服务平台的辐射力、影响力不断扩大，中国（上海）网上国际贸易中心、上海WTO事务咨询中心及新华08、第一财经等经贸信息平台功能持续完善。

6. 贸易环境持续改善，便利化水平进一步提高。贸易发展法治环境不断优化，《上海市推进国际贸易中心建设条例》《中国（上海）自由贸易试验区条例》颁布实施，上海知识产权法院成立，跨部门打击侵犯知识产权和制售假冒伪劣商品的长效机制基本形成。陆海空口岸全面开放格局基本形成，关检合作"一次申报、一次查验、一次放行"试点稳步推进，国际贸易"单一窗口"上线运行，进出口环节收费清理取得积极成效，跨境人民币业务规模持续扩大，世界贸易组织《贸易便利化协议》中的基本措施大部分已经在自贸试验区实施并取得阶段性成果。市场开放度、透明度进一步提高，外资企业设立及变更审批施行"告知承诺＋格式审批"的管理新模式，金融、教育、医疗、养老、电子商务和一般制造业等领域对外开放稳步扩大；企业对外直接投资全面实行备案为主、核准为辅的新模式；全市75%左右的审批事项可以网上办理。自贸试验区成为贸易投资制度创新高地，以负面清单管理为核心的投资管理制度建立，企业注册时间由29天减少为4天；实施100多项贸易监管创新举措，货物平均通关时间缩短40%；金融创新、事中事后监管等领域制度创新持续深化，一批创新成果已在全国复制推广。

（二）"十三五"时期的发展环境

"十三五"时期，上海国际贸易中心建设的外部环境和自身条件都将发生深刻而复杂的变化，总体上仍然处于大有作为的重要战略机遇期，但也存在严峻的风险挑战。

1. 国际经贸格局和规则体系深刻调整，上海国际贸易中心建设面临经济全球化的新趋势。世界经济在深度调整中曲折复苏，全球贸易持续低迷，贸易保护主义强化。国际贸易投资规则体系加快重构，多边贸易体制受到区域性高标准自由贸易体制挑战，全球经济发展相应出现了一些新的趋势。投资带动贸易增长的趋势更为明显，国际产业转移和贸易投资将深度融合，投资在经济全球化中的地位进一步上升；市场驱动投资流向的趋势更为明显，投资重心、研发布局、决策指挥、共享服务等将持续向以中国为代表的全球主要市场转移；跨国公司主导全球供应链、价值链的趋势更为明显，其作为全球贸易投资最主要参与者和组织者的地位和影响力将更加突出；贸易和产业数字化转型的趋势更为明显，以互联网、物联网等驱动的新技术、新产业、新业态、新模式等推动传统贸易进入数字贸易时代。上海国际贸易中心建设需要主动顺应国际经贸格局和规则体系的新变化，更好地把握全球经济一体化的新趋势。

2. 我国对外开放和区域发展战略深入推进，上海国际贸易中心建设进入"升级版"重要窗口期。我国实施自由贸易区、"一带一路"等新一轮更高水平的对外开放战略，将显著提高我国国际国内两个市场资源配置功能、参与国际竞争合作和经贸规则制定的能力和水平，有利于上海立足亚太、面向全球，提高服务辐射功能，加快形成与高标准国际贸易投资规则衔接的制度体系、构建链接全球的贸易投资网络。国家推进长江经济带等区域协同发展，有利于上海更好发挥在长江经济带和长三角城市群建设中的带动引领作用，加快推进区域市场一体化，协调优化区域产业布局和贸易分工，进一步增强上海国际贸易中心的服务辐射功能，实现国际贸易中心由单一城市向城市群延伸。

3. 上海进入基本建成"四个中心"和社会主义现代化国际大都市的关键阶段，对上海加快国际贸易中心建设提出了新要求。上海国际贸易中心建设是"四个中心"的重要组成部分，上海与成熟的国际贸易中心城市相比，贸易能级还有待提高，仍存在不少"短板"和问题，突出表现在：市场体系能级不够高，对国际市场价格等的影响力总体较弱；高品质商品和服务供给不足，对国内外消费吸引力有待增强；贸易规模扩大和转型升级面临挑战增多，产能转移等导致产业对贸易的支撑后继乏力，口岸传统优势功能面临日益加剧的竞争；贸易投资促进体系不够完善，各类贸易主体整合全球供应链能力偏弱；贸易载体空间布局需要进一步优化，服务辐射能力仍待提高；贸易环境仍需改善，在管制、税制、法制等方面与国际高标准的贸易便利化要求还有明显差距。面对"短板"和问题，上海国际贸易中心建设需要紧紧抓住自贸试验区、国内贸易流通体制改革发展综合试点、跨境电子商务综合试验区、服务贸易创新发展试点、构建开放型经济新体制综合试点试验等一系列先行先试的机遇，进一步提升国际贸易中心建设的能级和水平，为全市发展做出更大贡献。

二 "十三五"时期上海国际贸易中心建设指导思想和发展目标

（一）指导思想

全面贯彻党的十八大和十八届三中、四中、五中全会精神，深入贯彻习近平总书记系列重要讲话精神，贯彻"五位一体"总体布局和"四个全面"战略布局，树立创新、协调、绿色、开放、共享的发展理念，以供给侧结构性改革为主线，以自贸试验区制度创新为示范引领，积极融入和主动服务自由贸易区、"一带一路"和长江经济带等国家战略，着力提能级、强功能、补短板，深入推进以优进优出为核心的贸易转型升级，进一步向全球价值链高端跃升，深入构建与国际高标准贸易投资规则相适应的贸易制度体系，进一步营造法治化、国际化、便利化的营商环境，深入构建统一开放、竞争有序的现代市场体系，进一步促进国际国内要素有序自由流动，着力提升上海国际贸易中心的竞争力和辐射力，助推我国从贸易大国向贸易强国迈进。

（二）发展目标

到2020年，基本建成具有国际国内两个市场资源配置功能、与我国经济贸易地位相匹配的国际贸易中心，基本形成与高标准国际投资和贸易规则衔接的制度体系，基本形成商品和要素自由流动、平等交换的现代市场体系。

具体目标是：

——贸易环境进一步优化。将自贸试验区建成开放度更高、便利化更优的自由贸易园区；全面建成国际贸易"单一窗口"，加快形成集约高效、协调统一的口岸管理格局，通关效率持续提高，进出口环节收费继续降低；事中事后监管制度创新深入推进，商业诚信度明显提高，与高标准国际贸易投资规则相衔接的制度环境更加完善。

——贸易竞争力进一步提高。出口附加值水平稳步提升，自主品牌出口、高新技术产品出口占比明显提高；上海企业跨国经营能力明显增强，实际对外直接投资存量显著扩大；跨国公司地区总部、贸易型总部、中小贸易企业等各类市场主体，以及具有影响力的贸易投资促进机构、贸易信息咨询机构、贸易纠纷解决机构和国际组织加快集聚。

——贸易规模进一步扩大。市场流通和消费规模稳步扩大，电子商务交易额力争在2015年的基础上翻一番，商贸业增加值占全市生产总值（GDP）的比重保持在17%左右；打造世界级口岸，口岸货物进出口规模保持全球城市前列；服务进出口规模继续保持全国领先，在全市对外贸易总额中的比重超过30%。

——贸易功能进一步增强。建成一批面向国内、国际两个市场的千亿、万亿级交易市场（平台），部分大宗商品价格和价格指数成为重要国际风向标；扩大对国内外消费吸引力，建设商业集聚度、繁荣度、便利度高的国际消费城市和国际时尚之都；会展业国际化程度持续提高，国际展展览面积提高到80%左右，与商业、旅游、文化、体育等产业联动发展更加紧密，基本建成国际会展之都；离岸贸易和中转贸易力争有新突破，口岸货物国际中转比率达到15%，跨境电子商务交易额在全市货物进出口中的比重显著提高，规模位居全国前列。

专栏1　"十三五"时期上海国际贸易中心建设主要预期指标

	指　标	2015年	2020年	备　注
贸易环境	贸易便利化	国际领先	国际贸易"单一窗口"全面建成，通关效率持续提高；进出口环节收费继续降低	
	治理水平	国内领先	事中事后监管制度创新深入推进，商业诚信度明显提高；与高标准国际贸易投资规划相衔接的制度环境更加完善	

续表

指标		2015年	2020年	备注
贸易竞争力	自主品牌产品、高新技术产品出口占全市货物出口总额的比重	50%左右	60%以上	
	实际对外直接投资额	166亿美元	—	每年保持180亿美元
	规模以上本土跨国公司	38家	突破100家	年均增长13家左右
	跨国公司地区总部	累计535家	累计超过735家	年均增长40家左右
	贸易型总部	100家左右	200家	年均增长20家左右
贸易规模	商品销售总额	93407亿元	超过13万亿元	年均增长7%以上
	社会消费品零售总额增速	10132亿元	超过1.4万亿元	年均增长7%左右
	电子商务交易额	16452亿元	3.5万亿元	年均增长16%左右
	商贸业增加值占全市GDP的比重	16.8%	17%左右	—
	口岸货物进出口额占全国的比重	27.6%	30%左右	—
	服务贸易进出口额占全国的比重	27.6%	30%左右	—
	服务进出口额占全市对外贸易的比重	30.3%	30%以上	—
贸易功能	千亿、万亿级交易市场（平台）	4个	10个左右	—
	展览面积	1513万平方米	2000万平方米	年均增长6%左右
	口岸货物国际中转比率	7%—8%	15%左右	—

三 "十三五"时期上海国际贸易中心建设主要任务措施

(一) 推进自贸试验区制度创新,打造贸易制度环境新高地

1. 加快建设开放度更高、便利化更优的自贸试验区。深化投资管理制度创新,完善准入前国民待遇加负面清单管理模式,进一步扩大服务业和先进制造业领域对外开放,推进外商投资和境外投资管理制度改革,深化商事登记制度改革,完善企业准入的"单一窗口"制度,提高市场准入的透明度和可预期性。推进贸易监管制度创新,深化"一线放开、二线安全高效管住"监管服务改革,全面建成国际贸易"单一窗口",完善货物状态分类监管模式,探索形成一套具有国际竞争力、与开放型经济体制相适应的贸易监管服务制度。完善事中事后监管制度创新,加强社会信用体系、信息共享和服务平台应用,推进监管标准规范制度建设,加快形成行政监管、行业自律、社会监督、公众参与的综合监管体系,提升监管效能。对接国际投资贸易规则新变化,加强信息公开、公平竞争、权益保护等制度创新,探索先行先试中美双边投资协定(BIT)谈判等框架下的环境保护、政府采购、竞争中立、知识产权管理、争端解决等制度条款,为国家探索最佳开放模式。加快系统集成制度创新,推动自贸试验区、张江国家自主创新示范区和全面创新改革试验区形成联动叠加效应,促进科技、金融、贸易、产业多维度融合,为我国推进自由贸易区战略、参与全球经济治理积累新经验、探索新路径。

2. 营造透明、规范、高效的贸易便利化环境。对标世界贸易组织《贸易便利化协定》和国际通行惯例,推动货物、资金、信息、服务等各类要素更加便利高效流动。率先启动全国通关一体化改革试点,建立货物通关"一次申报、分步处置"、实施税收征管方式改革、建立协同监管机制"三项制度",降低进出口环节收费,提高通关效率。优化口岸监管模式,建立适应离岸贸易、中转集拼、保税维修、跨境电子商务发展的口岸监管制度,实现口岸各相关部门信息互换、监管互认、执法互助,形成集约高效、协调统一的口岸管理格局,加强口岸信用信息共享。深

化亚太示范电子口岸网络建设,加快开展上海电子口岸与亚太经合组织(APEC)成员间开展示范项目合作,推进全供应链数据互联互通互用解决方案研究、应用和推广。

专栏2　贸易便利化提速工程

加快与国际通行的贸易监管制度相衔接,依托全市贸易便利化联席会议机制,推进通关一体化建设,营造便利化的通关环境。

(一)创新监管服务制度。推进自贸试验区监管制度创新,探索货物状态分类监管等一批创新制度,力争形成一整套具有国际竞争力、与开放型经济新体制相适应的海关、检验检疫、外汇和税收监管制度框架。按照"成熟一批、推广一批"的原则,因地制宜做好复制推广工作。

(二)加强部门协同力度。不断完善"单一窗口"功能,继续推动向口岸监管前置和后续相关管理环节延伸,探索建立长三角区域国际贸易单一窗口。强化大通关协作机制,推进口岸查验单位"信息互换、监管互认、执法互助",优化作业流程,推行"联合查验、一次放行"的"一站式"作业等通关新模式,推动一体化通关管理。

(三)提升政府行政效能。推进各监管单位审批制度改革,完善企业信用管理,加强事中事后监管,降低进出口货物抽检率。加强电子政务建设,探索建设"互联网+自助海关",扩大检验检疫全程无纸化试点,深化出口退税无纸化管理。

(四)降低企业经营成本。推进退税标准化建设,优化完善出口退税分类管理办法,提高分类分级管理质效。进一步减少和规范口岸通关环节费用,争取扩大由政府承担查验作业服务费试点范围,降低企业成本。加大流通环节收费秩序整顿力度,加强事中事后监管,推动外贸企业及相关服务企业落实收费公示制度。

3. 完善国际贸易中心建设法治环境。形成与高标准贸易投资规则相衔接的国际贸易中心法制框架,推动商品流通、电子商务、会展业、家政服务业、融资租赁等重点领域或行业立法进程,完善商务执法与刑事司法衔接机制。形成与贸易中心相匹配的知识产权保护和促进体系,加强知识产权海外援助机制建设，完善与贸易有关的知识产权保护公共服务平台功能，建立知识产权侵权查处快速反应机制。发挥上海知识产权法院作用，健全司法保护、行政监管、仲裁、调解等知识产权纠纷多元解决机制，深化跨区域、跨部门打击侵权假冒规则机制，落实知识产权保护相关规定。建立健全风险预警和防控机制，完善贸易摩擦、贸易救济和技术型贸易措施等公共服务建设。结合国家新的开放发展战略，建立与开放市场环境相匹配的产业安全预警体系。发挥贸易安全与产业发展的联动效应，进一步提高发展质量和效益，提升重点产业国际竞争力。完善外商投资全生命周期服务与监管体系建设，加强境外投资风险防控体系和权益保障机制建设。打造亚太国际商事争议解决中心，加大对本市商事仲裁、调解机构的培育，提升其专业服务能力和国际影响力，吸引和集聚国际知名商事争议解决机构，构建面向国际的商事争议解决平台。

4. 营造更加宽松的贸易人才发展环境。强化贸易中心建设人才培养和引进，增加人才总量，盘活人才存量，提升人才质量。集聚国内外高层次人才，充分发挥居住证积分、居转户和直接落户等户籍政策在国内人才引进中的激励和导向作用，吸引电子商务、会展、融资租赁、物流等重点领域优秀人才。落实上海"千人计划""领军人才计划""青年拔尖人才计划"，推动跨国经营管理、国际投资管理、国际商务营销、国际经济法律等高端人才来上海发展。完善人才培训，引导行业协会和中介组织等建立市场化、社会化的商务人才培养体系，提升商务人才的综合分析、组织协调和开拓创新能力。探索建立上海国际贸易中心建设研究智库。

（二）促进对外贸易优进优出，培育外贸竞争新优势

1. 推动出口迈向中高端。主动对接国家自由贸易区战略，推动出口市场结构和布局从传统市场为主向多元化市场发展转变。促进战略性新兴产业和高技术产品出口，提高中高端、高附加值商品出口比重，打造新的出口主导产业，推动出口由消费品为主向消费品和资本品并重转变。拓展服装、汽车、船舶、生物医药等出口示范基地功能，支持企业设立海外营销网络。扩大短期和中长期出口信用保险规模，进一步扩大出口

信用保险保单融资和出口退税账户质押融资规模。支持关键零部件和系统集成制造等先进加工贸易发展，鼓励加工贸易企业向研发设计、检测维修、高端设备再制造等领域拓展，支持重点企业建设汽车、机床、工程机械、航空、船舶和海洋工程等境外售后维修服务中心和备件生产基地。支持企业建设国际营销体系和培育自主品牌，建立境外展示中心、分拨中心和零售网点，鼓励企业在境外注册商标和申请专利，培育一批具有全球影响力的自主品牌。

2. 提升进口综合效益。充分发挥口岸集散优势，实行积极的进口政策，不断扩大进口规模，优化进口商品结构。发挥专业展示交易平台作用，支持酒类、机床、医疗器械、汽车等平台完善功能，建设上海宝玉石交易所，支持上海虹桥进口商品直销中心等一批国别商品中心发展。扩大大型装备、先进技术设备、关键零部件进口，支持融资租赁企业开展进口设备融资租赁业务，扩大飞机、船舶、工程机械及高端装备领域融资租赁规模。支持先进设备、先进技术进口，推进汽车平行进口做大规模。合理增加优质消费品进口，鼓励贸易企业经营代理国外品牌，引导境外消费回流，稳定大宗商品进口。

专栏3　优进优出引领工程

适应外贸创新转型发展的需要，推动进出口从"大进大出"转向"优进优出"，从一般商品向"商品＋品牌、专利、技术、服务"等转变。

（一）实施"自主品牌出口增长计划"。出台外贸品牌扶持政策，鼓励企业开展自主研发和品牌培育，建立品牌设计、营销、推广中心，支持企业在境外注册商标和申请专利，培育一批具有全球影响力的自主品牌。

（二）促进外贸企业转型升级。支持外贸企业进入关键零部件和系统集成制造领域，提升电子信息、汽车及零部件、医疗设备、航空航天等辐射和技术溢出能力强的产业出口能力，推动货物贸易与服务贸易深度融合，鼓励加工贸易企业承接研发设计、检测维修、高端设备再制造、物流配送、财务结算、分销仓储等业务。

（三）推进"国际营销网络覆盖行动"。加大政策扶持力度，支持企业在境外建设一批推广效果好的展示中心、集散配送功能强的分拨中心、区域辐射半径大的批发市场、市场渗透能力强的零售网点、服务能力强的售后服务网点和备件基地。

（四）扩大先进技术装备和优质消费品进口。重点支持先进设备、先进技术进口，鼓励企业引进消化吸收再创新。放大平行进口汽车试点效应，扩大平行汽车进口规模。扩大大型机械设备、飞机、船舶、海工设备及零部件进口。鼓励企业完善营销渠道，扩大进口优质消费品。

（五）深化进出口平台建设。抓好外贸转型升级示范基地、科技兴贸创新基地、跨境电子商务园区、专业进口展示交易平台、国别商品中心和进口商品直销中心等外贸平台建设，拓展技术研发、信息服务、产品认证、检验检测等公共服务功能。

3. 推进服务贸易创新发展。稳步实施国家服务贸易创新发展试点，加快服务贸易促进机制、管理机制、监管模式等先行先试。促进服务贸易规模持续增长，继续巩固旅游、运输等传统服务领域的规模优势；推动文化贸易、技术贸易、离岸服务外包、专业服务等资本技术密集型服务领域发展，提升其在服务进出口中的占比；积极培育数字贸易、金融保险、医疗健康等潜力型服务产业发展；不断加强中医药、体育、教育等特色服务领域的国际交流合作，培育服务贸易新增长点。做大做强服务贸易主体，促进在岸与离岸业务融合发展，培育全球资源整合型服务供应商，集聚一批创新能力强、集成服务水平高、具有国际竞争力的服务贸易总部型企业，打造若干具有较强国际影响力的"上海服务"品牌企业，培育100家离岸业务额超千万美元的服务外包骨干型企业。加快服务贸易平台载体建设，建设国际服务贸易创新发展功能区，培育一批国际服务贸易总部示范基地，提升上海服务外包交易促进中心、上海文化贸易语言服务基地、上海中医药国际服务贸易促进平台的功能，构建适应服务贸易发展特点的海外市场拓展、技术共享、宣传交流等促进机制。

专栏4　服务贸易创新工程

发挥服务贸易创新发展试点先行先试的优势,探索优化服务贸易支持政策,促进新兴服务贸易领域加快发展,将上海打造成为服务贸易创新高地。

(一)鼓励服务贸易领域的新模式和新业态发展。鼓励依托云计算、大数据、移动互联网等新技术开展服务贸易模式创新,大力发展数字贸易、技术贸易、文化贸易、专业服务、中医药、金融服务。鼓励企业承接高端服务外包业务,特别是医药研发、商务管理、工业设计和动漫网游等知识流程服务外包业务。推动邮轮经济发展。

(二)打造一批具有特色的服务贸易创新发展功能区。加快建设特色服务出口基地,培育3—5家"上海国际服务贸易总部示范基地",认定一批本市服务贸易示范基地和示范项目,形成点(企业)、线(行业)、面(区域)立体发展格局。

(三)打造一批具有影响力的服务贸易公共服务平台。提升文化贸易、服务外包和中医药服务等平台功能,推进国际教育、医疗旅游、邮轮综合服务等领域的公共服务平台建设,开展形式多样的服务贸易促进活动,提升"上海软件贸易发展论坛"影响力。

4. 促进外贸新业态、新模式发展。支持发展跨境电子商务,建设好中国(上海)跨境电子商务综合试验区,在全市设立一批跨境电子商务示范园区,支持企业建设出口商品"海外仓"和海外运营中心加快融入境外零售体系,支持企业通过发展保税展示销售、增设口岸进境免税店,建立全球商品进口网络和资源渠道。突破发展离岸贸易,深化新型国际贸易结算中心试点,推进以人民币离岸业务为重点的离岸金融业务发展,加快吸引和集聚离岸贸易主体,研究支持离岸贸易发展的税收政策。推动发展转口贸易,促进洋山港、外高桥"两港"功能和航线布局优化,提高货物流转的通畅度和自由度,完善国际中转集拼和国际转口贸易枢纽功能。加快发展外贸综合服务企业,培育一批运行规范有序的外贸综合服务企业,加强其通关、物流、退税、金融、保险等服务能力。

5. 充分发挥会展对贸易的促进功能。提高本市会展业的辐射力和影响力,加快建设国际会展之都。做大做强会展业规模和能级,引进若干个行业影响力强、带动效应显著的国际知名品牌展会,提升在沪举办的国家级展会能级,打造一批具有国际影响力的上海自主品牌展会,培育一批有潜力、有特色的中小展会。积极培育境外展览项目,提升华交会海外展、上交会海外展等境外展会的影响力。集聚培育具有国际竞争力和市场活力的会展业主体,吸引国际会展相关组织在沪设立机构,增加本市经国际组织认证的机构和展会数量,推进国际知名会展企业落户,鼓励其与国内会展企业开展合作经营,打造有实力的展览集团和专业组展企业。推进会展业载体布局优化,支持浦东、青浦等区域推进展馆配套建设和产业集聚,打造会展业重点发展区。发挥大型品牌展馆行业引领作用,支持中等规模展馆专业化发展,引导小型展馆特色经营。支持会展业与相关产业联动发展,建成一批会展与商业、旅游、文化、体育等产业联动发展的示范平台与示范项目,促进大型展会与大型活动、国际会议、专业论坛、节庆赛事的互动融合。

(三) 推动投资贸易深度融合,激发贸易增长新动能

1. 提高吸引外资的质量和水平。把利用外资作为主动参与全球价值链的有效途径,破除制约全球价值链发展的投资障碍或"瓶颈",优化外商投资政策,发挥外资企业对贸易发展的重要作用。进一步放宽外资准入限制,以产业投资的增长带动贸易增长,扩大金融、航运、文化、医疗、体育、养老和专业服务等服务业领域开放,有序放宽汽车、化工、运输设备等制造业领域的外资股份比例限制,引进一批智能制造、新材料、节能环保等重点外资制造业项目。提升总部经济发展能级,促进地区总部增强在跨国公司全球经营网络中的话语权,完善跨国公司总部经济支持政策,实施亚太运营商计划,鼓励跨国公司地区总部、投资性公司等功能性机构集聚,推进已有跨国公司地区总部拓展贸易、研发、物流和结算等全球营运功能,打造亚太区订单中心、供应链管理中心和资金结算中心。加强与港澳台经贸投资合作,深化内地与香港建立更紧密经贸关系安排(CEPA)、海峡两岸经济合作框架合作协议(ECFA),继续扩大对港澳台服务业开放,促进沪港、沪澳及沪台经贸深度融合。

专栏5　总部经济提质工程

顺应全球贸易投资发展新趋势，着力引进和培育一批高能级市场主体，鼓励在沪跨国公司向研发、设计、物流、结算、销售等功能拓展，提高本土企业跨国经营能力，进一步促进投资带动贸易。

（一）实施亚太运营商计划。建设跨国公司亚太地区总部集聚地，推动形成亚太区的订单中心、供应链管理中心和资金结算中心。鼓励在沪跨国公司地区总部提升能级、拓展功能，力争至"十三五"末，落户上海的亚太区或更大区域地区总部超过100家。

（二）引进外资研发中心。落实外资研发中心发展的相关政策，年均增加10家左右外资研发中心，支持外资研发中心转型升级为全球性研发中心和开放式创新平台。

（三）认定培育一批贸易型总部。鼓励具有国际国内资源配置能力的企业在沪设立贸易型总部，认定一批贸易型总部企业。做好投资贸易类国际组织和机构的引进工作，推动国际展览协会、全球企业不动产协会等落户。

（四）培育一批具有国际知名度和影响力的本土跨国公司。鼓励企业以股权投资、战略联盟、技术许可、基金投资等方式创新对外投资。支持和引导企业投资并购境外高新技术企业，设立境外研发和孵化基地，支持和引导企业扩大营销平台、知名品牌和优质消费品的投资与并购，在上海自贸试验区探索建设跨境股权投资中心。

2. 推动更高水平的"走出去"。把对外投资作为主动布局全球价值链的关键举措，推动产品输出、产业输出与资本输出相结合，促进国内产品、设备、技术、标准和服务等一体化"走出去"。积极开展国际产能和装备制造合作，推动钢铁、电力、化工、轻纺、汽车、工程机械等优势制造企业加快国际布局，开展境外技术、资源、能源投资合作，鼓励境外工程承包加快模式创新，推动投资带动成套设备等出口。充分发挥跨境投资并购的积极作用，有效利用国际国内两个市场、两种资源，构建全球分销平台和网络，收购境外知名品牌，充分发挥协同效应，促进国内消费升级和消费回流。提升本土跨国公司的能级和水平，鼓励金融资本和产业资本联合"走出去"，发展跨国并购基金和跨境股权投资，主动布局全球价值链、产业链、供应链，发挥投资对贸易的带动作用。

专栏6 装备"走出去"提速工程

主动参与布局全球产业链，有序推动国际产能和装备制造合作，带动产品、技术、标准和服务一体化走出去。

（一）优化境外产业布局。支持本市装备制造企业参与"一带一路"沿线国家互联互通项目建设。推动本市优势产能向东南亚、中亚、西亚、北非等地区有序转移。鼓励本市装备制造企业通过并购、参股、合作等方式，获取境外知名品牌、营销网络和先进技术。

（二）鼓励境外承包工程模式创新。支持企业探索以项目管理总承包、建设—经营—转让、公私合营等方式承接境外工程项目，带动装备和大型成套设备出口。

（三）加快装备"走出去"基地建设。提升临港地区"上海市装备'走出去'和国际产能合作示范基地"能级，推动知名装备制造业企业拓展国际市场，形成装备制造业规模和品牌效应。

（四）完善装备"走出去"投融资服务。优化调整相关财政支持政策，推动政策性金融机构、私募资本等与企业有效对接，助推本市装备制造业"走出去"。

（五）强化"走出去"公共服务供给。打造信息服务、融资服务、投资促进、人才培训、风险防范等"五位一体"的公共服务体系。

3. 完善贸易投资促进服务体系。加强对跨太平洋伙伴关系协定（TPP）、跨大西洋贸易与伙伴协定（TTIP）的研究，主动适应全球贸易投资规则新变化，更加注重中高端人力资源供给、知识产权保护、技术产业化的便捷程度，制定出台相关便利化举措。加强和友好城市、姐妹城市等经贸合作，与驻沪领事机构、投资和贸易促进机构建立经贸合作对话机制。完善信息共享、咨询服务、投资合作等贸易投资促进平台建设，充分发挥商协会、驻外机构、海外企业和"走出去"服务联盟等民间组织的桥梁纽带作用，强化贸易促进、投资咨询、会议展览、法律仲裁、信息交流等领域的国际合作。推进国际经贸组织或分支机构、国际贸易投资服务机构等集聚，引进一批与贸易有关的国际货代、商业保理、法律服务、会计审计、典当拍卖、信用服务等专业服务机构。

4. 推进贸易中心载体建设和布局优化。持续发挥国家级经济技术开发区对外开放的窗口示范和辐射带动作用，完善考核评价和动态管理体系，推动国家级经开区与自贸试验区开放联动，培育产贸联动的先进制造业、现代服务业发展基地。支持海关特殊监管区域整合优化，推动出口加工区向综合保税区转型，打造一批贸易中心优质载体。建设现代服务业集聚区和商贸功能区，大力吸引各类总部企业入驻，形成总部经济发展新高地。支持虹桥商务区建设服务长三角、面向全国和全球的一流商务区，促进高端商务、会展和交通功能融合发展，加快建设贸易中心重要承载区。推动临港等国家新型工业化示范产业基地形成装备"走出去"示范效应，促进产业带动贸易。充分发挥世博园区、黄浦江两岸、国际旅游度假区、上海中国邮轮发展实验区等重点功能区域建设对商业、贸易、投资的带动作用。支持区县结合自身区位优势、产业基础，打造各具特色、功能互补的贸易中心重点区域。

（四）提升内需市场能级，促进新消费创造贸易新供给

1. 增强对国内外消费吸引力。实施"国内国际、双管齐下"的大消费策略，进一步提高上海商业的集聚度、繁荣度、便利度，提升上海消费市场的国际竞争力、吸引力和辐射力，加快建设国际消费城市。优化商业网点布局，以传承城市商业文化、保持城市整体风貌为核心，加快商圈功能优化、业态调整和形态改造，推进大型娱乐设施和商业综合体等有序发展，建设一批具有国际影响力和美誉度的商圈和特色商业街区。支持存量商业设施转型调整、有机更新，提高新增商业用地供给的有效性和精准度。促进优质商品和服务集聚，更加突出丰富市场层次和提升消费能级，进一步汇聚国内外知名消费品牌，培育和引进一批本土品牌商品和具有高品牌价值的商业企业，增加优质进口商品直销渠道，逐步扩大退税商店规模，探索开设市内免税店，实现在上海买全国、买全球，扩大外来消费吸纳力。提高商业核心竞争力，鼓励企业加强商品设计开发，建立高素质的买手队伍，发展自有品牌、实行买断经营、开发定牌商品。支持企业跨界跨业融合，发展高科技、定制化、体验式的新业态

新模式，为消费者提供更多个性化商品和服务。打造国际时尚之都，集聚全球顶尖时尚设计和品牌创新资源，引导培育时尚消费热点，深化上海时装周与伦敦、米兰、巴黎时装周合作机制，提升上海时装周国际影响力。

2. 培育和挖掘新消费增长点。以扩大服务消费作为消费结构升级的重点，大力发展文化、旅游、健康、信息、绿色等新兴消费热点，推进会商旅文体联动，打造多点支撑的消费增长格局。大力发展文化消费，丰富上海购物节、上海旅游节、上海电影节等大型活动的内涵，鼓励举办各类特色鲜明的文化活动，加强文化创意产品设计和开发。培育都市旅游消费，加强重点旅游区域商业等设施配套，建设和开放更多旅游休闲活动区，加强邮轮母港建设，鼓励发展特色餐饮、主题酒店，增加品质化、多样化的旅游产品供给。提升健康消费品质，鼓励健康管理、体育健身、中医保健、高端医疗等健康产业发展，满足个性化、多层次的健康服务需求。积极扩大信息消费，促进数字内容、动漫游戏、新媒体等发展，加快智能家居、可穿戴设备、虚拟现实技术等领域的研发和应用。倡导绿色循环消费，大力推广使用绿色低碳节能产品和绿色包装、绿色物流，深化再生资源回收与生活垃圾清运体系网络"两网协同"试点，探索各具特色的资源回收与垃圾清运新模式。推进高品质、便利化生活性服务消费，建设"互联网＋生活性服务业"创新试验区，实施"服务到家"计划，布局一批集聚养老、家政、餐饮、家电维修等社区便民生活服务示范区，落实新建社区商业和综合服务设施面积占社区总建筑面积比例不低于10%的政策。

专栏7　新消费引领工程

以新消费引领消费结构升级，进一步拓展丰富消费内涵，打造特色消费载体，培育新兴热点消费，优化消费综合环境。力争"十三五"期间市场消费总额增长显著快于同期经济增速，最终消费对经济增长的贡献率达到70%左右。

（一）扩大消费有效供给，进一步释放消费潜力。丰富市场层次、提高品牌聚集度，实现买全国、买全球。实施"上海优礼"计划，培育一批优礼品牌产品和品牌商店，打造一批"伴手礼"拳头产品。加快培育一批本土品牌商品和具有高品牌价值的商业企业，扩大上海商业在全球的影响力。顺应生活消费方式向发展型、现代型、服务型转变的趋势，促进服务消费、品质消费、时尚消费等新消费领域发展。

（二）增强消费集聚能力，打造有国际影响力的商街商圈和品牌。加快功能优化、业态调整和形态改造，加大商业领域新技术的开发和应用力度，发展具有国际影响力和美誉度的世界级商圈和商业街。深化会商旅文体联动发展，建设一批会商旅文体联动发展示范平台与示范项目。增强对境内外消费者的吸引力，扩大综合消费规模。

（三）优化消费综合环境，进一步提升上海消费和创业创新吸引力。优化各类商业服务设施布局、完善新消费相关领域基础公共服务，提高消费的可达性和便利性。弘扬诚信商业文化，规范市场秩序，降低流通成本，提升消费体验。推动离境退税商店备案机制便利化。加强消费需求和趋势分析，构建覆盖商品、服务等在内的消费统计体系。

3. 促进"互联网+商业"模式创新。以加快电子商务与传统商贸融合创新为核心，增强消费新动能，拓展消费新领域。推动线上线下融合发展，引导传统商业企业发展线上业务，网络零售企业拓展线下功能，实现线上线下资源整合，提高全渠道营销能力。加快推进体验式智慧商圈建设，促进商圈内各种商业模式和业态优势互补、信息互联互通、市场资源要素共享。深化电子商务创新应用，推动农业农村、旅游、教育、医药等领域电子商务发展，深化电子商务在智能消费等新兴领域应用，探索"电子商务平台+社区智能便利+集成网络终端"等社区商业新模式。鼓励电子商务创新创业，发挥电子商务领军企业等作用，建设一批国际先进水平的创新孵化器，培育一批模式创新、业态创新的电子商务企业，激发创新创业活力。深化电子商务国际交流合作，吸引国内外知名电子商务企业总部、功能总部和区域总部集聚，打造一批线上线下融合、商品服务融合、内贸外贸融合、具有国际影响力的电子商务平台，建设全球电子商务中心城市。

专栏8　生活性服务业提质工程

推进生活性服务业便利化、精细化、品质化发展，全面提升服务能级和行业规范化水平。

（一）聚焦重点行业，实施五大领域提质计划。实施家政服务业、餐饮服务业、美丽时尚服务业、幸福婚庆服务业、家电维修服务业生活性服务业提质工程。到"十三五"末实现家政持证上门服务覆盖率达80%以上，创建5000家绿色餐厅，推进黄浦美博佳汇、奉贤东方美谷等美容健康产业基地建设，打造中国（上海）现代婚博会、全国婚礼时尚周等婚庆品牌活动，打造一批家电维修品牌企业。

（二）聚焦重点区域，建设"互联网+生活性服务业"创新试验区。在长宁区等开展"互联网+生活性服务业"创新试验区试点，实施放宽外资准入、开展登记改革、创新监管方式等，推进技术和业态创新，形成一批可复制可推广的创新成果，并逐步将试点成果复制推广到全市。

（三）聚焦重点项目，实施"服务到家"计划。支持东方网等品牌企业开展智慧社区服务到家项目建设，成立上海"服务到家"合作联盟，形成线上线下融合的社区服务消费新业态。整合社区服务网点资源，布局100家左右集养老、家政、洗衣、餐饮、维修、理发、生鲜、寄存、快递等为一体的社区便民生活服务示范区，解决"最后一公里"服务难题。

（五）完善现代市场体系，推动贸易流通能级迈上新台阶

1. 建设面向国际、服务全国的大市场。大力发展平台经济，实施"互联网+流通"行动计划，推动传统商品交易市场转型升级，支持市场功能向集成交易、物流、金融、数据等服务拓展，努力实现全要素、全天候交易和全过程、全方位服务。聚焦有色金属、钢铁、化工、医药、汽车等传统领域，以及数据服务和专业服务等新兴领域，打造一批百亿、千亿、万亿级强辐射、高能级的市场和平台。建设对接国际的大宗商品交易规则制度，以有色金属市场建设为突破口，在自贸试验区内推动期货市场和现货市场、保税交易和非保税交易、一般贸易和转口贸易联动发展，持续提升"上海价格"和"上海指数"影响力，进一步增强市场的资源配置功能。建立适应内外贸一体化发展的市场规则，着力消除行政壁垒、打破地区封锁，促进国内外市场要素自由流动，推动"规则体系共建、创新模式共推、市场监管共治、流通设施互联、市场信息互通、信用体系互认"，提升上海在国际国内两个市场的辐射力和影响力。

2. 培育具有高端要素配置能力的市场主体。大力发展贸易型总部企业，充分发挥批发业"服务全国、链接全球、上拓资源、下控渠道"的供应链整合能力，集聚一批具有采购、分拨、营销、结算、物流等单一或综合贸易功能的总部机构。大力拓展流通企业国际分销渠道，支持有条件的流通企业"走出去"，在全球范围内整合产业链，建设境外营销、支付结算和物流服务网络。促进流通业先进技术应用创新，布局一批物联网和供应链管理技术应用重大战略项目，实施流通业流程再造。重点推进基于大数据的精准信息服务、基于第三方支付及互联网金融的支付服务、基于城市智慧物流配送服务等技术的示范应用。实施流通品牌战略，推进商贸流通企业品牌和商品品牌的名牌化，鼓励老字号品牌创新发展。建设包括政府公共服务、市场专业服务和行业协会自律服务的中小商贸企业综合服务体系，培育一批"名、特、优、新、惠"中小流通企业。

3. 健全立体化网络式流通基础设施。建设连接国内外的现代物流大通道，完善重点物流园区、专业物流基地网络，加强海空港枢纽物流设施和多式联运能力建设，进一步完善重点物流园区分拨中心、公共及专业配送中心、城市末端配送节点三级城市配送物流网络，形成东西联动、辐射内外、层级合理、有机衔接的物流业空间新格局。大力发展高端物流服务功能，推动第三方物流及平台型物流加速发展，深化以托盘和物流包装及其循环共用为重点的物流标准化建设，提升流通效率，降低社会物流成本，充分发挥物流对国际贸易中心建设的支撑功能。加强农产品流通体系建设，建立农产品市场公益性实现机制，构建布局合理、流转顺畅、安全高效的农产品流通骨干网。支持西郊国际农产品市场在实现本市农产品一级批发全覆盖基础上，主动对接服务长三角，成为长三角乃至全国农产品流通体系的重要枢纽和国际一流农产品交易市场。健全农产品产销衔接体系，完善重要商品追溯体系、市场应急调控和储备机制。加大流通基础设施信息化建设力度，加快推进商圈、社区等流通网络和节点的互联网、物联网、移动通信等信息化基础设施建设。

4. 建立以信用为核心的新型流通治理模式。深化国内贸易流通体制改革和发展综合试点，按照"市场决定、政府有为、社会协同"三位一体原则，构建市场主体自治、行业自律、社会监督、政府监管的社会共治格局。着力清除市场壁垒，在内贸流通领域推进市场准入负面清单管理模式，建立企业经营行政管理目录，促进企业自主决策、平等竞争。加强事前事中事后监管，推广"事前告知承诺、事中分类评估、事后联动奖惩"的信用监管模式，建立信用公示预警制度。构建商务信用体系，强化上海商务诚信公众服务平台功能，完善商务信用征信、评信和用信机制，形成公共信用信息与市场信用信息之间的交互共享机制。建立市场化综合信用评价机制和第三方专业评价机制，形成多方参与、业界共治的治理新模式。大力倡导诚信商业文化，发布行业和区域商务诚信指数。

专栏9 市场流通创新工程

以流通技术为引擎，以制度创新为支撑，创新流通发展模式，建立适应大流通、大市场发展需要的新型流通管理体制，积极发挥供给侧结构性改革中流通新引擎作用，突出"创新发展、市场规则、市场治理"三大领域"系统集成"，着力构建以商务信用为核心的新型流通治理模式。

（一）大力发展平台经济，增强国际贸易中心大市场的资源配置功能。制定出台加快推进平台经济发展的支持政策。在浦东新区、普陀区、长宁区、宝山区等区域，建设平台经济创新发展示范区，推动企业运用互联网、物联网技术集群式发展。在上海自贸试验区内，继续推进金属、矿产、能源、化工、农产品等领域大宗商品保税交易平台建设，发展红酒、咖啡、茶叶等消费类进口商品交易平台。探索商品交易市场制度创新。

（二）实施"互联网＋流通"计划，打造国际贸易中心大众创业、万众创新的新引擎。推动互联网技术在商业领域的创新应用，认定一批物联网和供应链技术应用示范企业。加强对电子商务示范园区的分类指导，鼓励工业开发区等各类园区向新型电子商务园区、孵化创业园区转型。在普陀、金山、长宁等区建设"互联网＋"创新实践区。实施电子商务末端配送行动计划，支持大型电商企业在物流园区建设枢纽型配送仓库和仓储物流基地，发展第三方仓库仓储模式。

（三）围绕降本增效，建设国际贸易中心现代物流服务体系。在快速消费品、农产品、医药行业等领域率先使用推广新型标准化物流器具，实施农产品物流包装标准化。成立全国城市标准化创新联盟，率先在物流设施设备等领域出台一系列标准。建设长三角物流标准化的公共信息服务平台。

（四）诚信为本，完善国际贸易中心的新型流通治理模式。稳步推进商务诚信体系建设试点，深化商务诚信公众服务平台功能，在大宗商品、家居流通、网络零售等领域试点建设一批市场信用信息子平台，推动商务信用征信、评信和用信标准规范率先在内贸流通领域全覆盖。

（六）增强服务辐射功能，拓展贸易发展新空间

1. 建设支撑国家自由贸易区和"一带一路"倡议的重要枢纽城市。落实国家自由贸易区战略，全方位参与自由贸易区等各种区域贸易安排合作，深度服务参与国际规则制定，构建互利共赢的自由贸易区网络。构筑"一带一路"贸易投资网络，加快与沿线国家部门和重要经贸节点城市等签署经贸合作协议和备忘录，积极争取亚投行、丝路基金等加大对上海"一带一路"重大项目的支持。鼓励企业到沿线国家开展国际产能和装备制造合作，通过投资、承建等方式合作建设境外经贸合作区和产业园区。发掘"一带一路"贸易增长点，充分利用本土和沿线国家的品牌展会等平台扩大进出口规模，支持沿线国家在沪建立进口商品直销网点，合作建立营销网络、仓储物流基地、分拨中心等，推进与沿线国家实现贸易稳步增长。壮大"一带一路"贸易商联盟。

2. 增强服务辐射长江经济带的贸易功能。构建跨区域贸易投资网络，推动符合产业导向的企业在长江经济带合理布局，实现长江经济带特色优势产业集群发展，深化产业转移促进中心（商务部上海基地）平台功能，建设服务长三角、服务长江经济带、服务全国的贸易投资和产业合作平台，与长江经济带沿线国家级经济技术开发区共建跨区合作园区和合作联盟。深化长江经济带大通关协作机制，加快长三角和长江经济带地方电子口岸信息联网，探索建立长三角区域国际贸易单一窗口的途径和方式。推进长江经济带区域市场一体化建设，深入实施"长江经济带商务引领工程"，将长三角区域市场一体化发展合作机制放大到长江经济带，建立长江经济带物流标准化托盘循环共用体系，建立高效畅通、全程冷链、安全规范的区域农产品流通体系，推进区域信用体系建设一体化。

3. 推进贸易中心与国际经济、金融、航运中心建设联动。发挥贸易与经济、金融、航运互为支撑、互相促进的作用。推进产业转型升级与贸易协同发展，不断完善现代服务业为主体、战略性新兴产业为引领、先进制造业为支撑的新型产业体系，提升上海贸易发展的质量和水平。强化金融对贸易发展的支撑作用，大力发展贸易金融，创新贸易金融产品和服务模式，鼓励金融机构为贸易企业提供融资和信贷支持。拓展自由贸易（FT）账户功能，推进国际贸易、对外投资以人民币计价，发展离岸金融促进离岸贸易发展。进一步完善贸易企业融资信用担保体系建设。深化航运对贸易发展的助推作用，加强集疏运体系和航运服务体系建设，推进航空和水运口岸复合型枢纽建设，延伸航空服务价值链，提高货物贸易通行能力。加快航运服务业扩大开放和口岸服务环境优化，提高对航贸要素市场的吸引力。

4. 服务具有全球影响力的科技创新中心建设。构建面向国际的创新合作平台和机制，更有效地统筹利用国际国内创新资源，促进技术贸易加快发展。构建辐射全球技术贸易网络，用好中国（上海）国际技术进出口交易会等国家级创新交流平台，以技术贸易市场吸引全球企业在上海发布最新创新成果。加快建设国家技术转移东部中心、上海市国际技术进出口促进中心、南南全球技术产权交易所等技术转移交易机构，鼓励发展行业性、区域性知识产权和技术转移战略联盟。发挥外资研发溢出效应，到"十三五"期末，累计引进的外资研发中心超过450家，支持外资企业在沪设立全球研发中心和实验室，鼓励外资研发中心转型升级为全球性研发中心和开放式创新平台，鼓励外资研发中心与上海市高校、科研院所、企业共建实验室和人才培养基地，支持外资研发中心的新技术、新产品等进入市场。支持本土跨国企业加快布局全球创新网络，通过境外投资高科技企业、并购或新设研发机构、在境外产业园区建设研发基地等方式获取海外创新资源。营造更加适于创新要素跨境流动的便利环境，简化各类企业研发用途设备和样本样品进出口、研发及管理人员出入境等手续，优化非贸付汇的办理流程。

为确保圆满完成"十三五"时期上海国际贸易中心建设的各项发展任务，要强化规划实施保障，开展规划实施情况动态监测和评估工作。要与国家有关部门加强沟通协调，围绕服务国家战略承担更多贸易、流通和投资领域的改革试点。完善以国际贸易中心建设工作推进小组为主的多层次合作共建机制，广泛动员全社会力量，充分调动各区县、开发区、重要功能区的积极性，提高社会组织、高等院校、研究机构、新闻媒体等参与度。完善规划实施的配套政策和措施，聚焦国际贸易中心发展重点领域和重大项目，优化财政资金的支持内容和方式。

附件：
1. 名词解释
2. 指标解释

附件1　名词解释

1. 优进优出。实施优进优出战略是"十三五"期间我国加快对外贸易优化升级、建设贸易强国的重要举措。"优进"，是指从我国长远和根本利益出发，根据国情有选择地进口紧缺先进技术、关键设备和重要零部件；"优出"，就是既要出口高档次、高附加值产品，也要推动产品、技术、服务的"全产业链出口"。

2. 企业准入"单一窗口"制度。是指投资者或申请人通过政府统一的平台一次性提交企业设立、运营所需材料，并通过该平台取得相关证照的制度安排。2013年10月起，自贸试验区在全国率先探索实施一口受理、综合审批和高效运作的企业设立"单一窗口"制度。目前，通过自贸试验区企业准入"单一窗口"，新设外资企业备案、"三证合一、一证一码"，以及对外贸易经营者备案、报关单位注册登记、自理报检企业备案登记、印铸刻字准许证、法人一证通等行政审批（备案）事项实现了一次申报、一口受理、多证（照）联办，办事流程大为简化，办事时限大幅缩短。

3. 国际贸易"单一窗口"。指国际贸易企业通过统一的平台一次性向贸易管理部门提交相应的信息和单证，相关管理部门对企业提交的信息数据进行集中处理。

4. "一线放开、二线安全高效管住"的贸易监管制度。是指自贸试验区在贸易便利化方面的重要制度创新，包括"先进区、后报关""区内自行运输""批次进出、集中申报"等通关便利化的改革举措，并在一线出境、二线入区环节实现通关单无纸化。

5. 货物状态分类监管。是指根据海关特殊监管区域的管理特点，将货物状态分为保税货物、口岸货物、非保税货物三种不同状态。海关通过实施"分类监管、分账管理、标识区分、联网监管、实货管控、风险可控、信息共享"的监管模式，实现对不同状态货物的有效监控，方便对各类状态货物统一开展物流配送和加工贸易，推动内外贸一体化发展。

6. 亚太示范电子口岸网络。指覆盖亚太乃至全球主要口岸的国际贸易通关信息网络，其运营主体亚太电子网络运营中心，是服务亚太地区供应链互联互通和贸易便利化的重要信息交换枢纽，通过引入国际贸易适用的数据标准，将国际贸易数据简化和标准化，实现 APEC 各经济体间数据互联、互通、互用。亚太电子示范口岸网络是上海主动对接高标准国际贸易投资规则，推进贸易监管制度创新的有益探索，也是实现 APEC 各经济体间示范电子口岸最佳案例推广的重要路径。

7. 国别商品中心。是指通过搭建各个国家的商品贸易展示平台，增进与各国的经贸合作，并通过拓展保税展示交易功能等方式促进一般消费品进口。国别商品中心需各国驻沪总领馆认可。

8. 汽车平行进口。是指贸易商未经品牌厂商授权，从海外市场购买汽车，并引入中国市场进行销售。

9. 出口商品"海外仓"。是指出口企业（主要指跨境电子商务企业）在除本国以外的其他国家或地区建立的商品仓库，货物从本国出口后储存到该国或地区的仓库，再根据卖家指令将商品送达境外的消费者。"海外仓"一般分为自建或租用两种方式。

10. 离岸贸易。是指中国的商业机构提供的货物直接由关境外的生产地付运到客户而不经过中国海关，中国的商业机构从中赚取差价或佣金。

11. 转口贸易。是指中国的商业机构提供的货物从关境外的生产地运往中国，在中国不经过加工再销往消费国，中国的商业机构从中赚取差价或佣金。

12. 外贸综合服务企业。是指为中小微企业进出口提供物流、通关、收汇、退税、信保、融资等服务的外贸企业。

13. 新型国际贸易结算中心试点。是指在整合此前已开展的跨国公司总部外汇资金集中运营管理、境内外币资金池和国际贸易结算中心外汇管理等试点基础上，将三类账户合并为国内和国际外汇资金主账户。通过外汇资金集中管理，降低跨国公司财务成本、提高资金使用效率、盘活境内外资金。跨国公司可同时或单独设立国内、国际外汇资金主账户，集中管理境内外成员企业外汇资金，开展资金集中收付汇，轧差净额计算。

14. 亚太营运商计划。是自贸试验区总体方案中的一个功能性项目，是指通过跨国企业以自贸试验区为枢纽的贸易订单、物流分拨、资金结算在亚太区乃至全球范围内的流动和管理，促进其区域订单中心、供应链管理中心和资金结算中心在亚太区形成，完成统筹国内、国际市场，统筹在岸、离岸业务，统筹贸易、物流和结算环节的运作模式的建立。亚太营运商计划是上海发展总部经济的一个组成部分，也是一项长期和动态的企业发展培育计划。

15. "一带一路"贸易商联盟。是指由上海进出口商会联合外经贸企业协会、中国国际贸易学会、中国机电商会、中国五矿商会、中国轻工商会、中国纺织商会、中国食土进出口商会和江苏、浙江、安徽、南京、宁波等长三角省市外贸商协会，以及新疆华和集团等多家单位共同发起筹建的非营利性机构，旨在促进"一带一路"贸易畅通。联盟采取开放合作模式，邀请"一带一路"沿线国家和地区的商（协）会和企业加入，目前已有近百家商协会和企业自愿成为联盟的共同发起人单位。

16. 平台经济。是指基于互联网、云计算等现代信息技术，以多元化需求为核心，全面整合产业链、融合价值链、提高市场配置资源效率的一种新型经济形态。

17. 长江经济带商务引领工程。是指商务部在全国商务领域部署落实长江经济带战略的重要举措,重点是推动东部地区外向型产业有序向中西部地区转移,形成梯次布局、海陆统筹、东西互动的沿江开放型经济体系。同时,建设长江经济带一体化流通体系,促进沿江省市的市场融合。

18. "两网协同"试点。全称是再生资源回收与生活垃圾清运体系"两网协同"试点,是指以资源整合、优势互补为出发点,围绕统筹规划网络布局、统筹共享设施设备、统筹协作回收服务、统筹叠加激励机制、统筹策划宣传活动,开展协同合作,探索体制机制突破,共同促进城市垃圾减量与资源增量。

附件2 指标解释

1. 规模以上本土跨国公司。是指总部设在上海,在全球范围内进行经营活动,其投资、生产、经营分布在两个及以上国家,年度境外销售收入规模1亿美元及以上的企业。

2. 贸易型总部。是指境内外企业在上海设立的,具有采购、分拨、营销、结算、物流等单一或综合贸易功能的总部机构,既包含传统贸易企业,也包含基于互联网等信息技术从事撮合交易或提供配套服务的平台型贸易企业。

3. 口岸货物进出口额占全国的比重。是指在上海口岸进出口的货物(可以是通过上海海关报关,也可以是异地海关报关的全国所有企业)进出口额在全国货物贸易总额中的比重。

4. 服务贸易进出口额占全市对外贸易的比重。是指上海服务贸易进出口额在全市货物和服务进出口总额中的比重。

5. 口岸货物国际中转比率。是指由境外启运,经上海港换装国际航线运输工具后继续运往第三国或地区指定口岸的货物量,在上海口岸货物总吞吐量中的比重。

上海市推进"互联网+"行动实施意见

为贯彻落实国务院《关于积极推进"互联网+"行动的指导意见》和市委、市政府《关于加快建设具有全球影响力的科技创新中心的意见》,现就本市"互联网+"行动提出以下实施意见:

一 指导思想、推进原则和发展目标

(一) 指导思想

按照创新驱动发展、经济转型升级的总体要求,抓住建设具有全球影响力科技创新中心和培育"四新"经济的契机,顺应互联网发展趋势,对接国家战略,突出上海互联网产业基础和优势。以创新、开放和包容的"互联网+"思维改革创新,打造"互联网+"产业融合新模式和"大众创业、万众创新"的宽松生态环境,服务政府职能转变和民生改善,实现经济提质增效和转型升级,形成对长三角乃至全国的产业辐射带动能力,确立形成上海"互联网+"发展新优势。

(二) 推进原则

1. 需求主导,融合创新。以客户需求为导向,融合本市制造业、服务业基础优势,深化基于互联网的个性化定制、网络众包、云制造等,贯通和共享全流程数据,创新业务模式,推动交叉融合领域多点突破、融合互动和跨界发展。

2. 资源整合,普惠民生。以智慧城市建设为支撑,借助互联网实现资源开放、实时、平等、低成本对接供需方,形成全民参与的互联网生态圈,打造具有平台化支撑的民生服务体系,推进公共服务便利化。

3. 开放共享,安全有序。以开放包容的思维进行产品创新、组织创新、模式创新,共享资源要素,提高资源利用率;完善互联网与传统产业融合的标准规范体系,增强安全意识、风险防范意识,形成安全有序的市场竞争机制。

4. 宽松环境,创新监管。突破体制机制障碍,营造"互联网+"宽松制度政策环境,放宽融合性产品和服务市场准入,促进创业创新;结合互联网思维,重构政务服务系统逻辑,创新市场监管和社会治理。

(三)发展目标

到2018年,实现互联网与经济社会各领域深度融合,形成有利于互联网创新的宽松制度环境,确立上海互联网发展的优势地位。

——形成经济发展新动力。保持互联网经济高速增长态势,引进和培育并举,打造以开放创新为特征的互联网经济新产业;推动传统产业融合互联网思维,革新产品制造、生产组织和市场服务方式,带动制造业、农业、服务业转型升级,形成经济发展新动力。

——营造互联网发展新环境。有效破除互联网融合发展面临的体制机制障碍,推动资源集聚、开放和共享,形成创新创业的浓厚氛围;强化"互联网+"发展基础资源支撑,健全制度、资本、文化要素,形成上海"互联网+"产业发展的新型生态圈。

——打造互联网城市新品牌。通过与互联网的融合创新,优化公共资源配置和政府服务创新,有效提升智慧城市建设水平;努力将上海建设成创新动力强劲、产业特色鲜明、企业规模聚集、品牌效应显著的"互联网+"产业名城和融合示范城市。

二 专项行动

"互联网+"加速经济转型升级,通过与传统产业的深度融合,推动传统产业从要素驱动、投资驱动向创新驱动转变,做强实体经济,带动产业升级;"互联网+"提升市民生活品质,互联网向衣食住行等诸多民生领域加速渗透,整合优化公共资源配置,增加公共服务供给,营造普惠化的移动智慧生活，实现智慧民生、信息惠民；"互联网＋"推动城市管理创新，借助互联网思维，推动城市公共安全、基础设施等领域科学、快速、有效的运行管理，促进互联网与政府关键要素职能的深度融合，助力建设开放、透明、服务型政府，实现政府治理能力现代化。

专项1："互联网＋研发设计"。依托互联网及时响应客户的设计需求变化，灵活开展创新研发设计，通过智能化的人机交互、协同、决策和执行，提升设计效率和质量。打造相互合作的虚拟空间，开发基于互联网的结构系统协同优化设计软件，形成具有良好的容错能力、可扩展，以及分布式、开放的互联网智能设计体系结构。发展个性化产品云设计，借助云平台和互联网，将客户个性化的需求有效传导到产品设计，以模块化、标准化的部件构建差异化、个性化的产品，建设"设计众包"协同平台。发展基于制造工艺的产品模块化设计，推动制造企业和互联网企业合作共建设计平台，创新开发模式和运营模式（责任单位：市科委、市经济信息化委、市发展改革委）。

专项2："互联网＋虚拟生产"。通过互联网实现虚拟集成环境下的生产模式，综合运用仿真、建模和分析技术，增强虚拟生产的决策与控制。建设虚拟生产平台，包括生产计划仿真分析与优化、虚拟生产环境布局、虚拟设备集成、虚拟计划与调度等模块。发展基于工业互联网的虚拟制造体系结构，基于工业互联网的动态、分布、合作虚拟模型集成，制造各阶段的信息集成和关联。促进互联网与车间的数字化、3D仿真融合，在产品装配、制造工艺、生产过程等生产环节实现仿真、评估和优化，实现设计对虚拟生产的指导和虚拟生产对设计的反馈验证（责任单位：市经济信息化委、市发展改革委、市科委、市国资委）。

专项3："互联网＋协同制造"。以敏捷制造、柔性制造、云制造为核心，集成各类制造资源和能力，统一行业标准，共享设计、生产、经营等信息，快速响应客户需求，缩短生产周期。搭建协同云平台，支持海量资源统一管理及弹性架构，实现松耦合、紧耦合等形式的协同制造模式。推动个性制造信息服务，实现个性化、小批量制造生产，打造在线需求与营销服务平台，推动小规模定制产品的互联网制造。建设基于CRM的云制造平台，强化产品全生命周期信息可追溯，以统一的质量管理要求，促进企业间生产资源的集成（责任单位：市经济信息化委、市发展改革委、市科委、市国资委)。

专项4:"互联网+供应链"。利用互联网同步信息流与物流,提高采购效率和透明度,推动供应链管理向互联网模式转型。推动供应链的电商化,借助云平台和互联网技术,推动供应链节点网络化,优化改变供应链流程,形成全新商业模式。打造垂直电商供应链,培育个性化需求的多品种、小批量智能制造新模式,发展面向个性化市场的垂直电商。建立供应链管理平台,借助物联网的感知信息,监控智能供应链的专业工具和智能化供应链决策系统,推动供应链网络协同规划和自动制定决策(责任单位:市商务委、市经济信息化委、市发展改革委)。

专项5:"互联网+智能终端"。融合新一代信息网络技术,提升传感器、高档数控机床、机器人、汽车、可穿戴式设备等终端产品的智能化水平和服务能力。支持传感器智能化,面向工业控制与安全监测需求,实现多传感器和多参数综合测量、自诊断、数据处理以及自适应能力的在线控制。加大数控系统研发,提高高档数控机床运动控制、逻辑控制和全息人机交互等系统的智能化、标准化、通用化水平。大力发展互联网汽车,集成新能源、智能语音、车路协同、辅助驾驶、无人驾驶等技术,打通汽车全生命周期和互联网生活圈。提升机器人智能化水平,围绕工业机器人、医疗机器人、服务机器人等领域,促进机器人标准化、模块化发展,突破人工智能识别控制等技术。创新发展可穿戴式智能设备,通过信息互通和信息共享提升应用服务能力,联合芯片、软件等上下游企业更好地实现软硬协同(责任单位:市经济信息化委、市发展改革委、市科委)。

专项6:"互联网+能源"。通过互联网促进能源系统扁平化,提高能源利用效率,推动节能减排。加强能源生产和消费的协调匹配,加强对能源生产、调度、输送、消费的信息监测,努力实现电力供需双向通信和智能调控,实现燃气管网数字化全生命周期管理和智能调度,加强对能源数据的分析挖掘与预测,提高能源利用效率和安全稳定运行水平。发展分布式能源网络,推动微型燃机、可再生能源利用、储能、智能微网等领域的技术研发和示范应用,推进核心港区岸(港)基供电建设并扩大应用范围,逐步建成包含分布式能源系统、储能系统、电动汽车充(换)电系统、能源用户端等环节的开放共享能源网络(责任单位:市发展改革委、市经济信息化委)。

专项7:"互联网+金融"。规范发展互利金融,以丰富的业务形态、创新的服务形式、多样化的参与主体,促进形成完善的金融服务体系。发展新兴金融模式,在"风险可控、商业可持续"的原则下,发展新兴金融模式,鼓励符合规定的互联网支付、股权众筹、网络借贷、互联网基金销售、互联网保险、互联网信托和互联网消费金融等商业模式创新,为优秀产品、企业和消费者提供完整的金融解决方案。创新金融支付手段与渠道,完善移动支付产业链,推广便民金融服务。提升信息安全与信用保障,加强移动支付、网上交易安全研究,完善金融消费者个人信息及隐私的安全保护政策,提高互联网金融的安全性,支持建设面向互联网金融领域的信用服务体系,发挥信用在互联网金融领域的基础支撑作用(责任单位:市金融办、市经济信息化委、人民银行上海总部、上海银监局、上海证监局、上海保监局、市通信管理局)。

专项8:"互联网+电子商务"。推进国家电子商务示范城市建设,构建完备的电子商务产业链体系。推进电子商务示范体系建设,推动电商园区与区域经济协同发展,建设电商创业创新空间。推进电子发票试点,推广电子合同应用,完善电子商务统计体系。推动电子商务应用创新,建立电子商务产品质量追溯和售后服务质量检测机制,打击互联网侵权假冒行为。鼓励企业利用移动、社交等新兴渠道发展网络营销新模式。大力发展行业电子商务,鼓励能源、化工、钢铁、电子、轻纺、医药等行业企业利用电子商务平台优化采购、分销体系;开展生鲜农产品和农业生产资料电子商务试点。引导传统商贸流通企业积极向供应链协同平台转型。加强电子商务国际合作,推进"一带一路"国家经贸合作信息服务平台建设,发展跨境电子商务专业服务,探索推进上海与华盛顿州"互联网+"商务发展合作机制。推进跨境电商创新,推进跨境电子商务"单一窗口"综合服务体系建设,完善跨境电子商务公共服务平台;对标国际规则,参与国际贸易商品分类标准协调制度的应用和制定;推动虹桥和浦东两大机场兼具跨境电子商务进口和出口业务功能;鼓励和引导跨境电子商务以"海外仓"的模式开展出口业务(责任单位:市商务委、市经济信息化委、市发展改革委、市工商局、市质量技监局、上海海关、上海出入境检验检疫局、外汇管理局上海市分局)。

专项9:"互联网+商贸"。借助互联网实现传统贸易向服务贸易升级,实现产业链整合、供应链集成、价值链提升及生态链维护;重构商业模式,从租售模式演进为信息、物流、互联网金融等创新盈利模式。促进商品交易,探索建立要素交易指数,实现要素市场交易数字化和网络多元化,增强大宗商品市场和专业市场的话语权和影响力,积极转变零售业流通方式和经营方式;通过建设网上超市等,实现互联网技术与现代连锁业的有机结合。完善智慧购物,大力推广线上线下融合服务,通过移动支付与消费者联系互动实现消费闭环,渗透融合购物场景,推广智能导航、精准服务、移动支付等智慧商圈服务(责任单位:市商务委、市发展改革委)。

专项10:"互联网+文化娱乐"。提升基于互联网的娱乐应用规模,重塑娱乐产业链,鼓励用户娱乐消费习惯的改变。丰富内容创作,促进发展UGC、PGC等内容创作模式,支持研发原创内容、移动内容、热点内容、高清内容等创新内容产品。创新平台服务,面向数字互动娱乐、网络视听、网络文学、网络出版、数字音乐等领域,推动建设海量内容加工处理平台、内容发布流通平台、实现高清播放的内容播控平台。创新营销模式,探索互联网新媒体营销,鼓励互联网文化娱乐和文学、影视、教育等其他产业进行深度跨界合作,探索基于移动互联网的业态模式创新(责任单位:市经济信息化委、市文广影视局、市新闻出版局、市通信管理局)。

专项11:"互联网+现代农业"。推进农业与互联网融合,实现农业生产过程的精准智能管理,提高劳动生产率和资源利用率。推进第二阶段农业物联网工程建设,构建农业物联网产业创新体系、应用服务体系和标准体系,促进农业物联网节本增效,提升区域整体应用水平。优化渔业应用指挥调度系统,维护中国海洋权益、保障渔船渔民安全,构建政府与渔民"看得见、通得上、听得见"的指挥调度系统。优化农机调度管理,实现农机精准定位、田间作业质量监控和跨区作业调度指挥。完善农副产品质量安全追溯系统,实现生猪从养殖到屠宰全过程监管。建立地产蔬菜电子化档案管理,实现绿叶菜生产、加工、流通等环节质量安全可追溯。构建新型农业经营体系,支持粮经结合、种养结合、机农结合等模式的家庭农场发展;推动农业数据开放、人才培养等,集聚涉农信息资源。打造农业互联网平台，延伸拓展12316"三农"服务热线、为农综合信息服务平台功能，构建农资电商、农产品交易、农村物流、农技服务及农村金融等领域一体化农业物联网综合服务平台。创新农产品营销模式，培育农产品知名品牌，探索种养环境、生产过程的远距离视频体验，大力发展点到点直销、全程冷链物流配送、第三方电子商务平台等多种新型农产品营销新模式（责任单位：市农委、市商务委）。

专项12："互联网＋新业态、新模式"。推动互联网模式和业态创新，在信息技术架构、融资、信用等方面为中小企业创新创业提供系统支撑、降低社会创业门槛。引导C2B规模定制，在智能硬件、手机、服饰服装、家居产品、汽车等大宗消费品领域，开展规模定制。发展众包业务，将大规模个性化分散式需求与分散式设计生产服务零距离对接，推动创新设计领域的众包。促进线上线下O2O融合，鼓励各类社会服务与互联网融合，推动在线商品和服务模式创新。推进制造服务融合模式，支持制造企业由销售产品延伸至销售服务，转型为"产品＋服务"的混合商业模式（责任单位：市科委、市经济信息化委、市商务委）。

专项13："互联网＋众创空间"。引导形成创新文化和创业氛围，为创新创业提供智力资源和资金扶持，构建线上交流合作，线下路演活动、导师辅导、融资对接等多层次的创业生态体系。鼓励建设众创、极客等平台，充分利用科技企业孵化器、文创园区、科技园区等，为新型业态发展创造更大的市场空间，构建一批低成本、便利化、全要素的众创空间服务平台，提供自由开放的协作环境，鼓励跨界的交流，促进创意的实现以至产品化。打造垂直领域创客空间，提供包括路演中心、创客训练营、孵化中心等功能区，以及创意餐饮等生活服务区，引进专业服务机构和种子基金、产业基金，为入驻的初创企业提供包括产品设计、托管、融资、清算、交易等专业化服务（责任单位：市经济信息化委、市科委、市商务委、市文创办）。

专项14："互联网＋交通"。借助互联网平台，促进交通出行信息的开放与共享，改善市民的出行体验，提升城市交通规划和管理水平，形成"线上资源合理分配，线下高效优质运行"的新业态和新模式。推进智能化公共交通系统建设，推出多种客运方式整合衔接的出行服务 APP，通过新媒体手段多平台及时发布路况、交通运行等信息，提供停车信息服务、车载信息服务，提高公共交通服务质量。完善电子收费系统，扩大高速公路不停车收费系统（ETC）覆盖面，推进公交卡长三角区域互联互通，扩大公交车 WLAN 覆盖范围。探索"三网合一"智慧交通体系，以智慧照明系统为信息物理载体，在全市道路上设置大量智能交通控制端，推动智慧照明与车联网、交通网、位置网的融合，探索形成未来智慧城市的信息物理系统（责任单位：市交通委、市公安局、市住房城乡建设管理委）。

专项 15："互联网＋健康"。加强互联网和医疗、养老、健身等领域的融合，创新互联网医疗服务模式，推进医疗模式的变革。建立新型医疗服务体系，构建医疗机构的综合预约和转诊体系，实现就诊前、就诊中和就诊后服务的全覆盖；基于健康物联网和可穿戴设备建立慢性病综合健康管理体系、妇幼保健综合健康服务体系和中医健康保障管理服务体系。建立互联网配药及购药服务平台，对接区域卫生信息平台，实现患者电子处方的信息交换，探索基于执业药师的互联网购药服务模式。建立健康养老服务体系，建立全市统一的综合为老服务平台、为老服务门户和为老服务数据库，完善养老服务供给、行业管理等信息系统；建立养护医结合的养老服务体系，满足市民日益增长的养老服务需求。建设群众体育健身信息服务体系，为市民提供体育场馆查询预订、体育健身指导及体质监测等服务，促进科学健身（责任单位：市卫生计生委、市体育局、市民政局、市食品药品监管局）。

专项 16："互联网＋教育"。发挥互联网技术支撑作用，创新教育服务模式，提升教育服务能力，促进教育公平。通过营造互联网教育学习环境，建设大规模智慧学习平台，提供互联网教育服务，实现优质教育资源的共享。鼓励研发新型教育产品，完善教学评估体系，提高学习效率，创新教育传播渠道，提升教育用户体验。丰富互联网教育内容，推动互联网教育内容提供商大力开展教育内容产品开发，支持内容创新。鼓励教育机构利用互联网技术开展网络教育新模式探索，鼓励学校开展"翻转课堂"等教学创新，推动高校开展网络学分认定与学分互认（责任单位：市教委、市经济信息化委、市人力资源社会保障局)。

专项17:"互联网+旅游"。满足旅游需求感受,促进传统旅游服务与互联网的融合创新和升级。加强景区智能化管理,实现网络门票、电子门票与传统门票的组合票务,建立终端多容、语种多样、内容多选择的自助讲解数字平台,提升景区数字监测平台的预防预警、快速响应和及时处置能力。建设旅游服务在线平台,支持发展综合型、特色型旅游服务在线平台,提供游客行前、行中、行后所需的线路规划、信息查询、个性服务推送,以及交通、住宿、餐饮、购物、停车、门票预订购买、"摄影摄像等"一站式或"多站式"服务。促进旅游生态链融合,推动在线平台和传统旅行社、酒店、航空、餐饮、景区文化、天气等各个细分市场的多元、多维度融合,全方位提升服务能力和用户体验(责任单位:市旅游局、市经济信息化委)。

专项18:"互联网+智能家居"。结合互联网和物联网技术,创新家居产品和服务,构建网络化、智能化、便利化的居住环境,实现新时代家居生活智能化。打造智能家居开放平台,推动传统硬件厂商、互联网企业、系统集成商和第三方开发者围绕开放平台创造丰富的应用,培育具有资源整合能力的开放平台,挖掘和满足用户的需求。提升家居产品消费体验,围绕家居安全防护、监控以及家庭自动控制,将住宅电子集成产品的基本功能和附属服务与用户生活场景连接,实现产品到服务的智能化。构建互联网家居生态链,打造智能家居厂商、开发者、投资者、云服务平台和跨平台合作等完整的生态链,使家居产品具备互动、社交、网络等功能,从产品、社交、硬件、网络等属性方面实现变革(责任单位:市经济信息化委)。

专项19:"互联网+公共安全"。提高城市综合治理水平和信息安全保障能力,全面提升快速反应能力和应急处突能力,形成政府主导、公众参与、多方协作、快速处置的城市安全管理模式。加快图像监控、通信网络等信息基础设施建设,完善各类社会资源共享共用机制。基于物联网与互联网融合创新,实现公共场所的电梯等设备运维数据的动态监管。保障信息安全,提升网络安全检测评估、监测预警、态势感知、灾难恢复等基础支撑能力。完善自然灾害及突发事件应急平台体系,涵盖城市监测预警体系、信息接报系统、应急指挥调度系统、应急信息发布平台等（责任单位：市公安局、市应急办、市经济信息化委、市发展改革委、市通信管理局）。

专项20："互联网+城市基础设施"。提升城市基础设施的支撑能力和服务能级，着力构建泛在、融合、安全的城市基础设施体系，建设具有全球影响力、国际一流水平的基础设施。提升城市生产和生活基础设施水准，推进互联网在城市运行和管理中的应用，加强供水、供气、供热、电力等生产基础设施集约化、智能化改造，加强城市管网、排水防涝、消防、交通、污水和垃圾处理等基础设施的数字化、互联网化改造。加快信息基础设施向平台化转型，推动基于城市管理和公共服务的公共云平台、重点行业云平台、大数据平台建设，打造"互联网+"背景下的新型基础设施。构建政府开放数据资源，社会发掘资源价值的数据生态系统，鼓励社会力量参与政府公开数据的开发和利用（责任单位：市发展改革委、市经济信息化委、市规划国土资源局、市住房城乡建设管理委、市通信管理局）。

专项21："互联网+电子政务"。将互联网与政务管理有机结合，构建统一高效、弹性扩展、安全可靠、按需服务的电子政务应用生态环境，建立和完善城市综合监管信息服务平台，营造企业诚信经营的市场环境。优化政府服务渠道，推动政府服务模式从"一门式"向"一口式"转变，开展网上政务大厅建设，推进政府服务热线整合归并，加速政务服务向移动端转移，为市民提供便利服务。基于云计算、大数据分析、信用风险评价模型等技术，完善综合监管体系建设，推动综合监管平台和信用平台与金融、认证、行政执法机构联动，重点针对税务、海关、质检、食品安全、交通、人才、企业投融资等领域开展综合监管服务。打造集污染源监控与环境质量预警一体化、监控精确定位与数据及时共享一体化的先进环境监控与管理体系，完善全市环境要素监测监控网络，实现区域内大气污染综合监测数据实时共享，通过APP、网站等途径发布空气质量指数、污染地图等环保信息（责任单位：市政府办公厅、市经济信息化委、市工商局、市地税局、市环保局、市食品药品监管局、市安全监管局）。

三 具体举措

（一）统筹协调落实政策保障

建立相关部门联合的沟通协调机制，共同推进本市"互联网＋"的技术研发、产业化、应用推广、产业融合；落实互联网企业相关创新扶持政策，形成支撑各类互联网企业发展的创新政策体系；围绕大数据、智能制造、云计算等领域，发布专项政策文件；优化提升行政审批效率，放宽对产业创新要素的限制束缚，建立面向全创新链的政策支持体系；探索建立符合市场评价准则的互联网创新创业项目的评价体系，优化政府专项资金对互联网项目的支持方式；落实互联网中小微企业各项优惠政策，给予企业试错的空间，推动政府产品和服务采购面向中小企业扩大开放；加快社会诚信体系建设，推动公共信用信息服务平台为互联网产业融合创新提供基础支撑（责任单位：市发展改革委、市经济信息化委、市财政局、市科委、市商务委）。

（二）推进关键平台和示范工程建设

落实国家"互联网＋"重大工程包专项的实施，积极组织龙头企业承接国家专项；发挥各类专项资金引导作用，集中支持"互联网＋"项目，持续优化和拓展新兴重点领域，大力推进产业服务平台和重大应用示范；引导各类政府专项资金，在互联网技术研发、创新应用、市场拓展等方面加大扶持力度；实施云计算服务提升工程，推动云计算关键技术研发、数据中心和云服务的推广，倡导中小企业购买云服务；实施移动互联网示范工程，支持移动互联网与传统商业形态融合创新；实施大数据创新工程，支持大数据技术面向行业、政府和最终用户的应用；推进物联网应用提升工程，推动物联网技术在智能硬件、工业现场、终端装备等产品上的应用；推进服务平台工程建设，打造工业云制造资源共享平台、产业电商平台（责任单位：市经济信息化委、市发展改革委、市科委）。

（三）优化产业发展支撑环境

鼓励有条件的区县和市级园区，建设工业互联网、互联网金融、互联网教育等互联网产业基地和集聚区，打造互联网创新创业平台；推动中国软件名城建设，发挥政策资源优势，推动互联网产业做大做强；成立工业互联网推进联盟、大数据产业联盟等"互联网＋"产业联盟，整合产业链上下游资源；建立本市互联网创新创业"一站式"服务平台，为互联网创业企业提供政策、资金、场地、人才等方面的综合服务；支持互联网企业与传统企业合作，抱团出海，构建跨境产业链体系，巩固和扩大全球市场，增强全球竞争力；搭建互联网创新宣传平台，培育树立一批上海"互联网＋"企业产品和服务品牌，提升企业核心竞争力；打造信息消费城市，举办信息消费节，搭建互联网企业和产品展销平台，形成上海"互联网＋"的品牌效应（责任单位：市经济信息化委、市发展改革委、市科委、市财政局、市知识产权局）。

（四）构建跨界融合标准体系

研究和调整不适应"互联网＋"发展和管理需求的政策法规和标准，推进"互联网＋"融合标准体系的构建和实施；鼓励具备相应能力的学会、协会、商会、联合会等社会组织和产业技术联盟协调相关市场主体，共同制定满足市场和创新需要的"互联网＋"团体标准；加快互联网与传统行业跨界融合的标准制定，推动基础共性标准、关键技术标准的研制及实施；制定适应相关部门管理需要的各领域基本服务规范，鼓励服务企业制定并公开企业服务标准；加强融合领域关键环节专利护航，加大对创新成果的知识产权保护力度，提升知识产权服务附加值（责任单位：市科委、市经济信息化委、市质量技监局、市知识产权局、市政府法制办）。

（五）拓宽互联网企业融资渠道

鼓励处于不同成长阶段的"互联网＋"企业，积极参与主板、中小板、创业板、新三板、地方股权交易市场等多层次资本市场；围绕"四新经济"推荐一批行业创新、发展有一定规模的优秀企业，参与战略新兴版上市；引导银行、基金、小额贷款等各类金融机构加大对本市"互联网+"产业的金融支持力度；鼓励银行、小额贷款等机构为符合条件的企业提供贷款；由政府基金引导，吸引投资企业、金融机构、民间资本共同参与，形成百亿元规模的"互联网+"产业投资基金；发展互联网产业投资联盟和协会，按照市场化运作、专业化管理的运作方式，为本市互联网企业提供多样化投融资服务（责任单位：市发展改革委、市经济信息化委、市财政局、市金融办、人民银行上海总部、上海银监局、上海证监局、上海保监局）。

（六）强化信息基础设施和安全保障

深化宽带城市、无线城市、通信枢纽建设，实施下一代互联网（IPv6）升级、软件定义网络（SDN）、网络功能虚拟化（NFV），提供更加面向终端用户，异构、泛在、灵活的网络接入，为"互联网+"提供高速可靠的基础网络支撑；落实风险评估、等级保护、安全测评、应急管理等监管制度和相关国家标准，强化"互联网+"关键领域重要信息系统的安全保障；建立覆盖数据采集、处理、流通、应用等环节的安全评估和审查机制，强化用户个人信息保护，确保数据安全；组织开展网络安全应用示范，提高"互联网+"安全核心技术、产品和服务水平；进一步提高全民网络安全意识，积极营造安全可信、文明守法的网络社会环境（责任单位：市经济信息化委、市网信办、市通信管理局、市发展改革委、市公安局）。

（七）提升政府公共服务能效

完善上海市政府数据服务网，形成政务数据资源对外开放的统一门户，促进社会各方对政务数据资源的开发利用；建设面向政府公共服务的大数据平台，提供基于电子政务公共云平台汇聚的数据资源，为辅助决策、统计分析、业务管理等方面提供大数据支撑；深化政府门户网站网上办事功能，建设网上政务大厅；创新政府购买服务等PPP商业模式，引入社会资本承担政府项目的建设、运营、维护；持续改进和提升政府信息化水平，提高社会治理与公共服务效率；汇聚政府公共服务和市场服务资源，通过电脑、手机、数字电视等渠道，为市民提供社会保障、医疗健康、交通出行、公用事业等服务；完善政府公共服务效果的跟踪反馈评价机制，提高政府公共服务的效率和品质，进而提高公众满意度（责任单位：市政府办公厅、市经济信息化委）。

（八）引进和培养行业人才

探索有利于人才成长和发挥作用的体制机制，激发各类人才创新创业活力，引进和培养并举，集聚具有国际视野的产业人才，构筑人才高地；鼓励本市高等院校、科研院所与互联网企业合作，建立"互联网＋"人才实训基地，开办"互联网＋"行业转型升级高级研修班；鼓励企业建立首席信息官（CIO）制度；建立健全职业教育和培训体系，着力在高端架构师、主创设计、战略规划、创业辅导等领域培育各类人才，优化人才结构；全面开展创新创业教育培训，开发贯穿互联网创业全过程的教育课程，培养创新意识（责任单位：市教委、市人力资源社会保障局、市科委、市经济信息化委）。

关于加快培育和发展上海住房租赁市场的实施意见

为贯彻《国务院办公厅关于加快培育和发展住房租赁市场的若干意见》（国办发〔2016〕39号），落实《上海市住房发展"十三五"规划》，现就加快培育和发展上海住房租赁市场提出以下实施意见：

一 明确总体要求

（一）指导思想。全面贯彻党的十八大和十八届三中、四中、五中、六中全会和习近平总书记系列重要讲话精神，坚持"房子是用来住的、不是用来炒的"的定位，以满足市民住房需求为出发点、以建立购租并举的住房制度为主要方向，以市场为主满足多层次需求，以政府为主提供基本保障。健全住房租赁制度，加大租赁权益保护力度，鼓励住房租赁居住模式。坚持以企业为主体和市场化运作，加快推进供给侧结构性改革，多措并举、扩大增量、盘活存量，大幅增加各类租赁住房建设供应，促进住房租赁市场健康发展，满足多层次的住房租赁需求，为将上海建设成为有温度的创新之城、人文之城和生态之城提供租赁居住保障。

（二）发展目标。增加各类租赁住房供应，促进购租并举住房体系建设，多层次、多品种、多渠道发展住房租赁市场，充分发挥租赁住房高效、精准、灵活的特点，满足不同层次、不同人群住有所居的需求。到2020年，基本形成多主体参与、多品种供应、规范化管理的住房租赁市场体系。

二 保障租赁当事人权益，构建超大城市租赁宜居生活

（一）不断完善公共服务政策。依法登记备案的住房承租人可以按照国家和上海有关规定，享受相关公共服务政策。非上海户籍承租人可以按照规定申领上海市居住证，申请居住证积分；上海户籍承租人，可以按照规定申请办理人户分离人员居住登记。居住证持证人和持《上海户籍人户分离人员居住申请（回执）》人员，可以按照规定享有子女义务教育、公共卫生、社会保险、缴存使用住房公积金、证照办理等基本公共服务。积分达到标准分值的居住证持证人，其配偶或同住子女可以按照本市有关规定，享受相关基本公共服务待遇（责任部门：市发展改革委、市公安局、市人力资源社会保障局、市教委、市卫生计生委、市公积金中心）。

（二）依法保护承租人稳定居住权。健全规章制度，完善住房租赁合同示范文本，明确各方权利义务。出租人应当保证住房和室内设施环保、安全，承租人应当按照合同约定按时缴纳租金，合理使用住房和室内设施。住房租赁合同期限内，出租人无正当理由不得解除合同，不得强制驱逐承租人，不得单方面提高租金，不得随意克扣押金。鼓励租赁当事人签订长期租赁合同，稳定租赁关系，住房租赁企业出租自持经营的租赁住房，除承租人另有要求外，租赁期限不得低于3年，保障承租人长期、稳定的居住权益（责任部门：市住房城乡建设管理委、市房屋管理局、市工商局、市政府法制办）。

（三）落实税收优惠。凡是依法登记备案的住房租赁企业、机构和个人，要进一步落实好税收优惠政策。落实营改增关于住房租赁的优惠政策，对个人出租住房取得的收入按照1.5%计算缴纳增值税；对个人出租住房月收入不超过3万元（含预收款分摊）的，可以按照规定享受免征增值税政策；对一般纳税人出租在实施营改增试点前取得的不动产，允许选择适用简易计税办法，按照5%的征收率计算缴纳增值税。对房地产中介机构提供住房租赁经纪代理服务的，适用6%的增值税税率。落实国家对个人住房租赁个人所得税等税收优惠政策（责任部门：市地税局、

各区政府)。

(四)提高住房公积金使用效率。凡是在本市稳定就业、无自有住房且缴存住房公积金的职工,均可按照现有政策提取住房公积金用于支付住房租金。实施住房公积金政策的人才导向,满足一定积分的引进人才,放宽提取使用条件。优化住房租赁提取公积金办理流程,对承租住房租赁企业提供的房源,试点和推广住房租赁企业集中办理业务。加快开通网上申请提取住房公积金支付租金的业务,增加便捷服务新渠道(责任部门:市公积金中心)。

(五)完善引进人才租房补贴政策。各区政府、各用人单位应当结合区域和单位实际,制定引进人才认定标准和租房补贴标准,落实用人单位主体责任,减轻引进人才租房压力,帮助引进人才租房安居,建立以市场化运作为主导,长期、稳定的租住新模式(责任部门:各区政府)。

(六)提升租赁住房生活配套功能。租赁住房建设既要满足日常生活服务需要,也要关注社区精神文化需求。各区政府、各建设运营单位应当针对租住人群特征,在租赁住房项目及周边,增设便利店、洗衣房、活动室、健身房、快递收发、餐饮配送、交通等生活配套设施,使租房成为更便捷、更灵活的生活体验。传承海派居住文化,体现人文关怀,增加公共社交空间,提升社区空间品质,倡导引入社会化机构提供服务,营造更优雅、更体面的租住氛围,让城市租房生活更有温度(责任部门:各区政府)。

三 建立住房租赁平台,提供线上线下同步服务

(一)建立全市统一的住房租赁公共服务平台。发挥交易服务、行业监管和市场监测作用。按照"开放、共享"的原则,实现与相关管理部门业务系统、市场化网络住房租赁平台的链接,规范住房租赁信息发布和应用,为承租人依法申请办理居住登记、义务教育、缴存使用住房公积金、公共租赁住房货币化补贴、公共卫生等公共服务事项提供便利(责任部门:市住房城乡建设管理委、市房屋管理局、市规划国土资源局、市发展改革委、市财政局、市经济信息化委、市民政局、市工商局、市公安局、市教委、市卫生计生委、市公积金中心)。

（二）强化住房租赁平台线上服务功能。大力支持专业、规范、诚信的市场化网络住房租赁平台建设。制定住房租赁合同网签示范文本，推行住房租赁合同网签备案。建立住房租赁当事人实名认证机制，为企业和群众提供安全、便捷、畅通的房源核验、信息发布、网签备案、市场主体信用信息查询和信用评价等线上"一站式"服务（责任部门：市住房城乡建设管理委、市房屋管理局、市民政局、市发展改革委、市经济信息化委、市工商局、市公安局）。

（三）建立覆盖全市的住房租赁线下服务体系。成立市、区两级住房租赁服务中心，设立专业服务窗口，提供企业备案、入网认证、房源核验、发布租赁信息、租赁合同网签备案等"一门式"集中服务（责任部门：市住房城乡建设管理委、市房屋管理局、各区政府）。

（四）建立住房租赁市场监测监管体系。依托住房租赁公共服务平台，归集管理部门、市场主体、租赁住房项目等各类信息，实现从土地出让、规划建设、存量改建、房源供应、网签备案等基础数据的全覆盖，强化住房租赁市场分析研判，加强住房租金监测，提高市场监管的预见性、针对性和有效性（责任部门：市住房城乡建设管理委、市房屋管理局、市规划国土资源局）。

四　加大租赁住房供应，实现住有所居目标

（一）大力新建租赁住房。各区应当根据住房发展规划和新一轮城市总体规划要求，编制租赁住房专项规划，合理确定租赁住房建设规模和布局。同时，开展公共服务设施评估，补充完善教育、医疗等配套设施，并在年度住房建设计划和住房用地供应计划中予以安排。鼓励各区通过新增用地建设租赁住房，引导土地、资金等资源合理配置，重点在高校及科研院所周边、科创园区、产业集聚区、商业商务集聚区，以及交通枢纽地区（含轨交站点周边）等交通便捷、生产生活便利、租赁住房需求集中区域，优化审批流程，加快开工建设，有序推进租赁住房建设供应（责任部门：各区政府、市规划国土资源局、市住房城乡建设管理委、市房屋管理局）。

（二）允许商办用房等按照规定改建用于住房租赁。对于区域商办闲

置过大，职住不平衡的，按照"以区为主、总量控制、守住底线"的原则，在符合规划要求，保证使用安全、消防安全、配套完善的前提下，由区政府牵头，组织相关部门进行综合评估，建立快速审批通道，探索实施并联审批，允许将商办用房等按照规定改建为租赁住房，签订土地补充出让合同，土地使用年限和容积率不变。改建后按照变更许可后的审批要求，进行规划、建设及消防审核验收，可以办理住房租赁合同登记备案（责任部门：市规划国土资源局、市住房城乡建设管理委、市房屋管理局、市公安局、市消防局、市工商局、市经济信息化委、市电力公司、市自来水公司、市燃气公司、各区政府）。

（三）引导产业园区和集体经济组织建设租赁住房。鼓励有条件的企事业单位、产业园区利用产业类工业用地，按照规定的比例，统一规划、集中设置，配套建设单位租赁房、职工宿舍等租赁住房。稳妥有序开展利用集体建设用地建设租赁住房试点工作，探索优化试点项目审批程序，完善集体租赁住房建设和运营机制（责任部门：市规划国土资源局、市经济信息化委、市住房城乡建设管理委、市房屋管理局、相关区政府）。

（四）完善供地方式。新增租赁住房用地采取公开招标或公开挂牌方式出让，住房租赁市场前期培育过程中，可以参照本市有关保障住房用地供应方式实施土地供应。建立租赁住房地价评估体系，合理控制土地出让价格。土地出让合同中，应当明确地块建设管理、功能管理、运营管理等全生命周期管理要求（责任部门：市规划国土资源局、市住房城乡建设管理委、市房屋管理局）。

（五）完善建设使用标准。租赁住房（含转化、改建）的设计和建设标准，可以结合项目实际情况，参照国家和本市相关规范，重点在户型、退让、间距、朝向、日照和车位配置等方面，给予政策支持；在耐火等级、防火分隔、安全疏散和消防设施等方面，明确相应的消防安全要求。租赁住房出租，应当遵守相关法律法规和租赁合同约定，不得以租代售，不得分割转让，不得改变房屋用途（责任部门：市住房城乡建设管理委、市房屋管理局、市规划国土资源局、市消防局、各区政府）。

五　培育租赁市场供应主体，发展壮大住房租赁产业

（一）发挥企业在住房租赁市场的主体作用。坚持企业主体运作，坚持市场化运作，不断提升住房租赁企业规模化、集约化、专业化水平。鼓励房地产开发企业、经纪机构、物业服务企业设立子公司，拓展住房租赁业务。住房租赁企业申请工商登记时，经营范围统一规范为住房租赁经营。支持住房租赁企业多渠道筹集房源，对房地产企业自持的租赁住房，以及转化、改建的租赁房源，可以自行经营，也可以委托专业住房租赁企业运营管理；住房租赁企业接受个人委托出租住房的，应当代为办理相关登记备案手续，并可以为出租人代收代缴相关税收。指导住房租赁企业成立行业协会，建立行业运营规范，强化行业自律（责任部门：市住房城乡建设管理委、市房屋管理局、市工商局、市税务局）。

（二）大力发展代理经租业务。鼓励住房租赁企业通过收储、转租、改建等方式开展代理经租业务。对于住房租赁企业代理经租社会闲置存量住房的，允许按照国家和本市的住宅设计规范改造后出租。各区应当通过向企业定向投资、资金专项扶持、政府购买服务、合作筹集房源、搭建供需平台、提供公共事业费收缴便利等多种方式，扶持正规代理经租机构不断扩大业务规模，培育一批龙头企业（责任部门：市住房城乡建设管理委、市房屋管理局、市消防局、市经济信息化委、市电力公司、市自来水公司、市燃气公司、各区政府）。

（三）发挥国资国企的引领和带动作用。加大投入力度，支持相关国有企业拓展住房租赁业务。通过"市区联动、区区联手"等形式，支持相关市属、区属国有企业，采取新建租赁住房、收储社会闲置存量住房、改建闲置商办用房、运营开发企业配建的租赁住房等多种途径，增加市场供给，稳定住房租金，对住房租赁市场起到"稳定器""压舱石"的作用（责任部门：市住房城乡建设管理委、市房屋管理局、市发展改革委、市国资委、各区政府）。

（四）规范住房租赁经纪机构。充分发挥房地产经纪机构作用，提供规范的住房租赁居间服务。建立房地产经纪机构和人员管理服务平台，

加强从业人员业务培训，提升从业人员业务素质，努力提高经纪服务质量。修订现行政府规章，增设处罚事项，提高处罚幅度，不断促进房地产经纪机构和人员依法经营、诚实守信、公平交易（责任部门：市住房城乡建设管理委、市房屋管理局、市工商局、市物价局、市政府法制办）。

（五）提供金融支持。鼓励商业银行等金融机构按照"依法合规、风险可控、商业可持续"的原则，进一步优化并创新针对住房租赁项目不同阶段的金融产品和服务，加大信贷支持住房租赁产业的力度。鼓励开发性金融机构通过合理测算未来租赁收入现金流，提供符合住房租赁企业经营特点的长期低息贷款等金融解决方案。进一步拓宽住房租赁企业的直接融资渠道，支持符合条件的住房租赁企业发行专门用于发展住房租赁业务的各类债券、不动产证券化产品。加快推进针对租赁用房的各类房地产投资信托基金（REITS）试点，在试点后尽快形成规模。鼓励保险机构依据相关法律法规规定，合理运用保险资金，充分发挥保险资金期限长、体量大、交易结构与使用较为灵活的优势，为符合条件的住房租赁企业等提供金融支持（责任部门：市金融办、人民银行上海总部、上海银监局、上海证监局、上海保监局）。

六　加强住房租赁监管，规范住房租赁市场秩序

（一）加强住房租赁经营主体管理。依托住房租赁公共服务平台，建立健全各类住房租赁企业、房地产经纪机构等主体备案制度。经过备案的各类经营主体，可以依法依规享受税收、金融以及运营扶持等优惠政策，申请集中办理住房租赁合同网签备案。强化住房租赁企业、房地产经纪机构和从业人员信用管理，全面建立相关经营主体的信用档案，实行"红名单""黑名单"分类管理和公示制度，建立多部门守信联合激励和失信联合惩戒机制（责任部门：市住房城乡建设管理委、市房屋管理局、市发展改革委、市工商局、市经济信息化委、市地税局、市金融办、市规划国土资源局、各区政府）。

（二）严厉查处住房租赁违法违规行为。持续开展违法违规租赁行为综合整治行动，不断加大对"群租"等突出问题的打击力度，维护住房

租赁各方合法权益,确保人民群众生命财产安全,守牢城市安全运行底线。对于违法违规的企业、机构和个人,依法从严从重给予处罚,并纳入本市公共信用信息服务平台进行公示,作为重点监管对象,限制其市场准入、行政许可和融资等行为,停止执行相关优惠政策;涉嫌犯罪的,移送司法机关处理(责任部门:市住房城乡建设管理委、市房屋管理局、市政府法制办、市公安局、市工商局、市规划国土资源局、市发展改革委、市经济信息化委、各区政府)。

(三)积极推进住房租赁综合管理。坚持"条块结合、以块为主"的原则,落实属地管理责任,发挥职能部门作用,逐步建立健全市、区、街镇、居村委四级住房租赁管理体制。各区政府要将住房租赁纳入社会综合治理和社区网格化管理,统筹、整合各方管理力量,探索居民自治模式,做好住房租赁综合管理工作。公安部门要将住房租赁企业登记的租住人员信息,接入本市实有人口信息管理系统,实现对租客信息的有效对接(责任部门:市住房城乡建设管理委、市房屋管理局、市公安局、市民政局、各区政府)。

(四)完善住房租赁矛盾化解长效机制。各乡、镇政府和街道办事处应当结合社区党建联建工作,协调处理辖区内住房租赁事务和纠纷。充分发挥各街镇人民调解委员会作用,将住房租赁纠纷纳入调解范围,化解住房租赁矛盾,维护住房租赁秩序。组建住房租赁公益律师队伍,为住房租赁当事人提供法律援助服务,切实保障租赁当事人合法权益(责任部门:市住房城乡建设管理委、市房屋管理局、市司法局、各区政府)。

各区、各有关部门、单位要充分认识加快培育和发展住房租赁市场的重要意义,根据市委、市政府的统一部署,加强组织领导,完善工作机制,抓好工作落实。各区要对照本实施意见,根据区域人口、面积和区域发展实际,进一步细化、分解、落实目标任务,建立激励考核机制,将目标任务完成情况纳入政府考核,确保各项工作有序推进。市住房城乡建设管理委、市房屋管理局将会同有关部门对各区落实情况进行督促检查。

封面设计　李尘工作室

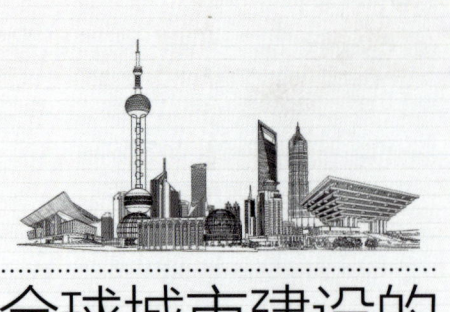

全球城市建设的
上海之路

ISBN 978-7-5203-4970-3

定价：188.00元